Stefan Walter

Der Staat und die Werte

Wertwandel in Poesiealben in der
DDR und Bundesrepublik 1949–1989

Stefan Walter
Oldenburg, Deutschland

Dissertation Universität Leipzig, 2016

u.d.T.: Stefan Walter: „Der Staat und die Werte. Zum Einfluss staatlicher Rahmenbedingungen auf die Werte der Bürger am Beispiel von Einträgen in Poesiealben in DDR und Bundesrepublik zwischen 1949 und 1989".

ISBN 978-3-658-25785-9   ISBN 978-3-658-25786-6 (eBook)
https://doi.org/10.1007/978-3-658-25786-6

Die Deutsche Nationalbibliothek verzeichnet diese Publikation in der Deutschen Nationalbibliografie; detaillierte bibliografische Daten sind im Internet über http://dnb.d-nb.de abrufbar.

Springer VS
© Springer Fachmedien Wiesbaden GmbH, ein Teil von Springer Nature 2019
Das Werk einschließlich aller seiner Teile ist urheberrechtlich geschützt. Jede Verwertung, die nicht ausdrücklich vom Urheberrechtsgesetz zugelassen ist, bedarf der vorherigen Zustimmung des Verlags. Das gilt insbesondere für Vervielfältigungen, Bearbeitungen, Übersetzungen, Mikroverfilmungen und die Einspeicherung und Verarbeitung in elektronischen Systemen.
Die Wiedergabe von allgemein beschreibenden Bezeichnungen, Marken, Unternehmensnamen etc. in diesem Werk bedeutet nicht, dass diese frei durch jedermann benutzt werden dürfen. Die Berechtigung zur Benutzung unterliegt, auch ohne gesonderten Hinweis hierzu, den Regeln des Markenrechts. Die Rechte des jeweiligen Zeicheninhabers sind zu beachten.
Der Verlag, die Autoren und die Herausgeber gehen davon aus, dass die Angaben und Informationen in diesem Werk zum Zeitpunkt der Veröffentlichung vollständig und korrekt sind. Weder der Verlag, noch die Autoren oder die Herausgeber übernehmen, ausdrücklich oder implizit, Gewähr für den Inhalt des Werkes, etwaige Fehler oder Äußerungen. Der Verlag bleibt im Hinblick auf geografische Zuordnungen und Gebietsbezeichnungen in veröffentlichten Karten und Institutionsadressen neutral.

Springer VS ist ein Imprint der eingetragenen Gesellschaft Springer Fachmedien Wiesbaden GmbH und ist ein Teil von Springer Nature
Die Anschrift der Gesellschaft ist: Abraham-Lincoln-Str. 46, 65189 Wiesbaden, Germany

Meinen Eltern

Danksagung

Ich werde öfter danach gefragt, wie ich auf das Poesiealbum als Untersuchungsgegenstand gekommen bin. Diese Frage ist nicht leicht zu beantworten. Zum einen lag es sicher daran, dass ich mich bereits während meines Studiums vor allem dafür interessierte, wie ein Mensch zu seinen Einstellungen, Werten und Gewohnheiten gelangt. Zum anderen war es wohl dem Umstand geschuldet, dass ich als Schüler selbst ein Poesiealbum geführt habe. Das war in meiner Klasse auch für Jungen nichts Ungewöhnliches. Wurde ich selbst um einen Eintrag in ein Poesiealbum gebeten, dann war das oft ein schwieriges Unterfangen für mich; vielleicht, weil der Eintrag in ein Album ein Augenblick war, der mir abforderte, über meine eigenen Werte nachzudenken.

Die vorliegende Arbeit ist eine gekürzte Version meiner Dissertation, die im Wintersemester 2015/2016 an der Fakultät für Sozialwissenschaften und Philosophie der Universität Leipzig angenommen wurde. Ursprünglich habe ich zusätzlich das Sammelverhalten der Albumhalterinnen und -halter sowie den formalen Aufbau der Albumeinträge vergleichend analysiert. Diese weiteren Analysen stützen und erhärten primär die hier berichteten Kernbefunde, so dass eine Kürzung berechtigt erscheint. Durch die Konzentration auf die eingetragenen Wertvorstellungen hat der vorliegende Band an Stringenz gewonnen. Die geäußerte Gutachterkritik konnte zudem besser berücksichtigt werden.

Mein eigenes Poesiealbum habe ich bisher nicht wiedergefunden. Deshalb geht mein erster und wichtigster Dank an die Halterinnen und Halter, die mir ihre Alben zur Einsichtnahme zur Verfügung gestellt haben. Ohne sie wäre die vorliegende Arbeit nicht zustande gekommen. Ebenso wichtig ist es mir, Professor Dr. Kurt Mühler als Erstgutachter meiner Arbeit zu danken. Er hat mein Nachdenken über die Sozialisation von Werten nachhaltig geprägt. Für seine Anstöße und seine Geduld kann ich mich nur bedanken. Eine bessere Betreuung kann ich mir nicht vorstellen. Mein weiterer ausdrücklicher Dank gilt Professor Dr. Gert Pickel, der bereitwillig das Zweitgutachten übernommen hat. Von seinen Hinweisen hat die überarbeitete Fassung der Dissertation sehr profitiert.

Nach einem Aufruf über die Mailingliste der Deutschen Gesellschaft für Volkskunde wurden mir viele Poesiealben aus den alten Bundesländern zur Verfügung gestellt. Den wertvollen Hinweis auf diesen Mailverteiler erhielt ich von Dr. Anita Bagus, für den ich mich herzlich bedanke. Darüber hinaus gilt mein Dank Thomas

Bergner und Jörg Graf, die mir private und öffentliche Albumsammlungen zugänglich gemacht haben. Ebenfalls gilt mein besonderer Dank den Mitarbeiterinnen des Sekretariats des Instituts für Soziologie der Universität Leipzig, Sabine Conrad und Marion Apelt, für die Entgegennahme bereitgestellter Alben. Professor Dr. Karl-Dieter Opp hat mich dankenswerterweise zu Beginn meiner Promotion mit einem Gutachten für ein Stipendium unterstützt. Stefanie Konzelmann danke ich für ihre hilfreichen textkritischen Hinweise kurz vor Abschluss der Arbeit.

Im Album sind die ersten Seiten der Familie vorbehalten. Wenn ich meine Familie erst an dieser Stelle in meine Danksagung einschließe, dann hat es einen einfachen Grund. Auch die Seiten kurz vor Ende eines Albums sind immer etwas Besonderes. Und deshalb gilt mein größter Dank neben meiner Familie meiner Katrin.

Inhaltsverzeichnis

1 Einleitung 1

2 Der Begriff „Wert" 9
   2.1 Zur Begriffsbildung in den Sozialwissenschaften 10
      2.1.1 Die zwei Komponenten einer Nominaldefinition 11
      2.1.2 Kriterien der wissenschaftlichen Nützlichkeit von Definitionen 12
   2.2 Definitionen des Wertbegriffs in der Soziologie 18
      2.2.1 Werte als „Auffassungen vom Wünschenswerten" 19
      2.2.2 Werte als „Standards selektiver Orientierung" 22
      2.2.3 Werte als „Repräsentationen von Bedürfnissen" 26
   2.3 Werte als Auffassungen vom guten und richtigen Handeln 30
      2.3.1 Schlussfolgerungen aus der Kritik vorliegender Wertdefinitionen .. 31
      2.3.2 Werte als Auffassungen vom guten und richtigen Handeln 35
      2.3.3 Prüfung der Definition anhand der Nützlichkeitskriterien 37
      2.3.4 Auffassungen vom guten und richtigen Handeln im Poesiealbum .. 39
   2.4 Das Verhältnis zu verwandten Begriffen 44
      2.4.1 Werte und Einstellungen 45
      2.4.2 Werte und Präferenzen 49
      2.4.3 Werte und Normen 54
   2.5 Fazit der Diskussion des Wertbegriffs 60

3 Das Interesse des Staats an den Werten 63
   3.1 Begriffsklärung: Was meint „staatliches Interesse" an den Werten? 64
      3.1.1 Der Begriff „Staat" nach Max Weber 66
      3.1.2 Schlussfolgerungen 68
   3.2 Forschungen zum Interesse des Staats an den Werten 70
      3.2.1 Dokumentenanalysen von Rechtstexten 70
         3.2.1.1 Dokumentenanalysen von Rechtstexten der Bundesrepublik 71
         3.2.1.2 Dokumentenanalysen von Rechtstexten der DDR 80
      3.2.2 Studien zu den Möglichkeiten staatlicher Wertebeeinflussung 90
      3.2.3 Wirkungsstudien 94
         3.2.3.1 Wirkungsstudien zur Beeinflussung der Werte in der Bundesrepublik 94
         3.2.3.2 Wirkungsstudien zur Beeinflussung der Werte in der DDR 108
      3.2.4 Forschungsdefizite 123
   3.3 Staatlich erwünschte Werte in DDR und Bundesrepublik 1949–1989 .. 127
      3.3.1 Relevante staatliche Dokumente 128
         3.3.1.1 Relevante offizielle Dokumente der DDR 128
         3.3.1.2 Relevante offizielle Dokumente der Bundesrepublik 129
      3.3.2 Zur inhaltsanalytischen Erschließung der Werte 132
      3.3.3 Zur Systematik staatlich erwünschter Werte 136
      3.3.4 Staatliche Kernwerte 137
         3.3.4.1 Staatliche Kernwerte der DDR 137

	3.3.4.2	Staatliche Kernwerte der Bundesrepublik	143
3.3.5		Staatlich legitimierte Werte	148
	3.3.5.1	Geteilt-offizielle Werte	148
	3.3.5.2	Staatlich vereinnahmte Werte	155
3.3.6		Staatlich erwünschte Werte in DDR und Bundesrepublik im Überblick	157

4   Wie kann ein Staat Einfluss nehmen auf die Werte seiner Bürger? ... 161

- 4.1   Direkte Einflussnahme im Rahmen staatlicher Sozialisationsinstanzen ... 162
  - 4.1.1   Pädagogische Werterziehungskonzepte ... 162
    - 4.1.1.1   Der „romantische" Ansatz ... 163
    - 4.1.1.2   Der „technologische" Ansatz ... 165
    - 4.1.1.3   Der „progressive" Ansatz ... 169
    - 4.1.1.4   Kombination von materialer und formaler Werterziehung ... 175
    - 4.1.1.5   Überblick über die pädagogischen Werterziehungskonzepte ... 177
  - 4.1.2   Grenzen direkter Einflussnahme durch den Staat ... 179
- 4.2   Indirekte Einflussnahme durch Setzen von Verhaltensanreizen ... 184
  - 4.2.1   Die Theorie der kognitiven Dissonanz von Leon Festinger ... 185
  - 4.2.2   Relevanz der Theorie der kognitiven Dissonanz für die Fragestellung ... 187
  - 4.2.3   Werte und kognitive Dissonanz ... 189
  - 4.2.4   Grenzen indirekter Einflussnahme durch den Staat ... 193
- 4.3   Schlussfolgerungen für die Hypothesenbildung ... 194
  - 4.3.1   Staatliche Rahmenbedingungen und Strategien zur Dissonanzreduktion ... 196
  - 4.3.2   Modell zum Einfluss des DDR-Staats auf die Werte der Bürger ... 203
  - 4.3.3   Modell zum Einfluss der Bundesrepublik auf die Werte der Bürger ... 206

5   Das Poesiealbum als Untersuchungsgegenstand ... 209

- 5.1   Was ist ein Poesiealbum? ... 209
  - 5.1.1   Abgrenzung zu verwandten Sammelmedien ... 211
    - 5.1.1.1   Gästebuch ... 211
    - 5.1.1.2   Steckbriefalbum ... 212
- 5.2   Historischer Hintergrund der Albumtradition ... 213
  - 5.2.1   Die Albumsitte als Erwachsenen-Sitte ... 214
    - 5.2.1.1   Entstehung der Sitte im Umkreis der Reformatoren in Wittenberg ... 214
    - 5.2.1.2   Die Albumsitte bis zum ersten Drittel des 18. Jahrhunderts ... 215
    - 5.2.1.3   Die Albumsitte ab der zweiten Hälfte des 18. Jahrhunderts ... 218
  - 5.2.2   Die Albumsitte als Kinder- und Jugendsitte ... 220
    - 5.2.2.1   Zur Verjüngung der Trägerschaft im 19. Jahrhundert ... 220
    - 5.2.2.2   Das Album als Schüleralbum ... 222
- 5.3   Forschungsstand ... 224
- 5.4   Das Poesiealbum aus soziologischer Perspektive ... 229
  - 5.4.1   Textuelle und nicht-textuelle Albumelemente als Verhaltensspuren ... 229
  - 5.4.2   Normen der Albumsitte als formale Restriktionen ... 234
  - 5.4.3   Möglichkeiten der Analyse ... 237
- 5.5   Staatliche Rahmenbedingungen und Einträge in Poesiealben ... 239

	5.5.1	Hypothesenbildung	240
	5.5.2	Annahme von Interaktionseffekten	247
6	Erhebung und Aufbereitung der Daten		251
	6.1	Erhebung der Alben	251
	6.1.1	Umfang der Erhebung	251
	6.1.2	Vorgehensweise bei der Erhebung der Alben	252
	6.1.3	Erhebungszeitraum	258
	6.2	Aufbereitung der Albumdaten	259
	6.2.1	Anlegen einer Rohdaten-Tabelle für jedes Album	259
	6.2.2	Erhebung zusätzlicher Daten mittels schriftlicher Nachbefragung	261
	6.2.3	Zusammenführung der Rohdaten in einer Gesamttabelle	266
	6.2.4	Inhaltsanalyse der Textelemente	268
7	Die Wertvorstellungen in Poesiealben in DDR und Bundesrepublik		279
	7.1	Vorbemerkungen	280
	7.1.1	Allgemeine Vorgehensweise im Rahmen der Hypothesenprüfung	280
	7.1.2	Beschreibung der unabhängigen Variablen	281
	7.1.3	Durchschnittliches Vorkommen der gebildeten Wertebündel	283
	7.2	Zur Inskription staatlich erwünschter Werte	288
	7.2.1	Staatliche Kernwerte	289
	7.2.1.1	Kernwerte der DDR	289
	7.2.1.2	Kernwerte der Bundesrepublik	301
	7.2.2	Staatlich legitimierte Werte	320
	7.2.2.1	Geteilt-offizielle Werte	320
	7.2.2.2	Staatlich vereinnahmte Werte	347
	7.3	Zur Inskription von staatlich unerwünschten Werten (DDR)	366
	7.3.1	Religiosität	366
	7.4	Zur Inskription anderer Werthaltungen und Inhalte	377
	7.4.1	Werte gemäß den Wertwandeltheorien (BRD)	378
	7.4.2	Tugenden der Vorsicht und des maßvollen Handelns	404
	7.4.3	Tugenden des Muts und der Zielstrebigkeit	413
	7.4.4	Albumspezifische Werte und Inhalte	422
	7.4.5	‚Andere' Inhalte	440
	7.5	Werthaltungen der Einträgergruppen mit geringen Fallzahlen	449
	7.5.1	Akteure staatlicher Institutionen (DDR) und Kirchenvertreter	449
	7.5.2	Weitere Bekannte	454
	7.6	Fazit: Staatliche Rahmenbedingungen und Werte im Poesiealbum	457
8	Resümee und Ausblick		467
9	Literatur		483
10	Anhang		523

Tabellenverzeichnis

Tabelle 2.1: Normdefinitionen in der Soziologie ... 55
Tabelle 2.2: Wertdefinitionen in der Soziologie ... 61
Tabelle 3.1: Überblick zum Forschungsstand ... 125
Tabelle 3.2: Abkürzungen für die analysierten Dokumente ... 135
Tabelle 3.3: Staatlich erwünschte Werte in DDR und Bundesrepublik ... 158
Tabelle 4.1: Pädagogische Werterziehungskonzepte ... 178
Tabelle 4.2: Direkte und indirekte Wertebeeinflussung durch den Staat ... 195
Tabelle 4.3: Staatliche Rahmenbedingungen und Strategien der Dissonanzreduktion ... 203
Tabelle 5.1: Definitionen des Gegenstands Poesiealbum ... 210
Tabelle 5.2: Verhaltensspuren im Poesiealbum und Möglichkeiten der Analyse ... 231
Tabelle 6.1: Korrelationen: Anzahl geführter Alben und Haltermerkmale ... 252
Tabelle 6.2: Alben nach Dekade ... 253
Tabelle 6.3: Alben nach Erhebungsstrategie ... 258
Tabelle 6.4: Kategorien der Rohdaten-Tabelle ... 260
Tabelle 6.5: Ergänzung fehlender Datenwerte durch schriftliche Befragung ... 263
Tabelle 6.6: Fallbeschreibung ... 268
Tabelle 6.7: Ausschnitt aus Hilfstabelle I: Reduktion auf Werte-Kategorien und Paraphrasen ... 272
Tabelle 6.8: Übersicht zu den gebildeten Werte- und Inhaltskategorien ... 276
Tabelle 7.1: Unabhängige Variablen für die Prüfung der Hypothesen ... 281
Tabelle 7.2: Durchschnittliche Häufigkeit der Wertebündel je Album ... 284
Tabelle 7.3: Durchschnittliche Häufigkeit der DDR-Kernwerte je Album ... 294
Tabelle 7.4: Durchschnittliche Häufigkeit der DDR-Kernwerte ... 295
Tabelle 7.5: DDR-Kernwerte nach Einträgergruppe ... 296
Tabelle 7.6: Korrelationen: DDR-Kernwerte und Einträgermerkmale ... 297
Tabelle 7.7: Logistische Regression: DDR-Kernwerte nach Alter ... 298
Tabelle 7.8: Durchschnittliche Häufigkeit der BRD-Kernwerte je Album ... 306
Tabelle 7.9: Durchschnittliche Häufigkeit der BRD-Kernwerte ... 307
Tabelle 7.10: BRD-Kernwerte nach Einträgergruppe ... 308
Tabelle 7.11: Korrelationen: BRD-Kernwerte und Einträgermerkmale ... 310
Tabelle 7.12: Logistische Regression: BRD-Kernwerte nach Dekade in Ost und West ... 313
Tabelle 7.13: Logistische Regression: BRD-Kernwerte nach Alter in Ost und West ... 316
Tabelle 7.14: Durchschnittliche Häufigkeit der geteilt-offiziellen Werte ... 326
Tabelle 7.15: Geteilt-offizielle Werte nach Einträgergruppe ... 328
Tabelle 7.16: Geteilt-offizielle Werte: Über- und unterrepräsentierte Einträgergruppen ... 329
Tabelle 7.17: Logistische Regression: Geteilt-offizielle Werte ... 330
Tabelle 7.18: Logistische Regression: Geteilt-offizielle Werte (nur Peers) ... 333
Tabelle 7.19: Logistische Regression: Geteilt-offizielle Werte nach Einträgergruppe und Dekade .. 337
Tabelle 7.20: Durchschnittliche Häufigkeit staatlich vereinnahmter Werte ... 352
Tabelle 7.21: Staatlich vereinnahmte Werte nach Einträgergruppe ... 353
Tabelle 7.22: Korrelationen: Gesundheit und Einträgermerkmale ... 355
Tabelle 7.23: Logistische Regression: Gesundheit nach Dekade in Ost und West (nur Peers) ... 356

Tabelle 7.24: Logistische Regression: Frohsinn und Optimismus 358
Tabelle 7.25: Frohsinn und Optimismus nach Einträgergruppe und Dekade..................................361
Tabelle 7.26: Durchschnittliche Häufigkeit von Religiosität 369
Tabelle 7.27: Religiosität nach Einträgergruppe 370
Tabelle 7.28: Logistische Regression: Religiosität 371
Tabelle 7.29: Logistische Regression: Religiosität nach Einträgergruppe und Dekade.................374
Tabelle 7.30: Durchschnittliche Häufigkeit von Werten gemäß den Wertwandeltheorien.............387
Tabelle 7.31: Werte gemäß den Wertwandeltheorien nach Einträgergruppe 388
Tabelle 7.32: Korrelationen: Werte gemäß den Wertwandeltheorien und Einträgermerkmale 389
Tabelle 7.33: Logistische Regression: Pflicht und Akzeptanz 391
Tabelle 7.34: Logistische Regression: Pflicht und Akzeptanz nach Einträgergruppe und Dekade ...393
Tabelle 7.35: Logistische Regression: Pflicht und Akzeptanz nach Alter in Ost und West 395
Tabelle 7.36: Fazit: Plausibilität der Wertwandeltheorien im Kontext der Poesiealben.................403
Tabelle 7.37: Durchschnittliche Häufigkeit von Vorsicht und maßvollem Handeln 407
Tabelle 7.38: Tugenden der Vorsicht und des maßvollen Handelns nach Einträgergruppe 408
Tabelle 7.39: Logistische Regression: Tugenden der Vorsicht und des maßvollen Handelns......409
Tabelle 7.40: Vorsicht und maßvolles Handeln nach Einträgergruppe und Dekade......................411
Tabelle 7.41: Durchschnittliche Häufigkeit der Tugenden des Muts und der Zielstrebigkeit 416
Tabelle 7.42: Tugenden des Muts und der Zielstrebigkeit nach Einträgergruppe..........................417
Tabelle 7.43: Logistische Regression: Tugenden des Muts und der Zielstrebigkeit......................418
Tabelle 7.44: Tugenden des Muts und der Zielstrebigkeit nach Dekade in Ost und West............420
Tabelle 7.45: Durchschnittliche Häufigkeit albumspezifischer Inhalte 427
Tabelle 7.46: Albumspezifische Inhalte nach Einträgergruppe 428
Tabelle 7.47: Logistische Regression: Albumspezifische Inhalte...429
Tabelle 7.48: Logistische Regression: Albumspezifische Inhalte nach Alter in Ost und West 432
Tabelle 7.49: Albumspezifische Inhalte nach Dekade in Ost und West (nur Peers) 435
Tabelle 7.50: Durchschnittliche Häufigkeit von ‚anderen' Inhalten 443
Tabelle 7.51: ‚Andere' Inhalte nach Einträgergruppe 443
Tabelle 7.52: Logistische Regression: ‚Andere' Inhalte 444
Tabelle 7.53: Logistische Regression: ‚Andere' Inhalte nach Einträgergruppe und Dekade........446
Tabelle 7.54: Korrelationen: Wertebündel und Akteure expliziter Werteagenturen.....................450
Tabelle 7.55: Korrelationen und Häufigkeiten der Wertebündel bei den weiteren Bekannten 455
Tabelle 7.56: Zusammenfassung: Werte der Einträgergruppen in Ost und West 458

Abbildungsverzeichnis

Abbildung 4.1: Staatliche Rahmenbedingungen und Werte in der DDR-Bevölkerung 205
Abbildung 4.2: Staatliche Rahmenbedingungen und Werte in der BRD-Bevölkerung 208
Abbildung 5.1: Beispiel eines Albumeintrags 235
Abbildung 7.1: DDR-Kernwerte nach Alter 299
Abbildung 7.2: Demokratie und universelle Verantwortung nach Dekade in Ost und West 314
Abbildung 7.3: Selbstständigkeit im Handeln nach Dekade in Ost und West 314
Abbildung 7.4: Demokratie und universelle Verantwortung nach Alter in Ost und West 317
Abbildung 7.5: Selbstständigkeit im Handeln nach Alter in Ost und West 317
Abbildung 7.6: Bildung und Erkenntnisstreben nach Dekade und Geschlecht 334
Abbildung 7.7: Altruismus nach Dekade und Geschlecht 335
Abbildung 7.8: Charakterfestigkeit nach Dekade und Einträgergruppe 338
Abbildung 7.9: Arbeit und Leistung nach Dekade und Einträgergruppe 339
Abbildung 7.10: Bildung und Erkenntnisstreben nach Dekade und Einträgergruppe 340
Abbildung 7.11: Wahrheitsliebe nach Dekade und Einträgergruppe 341
Abbildung 7.12: Altruismus nach Dekade in Ost und West 343
Abbildung 7.13: Bindung an Familie und Heimat nach Dekade in Ost und West 343
Abbildung 7.14: Gesundheit nach Dekade in Ost und West 357
Abbildung 7.15: Frohsinn und Optimismus nach Dekade in Ost und West 362
Abbildung 7.16: Religiosität nach Dekade in Ost und West 375
Abbildung 7.17: Pflicht und Akzeptanz nach Dekade in Ost und West 394
Abbildung 7.18: Pflicht und Akzeptanz nach Alter in Ost und West 396
Abbildung 7.19: Pflicht und Akzeptanz nach Alter und Bildungsgrad (nur BRD-Peer) 399
Abbildung 7.20: Arbeit und Leistung nach Alter in Ost und West 400
Abbildung 7.21: Vorsicht und maßvolles Handeln nach Dekade in Ost und West 412
Abbildung 7.22: Mut und Zielstrebigkeit nach Dekade in Ost und West 421
Abbildung 7.23: Freundschaft nach Alter in Ost und West 433
Abbildung 7.24: Erinnerung nach Dekade in Ost und West 436
Abbildung 7.25: Freundschaft nach Dekade in Ost und West 437
Abbildung 7.26: ‚Andere' Albuminhalte nach Dekade in Ost und West 447
Abbildung 8.1: Werte im Kontext gesellschaftlicher Modernisierung 476

„Deutscher geblieben: Was ist das, was soll das sein? Definiert man es zunächst einmal nur als eine stärkere Beharrungskraft, mit der am Vertrauten festgehalten wird und Neues also so gut wie möglich ausgesperrt bleibt, so ergibt sich, daß die jeweiligen Mehrheiten der Deutschen westlich und östlich der Elbe (nicht geographisch, sondern bildlich für die Bundesrepublik und die DDR verstanden) fast unmittelbar nach Kriegsende, jedenfalls Jahre vor den beiden Staatsgründungen, in dieser Hinsicht ihren Unterschied entwickelten: Das Beharrungsvermögen drüben stieg gewaltig an, indes es sich hüben schnell verflüchtigte."

Günter Gaus (1983: 173)

1 Einleitung

„Deutscher geblieben". Mit dieser Formel hat Günter Gaus die von ihm wahrgenommenen Unterschiede zwischen Ost- und Westdeutschen mehr als dreißig Jahre nach der deutschen Teilung umrissen. Als ehemals erster Leiter der Ständigen Vertretung der Bundesrepublik in Ostberlin war Gaus zwischen 1974 und 1981 auf Reisen durch die DDR mit vielen Ostdeutschen ins Gespräch gekommen und zu dem Fazit gelangt: Nicht die Ostdeutschen hatten ihre Werte und Normen nach 1945 geändert; vielmehr hatte sich in der westdeutschen Bevölkerung ein Wandel vollzogen. Diese Einschätzung muss noch heute verblüffen. Denn wenn in der DDR mit totalitärem Anspruch die Formung eines „neuen Menschen" mit sozialistischen Werten und Überzeugungen verfolgt wurde: Warum scheiterte dann dieses ambitionierte Erziehungsprogramm? Warum gelang es trotz der umfassenden Umgestaltung seiner Sozialisationsinstanzen dem SED-Staat nicht, die Heranwachsenden wie gewünscht zu „sozialistischen Persönlichkeiten" zu erziehen? Aber auch für die Bundesrepublik ergibt sich eine äquivalente Fragestellung. Warum beharrten die Westdeutschen nach 1945 nicht länger auf den ihnen vertrauten Werten und Normen? Warum öffnete man sich hier neuen Werten und Überzeugungen?
Auch wenn diese Fragen die Zeit der innerdeutschen Teilung und damit einen historisch gewordenen Zeitraum der Bürger betont. So schreibt Durkheim:

„Da Erziehung eine wesentlich soziale Aufgabe ist, kann der Staat ihr gegenüber nicht indifferent sein. Im Gegenteil, alles, was zur Erziehung gehört, muß in irgendeiner Weise seinem Einfluß unterworfen sein" (Durkheim 1972: 39, zuerst 1911).

In Form einer intendierten Einflussnahme auf eine heranwachsende Person hat Erziehung nach Durkheim primär eine integrierende und die Gesellschaft reproduzierende Funktion. Ein Kind ist für ein Leben in seinem Herkunftsmilieu vorzubereiten und zu befähigen. Dem Staat kommt dabei nicht die Aufgabe zu, eine neue „Gemeinschaft des Denkens und Fühlens" (ebd.: 39) zu erschaffen. Das, so Durkheim, kann im Grunde die Gesellschaft nur selbst leisten. Der Staat kann diese Gemeinschaft lediglich „bestätigen, sie aufrecht erhalten und die Individuen ihrer bewußter machen" (ebd.). Allerdings nimmt Durkheim hiervon einige universale Prinzipien aus, die der Staat selbst zu entwerfen und zu vermitteln hat:

„Aber trotz all der Meinungsverschiedenheiten gibt es neuerdings an der Basis unserer Zivilisation eine gewisse Anzahl von Prinzipien, die implizit oder explizit allen gemeinsam sind, die jedenfalls in der Tat nur wenige frei und offen zu leugnen wagen: Achtung vor der Vernunft, vor der Wissenschaft, vor den Ideen und Gefühlen, welche die Basis der demokratischen Moral ausmachen. Die Rolle des Staates ist es, diese wesentlichen Prinzipien zu entwerfen, sie in seinen Schulen lehren zu lassen, darauf zu sehen, daß nirgendwo die Kinder darüber unwissend gelassen werden und daß überall von ihnen mit dem ihnen schuldigen Respekt gesprochen wird" (Durkheim 1972: 40).

Diese Aussage Durkheims wirft ein erhellendes Licht auf den modernen Staat. Zwar hat er primär die Funktion der Reproduktion der Gesellschaft zu erfüllen, aber er tritt zugleich aus dieser Rolle heraus. Der moderne Staat wird selbst zu einem aktiven, Werte vermittelnden Akteur.

Die Rolle des Staats als eines im Rahmen seiner Sozialisationsinstanzen aktiven, das Denken und Fühlen der Personen beeinflussenden Akteurs ist in der Forschung vor allem staatlichen Parteiendiktaturen angetragen worden. In der Tat ist das Interesse des SED-Staats an den Wertvorstellungen und Überzeugungen der ostdeutschen Bevölkerung nicht zu übersehen. So hatte der 1. Sekretär des ZK der SED, Walter Ulbricht, auf einem SED-Parteitag Ende der 1950er Jahre einen Dekalog

1 Einleitung

mit erwünschten Wertvorstellungen verkündet, die als „Grundsätze der sozialistischen Ethik und Moral" (Ulbricht 1960) später auch in grundlegende Rechtstexte der DDR eingegangen sind. Insofern scheint das Interesse des DDR-Staats an den Werten der Ostdeutschen unstrittig. Welches Bild ergibt sich allerdings für demokratisch verfasste Staaten wie die Bundesrepublik? Häufig wird hier auf das im Grundgesetz verankerte weltanschauliche Neutralitätsgebot verwiesen und ein intendiertes Interesse des Staats an den Werten bestritten (vgl. Fees 2000). Aufgrund ihrer föderalen Struktur obliegen allerdings in der Bundesrepublik die Erziehungs- und Bildungsfragen den Bundesländern. Das Interesse des Staats an den Werten der westdeutschen Bevölkerung wurde deshalb auch nicht auf Bundes-, sondern primär auf Landesebene formuliert. Und hier, in den Länderverfassungen der einzelnen Bundesländer, wird man auch fündig. So enthält die Mehrzahl der Länderverfassungen Artikel mit Erziehungs- und Bildungszielen, in denen explizit erwünschte Werte aufgeführt sind. Auch der bundesdeutsche Staat hat demnach ein intendiertes Interesse an den Werten seiner Bevölkerung.

Leitende Forschungsfrage und Aufbau der Arbeit
Im Rahmen dieser Arbeit soll ein neues Schlaglicht auf das Verhältnis zwischen dem Staat und den Werten seiner Bürger geworfen werden. Dabei wird an Durkheim angeknüpft und die These vertreten, dass jeder moderne Staat unabhängig von seiner Herrschaftsform ein Interesse an der Herausbildung bestimmter Werte in seiner Bevölkerung hat. Forschungsleitend ist hierbei folgende Fragestellung: Welches Interesse hat ein Staat an den Werten seiner Bürger und inwiefern gelingt es ihm, diese auch zu beeinflussen? Diese Frage verweist auf ein Arsenal weiterer, damit einhergehender Fragestellungen, denen am Beispiel von DDR und Bundesrepublik nachgegangen wird. An diesen Fragen orientiert sich auch der Aufbau der vorliegenden Arbeit.

Kapitel 2: Was sind Werte?
Zunächst ist zu klären, was im Rahmen dieser Arbeit unter „Werten" verstanden werden soll. In der Soziologie kursiert eine Vielzahl von Wertdefinitionen, und man fragt sich, welche dieser Definitionen sich für die Bildung sozialwissenschaftlicher Theorien besonders eignet. Überraschenderweise wurden trotz der ex-

ponierten Stellung des Wertkonzepts in der Soziologie die verschiedenen Wertdefinitionen bisher kaum auf ihre Fruchtbarkeit für die Theoriebildung untersucht. Insofern scheint es angebracht, sich eingangs ausführlicher mit dem Wertbegriff auseinanderzusetzen. Um hierbei systematisch vorzugehen, werden die einschlägigen soziologischen Wertdefinitionen anhand von methodologischen Kriterien für nützliche wissenschaftliche Begriffe diskutiert. Aufbauend auf die dabei geäußerte Kritik werden im Rahmen dieser Arbeit Werte als Auffassungen vom guten und richtigen Handeln definiert und als Teil der Einstellungen einer Person begriffen. Die theoretische Fruchtbarkeit dieser Definition wird ausführlich begründet, der hier verwendete Wertbegriff zudem gegen verwandte Begriffskonzepte abgegrenzt.

Kapitel 3: Welches Interesse hat ein Staat an den Werten seiner Bevölkerung?
Im darauffolgenden Kapitel stehen der Staat und die von ihm erwünschten Werte im Zentrum. Zunächst wird dargelegt, was in dieser Arbeit unter dem Begriff „Staat" verstanden wird und unter welchen Voraussetzungen man plausibel von staatlich erwünschten Werten sprechen kann. Konkret wird sich an Max Webers Staatsbegriff orientiert und hieraus Schlussfolgerungen zum Interesse des Staats an den Werten seiner Bevölkerung gezogen. Es wird argumentiert, dass man insbesondere dann von staatlich erwünschten Werten sprechen kann, wenn sie in den Ordnungen des Staats explizit benannt werden. Daran anschließend wird der Stand der Erforschung staatlich erwünschter Werte sowie des staatlichen Einflusses auf die Werte in DDR und Bundesrepublik dargelegt. Es wird sich unter anderem zeigen, dass eine vergleichende Analyse der staatlich erwünschten Werte in Ost und West noch aussteht. Diese Forschungslücke wird zum Abschluss des Kapitels geschlossen. Aus relevanten offiziellen Dokumenten werden jeweils staatlich erwünschte Werte der DDR und der Bundesrepublik inhaltsanalytisch herausgearbeitet und aus dem Vergleich eine Typologie staatlich erwünschter Werte gewonnen. Dabei wird primär zwischen den Kernwerten eines Staats, die eng an die jeweilige Staatsform gebunden sind, sowie den staatlich legitimierten Werten, die traditionell in der Bevölkerung vorkommen und auch von anderen Sozialisationsagenturen vertreten werden, unterschieden.

1 Einleitung

Kapitel 4: Wie kann ein Staat Einfluss auf die Werte der Bevölkerung nehmen? In Kapitel 4 werden die Möglichkeiten des Staats diskutiert, die Werte seiner Bevölkerung zu beeinflussen. Ganz allgemein werden mit der direkten sowie der indirekten Einflussnahme zwei Möglichkeiten unterschieden. Als direkte Einflussnahme wird der Versuch des Staats verstanden, im Rahmen der von ihm kontrollierten Sozialisationsinstanzen, insbesondere aber der Schule, Einfluss auf die Werte der Heranwachsenden zu nehmen. Wie sich zeigen wird, hat sich die bisherige Forschung primär mit dieser Art der staatlichen Wertebeeinflussung auseinandergesetzt.

Eine zweite Möglichkeit des Staats stellt hingegen die indirekte Einflussnahme dar. Hierunter lässt sich der Versuch des Staats verstehen, durch Modifikation seiner Rechtsordnungen (Gesetzgebung) eine Veränderung der Verhaltensweisen der Personen zu bewirken, die sich indirekt auch in veränderten Einstellungen und Werthaltungen niederschlagen kann. Die Möglichkeit indirekter staatlicher Beeinflussung von Wertvorstellungen ist bisher kaum systematisch untersucht worden. Sie lässt sich jedoch mithilfe der Theorie der kognitiven Dissonanz von Leon Festinger (1970) theoretisch untermauern. Allerdings ist hierzu Festingers Theorieansatz um das Wertkonzept zu erweitern. Es wird in diesem Zusammenhang argumentiert, dass hinsichtlich einer indirekten Einflussnahme auf die Werte die Rahmenbedingungen eines Staats in den Blick zu nehmen sind. Dabei wird angenommen, dass vor allem die wahrgenommene Repressivität sowie die wahrgenommene Glaubwürdigkeit eines Staats einen Einfluss auf das Verhalten und somit indirekt auch auf die Einstellungen und Werte einer Person ausüben können. Aufbauend auf die Diskussion der Auswirkungen dieser beiden Rahmenbedingungen auf die Verhaltens- und Werteebene von Individuen werden Erklärungsmodelle über die erwartbaren Verhaltensweisen und Wertvorstellungen in DDR und Bundesrepublik zwischen 1949 und 1989 entwickelt. Es wird die These vertreten, dass der DDR-Staat von den Ostdeutschen als eher repressiv und unglaubwürdig wahrgenommen wurde, was ein Beharren auf traditionellen Werten und Verhaltensweisen gefördert hat. Demgegenüber haben die Westdeutschen den bundesdeutschen Staat als glaubwürdig und nicht repressiv wahrgenommen, was eine größere Heterogenität der Werte und Verhaltensweisen in der westdeutschen Bevölkerung befördert, die Verbindlichkeit traditioneller Werte jedoch zunehmend infrage gestellt hat.

Kapitel 5 bis 8: Welche Wirkungen entfaltet der Staat auf die Werte in der Bevölkerung? In den weiteren Kapiteln steht die Frage nach den empirisch feststellbaren Wirkungen staatlicher Einflussnahme auf die Werte einer Bevölkerung im Vordergrund. Dabei wird sich auf die Wirkungen der indirekten Beeinflussung durch die spezifische Gestaltung der staatlichen Rahmenbedingungen in Ost und West konzentriert und die in Kapitel 4 entwickelten Erklärungsmodelle auf ihre empirische Bewährung getestet. Den empirischen Gegenstand der Untersuchung bilden dabei mehr als 2800 Einträge in Poesiealben, die zwischen 1949 und 1989 in DDR und Bundesrepublik geführt wurden. Poesiealben stellen Sammlungen autographer Zeugnisse dar, die zumeist von weiblichen Personen während Kindheit und Adoleszenz angelegt werden. Als Einträger in die Alben fungieren Personen des Face-to-Face-Netzwerks, die zuvor von der Albumbesitzerin bzw. vom Albumbesitzer angesprochen werden. Insofern wird sich in dieser Arbeit eines eher ungewöhnlichen Untersuchungsgegenstands bedient. Er wird in Kapitel 5 zunächst erläutert und seine vielfältigen Analysemöglichkeiten für die soziologische Forschung aufgezeigt. Anschließend werden aus den Erklärungsmodellen für DDR und Bundesrepublik Hypothesen zum erwartbaren Eintragsverhalten zwischen 1949 und 1989 abgeleitet. In Kapitel 6 wird sodann die Erhebung der im Rahmen dieser Arbeit untersuchten Poesiealben aus DDR und Bundesrepublik sowie die Aufbereitung der daraus entnehmbaren Daten dargestellt. Anschließend werden in Kapitel 7 die gebildeten Hypothesen empirisch geprüft. Im abschließenden Kapitel 8 werden die wichtigsten Befunde zusammengefasst und diskutiert sowie weitere Forschungsperspektiven aufgezeigt.

Sprachregelungen
Im Folgenden werden einige Begriffe und Bezeichnungen häufiger verwendet. Für die zentralen Begrifflichkeiten wurden folgende Sprachregelungen getroffen.

Synonyme für den Begriff „Wert"
Die Ausdrücke „Wert", „Werthaltung" sowie „Wertvorstellung" werden in der vorliegenden Arbeit synonym verwendet. Entsprechend der weiter unten ausführlich diskutierten Wertdefinition gilt deshalb: Wert = Werthaltung = Wertvorstellung = Auffassung vom guten und richtigen Handeln.

1 Einleitung

Zur Verwendung des Begriffs „Staat"
Mit „Staat" werden in dieser Arbeit stets individuelle Akteure bezeichnet, die berufsmäßig im Rahmen einer staatlichen Institution agieren. Wenn demnach vom „Handeln" oder dem „Interesse" des Staats die Rede ist, so wird darunter das Handeln bzw. das Interesse von individuellen Akteuren verstanden, die sich im Rahmen staatlicher Institutionen an den Ordnungen des Staats orientieren und ihr Handeln gemäß diesen Ordnungen ausrichten. Dieses Verständnis lehnt sich an Max Webers Staatsbegriff an, der in Kapitel 3 erläutert wird.

Maskuline Bezeichnungen für Albumhalter und Albumeinträger aus sprachökonomischen Gründen
Poesiealben werden überwiegend, allerdings nicht ausschließlich von weiblichen Personen geführt, auch tragen mehr Einträger weiblichen Geschlechts in die Alben ein. Allein aus sprachökonomischen Gründen werden jedoch in dieser Arbeit maskuline Bezeichnungen für Albumhalter und Albumeinträger verwendet. Gemeint sind allerdings stets beide Geschlechter.

2 Der Begriff „Wert"

„Werte" zählen zu den „grundlegenden Konzepten der Sozialwissenschaften" (Klingemann 1981: 453). Allerdings ist der Wertbegriff zugleich umstritten und unterliegt der Gefahr, willkürlich verwendet zu werden (Joas 2005: 13). Bereits im Jahr 1969 hat Rüdiger Lautmann in einer Untersuchung von mehr als vierhundert soziologischen Fachpublikationen insgesamt 178 verschiedene Definitionen des Begriffs festgestellt (Lautmann 1969: 98). Mit der seit den 1970er Jahren verstärkt betriebenen empirischen Wert- und Wertwandelforschung sind seither nochmals eine Vielzahl weiterer Wertdefinitionen hinzugekommen.

Welche der vorhandenen Wertdefinitionen erweist sich für die Erforschung des staatlichen Interesses an den Werten der Bevölkerung, aber auch ganz allgemein für die sozialwissenschaftliche Theoriebildung als besonders fruchtbar? Angesichts der Bedeutung des Wertkonzepts für die Soziologie muss überraschen, dass die im Fach kursierenden Wertdefinitionen bisher nur unzureichend auf ihre Adäquatheit für die Bildung fruchtbarer Theorien hin untersucht wurden (Zecha 2006: 111). Auch wenn gerade in jüngeren Arbeiten wieder verstärkt über den Wertbegriff reflektiert wird (etwa Abendschön 2010: 44–60), so liegt mit der Studie von Lautmann eine ausführlichere Analyse vorhandener Wertdefinitionen schon einige Zeit zurück.

Aufgrund seiner zentralen Bedeutung für die vorliegende Arbeit erfolgt in diesem Kapitel zunächst eine ausführliche Auseinandersetzung mit dem Wertbegriff. Es werden einschlägige Wertdefinitionen auf ihre Adäquatheit für die hier verfolgte Fragestellung, aber auch ganz allgemein für die soziologische Theoriebildung untersucht. Um dabei systematisch vorzugehen, wird auf vier Kriterien für nützliche wissenschaftliche Begriffe zurückgegriffen, die der methodologischen Literatur der Sozialwissenschaften entnommen wurden. Diese Nützlichkeitskriterien werden in den Sozialwissenschaften allerdings nur selten angewandt, so dass deren allgemeine Bekanntheit nicht vorausgesetzt werden kann. Deshalb werden diese Kriterien in Kapitel 2.1 zunächst kurz dargestellt und ihre Relevanz anhand der vermutlich gebräuchlichsten soziologischen Wertdefinition demonstriert. Hierbei handelt es sich um eine Definition von Clyde Klukhohn, der Werte als „conceptions of desirable" (Kluckhohn 1951: 395) inhaltlich bestimmt hat. Daran anschließend wird sich in Kapitel 2.2 weiteren in der Soziologie verbreiteten Wertdefinitionen zugewandt. Diese werden insbesondere auf ihre „Zweckmäßigkeit" für die sozialwissenschaftliche Theoriebildung hin untersucht, welches das wohl wichtigste Nützlichkeitskriterium für wissenschaftliche Begriffe darstellt. Aufbauend auf die Kritik der einschlägigen Wertdefinitionen werden in Kapitel 2.3 Werte als Auffassungen vom guten und richtigen Handeln definiert. Diese Begriffsbestimmung rückt die Werte in den Kontext der Einstellungen einer Person. Das ist eine Sichtweise, die häufiger in der Sozialpsychologie vertreten wird. Die Nützlichkeit dieser Definition wird anschließend ausführlich diskutiert und am empirischen Forschungsgegenstand dieser Arbeit – den Eintragungen in Poesiealben – erläutert. Mit der Klärung des Verhältnisses zu den verwandten Termini Einstellung, Präferenz und Norm in Kapitel 2.4 sowie einem Fazit in Kapitel 2.5 wird die Diskussion des Wertbegriffs abgeschlossen.

2.1 Zur Begriffsbildung in den Sozialwissenschaften

Wissenschaftliche Definitionen werden als notwendig erachtet, wenn die betreffenden Begriffe in der Umgangs- bzw. Alltagssprache mehrdeutig und vage sind.[1] Definitionen helfen dann, diese sprachlichen „Mängel" zu beseitigen (Groeben/Westmeyer 1975: 46; Pawlowski 1980: 52–81). Sie tragen zur Verständlichkeit und Intersubjektivität in der Wissenschaft bei, ermöglichen den wissenschaftlichen Austausch, indem sie sicherstellen, dass man über ein und dasselbe spricht (Groeben/Westmeyer 1975: 47; Schnell/Hill/Esser 2005: 50).
Dass der Begriff „Wert" in der Umgangs- und Alltagssprache mehrdeutig ist, belegt der Blick in einschlägige Wörterbücher.[2] Deshalb ist es erforderlich, in wis-

---

[1] Von „Mehrdeutigkeit" eines sprachlichen Zeichens spricht man, „wenn ein Zeichen mehrere Bedeutungen hat" (Groeben/Westmeyer 1975: 46). Von „Vagheit" wird indes gesprochen, „wenn man für ein Zeichen seine Bedeutung(en) nicht präzise kennzeichnen kann" (ebd.: 47).

[2] In der Regel werden darin fünf verschiedene Verwendungs- und Bedeutungsweisen von „Wert" angeführt: In einer ersten Bedeutung wird der Begriff im ökonomischen Sinne von Preis, Kauf- oder Marktpreis verstanden (Brockhaus-Wahrig 1984: 721; Wahrig 2006: 1652; Göttert 2006: 989; Duden 2007: 1920). In einer zweiten Bedeutung wird der Terminus als Bezeichnung für Ergebnisse aus Messungen, Berechnungen oder Untersuchungen verwendet, wobei die ermittelte Messgröße in der Regel mit Zahlen („Zahlenwerte") ausgedrückt wird (Brockhaus-Wahrig 1984: 722; Wahrig 2006: 1652; Göttert 2006: 989; Du-

2 Der Begriff „Wert"

senschaftlichen Arbeiten genau anzugeben, in welcher Bedeutung der Begriff verwendet wird. Da aber gerade die in den Sozialwissenschaften interessierende normative Bedeutung des Wertbegriffs selbst oft sehr vage ist, wird eine Definition unumgänglich. Als ein „empirischer" Begriff wird in den Sozialwissenschaften der Wertbegriff in der Regel mit einer Nominaldefinition zu präzisieren versucht (Schnell/Hill/Esser 2005: 50).[3] Im Folgenden soll kurz auf die Grundlagen der Bildung von Nominaldefinitionen in den Sozialwissenschaften eingegangen werden. Dies wird als Ausgangspunkt dienen, um zu Kriterien zu gelangen, die eine Einschätzung der wissenschaftlichen Nützlichkeit vorhandener Wertdefinitionen erlauben.

2.1.1 Die zwei Komponenten einer Nominaldefinition

Eine Nominaldefinition besteht aus zwei Komponenten. Dabei handelt es sich um: „1. das ‚Definiendum', jener ‚neue' Begriff, dessen Bedeutung festgelegt wird und 2. das ‚Definiens', jene Begriffe, die den Inhalt des Definiendums darstellen"

---

[3] den 2007: 1920). In einer dritten Bedeutung werden Werte identifiziert mit materiellen Dingen, Sachen und Gegenständen in privatem oder öffentlichem Besitz, denen ein großer materieller Wert zugeschrieben wird (Brockhaus-Wahrig 1984: 721; Göttert 2006: 989; Duden 2007: 1920). Im Rahmen einer vierten, aus der Philosophie stammenden Bedeutung wird der Terminus im Sinne „einer positiven Bedeutung eines Subjekts oder Objekts im Verhältnis zu einem anderen" (Wahrig 2006: 1652) verstanden. Demnach wird einer bestimmten Sache oder einer Person ein Wert beigemessen. Da dies im Vergleich mit anderen Objekten bzw. Personen geschieht, wird hier der Terminus im Sinne eines Maßstabs verwendet (Brockhaus-Wahrig 1984: 721; Wahrig 2006: 1652; Duden 2007: 1920). In einer fünften Bedeutung wird der Begriff schließlich im Sinne einer „Einstellung, Haltung, die für ein Individuum, eine Gruppe od. die Gesellschaft als wichtig u. bestimmten Normen entsprechend angesehen wird" (Wahrig 2006: 1652; ähnlich: Brockhaus-Wahrig 1984: 721; Göttert 2006: 989), verwendet. Man könnte hier auch von einer normativen Bedeutung des Wertbegriffs sprechen (Göttert 2006: 989). In einigen Wörterbüchern werden dem Terminus zwei weitere Bedeutungsgehalte zugeschrieben. So wird der auf einer Briefmarke aufgedruckte Preis ebenfalls als „Wert" bezeichnet (Brockhaus-Wahrig 1984: 722; Göttert 2006: 989; Duden 2007: 1920). Zudem wird „Wert" auch als verkürzter Ausdruck eines „Wertpapiers" bzw. einer Aktie verwendet (Brockhaus-Wahrig 1984: 722; Duden 2007: 1920).
In den Sozialwissenschaften werden zwei Begriffsarten unterschieden. So gibt es zum einen die logischen Begriffe (z.B. und; oder; nicht; wenn ..., dann ... usw.), welche keine realen Dinge (Personen, Objekte, Merkmale) bezeichnen und deren Bedeutung vorausgesetzt wird. Auf der anderen Seite gibt es die „außerlogischen" Begriffe, die auch als empirische Begriffe bezeichnet werden können (vgl. Schnell/Hill/Esser 2005: 50). Auf weitere Möglichkeiten der Definition sozialwissenschaftlicher Begriffe verweist Opp (1995: 108–127).

(Schnell/Hill/Esser 2005: 50). Prinzipiell sind Definiens und Definiendum austauschbar. Das liegt daran, dass es sich bei Nominaldefinitionen um „tautologische Transformationen auf sprachlicher Ebene" (ebd.: 51) handelt. Die prinzipielle Austauschbarkeit von Definiens und Definiendum ermöglicht bei Kenntnis der Definition das Umgehen von langen sprachlichen Umschreibungen zugunsten eines kurzen Begriffs bzw. Zeichens. Neben der allgemeinen Verständlichkeit erfüllen Definitionen demnach eine sprachökonomische Funktion (ebd.).
Die Schwierigkeit jeder Definitionsbildung liegt nun darin, die geeignetsten Begriffe (Merkmale) für das Definiens zu finden. Diese im Definiens benutzten Begriffe sollten für sich genommen präzise und eindeutig sein.[4] Trifft dies nicht zu, müssen die benutzten Ausdrücke wiederum selbst zu jeweils einem Definiendum gemacht und definiert werden. Dies führt zur Produktion immer weiterer Definitionen, die zur Vermeidung eines „infiniten Regresses" irgendwann an einer Stelle abgebrochen werden müssen. Die Bedeutung bestimmter Begriffe muss dann als allgemein klar verständlich vorausgesetzt werden (ebd.).

Was folgt hieraus für die Definition des Begriffs „Wert"?
Das sprachliche Zeichen Wert stellt das Definiendum der Nominaldefinition dar. Das ist soweit unstrittig. Keine Einigkeit herrscht jedoch in den Sozialwissenschaften darüber, welche Begriffe dem Definiens sinnvollerweise zugeordnet werden sollten. Angesichts der Vielzahl kursierender Definitionsvorschläge (siehe Lautmann 1969) stellt sich die Frage, welche der vorhandenen Wertdefinitionen sich als besonders fruchtbar erweist. Um dies zu klären, bedarf es methodologischer Kriterien, die eine Beurteilung der wissenschaftlichen Nützlichkeit von Definitionen erlauben.

2.1.2 Kriterien der wissenschaftlichen Nützlichkeit von Definitionen

Kriterien für nützliche Begriffsdefinitionen gehören zu den methodologischen Grundlagen in den Sozialwissenschaften. Deshalb muss verwundern, dass die explizite Anwendung dieser Nützlichkeitskriterien nicht nur unter Soziologen eher

---

[4] Siehe Opp (1995: 108). Auch Schnell, Hill und Esser fordern implizit „Eindeutigkeit" als eine Eigenschaft des Definiens (vgl. Schnell/Hill/Esser 2005: 51).

2 Der Begriff „Wert"

die Ausnahme bildet. Dabei helfen sie durchaus geeignete wissenschaftliche Begriffe zu formen, die wiederum eine wichtige Voraussetzung für die Formulierung fruchtbarer sozialwissenschaftlicher Theorien sind (Pawlowski 1980: 91). Die Kriterien der wissenschaftlichen Nützlichkeit stellen oft bestimmte Anforderungen an die „Intension" bzw. „Extension" von Begriffen (Groeben/Westmeyer 1975: 49; Pawlowski 1980: 88ff; Schnell/Hill/Esser 2005: 52). Was wird darunter verstanden?

Die intensionale und extensionale Bedeutung eines Begriffs
In der Literatur wird die intensionale bzw. extensionale Bedeutung eines Begriffs wie folgt definiert. Die intensionale Bedeutung eines Begriffs „umfasst die Menge der Merkmale (Attribute, Eigenschaften), die gegeben sein müssen, damit Objekte (Personen, Gegenstände) mit diesem Begriff bezeichnet werden können" (Schnell/Hill/Esser 2005: 52). Die extensionale Bedeutung eines Begriffs „umfasst die Menge aller Objekte, die die Intension des Begriffs erfüllen. Die Extension beschreibt also den Anwendungsbereich des Begriffes" (ebd.: 52). Mit anderen Worten: Die Intension zielt auf den ‚Begriffsinhalt', die Extension dagegen auf den ‚Begriffsumfang'. Ein Beispiel soll die intensionale bzw. extensionale Bedeutung eines Begriffs verdeutlichen; es wird hierbei auf die prominente von Clyde Kluckhohn stammende Wertdefinition zurückgegriffen:

> „A value is a conception, explicit or implicit, distinctive of an individual or characteristic of a group, of the desirable which influences the selection from available modes, means, and ends of action" (Kluckhohn 1951: 395).

Das Definiens der Definition enthält als intensionale Bedeutung: jegliche Auffassung[5] vom Wünschenswerten, welche die Auswahl der zugänglichen Weisen, Mittel und Ziele des Handelns beeinflusst. Inwiefern diese inhaltliche Bestimmung von Werten sinnvoll ist, wird weiter unten diskutiert. Festzuhalten ist jedoch, dass die Intension von Kluckhohn so gestaltet ist, dass die Extension, d.h. die Menge der Sachverhalte, die nach dieser Definition als Werte angesehen werden können,

---

[5] Ob Auffassungen implizit oder explizit bzw. von Gruppen oder einzelnen Individuen vertreten werden, ist redundant (vgl. Lautmann 1969: 47).

im Unbestimmten verbleibt. Wer diese Definition anwenden möchte, ist daher aufgefordert, empirisch genau zu bestimmen, für welche Sachverhalte die vorgeschlagene Intension (Auffassungen des Wünschenswerten, die das Handeln einer Person beeinflussen) zutrifft (vgl. Schnell/Hill/Esser 2005: 52). Es stellt sich die Frage: Ist die von Kluckhohn vorgeschlagene Definition auch wissenschaftlich nützlich?

Kriterien für nützliche Definitionen
In der Literatur zu methodologischen Fragen der Sozialwissenschaften werden hauptsächlich zwei formale Kriterien für nützliche Definitionen als wichtig erachtet (Groeben/Westmeyer 1975: 49; Pawlowski 1980: 88ff; Schnell/Hill/Esser 2005: 52). Sie zielen auf den Umfang der intensionalen bzw. extensionalen Bestimmtheit von Begriffen. Nach Norbert Groeben und Hans Westmeyer lautet eine Faustregel für nützliche Begriffsdefinitionen: „extensionale Unbestimmtheit bei einem ausreichendem Maß an intensionaler Bestimmtheit" (Groeben/Westmeyer 1975: 49).

Erstes Kriterium: Extensionale Unbestimmtheit
Extensionale Unbestimmtheit meint, dass der Anwendungsbereich eines Begriffs möglichst weitgefasst werden sollte, das heißt, dass möglichst viele Sachverhalte, Gegenstände, Objekte unter diesen Begriff fallen können (ebd.: 48). Dies ist, wie sich gezeigt hat, bei der Definition nach Clyde Kluckhohn der Fall. Die Menge jener Sachverhalte, die als Auffassungen von Wünschenswertem mit Handlungsrelevanz und damit als Werte im Sinne Kluckhohns gelten können, ist nicht festgelegt. Wird ein Sachverhalt empirisch neu ‚entdeckt', welcher der Intension der Definition entspricht, dann lässt sich dieser als Wert im Sinne Kluckhohns auffassen.
Extensional unbestimmte Begriffe, wie der Begriff Wert, aber auch andere Termini wie etwa „Reiz", „Reaktion", „Rollen", „Einstellung", „kognitive Elemente" usw. werden für die Wissenschaft als wichtig erachtet (ebd.: 49). Es sind Begriffe, die jeweils eine Vielzahl von bestimmten Sachverhalten subsumieren. Sie sind zudem jederzeit erweiterbar. Das heißt, sie nehmen grundsätzlich jeden weiteren neu entdeckten Sachverhalt mit entsprechenden Merkmalen auf (ebd.).

Zweites Kriterium: Intensionale Bestimmtheit
Intensionale Bestimmtheit meint, dass alle Merkmale, die der Begriff aufweisen soll, bekannt sind, dass die Anzahl der Merkmale endlich und die Aufnahme weiterer Merkmale (Attribute, Eigenschaften) nicht zulässig ist (ebd.: 48). Für wissenschaftlich nützliche Begriffe wird mindestens ein „ausreichendes Maß" (ebd.: 49) intensionaler Bestimmtheit gefordert. Dieses liegt vor, „wenn es eine Menge von Attributen gibt, man könnte sie als Kernintension des Begriffs bezeichnen, die hinreichend und notwendig (zumindest unter bestimmten Bedingungen) sind für die Subsummierung eines Gegenstandes unter den entsprechenden Begriff" (ebd.: 49f). Das heißt, nur ein „Komplex der wesentlichen Merkmale" (Pawlowski 1980: 90) sollte das Definiens einer Nominaldefinition zur Bestimmung eines Gegenstands umfassen. Als wesentlich werden dabei diejenigen Merkmale von Gegenständen aufgefasst, von denen viele weitere Merkmale dieser Gegenstände abhängen (ebd.).
Wie verhält es sich nun mit der intensionalen Bestimmtheit von Kluckhohns Wertdefinition? Diese weist im Grunde nur zwei Merkmale auf: 1. Ein Wert stellt eine Auffassung von etwas Wünschenswertem dar. 2. Ein Wert beeinflusst die Handlungen von Personen. Diese beiden Merkmale bilden die Kernintension der Definition. Damit ist offenbar ein ausreichendes Maß an intensionaler Bestimmtheit gegeben. Die Frage, die sich hier jedoch anschließen muss, zielt weniger auf die formale Beschaffenheit als auf die inhaltliche Ebene der Definition. Bilden die beiden genannten Merkmale zusammengenommen auch eine wissenschaftlich nützliche Kernintension des Wertbegriffs? Eignet sich die Festlegung auf diese beiden Merkmale dazu, dem komplexen Phänomen der Werte von Personen auch gerecht zu werden? Bevor sich dieser Frage zugewandt wird, soll auf ein weiteres formales Kriterium zur Beurteilung der Nützlichkeit von Begriffen verwiesen werden.

Drittes Kriterium: Präzision und Eindeutigkeit der Intension
Die Forderung nach einem hohen Grad an Bestimmtheit der Intension zielt nur auf den formalen Umfang der Intension (endliche, überschaubare Anzahl der Merkmale). Dabei wird gefordert, sich auf einen Kern von Merkmalen zu beschränken. In der Literatur findet sich eine weitere Anforderung an die Intension eines Begriffs. Es wird gefordert, mithilfe entsprechender Definitionsprozesse eine Vagheit der Intension zu vermeiden (Schnell/Hill/Esser 2005: 52). Sie sollte vielmehr

möglichst präzise und eindeutig sein (vgl. Opp 1995: 127ff). Präzise ist nach Karl-Dieter Opp ein Begriff, wenn „man relativ häufig entscheiden kann, ob bestimmte Ereignisse von einem Begriff bezeichnet werden oder nicht. ‚Eindeutigkeit' besagt, daß relativ häufig gleiche Sachverhalte einem Begriff zugeordnet werden" (Opp 1995: 211). Präzise und eindeutige Begriffe werden gefordert, um die Kommunikation mit anderen Wissenschaftlern zu gewährleisten und ihnen die Möglichkeit zur Kritik der Theorie einzuräumen. Zugleich wird einer „Dogmatisierung" (ebd.: 130) der Begriffe vorgebeugt.

Mit Blick auf die Beispieldefinition von Clyde Kluckhohn stellt sich die Frage, ob diese auch dem Kriterium der Präzision und Eindeutigkeit der Begriffsintension genügt. Hier erweist sich die Definition als problematisch. Denn was ist konkret mit dem Ausdruck „Auffassung vom Wünschenswerten" gemeint? Vor allem der Begriff des „Wünschenswerten" (desirable) erscheint unpräzise und uneindeutig (bereits Lautmann 1969: 38). So kann nicht entschieden werden, ob ein bestimmter Sachverhalt nicht als ein Wert ausgewiesen werden kann. Denn grundsätzlich können Personen von jedem beliebigen Gegenstand oder Sachverhalt eine Auffassung vom „Wünschenswerten" entwickeln. In der Tat folgt aus der mangelnden Präzisierung der Definition eine schier unbegrenzte Anzahl an Werten. Die Wertdefinition von Kluckhohn erweist sich somit aufgrund der Verwendung des unpräzisen und uneindeutigen Begriffs „wünschenswert" (desirable) als problematisch. Dieser Begriff eignet sich offenbar nicht zur inhaltlichen Bestimmung von Werten.[6]

Viertes Kriterium: Die theoretische Fruchtbarkeit bzw. Zweckmäßigkeit einer Definition
Die bisherigen Kriterien für nützliche Begriffsdefinitionen in den Sozialwissenschaften zielten vornehmlich auf die formale Beschaffenheit des Definiens einer Nominaldefinition. Ein viertes Kriterium, welches in der sozialwissenschaftlichen Methodologie genannt wird, verweist hingegen auf die praktische Anwendbarkeit der Begriffsdefinition im Rahmen von Theorien. Dieses Kriterium zielt somit auf die inhaltliche Ebene der Begriffsdefinition und kommt auch in der Forderung

---

[6] Es lassen sich Werte, die auf Wünschen basieren, problemlos auf materielle Dinge und Güter beziehen. Hierbei besteht jedoch die Gefahr, dass Wert und Gut gleichgesetzt werden (Lautmann 1969: 36). Damit würde eine Vermischung der beiden verschiedenen Bedeutungen von Werten als materiellen Dingen sowie Werten als Einstellung Vorschub geleistet.

2 Der Begriff „Wert"

nach einer „theoretischen Fruchtbarkeit" (Opp 1995: 130–132) von Begriffen zum Ausdruck. Es wird gefragt, inwiefern die postulierten Merkmale, welche die Kernintension bilden, zweckmäßig sind für die Bildung fruchtbarer sozialwissenschaftlicher Theorien. Tadeusz Pawlowski bringt den Zusammenhang von Theorie und Zweckmäßigkeit einer Definition wie folgt auf den Punkt: „Über den Wert einer Theorie und auch über die Nützlichkeit von Definitionen der zu dieser Theorie gehörenden Begriffe entscheidet also die Übereinstimmung der Theorie mit der Erfahrung sowie einige ihrer praxeologischen Vorzüge: Wirksamkeit, Ökonomie, Ergiebigkeit" (Pawlowski 1980: 91). Somit stellt die Zweckmäßigkeit der angegebenen Merkmale ein weiteres bedeutsames Kriterium für die Nützlichkeit von Begriffen dar.

Wie lässt sich die theoretische Fruchtbarkeit von Kluckhohns Wertdefinition beurteilen? Eine Bewertung ist, wie beschrieben, nur im Rahmen einer Theorie möglich. Hierzu ist allerdings der Entstehungskontext von Kluckhohns Wertdefinition zu Beginn der 1950er Jahre zu berücksichtigen. Kluckhohns einschlägige Wertdefinition findet sich nicht nur in einer Publikation von Talcott Parsons, dem zu jener Zeit unbestritten führenden Sozialwissenschaftler (vgl. weiterführend Mühler 2008: 136). Sie spiegelt zudem auch eine Kernprämisse von dessen damals vorherrschender Theoriekonzeption wider: das Postulat der direkten Beeinflussung des Handelns einer Person durch deren Wertorientierungen. Mit anderen Worten: Kluckhohns Wertdefinition ist der Wertbegriff des Strukturfunktionalismus. Insofern bewährt sich Kluckhohns Wertbegriff gerade im Kontext systemischer oder funktionalistischer Theoriekonzepte. Verlässt man allerdings diese eher empiriefernen Konzeptionen, gestaltet sich die Anwendung der Definition schon deutlich schwieriger. Denn empirisch lässt sich das Kernpostulat eines direkten Durchschlags der Werte auf das Handeln nur bedingt aufrechterhalten. So können zwar Werte durchaus das Handeln beeinflussen. Allerdings ist auch die Beobachtung zutreffend, dass Personen angeben, einen bestimmten Wert zu vertreten, jedoch nicht nach diesem auch tatsächlich handeln. Weiter unten wird dieser Punkt noch weiter vertieft. An dieser Stelle reicht es aus festzuhalten, dass offenkundig eine eher unzureichende Übereinstimmung von Kernintension und empirisch beobachtbaren Sachverhalten besteht, was die Zweckmäßigkeit von Kluckhohns Definition einschränkt.

Fazit zu den Anforderungen an sozialwissenschaftliche Begriffe
Aus der Darstellung der Kriterien für nützliche Definitionen ergeben sich vier Anforderungen an sozialwissenschaftliche Begriffe:

1. Unbestimmtheit der Extension (hohe ‚Aufnahmefähigkeit' von Sachverhalten)
2. Bestimmtheit der Intension (endliche Anzahl geeigneter Begriffsmerkmale)
3. Präzision und Eindeutigkeit der Intension (präzise und eindeutige Begriffsmerkmale)
4. Zweckmäßigkeit des Begriffs (Eignung für Theorien, empirische Bewährung)

Mithilfe dieser Kriterien kann die wissenschaftliche Nützlichkeit konkurrierender Definitionen für häufig verwendete Begriffskonzepte eingeschätzt werden. Dies soll im Folgenden anhand der in der Soziologie geläufigsten Wertdefinitionen erfolgen.

2.2 Definitionen des Wertbegriffs in der Soziologie

Soziologen haben eine Vielzahl von Wertdefinitionen hervorgebracht. Bei näherer Betrachtung lässt sich allerdings feststellen, dass sich diese oft kaum voneinander unterscheiden. Vielmehr verfügen sie häufig über die selbe oder aber eine sehr ähnliche Kernintension. Es gibt jedoch auch konkurrierende Wertdefinitionen, die zum Teil auf recht unterschiedlichen Kernintensionen beruhen. Die Durchsicht einschlägiger Nachschlagewerke und der Blick in die relevante Literatur soziologischer Wert- und Wertwandelforschung ergeben, dass in der Soziologie hauptsächlich drei Kernintensionen des Wertbegriffs unterschieden werden können. Am häufigsten greifen Soziologen auf die bereits näher analysierte Wertdefinition von Clyde Kluckhohn zurück, mit der Werte als „Auffassungen vom Wünschenswerten" gekennzeichnet werden.[7] Im Rahmen einer zweiten Verwendungsweise des

---

[7] Peter Kmieciak (1976) bezeichnet die Wertdefinition von Kluckhohn als den „gemeinsamen Bezugspunkt" (ebd.: 148) der Soziologie, wenn es um die definitorische Bestimmung von Werten geht. Einen Überblick über ältere soziologische Literatur, die auf Kluckhohns Definition zurückgreift, bietet Lautmann (1969: 37 beziehungsweise die dort in den Anmerkungen 184 – 186 aufgeführte Literatur). Auch in der jüngeren Wertforschung erfreut sich

2 Der Begriff „Wert" 19

Begriffs werden Werte hingegen als „Standards selektiver Orientierung" definiert. Ein drittes Begriffsverständnis kann der empirischen Wertwandelforschung entnommen werden. Hier versteht man Werte des Öfteren als „Repräsentationen menschlicher Bedürfnisse". Im Folgenden soll die Zweckmäßigkeit dieser in der Soziologie hauptsächlich verwendeten Wertdefinitionen diskutiert werden.[8] Es wird sich zeigen, dass jede dieser drei populären Definitionen mit Problemen behaftet ist. Aufbauend auf die geäußerte Kritik wird im Anschluss eine zweckmäßigere Wertdefinition vorgeschlagen.

2.2.1 Werte als „Auffassungen vom Wünschenswerten"

Die Präzisierung des Begriffs „desirable"
Auf Clyde Kluckhohns Wertdefinition war bereits näher eingegangen worden. Unter anderem war darauf hingewiesen worden, dass der Begriff „desirable" ein entscheidendes, jedoch unpräzises Element dieser Begriffsdefinition darstellt (Rudolph 1959: 62; Lautmann 1969: 37). Kluckhohn hat ihn wie folgt zu präzisieren versucht:

> „The desirable is what it is felt or thought proper to want. It is what an actor or group of actors desire – and believe they ‚ought' or ‚should' desire – for the individual or a plurality of individuals" (Kluckhohn 1951: 396).

Das Wünschenswerte ist demnach etwas, von dem man empfindet oder denkt, es sei richtig es zu begehren (want). Es wird von einer Person oder einer Gruppe gewünscht, wobei die Person beziehungsweise die Gruppe der Überzeugung (belief) ist, dass sie es auch wünschen sollte. In der Tat wird mit dieser zusätzlichen

---

[8] die Begriffsdefinition von Kluckhohn noch immer größerer Beliebtheit (vgl. Meulemann 1996: 49; Joas 2005: 15).
Wenn sich im Folgenden vor allem auf die Zweckmäßigkeit vorliegender Wertbegriffe konzentriert wird, so deshalb, weil zum einen die vorliegenden Wertdefinitionen den Forderungen nach „intensionaler Bestimmtheit" beziehungsweise „extensionaler Unbestimmtheit" in der Regel gerecht werden. Andererseits ist das Kriterium der „Präzision und Eindeutigkeit" stets an eine Überprüfung am konkreten Fall geknüpft. Das heißt, es müsste jede bereits konkret vorliegende Wertdefinition auf dieses Kriterium hin überprüft werden. Dies würde den Rahmen dieser Arbeit sprengen. Daher soll sich auf die Forderung nach einer großen „theoretischen Fruchtbarkeit" der häufigsten Hauptmerkmale (Kernintensionen) von Wertdefinitionen konzentriert werden.

Definition des Begriffs „desirable" die bisherige Wertdefinition von Kluckhohn präzisiert. So wird unter anderem nun bestimmbar, was etwa nicht als ein Wert aufgefasst werden kann. Mit der Präzisierung wird zudem deutlich, dass Kluckhohn unter Werten vor allem Auffassungen über eine ganz spezifische Kategorie von Wünschen versteht. Ein Wert ist demnach eine Auffassung von einem Wunsch, der zum einen tatsächlich geäußert wird (eine Person oder eine Gruppe wünscht sich X). Zum anderen muss dieser Wunsch zugleich den Meinungen bzw. Überzeugungen der Person oder der Gruppenangehörigen über ein normatives Verhalten entsprechen (eine Person oder eine Gruppe meint, es ist richtig X zu wünschen beziehungsweise man sollte X wünschen).

Wie zweckmäßig ist Kluckhohns Wertdefinition?
Wie zweckmäßig ist Kluckhohns Wertdefinition, wenn man die vorgenommene Präzisierung des Begriffs „wünschenswert" berücksichtigt? Wie bereits dargelegt, besteht Kluckhohns Wertdefinition aus zwei Merkmalen, die zusammengenommen die Kernintension bilden.

1. Werte sind „Auffassungen vom Wünschenswerten". Durch die Präzisierung heißt das: Werte sind Auffassungen von tatsächlichen Wünschen, von denen die Wünschenden der Überzeugung sind, es sei richtig, diesen Wunsch zu äußern.

Mit der zusätzlichen Definition des Begriffs „desirable" gelingt es Kluckhohn in der Tat die Nützlichkeit seiner Begriffsdefinition zu verbessern. Die bisherige Beliebigkeit des „Wünschenswerten" wird mit der Präzisierung eingeschränkt. Dennoch stellt sich die Frage, inwiefern es sinnvoll erscheint, Werte über den ‚Umweg' der Wünsche zu erfassen. Denn wie sich gezeigt hat, müssen die Wünsche den individuellen Überzeugungen über normatives Verhalten entsprechen. Wenn jemand meint, es ist richtig, X zu wünschen beziehungsweise man sollte X wünschen, so setzt dies implizit voraus, dass der Wünschende eine Vorstellung beziehungsweise Auffassung davon hat, was richtiges Verhalten ist beziehungsweise wie man handeln sollte. Die Wünsche leiten sich demnach aus den Auffassungen über normatives Verhalten ab. Wenn aber die Auffassungen (Einstellungen, Meinungen, Überzeugungen) von Individuen über normatives Verhalten den betreffenden Wünschen zugrunde gelegt werden, dann erscheint eine Definition der

2 Der Begriff „Wert"

Werte über den Umweg der Wünsche als redundant. Vielmehr ist daher unmittelbar nach den zugrunde liegenden Auffassungen über normatives Verhalten zu fragen.[9]

2. Verhalten ist immer durch Werte beeinflusst.

Der zweite Bestandteil der Kernintension von Kluckhohns Definition ist die Aussage, dass ein Wert „die Auswahl der zugänglichen Weisen, Mittel und Ziele des Handelns beeinflusst" (Kluckhohn 1951: 395, hier zitiert in der Übersetzung von Rüdiger Lautmann 1969: 46). Damit wird ein direkter und unmittelbarer (wenn auch unpräziser) Zusammenhang zwischen Werten und Handeln unterstellt. Werte beeinflussen demgemäß immer – wenn auch in unterschiedlicher Form – das Verhalten. Das Postulat der Verhaltensbeeinflussung durch Werte stellt ein verhältnismäßig ‚hartes' Postulat dar. Als Bestandteil einer Wertdefinition erscheint es eher unzweckmäßig. Denn es stellt sich die Frage, ob sich diese postulierte Eigenschaft von Werten auch mit der Erfahrung deckt. Beeinflussen die Auffassungen vom Wünschenswerten auch tatsächlich immer unser Handeln? Das unterstellt eine Wertdefinition, die das Postulat einer Verhaltensbeeinflussung in ihre Kernintension aufnimmt. Lediglich zu postulieren, dass es die Werte sind, die – als Teil der Präferenzen der Individuen – das Verhalten der Individuen steuern, erweist sich als wenig überzeugend und ist zurecht von Verfechtern des ökonomischen Verhaltensmodells kritisiert worden (u.a. Stigler/Becker 1977: 78; Frey 1997: 20; Lindenberg 1984: 99; Hechter 1993: 9; Kirchgässner 2008: 38). Aussagen über die Verhaltensrelevanz gehören deshalb eher in eine Theorie als in eine Begriffsdefinition. Die Frage nach der Verhaltensbeeinflussung durch Werte ist folglich als eine erst zu klärende wissenschaftliche Problemstellung aufzufassen (Hechter 1993: 5; Schwartz 1993: 183; Hitlin/Piliavin 2004: 360). Eine lediglich per definitionem postulierte Verhaltensregulierung durch internalisierte Werte ist als unzweckmäßig abzulehnen.

Fassen wir die Kritik an der oft zitierten Wertdefinition von Kluckhohn zusammen:

---

[9] Dass „Werte" und „Wünsche" in empirischen Untersuchungen hoch korrelieren können, wird von Kritikern keineswegs bestritten (vgl. Lautmann 1969: 37). Auch werden Wünsche als durchaus „gültige und zuverlässige Indikatoren für Wertvorstellungen" (ebd.: 37) angesehen. Jedoch wird von der Verwendung der Wörter „Wunsch" oder „wünschenswert" in Wertdefinitionen abgeraten (ebd.: 36ff).

1. Die ursprüngliche Definition verwendet den unpräzisen Ausdruck des „Wünschenswerten" („desirable"). Die fehlende Präzision dieses Begriffs bewirkt, dass nicht entschieden werden kann, was nicht als wünschenswert erscheint. Daher eignet sich die Wertdefinition in dieser Form nicht für sozialwissenschaftliche Theorien.
2. Die Präzisierung, die Kluckhohn durch die zusätzliche Definition des Begriffs „desirable" vornimmt, führt zu einer Verbesserung der Nützlichkeit seiner Wertdefinition. Werte können nun als Auffassungen von Wünschen verstanden werden, die geäußert werden und die den individuellen Überzeugungen über normatives Verhalten entsprechen müssen. Da diese Wünsche auf den individuellen Auffassungen über normatives Verhalten basieren, kann allerdings auf die Bestimmung von Werten über den Umweg der Wünsche (desire) verzichtet werden.
3. Als eher unzweckmäßig erweist sich zudem die Integration des Postulats der Verhaltensbeeinflussung in die Wertedefinition. Unter welchen Bedingungen die Werte das Handeln einer Person beeinflussen, ist eine Fragestellung, die es im Rahmen einer Theorie zu klären und empirisch zu prüfen gilt. Man sollte sie nicht per se postulieren.

2.2.2 Werte als „Standards selektiver Orientierung"

Eine weitere, in der soziologischen Literatur häufiger zu findende inhaltliche Bestimmung des Begriffs versteht Werte als „Standards selektiver Orientierung" beziehungsweise als „allgemeine Orientierungsleitlinien" für menschliches Handeln. Ein früher Definitionsvorschlag mit dieser Kernintension stammt von Wolfgang Rudolph (1959). Seine Wertdefinition lautet:

> „Ein kultureller Wert ist ein sozial sanktionierter, kulturell typisierter und psychisch internalisierter Standard selektiver Orientierung für Richtung, Intensität, Ziel und Mittel des Verhaltens von Angehörigen des betreffenden soziokulturellen Bereichs" (Rudolph 1959: 164).[10]

---

[10] An dieser Definition haben sich eine Reihe weiterer Werte-Forscher orientiert. Vgl. hierzu etwa die Wertdefinitionen von Kmieciak (1976: 150); Schuppe (1988: 16); Hillmann (2007: 962).

2 Der Begriff „Wert"

Bei näherer Betrachtung fällt auf, dass es sich bei dieser Wertdefinition um eine Variante bzw. den Versuch einer Präzisierung der Kluckhohnschen Wertdefinition handelt (Kmieciak 1976: 148). Der Begriff der „Auswahl" ist hier mit „selektiver Orientierung" umschrieben, der Ausdruck „Auffassung" ist mit dem Begriff „Standard" ersetzt.[11] Der Unterschied zu Kluckhohns Definition besteht darin, dass hier offenbar auf den Begriff des „Wünschenswerten" verzichtet wird. Dies ist jedoch nur scheinbar der Fall. Denn anders als bei Kluckhohn findet sich in der Definition von Rudolph der Hinweis, dass es sich bei Werten um „sozial sanktionierte", „kulturell typisierte" sowie „psychisch internalisierte" Phänomene in Form von „Standards" handelt. Das (kollektiv) „Wünschenswerte" ist somit nicht verschwunden. Es ist vielmehr in die Ausdrücke „sozial sanktioniert" und „kulturell typisiert" sowie in den Begriff „Standard" transformiert. Zudem ist qua Definition festgelegt, dass Werte als kognitiv „internalisierte" Phänomene zu betrachten sind (Kmieciak 1976: 148). Gemäß dieser Definition stellen Werte also internalisierte Standards dar, die innerhalb einer Bevölkerung allgemein anerkannt und verbreitet sind. Unter dem Einfluss der umgebenden Kultur eines Individuums werden sie durch Lernprozesse in Form von Konditionierung bereits in frühester Kindheit erworben (Rudolph 1959: 67f).

Wie zweckmäßig ist die Bestimmung von Werten als „Standards selektiver Orientierung"?
Hinsichtlich der Frage nach der Zweckmäßigkeit dieser Wertdefinition sollten zwei Fälle unterschieden werden. Zum einen ist die Nützlichkeit der Definition unter Beibehaltung der Annahme der Internalisierung von Werten zu prüfen. Zum anderen ist die Nützlichkeit der Definition zu beurteilen, wenn man auf Internalisierung als Merkmal der Wertdefinition verzichtet. Diese Unterscheidung scheint angebracht, da nicht jeder Forscher, der Werte als „Standards selektiver Ordnung" definiert, auch das Postulat der Internalisierung akzeptiert. Es sollen deshalb beide Varianten auf ihre Zweckmäßigkeit hin untersucht werden.

---

11 Freilich verbleibt auch bei dieser Wertdefinition der modus operandi der Werte (Boudon/Bouricaud 1992: 659) im Unklaren. Das heißt, es wird lediglich eine „Auswahlfunktion" der internalisierten Werte bei der Wahl von Handlungsalternativen apostrophiert, jedoch wird nicht geklärt, wie und unter welchen Bedingungen die Auswahlfunktion zum Tragen kommt.

Die Zweckmäßigkeit von Werten als „internalisierte Standards selektiver Orientierung"

Mit dem Terminus Internalisierung wird in der Soziologie etwas vage der Vorgang bezeichnet, bei dem die in einer Bevölkerung allgemein akzeptierten Werte und Normen kognitiv und affektuell in eine Persönlichkeit integriert werden. Die kognitive Verankerung in der Persönlichkeitsstruktur wird dabei als eine eher unbewusste Übernahme verstanden. Zudem wird eine Verhaltensbeeinflussung der internalisierten Inhalte (Werte und Normen) angenommen.[12]

Ist die Integration dieser soziologischen Vorstellung von Internalisierung als Merkmal einer Wertdefinition zweckmäßig? Zwei Gründe sprechen eher dagegen. Zum einen wird mit diesem Merkmal die Extension des Wertbegriffs unnötig eingeschränkt. Denn es bleiben all jene Werte unberücksichtigt, die eben nicht durch eine eher unbewusste Übernahme tief im kognitiven System einer Person verankert und emotional ‚aufgeladen' sind. In Kapitel 3 wird sich zeigen, dass in staatlichen Rechtstexten eine Vielzahl von Werten benannt wird, bei denen kaum anzunehmen ist, dass diese durch unbewusste Übernahme internalisiert werden. Nichtsdestotrotz handelt es sich um Wertvorstellungen. Sie werden jedoch bei Vorliegen eines Internalisierungspostulats nicht berücksichtigt. Ein zweites Argument schließt unmittelbar daran an. Werte können als mentale Dispositionen verstanden werden, unabhängig vom ‚Grad' der Internalisierung. Das heißt, es erscheint hinreichend Werte ganz allgemein als Kognitionen zu kennzeichnen. Auf einschränkende Angaben, wie etwa eine Person zu diesen Kognitionen gelangt (z.B. unbewusste Übernahme) oder wie tief sie in der Persönlichkeitsstruktur einer Person integriert sind (z.B. affektuelle, verhaltensbeeinflussende Integration), kann indes verzichtet werden. Es kann plausibel angenommen werden, dass eine Werthaltung von Person zu Person kognitiv unterschiedlich stark ausgeprägt sein kann. Bei der einen Person mag sie affektuell aufgeladen und handlungsleitend sein. Bei einer anderen Person kann sie hingegen lediglich als Kenntnis bzw. Teil des Wissens mental vorliegen. Um der Forderung nach einer hohen Extension des Wertbegriffs nachzukommen, scheint es deshalb sinnvoll, Werte lediglich allgemein als Kognitionen aufzufassen. Von weiteren, die Extension einschränkenden Merkmalen (z.B. „tief verinnerlicht", „unbewusst übernommen", „affektbeladen", „verhaltensbeeinflussend" usw.) sollte indes abgesehen werden.

---

[12] Eine Diskussion verschiedener Definitionen von „Internalisierung" in der Soziologie findet sich in Mühler (2008: 60–64).

2 Der Begriff „Wert"

Die Zweckmäßigkeit von Werten als „Standards selektiver Orientierung"
Es stellt sich die Frage, ob durch Verzicht auf das Internalisierungspostulat die theoretische Fruchtbarkeit dieser Kernintension erhöht wird. Ist eine Definition, die Werte lediglich als „Standards selektiver Orientierung" bzw. „Orientierungsleitlinien für menschliches Verhalten" begreift, zweckmäßiger? Eine Wertdefinition, die auf die Internalisierungsannahme verzichtet, findet sich unter anderem im Wörterbuch für Soziologie (Hillmann 2007). Ein Wert wird darin definiert als „eine grundlegende, zentrale, allg[emeine] Zielvorstellung und Orientierungsleitlinie für menschl[iches] Handeln und soziales Zusammenleben innerhalb einer Subkultur, Kultur oder sogar im Rahmen der Menschheit" (Hillmann 2007: 962). Für den Ausdruck „Standards selektiver Orientierung" wird hier lediglich die analoge Bezeichnung „allgemeine und grundlegende Orientierungsleitlinie" verwendet.[13] In der Tat können mit dieser Definition nunmehr auch nicht tief verinnerlichte empirische Sachverhalte als Werte gekennzeichnet werden. Es sind Sachverhalte, die von mehreren Personen ($N > 2$) als „allgemeine und grundlegende Orientierungsleitlinien" menschlichen Verhaltens anerkannt und als solche geteilt werden. Gerade hierin unterscheidet sich diese Kernintension allerdings auch erheblich vom Kluckhohnschen Begriffsverständnis. Ging es bei Kluckhohn um Wünsche, die individuellen Auffassungen über das normative Verhalten genügen müssen, so geht es bei diesem Begriffsverständnis um normative Auffassungen vom Verhalten des Individuums. In der Tat handelt es sich um zwei verschiedene Begriffsverständnisse. Werte als Auffassungen vom normativen Verhalten können als Ansichten oder Einstellungen den Konsens innerhalb einer Gruppe von Personen bilden und in dieser Gruppe allgemeine Geltung erlangen – müssen dies aber nicht. Normative Auffassungen, dies drückt sich in Ausdrücken wie „Standard" oder „Leitlinie" aus, sind demgegenüber per definitionem geltender Konsens innerhalb einer Gruppe.[14]
Ist die Integration eines Postulats der allgemeinen Geltung im Rahmen einer Wertdefinition zweckmäßig? Auch hier ist von einer Aufnahme dieses Postulats in eine Wertedefinition abzuraten. Denn erneut wird damit die Extension des Wertbegriffs

---

[13] In der weiteren Erläuterung wird die explizite Bezeichnung „Standards selektiver Orientierung" (Hillmann 2007: 962) von Hillman verwendet.

[14] Mit anderen Worten nehmen Werte in dieser Definition den ‚Charakter' von Normen an. Im Rahmen der Abgrenzung von Wert- und Normkonzept wird weiter unten auf diesen Punkt noch einmal ausführlicher zurückgekommen.

unnötig eingeschränkt. Nur Werte, die Konsens innerhalb einer Gruppe sind, werden als Werte anerkannt. Es sind jedoch immer Wertvorstellungen denkbar, die nicht Teil des allgemeinen Konsens einer Gruppe sind. Diese blieben dann allerdings unberücksichtigt. Die Frage nach dem Grad der Geltung beziehungsweise Anerkennung von Werten innerhalb von Gruppen sollte eher als ein eigenständiges wissenschaftliches Problem behandelt werden. Es sollten hierfür Theorien formuliert und empirisch geprüft werden. Werte per definitionem auf die ‚Konsens-Werte' einer Gruppe von Personen zu beschränken scheint hingegen nicht zweckmäßig.

2.2.3 Werte als „Repräsentationen von Bedürfnissen"

Eine gänzlich andere, ebenfalls in der Soziologie vertretene inhaltliche Bestimmung von Werten versteht diese als „cognitive representations of human needs" (Ball-Rokeach/Loges 1992: 2222).[15] Der Ansatz, Werte mit menschlichen Bedürfnissen zu verknüpfen, unterscheidet sich erheblich von einem Wert-Verständnis als „Auffassungen vom Wünschenswerten" beziehungsweise „Standards selektiver Orientierung". Insbesondere hat die Verknüpfung der Werte mit der Ebene menschlicher Bedürfnisse Auswirkungen auf eine darauf basierende Theoriebildung. Mit Milton Rokeach und Ronald Inglehart haben zwei bekannte Wertwandelforscher das enge Verhältnis von Bedürfnissen und Werten betont.[16]

---

[15] Explizit findet sich diese Begriffsdefinition in der von Edgar F. und Maria L Borgatta herausgegebenen Encyclopedia of Sociology (Borgatta/Borgatta 1992). Ältere soziologische Nachschlagewerke führen den Begriff „Bedürfnis" häufig neben anderen bezeichnenden Begriffen („attitude", „desire", „moral obligations" usw.) im Definiens ihrer Wertdefinitionen auf (vgl. Becker 1964: 743; Williams 1968: 283)

[16] An Rokeach angelehnt, jedoch noch darüber hinausgehend, ist der jüngere, ebenfalls prominent gewordene Ansatz universeller Werte von Shalom Schwartz. Schwartz leitet aus drei grundlegenden Bedingungen menschlicher Existenz zehn universelle Werte ab, wobei er auch auf biologische Bedürfnisse verweist (Schwartz 1996: 2). Werte werden hier also als ganz elementare menschliche Existenzbedingungen begriffen. In der deutschen Wertforschung stellen unter anderem Karl Otto Hondrich (1981) sowie Rudolf Günther und Berthold Meyer (1981) eine Beziehung zwischen Werten und Bedürfnissen her.

Milton Rokeach: Werte als Repräsentationen bzw. Transformationen von Bedürfnissen

Bekannt geworden ist Milton Rokeach mit seiner Unterscheidung zwischen „terminalen" und „instrumentellen" Werten, die er mit großangelegten Bevölkerungsumfragen in den USA zu belegen versucht hat (Rokeach 1973: 27f).[17] Die enge Beziehung zwischen Werten und Bedürfnissen entnimmt man Rokeachs Ansatz dabei gar nicht auf den ersten Blick, denn seine Wertdefinition lautet:

> „A value is an enduring belief that a specific mode of conduct or end-state of existence is personally or socially preferable to an opposite or converse mode of conduct or end-state of existence" (ebd.: 5).

Eine von Rokeachs Thesen lautet nun, dass die generelle Anzahl der Werte, über die eine Person verfügt, verhältnismäßig klein ist (ebd.: 3). Erst in der Begründung dieser These stellt Rokeach eine Beziehung zwischen Werten und menschlichen Bedürfnissen her: „It can be argued that the total number of values is roughly equal to or limited by man's biological and social makeup and most particularly by his needs" (ebd.: 11). Zwar sind nach Rokeach Werte nicht mit den menschlichen Bedürfnissen (needs) gleichzusetzen – hier grenzt er sich von Maslow und Inglehart ab –, jedoch sind in den Werten einer Person die biologischen Bedürfnisse zumindest „repräsentiert" bzw. „transformiert" (ebd.: 20). In der Unterscheidung von Werten als den „Repräsentationen" bzw. „Transformationen" der Bedürfnisse und den Bedürfnissen selbst, glaubt Rokeach auch das Hauptunterscheidungsmerkmal von Mensch und Tier gefunden zu haben. Nur einem Menschen kann sinnvollerweise der Besitz von Werten bzw. eines Wertsystems zugeschrieben werden (ebd.).

---

[17] Als instrumentelle Werte („instrumental values") bezeichnet Rokeach Werte, die auf spezifische (persönlich oder sozial bevorzugte) Verhaltensweisen („mode of conduct") abzielen. Als terminale Werte („terminal values") bezeichnet Rokeach Werte, die auf einen (persönlich oder sozial bevorzugten) existentiellen End-Zustand („end-state of existence") abzielen (vgl. Rokeach 1973: 7). Sowohl die terminalen als auch die instrumentellen Werte können zwar als zwei separate Wertsysteme betrachtet werden, jedoch sind sie funktional eng miteinander verbunden. Ihre funktionale Beziehung liegt darin, dass „all the values concerning modes of behavior are instrumental to the attainment of all the values concerning end-states" (ebd.: 12).

Ronald Inglehart: Werte als Bedürfnisse

Ronald Inglehart hat in seinen empirischen Untersuchungen zu zeigen versucht, dass sich in den wirtschaftlich prosperierenden und von physischer Sicherheit geprägten westlichen Gesellschaften nach Ende des 2. Weltkriegs ein gradueller intergenerationeller Wandel von „materialistischen" (auf physische und ökonomische Sicherheit zielende Werte) zu „postmaterialistischen" (auf immaterielle Bedürfnisse zielende Werte, wie Zugehörigkeit, Selbstverwirklichung und Achtung) vollzogen hat bzw. sich weiterhin vollzieht (Inglehart 1977, 1981, 1995, 1998). Die Erklärung des Phänomens des Wertwandels stützt Inglehart dabei auf zwei Grundannahmen menschlichen Verhaltens, die er auch als „key hypothesis" (Inglehart 1977: 22) bezeichnet. Sie lauten:

> 1. Schlüsselhypothese: „The first is, that people tend to place a high priority on whatever needs are in short supply" (ebd.: 22).
> 2. Schlüsselhypothese: „[...] people tend to retain a given set of value priorities throughout adult life, once it has been established in their formative years" (ebd.: 23).

Wie man diesen beiden Hypothesen entnehmen kann, sprechen sie zwei im Grunde sehr verschiedene Begriffskonzepte an. Die erste Schlüsselhypothese sagt etwas über die Priorität von Individuen bezüglich ihrer Bedürfnisse (needs) aus, die zweite Annahme hingegen über die Stabilität von Werten im Erwachsenenalter. Erst die Gleichsetzung der Ausdrücke „Wert" und „Bedürfnis" ermöglicht es Inglehart, Annahmen aus der Bedürfnisforschung für seine Theorie des Wertwandels in westlichen Gesellschaften fruchtbar zu machen. Insbesondere greift Inglehart auf Überlegungen des Motivationsforschers Abraham Maslow (1981) zurück. Maslow geht von insgesamt fünf grundlegenden Kategorien menschlicher Bedürfnisse aus, die er als hierarchisch geordnet ansieht. Die entscheidende Annahme von Maslow ist: Erst wenn die in der Bedürfnishierarchie weiter unten angesiedelten Bedürfnisse hinreichend befriedigt wurden, beginnen Individuen auch nach der Befriedigung in der Hierarchie höher angesiedelter Bedürfnisse zu streben (Maslow 1981: 127).[18] Sowohl die Maslowsche Bedürfnishierarchie als auch

---

[18] Nach Maslow bilden die fünf grundlegenden Kategorien menschlicher Bedürfnisse eine Hierarchie entsprechend einem „Prinzip der relativen Mächtigkeit" (Maslow 1981: 81). Dieses Prinzip besagt, „daß ein Mensch nach dem grundlegenderen von zwei Bedürfnissen verlangen wird, wenn er in beiden Entbehrungen hinnehmen muß" (ebd.). Erst wenn die

die Annahme, wonach erst die grundlegenderen Bedürfnisse befriedigt sein müssen, um sich der Befriedigung höherstehender Bedürfnisse zuzuwenden, findet sich in Ingleharts Ansatz wieder. Jedoch wird Maslows breitere Auffächerung menschlicher Bedürfnisse durch Inglehart in lediglich zwei Wert-Kategorien zusammengefasst. Die grundlegenderen Werte/Bedürfnisse werden als „materialistisch", die höheren Werte/Bedürfnisse hingegen als „postmaterialistisch" gekennzeichnet. Ein intergenerationeller Wandel von materialistischen zu postmaterialistischen Werten ist nach Inglehart deshalb in den westlichen Industrieländern der Tendenz nach zu beobachten, weil hier seit Ende des 2. Weltkriegs mit dem Vorliegen ökonomischen Wohlstands sowie physischer Sicherheit die Voraussetzungen für den Wechsel von den niedrigeren Werten/Bedürfnissen zu den höherrangigen Werten/Bedürfnissen weitgehend erfüllt sind.

Wie zweckmäßig ist die Bestimmung von Werten als „Repräsentationen von Bedürfnissen"?
Die Rückführung beziehungsweise Gleichsetzung von Werten mit Bedürfnissen ist bereits öfters kritisiert worden. So wird eingewandt, dass eine Rückführung von Werten auf Bedürfnisse nur ex post erfolgen kann (Herz 1979: 286). Auch wird kritisch angemerkt, dass die Richtung der kausal unterstellten Beziehung, wonach sich die Bedürfnisse auf die Werte auswirken, als vielmehr umgekehrt geltend zu verstehen ist. Denn schließlich sind es die Werte (als Kognitionen), welche die menschlichen Bedürfnisse beeinflussen (Kmieciak 1976: 159; Fogt 1982: 170). Weiterhin wird kritisiert, dass es für manche Bedürfnisse erst gar keiner „Übertragung" in Werte bedarf, um befriedigt zu werden (Herz 1979: 286).
Wesentlich häufiger wird allerdings die Rückführung von Werten bzw. deren Gleichsetzung mit Bedürfnissen ganz generell abgelehnt (Kmieciak 1976: 158–172; Fogt 1982: 169f; Puschner 1985: 361; Hitlin/Piliavin 2004: 361f). Begründet wird diese Ablehnung mit zwei plausibel erscheinenden Argumenten. Erstens basieren Bedürfnisse auf biologischen Einflüssen (Hitlin/Piliavin 2004: 361). Sie sind lediglich als eine „,undifferenzierte Erregung', als diffuse energetisierende Qualität" (Kmieciak 1976: 168) aufzufassen. Das heißt, der Ursprung der menschlichen Bedürfnisse ist vor allem in der biologischen Verfasstheit des Menschen zu

---

jeweils grundlegenderen Bedürfnisse relativ befriedigt sind, „erlaubt es dem nächst höheren Ensemble von Bedürfnissen, in der Hierarchie aufzutauchen, zu dominieren und die Persönlichkeit zu organisieren […]" (ebd.: 88).

suchen. Demgegenüber sind Werte als Kognitionen (mentale Dispositionen) zu verstehen, die erst im Prozess der Sozialisation erworben werden. Das heißt, Werte haben vor allem in der sozialen Umwelt von Individuen ihren Ursprung (Kmieciak 1976: 160; Hitlin/Piliavin 2004: 361). Das zweite Argument zielt auf die hier interessierende Frage nach der Zweckmäßigkeit der Definition für die Bildung fruchtbarer Theorien. Versteht man unter Werten Bedürfnisse oder deren Repräsentationen, so wäre vor allem die Erforschung der Bedürfnisse voranzutreiben. Werden Werte hingegen als erst zu erwerbende Kognitionen verstanden, so sind kognitive Theorien zu formulieren. In der Abwägung der Zweckmäßigkeit wird die Bedürfnisforschung als unergiebig, die Kognitionsforschung dagegen als fruchtbarer Ansatz angesehen (Kmieciak 1976: 160f). Begreift man Werte als Bedürfnisse oder als deren Repräsentationen, so stellt sich des Weiteren erneut nicht die Frage, wie eine Person zu ihren Werten gelangt; dies deswegen nicht, weil die menschlichen Bedürfnisse stets schon als mit der biologischen Konstituiertheit jedem Individuum a priori mitgegeben erscheinen. Das heißt, sie liegen bereits bei jedem Individuum ‚von Natur aus' als Anlage vor. Werte sind diesem Ansatz zufolge weniger eine Frage von Sozialisation oder intendierter Einflussnahme durch relevante Erziehungsinstanzen. Welche Werte in einer Person zum Tragen kommen, ist vielmehr eine Frage befriedigter Bedürfnisse. Diese hängen wiederum von physischen, ökonomischen oder sonstigen Umständen ab, nicht aber vom Umgang mit bestimmten Sozialisationsinstanzen.

2.3 Werte als Auffassungen vom guten und richtigen Handeln

Auch wenn zweifellos noch weitere Wertdefinitionen in der Soziologie vertreten werden, so sind mit den drei hier erläuterten Kernintensionen die vermutlich am häufigsten anzutreffenden inhaltlichen Bestimmungen des Wertbegriffs benannt.[19]

---

[19] Einen weiterführenden Überblick über die Geschichte des Wertkonzepts in der Soziologie bietet Spates (1983). Nicht thematisiert wird in dieser Arbeit die frühere, nach Lautmann (1969: 28) bis in die 1940er Jahre in der Soziologie vorherrschende inhaltliche Bestimmung, wonach Werte mit von den Individuen begehrten Gütern, Objekten und Gegenständen gleichgesetzt werden (vgl. etwa Thomas/Znaniecki 1958: 21, zuerst 1918; Tönnies 1965: 135, zuerst 1931; Becker 1964: 743). Diese Begriffsbestimmung ist bereits überzeugend kritisiert worden (Lautmann 1969: 26–28). Sie ist zudem in aktuelleren soziologischen Nachschlagewerken nach 1970 nicht mehr als inhaltliche Bestimmung zu finden. Zudem mag verwundern, dass der Wertbegriff von Talcott Parsons hier nicht analysiert wurde. Hierzu ist mit Rüdiger Lautmann anzumerken, dass Parsons zwar wie kaum ein anderer

2 Der Begriff „Wert"

Die ausführliche Diskussion hat Probleme aufgezeigt, die diesen Wertdefinitionen inhärent sind. Aufbauend auf die vorgebrachte Kritik wird deshalb im Folgenden eine zweckmäßigere Wertdefinition vorgeschlagen.

2.3.1 Schlussfolgerungen aus der Kritik vorliegender Wertdefinitionen

Es ist zunächst zu fragen, welche Schlussfolgerungen aus der Kritik der untersuchten Wertdefinitionen gezogen werden können. Es hatte sich gezeigt, dass die Berücksichtigung bestimmter Merkmale in einer Wertdefinition problematisch sein kann. Unter Umständen wird die Extension des Wertbegriffs unzweckmäßig eingeschränkt. Eine erste Schlussfolgerung lautet daher, im Rahmen einer Wertdefinition auf die kritisierten Merkmale zu verzichten.

1. Verzicht auf das Merkmal „Verhaltensbeeinflussung"

Eine Wertdefinition sollte auf das Merkmal der direkten „Verhaltensbeeinflussung" verzichten. Dieses Postulat unterstellt, dass sich Werte immer in irgendeiner Form auf das Verhalten von Personen auswirken. Dies deckt sich nicht mit der empirischen Beobachtung. Studien zeigen, dass Personen zwar bestimmte Werte als besonders wichtig erachten können, nicht aber unbedingt danach handeln.[20] Es wird damit keineswegs in Abrede gestellt, dass Werte Verhaltensrelevanz besitzen können. Unter welchen Bedingungen jedoch Werte das Verhalten von Individuen bestimmen, ist eine wissenschaftlich zu klärende Problemstellung. Hierzu sind Hypothesen zu entwickeln, die darüber Auskunft geben, unter welchen Bedingun-

---

Soziologe auf das Konzept der Werte als „erklärende Variablen" gesetzt, jedoch keineswegs den Wertbegriff konsistent verwendet hat (genauer hierzu Lautmann 1969: 47). Aus diesem Grund wird ebenfalls auf eine vertiefende Analyse der vielen Wertbegriffe in Parsons Schriften verzichtet.

[20] Dass individuelle Werte nicht unbedingt im entsprechenden individuellen Verhalten ihren Niederschlag finden müssen, haben unter anderem Andreas Diekmann und Peter Preisendörfer in einer Studie über Umweltmoral und umweltbewusstes Verhalten nachgewiesen. Wie sie zeigen konnten, erklärt nicht etwa eine große individuelle Zustimmung hinsichtlich des Schutzes der Umwelt und der natürlichen Ressourcen den sparsamen bzw. weniger sparsamen Umgang mit Heizenergie. Vielmehr sind es Unterschiede in der Anreizstruktur eines Individuums, die es veranlassen, umweltgerecht zu handeln. In ihrem Fall eines umweltschonenden Energieverbrauchs konnten die Autoren die Art und Weise der Heizkostenabrechnung als entscheidende Einflussgröße auf den individuellen Energieverbrauch identifizieren (vgl. Diekmann/Preisendörfer 1992).

gen ein von Werten geleitetes Handeln von Individuen erwartbar wird. Diese Hypothesen sind dann der empirischen Prüfung zu unterziehen. Eine Verhaltensbeeinflussung durch Werte lediglich per definitionem zu postulieren, erscheint indes wenig zweckmäßig.

2. Verzicht auf das Merkmal „Internalisierung"
In einer Wertdefinition sollte auch auf das Merkmal „Internalisierung" verzichtet werden. Dieses Merkmal postuliert eine tiefe und häufig unreflektierte Verankerung von Werten im mentalen System einer Person, wobei die verinnerlichten Werte mit einer hohen Emotionalität verbunden sind (Kmieciak 1976: 150; Joas 2005: 15). Mit der Integration des Merkmals wird die Extension des Wertbegriffs jedoch auf eben nur diese tief verinnerlichten Werte eingeschränkt. Auch diese Beschränkung ist für einen Wertbegriff nur bedingt zweckmäßig. Es scheint sinnvoller, Werte als kognitive Phänomene aufzufassen, ohne daran das Postulat einer tiefen Verankerung im mentalen System zu knüpfen. Damit soll nicht behauptet werden, dass es tief verinnerlichte Werte nicht gibt. Im Gegenteil. Es ist immer denkbar, dass sich eine Werthaltung zu einer tief internalisierten und emotional besetzten Überzeugung verfestigen kann, so dass sich bei einer widersprechenden Handlung eine psychische Drucksituation (Unwohlsein) für die jeweilige Person ergeben kann. Allerdings: Der Grad der Internalisierung wirkt sich nicht auf den normativen Inhalt einer Wertvorstellung aus. Ob eine Ansicht über gutes und richtiges Verhalten lediglich verbal vertreten wird oder diese Ansicht tief in einer Persönlichkeitsstruktur verankert und mit Emotionen besetzt ist, ändert nichts am Inhalt dieser Ansicht. Unter welchen Bedingungen eine Internalisierung und emotionale Besetzung von Werthaltungen stattfindet, ist wiederum als eine wissenschaftliche Problemstellung zu begreifen.

3. Verzicht auf das Merkmal der „allgemeinen Geltung und Anerkennung"
In einer Wertdefinition sollte auch auf das Merkmal der „allgemeinen Geltung und Anerkennung" verzichtet werden. Dieses Merkmal postuliert, dass innerhalb einer benennbaren Gruppe eine Werthaltung verbreitet und von allen Gruppenmitgliedern akzeptiert und geteilt wird. Dem Wert wird demnach allgemeine Geltung (Normativität) innerhalb der Gruppe unterstellt. Dieses Merkmal ist für eine Wertdefinition nur bedingt zweckmäßig. Denn auch der Grad der Geltung beziehungsweise Anerkennung innerhalb einer Gruppe von Individuen wirkt sich nicht auf

2 Der Begriff „Wert"

den Inhalt einer Wertvorstellung aus. Ob zum Beispiel die Auffassung ‚Es ist gut, wenn jeder Mensch bescheiden auftritt' in der deutschen Bevölkerung weitverbreitet und hier allgemeine Geltung besitzt, ändert prinzipiell nichts daran, dass es sich auch ohne größere Verbreitung um eine Auffassung normativen Inhalts und damit um eine Wertvorstellung handelt. Es scheint somit sinnvoll, auch die Frage nach dem Grad der Geltung (Normativität) von Werten zunächst als eine wissenschaftliche Problemstellung zu verstehen. Das bloße Postulieren einer allgemeinen Geltung von Werten schränkt hingegen die Extension des Wertbegriffs unnötig ein.

4. Formulierung eines geeigneten „normativen Elements"
Im Rahmen der Betrachtung der populärsten Wertdefinitionen in der Soziologie war der Fokus hauptsächlich auf die Verschiedenheit der vorgeschlagenen Begriffskonzepte gelegt worden, um anschließend deren Zweckmäßigkeit abzuwägen. In diesem Zusammenhang war nicht gefragt worden, ob es einen Bestandteil gibt, der allen Wertdefinitionen inhärent ist. Diesen gibt es in der Tat. Es wird von Rüdiger Lautmann als „normatives Element" einer Wertdefinition bezeichnet. Er schreibt hierzu: „Das normative Element fehlt hingegen in keiner Definition. ‚Werte sind die Standards des guten Verhaltens, des richtigen Handelns, der wünschenswerten Dinge, der gebilligten, gesollten Ziele.' Die Zahl der Wertworte ist Legion. In jeder Wertdefinition deutet wenigstens ein Wort daraufhin, daß etwas Normatives gemeint ist; ohne ein Wertwort bezeichnet der Satz nur Deskriptives" (Lautmann 1969: 29). Das heißt, erst durch Hinzunahme eines „Wertworts" als normatives Element wird eine Wertdefinition erst zu eben einer solchen. Die Frage ist: Welches Wertwort eignet sich für eine Wertdefinition besonders? Hierzu bedarf es eines kurzen Exkurses über die Eigenheiten von Wertwörtern.

Exkurs: Der normative Kern von Werturteilen
Warum ist ‚trapezförmig' nur ein beschreibendes Adjektiv, ‚wohlgeformt' hingegen ein beschreibendes und zugleich wertendes Wort? Warum drückt sich in einem Wort wie ‚Pflichtbewusstsein' nicht nur die Beschreibung eines Sachverhalts aus, sondern kommt zugleich auch eine Werthaltung zum Ausdruck? Viktor Kraft und Hans Albert haben bereits vor längerer Zeit Antworten auf diese Fragen gesucht. In ihren logischen Untersuchungen über den sprachlichen Gebrauch von

2.3 Werte als Auffassungen vom guten und richtigen Handeln

Werturteilen haben sie vor allem auf zwei Eigenschaften von Wertwörtern hingewiesen.[21] So enthalten Wertwörter zum einen eine deskriptive (neutrale) Sinnkomponente (Kraft 1951: 16; Albert 1960: 205). Dieser deskriptive bzw. sachliche Gehalt der Wertwörter gibt den Wertwörtern ihre jeweilige Eigenheit. Es macht die Wertwörter voneinander unterscheidbar. Aber es lässt die Wertwörter nicht von anderen Wörtern mit sachlichem Gehalt unterscheiden. So enthält ‚wohlgeformt' einen deskriptiven Gehalt, aber auch das Wort ‚trapezförmig'.

Der entscheidende Unterschied zu den rein deskriptiven Wörtern besteht nun darin, dass bei den Wertwörtern stets auch eine positive beziehungsweise negative Auszeichnung zum Ausdruck gebracht wird. Diese Eigenschaft der positiven oder negativen Auszeichnung wird auch als der eigentliche „Wertcharakter" (Kraft 1951: 17ff) der Wertwörter bezeichnet oder auch als deren „normative Sinnkomponente" (Albert 1960: 205), weil mit der positiven oder negativen Auszeichnung eines Sachverhalts auch deren Gültigkeit bzw. allgemeine Anerkennung behauptet wird (Albert 1960: 206). Zugleich wird damit eine Erwartung zum Ausdruck gebracht, dass sich im Grunde jede Person mit der vorgenommenen positiven oder negativen Auszeichnung identifiziert und auf die gleiche Art und Weise den Sachverhalt auszeichnet (ebd.).

Es wird in dieser Arbeit die Meinung vertreten, dass es sinnvoll ist, Werte genau unter diesem Aspekt einer beanspruchten Normativität zu verstehen. Äußerungen zu Werten wären demnach Auffassungen über positiv ausgezeichnete Sachverhalte, deren Gültigkeit bzw. allgemeine Anerkennung (normative Geltung) behauptet wird. Dabei sind diese Auffassungen zunächst einmal immer unabhängig davon zu betrachten, ob sie auch tatsächlich in einer Population Gültigkeit besitzen. Dennoch reklamieren Wertaussagen – also Aussagen, in denen Wertwörter benutzt werden – im Kern immer auch ihre normative Geltung. Diese enge Beziehung zu den Normen ist vermutlich auch der Grund, warum ‚Normen und Werte' oft als scheinbar unzertrennliches Doppel in sozialwissenschaftlichen Publikationen erscheinen (Hitlin/Piliavin 2004: 359).

---

[21] Anders als Lautmann, der den Ausdruck „Wertwort" verwendet, benutzen Kraft und Albert den Ausdruck „Wertbegriff" in ihren Analysen. Beide Ausdrücke meinen jedoch ein und dasselbe. Um größere Verwirrung zu verhindern, wird im Folgenden ausschließlich der Ausdruck „Wertwort" verwendet.

Wenn jede Wertdefinition ein oder mehrere Wertwörter als normatives Element enthält, welche erweisen sich dann für eine Wertdefinition als besonders geeignet? Wie der kurze Diskurs gezeigt hat, sollten Wertwörter in einer Wertdefinition primär zwei Anforderungen gerecht werden. Sie sollten:

- einen Sachverhalt positiv auszeichnen
- einen Anspruch auf normative Geltung implizieren

Mit Blick auf die Forderung nach Präzision und Eindeutigkeit scheint es sinnvoll, insbesondere auf allgemeinste Wertwörter zurückzugreifen, wie etwa „gut", „schlecht", „ausgezeichnet" oder „wertvoll". Diesen Wertwörtern fehlt überwiegend die deskriptive Komponente. Sie haben zum Teil „reinen" Wertcharakter, das heißt sie zeichnen entweder nur positiv oder nur negativ aus (Kraft 1951: 17ff; Albert 1960: 205). Auch Rüdiger Lautmann empfiehlt für eine auf „positive" Werte ausgerichtete Wertdefinition die Verwendung von Wertwörtern ohne deskriptive Komponente, wie zum Beispiel „gut", „sollen" oder „normativ" (Lautmann 1969: 105).

2.3.2 Werte als Auffassungen vom guten und richtigen Handeln

Aufbauend auf die Kritik häufig verwendeter Wertdefinitionen und mit Rückgriff auf Befunde aus der logischen Analyse von Werturteilen wird folgende Wertdefinition vorgeschlagen:

Wert def. als eine Auffassung vom guten und richtigen Handeln

Dieser Wertbegriff wird von Soziologen vergleichsweise selten vertreten. Zum besseren Verständnis soll deshalb kurz auf die im Definiens verwendeten Begriffe eingegangen werden.

Auffassung
Unter Werten sollten kognitive Phänomene im Sinne von Vorstellungen, Ansichten beziehungsweise Haltungen von Personen verstanden werden. Es sind Auffassungen, die sich vor allem inhaltlich von anderen Vorstellungen, Ansichten oder Einstellungen abgrenzen lassen. Es handelt sich um Auffassungen von Individuen,

die sich auf verallgemeinerte, positiv bewertete Handlungsweisen beziehen, für die zugleich normative Geltung beansprucht wird. Die Werte werden somit als eine hauptsächlich inhaltlich bestimmbare Teilmenge der Einstellungen einer Person verstanden. Es ist eine Sicht auf die Werte, die öfters in der Sozialpsychologie vertreten wird (u.a. Campbell 1963; Newcomb/Turner/Converse 1965: 45; Bem 1974: 27; Eagly/Chaiken 1993: 5; Schuman 1995: 81).

Wenn Werte als besondere Teilmenge der Einstellungen aufgefasst werden, so stellt sich die Frage, was genau unter den Einstellungen einer Person verstanden wird. Der Begriff Einstellung (attitude) lässt sich definieren als „a psychological tendency that is expressed by evaluating a particular entity with some degree of favour or disfavour" (Eagly/Chaiken 1993: 1). Entscheidendes Merkmal einer Einstellungsäußerung ist dieser Definition gemäß, „dass man eine Entscheidung darüber fällt, ob man etwas mag oder nicht, ob man einer Sache zustimmt oder nicht bzw. ob man gegenüber einem bestimmten Thema, einem Gegenstand oder einer Person Zuneigung oder Abneigung empfindet" (Haddock/Maio 2007: 189). Äußert sich demnach eine Person zu ihren Werten, so fällt sie eine Entscheidung darüber, welche Handlungsweisen sie allgemein als gut und richtig einschätzt und welche alle Mitglieder einer Gruppe (oder auch universal alle Menschen) anwenden sollten. Dabei kann eine Person bestimmte Handlungsweisen bevorzugen, anderen Handlungsweisen jedoch auch eher ablehnend gegenüberstehen. In diesem Sinne können Werte als Teilmenge der Einstellungen einer Person verstanden werden.

Gut und richtig
Mit gut und richtig werde zwei Wertwörter verwendet, die in Kombination die an Wertwörter geknüpften Anforderungen für eine Wertdefinition erfüllen. Sie zeichnen eindeutig und präzise ein Verhalten positiv aus und bringen den Anspruch auf normative Geltung dieses Verhaltens zum Ausdruck. Das heißt, ein als gut und richtig befundenes Handeln (z.B. ‚fleißig sein') wird eindeutig positiv gekennzeichnet, jeder sollte sich entsprechend verhalten (‚Fleißig sein ist gut und richtig, jeder sollte fleißig sein').[22]

---

[22] Warum werden zwei Wertwörter im Rahmen der Wertdefinition verwendet? „Gut" und „richtig" heben besonders den Aspekt der positiven Auszeichnung einer Handlung hervor. Sie können jedoch für sich genommen keinen „reinen" Wertcharakter beanspruchen. Das heißt, sie haben auch eine deskriptive Komponente und sind für sich genommen nicht so eindeutig wie häufig vermutet. So stellt „gut" nicht nur ein bloß positiv auszeichnendes

2 Der Begriff „Wert"

Handeln

Werte zielen auf ein intendiertes, mit Sinn unterlegtes Handeln. Es ist ein Handeln, welches von einer Person als gut und richtig bewertet wird. Das heißt, ein Handeln wird positiv eingeschätzt, zugleich wird für dieses Handeln allgemeine Geltung beansprucht. Es wird beansprucht, dass jede Person auf eine bestimmte Art und Weise handeln sollte. Damit wird allerdings nicht unterstellt, dass sich eine Person stets entsprechend ihrer Werte verhält. Es wird lediglich Normativität für ein bestimmtes Handeln behauptet bzw. eingefordert. Unter welchen Bedingungen Werte das Verhalten einer Person beeinflussen, ist wie bereits angemerkt, theoretisch zu klären.

2.3.3 Prüfung der Definition anhand der Nützlichkeitskriterien

Es stellt sich die Frage, ob die hier bevorzugte Wertdefinition auch den vier oben genannten Kriterien für nützliche sozialwissenschaftliche Begriffe gerecht wird.

Die Extension der Wertdefinition

Die Menge der Sachverhalte, die nach der vorgeschlagenen Definition als Werte angesehen werden können, verbleibt im Unbestimmten. Im Grunde kann damit jede individuelle Auffassung über gutes und richtiges Handeln als eine Werthaltung bestimmt werden. Hinzu kommt, dass auch ‚neue' Auffassungen vom guten und richtigen Handeln als Werte bestimmt werden können. Die Kritik populärer Wertdefinitionen hatte den Verzicht auf bestimmte Merkmale, wie „Internalisierung" oder „allgemeine" Geltung nahegelegt. Mit der Nichtberücksichtigung dieser Merkmale kann der Anwendungsbereich des Wertbegriffs erweitert werden.

Wertwort dar, sondern wird – nicht zuletzt in Poesiealbumeinträgen – auch im Sinne eines altruistischen Handelns („Tue Gutes!") verwendet (vgl. auch Angermann 1971: 402). Das Wertwort „richtig" zeichnet ebenfalls nicht nur positiv aus, sondern wird auch in anderen Bedeutungen (zum Beispiel im Sinne von „regelkonform") verwendet (zur Vagheit dieses Wertworts siehe Kraft 1951: 17; Lautmann 1969: 36). Auf diese Vagheiten beider Wertwörter soll hier ausdrücklich hingewiesen werden. Nichtsdestotrotz wird die Meinung vertreten, dass durch die Kombination der Wertwörter der positiv auszeichnende Aspekt wie auch der Aspekt der Beanspruchung einer normativen Geltung einer Handlung hinreichend zum Ausdruck gebracht werden. Andere für eine Wertdefinition empfohlene Wertwörter wie „sollen" und „normativ" (vgl. Lautmann 1969: 39) betonen vornehmlich den Aspekt der beanspruchten normativen Geltung, während der Aspekt der positiven Auszeichnung nur unzureichend ausgedrückt wird.

2.3 Werte als Auffassungen vom guten und richtigen Handeln

Die Intension der Wertdefinition
Die Intension der vorgeschlagenen Wertdefinition lautet: Auffassung vom guten und richtigen Handeln. Die Definition ist auf drei Merkmale beschränkt. 1. Werte stellen Auffassungen dar. 2. Diese Auffassungen beziehen sich auf ein Handeln. 3. Das Handeln wird positiv mit zwei Wertwörtern ausgezeichnet, womit zugleich allgemeine Geltung beansprucht wird. Die Anzahl der Definitionsmerkmale ist somit bekannt und endlich, die Aufnahme weiterer Merkmale nicht zulässig. Die Wertdefinition entspricht damit dem formalen Kriterium der intensionalen Bestimmtheit (vgl. Groeben/Westmeyer 1975: 48).

Präzision und Eindeutigkeit
Sind die in der Definition verwendeten Begriffe präzise und eindeutig? Um dem zu entsprechen, wurden möglichst einfache Begrifflichkeiten verwendet. Die im Definiens verwendeten Begriffe „Auffassung", „gut und richtig", „Handeln" wurden bereits näher erläutert. Es können drei Kriterien formuliert werden, mit denen geprüft werden kann, ob ein Sachverhalt einen Wert im Sinne der Wertdefinition darstellt: 1. Handelt es sich um eine Auffassung? 2. Bezieht sich die Auffassung auf menschliches Handeln? 3. Wird dieses Handeln positiv ausgezeichnet und deren normative Geltung beansprucht? Sachverhalte, die diese Kriterien erfüllen, stellen Werte bzw. Wertvorstellungen im Sinne der Begriffsdefinition dar. Anhand dieser Kriterien kann relativ häufig präzise entschieden werden, ob ein bestimmter Sachverhalt vom vorgeschlagenen Wertbegriff bezeichnet wird. Zudem lassen sich somit bestimmte Sachverhalte eindeutig als (positive) Werte kennzeichnen. Die geforderten Kriterien Präzision und Eindeutigkeit (Opp 1995: 211) sind weitgehend erfüllt.

Zweckmäßigkeit
Wie zweckmäßig ist die Wertdefinition? Entscheidendes Kriterium der Zweckmäßigkeit einer Theorie wie auch der darin verwendeten Begriffe ist die Übereinstimmung der Theorie mit der Erfahrung (Pawlowski 1980: 91). Daraus lässt sich die Forderung ableiten, dass ein Begriff der Komplexität der zu erklärenden empirisch beobachtbaren Sachverhalte möglichst gerecht werden sollte. Dies trifft auf die Wertdefinition zu. Werte, verstanden als Auffassungen des guten und richtigen Handelns, können tief verinnerlicht, aber auch weniger tief internalisiert sein. Sie

können in einer Bevölkerung allgemein akzeptiert oder aber auch nur von bestimmten Gruppen oder Sozialisationsinstanzen (Schule, Kirche usw.) vertreten werden. Auffassungen vom guten und richtigen Handeln können das Verhalten einer Person beeinflussen. Sie können aber auch vertreten werden, ohne dass sie zugleich verhaltenswirksam werden. Die hier vertretene Wertdefinition trägt der Vielschichtigkeit der im Zusammenhang mit Werthaltungen empirisch beobachtbaren Sachverhalte Rechnung. Es können möglicherweise sogar mehr Sachverhalte als Werte bestimmt werden als mit anderen soziologischen Wertdefinitionen, da auf einige die Extension einschränkenden Merkmale verzichtet wird. Der hier vorgeschlagene ‚weite' Wertbegriff eignet sich vor allem für die Formulierung von „Theorien mittlerer Reichweite".[23] Er erscheint zweckmäßig für Theorien, die bestimmte empirisch beobachtbare Phänomene, die im Zusammenhang mit Wertvorstellungen stehen, herausgreifen und adäquat erklären können.[24]

2.3.4 Auffassungen vom guten und richtigen Handeln im Poesiealbum

In dieser Arbeit werden Einträge in Poesiealben auf darin zum Ausdruck gebrachte Werthaltungen untersucht.[25] Die Vorgehensweise bei der Inhaltsanalyse der eingetragenen Sprüche wird weiter unten genauer dargestellt. An dieser Stelle soll jedoch bereits aufgezeigt werden, wie Wertvorstellungen – im Sinne von Auffassungen vom guten und richtigen Handeln – in den Alben thematisiert werden. Ganz allgemein lassen sich hierbei drei Fälle unterscheiden, die im Folgenden an Textbeispielen kurz erläutert werden:

---

[23] Der Begriff der „Theorie mittlerer Reichweite" stammt von Robert K. Merton. Er bezeichnet damit „Theorien, angesiedelt zwischen den kleinen Arbeitshypothesen, die während der alltäglichen Forschungsroutinen im Überfluß entwickelt werden, und den allumfassenden Spekulationen einschließlich eines theoretischen Globalschemas, von dem man eine große Anzahl empirisch beobachteter Gleichförmigkeiten des sozialen Verhaltens herzuleiten hofft" (Merton 1995: 3).

[24] So kann beispielsweise eine Theorie mittlerer Reichweite den Aspekt der Verhaltensbeeinflussung aufgreifen und Bedingungen formulieren, unter denen Werte das Verhalten einer Person beeinflussen. Diese Theorie muss jedoch nicht gleichzeitig erklären können, unter welchen Bedingungen sich die Werte einer Person ändern.

[25] Konkret wird sich hauptsächlich auf die eingetragenen ‚Sprüche' konzentrieren. Das sind Texteintragungen in Form von Sinnsprüchen, Versen, Zitaten, die in einer eigenen Textparzelle auf einem Albumblatt zumeist über einer Widmung und einer Lokalisierung und Datierung ausgeführt werden (siehe ausführlicher weiter unten).

2.3 Werte als Auffassungen vom guten und richtigen Handeln

1. Einträge mit positiv auszeichnendem Wertwort

Einträge in Poesiealben können eine analoge Struktur zur hier vertretenen Wertdefinition aufweisen. Das heißt, ein Eintrag enthält eine Aussage über ein Handeln, welches durch Verwendung eines Wertworts positiv ausgezeichnet wird und für das normative Geltung beansprucht wird. Das lässt sich an folgendem Beispieltext aus den untersuchten Alben zeigen:

> „Sei sittsam und bescheiden, das ist die schönste Zier, dann kann dich jeder leiden und dieses wünsch ich Dir".[26]

Es dürfte unstrittig sein, dass in diesem Spruch eine Auffassung zum Ausdruck gebracht wird, die sich auf ein bestimmtes menschliches Verhalten bezieht, konkret auf ein sittsames und bescheidenes. Dieses Verhalten wird mit einem Wertwort bzw. einer entsprechenden Wendung („das ist die schönste Zier") positiv ausgezeichnet, wodurch auch eine normative Geltung beansprucht wird. Mit der verallgemeinernden Kennzeichnung des Verhaltens als „schönste Zier" wird also gefordert, dass nicht nur die im Text direkt angesprochene Person, sondern jedermann sittsam und bescheiden auftreten sollte. Der imperative Charakter der Aussage („Sei sittsam und bescheiden") sowie eine anschließende Begründung („dann kann dich jeder leiden") unterstreichen die beanspruchte Normativität der bewerteten Handlungsweisen. Sittsamkeit bzw. Bescheidenheit lassen sich demnach als Auffassungen des guten und richtigen Handelns und somit als Werte des Eintragenden interpretieren. Ein zweites Textbeispiel soll diese Überlegungen weiter vertiefen:

> „Arbeit und Lernen, Wissen im Leben, das ist das Ziel was Du sollst erstreben!"[27]

Auch dieser Spruch folgt dem Muster der Wertdefinition. Die normative Sinnkomponente wird hier allerdings durch das explizite Wertwort „sollen" ausgedrückt, welches häufiger in den eingetragenen Albumtexten zu finden ist.[28] „Arbeit", „Lernen", „Wissen" werden positiv ausgezeichnet und als allgemein erstrebenswerte Verhaltensweisen und somit Werte dargestellt.

---

[26] In 0,6 % der untersuchten 2863 Einträge wurde dieser Spruch, wenn auch teils in Varianten, verwendet.
[27] Dieser Text kommt nur einmal im Korpus vor.
[28] In 4,9 % der Albumtexte kommt das Wertwort „sollen" vor.

2 Der Begriff „Wert" 41

2. Einträge mit deskriptiven Wertwörtern (Tugenden)
Häufiger ist jedoch der Fall zu beobachten, dass in einem Eintrag auf ein bestimmtes Handeln aufmerksam gemacht wird, ohne dass ein explizit auszeichnendes Wertwort wie „sollen" oder „gut" im Text vorkommt. Das ist zum Beispiel in diesem eingetragenen Text der Fall:

„Der Fleiß in deinen Jugendtagen wird später goldene Früchte tragen."[29]

Diesem Spruch fehlt eine separat vorkommende normative Sinnkomponente, die eine im Text benannte allgemeine Verhaltensweise („Fleiß") explizit positiv auszeichnet. Es wird lediglich eine Begründung geäußert, warum sich dieses Verhalten lohnt („wird später goldene Früchte tragen"). Aus der Erfahrung ist jedoch bekannt, dass Fleiß eine allgemeine Verhaltensweise darstellt, die bereits in anderen Kontexten als gutes und richtiges Handeln positiv und normativ ausgezeichnet wurde. Wörter wie „Fleiß", „Mut", „Tapferkeit", „Höflichkeit", „Sittsamkeit", „Bescheidenheit" usw. verweisen demnach auf eine jeweils allgemeine Art und Weise zu Handeln (fleißig sein, mutig und tapfer auftreten, höflich sein usw.). Zum anderen handelt es sich bei diesen Wörtern zugleich um Wertwörter. Es sind genau jene Wertwörter, die sowohl über eine deskriptive, als auch eine normative Sinnkomponente gleichermaßen verfügen und häufig auch als Tugenden beschrieben werden.[30] Dabei ist es unerheblich, ob diese Wertwörter in adjektivischer, substantivischer oder verbaler Form auftreten (Kraft 1951: 12). Wie verhält es sich jedoch im Rahmen des folgenden Texts?

„Edel sei der Mensch, hilfreich und gut."[31]

In diesem Eintragstext kommt mit dem Wort „gut" ein überwiegend normativ gebrauchtes Wertwort vor. Allerdings wird es hier nicht normativ, sondern selbst als

---

[29] In 0,4 % der Einträge ließ sich dieser Text entdecken.
[30] Wobei die deskriptive Komponente dieser Wertwörter überwiegt. Wie ein Wertwort zu seiner normativen Sinnkomponente gelangt, also zu einer Tugend wird, kann hier nicht geklärt werden. Denkbar ist allerdings, dass eine häufig durch allgemeinste Wertworte positiv ausgezeichnete Verhaltensweise (z.B. Fleißig sein ist gut. Jeder sollte fleißig sein. Es ist richtig, fleißig zu sein usw.) im Lauf der Zeit selbst als normatives Wertwort wahrgenommen wird und als erstrebenswerte Tugend angesehen wird.
[31] Dieser Text ist der häufigste Albumtext in den hier untersuchten Alben. In 1,7 % aller Einträge wurde auf dieses Goethe-Zitat zurückgegriffen.

erstrebenswerte Verhaltensweise („gut sein") dargestellt, denn es tritt verbunden durch eine Konjunktion („und") in einer Reihenfolge mit anderen erstrebenswerten Verhaltensweisen („edel sein", „hilfreich sein") im Text auf. Zusammengenommen verweisen sie auf ein menschenfreundliches, entgegenkommend-kooperatives Handeln, was im Sinne eines altruistischen Verhaltens, das ein Mensch anstreben sollte, interpretiert werden kann. Wie dieser Eintragstext zeigt, ist bei der Interpretation von Albumtexten genau darauf zu achten, wie Wertwörter, die starke normative Komponenten aufweisen, im Text benutzt werden.

3. Einträge mit impliziten Wertvorstellungen
Abschließend soll sich einer dritten beobachtbaren Form, mit der Wertvorstellungen in Albumeinträgen zum Ausdruck gebracht werden, zugewandt werden. Konkret können Auffassungen des guten und richtigen Handelns auch durch die Benutzung von Metaphern bzw. indirekt im Rahmen von Sinnsprüchen ausgedrückt werden. Werthaltungen werden hierbei jedoch weniger direkt benannt. Der Spruch ist vielmehr im Hinblick auf implizit ausgedrückte Werthaltungen zu interpretieren. Das ist zum Beispiel bei diesem Text der Fall:

> „Hab Sonne im Herzen, ob's stürmt oder schneit, ob der Himmel voll Wolken, die Erde voll Streit! Hab Sonne im Herzen, dann komme, was mag! Das leuchtet voll Licht dir den dunkelsten Tag!"[32]

Die Verwendung einer bildhaften Sprache verdeckt nicht, dass auch in diesem Text eine Wertvorstellung zum Ausdruck gebracht wird. Die wiederholt gebrauchte Metapher „Sonne im Herzen" kann wiederum aus der Erfahrung her im Sinne einer lebensbejahenden Haltung zum Leben gedeutet werden. Zum Ausdruck kommt hier demnach eine optimistische Lebenseinstellung als Werthaltung, die einer jeden Handlung unterlegt werden sollte. Abschließend soll sich noch folgendem Texteintrag zugewandt werden:

> „Wenn schlimmes geschieht, ist nicht nur der schuldig, der es tut, sondern auch der es schweigend geschehen läßt (Bertha von Suttner)".[33]

---

[32] Diese Gedichtstrophe von Cäsar Fleischlen wurde insgesamt in 0,8 % der Einträge verwendet.
[33] Zwei Albumeinträger haben diesen Eintragstext gewählt.

Eine ‚positive' Werthaltung kommt in diesem Eintragstext nicht unmittelbar zum Ausdruck. Der Text ist deshalb ebenfalls auf implizite Auffassungen des guten und richtigen Handelns hin zu interpretieren. Offensichtlich geht es in diesem Spruch um die Frage nach der Verantwortung, wenn eine allgemein negativ bewertete, insofern moralisch unerwünschte Handlungsweise („wenn schlimmes geschieht") festgestellt wird. Es wird im Text behauptet, dass nicht nur der unmoralisch Handelnde („der es tut") für seine Handlung verantwortlich ist, sondern auch derjenige, der die unerwünschte Handlung wissentlich duldet („schweigend geschehen lässt"). Hieraus kann im Umkehrschluss die allgemeine Forderung abgeleitet werden, dass jede Person, sobald sie ein Verhalten als moralisch unerwünscht erkennt, diesem Verhalten aktiv entgegentreten sollte. Ein aktives Eintreten gegen ein als unmoralisch erkanntes Verhalten Anderer kann als eine Aufforderung zur Zivilcourage interpretiert werden. Zivilcourage ist demnach diejenige Werthaltung, die gemäß der hier vorgenommenen Interpretation im Beispieltext implizit enthalten ist. Wie dieses abschließende Beispiel zeigt, können in Alben auch Einträge vorkommen, die einer größeren Interpretationsleistung bedürfen. Nichtsdestotrotz sind in der Regel auch diese ‚verdeckten' Textintentionen vergleichsweise einfach zu interpretieren. Dies ist der Fall, weil Albumtexte nur selten mehrdeutig sind. Die enthaltene ‚Botschaft' eines Textes ist in der Regel eindeutig und soll vom Rezipienten entsprechend verstanden werden.[34]

Fazit: Wertvorstellungen in Poesiealbumeinträgen
Einträge in Poesiealben enthalten inhaltlich häufig Auffassungen über gutes und richtiges Handeln. Insofern eignen sie sich zur Analyse von Werthaltungen der eintragenden Personen. In den verwendeten Sprüchen werden Wertvorstellungen dabei unterschiedlich zum Ausdruck gebracht. Eine Handlungsweise wird als gut und richtig ausgezeichnet, wenn im eingetragenen Text

- ein allgemeines Wertwort separat vorkommt und/oder
- ein vornehmlich deskriptives Wertwort (Tugend) verwendet wird und/oder

---

[34] Gertrud Angermann, die in ihrer Studie über Stammbücher und Poesiealben mehr als 9.000 Albumeinträge sichtete, bringt den Sachverhalt wie folgt auf den Punkt: „Es fehlt das Andeutende, das, was erst Interpretation und tieferes Nachdenken herausfordert. Der Inhalt ist meist einfach, doch mehr im Sinne von eindeutig als von simpel" (Angermann 1971: 446).

- auf eine Metapher bzw. einen interpretierbaren Sinnspruch zurückgegriffen wird.

Anhand dieser Merkmale lässt sich in der Regel feststellen, inwiefern im Rahmen eines Albumeintrags eine Werthaltung im Sinne einer Auffassung des guten und richtigen Handelns zum Ausdruck gebracht wird. Durch die textgattungsbedingte fehlende Mehrdeutigkeit der Eintragungen wird die Interpretation der Texte zudem vereinfacht.

2.4 Das Verhältnis zu verwandten Begriffen

Klären wir abschließend das Verhältnis des hier vertretenen Wertbegriffs zu verwandten bzw. konkurrierenden Begriffskonzepten. Eine besondere Affinität zum Wertbegriff wird den Begriffskonzepten „Einstellung", „Bedürfnis" und „Norm" zugesprochen. Dementsprechend wird in der Literatur der Wertbegriff besonders häufig gegen diese Begriffe abgegrenzt (vgl. Kmieciak 1976: 152–172; Hitlin/Piliavin 2004: 360).[35] Die Analyse vorhandener Wertdefinitionen hatte dazu geführt, die Werte als besondere Teilmenge der Einstellungen einer Person zu verstehen. Diese Sichtweise erscheint sinnvoll, weil es sich bei Werthaltungen und Einstellungen im Kern um vergleichbare kognitive Phänomene handelt. Allerdings weisen Werte besondere inhaltliche Qualitäten auf, die eine inhaltlich-qualitative Unterscheidung zu spezifischeren Einstellungen rechtfertigen. Diese Besonderheiten von Werten gegenüber Einstellungen werden im Folgenden zunächst dargestellt und diskutiert. Weiter oben wurde bereits das Verhältnis von Werten und Bedürfnissen erörtert. Deshalb soll sich im Anschluss einem anderen engverwandten Begriffskonzept zugewandt werden und zwar dem Begriff der „Präferenz". Die konzeptionelle Klärung des Verhältnisses zwischen den Werten und den Präferenzen einer Person scheint lohnenswert, da sich gemeinsam mit dem ökonomischen Ver-

---

[35] In der Sozialpsychologie werden zudem die Begriffe „sentiments", „dispositions", „interests", „cathexes" sowie „valences" als eng verwandt mit dem Wertkonzept angesehen (Williams 1968: 284). Auch das „Trait"-Konzept tangiert ähnliche Sachverhalte (Hitlin/Piliavin 2004: 360). Eine Abgrenzung des Wertbegriffs zu einer Vielzahl verwandter Begriffe findet sich bei Kmieciak (1976: 173–202). Um den Rahmen nicht zu sprengen, wird sich in dieser Arbeit auf die Klärung des Verhältnisses des Wertbegriffs zu den Begriffskonzepten „Einstellung", „Norm" und „Präferenz" beschränkt.

2 Der Begriff „Wert"

haltensmodell auch der Präferenzbegriff in der Soziologie etabliert hat. Die Diskussion des Begriffs der „Norm" wird die Abgrenzung des Wertbegriffs zu verwandten Begriffskonzepten abschließen.

2.4.1 Werte und Einstellungen

Inhaltlich-qualitative Besonderheiten der Werte
Gemäß der hier vertretenen Definition stellen Werte Auffassungen über das gute und richtige Handeln dar. Insofern können sie als Haltungen, Ansichten oder auch Vorstellungen verstanden werden und dem Bereich der Einstellungen einer Person zugeordnet werden. Allerdings weisen Werte vornehmlich zwei besondere inhaltlich-qualitative Merkmale auf, wodurch sie von spezifischeren Einstellungen einer Person unterschieden werden können. Konkret handelt es sich um folgende Eigenschaften:

- Werte sind unspezifischer als Einstellungen (Abstraktheit/Allgemeinheit der Werte)
- Werte beanspruchen „transsituative" Geltung

Diese Besonderheiten von Werthaltungen gegenüber spezifischeren Einstellungen gelten in der Literatur als unstrittig (vgl. Hitlin/Piliavin 2004: 360f). Sie stehen im Zusammenhang mit der beanspruchten Normativität, die mit Wertvorstellungen verbunden wird. Damit können Werte vor allem inhaltlich-qualitativ von den spezifischeren Einstellungen unterschieden werden.

Konsequenzen aus den inhaltlich-qualitativen Besonderheiten von Werten
Transsituativität und hoher Abstraktionsgrad der Auffassungen vom guten und richtigen Handeln bedingen zudem zwei weitere Eigenschaften, die in der Literatur üblicherweise mit Wertvorstellungen verbunden werden:

- Werte sind mit einer Vielzahl spezifischer Einstellungen assoziiert (Zentralitätsannahme)[36]

---

[36] Ein Beispiel: Die allgemeine Wertvorstellung Hilfsbereitschaft kann als in einem engen Korrespondenzverhältnis zu spezifischeren Einstellungen, wie etwa die Hilfsbereitschaft gegenüber Älteren oder auch Hilfsbereitschaft gegenüber nahen Verwandten usw. stehend,

- Werte weisen im Vergleich zu Einstellungen eine größere Persistenz auf

Zum Korrespondenzverhältnis zwischen Werten und Einstellungen
Häufig wird aus den vornehmlich inhaltlich bedingten Assoziationsbeziehungen zwischen Werten und spezifischeren Einstellungen geschlussfolgert, dass Werte eine zentralere Stellung im mentalen System eines Menschen einnehmen (Hitlin/Piliavin 2004: 361). Der Annahme einer Zentralität der Werte liegt dabei die Vorstellung zugrunde, wonach die Persönlichkeitsstruktur eines Menschen vertikal bzw. hierarchisch gegliedert erscheint. Der Kerngedanke ist, dass Werte als stabile Dispositionen auf bestimmte Art und Weise die weniger stabilen und stärker ‚dehnbaren' Einstellungen lenken und strukturieren (Maio/Olson/Allen/Bernard 2001: 105). Die Annahme einer zentralen Stellung der Werte entzieht sich allerdings der empirischen Prüfung. Sie erscheint insofern zweifelhaft, als eine hierarchische Vorstellung der Wert-Einstellungs-Relation die Vermutung nahelegt, dass Einstellungen immer von den zentraleren hierarchisch übergeordneten Werten beeinflusst werden.[37] Sind die Werthaltungen einer Person bekannt, so könnte man möglicherweise immer auch auf die spezifischeren Einstellungen schließen. Wie empirische Studien zeigen, können allgemeine Werte in der Tat konkrete Einstellungen beeinflussen (z.B. Biernat/Vescio/Theno/Crandall 1996; Feather/Norman/Worsley 1998). Allerdings sind immer auch folgende Zusammenhänge denkbar:

1. Ein Einfluss einer Werthaltung auf eine spezifischere Einstellung ist nicht feststellbar.[38]

---

[37] verstanden werden. Insofern besteht die Möglichkeit, dass eine allgemeine Werthaltung eine Vielzahl von Einstellungen beeinflussen kann.
Es lässt sich begriffsgeschichtlich rekonstruieren, dass die Annahme einer zentralen Stellung der Werte ihren Ursprung im Strukturfunktionalismus hat (siehe Spates 1983: 30–33). Talcott Parsons und seine Schüler (Parsons 1964; Parsons 1967; Parsons/Shils 1954) haben den Werten diese zentrale Stellung im mentalen System der Individuen und für den Zusammenhalt von Gesellschaften eingeräumt (hierzu Marshall 1998: 690; Rokeach/Loges 1992: 2228). In der daran anknüpfenden empirischen Einstellungsforschung wurde der zentralen Stellung der Werte Rechnung getragen, indem man postulierte, dass sich in Einstellungen immer auch Werte ausdrücken („value-expressive function" von Einstellungen, siehe Katz 1960; zu entsprechenden empirischen Studien siehe u.a. Kristinansen/Zanna 1991; Maio/Olson 1994; Murray/Haddock/Zanna 1996).

[38] Das lässt sich am Beispiel der Werthaltung Hilfsbereitschaft demonstrieren: Eine Person, die überaus hilfsbereit erscheint, könnte auch inkohärent erscheinende Einstellungen vertreten. So ist denkbar, das eine Person alles für ihre Familie gibt (hohe Hilfsbereitschaft),

2. Spezifische Einstellungen können selbst auf allgemeine Werte ‚einwirken' und diese beeinflussen (keine einseitige Steuerungsfunktion der Werte auf Einstellungen).[39]
3. Es gibt Einstellungen, die in keiner Beziehung zu Werten stehen.[40]

Es scheint daher sinnvoll, vom Postulat einer zentraleren Stellung der Werte abzusehen. Alternativ kann man sich die Persönlichkeitsstruktur einer Person auch weniger streng hierarchisch gegliedert vorstellen. So können die Werte zum Beispiel auch als ‚Knotenpunkte' in einem eher vertikalen ‚Netz' von Einstellungen verstanden werden. Auch in dieser Modellvorstellung behalten die Werte ihre besondere Stellung im mentalen System eines Menschen. Denn Werte dürften aufgrund ihrer Abstraktheit stets mit einer deutlich größeren Anzahl spezifischerer Einstellungen assoziiert sein als die Einstellungen untereinander.

Zur intra-individuellen Persistenz von Wertvorstellungen
Ein weiteres Merkmal der Wertvorstellungen, welches sich aus deren Abstraktheit bzw. Transsituativität ergeben dürfte, ist deren intra-individuelle Persistenz. So wird angenommen, dass Werte im Vergleich zu konkreten Einstellungen stabilere mentale Dispositionen darstellen (Konty/Dunham 1997; Marshall 1998: 689; Hitlin/Piliavin 2004: 361; Giordan 2007: 5168). Empirisch kann diese Persistenz-Annahme nur bedingt geprüft werden, denn hierzu wären Panelerhebungen über einen langen Zeitraum notwendig (Diekmann 2009: 305). Empirische Wert- und Wertwandelstudien basieren hingegen in der Regel auf Zeitreihenanalysen von

---

[39] jedoch gegenüber Straftätern keinerlei Milde kennt (keinerlei Hilfsbereitschaft). Das heißt, aus vertretenen Werten lässt sich zwar oft, aber nicht immer auf eine kohärente Einstellung schließen. Konkurrierende Einstellungen (z.B. das Verlangen nach harter Bestrafung) könnten bevorzugt werden (vgl. ähnliche Beispiele in Bem 1974: 44ff).
Vgl. hierzu ebenfalls die Selbstkonzeptforschung im Anschluss an Daryl J. Bem (1974). Die Betrachtung bisheriger Verhaltensweisen sowie möglicherweise bereits vorhandener spezifischerer Einstellungen (etwa Hilfeleistung gegenüber älteren Nachbarn), kann eine Person dazu veranlassen, sich über die eigenen Wertvorstellungen klar zu werden und dabei allgemeinere Werte erst zu ‚entwickeln' (z.B.: allgemeine Hilfsbereitschaft).
[40] Siehe hierzu den empirischen Teil dieser Arbeit. Unter der Kategorie ‚Andere' Inhalte (Kapitel 7) wurden Eintragungen in Poesiealben gefasst, die zum Teil bestimmte Einstellungen erkennen lassen, aber nicht einer der gebildeten Wertekategorien zugeordnet werden können.

Umfrageerhebungen, bei denen zu verschiedenen Zeitpunkten jeweils verschiedene Probanden befragt wurden. Diese Vorgehensweise erlaubt jedoch keine Rückschlüsse auf die Stabilität der Werte auf Individualebene.[41] Auf der Folie der Theorie der kognitiven Dissonanz von Leon Festinger (1970, zuerst 1957) lässt sich mit Rücksicht auf die besonderen Eigenschaften der Werthaltungen in Form von Abstraktheit und Transsituativität die größere Stabilität der Werte möglicherweise theoretisch begründen. Hierzu ist allerdings eine Erweiterung der Theorie der kognitiven Dissonanz erforderlich. Denn Leon Festinger bezieht sich in seinem Ansatz vornehmlich auf Einstellungen und Verhalten, nicht aber auf Werthaltungen. Da im Rahmen dieser Arbeit Werte und Einstellungen als vergleichbare kognitive Phänomene verstanden werden, erscheint eine Erweiterung des Theorieansatzes von Festinger möglich, wobei die besonderen Merkmale der Werte jedoch zu berücksichtigen sind. In Kapitel 4 wird eine entsprechende Erweiterung vorgeschlagen und diskutiert. An dieser Stelle soll indes auf die größere Stabilität der Werte eingegangen und mit Bezug auf die Theorie der kognitiven Dissonanz folgende Annahme getroffen werden: Es kann plausibel vermutet werden, dass Werte allein aufgrund ihrer besonderen Eigenschaften stärker gegen kognitive Dissonanz ‚immun' sind, während spezifischere Einstellungen vermutlich leichter in kognitive Dissonanz ‚geraten' können. Die allgemeineren und abstrakteren Werte, die mit den spezifischen Einstellungen korrespondieren, könnten möglicherweise nur indirekt mit Dissonanz konfrontiert sein. Ein Widerspruch zwischen Werthaltung und Verhalten wird von einer Person vielleicht oft gar nicht wahrgenommen.

Diese Überlegungen lassen sich an folgendem Beispiel verdeutlichen: Angenommen eine Person vertritt die Auffassung, dass es gut und richtig ist, einer Arbeit nachzugehen und berufstätig zu sein. Man kann also sagen, dass diese Person den Wert der Arbeit und Berufstätigkeit an und für sich schätzt. Die selbe Person kann allerdings mit ihrer aktuellen Arbeit bzw. ihrem aktuell ausgeübten Beruf nicht zufrieden sein. So kann sie mit der Höhe der Entlohnung unzufrieden sein oder mit dem Arbeitsumfeld. Auch kann die ausgeübte Tätigkeit unterfordern oder auch

---

[41] Selten durchgeführte Panelerhebungen zeichnen ein eher widersprüchliches Bild. So verweist eine Studie von van Deth (1983) auf eine eher geringe Stabilität von materialistischen bzw. postmaterialistischen Wertvorstellungen. Allerdings kann diesem Befund entgegengehalten werden, dass die zur Messung von Materialismus bzw. Postmaterialismus verwendeten Items des „Inglehart-Index" eher spezifische Einstellungen statt Werte messen. Siehe hierzu auch Jagodzinski (1984) und Puschner (1985: 379f).

überfordern usw. Die betreffende Person geht deshalb möglicherweise aktuell ungern ihrer Arbeit nach. Die Theorie der kognitiven Dissonanz besagt nun, dass eine Inkonsistenz zwischen Einstellung und Verhalten besteht. Diese Inkonsistenz kann sich als psychisches Unwohlsein bemerkbar machen. Die Person wird dann bestrebt sein, die Inkonsistenz (kognitive Dissonanz) zu beseitigen und wieder ein (psychisches) Gleichgewicht herzustellen. Die Reduktion der entstandenen kognitiven Dissonanz kann dabei auf unterschiedliche Art und Weise erfolgen. Es kann jedoch ganz allgemein angenommen werden, das die betreffende Person entweder ihre spezifische Einstellung gegenüber der aktuellen beruflichen Tätigkeit verändert, oder aber sie zieht die Konsequenzen aus der veränderten Einstellung und passt ihr Verhalten an (Wechsel in einen zufriedenstellenden Job). Die allgemeine Werthaltung (Arbeit und Berufstätigkeit an sich ist gut und richtig) wird allerdings nur indirekt von der Dissonanz-Erfahrung tangiert. Die allgemeine Werthaltung ist zwar mit der spezifischeren Einstellung (Einstellung zum aktuellen Arbeitsplatz) assoziiert, allerdings ist die Werthaltung eben nicht spezifisch an die situativ ausgeübte berufliche Tätigkeit gebunden. Die allgemeinere Werthaltung ist zudem mit einer Vielzahl weiterer Einstellungen assoziiert, für die möglicherweise keine Dissonanz vorliegt. Mit anderen Worten: Allgemeinere Werthaltungen sind vermutlich aufgrund ihrer inhaltlich-qualitativen Eigenschaften weniger von kognitiver Dissonanz betroffen als spezifischere Einstellungen. Damit eine Person ihre Wertvorstellungen verändert, bedarf es vermutlich einer Vielzahl von Dissonanz-Erfahrungen (Vielzahl von Verhaltensanreizen). Dieser Punkt wird in Kapitel 4 weiter vertieft.

2.4.2 Werte und Präferenzen

Unter dem Stichwort „Präferenz" findet man in dem von Karl-Heinz Hillmann herausgegebenen Wörterbuch der Soziologie folgenden Eintrag: „Präferenz: die graduell unterschiedlich ausgeprägte Wertschätzung oder ggf. auch Abneigung, die ein Individuum gegenüber einer anderen Person, bestimmten sozialen Gegebenheiten oder Gütern empfindet" (Hillmann 2007: 696). Betrachtet man diese

Definition genauer, so stellt man fest, dass sie im Grunde identisch mit dem Einstellungsbegriff der Sozialpsychologie ist.[42] Es darf allerdings bezweifelt werden, ob Soziologen dieses Verständnis von Präferenz immer teilen. Denn wichtig geworden ist der Begriff in der Soziologie vornehmlich durch die Rezeption und fruchtbare Anwendung des ökonomischen Verhaltensmodells. Insofern ist zu fragen, was im Rahmen dieses Modells unter einer Präferenz verstanden wird.

Präferenzen im Rahmen des ökonomischen Verhaltensmodells
Mithilfe des ökonomischen Verhaltensmodells wird versucht, das Verhalten von Personen in Entscheidungssituationen zu erklären. Ökonomen beschreiben dabei die Situationen, in denen Personen Entscheidungen treffen, mithilfe zweier Elemente: den „Präferenzen" und den „Restriktionen".
Die Bedeutung der Restriktionen fasst Gebhard Kirchgässner wie folgt zusammen: „In einer bestimmten Entscheidungssituation begrenzen die Restriktionen den Handlungsspielraum des Individuums; zu diesen Restriktionen gehören z.b. das Einkommen des Individuums, die auf den Märkten geltenden Preise, die rechtlichen Rahmenbedingungen seines Handelns, aber auch die (erwarteten) Reaktionen anderer. Innerhalb dieses Handlungsraumes liegen die einzelnen Handlungsmöglichkeiten, die ihm zur Verfügung stehen und aus denen es auswählen muss" (Kirchgässner 2008: 13). Als Restriktionen lassen sich demnach die einem Individuum zur Verfügung stehenden Ressourcen sowie die „externen Bedingungen" (Mühler 2008: 38) begreifen.
Auf der anderen Seite verfügen die Individuen über bestimmte Präferenzen. Erstaunlicherweise finden sich in der Literatur zum ökonomischen Verhaltensmodell nur relativ ungenaue Angaben darüber, was konkret mit Präferenzen von Personen gemeint ist. So versteht Gary S. Becker, einer der renommiertesten Vertreter des ökonomischen Erklärungsansatzes, unter Präferenzen folgendes: „Die als stabil vorausgesetzten Präferenzen beziehen sich nicht auf Güter und Dienstleistungen wie Orangen, Autos oder Gesundheitsdienste, sondern auf grundlegende Wahlobjekte, die jeder Haushalt herstellt, in dem er Marktgüter und -leistungen, eigene Zeit und andere Faktoren einsetzt. Diese tieferliegenden Präferenzen beziehen sich

---

[42] So verstehen Eagly und Chaiken unter Einstellung „eine psychische Tendenz, die dadurch zum Ausdruck kommt, dass man ein bestimmtes Objekt mit einem gewissen Grad an Zuneigung oder Abneigung bewertet." (Eagly/Chaiken 1993: 1, hier auf Deutsch zitiert bei Haddock/Maio 2007: 189).

2 Der Begriff „Wert"

auf grundlegende Aspekte des Lebens, wie Gesundheit, Prestige, Sinnenfreude, Wohlwollen, oder Neid, die nicht immer in einer festen Relation zu Marktgütern und -leistungen stehen." (Becker 1993: 4). Nach Gebhard Kirchgässner spiegeln die Präferenzen hingegen die Wertvorstellungen wider, die Individuen im Sozialisationsprozess erworben haben (Kirchgässner 2008: 14; auch Lindenberg 1984: 97). Andererseits werden Präferenzen auch mit den Bedürfnissen oder Wünschen von Individuen gleichgesetzt (vgl. Alchian/Allen 1964: 12; Becker 1993: 4; Kirchgässner 2008: 12).

Unschärfe des Präferenzbegriffs in der Ökonomie

Die Beispiele aus der Literatur zeigen, dass der Begriff der Präferenz von Vertretern des ökonomischen Verhaltensmodells uneindeutig und unpräzise verwendet wird (Witt 1991: 558). Denn was könnte beispielsweise mit den „grundlegenden Aspekten des Lebens" (Gary S. Becker) gemeint sein? Die Analyse der Verwendungsweisen des Wertbegriffs in der Soziologie hatte zudem gezeigt, dass Begriffe wie „Bedürfnis", „Werthaltung" oder „Wünsche" ebenfalls uneindeutig verwendet werden. Es handelt sich zudem inhaltlich um zum Teil stark abweichende Konzepte, deren Wechselwirkungen einer genauen Klärung bedürfen. Von Ökonomen werden diese Begriffe jedoch unter dem Präferenzbegriff zusammengeführt oder aber synonym verwendet. Genaugenommen legt die Art und Weise seiner Verwendung die Vermutung nahe, dass der Präferenzbegriff für Ökonomen lediglich eine Art ‚Oberbegriff' darstellt. Er erscheint als Sammelbegriff für mentale Sachverhalte wie Wertvorstellungen, Bedürfnisse oder auch die Wünsche einer Person. Verallgemeinert kann man deshalb unter Präferenzen sämtliche Neigungen einer Person, seine Situation zu verbessern (anstatt sie zu verschlechtern) auffassen (vgl. Mühler 2008: 38).

Die Vernachlässigung einer präziseren Fassung des Präferenzbegriffs der Ökonomie hat möglicherweise folgenden Grund: Präferenzen, und das hebt das ökonomische Verhaltensmodell von allen anderen Verhaltensmodellen ab, spielen im Rahmen ökonomischer Erklärungen menschlichen Verhaltens praktisch keine Rolle. Denn entsprechend des ökonomischen Verhaltensansatzes wägen Individuen in Entscheidungssituationen vor allem die verschiedenen von den Restriktionen begrenzten Handlungsalternativen ab. Sie entscheiden sich schließlich für jene Handlungsalternative, von der sie für sich den höchsten Nutzen erwarten. Verhalten wird im ökonomischen Verhaltensansatz demnach vor allem mithilfe der beobachtbaren Restriktionen erklärt. Die Präferenzen der Individuen werden hingegen als im Zeitverlauf stabil angenommen. Einmal erworben, ändern sich die Präferenzen nicht oder kaum noch (Kirchgässner 2008: 38). Manche Ökonomen gehen sogar noch über das Postulat stabiler Präferenzen hinaus. Sie behaupten, dass jeder Mensch unabhängig von der ihn umgebenden sozialen Umwelt oder Kultur ein und die selben Präferenzen verfolgen würde (Stigler/ Becker 1977; Becker 1993: 3).[43] Nimmt man nun aber stabile und universell gleiche Präferenzen an, so müssen diese nicht länger zur Erklärung menschlichen Verhaltens herangezogen werden. Als ‚Konstanten' scheiden sie bei der Erklärung von Änderungen im Verhalten von Individuen aus. Verhaltensänderungen werden somit ausschließlich auf wahrgenommene veränderte Restriktionen zurückgeführt.

Werte als Teilmenge der Präferenzen
Wie lässt sich nun das Verhältnis zwischen Werten und Präferenzen beschreiben? Wie gezeigt wurde, verwenden Ökonomen den Präferenzbegriff als Sammel- bzw. Oberbegriff für scheinbar sämtliche als positiv empfundenen Neigungen von Personen. Insofern können Werte als eine spezifische Teilmenge der Präferenzen einer Person verstanden werden. Wie die anderen positiv empfundenen individuellen Neigungen (Wünsche, Bedürfnisse usw.) werden die Werte vom ökonomischen Präferenzbegriff umfasst. Besonders im Rahmen ‚harter' ökonomischer Erklärungsmodelle spielen Werte – als Teil der Präferenzen – keine Rolle. Ihnen wird im Grunde keine Erklärungskraft zur Vorhersage menschlichen Verhaltens zugesprochen.

Unzureichende Erklärungen bei Nichtberücksichtigung der Präferenzen
Die Nichtberücksichtigung der Präferenzen bei der Erklärung menschlichen Verhaltens bildet zurecht einen Hauptkritikpunkt am ökonomischen Verhaltensmodell (vgl. Opp 1983: 51f). Denn in der Tat erscheint nicht plausibel, warum neben den Restriktionen nicht etwa auch eine starke individuelle Überzeugung – als Präferenz – das Verhalten eines Person entscheidend prägen sollte. Als Hauptargument für die Nichtbeachtung von Präferenzen wird von Vertretern des ökonomischen

---

[43] Zuweilen wird das Postulat der universellen Gleichheit der Präferenzen mit Hinweis auf Befunde der Soziobiologie begründet (etwa Becker 1976; Witt 1991). Das Postulat ist jedoch auch unter Ökonomen umstritten. So gibt es Ökonomen, die stattdessen unterschiedliche Präferenzmuster von Individuen als unabdingbare Voraussetzung für Austauschprozesse postulieren (vgl. Alchian/Allen 1964: 23; Kirchgässner 2008: 38).

2 Der Begriff „Wert" 53

Verhaltensmodells angeführt, dass damit der Gefahr der Immunisierung einer theoretischen Aussage vorgebeugt werde. Es wird argumentiert, dass im Grunde jede beobachtbare Verhaltensänderung ad hoc auf eine nicht oder schwer beobachtbare Präferenzänderung zurückgeführt werden könnte. Die Rückführung bzw. Gleichsetzung von Einstellungs- und Verhaltensänderung wäre dann lediglich tautologisch und ohne jeglichen empirischen Gehalt (vgl. u.a.: Stigler/Becker 1977: 78; Lindenberg 1984: 99; Becker 1993: 4; Frey 1997: 20; Kirchgässner 2008: 38). Wie plausibel ist dieses Argument? Zunächst ist festzuhalten, dass es sich um eine berechtigte Kritik an Ad-hoc-Erklärungen handelt. Diese sind im Rahmen wissenschaftlicher Arbeiten allerdings möglichst generell zu vermeiden. Dass Präferenzen und in diesem Kontext auch Einstellungen und Werte für Ad-hoc-Erklärungen genutzt werden könnten, rechtfertigt jedoch nicht, diese generell bei der Erklärung menschlichen Verhaltens zu vermeiden. Eine solche Schlussfolgerung ergibt sich aus der Kritik an Ad-hoc-Erklärungen nicht.[44] Insofern ist die Nichtberücksichtigung der Präferenzen und damit der Werte und Einstellungen selbst im Rahmen ökonomischer Erklärungen menschlichen Verhaltens zweifelhaft. Es mag zwar zutreffend sein, dass aus Einstellungen und Werthaltungen oft nicht entsprechende Verhaltensweisen folgen. Jedoch wurde diese Problematik in den Sozialwissenschaften bereits früh erkannt (LaPierre 1934) und mit empirisch bewährten Theoriemodellen darauf reagiert (Fishbein/Ajzen 1975; Ajzen 1991). Daher scheint es angebracht, bei Erklärungen menschlichen Verhaltens immer auch zu prüfen, ob und unter welchen Bedingungen auch Werte und Einstellungen als Teil der Präferenzen eines Menschen als plausible Einflussfaktoren für beobachtbares menschliches Verhalten infrage kommen. Denn empirisch ist nicht auszuschließen, dass bestimmte menschliche Verhaltensänderungen ausschließlich auf veränderte Präferenzen zurückgeführt werden können (Opp 1983: 51). In diesem Sinne ist bei ökonomischen Erklärungsansätzen auf die Gefahr unzureichender Erklärungen menschlichen Verhaltens bei Nichtberücksichtigung der Präferenzen hinzuweisen.[45]

---

[44] Prinzipiell ist zudem der Fall denkbar, dass auch vermeintliche Restriktionen im Rahmen von Ad-hoc-Erklärungen herangezogen werden können.
[45] Auch ein Teil der Ökonomen steht der Nichtberücksichtigung von Präferenzen in ökonomischen Erklärungen kritisch gegenüber und lehnt das Postulat stabiler und gleicher Präferenzen ab. Das sind insbesondere Ökonomen, die sich mit der sehr selten aufgeworfenen Frage nach der Entstehung bzw. Bildung von Präferenzen („preference formation") beschäftigen (u.a. Albanese 1987; Albanese 1988; Alessie/Kapteyn 1988; Cowen 1989;

2.4.3 Werte und Normen

Der Normbegriff in der Soziologie
Der Begriff der (sozialen) Norm ist ebenfalls eng mit dem Wertkonzept verwandt. Insofern gilt es den hier vertretenen Wertbegriff auch von diesem Begriff konzeptionell abzugrenzen. Der Normbegriff wird in der Soziologie uneinheitlich definiert. Jedoch wird hauptsächlich auf zwei Arten von Normdefinitionen zurückgegriffen:[46]

- Normen als sanktionierbare Verhaltensregelmäßigkeit
- Normen als Sollens-Erwartungen

Normen als sanktionierbare Verhaltensregelmäßigkeit
Eine häufig verwendete Begriffsdefinition versteht unter einer Norm eine Verhaltensregelmäßigkeit, bei der eine Abweichung mit einer gewissen Wahrscheinlichkeit (negativ) sanktioniert wird (Opp 2000: 36; vgl. u.a. auch Popitz 2006: 69; Diekmann/Voss 2008: 85). Da die Norm auf einem konkreten Verhalten beruht, kann diese Variante einer Normdefinition im Anschluss an Karl-Dieter Opp auch als Verhaltensdefinition bezeichnet werden. Sie findet hauptsächlich im Rahmen ökonomischer Analysen von Institutionen Anwendung (Opp 2000: 36).

Normen als Sollens-Erwartungen
Noch häufiger wird in der Soziologie unter einer Norm eine Erwartung gegenüber einem bestimmten Verhalten verstanden. Konkret wird hier Norm definiert als

---

[46] Cowen 1993; Kapteyn/Wansbeek 1982; Kapteyn/Wansbeek/Buyze 1978; Kapteyn/Wansbeek/Buyze 1980; Levy-Garboua/Loheac/ Fayolle 2006; Norton/Costanza/Bishop 1998; Robben/Verhallen 1994; Tomer 1996). Zudem ist folgender Punkt zu beachten: Die empirische Wertforschung zeigt, dass verschiedene Faktoren die Wahrscheinlichkeit, dass eine bestimmte Werthaltung vertreten wird, beeinflussen (etwa Inglehart 1977). Der empirische Teil dieser Arbeit wird hierfür ebenfalls eine Vielzahl von Hinweisen liefern. Folgt man den Ökonomen und ordnet die Werte den Präferenzen einer Person zu, so kann man zumindest das Postulat gleicher Präferenzen als empirisch unhaltbar kritisieren. Denn Menschen unterscheiden sich in ihren Werthaltungen. Wenn nun aber die Werte der Personen (als Teil der Präferenzen) unterschiedlich sind, dann kann man sie auch nicht in ökonomischen Erklärungsmodellen vernachlässigen. Sie können nicht als Konstante behandelt werden.
So zumindest nach Karl-Dieter Opp (2000: 35), an dessen Darstellung des Normbegriffs in der Soziologie sich die weiteren Ausführungen orientieren (insbesondere an Opp 1983; 2000; Hechter/Opp 2001).

2 Der Begriff „Wert"

„Gemeinsame Erwartung individueller oder kollektiver Akteure, daß Verhalten ausgeführt werden soll oder nicht soll" (ebd.: 37). Diese Art von Normdefinition lässt sich auch als Erwartungsdefinition bezeichnen (ebd.: 35). Anzumerken ist, dass es sich hierbei um eine Sollens-Erwartung nicht aber um eine kognitive Erwartung im Sinne einer Voraussage handelt (ebd.: 36). Nach Opp ist die Sollens-Erwartung das am häufigsten in den Sozialwissenschaften verwendete Merkmal zur Kennzeichnung von Normen. Definitionen, die über dieses Merkmal verfügen, können auch als Minimaldefinition von Normen verstanden werden (ebd.: 36). Neben diesen beiden wichtigsten Begriffsdefinitionen werden in der Soziologie noch weitere Normdefinitionen vertreten. Dabei werden jedoch in der Regel die verschiedenen Merkmale (Sollens-Erwartung, Verhaltensregelmäßigkeit, Sanktionierung) lediglich miteinander kombiniert. Tabelle 2.1 gibt die am häufigsten in der Soziologie vorkommenden Begriffsdefinitionen sowie ihre Varianten wieder.

Tabelle 2.1: Normdefinitionen in der Soziologie

	Definitionskriterien			
Verhaltensregelmäßigkeit	Sanktionierung, wenn Verhalten nicht ausgeführt wird	Gemeinsame Erwartung individueller oder kollektiver Akteure, dass Verhalten ausgeführt werden soll oder nicht soll		Art der Definition
-	-	Ja	Minimaldefinition	Erwartungsdefinition
-	Ja	Ja	Erweiterte Definition	
Ja	Ja	-	Verhaltensdefinition	
Ja	Ja	Ja	Kombinierte Definition	

Quelle: Opp (2000: 37)

Zum Verhältnis von Normen und Werten
Es wurde vorgeschlagen, unter Werten Auffassungen vom guten und richtigen Handeln zu verstehen. Werte sind hiernach Auffassungen von allgemeinen Handlungsweisen, die positiv eingeschätzt und deren normative Geltung gefordert bzw. beansprucht wird. Im Folgenden soll der hier vertretene Wertbegriff gegen die beiden am häufigsten vorkommenden soziologischen Normkonzepte abgegrenzt werden.

Werte und Normen im Sinne der Verhaltensdefinition

Werte werden hier im Sinne von Auffassungen, Haltungen und Einsichten verstanden. Sie können als Einstellungen mit besonderen inhaltlich-qualitativen Merkmalen (Allgemeinheit und Transsituativität) aufgefasst werden. Demgegenüber stellen Normen im Sinne der Verhaltensdefinition sanktionierte Verhaltensregelmäßigkeiten dar. Beide Begriffskonzepte lassen sich im Grunde gut voneinander unterscheiden. Denn Werte und Normen im Sinne der Verhaltensdefinition zielen auf unterschiedliche Objektbereiche. So umfassen Werte einen Teilbereich der Einstellungen, konkret die Auffassungen vom guten und richtigen Handeln. Normen umfassen hingegen einen Teilbereich der Verhaltensregelmäßigkeiten. Es sind Verhaltensregelmäßigkeiten, die bei Nichteinhaltung mit gewisser Wahrscheinlichkeit negativ sanktioniert werden.

Trotz der Unterscheidbarkeit auf Begriffsebene ist bei der Erklärung empirisch beobachtbarer Verhaltensregelmäßigkeiten zu bedenken, dass Wert- und Normkonzept sich ‚überschneiden' können. Das heißt, eine konkret beobachtbare Verhaltensregelmäßigkeit könnte auf eine Norm (im Sinne der Verhaltensdefinition) oder aber auf eine Wertvorstellung zurückgehen. So sind Überschneidungen von Wert- und Normkonzept möglich, wenn

- die Werte im Sinne ‚starker' Überzeugungen das Verhalten einer Person beeinflussen und sich hierbei Verhaltensregelmäßigkeiten herausbilden,
- die Normen nicht nur für bestimmte Situationen gelten, sondern ebenso wie die Werte transsituational sind sowie einen hohen Abstraktionsgrad aufweisen.

Wenn Werte den Einstellungen zugeordnet werden, dann kann unter anderem mit Hinweis auf das sozialpsychologische Attitude-strength-Konzept zwischen starken (tief internalisierten, verhaltensrelevanten) Werten und Einstellungen und eher schwach ausgeprägten (kaum internalisierten, nicht verhaltensrelevanten) Werten und Einstellungen unterschieden werden.[47] Wenn eine Person über starke Einstellungen bzw. Werte im Sinne des Attitude-strength-Konzepts verfügt, dann kann angenommen werden, dass sie auch entsprechend ihrer starken Überzeugungen handelt. So könnte beispielsweise eine Person allein aufgrund ihrer starken inneren religiösen Überzeugung regelmäßig Gottesdienste besuchen. Es ist somit

---

[47] Zum Attitude-strength-Konzept siehe zum Beispiel Haddock/Maio (2007: 205).

2 Der Begriff „Wert"

denkbar, dass sich bei einer Person eine Verhaltensregelmäßigkeit (regelmäßiger Kirchgang) herausgebildet hat, die allein auf einer starken inneren Überzeugung bzw. Wertvorstellung (Glaube an Gott) beruht, ohne dass ein äußerer, restriktiver Zwang (Sanktion) wahrgenommen wird.[48] Wird eine Verhaltensregelmäßigkeit empirisch beobachtet, so lässt sich demnach nicht a priori auf eine zugrunde liegende Norm im Sinne der Verhaltensdefinition schließen. Um zu klären, ob eine Verhaltensregelmäßigkeit auf starken, verhaltensrelevanten Wertvorstellungen oder aber eher auf einer als Restriktion empfundenen Sanktionsdrohung beruht, bedarf es somit einer sorgfältigen empirischen Analyse.

Weiterhin ist der Fall zu beachten, dass auch Verhaltensregelmäßigkeiten abstrakt und transsituativ sein können. In der Literatur werden vornehmlich Werte mit diesen Eigenschaften beschrieben. Wenn zum Beispiel eine Person eine Wertvorstellung äußert, so legt sie sich nicht auf eine bestimmte Situation fest (Fischer/Wiswede 2009: 289). Demgegenüber werden sich Normen in der Regel als wenig abstrakt und auf eine spezifische Situation bezogen vorgestellt. Der divergierende Abstraktionsgrad wird deshalb oft als Unterscheidungsmerkmal von Normen und Werten angeführt (Williams 1968: 284; Hitlin/Piliavin 2004: 361; Giordan 2007: 5169). Allerdings sagt die Normdefinition im Sinne der Verhaltensdefinition nichts darüber aus, ob eine Verhaltensregelmäßigkeit abstrakt oder weniger abstrakt zu sein hat. Vielmehr kann angenommen werden, dass der Abstraktionsgrad von Normen variieren kann (Stroebe 2008: 102).[49] So hat Wolfgang Stroebe darauf aufmerksam gemacht, dass beispielsweise die Verhaltensregel, wonach man in Bibliotheken nicht laut reden soll, eine typische, sehr situationsspezifische Norm darstellt. Schon deutlich abstrakter, jedoch noch immer situationsbezogen erscheint hingegen die Norm, wonach man Menschen in Notsituationen helfen sollte. Als sehr abstrakte Normen können demgegenüber die „Zehn Gebote" angesehen werden (ebd.: 102).

---

[48] In der Literatur wird auf dieses Unterscheidungsmerkmal von Werten und Normen ebenfalls verwiesen: So werden Werte als nicht-repressiv, sondern als Akte der freien Wahl vom Individuum empfunden. Normen erscheinen hingegen als mit äußerlichem Zwang (Sanktionsdrohung) verbunden (Hitlin/Piliavin 2004: 361; Joas 2005: 14f; Giordan 2007: 5169).

[49] Nach Siegwart Lindenberg, der ebenfalls die Abstraktheit von Normen diskutiert, hat bereits Emile Durkheim in seinem 1893 erschienenen Werk De la division du travail social das Problem der Wirksamkeit immer abstrakter werdender Normen einer Gesellschaft formuliert (Lindenberg 2008: 63f).

Nun lassen sich die Zehn Gebote nicht nur als sehr allgemeine und sanktionierte Verhaltensregelmäßigkeiten, sondern auch als Werte im Sinne von Auffassungen vom guten und richtigen Handeln interpretieren (vgl. bereits Turner 1976: 1008f; Hitlin/Piliavin 2004: 361). Ob demnach eine allgemein beobachtbare Verhaltensregelmäßigkeit (z.B. das Unterlassen von Totschlag) auf einer starken Wertvorstellung (z.B. dem Gebot „Du sollst nicht töten") oder auf drohenden Sanktionen (hohe Wahrscheinlichkeit einer Bestrafung) oder sogar auch auf beidem (Zusammenspiel von Wert- und Norm-Empfinden) beruht, erscheint abermals als Problem sorgfältiger empirischer Prüfung. Die konzeptionelle Unterscheidbarkeit von Werten und Normen im Sinne der Verhaltensdefinition bleibt hiervon unberührt.

Werte und Normen im Sinne der Erwartungsdefinition
Wie lässt sich das Verhältnis des hier vertretenen Wertbegriffs zur zweiten, in den Sozialwissenschaften noch häufiger anzutreffenden Kernintension von Normen als Verhaltenserwartung beschreiben? Vertreter der Erwartungsdefinition verstehen unter einer Norm eine „Gemeinsame Erwartung individueller oder kollektiver Akteure, daß Verhalten ausgeführt werden soll oder nicht" (Opp 2000: 37). Diese Normdefinition kommt dem Verständnis von Werten als Auffassungen vom guten und richtigen Handeln allem Anschein nach sehr nah. Denn beide Begriffskonzeptionen zielen auf ein bestimmtes gesolltes Verhalten. Dennoch gibt es einen entscheidenden Unterschied. Gemäß der hier vertretenen Wertdefinition sind Werte Auffassungen von positiv ausgezeichneten Handlungsweisen, für die normative Geltung gefordert wird. Es ist eine Auffassung von einem Handeln, für das beansprucht wird, dass jede Person entsprechend handeln sollte.
Anders verhält es sich mit Normen im Sinne der Erwartungsdefinition. Wird unter einer sozialen Norm eine gemeinsame Erwartung bezüglich eines bestimmten Verhaltens verstanden, so wird vorausgesetzt, dass die Erwartung von verschiedenen individuellen oder kollektiven Akteuren, mindestens aber von zwei Personen geteilt wird. Das heißt, die Sollens-Erwartung ist anderen Personen bekannt und wird zudem als solche anerkannt. Um von einer sozialen Norm zu sprechen, muss die von einer Person geäußerte Erwartung also von mindestens einem weiteren Akteur auch faktisch geteilt werden.[50]

---

[50] Denn nichts anderes drückt der Ausdruck „gemeinsame Erwartung" aus: Ein Akteur X, der von einem anderen Akteur Y ein bestimmtes Verhalten Z erwartet, setzt implizit voraus, dass Akteur Y zumindest weiß, dass die Verhaltensweise Z die ‚übliche' ist und die Akteure,

2 Der Begriff „Wert"

Werte als Normen
Der Aspekt der „allgemeinen Geltung und Anerkennung" sorgt dafür, dass sich Wert- und Normkonzept tangieren können. Denn kognitive Überzeugungen (Wertvorstellungen) können selbst zu gemeinsam geteilten Erwartungen und somit zu Normen werden (vgl. Opp 2000: 36). Im Rahmen der Analyse häufig verwendeter Wertdefinitionen wurde das Merkmal „allgemeine Geltung und Anerkennung" bereits ausführlich diskutiert. Es wurde argumentiert, dass im Rahmen einer Wertdefinition dieses Merkmal die Begriffsextension unnötig einschränkt. Aufgrund dessen wurde auf dieses Merkmal verzichtet. Damit wird jedoch nicht ausgeschlossen, dass auch eine Werthaltung zu allgemeiner Geltung und Anerkennung von mehreren individuellen oder kollektiven Akteuren gelangen kann. Im Gegenteil. Ein Wert, der von vielen Personen allgemein anerkannt wird und bei diesen Geltung besitzt, stellt vielmehr einen Spezialfall im Rahmen der hier vertretenen und für einen großen Anwendungsbereich konzipierten Wertdefinition dar. Es handelt sich dann um eine Auffassung vom guten und richtigen Handeln, von denen auch viele andere Akteure erwarten, dass diese Auffassung vertreten wird. Wenn dieser Sachverhalt empirisch vorliegt, lässt sich eine Wertvorstellung auch als eine Norm verstehen. Es wird dann auch von anderen Personen normativ erwartet, dass eine Person eine bestimmte Auffassung vom guten und richtigen Handeln vertritt.[51]

Die allgemein anerkannten, normativ geltenden Werte von Gruppen bzw. der Bevölkerung bilden einen der Hauptgegenstände soziologischer Wertforschung. Denn gerade diese Werte geben Auskunft darüber, inwiefern von einem allgemeinen Wertekonsens einer Gruppe bzw. einer Bevölkerung gesprochen werden kann. In Kapitel 3 wird am Beispiel der ehemaligen DDR sowie der Bundesrepublik dargestellt, dass Staaten die normative Geltung bestimmter Werte anstreben. Das heißt, Staaten haben ein Interesse daran, dass innerhalb der jeweiligen Bevölkerung bestimmte Werte anerkannt und geteilt werden. Ob dann allerdings die staatlich erwünschten Werte auch tatsächlich den Konsens einer Bevölkerung bilden, ist eine andere Frage. Im empirischen Teil dieser Arbeit soll versucht werden, dieser weiter nachzugehen.

---

[51] die Kenntnis von der Verhaltensweise Z haben, diese Verhaltensweise in entsprechenden Situationen auch üblicherweise ausführen.
Damit ist jedoch nicht gesagt, dass eine Person auch entsprechend handelt. Die Sollens-Erwartung bezieht sich zunächst nur darauf, dass eine Person eine bestimmte Werthaltung einnimmt.

2.5 Fazit der Diskussion des Wertbegriffs

1. Mangel an Begriffsanalysen hinsichtlich der Adäquatheit soziologischer Wertdefinitionen

Werte zählen zu den grundlegenden Konzepten der Sozialwissenschaften. Jedoch wird der Wertbegriff von Soziologen uneinheitlich verwendet. Es kursiert eine große Anzahl von Wertdefinitionen. Insofern überrascht, dass Begriffsanalysen, welche die Adäquatheit konkurrierender Wertdefinitionen für die wissenschaftliche Theoriebildung untersuchen, nur selten vorgenommen werden. Diese Begriffsanalysen sind jedoch aus methodologischer Sicht von besonderer Relevanz, da unzweckmäßige Begriffe die Bildung fruchtbarer Theorien behindern können.

2. Nützlichkeitskriterien als Instrument für die Einschätzung konkurrierender Wertdefinitionen

Aus der Literatur zur Methodologie der Sozialwissenschaften wurden folgende vier Kriterien für nützliche Begriffe herausgearbeitet:

- Unbestimmtheit der Extension (hohe ‚Aufnahmefähigkeit' von Sachverhalten)
- Bestimmtheit der Intension (endliche Anzahl geeigneter Begriffsmerkmale)
- Präzision und Eindeutigkeit der Intension (präzise und eindeutige Begriffsmerkmale)
- Zweckmäßigkeit des Begriffs (Eignung für Theorien, empirische Bewährung)

Diese vier Nützlichkeitskriterien helfen, die Adäquatheit konkurrierender Wertdefinitionen in der Soziologie abzuwägen. Besonders wichtig erscheint in diesem Zusammenhang das Kriterium der Zweckmäßigkeit von Begriffen. Mit diesem Kriterium wird nach der Fruchtbarkeit von Begriffsdefinitionen für die Bildung von Theorien gefragt.

2 Der Begriff „Wert"

3. Häufig verwendete soziologische Wertdefinitionen nur eingeschränkt zweckmäßig

Trotz der Vielfalt vorhandener Definitionen kommen in der Soziologie hauptsächlich drei Wertdefinitionen zur Anwendung. Diese Wertdefinitionen wurden hinsichtlich ihrer Zweckmäßigkeit für die Bildung fruchtbarer Theorien diskutiert. Tabelle 2.2 gibt die Kernintensionen, den Theorie- und Forschungskontext sowie die Probleme, die sich mit diesen Definitionen verbinden, wieder.

Tabelle 2.2: Wertdefinitionen in der Soziologie

Kernintension	Theorie-Kontext	Probleme
Conceptions of desirable	Strukturfunktionalismus	Unklarheit des Begriffs „desirable" Konzept der ‚Wünsche' redundant Postulat der Verhaltensbeeinflussung
(internalisierte) Standards selektiver Orientierung	Strukturfunktionalismus	Postulat der Internalisierung Postulat der allgemeinen Geltung und Anerkennung
Repräsentationen menschlicher Bedürfnisse	Psychologische Bedürfnisforschung	Wertforschung begrenzt auf Bedürfnisforschung keine Rückführung der Werte auf soziale Umwelt (biologische Veranlagung der Werte statt Sozialisation)

Die Diskussion hatte gezeigt, dass diese häufig verwendeten Wertdefinitionen nur eingeschränkt zweckmäßig sind. Sie enthalten häufig Postulate, die sich mit der empirischen Beobachtung nicht decken. Insbesondere trifft dies für Definitionen zu, die ihren Ursprung im Strukturfunktionalismus haben. Diese Definitionen werden oft der Komplexität beobachtbarer Wertphänomene nicht gerecht. Besonders unzweckmäßig erweisen sich jedoch Wertdefinitionen, in denen Werte als Repräsentanten menschlicher Bedürfnisse verstanden werden. Diese Definitionen werden häufiger in der empirischen Wertwandelforschung verwendet. Kernproblem ist, dass die Komplexität der Werte hier häufig auf wenige biologisch veranlagte Bedürfnisse beschränkt wird. Es wird nicht zuerkannt, dass Wertvorstellungen erst im Rahmen von Interaktions- und Sozialisationsprozessen gebildet werden und vornehmlich Produkt der sozialen Umwelt sind.

4. Werte als Auffassungen vom guten und richtigen Handeln
Die Kritik an den häufig verwendeten Wertdefinitionen gab den Anstoß, auf eine eher selten verwendete Wertdefinition zurückzugreifen, die Werte als Auffassungen über das gute und richtige Handeln versteht. Werte beziehen sich dieser Definition gemäß auf positiv eingeschätzte Handlungsweisen, für die eine normative Geltung beansprucht bzw. behauptet wird. Diese Wertdefinition rückt die Werte als Auffassungen, Haltungen und Ansichten in den Kontext der Einstellungen einer Person. Allerdings können zwei inhaltlich-qualitative Merkmale benannt werden, mit denen sich allgemeinere Werte von den spezifischeren Einstellungen zumindest abgrenzen lassen:

- Allgemeinheit/Abstraktheit der Werte
- Transsituativität der Werte

Diese besonderen inhaltlich-qualitativen Eigenschaften von Werten sind vermutlich auch dafür verantwortlich, dass die allgemeineren Werte mit einer Vielzahl von spezifischeren Einstellungen assoziiert sind. Zudem stellen sie genau deswegen vermutlich auch stabilere mentale Dispositionen dar und dürften auch weniger anfällig sein für kognitive Dissonanz.

Die hier vertretene Wertdefinition hat eine weitgefasste Begriffsextension. Sie verzichtet auf die Postulate, die oft in strukturfunktionalistisch geprägten Wertdefinitionen enthalten sind. Diese Postulate sollten vielmehr Gegenstand von Theorien sein. Das heißt, es sollten Theorien und Hypothesen formuliert werden, unter welchen Bedingungen Werte verhaltensbeeinflussend sind, zu tief internalisierten mentalen Dispositionen führen oder aber zu allgemeiner Geltung gelangen. Hier sind weitere Forschungsanstrengungen notwendig.

5. Gute Abgrenzbarkeit der vertretenen Wertdefinition gegenüber verwandten Begriffskonzepten
Die Brauchbarkeit des hier vertretenen Wertbegriffs zeigt sich darin, dass er auch gegenüber eng verwandten Begriffskonzepten wie Präferenz oder Norm gut abgegrenzt werden kann.

3 Das Interesse des Staats an den Werten

Im vorangegangenen Kapitel wurde dargestellt, was im Rahmen dieser Arbeit unter einem Wert verstanden wird. In diesem Kapitel geht es nun um die Frage, inwiefern speziell der Staat ein Interesse an den Werten seiner Bürger hat. Um diese Frage aufgreifen zu können, sind zunächst zwei weitere Vorklärungen notwendig. Zum einen ist darzulegen, was in dieser Arbeit unter einem „Staat" verstanden wird. Zum anderen ist zu erläutern, unter welchen Voraussetzungen man plausibel von einem „staatlichen Interesse" an den Werten der Bürger sprechen kann. Die Klärung dieser beiden Sachverhalte erfolgt in Kapitel 3.1 unter Bezugnahme auf Max Webers Staatsdefinition. Basierend auf dieser Definition werden anschließend Schlussfolgerungen zum Spannungsverhältnis zwischen dem Staat und den Werten der Bürger gezogen. Es wird begründet, unter welchen Bedingungen von staatlich erwünschten Werten gesprochen werden kann.

Inwiefern wurde bereits zum Interesse des Staats an den Werten seiner Bürger geforscht? In Kapitel 3.2 wird dieser Frage nachgegangen und der Forschungsstand skizziert. Die Systematisierung der vorliegenden Ansätze wird in Orientierung an den aus Webers Staatsbegriff gezogenen Schlussfolgerungen erarbeitet. Zunächst wird auf vorhandene Dokumentenanalysen von Rechtstexten bzw. relevanten staatlichen Dokumenten als Quelle für die Erkenntnis staatlich erwünschter Werte eingegangen. Auf eine Unterscheidung des Staatsrechtlers Peter Häberle zurückgreifend wird dabei zwischen Analysen in Bezug auf explizit erwünschte bzw. auf implizit erwünschte Werte eines Staats unterschieden. Anschließend findet eine Auseinandersetzung mit Forschungsarbeiten statt, die nach den Möglichkeiten des Staats, Einfluss auf die Werte der Bürger zu nehmen, gefragt haben. Hier wird eine Differenzierung von Wolfgang Bergem aufgegriffen und zwischen Forschungen zur direkten bzw. zur indirekten Einflussnahme durch den Staat unterschieden. Anschließend wird auf Wirkungsstudien eingegangen, d.h. auf Studien, die nach den empirisch feststellbaren intendierten Wirkungen, aber auch den unintendierten Folgen staatlicher Einflussnahme auf die Werte in der Bevölkerung fragen. Die Darstellung des Forschungsstands schließt ab mit der Erläuterung der vorhandenen Desiderate sowie des eigenen Forschungsbeitrags, der im Rahmen dieser Arbeit geleistet wird. Es ist anzumerken, dass nur die Grundzüge bisheriger

© Springer Fachmedien Wiesbaden GmbH, ein Teil von Springer Nature 2019
S. Walter, *Der Staat und die Werte*, https://doi.org/10.1007/978-3-658-25786-6_3

Untersuchungen aufgezeigt werden können. Da diese Arbeit einen Vergleich des staatlichen Einflusses auf die Werte der Ost- und Westdeutschen während der Zeit der innerdeutschen Teilung anstrebt, liegt der Schwerpunkt auf Studien zum Zeitraum zwischen 1949 und 1989 sowie zur DDR und Bundesrepublik. Der Blick in die Forschungsliteratur zeigt, dass ein Desiderat an methodisch vorgehenden Dokumentenanalysen von Rechtstexten hinsichtlich der darin vorkommenden Werte besteht. Insbesondere mangelt es an Vergleichsstudien. Deshalb werden in Kapitel 3.3. relevante staatliche Dokumente der DDR und der Bundesrepublik inhaltsanalytisch untersucht und die herausgearbeiteten Werthaltungen miteinander verglichen. So kann eine Typologie staatlich erwünschter Werte von DDR und Bundesrepublik aufgestellt werden. Diese bildet später die Grundlage für die zu prüfenden Hypothesen hinsichtlich des Vorkommens dieser Werte in den Poesiealben in DDR und Bundesrepublik.

3.1 Begriffsklärung: Was meint „staatliches Interesse" an den Werten?

In diesem Abschnitt wird sich dem Begriff „Staat" und damit der zweiten zentralen Begrifflichkeit dieser Arbeit zugewandt. Auch bei diesem Terminus besteht in den Sozialwissenschaften im Allgemeinen und in der Soziologie im Besonderen kein Konsens über dessen Semantik.[52] Insofern ist erneut darzulegen, was im Rahmen dieser Arbeit unter einem Staat bzw. dem staatlichen Interesse an den Werten seiner Bürger verstanden wird. Werfen wir hierzu zunächst einen kursorischen Blick in die soziologischen Nachschlagewerke, um zu erkunden, wie in der Soziologie der Staat definiert wird.

Exkurs: Zur mangelnden Definition des Staatsbegriffs in soziologischen Nachschlagewerken
Nimmt man deutschsprachige Nachschlagewerke der Soziologie zur Hand, wird man unter dem Stichwort „Staat" in der Regel nicht fündig. Das gilt für die Nachschlagewerke von Bernsdorf (1969), Reinhold (2000) und Hillmann (2007). Eine

---

[52] Stellvertretend soll hier lediglich auf die divergenten Begriffsbestimmungen des Staats bereits bei den Gründungsvätern der Soziologie, Max Weber (1980: 29) und Émile Durkheim (1999: 64–81), verwiesen werden. Einen kurzen Abriss zur Begriffsgeschichte gibt Luhmann (2002: 198–227). Zum Wandel des Staatskonzepts in den benachbarten Politikwissenschaften siehe Anter/Bleek (2013).

3 Das Interesse des Staats an den Werten

Ausnahme hiervon stellt das von Werner Fuchs-Heinritz und Kollegen herausgegebene Lexikon der Soziologie (Fuchs-Heinritz/Klimke/ Lautmann/Rammstedt/ Stähli/Weischer/Wienhold 2011) dar. Hier findet sich allerdings keine allgemeine Begriffsdefinition des Staats, sondern mehrere, auf inhaltlichen Kriterien basierende Kategorisierungen des Staats, wie etwa „aktivierender Staat", „archaischer Staat", „autoritärer Staat", „erweiterter Staat", „postkolonialer Staat" usw. (vgl. ebd.: 646f).

Anstelle des Begriffs Staat findet man in den soziologischen Nachschlagewerken häufiger Einträge unter dem Schlagwort „Staatssoziologie" (vgl. Bernsdorf 1969: 1107; Hillmann 2007: 850; Fuchs-Heinritz 2011: 648). Darunter wird ein Teilgebiet der politischen Soziologie verstanden, in dessen Rahmen „Studien über die Funktion des Staates und seiner Organe in der Gesellschaft" (Fuchs-Heinritz 2011: 648) unternommen werden. Lediglich in schon älteren Nachschlagewerken werden unter demselben Schlagwort auch inhaltliche Bestimmungen des Staatsbegriffs angeführt und hierbei auf frühere staatsrechtliche Begriffsdiskussionen verwiesen (Bernsdorf 1969: 1107f). In diesem Zusammenhang erfolgt zudem der Hinweis auf die bekannteste soziologische Begriffsbestimmung des Staats durch Max Weber (vgl. ebd.: 1108).

Die Tatsache, dass der Staat in aktuellen – zumindest deutschsprachigen – soziologischen Wörterbüchern nur selten verschlagwortet wird, mag angesichts der ergiebigen Auseinandersetzung der Gründungsväter der Soziologie mit dem Staat und relevanten Fragestellungen verwundern (vgl. Durkheim 1999; Gumplowicz 1969; Oppenheimer 1954; Tönnies 1965: 112–122; 2010; Vierkandt 1921; Weber 2011). Generell scheint das Konzept des Staats in der Soziologie später zugunsten ähnlicher Konzepte, wie etwa dem des „politischen Systems", vernachlässigt worden zu sein. Aus Mangel an fruchtbaren Alternativen folgt deshalb nun die Darlegung der klassischen Staatsdefinition Max Webers, aus der Schlussfolgerungen bezüglich des Interesses des Staats an den Werten der Bürger gezogen werden.[53]

---

[53] Eine ausführliche Diskussion von Webers Staatsverständnis kann an dieser Stelle nicht erfolgen. Zur weiterführenden Beschäftigung mit Webers Staatsbegriff siehe Zängle (1988) sowie Anter/Breuer (2007). Nach Johannes Winckelmann, dem Herausgeber von Webers Schriften, hat sich Max Weber besonders in seinen letzten drei Lebensjahren intensiv mit dem Staat auseinandergesetzt (Winckelmann 2011: 9). Ein von Weber erarbeitetes Manuskript wurde später unter dem Titel Staatssoziologie: Soziologie der rationalen Staatsanstalt und der modernen politischen Parteien und Parlamente veröffentlicht (Weber 2011).

3.1.1 Der Begriff „Staat" nach Max Weber

Max Weber hat dem Begriff „Staat" offenkundig grundlegende Bedeutung für das Fach Soziologie zugemessen und ihn zum Abschluss seiner Soziologischen Grundbegriffe unter Paragraph 17 inhaltlich bestimmt. Seine Definition lautet:

> „Staat soll ein politischer Anstaltsbetrieb heißen, wenn und insoweit sein Verwaltungsstab erfolgreich das Monopol legitimen physischen Zwanges für die Durchführung der Ordnungen in Anspruch nimmt" (Weber 1980: 29).

Die Definition verweist auf drei formale Merkmale, die für einen Staat konstitutiv sind: 1. Es bestehen bestimmte Ordnungen. 2. Zur Durchsetzung dieser Ordnungen gibt es einen Verwaltungsstab. 3. Der Verwaltungsstab verfügt (auf einem geographisch angebbaren Gebiet) über ein legitimes Monopol an physischer Gewalt.[54]

Insbesondere das dritte Merkmal, die „Gewaltsamkeit" (ebd.: 30), d.h. der Besitz des Gewaltmonopols auf einem geographisch eingrenzbaren Gebiet, wird von Weber als das spezifische Kernelement eines Staats hervorgehoben. Dennoch kommt in modernen Staaten auch dem Verwaltungsstab konstitutive Bedeutung zu. Dieser Verwaltungsstab besteht nach Weber aus konkret angebbaren Personen, die ihr Handeln an den gesatzten Ordnungen des betreffenden Staats orientieren.[55] Das

---

[54] Der Staat wird also gleichermaßen durch Nennung des Zwecks (Herstellung bzw. Aufrechterhaltung einer bestimmten Ordnung), des Mittels (Gewaltmonopol) und des Durchsetzungsapparats (Verwaltungsstab) definiert (vgl. hierzu auch Zängle 1988: 246–249). Der Staatsbegriff bei Weber beschränkt sich also nicht allein auf die Existenz eines institutionalisierten Apparats (ebd.: 248f). Die territoriale Beschränkung des staatlichen Gewaltmonopols auf ein bestimmtes geographisches Gebiet ergibt sich dabei aus der unmittelbar der Staatsdefinition vorausgehenden Definition eines politischen Verbands: „Politischer Verband soll ein Herrschaftsverband dann und insoweit heißen, als ein Bestand und die Geltung seiner Ordnungen innerhalb eines angebbaren geographischen Gebiets kontinuierlich durch Anwendung und Androhung physischen Zwangs seitens des Verwaltungsstabes garantiert werden" (Weber 1980: 29).

[55] Dies unterstreicht Weber in den Erläuterungen von §17 wie folgt: „Dem heutigen Staat formal charakteristisch ist: eine Verwaltungs- und Rechtsordnung, welche durch Satzungen abänderbar ist, an der der Betrieb des Verbandshandelns des (gleichfalls durch Satzung) geordneten Verwaltungsstabes sich orientiert und welche Geltung beansprucht nicht nur für die – im wesentlichen durch Geburt in den Verband hineingelangenden – Verbandsgenossen, sondern in weitem Umfang für alles auf dem beherrschten Gebiet stattfindende Handeln (also: gebietsanstaltsmäßig)" (Weber 1980: 30).

3 Das Interesse des Staats an den Werten

lässt sich auch deduktiv aus Paragraph 12 der Soziologischen Grundbegriffe ableiten, in dem Weber den Begriff des „Verbands" definiert und anschließend auf dessen Existenzbedingungen eingeht:

> „Die ‚Existenz' des Verbandes haftet ganz und gar an dem ‚Vorhandensein' eines Leiters und eventuell eines Verwaltungsstabes. D.h. genauer ausgedrückt: an dem Bestehen der Chance, daß ein Handeln angebbarer Personen stattfindet, welches seinem Sinn nach die Ordnungen des Verbandes durchzuführen trachtet: daß also Personen vorhanden sind, die darauf ‚eingestellt' sind, gegebenenfalls in jenem Sinn zu handeln" (ebd.: 26).

Übertragen auf den politischen Verband „Staat" lässt sich somit Folgendes sagen: Der Verwaltungsstab eines Staats setzt sich aus individuellen Akteuren zusammen, die im Rahmen staatlicher Institutionen agieren und dabei ihr Handeln an den bestehenden Rechts- und Verwaltungsordnungen ausrichten. Der Staat als Akteur tritt also stets in Form konkret benennbarer Personen auf. Sie agieren als Funktionsträger staatlicher Institutionen und dürften in der Regel als Repräsentanten des Staats auch von anderen Personen entsprechend wahrgenommen werden. Weber macht jedoch auch deutlich, dass die betreffenden Personen nicht zu jeder Zeit als Akteure des Staats fungieren (ebd.: 26). Nur wenn sie quasi ‚berufsmäßig' als Akteure staatlicher Institutionen agieren und sich ihr Handeln in diesem Kontext an den aktuellen Ordnungen des Staats orientiert, treten Personen als Akteure des Staats auf.[56]

---

[56] Warum die betreffenden Individuen darauf „eingestellt" sind, gemäß der (staatlichen) Ordnungen zu handeln, ist eine andere Frage. So schreibt Weber: „Worauf diese Einstellung beruht: ob auf traditionaler oder affektueller oder wertrationaler Hingabe (Lehens-, Amts-, Dienst-Pflicht) oder auf zweckrationalen Interessen (Gehaltsinteresse usw.), ist begrifflich vorerst gleichgültig. In etwas anderem als der Chance des Ablaufes jenes, in jener Weise orientierten Handelns ‚besteht', soziologisch angesehen, der Verband also nach unserer Terminologie nicht. Fehlt die Chance dieses Handelns eines angebbaren Personenstabes (oder: einer angebbaren Einzelperson), so besteht für unsere Terminologie eben nur eine ‚soziale Beziehung', aber kein Verband. So lange aber die Chance jenes Handelns besteht, so lange ‚besteht' soziologisch angehen, der Verband trotz des Wechsels der Personen, die ihr Handeln an der betreffenden Ordnung orientieren (Die Art der Definition hat den Zweck: eben diesen Tatbestand sofort einzubeziehen)" (Weber 1980: 26).

3.1.2 Schlussfolgerungen

Was folgt aus diesen Überlegungen zum Verhältnis zwischen Staat und den Werten seiner Bürger? Wann lässt sich von einem dezidiert staatlichen Interesse an den Werten einer Bevölkerung sprechen? Max Weber hat sich dazu nicht explizit geäußert. Nimmt man jedoch Webers Staatsbegriff zum Ausgangspunkt, lassen sich folgende Schlüsse ziehen:

1. Staatliches Handeln ist nach Weber ein Handeln von individuellen Personen, die sich im Rahmen ihres Verbandshandelns an den Satzungen des Verbands orientieren und diese umsetzen. Wenn es demnach ein Interesse des Staats an bestimmten Wertvorstellungen gibt, dann handelt es sich um das Interesse der im Rahmen staatlicher Institutionen tätigen Personen.

2. Von staatlich erwünschten Wertvorstellungen lässt sich genau dann sprechen, wenn sie in den Ordnungen (Satzungen, Rechtstexten) eines Staats fixiert sind. Das heißt, sie müssen in relevanten offiziellen Dokumenten eines Staats dokumentiert sein. Ist dies der Fall, dann können Personen, die im Rahmen staatlicher Institutionen tätig sind, unter Bezugnahme auf diese Ordnungen für die Verbreitung und Akzeptanz dieser Werte in der Bevölkerung sorgen.

3. Die Verankerung staatlich erwünschter Werte in der Bevölkerung kann neben dem Gewaltmonopol als ein weiteres Mittel des Staats verstanden werden, die Durchführung und Aufrechterhaltung der staatlichen Ordnung zu gewährleisten. Insofern kann die Vermittlung staatlich erwünschter Werte an die Bevölkerung auch als ein Mittel staatlicher Machtausübung gedeutet werden.[57]

Befürwortende Haltung gegenüber staatlichen Institutionen als generell erwünschte Werthaltung

Neben diesen drei Schlussfolgerungen kann weiterhin aus Webers Überlegungen zur Sicherung des Fortbestands staatlicher Herrschaftsausübung eine generell vom Staat erwünschte Wertvorstellung abgeleitet werden. So sichert nach Weber erst der Glaube an die Legitimität einer Herrschaftsform auch deren Dauer und Fortbestand (ebd.: 122). Fasst man gemäß Webers Typologie den modernen Staat als

---

[57] Es wird sich weiter unten zeigen, dass diese dritte Schlussfolgerung auch Befunde der deutschen Staatsrechtslehre widerspiegelt. Hier wird die Verankerung erwünschter psychischer Dispositionen (Werthaltungen) in der Bevölkerung auch als „soft law" (Häberle 1981a: 70) verstanden.

3 Das Interesse des Staats an den Werten 69

einen „rationalen Typ legitimer Herrschaft" (ebd.: 124) auf, dessen Legitimität „auf dem Glauben an die Legalität gesatzter Ordnungen und des Anweisungsrechts der durch sie zur Ausübung der Herrschaft Berufenen" (ebd.) beruht, dann dürften staatliche Funktionsträger ein besonderes Interesse an der Zustimmung der Bürger zu den staatlichen Ordnungen und deren Institutionen haben.[58] Insofern Dauer und Fortbestand staatlicher Ordnung angestrebt wird, stellt eine befürwortende Haltung des Bürgers gegenüber den Ordnungen und Institutionen des Staats ebenfalls eine staatlich erwünschte Werthaltung der Bürger dar. Unter den staatlich erwünschten Werten kommt dieser Werthaltung eine Sonderrolle zu, da sie im Sinne Webers primär der Sicherung des „Legalitätsglaubens" an die staatliche Herrschaft dient. Unabhängig von einer Fixierung in einer staatlichen Rechtsordnung dürfte den Funktionsträgern des Staats somit immer auch an einer befürwortenden Haltung der Beherrschten gegenüber seinen staatlichen Ordnungen bzw. seinen Institutionen gelegen sein.[59]

Zusammengefasst ergeben sich zwei Thesen zum Interesse des Staats an den Werten der Bevölkerung:
1. Das Interesse eines Staats an den Werten seiner Bevölkerung beruht primär darauf, ob in seinen Rechtstexten Wertvorstellungen fixiert sind. Wenn dies der Fall ist, können Personen in staatlichen Institutionen aktiv werden und versuchen, für die Verbreitung und Akzeptanz der betreffenden Werte in der Bevölkerung zu sorgen. Diese Werte können auch als staatlich erwünschte Werte bezeichnet werden.
2. Ein Staat strebt zur Gewährung seines Fortbestands bei seinen Bürgern eine befürwortende Haltung gegenüber seinen Ordnungen und Institutionen an. Diese Werthaltung kann als vom Staat erwünscht angesehen werden, unabhängig davon, ob sie in einem Rechtstext benannt worden ist.

---

[58] So schreibt Weber: „Ein gewisses Minimum von innerer Zustimmung – mindestens der sozial gewichtigen Schichten – der Beherrschten ist Vorbedingung der Dauer einer jeden, auch der bestorganisierten, Herrschaft" (Weber 2011: 78). Nach Andreas Anter und Wilhelm Bleek steht generell die Frage nach der Legitimität im Zentrum der Staatstheorie von Max Weber (Anter/Bleck 2013: 55–57).

[59] Wie sich in Kapitel 3.3 zeigen wird, kommt der Wunsch nach einer Zustimmung der Bürger zur staatlichen Ordnung auch in den offiziellen Dokumenten von DDR und BRD zum Ausdruck. In den Dokumenten der BRD zeigt sich dies in der Forderung nach einer staatsbürgerlichen Erziehung „im Geiste von Freiheit und Demokratie", in der DDR in der Forderung nach einer Identifikation mit dem Staat, den staatlichen Massenorganisationen und der Ideologie.

3.2 Forschungen zum Interesse des Staats an den Werten

Inwiefern wurde bereits zum Interesse des Staats an den Werten in der Bevölkerung geforscht? Im Folgenden wird der Forschungsstand zum Einfluss des Staats auf die Werte seiner Bürger speziell für DDR und Bundesrepublik zwischen 1949 und 1989 skizziert. Orientiert man sich an den aus Webers Staatsbegriff gezogenen Schlussfolgerungen, ergeben sich drei grundlegende Forschungsfragen:

1. Inwieweit enthalten Rechtstexte überhaupt Wertvorstellungen?
2. Welche Möglichkeiten hat der Staat, die Werte einer Person zu beeinflussen?
3. Wie erfolgreich ist der Staat hinsichtlich der Beeinflussung von Werten?

Diese Fragen aufgreifend wird zunächst auf Dokumentenanalysen verwiesen, die Rechtstexte bzw. relevante staatliche Dokumente von Bundesrepublik und DDR auf darin enthaltene Werthaltungen untersucht haben. Anschließend werden theoretische Ansätze erörtert, die sich mit den spezifischen Möglichkeiten des Staats, auf die Werte von Personen Einfluss zu nehmen, auseinandergesetzt haben.[60] Sodann wird auf Studien eingegangen, die die Wirkungen staatlicher Einflussnahme auf die Werte der Bevölkerung in DDR und Bundesrepublik zwischen 1949 und 1989 empirisch erforscht haben. Abschließend werden Forschungsdefizite benannt und Perspektiven für die weitere Forschung diskutiert.

3.2.1 Dokumentenanalysen von Rechtstexten

Zur Unterscheidung von impliziten und expliziten Werten
Inwiefern verweisen staatliche Dokumente auf erwünschte Werte? Um die vorhandenen Forschungsarbeiten besser systematisieren zu können, erscheint es sinnvoll, zunächst eine grundlegende Unterscheidung der zu analysierenden Werte in Rechtstexten vorzunehmen. Dies wird anhand der Ausführungen des Staatsrechtlers Peter Häberle (1981a, 1981b) geleistet. Im Anschluss an Häberle können Rechtstexte zum einen nach darin explizit benannten Werten, zum anderen nach

---

[60] Diese Ansätze werden in diesem Abschnitt allerdings nur kurz angerissen. Aufgrund ihrer theoretischen Relevanz werden sie in Kapitel 4 ausführlich diskutiert.

3 Das Interesse des Staats an den Werten

implizit zum Ausdruck kommenden Wertvorstellungen analysiert werden.⁶¹ Als explizite Werte lassen sind Werthaltungen auffassen, die ausdrücklich in Rechtstexten als erstrebenswert benannt werden. Das erfolgt primär im Rahmen von Rechtstexten, in denen staatliche Erziehungsziele formuliert sind (vgl. Häberle 1981a: 70). Als implizite Werte lassen sich hingegen Werthaltungen auffassen, die in Rechtstexten nicht ausdrücklich genannt, jedoch diesen inhärent sind. Zur Feststellung der impliziten oder auch „ungeschriebenen" Werte eines Staats bedarf es daher stets einer vorausgehenden Deutung der Rechtstexte mithilfe hermeneutischer oder inhaltsanalytischer Verfahren.⁶² Prinzipiell kann jeder Rechtstext auf implizite Werte analysiert werden. Allerdings dürften die grundlegenden impliziten Werte eines Staats in dessen Verfassung zum Ausdruck kommen.

Gemäß den obigen Schlussfolgerungen aus Webers Staatsbegriff lassen sich insbesondere die expliziten Werte als staatlich erwünschte Werte auffassen. Dies deshalb, weil Akteure staatlicher Institutionen durch die präskriptive Nennung im Rechtstext dazu angehalten sind, für deren Verbreitung und Akzeptanz in der Bevölkerung zu sorgen.⁶³ Ob auch ein staatlicher Auftrag für die Verbreitung impliziter Werte von Rechtstexten (insbesondere der Verfassung eines Staats) besteht, ist hingegen umstritten (vgl. Weiler 1999: 48).

3.2.1.1 Dokumentenanalysen von Rechtstexten der Bundesrepublik

Wenden wir uns zunächst Analysen von Rechtstexten der Bundesrepublik zu. Die Unterscheidung in implizite und explizite Werte aufgreifend werden zuerst Untersuchungen von Rechtstexten auf explizite Werte skizziert. Anschließend wird auf Studien eingegangen, die sich mit impliziten Werten bundesdeutscher Rechtstexte auseinandergesetzt haben.

---

⁶¹ Häberle verwendet jedoch nicht die Bezeichnungen explizit und implizit zur Kennzeichnung der Werte. Er fragt allgemeiner nach Erziehungszielen, die neben Werten auch Verhaltensnormen umfassen können und verwendet zur Unterscheidung die Bezeichnungen „ausdrückliche" (explizite) vs. „verdeckte" bzw. „ungeschriebene" (implizite) Erziehungsziele (vgl. Häberle 1981a: 70f; 1981b: 228).

⁶² Das soll jedoch nicht heißen, dass explizit in Rechtstexten genannte Wertvorstellungen keiner Deutung bedürfen. Wie sich in Kapitel 3.3 zeigen wird, ist auch hier eine methodische Vorgehensweise bei der Bestimmung der Werte sinnvoll. Aufgrund der ausdrücklichen Benennung von normativen Zielvorgaben ist die Inhaltsanalyse allerdings deutlich vereinfacht.

⁶³ Wie und in welchem Umfang Akteure staatlicher Institutionen die präskriptiven Erziehungsziele auch tatsächlich verfolgen und umsetzen, ist dabei freilich eine ganz andere Frage.

Dokumentenanalysen in Bezug auf explizite Werte
Staatsrechtliche Studien zu Erziehungszielen der Bundesrepublik
Die Beschäftigung mit expliziten Werten in den Rechtstexten der Bundesrepublik erfolgte bislang primär innerhalb der bundesdeutschen Staatsrechtslehre. Dreh- und Angelpunkt der juristischen Diskussion bildet in diesem Zusammenhang der Erziehungsauftrag des Staats, der für die Bundesrepublik in Artikel 7 des Grundgesetzes formuliert ist.[64] Der Schwerpunkt dieser staatsrechtlichen Studien liegt allerdings weniger auf der Herausarbeitung der expliziten Werte, sondern eher auf der Begründbarkeit und dem Umfang staatlicher Erziehungsvorgaben.

Aufgrund der föderalen Struktur der Bundesrepublik und der Kulturhoheit der Länder obliegt die Ausgestaltung des Bildungs- und Erziehungsauftrags den einzelnen Bundesländern (u.a. Bergem 1993: 104; Reuter 1999: 52; Trommer 1999: 69; Zymek 2011: 43). Das ist auch der Grund, weshalb sich die Diskussion um staatliche Erziehungsvorgaben weniger auf das Grundgesetz als auf die Länderverfassungen der Bundesländer konzentrierte. Tatsächlich enthält die Mehrzahl der Länderverfassungen Artikel, in denen Bildungs- und Erziehungsziele explizit aufgeführt sind. Diese Erziehungsziele waren für die Rechtswissenschaften lange Zeit nicht forschungsrelevant, erst Ende der 1970er Jahre, im Zuge der „Grundwerte-Debatte" in der Bundesrepublik, wurden sie quasi „wiederentdeckt" (Häberle 1981a: 37).[65] Auch wenn bereits frühere Studien (Oppermann 1976: 13; Isensee 1977b: 114) auf die Bedeutung der Bildungs- und Erziehungsziele in den Länderverfassungen hingewiesen haben, heben sich die Arbeiten von Hans-Ulrich Evers (1979) und Peter Häberle (1981a, 1981b, 2005) diesbezüglich ab.

Hans-Ulrich Evers zufolge kommen in den einschlägigen Verfassungsartikeln zwei verschiedene Gruppen von Normen zum Ausdruck. Einerseits verweisen die Artikel auf „Dispositionsnormen" (Evers 1979: 121). Dabei handelt es sich um

---

[64] Es ist anzumerken, dass Staatsrechtler in ihren Stellungnahmen nicht immer den Terminus Wert verwenden, vielmehr herrscht eine eher uneinheitliche Begrifflichkeit vor. So wird in den relevanten Studien auf „psychische Dispositionsnormen" (Evers 1979: 122), „Orientierungswerte" (Häberle 1981a, 1981b) oder auch auf den „Erziehungsmaßstab" (Bothe 1995) verwiesen. Trotz dieser Begriffsdiversität lassen sich die behandelten Sachverhalte als Wertvorstellungen interpretieren.

[65] Die „Grundwerte-Debatte" der Bundesrepublik in den 1970er Jahren war eine öffentlich geführte Kontroverse über die Rolle des Staats bei der Erziehung von Werten, an der sich hochrangige Vertreter der Kirchen, des Staats, der Politik sowie der Wissenschaft beteiligten. Zu Beiträgen und Verlauf der Grundwerte-Debatte siehe Gorschenek (1978), weitere Beitrage finden sich bei Kimminich (1977).

3 Das Interesse des Staats an den Werten 73

psychische Dispositionen und Haltungen, die durch die Erziehung in den schulischen Einrichtungen realisiert werden sollen. Andererseits enthalten einige Verfassungsartikel „Prozessnormen" (ebd.: 121). Dies sind konkrete Vorgaben zur Gestaltung des schulischen Unterrichts bzw. zum Erziehungsverhalten des Lehrers.[66] Die Dispositionsnormen (also die angestrebten Werthaltungen) unterscheidet Evers in Hauptziele, allgemeine Persönlichkeitsmerkmale sowie in familien- und gemeinschaftsbezogene Dispositionsnormen, wobei er die Erziehung zur „Ehrfurcht vor Gott" (ebd.: 37) sowie zur „sittliche[n] Persönlichkeit oder Verantwortung" (ebd.) als die tragenden Hauptziele staatlicher Erziehung versteht.[67] Peter Häberle hat ebenfalls die Bedeutung der Erziehungsziele in den Länderverfassungen herausgestellt. Nach Häberle ist das Recht anthropologisch als ein Teilbereich der Kultur eines Gemeinwesens zu deuten. Dieses Rechtsverständnis setzt eine kulturwissenschaftliche Perspektive voraus, welche die kulturelle Kontextgebundenheit von Rechtstexten berücksichtigt. Die Kernelemente der Kultur eines Gemeinwesens bilden nach Häberle „Orientierungswerte" (Häberle 1981a: 87).[68] Offene Gesellschaften sind von einem Pluralismus der Orientierungswerte gekennzeichnet, die sich auch widersprechen können. In Rechtstexten finden allerdings nur wenige, den Konsens des Gemeinwesens widerspiegelnde Orientierungswerte ihren Niederschlag (ebd.: 42). Diese Werte können in Rechtstexten in zwei verschiedenen Formen auftreten. Zum einen können sie, wie im Fall der Bil-

---

[66] Dispositionsnormen und Prozessnormen stehen nach Evers in einer Zweck-Mittel-Relation, „wobei die Dispositionsnorm als Finalnorm die Ziele (Zwecke) bestimmt, die durch die Erziehung erreicht oder wenigstens angestrebt werden sollen und den Normadressaten verpflichtet, die zur Zielerreichung erforderlichen und geeigneten Mittel auszuwählen und anzuwenden" (ebd.: 121). Bei der Deutung des Begriffs „Erziehungsziel" bezieht sich Evers auf die erziehungswissenschaftliche Begriffsexplikation von Wolfgang Brezinka, der eine vergleichbare Erziehungskonzeption wie Durkheim verfolgt (vgl. Durkheim 1972). Brezinkas Begriffsdefinition lautet: „Unter einem Erziehungsziel wird eine Norm verstanden, die eine für Educanden als Ideal gesetzte psychische Disposition (oder ein Dispositionsgefüge) beschreibt und vom Erzieher fordert, er solle so handeln, daß der Educand befähigt wird, dieses Ideal so weit wie möglich zu verwirklichen" (Brezinka 1972: 550; hier ohne kursive Schreibweise).

[67] Auch die Prozessnormen werden in drei Kategorien differenziert und in „Bestimmungen über Unterrichts- und Erziehungsverhalten des Lehrers", „sonstigen Gestaltungsgeboten" sowie „Lehrfächern" unterschieden (Evers 1979: 38).

[68] Hierunter werden von Häberle „Richtpunkte, Leitlinien, ‚Ideale', ‚Bindungen', ‚Ligaturen' (i.S. Dahrendorfs) verstanden, die das sozialethische Verhalten des Bürgers im Alltag bestimmen" (Häberle 1981a: 87). Häberle orientiert sich dabei an Talcott Parsons (siehe ebd.: 41).

dungs- und Erziehungsziele in den Länderverfassungen, als explizite Erziehungsziele in Rechtssätzen kodifiziert sein und die Funktion eines „soft law" (ebd.: 70) übernehmen.[69] Zum anderen können Werte auch implizit als „ungeschriebene" bzw. „verfassungsimmanente" Erziehungsziele in Rechtstexten vorkommen, die jedoch erst mittels einer „pädagogischen Verfassungsinterpretation" (Häberle 1981b: 228) herausgearbeitet werden müssen. Eine entsprechende Inhaltsanalyse der Verfassung hat Häberle selbst nicht unternommen, vielmehr eine gemeinsame Auslegung des Grundgesetzes durch Pädagogen und Juristen angeregt (Häberle 1981a: 71f; 1981b: 211; 2005: 142).

Auch in neueren Studien haben Staatsrechtler die Frage nach Berechtigung, Umfang und Inhalt des staatlichen Erziehungsauftrags gestellt und sich zu staatlich zu vermittelnden Werten geäußert. Einige Studien widmen sich ausführlich den Erziehungszielen einzelner Landesverfassungen und befassen sich mit deren Entstehungsgeschichte und Erweiterungen, aber auch mit Umsetzungsproblemen im Schulsektor (Krause 1993; Frauenrath 1995). Im Rahmen der Jahrestagung der Vereinigung deutscher Staatsrechtslehrer im Jahr 1994 wurde das Verhältnis von Staat und staatlich erwünschten Wertvorstellungen im Rahmen mehrerer Beiträge verhandelt.[70] Diese Beiträge fassen überwiegend den zu diesem Zeitpunkt aktuellen Diskussionsstand zusammen, greifen jedoch auch einzelne Aspekte neu auf.[71] Die aufgrund der föderalen Struktur der Bundesrepublik hervorgehobene Bedeutung der Länderverfassungen für die Vorgabe normierter Erziehungsziele wird auch in diesen Beiträgen nicht bestritten (etwa Dittmann 1995: 60–68, in späteren Studien auch Reuther 2003: 32; Gibis 2008: 101–108). Neuere Studien diskutieren

---

[69] Erziehungsziele fungieren nach Häberle als „soft law deshalb, weil für sie nicht die juristische Geltung und Sanktion typisch ist, wie sie sonst Rechtstexte auszeichnet. Mit den spezifischen Mitteln des Erziehers in staatlichen Schulen müssen und sollen die Erziehungsziele verfolgt und in die Praxis umgesetzt werden" (ebd.: 70).

[70] Das Thema der Jahrestagung lautete Erziehungsauftrag und Erziehungsmaßstab der Schule im freiheitlichen Verfassungsstaat. Neben Beiträgen zur rechtlichen Situation in Deutschland (Pieroth 1994; Bothe 1995; Dittmann 1995) wurden dabei die Rechtsgrundlagen auch anderer Staaten (Schweiz, Österreich) thematisiert (Mantl 1995; Hangartner 1995).

[71] So ging Bothe (1995) auf die Herausforderungen an die schulische Erziehungspraxis ein, die sich aufgrund der Trends einer Betonung von Selbstverwirklichung und Individualisierung ergeben. Der Schule, so Bothe, komme dabei nicht die Aufgabe zu, als Bewahrer traditioneller Werte und Praktiken aufzutreten (Bothe 1995). Auch wurde in den Tagungsbeiträgen vermehrt auf die Erweiterung der Perspektive hin zu den dem Nationalstaat übergeordneten Rechtstexten der europäischen Union und des Völkerrechts hingewiesen (Bothe 1995: 32; Dittmann 1995: 68–70).

vor allem Fragestellungen, die sich aus dem Spannungsfeld des staatlichen Erziehungsauftrags (mit Vorgaben für die Wertevermittlung) einerseits, der weltanschaulichen Neutralität des Staats und der Religions- und Glaubensfreiheit andererseits ergeben (Thiel 2000; Langenfeld/Leschinsky 2003; Coumont 2008; Schwanke 2010).

Politikwissenschaftliche Untersuchungen zur „politischen Zielkultur" der Bundesrepublik
Außerhalb der Staatsrechtslehre ist eine Beschäftigung mit expliziten Werten in bundesdeutschen Rechtstexten nur selten erfolgt. Hier ist vor allem auf die Dissertation von Wolfgang Bergem (1993) zu verweisen, der Rechtstexte der DDR und der Bundesrepublik unter dem Blickwinkel der „politischen Zielkultur" analysiert hat. Dieses Konzept entstammt der politischen Kulturforschung und wurde ursprünglich zur Erforschung der politischen Kultur sozialistischer Länder entwickelt (Brown 1977, siehe auch Bergem 1993: 98f).[72] Hierbei wird unterschieden zwischen der von der politischen Führung eines Landes angestrebten idealen „politischen Zielkultur" und der tatsächlich in der Bevölkerung anzutreffenden „politischen Realkultur" (oder auch „dominanten politischen Kultur"). Es wird angenommen, dass politische Führungen an einer weitgehenden Kongruenz von politischer Ziel- und Realkultur interessiert sind. Zum Erreichen dieses Zieles wird versucht, durch Gestaltung der politischen Sozialisation auf die Werte und politischen Einstellungen der Individuen, Einfluss zu nehmen.
Wolfgang Bergem zufolge ist ein Spannungsverhältnis zwischen idealer Ziel- und politischer Realkultur für jedes politische System und somit auch für die westlichen Demokratien anzunehmen (Bergem 1993: 98; 2004: 43). Um die politische Zielkultur der Bundesrepublik zu bestimmen, verweist Bergem ebenfalls auf die Erziehungsziele in den Artikeln der Länderverfassungen (Bergem 1993: 105–108). Trotz unterschiedlicher Gewichtungen in den einzelnen Bundesländern lässt sich aus den Verfassungsartikeln ein gemeinsamer „Grundstock von unverzichtbaren Zielen" (ebd.: 108) als politische Zielkultur der Bundesrepublik ermitteln. Sie zielen im Kern auf die Erziehung zum „mündigen Staatsbürger" (ebd.: 102) bzw. zur Herausbildung einer „demokratischen Persönlichkeit" (ebd.). Realisiert

---

[72] Auf das aus den Politikwissenschaften stammende Konzept der politischen Kultur wird weiter unten in Kapitel 3.2.3 noch vertiefend eingegangen.

werden soll diese Idealvorstellung von politischer Sozialisation durch die Institutionen der politischen Bildung (ebd.: 108).

Dokumentenanalysen in Bezug auf implizite Werte
Methodisch fundierte Analysen von Rechtstexten der Bundesrepublik im Hinblick auf implizite Werte wurden ebenfalls nur selten durchgeführt. Vielmehr dominieren Publikationen, in denen die Artikel des Grundgesetzes gleichsam als Grundwerte interpretiert werden, ohne dass die Werte zuvor durch inhaltsanalytische Verfahren methodisch herausgearbeitet worden wären. Erst in jüngerer Zeit sind im Bereich der Politikdidaktik erste hermeneutische Analysen zu impliziten Werten des Grundgesetzes vorgelegt worden. Inhaltsanalysen von anderen relevanten Rechtstexten der Bundesrepublik sind ebenfalls rar.

Zur Deutung der im Grundgesetz verankerten Grundrechte als Grundwerte
Im Grundgesetz der Bundesrepublik kommt der Terminus „Wert" nicht vor (Detjen 2009: 19). Dennoch wird in einer Vielzahl von Publikationen und über Fachgrenzen hinweg von „Grundwerten" gesprochen, die dem Grundgesetz inhärent sind (vgl. u.a. Isensee 1977a: 548; Speck 1995: 167, Roth 2001: 37–40; Luhmann 2004: 175). In der Regel erfolgt in diesen Publikationen eine unmittelbare Gleichsetzung der Grundrechte mit Grundwerten, ohne dass zuvor eine eingehende Inhaltsanalyse des Verfassungstextes durchgeführt wurde.
Verfassungsdirektiven mit implizit zum Ausdruck kommenden Grundwerten zu identifizieren, hat in der staatsrechtlichen Diskussion eine längere Tradition.[73] Wolfgang Isensee hat die Möglichkeit, die Grundrechte-Artikel der bundesdeutschen Verfassung im Sinne von Grundwerten zu deuten, wie folgt begründet: Erstens legt das Bundesverfassungsgericht in ständiger Rechtssprechung das Grundgesetz als „objektive Wertordnung" und damit die Grundrechte als Grundwerte aus (Isensee 1977a: 547). Zweitens geben die hohen Hürden für Verfassungsänderungen sowie die besonderen Schutzmaßnahmen für die Grundrechte (Ewigkeitsklauseln) Anlass, die Grundrechte als Grundwerte zu interpretieren und als wesentlichen Bestandteil der Konsenswerte der bundesdeutschen Gesellschaft zu

---

[73] Auch aktuelle Grundgesetz-Kommentare verweisen auf diesen Fakt (etwa Hopfauf 2014: 63).

3 Das Interesse des Staats an den Werten

begreifen (ebd.: 548).[74] Basierend auf dieser Argumentation leitet Isensee einen Auftrag für die Organe des Staats ab, für die Akzeptanz der Verfassung in der Bevölkerung Sorge zu tragen und die Grundwerte im Erziehungsprogramm staatlicher Schulen zu berücksichtigen (ebd.: 551).

Ambivalentes Verhältnis der Politikdidaktik zu staatlich erwünschten Werten
Der Vorstellung eines aus der Verfassung ableitbaren Auftrags für die Vermittlung der Grundwerte ist ausgerechnet im Bereich der Politikdidaktik öfters widersprochen worden (vgl. Weiler 1999: 48; Massing 2000: 173; Speth/Klein 2000: 30). In diesem Fachgebiet lässt sich vielmehr seit den 1970er Jahren ein eher zurückhaltendes, wenn nicht gar ambivalentes Verhältnis zu den im Rahmen politischer Bildung zu vermittelnden Werten feststellen. Dies zeigt sich in den Beiträgen von Tagungsbänden, die das Verhältnis der Werte im Kontext der politischen Bildung thematisieren (Artz 1994; Klein 1995; Breit/Schiele 2000). Was in den Beiträgen dieser Publikationen als (Grund-)Werte verstanden wird, bleibt oft unklar oder wird stillschweigend vorausgesetzt.[75] Generell ist festzustellen, dass eine differenzierte, methodisch fundierte Auseinandersetzung mit den in der Verfassung impliziten Werten im Bereich der politischen Bildung lange Zeit nicht stattgefunden hat.[76]

---

[74] Zur Diskussion über die Auslegung der Grundrechte als Grundwerte siehe auch Hepp (1991: 58–68). Im Staatsrecht gibt es spätestens seit den 1930er Jahren Beiträge, die grundlegende Verfassungsdirektiven auch als Grundwerte deuten (so u.a. auch bei Kägi 1945: 65; Arndt 1960: 8; Stein 1968: 231–237; weiterführend Isensee 1977a: 545).

[75] Lediglich die Werte der französischen Revolution, Freiheit, Gerechtigkeit/Gleichheit und Solidarität, werden hier mehrmals als Grundwerte bezeichnet (u.a. Breit 2000: 223). Selten erfolgt in diesen Beiträgen eine Bezugnahme auf das Grundgesetz oder andere Rechtsquellen (wie etwa bei Massing 2000: 173), wobei sich die Autoren nicht selten mit dem Hinweis auf die im Artikel 1 GG artikulierte Würde des Menschen als die zentrale Fundamentalnorm der Verfassung begnügen (etwa Sutor 1995: 28; Schiele 2000: 8).

[76] Die mangelnde Auseinandersetzung mit impliziten (und mehr noch den expliziten) Werten von Rechtstexten der Bundesrepublik könnte auf den sogenannten Beutelsbacher Konsens zurückgehen. Das ist eine Übereinkunft in Form eines „Minimalkonsenses" über Handlungsempfehlungen für Akteure der politischen Bildung, die auf einer Fachtagung der bundesdeutschen Politikdidaktik im Jahr 1977 erzielt worden ist (siehe Kuhn/Massing/Skuhr 1993: 300f; Schneider 1999). Der Beutelsbacher Konsens besteht aus drei Prinzipien politischer Bildung (Schneider 1999: 173–175): 1. Einem „Indoktrinationsverbot" (auch „Überwältigungsverbot"): Werte und Einstellungen dürfen einem Heranwachsenden nicht oktroyiert werden. Er soll nicht in seiner Wert-Urteilsbildung beeinflusst werden. 2. Einem „Kontroversitätsgebot": Jeder Sachverhalt (auch jede Einstellung und Werthaltung) ist kontrovers zu diskutieren. Das Kontroversitätsgebot stößt allerdings bei Schülern mit ge-

3.2 Forschungen zum Interesse des Staats an den Werten

Erst in jüngerer Zeit hat sich dieses Bild gewandelt. So hat Wolfgang Detjen zwei größere Studien zu den impliziten Werten des Grundgesetzes vorgelegt (Detjen 2009, 2013). Detjen unterscheidet in seiner späteren, im Jahr 2013 erschienenen Studie insgesamt 27 der Verfassung implizite Werthaltungen, die er vier Wertgruppen (1. „verfassungslegitimierende Werte", 2. „Lebenswelt-, gesellschafts- und politikprägende Werte", 3. „staatliche Ordnungswerte", 4. „politische Zielwerte") zuordnet.[77] Es zeigt sich – wenig überraschend –, dass zwischen einer Vielzahl explizit genannter Werte der Länderverfassungen und den impliziten Werten des Grundgesetzes weitgehende inhaltliche Äquivalenz besteht.[78] Anzumerken ist jedoch, dass Detjen sich lediglich auf die Analyse der „maßgeblichen Werte" (Detjen 2009: 10) konzentrierte, so dass unklar bleibt, ob das Grundgesetz

---

[77] ringem Bildungsgrad an Grenzen. 3. Berücksichtigung der Analysefähigkeit bzw. der Interessenlage des Heranwachsenden. Insbesondere die Selbstbestimmtheit und Selbstentfaltung des Heranwachsenden sind zu fördern. Diese drei Prinzipien politischer Bildung in der Bundesrepublik lassen in der Tat eine ernsthafte Auseinandersetzung mit staatlich erwünschten Werten als eher vernachlässigbar erscheinen und wurde bereits dahingehend auch kritisiert (vgl. Himmelmann 2006: 52).

Unter die „verfassungslegitimierenden Werte" fasst Detjen die grundlegenden Werte Menschenwürde, Leben, Innere Sicherheit; Individuelle Freiheit; rechtliche Gleichheit; soziale Gerechtigkeit; Volkssouveränität sowie Demokratie. Unter die „Lebenswelt-, gesellschafts- und politikprägenden Werte" werden die Werte Privatsphäre; Ehe und Familie; religiöse und weltanschauliche Überzeugungsfreiheit; wirtschaftliche Handlungsfreiheit; Kommunikationsfreiheit; Pluralismus; politische Partizipation sowie Bürgerverantwortung versammelt. Die dritte Wertgruppe der „staatlichen Ordnungswerte" beinhaltet vorrangig verfahrenstechnische Werte der Herrschaftsausübung und zwar die gemäßigte Herrschaft; begrenzte Herrschaft; verantwortliche Herrschaft; weltanschauliche Neutralität; Rechtsschutz; Rechtssicherheit; funktionsfähige Herrschaft; sowie wehrhafte Ordnung. Die Werthaltungen Gemeinwohl; Frieden und Umwelt werden unter die Kategorie der „politische Zielwerte" gefasst (vgl. Detjen 2013).

[78] Die expliziten Werthaltungen, die in den Artikeln mit Erziehungs- und Bildungszielen in den Länderverfassungen aufgeführt sind, werden im nächsten Abschnitt dieser Arbeit dargelegt. Größere Unterschiede ergeben sich lediglich bezüglich der von Detjen bezeichneten „staatlichen Ordnungswerte", die nicht in den Artikeln der Länderverfassungen genannt werden. Allerdings analysiert Detjen das Grundgesetz auch als Gesamtdokument, während die Erziehungs- und Bildungsziele lediglich in einzelnen Artikeln der Länderverfassungen gebündelt vorliegen. Eine ausführlichere Untersuchung der Länderverfassungen auf weitere (implizite) Werte würde vermutlich eine Übereinstimmung mit den „staatlichen Ordnungswerten" erbringen. Ein inhaltlich größerer Unterschied ergibt sich jedoch bezüglich der religiösen Werthaltung Ehrfurcht vor Gott. Dieses Erziehungsziel wird in mehreren Länderverfassungen explizit genannt, jedoch von Detjen nicht als impliziter Wert des Grundgesetzes angesehen, obschon selbst hier – zum Beispiel mit Blick auf die in Artikel 7 GG artikulierten Regelungen zum Religionsunterricht – durchaus gewisse Deutungsmöglichkeiten in diese Richtung bestehen. Hier ist Detjens Arbeit nicht konsequent genug.

3 Das Interesse des Staats an den Werten

weitere Wertvorstellungen enthält.[79] Nichtsdestotrotz stellen Detjens Analysen eine wichtige Pionierarbeit dar. Weitere Inhaltsanalysen, die auch staatsrechtliche Ordnungsprinzipien der Verfassungsdirektiven (siehe hierzu etwa Hopfauf 2014: 52f) berücksichtigen könnten, sollten allerdings folgen.

Dokumentenanalysen weiterer Rechtsdokumente
Ein Defizit an methodisch fundierten Inhaltsanalysen hinsichtlich der impliziten Werte ist auch für andere bundesdeutsche Rechtstexte festzustellen. Eine Untersuchung von Lutz R. Reuter (1999), der die Schulgesetze der Bundesländer auf Zielbestimmungen der politischen Bildung analysiert hat und dabei auch auf zu vermittelnde Werthaltungen hinweist, bildet hiervon eine Ausnahme. Nach Reuter können vierzehn Kategorien von Erziehungszielen bzw. zu unterrichtenden Gegenstände im Rahmen der politischen Bildung an Schulen unterschieden werden (ebd.: 56–59).[80] Hinsichtlich der zu vermittelnden Werte lässt sich trotz länderspezifischer Akzentuierungen dabei ein „klarer Konsens" (ebd.: 60) feststellen. Dieser Konsens betrifft die Werte „Menschenwürde, Gleichheit, Toleranz, Mitmenschlichkeit und Solidarität, das Verständnis für das Eigene und Fremde, Friedensfähigkeit, europäisches Bewußtsein und Völkerverständigung" (ebd.). Der Bezug der Werte zum normativen Gehalt des Grundgesetzes und der Länderverfassungen ist nach Reuter unverkennbar, er wird im Kontext der Schulgesetze lediglich konkretisiert und ergänzt (ebd.).[81]

---

[79] Zudem erscheint die vorgenommene Unterteilung der Wertgruppen angesichts verschiedener Kategorisierungen und Wertnennungen in den Publikationen von 2009 und 2013 als eher willkürlich gewählt. So beschränkt sich Detjen in seiner Studie von 2009 auf die Darstellung von lediglich 24 anstatt von 27 Werthaltungen, die er in seiner älteren Studie zudem nur in drei anstatt vier Kategorien unterteilt. Die „verfassungslegitimierenden Werte" der Studie von 2013 werden in der älteren Studie noch als „Werte, die das Fundament des Grundgesetzes bilden" (Detjen 2009: 5), die „Lebenswelt-, gesellschafts- und politikprägenden Werte" als „Werte die auf Lebenswelt und Gesellschaft ausstrahlen" (ebd.), die „staatlichen Ordnungswerte" sowie die „politischen Zielwerte" werden zusammengefasst als „Werte, die Staat und Politik prägen" (ebd.: 6) bezeichnet. Während die Studie von 2013 vier weitere Werte unter die „staatlichen Ordnungswerte" rubriziert, ist nur in der Studie von 2009 „Bildung und Kultur" (ebd.: 164-169) im Sinne der „Förderung und Pflege menschlicher Anlagen" (ebd.) als implizite Werthaltung aufgeführt.

[80] Hierbei handelt es sich um: „allgemeine Verhaltensziele; Person; Ehe, Familie, Partnerschaft und Sexualerziehung; Religion und Weltanschauung; Normen und Werte; Ethikunterricht;Wirtschaft und Beruf; Gesellschaft; Politik, Staat, Nation; Geschichte, Kultur und Philosophie; Umwelt; Minderheiten; Europa; Völkergemeinschaft" (Reuter 1999: 55).

[81] Neben der Schulgesetzgebung bieten sich auch schulische Lehrpläne relevanter Schulfächer (Politik/Sozialkunde, Geschichte, Deutsch) zur Untersuchung von impliziten Werten an.

Fazit zu den vorhandenen Dokumentenanalysen bundesdeutscher Rechtstexte
Fassen wir kurz den Stand der Erforschung der in Rechtstexten der Bundesrepublik vorkommenden Werthaltungen zusammen. Dokumentenanalysen zu den expliziten Werten wurden nur selten und überwiegend von Staatsrechtslehrern durchgeführt. Als ergiebige Rechtsquelle erweisen sich in diesem Zusammenhang die Artikel mit Bildungs- und Erziehungszielen in den Länderverfassungen. Die darin benannten Wertvorstellungen sind allerdings bisher nur in unzureichendem Maße mit den Mitteln einer methodisch vorgehenden Inhaltsanalyse erarbeitet worden. Dokumentenanalysen zu den impliziten Werten wurden ebenfalls nur selten vorgenommen. Trotz erster Studien besteht auf diesem Gebiet noch größerer Forschungsbedarf.

3.2.1.2 Dokumentenanalysen von Rechtstexten der DDR

Wenden wir uns Untersuchungen von Rechtstexten der ehemaligen DDR zu. Auch hier kann in explizite bzw. implizite Werte des DDR-Staats unterschieden und nach entsprechenden Analysen relevanter Dokumente gefragt werden. Mit dem Konzept der „allseitig entwickelten sozialistischen Persönlichkeit" wurde in der DDR allerdings ein offizielles Erziehungsleitbild vertreten, das sich im Vergleich zu den Erziehungszielen in den westdeutschen Länderverfassungen durch ein klareres Profil erwünschter Werte und Verhaltensweisen ausnimmt und von den staatlichen Institutionen der DDR zudem mit größerer Intensität verfolgt wurde (Bergem 1993: 115). Damit einhergehend gibt es eine größere Anzahl von DDR-Rechtstexten, die auf explizit erwünschte Werte verweisen. Bevor auf deren Erforschung eingegangen wird, soll zunächst ein kurzer Exkurs über das offizielle Erziehungsleitbild der „sozialistischen Persönlichkeit" erfolgen.

Insbesondere in den Lehrplänen formulierte „Leitziele" (vgl. hierzu Fend 2008: 85) könnten auf implizit staatlich erwünschte Werte analysiert werden (Bergem 2004: 43). Vorliegende Lehrplananalysen haben jedoch oft andere Forschungsschwerpunkte und streifen in der Regel lediglich das Thema der zu vermittelnden Werte, ohne diese gezielt zu explizieren (vgl. etwa Trommer 1999: 105–114; Susteck 2010: 141–148). Generell dürften die in den Lehrplänen zum Ausdruck kommenden Werte mit denen der Schulgesetzgebung bzw. denen der Erziehungsziele in den Länderverfassungen weitgehend übereinstimmen.

3 Das Interesse des Staats an den Werten

Exkurs: Die „sozialistische Persönlichkeit" als kodifiziertes Erziehungsziel in der DDR

Gemäß der marxistisch-leninistischen Weltanschauung hängen die Moralvorstellungen der Menschen von den real existierenden gesellschaftlichen Verhältnissen ab und spiegeln diese wider.[82] Im Kapitalismus dominiert die „bürgerliche" Moral, d.h. die Werte und Normen der herrschenden Bourgeoisie. Allerdings bildet sich innerhalb der Arbeiterklasse bereits im Kapitalismus eine eigenständige, zugleich als höherwertig verstandene „proletarische" Moral heraus. Diese stellt nach der gesellschaftlichen Umwälzung zum Sozialismus die Grundlage für die weitere Entwicklung einer „sozialistischen" Moral mit qualitativ neuen Normen und Wertvorstellungen dar.

Die Frage, über welche spezifischen Werte und Normen der „neue" Mensch in der sozialistischen Gesellschaft der DDR verfügen sollte, wurde von der SED-Führung im Verlauf der 1950er Jahre zu klären versucht und das Konzept der „sozialistischen Persönlichkeit" als Leitbild staatlicher Bildung und Erziehung entwickelt (Hanke 1976: 497; Lemke 1980: 15; 1991: 71).[83] Als Schlüsseldokument für die Bestimmung erwünschter Eigenschaften der „sozialistischen Persönlichkeit" gelten dabei die auf Walter Ulbricht zurückgehenden Grundsätze der sozialistischen Ethik und Moral (Ulbricht 1960). Hierbei handelt es sich um einen Katalog erwünschter Werte und Verhaltensweisen, die Ulbricht in Form von zehn Geboten im Rahmen eines Referats auf dem V. Parteitag der SED im Juli 1958 postuliert hat. Die inhaltlichen Zielbestimmungen dieses Dekalogs wurden später in zahlreichen Rechtstexten und staatlichen Erziehungsrichtlinien aufgegriffen (Hanke 1976: 500, 1988b: 125; Bergem 1993: 119). So etwa im Jugendgesetz der DDR vom 28. Februar 1974, in dessen §1 die anzustrebenden Eigenschaften der sozialistischen Persönlichkeit nochmals näher skizziert sind.[84] Sie lassen sich grob in

---

[82] Der erste Abschnitt des Exkurses orientiert sich an den Darlegungen zur „sozialistischen Moral" bei Ludz (1979: 743; vgl. aber auch Schmitt 1980: 31–39).

[83] Bereits im Jahr 1952 sah die SED eine wesentliche Aufgabe der Schule darin, die Heranwachsenden „zu allseitig entwickelten Persönlichkeiten [zu erziehen, Anm. S.W.], die fähig und bereit sind, den Sozialismus aufzubauen und die Errungenschaften der Werktätigen bis zum äußersten zu verteidigen" (so die Dokumente der Sozialistischen Einheitspartei Bd. IV: 116, hier zitiert bei Gatzemann 2008: 33). Allerdings dürfte die Ausarbeitung des sozialistischen Persönlichkeitskonzepts vorrangig in der zweiten Hälfte der 1950er Jahre erfolgt sein (Hanke 1976: 497; Lemke 1980: 15).

[84] Zuvor war bereits die „sozialistische Persönlichkeit" als pädagogische Zieldimension des DDR-Bildungssystems im Gesetz über das einheitliche sozialistische Bildungssystem vom 25. Februar 1965 kodifiziert worden. Im Folgenden werden die DDR-Gesetze in der in der

zwei Gruppen unterteilen (vgl. Wolf 1980: 43f).[85] Eine erste Gruppe von Persönlichkeitsmerkmalen zielt im Kern auf eine aktive und bewusste Identifikation mit dem SED-Staat und dessen ideologischen Grundlagen des Sozialismus. Diese Merkmale werden auch unter dem Terminus „sozialistisches Bewusstsein" zusammengefasst.[86] Eine zweite Gruppe von Eigenschaften umfasst Wertvorstellungen, die zwar als „sozialistisch" etikettiert, allerdings als allgemeine und tradierte „bürgerliche" Wertvorstellungen identifiziert werden können (vgl. u.a. Wolf 1980: 44; Hanke 1988a: 108; Ukena 1989: 135).[87]

Trotz periodischer Neuakzentuierungen wurde das in Ulbrichts Grundsätzen formulierte Grundkonzept der sozialistischen Persönlichkeit als Erziehungsleitbild bis zum Herbst 1989 in der DDR weitgehend beibehalten (Bergem 1993: 132).[88] Um die Heranwachsenden in der DDR entsprechend dieses Idealbildes zu formen, wurde das Bildungssystem der DDR weitreichend umgestaltet.[89] Begleitend dazu

---

Literatur üblichen Kurzform wiedergeben, wie im obigen Fall: Bildungsgesetz der DDR von 1965.

[85] Das Konzept der „sozialistischen Persönlichkeit" lässt dabei inhaltlich verschiedene Anknüpfungspunkte erkennen. Zum einen ergeben sich Parallelen zu Zielvorstellungen der Sowjetpädagogik, insbesondere zu Arbeiten A.S. Makarenkos (vgl. Gatzemann 2008: 24f). Zum anderen erfolgt ein Rückgriff auf traditionelle Wertvorstellungen der Arbeiterbewegung (Müller 1997: 30). Eine Vielzahl der erwünschten Eigenschaften stellen jedoch lediglich Übernahmen von allgemein verbreiteten normativen Wertvorstellungen dar (Wolf 1980: 44; Müller 1997: 30, siehe hierzu auch weiter unten). Ulbricht selbst hat angegeben, aus der Erinnerung heraus die Grundsätze der sozialistischen Ethik und Moral formuliert zu haben, und verweist auf seine Erziehung durch die Arbeiterklasse sowie die marxistische Lehre als Quelle. Namentlich verweist er auf den sozialistischen Schriftsteller Adolph Hoffmann als eine Inspirationsquelle (hierzu weiterführend Hanke 1976: 500).

[86] So etwa in der Präambel des Bildungsgesetzes der DDR von 1965 (vgl. auch Lemke 1980: 112f; Grunenberg 1990: 42–80). Gemeint ist damit vorrangig die Identifikation mit den Ideen des Sozialismus, die Aneignung des Marxismus-Leninismus als wissenschaftliche Weltanschauung sowie die Bereitschaft, den Sozialismus gegen seine Feinde zu verteidigen. Zudem soll sich eine sozialistische Persönlichkeit durch einen „proletarischen Internationalismus" auszeichnen, worunter das aktive Eintreten für das Freundschaftsbündnis mit der Sowjetunion und den anderen „sozialistischen Bruderländern" sowie das Üben „antiimperialistischer Solidarität" verstanden wird.

[87] Diese tradierten Wertvorstellungen werden in der Literatur häufig als „Sekundärtugenden" bezeichnet (etwa Hanke 1988a: 108) und umfassen Werte wie Hilfsbereitschaft, Ehrlichkeit und Bescheidenheit aber auch die Erhaltung der eigenen Gesundheit und Leistungsfähigkeit. Die einzelnen Merkmale der sozialistischen Persönlichkeit werden im nachfolgenden Abschnitt 3.3 ausführlich dargestellt.

[88] Zu Akzentverschiebungen im Konzept der sozialistischen Persönlichkeit in der DDR siehe u.a. Hanke (1976) bzw. Lemke (1980: 15–82).

[89] Zur Umgestaltung des DDR-Bildungssystems entsprechend der ideologischen Prämissen der SED-Führung seit den 1950er Jahren siehe Anweiler (1988: 40–126).

3 Das Interesse des Staats an den Werten 83

wurden die staatlichen aber auch nicht-staatliche Sozialisationsinstanzen – darunter die Eltern – rechtlich verpflichtet, ihren Beitrag zur Entwicklung von Heranwachsenden zu sozialistischen Persönlichkeiten zu leisten (siehe § 2 Abs. 3 des Jugendgesetzes der DDR von 1974; Dengel 2005: 299–315). Trotz des vom SED-Staat betriebenen Aufwands mit vielfältigen Kodifizierungen gilt gemeinhin als unstrittig, dass die angestrebte Herausbildung eines „neuen" Menschentypus in Form sozialistischer Persönlichkeiten in der DDR weitgehend verfehlt worden ist (u.a. Ukena 1989: 230; Gibas 1997: 262).

Dokumentenanalysen zu expliziten Werten
Im Vergleich zur Bundesrepublik liegt für die DDR eine größere Anzahl von Studien vor, die Rechtstexte bzw. relevante staatliche Dokumente auf explizit erwünschte Werte hin untersucht haben oder zumindest auf die entsprechende Gesetzgebung verweisen. Diese Forschungslage korrespondiert mit den umfangreicheren Anstrengungen staatlicher Einflussnahme auf die Werterziehung in der DDR, die zugleich in einer größeren Anzahl von Gesetzen und staatlichen Richtlinien ihren Niederschlag gefunden hat (Lemke 1991: 72f; Bergem 1993: 115). Die vorhandenen Studien zu expliziten Werten der DDR lassen sich dabei grob in zwei Gruppen unterscheiden:

- Darstellungen von Ulbrichts Grundsätzen der sozialistischen Ethik und Moral
- Analysen von Gesetzen und Vorgaben für den Bildungs- und Jugendbereich

Darstellungen von Ulbrichts Grundsätzen der sozialistischen Ethik und Moral
Am häufigsten finden sich in der Literatur Studien, die auf Walter Ulbrichts Grundsätze der sozialistischen Ethik und Moral als Quintessenz der offiziellen Erziehungsintentionen in der DDR verweisen und sie in diesem Zusammenhang zitieren (u.a. Ludz 1979: 743; Lemke 1980: 21; Schmitt 1980: 40; Luchterhandt 1985: 99; Hanke 1976: 499; 1988a: 108; 1988b: 124; Ukena 1989: 134; Grunenberg 1990: 51f; Sontheimer/Bergem 1990: 62f; Lemke 1991: 73; Bergem 1993: 119; Tenorth/Kudella/Paetz 1996: 73; Gibas 1997: 254; Müller 1997: 30; Schroeder 1998: 554f; Leschinsky/Kluchert 1999: 29; Dengel 2005: 50; Wolle 2009:

228). Der auffällig häufige Verweis unterstreicht die Schlüsselstellung dieses Dokuments als Quelle explizit erwünschter Werte und Verhaltensweisen der DDR. Wie bereits angemerkt gehen die Grundsätze der sozialistischen Ethik und Moral auf ein Parteitagsreferat zurück, das Ulbricht im Jahr 1958 hielt. Insofern handelt es sich ursprünglich nicht um einen Rechtstext. Die Grundsätze wurden allerdings im Jahr 1963 Teil des SED-Programms (bereits Vogt 1970: 11; Schroeder 1998: 555) und zwei Jahre später im Gesetz über das einheitliche sozialistische Bildungssystem vom 25. Februar 1965 auch rechtlich verankert.[90] Es ist in diesem Zusammenhang anzumerken, dass Ulbrichts Grundsätze in den genannten Studien häufig nur wortwörtlich dokumentiert oder lediglich um wenige Kommentare ergänzt wurden. Die inhaltliche Auswertung dieses Dokuments verblieb hingegen weitgehend auf der Ebene der Wiedergabe und Deskription. Aufgrund dieses Desiderats werden Ulbrichts Grundsätze im Kapitel 3.3 einer ausführlicheren Analyse unterzogen.

Analysen von Gesetzen und Vorgaben für den Bildungs- und Jugendbereich der DDR
Eine zweite Gruppe von Studien, die ebenfalls explizit erwünschte Wertvorstellungen der DDR behandeln, stellen Analysen von Gesetzen und staatlichen Dokumenten für den Bildungs- und Jugendbereich der DDR dar.[91] Studien, die sich dabei vorrangig mit allgemeinen Gesetzeswerken für den Bildungsbereich der DDR befassen, sind vergleichsweise selten und überwiegend älteren Datums. Noch immer bemerkenswert ist in diesem Zusammenhang die Studie von Willi Voelmy (1968), der die Bildungsgesetze der DDR von 1959 und 1965 inhaltsanalytisch

---

[90] Vgl. hierzu §1, Abs. 2, Satz 2 dieses Gesetzes.
[91] Die Autoren dieser Studien unterscheiden jedoch nicht zwischen impliziten und expliziten Werten, insofern ist es möglich, dass sie sowohl explizite als auch implizite Werte analysieren und berichten. Der Blick in die am häufigsten analysierten Gesetze und staatlichen Vorgaben zeigt jedoch, dass in der Regel darin Abschnitte enthalten sind, die präskriptiv referierend auf erwünschte Werte, Einstellungen und Verhaltensweisen verweisen und damit als explizite Werte gedeutet werden können (siehe exemplarisch §1 des Jugendgesetzes der DDR vom 28. Januar 1974). Nichtsdestotrotz ist die hier getroffene Unterscheidung in explizite und implizite Werte nicht immer trennscharf. Sie dient daher hier vor allem als idealtypisches Konstrukt um den vorhandenen Forschungsstand zu ordnen.

3 Das Interesse des Staats an den Werten

untersucht und insgesamt vierzehn Kategorien von Bildungs- und Erziehungsintentionen unterschieden hat (vgl. Voelmy 1968: 107).[92] Voelmy fragt jedoch allgemein nach den am häufigsten in diesen Gesetzen erwähnten Bildungs- und Erziehungsinhalten, weshalb die konkret zu vermittelnden Werte nur peripher berührt werden.[93] Ebenfalls mit dem Bildungsgesetz der DDR von 1965 hat sich Hartmut Vogt (1970) auseinandergesetzt. Vogt beschreibt die darin formulierten Ziele staatsbürgerlicher Erziehung und weist Parallelen zum SED-Programm von 1963 nach (Vogt 1970: 12). Zudem analysiert er weitere relevante staatliche Dokumente für den Schulsektor sowie für die volkseigenen Betriebe, in denen die im Bildungsgesetz eher allgemein formulierten Erziehungsziele stärker konkretisiert werden.

Eine kurze Analyse des Jugendgesetzes der DDR von 1974 hat Heinz E. Wolf im Rahmen eines Tagungsbeitrages der westdeutschen DDR-Forschung unternommen (Wolf 1980).[94] Nach Wolf weist dieses Gesetz auf konkrete Aufgaben und Eigenschaften der „sozialistischen Persönlichkeit" hin, wobei die Eigenschaften zur Erfüllung der Aufgaben erworben werden sollen (ebd.: 44). Während die Aufgaben der sozialistischen Persönlichkeit vorrangig ideologische Erfordernisse widerspiegeln, stellen die erwünschten Eigenschaften im Kern traditionell bürgerliche Tugenden dar (ebd.: 43f).

---

[92] Konkret handelt es sich um das Gesetz über die sozialistische Entwicklung des Schulwesens in der DDR vom 2. Dezember 1959 sowie um das Gesetz über das einheitliche sozialistische Bildungssystem vom 25. Februar 1965. Im Bildungsgesetz von 1959 wird am häufigsten auf die „Lebensnähe" sowie die „Verbindung von Theorie und Praxis", „politische Intentionen", die „Wissenschaftlichkeit des Unterrichts", die „Arbeitserziehung" sowie die „allseitige Entwicklung des Menschen" als Bildungs- und Erziehungsintentionen verwiesen. Im Bildungsgesetz von 1965 erfolgt vor allem mit der hier häufigen Betonung der schöpferischen Aktivität und Selbstständigkeit eine gewisse Akzentverschiebung (Voelmy 1968: 41).

[93] Was die Studie von Voelmy von anderen Studien in diesem Kontext abhebt, ist deren methodischer Zugang. Voelmy wertet die Bildungsgesetze mithilfe einer quantitativen Inhaltsanalyse aus. Demgegenüber kommen bei Rechtstextanalysen in der Regel deskriptiv-hermeneutische Methoden zur Anwendung. Nicht selten erfolgen auch gar keine Angaben über die angewandte Auswertungsmethode.

[94] Wolf verwendet zwar das Jugendgesetz der DDR von 1974 um die erwünschten Eigenschaften der „sozialistischen Persönlichkeit" zu ermitteln. Sein Hauptinteresse liegt allerdings hierbei auf Problemen, die sich aus psychologischer und sozialpsychologischer Sicht aus der Normierung dieser Persönlichkeitsmerkmale ergeben.

Neben den Studien über kodifizierte Erziehungsziele in allgemeinen Gesetzen der DDR liegen weiterhin Forschungsarbeiten vor, die sich mit spezifischeren Dokumenten für den DDR-Schulsektor auseinandersetzen und auf darin explizit geforderte Überzeugungen und Werthaltungen eingehen. Die Erforschung der im Rahmen des DDR-Schulwesens verfolgten Erziehungsintentionen setzt in der westdeutschen Bildungsforschung bereits in den 1950er Jahren mit einer umfangreichen Studie von Max Gustav Lange (1954) ein. Diese und nachfolgende Studien (etwa Möbus 1965) folgen bis etwa Mitte der 1960er Jahre weitgehend den Prämissen des Totalitarismuskonzepts und stellen die „totale Politisierung" des Heranwachsenden als Kernziel staatlicher Erziehungsanstrengungen heraus (vgl. bereits Brämer 1983a: 8f).[95]

Seit der zweiten Hälfte der 1960er Jahre steht bei der Erforschung expliziter Erziehungsziele im Schulbereich der DDR das Schulfach Staatsbürgerkunde im Mittelpunkt der Forschung. Dieses Fach wird auch als zentrales Instrument der politischen Erziehung im DDR-Bildungssystem gedeutet (vgl. Kuhn/Massing/Skuhr 1993: 351).[96] Frühe Studien zum Staatsbürgerkundeunterricht beschreiben die an das Fach geknüpften Erziehungsambitionen noch relativ allgemein (vgl. Jänicke 1966; Pohlmann-Kann 1967; Lenz 1968). Eine erste ausführlichere Analyse stammt von Jürgen Teumer (1970), der aus den Lehrplänen der späten 1960er Jahre mehr als fünfzig Erziehungsziele des Faches herausgearbeitet hat. Nach Teu-

---

[95] Das bekannte Problem von Totalitarismus-Studien ist, dass aus der Analyse der verfolgten Erziehungsambitionen in der DDR häufig auch eine entsprechende Umsetzung durch die handelnden Akteure des Bildungssektors und sogar eine gewisse intendierte Wirkung auf die Heranwachsenden unterstellt wird. Das sind in dieser Form empirisch unhaltbare Annahmen. Zudem werden die vom DDR-Staat angestrebten Einstellungen und Werthaltungen nicht in die lange Tradition staatsbürgerlicher Erziehungsbemühungen gestellt, die sich für Deutschland bis ins 19. Jahrhundert zurückverfolgen lässt. Vielmehr werden die erwünschten Einstellungen und Werte allein auf die ideologischen Grundlagen des Marxismus-Leninismus zurückgeführt (vgl. Behrmann 1999: 158; Grammes/Schluß/Vogler 2006: 51). Insofern verwundert es nicht, dass Studien, die dem Totalitarismuskonzept verpflichtet sind, in der Regel relativ undifferenziert die zu vermittelnden Werte analysieren und darstellen.

[96] Das ab der siebten Klasse zu besuchende Fach Staatsbürgerkunde hatte im Jahr 1957 das bis dahin wenig profilierte Fach Gegenwartskunde als Schulfach in der DDR ersetzt und war in den Folgejahren inhaltlich und strukturell entsprechend der herrschenden ideologischen Prämissen gestaltet worden. Zur Geschichte dieses Faches siehe Grammes/Schluß/Vogler (2006: 51–80). Neben Staatsbürgerkunde wird in der Literatur allerdings zuweilen auch dem Geschichtsunterricht eine zentrale Bedeutung für die ideologische Erziehung in der DDR zugesprochen (so Schmid 1982: 313).

mer zielt hiervon der überwiegende Teil auf die Herausbildung eines „Klassenstandpunktes der Arbeiterklasse" (ebd.: 57). Weitere Zielvorgaben fokussieren hingegen auf die Erziehung zur Mündigkeit (ebd.: 61).

Eine einschlägige Studie zum Staatsbürgerkundeunterricht in der DDR hat Karl Schmitt zu Beginn der 1980er Jahre vorgelegt und darin auch die mit dem Fach verfolgten Erziehungsziele ausführlich thematisiert (Schmitt 1980: 29–84). Neben dem Bildungsgesetz von 1965 analysiert Schmitt noch weitere staatliche Schul- und Unterrichtsdokumente, wobei er die darin enthaltenen Erziehungsintentionen als „offizielle Interpretationen" (ebd.: 53) der DDR-Bildungsgesetzgebung bewertet. Kernziel des Staatsbürgerkundeunterrichts in der DDR stellt nach Schmitt die Vermittlung mehrerer politischer, moralischer sowie philosophisch-weltanschaulicher „Grundüberzeugungen" dar (ebd.: 64). Diese spiegeln den „sozialistischen Klassenstandpunkt" (ebd.: 47) wider.[97] Neuere bildungshistorische Beiträge (Behrmann 1999; Gatzemann 2003; Grammes/Schluß/Vogler 2006) haben an die Analysen Schmitts angeknüpft, dabei stärker noch die Eingebundenheit des Fachs in eine bis ins 19. Jahrhundert reichende Tradition staatsbürgerlicher Erziehungsambitionen in Deutschland betont sowie auf die Tradierung bürgerlicher Werte innerhalb der „sozialistischen Moral" bzw. der im Unterricht zu vermittelnden Grundüberzeugungen hingewiesen (vgl. Behrmann 1999: 158f; Grammes/Schluß/Vogler 2006: 51).[98]

---

[97] Um welche „Grundüberzeugungen" es sich konkret handelt, ist nach Schmitt in der Aufgabenstellung des Ministeriums für Volksbildung und des Zentralrats der FDJ zur weiteren Entwicklung der staatsbürgerlichen Erziehung der Schuljugend der DDR vom 9. April 1969 (kurz: Aufgabenstellung von 1969) geregelt. Hierbei handelt es sich um ein vom Ministerium für Volksbildung der DDR herausgegebenes Grundsatzdokument zur staatsbürgerlichen Erziehung in der DDR (vgl. Schmitt 1980: 64).

[98] Um den Rahmen dieser Arbeit nicht zu sprengen, soll sich an dieser Stelle mit den bisher dargestellten Studien zu expliziten Werten der DDR begnügt werden. Es sei jedoch darauf hingewiesen, dass Studien zu weiteren relevanten Schulfächern vorliegen, die mit unterschiedlichem Systematisierungsgrad auch auf die in den Fachlehrplänen formulierten staatlich erwünschten Werten eingehen (u.a. für das Fach Geographie: Budke 2009; für das Fach Geschichte: Schmid 1982; zu allgemeinen Analysen von DDR-Lehrplänen siehe Vogt 1972; Waterkamp 1975). Auch eine Vielzahl außerschulischer Institutionen der DDR mit staatlichem Erziehungsauftrag wurden bereits untersucht und die intendierten Erziehungsziele mehrfach deskriptiv wiedergegeben (u.a. für volkseigene Betriebe: Teumer 1970; Vogt 1970; für die Pionierorganisation „Ernst Thälmann": Tenorth/Kudella/Paetz 1996: 133–136; für den Strafvollzug in der DDR: Vogel 1998: 43–47).

Dokumentenanalysen zu impliziten Werten
Staatsrechtliche Studien zu impliziten Werten der DDR-Verfassung
Vermutlich aufgrund der Fülle von Rechtstexten und staatlichen Richtlinien, die katalogartig explizit erwünschte Werte anführen, wurden systematische Analysen zu den „ungeschriebenen" Werten in Rechtstexten der DDR kaum betrieben. So haben sich staatsrechtliche Untersuchungen zur Verfassung der DDR von 1968 eher peripher mit den darin inhärent zum Ausdruck kommenden Werthaltungen auseinandergesetzt.[99] Eine Studie, die sich analog zu Detjens Untersuchungen zu den „Verfassungswerten" im Grundgesetz allein auf die impliziten Werte der DDR-Verfassungen konzentriert, steht noch aus.

Am nächsten kommt Detjens Untersuchung eine Studie von Otto Luchterhandt (1985), der die Verfassung der DDR von 1968 auf die darin enthaltenen Pflichten des DDR-Bürgers analysiert.[100] Luchterhandt zeigt auf, dass die Rechtsstellung des DDR-Bürgers durch eine ganze Anzahl öffentlicher Pflichten bestimmt war (Luchterhandt 1985: 239). Die „sozialistische Persönlichkeit" als Idealtypus des DDR-Bürgers ist nach Luchterhandt keineswegs eine von SED-Funktionären lediglich wortreich proklamierte Wunschvorstellung geblieben, sondern ist systematisch in das DDR-Verfassungsrecht eingearbeitet worden (ebd.). Die in der DDR-Verfassung verankerten Pflichten führt Luchterhandt dabei zum einen auf Traditionen sozialistischer Pflichtkonzeptionen, zum anderen auf Kontinuitäten einer „‚obrigkeitlichen' Traditionslinie der politischen Kultur Deutschlands" (ebd.: 292) zurück.

Juristische Kommentare diskutieren die der DDR-Verfassung von 1968 inhärenten Wertvorstellungen hauptsächlich im Kontext des einschlägigen Artikels 19 dieser Verfassung. Darin werden die DDR-Bürger verpflichtet, ihre Beziehungen untereinander gemäß den Grundsätzen der sozialistischen Moral auszurichten und

---

[99] Die ursprüngliche DDR-Verfassung vom 7. Oktober 1949 lässt im Vergleich zum Grundgesetz der Bundesrepublik kaum ein sozialistisches Gepräge erkennen (Schmid 1982: 50). Dies ist erst mit der Verfassung der DDR von 1968 der Fall, die am 6. April 1968 angenommen wurde und an die Stelle des alten Verfassungstextes trat. Die Verfassung der DDR von 1968 erfuhr im Jahr 1974 umfangreiche Revisionen, blieb dann aber in der Fassung vom 7. Oktober 1974 bis zum politischen Umbruch in der DDR unverändert. Zur Verfassungsgeschichte der DDR siehe weiterführend u.a. Roggemann (1989); Hauschild (1996); Klaus (2010). Einen Vergleich der Verfassungssysteme in DDR und Bundesrepublik bietet Schmid (1982).

[100] Zu den Grundpflichten in der Verfassung der DDR siehe auch Sontheimer/Bergem (1990: 64).

3 Das Interesse des Staats an den Werten

sich gegenseitige Achtung und Hilfe zu gewähren (vgl. Verfassung der DDR vom 6. April 1968, Art. 19, Abs. 3, Satz 3). Die Kommentatoren verweisen in diesem Kontext ebenfalls auf Ulbrichts Grundsätze, die als Konglomerat sozialistischer Moralvorstellungen verstanden werden (Mampel 1982: 578; Roggemann 1989: 113).[101] Die Moralnorm „gegenseitige Achtung und Hilfe" wird durch die dezidierte Nennung im Verfassungsartikel allerdings explizit betont (Mampel 1982: 579).

Politikwissenschaftliche Studien zur „politischen Zielkultur" der DDR
Abschließend soll auf politikwissenschaftliche Studien hingewiesen werden, die sich ebenfalls mit dem offiziellen Erziehungsleitbild der sozialistischen Persönlichkeit auseinandersetzen. Es handelt sich um Untersuchungen, die sich weitgehend dem Bereich der politischen Kulturforschung zuordnen lassen, genauer der Erforschung der „politischen Zielkultur" der DDR. Als noch immer einschlägig sind in diesem Zusammenhang die Analysen von Irma Hanke (1976) und Christiane Lemke (1980: 15–82; 1991: 67–83) zu nennen, die jeweils die Entwicklungen und Akzentverschiebungen in der Theorie der sozialistischen Persönlichkeit bis in die 1970er Jahre in der DDR nachgezeichnet haben. Antonia Grunenberg (1990: 42–80) hat hiervon leicht abweichend das „sozialistische Bewusstsein" als vom SED-Staat erwünschte „Bewusstseinslage" eines DDR-Bürgers analysiert. Einen Vergleich der politischen Zielkulturen in DDR, NS-Staat sowie im Deutschen Kaiserreich hat Sabine Dengel (2005) vorgelegt und dabei ebenfalls die sozialistische Persönlichkeit als offizielle politische Zielkultur des DDR-Staats beschrieben (ebd.: 82–101).[102]
Gemeinsames Merkmal dieser Studien ist, dass sie in ihren Darstellungen der „sozialistischen Persönlichkeit" (oder des „sozialistischen Bewusstseins") oft auf ein eher heterogenes Dokumentenkorpus zurückgreifen. So werden nicht nur Rechts-

---

[101] Allerdings stellen die Kommentatoren klar, dass die Kanonisierung der sozialistischen Moral in Form der „zehn Gebote" in den 1970er Jahren in offiziellen Dokumenten der DDR aufgegeben wurde, die Inhalte jedoch in die prosaische Beschreibung der „sozialistischen Lebensweise" als dem später dominierenden Terminus in offiziellen Dokumenten übernommen wurden (vgl. Roggemann 1989: 114).

[102] Die „sozialistische Persönlichkeit" wird darüber hinaus auch von Bergem (1993: 115–133) und Ukena (1989: 134f) als Ausdruck der politischen Zielkultur der DDR analysiert. Es ist darauf hinzuweisen, dass in einigen Studien (so bei Hanke 1976; Lemke 1980; Grunenberg 1990) nicht explizit der Terminus politische Zielkultur verwendet wird.

texte, sondern häufig auch Stichworteinträge aus philosophischen oder pädagogischen Wörterbüchern der DDR zitiert bzw. der Fachdiskurs in wissenschaftlichen oder SED-nahen Journalen der DDR nachgezeichnet. Das heißt, es wird in diesen Studien nur unzureichend zwischen den analysierten Textsorten unterschieden, so dass es sich nicht um Rechtstextanalysen im hier verstandenen Sinne handelt. Die Vermengung von Rechtstexten und anderen Textsorten in Darstellungen zur „sozialistischen Persönlichkeit" ist allerdings nicht unproblematisch, da damit tendenziell dem Totalitarismuskonzept gefolgt wird. Kontroversen und Widersprüche in rechtlich unverbindlichen Dokumenten (z.B. in den pädagogischen Fachbeiträgen zu den staatlichen Erziehungszielen) könnten dadurch unberücksichtigt bleiben (vgl. hierzu bereits Cloer 1994). Nichtsdestotrotz eignen sich die Untersuchungen von Hanke (1976), Lemke (1980) und Grunenberg (1990) für einen Einstieg in die DDR-intern geführten Diskurse über die angestrebten staatlichen Erziehungsziele des Arbeiter- und Bauernstaats.

Fazit zu den vorhandenen Dokumentenanalysen von Rechtstexten der DDR
Rechtstexte sowie weitere staatliche Dokumente der DDR wurden bereits häufiger auf explizite Werte hin analysiert oder zumindest als relevante Quellen in Studien benannt. Wenngleich erst im Verlauf der 1960er Jahre kodifiziert, werden die von Walter Ulbricht postulierten Grundsätze der sozialistischen Ethik und Moral gemeinhin als Quintessenz der explizit erwünschten Werte und Verhaltensweisen des DDR-Staats verstanden. Dokumentenanalysen von DDR-Rechtstexten bezüglich impliziter Werte wurden hingegen nur selten durchgeführt, was allerdings angesichts der Fülle von DDR-Dokumenten mit expliziten Werthaltungen kaum verwundert. Kritisch ist das relativ geringe Auswertungsniveau in den Studien einzuschätzen. So werden die untersuchten Rechtstexte oft nur wörtlich zitiert oder nur beschrieben. Systematisch vorgehende oder vergleichende Inhaltsanalysen von Rechtstexten der DDR wurden indes nur selten durchgeführt.

3.2.2 Studien zu den Möglichkeiten staatlicher Wertebeeinflussung

Wie kann ein Staat die Werte seiner Bürger beeinflussen? Die theoretische Klärung der Möglichkeiten staatlicher Einflussnahme auf die Werthaltungen von Individuen ist von zentraler Bedeutung für die in dieser Arbeit verfolgte Forschungsthematik und wird deshalb in einem eigenständigen Kapitel (4) behandelt. In diesem Abschnitt sollen jedoch die Grundlinien bisheriger Forschungen umrissen werden.

Zur Unterscheidung von direkter und indirekter staatlicher Einflussnahme

Zur besseren Systematisierung des Forschungsstands bietet sich erneut eine grundlegende Unterscheidung an. Eine Typisierung von Wolfgang Bergem (1993: 156, 204) aufgreifend kann zwischen einer direkten und einer indirekten Einflussnahme des Staats auf die Werte und Einstellungen seiner Bürger unterschieden werden. Was ist damit gemeint?[103]

Unter einer direkten staatlichen Einflussnahme lässt sich in einem weiten Sinne der Versuch des Staats verstehen, im Rahmen seiner von ihm kontrollierten Sozialisationsinstanzen – insbesondere Bildungs- und Erziehungseinrichtungen – auf die Werte von Personen Einfluss zu nehmen. Als indirekte staatliche Einflussnahme kann hingegen der Versuch des Staats aufgefasst werden, auch außerhalb der von ihm kontrollierten Sozialisationsinstanzen, insbesondere aber durch die Gestaltung der Rechtsordnung, die Werte der Individuen zu beeinflussen. Diese Unterscheidung zugrunde legend können Studien zur staatlichen Wertbeeinflussung wie folgt unterschieden werden:

- Studien zur direkten staatlichen Einflussnahme auf die Werte von Personen
- Studien zur indirekten staatlichen Einflussnahme auf die Werte von Personen

Studien zur direkten staatlichen Einflussnahme auf die Werte

Vor allem Erziehungswissenschaftler und Entwicklungspsychologen haben sich mit den Möglichkeiten der direkten staatlichen Einflussnahme auf die Werte von Heranwachsenden auseinandergesetzt. Den Schwerpunkt bilden Studien zu den Möglichkeiten der Wertevermittlung im Kontext der Schule. Dass die Schule neben einem Bildungsauftrag auch einen Erziehungsauftrag zu erfüllen hat und in

---

[103] Die Unterscheidung in direkte und indirekte Einflussnahme trifft Bergem lediglich in Form von Kapitelüberschriften seiner Dissertation („Direkte Einflussnahme durch Normung von Zielen politischer Sozialisation", ebd.: 156; bzw. „Indirekte Einflussnahme durch Organisation der Rahmenbedingungen politischer Sozialisation", ebd.: 204). Eine explizite Definition der beiden Einflussmöglichkeiten oder eine nähere Erläuterung erfolgt jedoch nicht.

diesem Zusammenhang auch einen Beitrag zur Vermittlung von Werten leisten soll, gilt gemeinhin als unstrittig (vgl. u.a. Böhm 1983: 59; Geißler/Wiegmann 1998: 229; Leschinsky/Kluchert 1999: 19; Terhart 1999: 46). Kontrovers diskutiert werden allerdings Umfang, Inhalt und Form schulischer Werterziehung, was sich auch in einer Vielzahl konkurrierender Werterziehungskonzepte niederschlägt. Hauptsächlich lassen sich jedoch drei Grundauffassungen schulischer Werterziehung unterscheiden:[104]

- der „romantische" Ansatz
- der „technologische" Ansatz
- der „progressive" Ansatz

Diese Grundkonzeptionen schulischer Wertevermittlung basieren auf divergierenden theoretischen Annahmen, die zur Betonung unterschiedlicher Erziehungsbereiche und Erziehungsmethoden führen. Sie werden in Kapitel 4.1.1 ausführlich diskutiert.

Studien zur indirekten Wertebeeinflussung
Die Möglichkeiten des Staats, indirekt Einfluss auf die Werte von Personen zu nehmen, sind bisher allenfalls sporadisch analysiert worden. Hier ist erneut auf die Arbeit von Wolfgang Bergem (1993) hinzuweisen, der konzeptionell zwischen direkter und indirekter staatlicher Einflussnahme unterscheidet. Bergem geht von der These aus, dass politische Kultur bzw. die mit ihr verbundenen Werte und Einstellungen ausschließlich im Rahmen „politischer Sozialisation" erworben werden (Bergem 1993: 56). Demgemäß konzentriert sich Bergem darauf, die staatlichen Einflussmöglichkeiten im Kontext von Sozialisationsinstanzen zu klären. Während ein Staat durch Normierung von Zielvorgaben im Rahmen der von ihm steuerbaren Sozialisationsinstanzen (z.B. Schule) einen direkten Einfluss auf die

---

[104] Vgl. Oser/Althof 1994: 89–119; Standop 2005: 74–79; Standop 2010; Multrus 2008; Patry 2009: 27–40; Wiater 2010: 17; Schleicher 2011: 108). Die Unterscheidung von drei Grundauffassungen geht auf Lawrence Kohlberg und Rochelle Mayer zurück, die zwischen „Romanticism", „Cultural Transmission" und „Progressivism" unterscheiden (Kohlberg/Mayer 1972: 451–455). In der deutschen Erziehungswissenschaft wird der „Cultural Transmission"-Ansatz zumeist pejorativ als „technologischer" Ansatz bezeichnet (vgl. Oser/Althof 1994: 96).

3 Das Interesse des Staats an den Werten 93

Werte der Individuen ausübt, nimmt er indirekt durch die Gestaltung der rechtlichen wie institutionellen Rahmenbedingungen (z.b. durch die Familiengesetzgebung) auch auf die von ihm nicht kontrollierten Sozialisationsinstanzen (z.b. Familie) Einfluss. Basierend auf dieser generellen Unterscheidung hat Bergem die Versuche direkter und indirekter staatlicher Einflussnahme in DDR und Bundesrepublik beschrieben.

Bergems Unterscheidung in direkten und indirekten staatlichen Einfluss ist auch für die vorliegende Arbeit bedeutsam. Sie ist jedoch bei Bergem lediglich konzeptionell angedeutet und somit theoretisch weiter zu fundieren. Insbesondere ist darauf hinzuweisen, dass der Staat die Werte von Individuen auch auf anderem Wege indirekt beeinflussen kann. So kann ein Staat Rahmenbedingungen schaffen, die allein Anreize für Verhaltensänderungen der Individuen darstellen. Diese Form von Rahmenbedingungen hat eine andere Qualität als die, die Bergem thematisiert, da sie nicht (nur) auf die Sozialisationsinstanzen zielen, sondern unmittelbar und allgemein auf die Verhaltensebene der Individuen. Sozialpsychologische Theorien, insbesondere die Theorie der kognitiven Dissonanz (Festinger 1970), lassen in diesem Zusammenhang den Schluss zu, dass Veränderungen auf der Verhaltensebene unter bestimmten Bedingungen zu Einstellungsänderungen einer Person führen können. Insofern kann der Staat durch das Setzen von Verhaltensanreizen auch indirekt Einfluss auf die Einstellungen und Werte seiner Bürger ausüben. Diese Option staatlicher Einflussnahme ist bisher nur unzureichend diskutiert worden. Sie wird deshalb in Kapitel 4.2 theoretisch weiter fundiert.

Fazit zum Forschungsstand
Ein Staat kann die Werte von Individuen direkt im Rahmen der von ihm kontrollierten Sozialisationsinstanzen aber auch indirekt durch Ausgestaltung der weiteren Gesetzgebung und Rahmenbedingungen beeinflussen. Die bisherige Forschung hat sich weitgehend auf die direkte Einflussnahme des Staats konzentriert und verschiedene Werterziehungskonzepte für den Schulsektor entwickelt und empirisch getestet. Nur sporadisch wurden hingegen die Möglichkeiten der indirekten staatlichen Einflussnahme auf die Werte der Bürger analysiert. Für diesen Bereich ist ein allgemeines Forschungsdefizit festzustellen.

3.2.3 Wirkungsstudien

Wirkungsstudien skizzieren den dritten Themenkomplex im Spannungsverhältnis zwischen dem Staat und den Werten seiner Bürger. Hierunter sind empirische Untersuchungen zu fassen, die nach den Folgen staatlicher Einflussnahme auf die Werte der Individuen fragen. Erneut können zwei Gruppen von Studien unterschieden werden:

- Studien zur intendierten Wertebeeinflussung durch den Staat
- Studien zur unintendierten Wertebeeinflussung durch den Staat

Studien der ersten Gruppe gehen der Frage nach, wie erfolgreich ein Staat die erwünschten Werte seinen Bürgern vermittelt. Die zweite Gruppe umfasst hingegen Untersuchungen, die sich mit den unbeabsichtigten Folgen staatlichen Handelns auf die Werte von Personen auseinandersetzen. Hier stehen in der Regel Werte im Fokus, an denen der Staat kein Interesse formuliert hat bzw. die keine Kernwerte des Staats darstellen.[105]

3.2.3.1 Wirkungsstudien zur Beeinflussung der Werte in der Bundesrepublik

Wenden wir uns zunächst Wirkungsstudien für die Bundesrepublik zu. Zuerst wird auf Studien eingegangen, die Verbreitung und Akzeptanz explizit erwünschter Werte innerhalb der westdeutschen Bevölkerung zwischen 1949 und 1989 erforschen. Anschließend wird sich Forschungen zugewandt, die sich mit den unintendierten Folgen staatlichen Handelns auf weitere Wertvorstellungen in der alten Bundesrepublik auseinandersetzen.

Forschungen zur intendierten Beeinflussung staatlich erwünschter Werte in der Bundesrepublik
Es ist vorauszuschicken, dass sich für den interessierenden Zeitraum keine Studien feststellen lassen, die, basierend auf einer Dokumentenanalyse von Rechtstexten

---

[105] Staatliche Kernwerte sind ein Teil der vom Staat explizit erwünschten Werte. Ihre Besonderheit besteht darin, dass sie spezifische Elemente der zugrunde liegenden Herrschaftsform eines Staats reflektieren. Zur weiteren Systematik der staatlich erwünschten Werte siehe Kapitel 3.3.3.

3 Das Interesse des Staats an den Werten

der Bundesrepublik, die Verbreitung und Akzeptanz der darin aufgeführten Werte erforschen.[106] Allerdings gibt es empirische Untersuchungen, die auch ohne vorherige Rechtstextanalyse Werthaltungen ermittelten, die zumindest einigen explizit erwünschten Werten der Bundesrepublik entsprechen. Hierbei handelt es sich zumeist um Studien zur politischen Kultur der Bundesrepublik.

Was meint politische Kultur?

Der Ansatz der politischen Kultur ist ein kulturalistischer Ansatz innerhalb der vergleichenden Politikwissenschaft, der primär an den Einstellungen der Bürger gegenüber dem herrschenden politischen System und seiner politischen Objekte interessiert ist.[107] Grundlegend für diesen Ansatz sind die Arbeiten von Gabriel Almond und Sidney Verba, die in ihrer Studie The Civic Culture (Almond/Verba 1963) bereits Ende der 1950er Jahre politisch relevante Einstellungen in fünf westlichen Demokratien (darunter auch Westdeutschland) mithilfe empirischer Umfragen untersuchten. Traditionell steht in diesem Ansatz die Frage nach der Stabilität politischer Systeme im Mittelpunkt, wobei insbesondere untersucht wird, wie stark die Einstellungen und Werte der Individuen zur Systemstabilität beitragen.[108] Zentrale Annahme ist, dass ein politisches System nur dann Stabilität aufweist, wenn politische Struktur und politische Kultur kongruent sind. Mit anderen Worten: ein politisches System (z.B. eine Demokratie) benötigt ein Set ‚passender' Einstellungen (z.B. befürwortende Haltungen gegenüber der Demokratie an sich, gegenüber staatlichen Institutionen, Repräsentanten usw.) innerhalb der Bevölkerung, um dauerhaft bestehen zu können. Ist dies nicht der Fall und besteht eine

---

[106] Erst in jüngerer Zeit lassen sich empirische Studien, die in diese Richtung gehen, feststellen. So hat Michael Gruber (2009) im Jahr 2006 eine schriftliche Befragung von bayrischen Lehrern durchgeführt und hierbei nach der Vermittlung der in der bayrischen Landesverfassung, in Lehrplänen und Verordnungen genannten Erziehungsziele im Unterricht gefragt. Wenngleich die Studie von Gruber keine Aussagen über die Akzeptanz der expliziten Werte unter den Schülern erlaubt, gibt sie dennoch Einblicke in die aktuelle schulische Werterziehungspraxis im Freistaat Bayern.

[107] Weiterführend zum politischen Kulturansatz siehe Pickel/Pickel (2006); Schuppert (2008); Westle/Gabriel (2009). Zur Rezeption des Ansatzes in der Bundesrepublik siehe u.a. die Sammelbände von Berg-Schlosser/Schissler 1987; Niedermeyer/Beyme (1996); Breit (2004); Salzborn (2009). Zu weiteren Perspektiven siehe Kaase (2008).

[108] Auch wenn die politische Kulturforschung sich primär auf die Einstellungsebene der Individuen konzentriert und diese von der Verhaltensebene konzeptionell unterscheidet, nimmt sie dennoch implizit einen Effekt der Einstellungen auf das politische Verhalten der Individuen an (Pickel/Pickel 2006: 58). Allerdings ist die Beziehung zwischen Einstellungen und politischem Verhalten noch klärungsbedürftig (ebd.: 19).

Inkongruenz zwischen politischer Struktur und politischer Kultur, so gilt ein politisches System als gefährdet und instabil.

Differenzen zum hier verfolgten Konzept staatlich erwünschter Werte
Der politische Kulturansatz teilt einige Erkenntnisziele, die auch in dieser Arbeit verfolgt werden. Allerdings ergeben sich auch Unterschiede zwischen dem vom Strukturfunktionalismus geprägten Ansatz der politischen Kultur und dem hier zugrunde gelegten Konzept staatlich erwünschter Werte. Auf diese Unterschiede soll an dieser Stelle hingewiesen werden:
1. Die im Rahmen der politischen Kulturforschung erhobenen Werte und Einstellungen basieren nicht auf Dokumentenanalysen von Rechtstexten. Vielmehr wird im politischen Kulturansatz die Relevanz der Werte und Einstellungen für die Stabilität eines politischen Systems aufgrund theoretischer Überlegungen postuliert.[109]
2. Die politische Kulturforschung konzentriert sich häufig auf die Erhebung von Einstellungen gegenüber tagespolitischen Institutionen (z.B. Bundestag, Parteien) bzw. den aktuellen „Autoritäten" (Mandatsträger, aktuelle Bundesregierung). Weitaus seltener stehen hingegen Einstellungen gegenüber den weniger tagespolitisch relevanten Institutionen des Staats (Gerichte, Polizei, usw.) im Fokus.
3. Eine Gleichsetzung des Begriffs „politisches System" mit dem hier zugrunde liegenden Begriff des „Staats" ist allenfalls nur bedingt möglich. So ordnet die politische Kulturforschung lediglich ausgewählte staatliche Institutionen dem politischen System zu. Andererseits zählt sie Institutionen zum politischen System, die nicht als Institutionen des Staats im hier verstandenen Sinne aufgefasst werden können.[110]

---

[109] Diese Vorgehensweise brachte der politischen Kulturforschung früh den Vorwurf ein, nur unbefriedigend erklären zu können, warum die von ihr erhobenen Einstellungen zur Stabilität eines politischen Systems beitragen sollten (siehe bereits Dias 1971: 442; Kaase 1983: 157; Westle 2009: 34). Zu weiteren Kritikpunkten am klassischen politischen Kulturansatz siehe zusammenfassend Pickel/Pickel (2006: 19, 101–112).

[110] So bezieht die politische Kulturforschung beispielsweise die politischen Parteien in das politische System bei Erhebungen mit ein (vgl. Fuchs 1987: 361; Meulemann 1996: 97). Gemäß der hier verfolgten Staatsdefinition stellen Parteien jedoch keine staatlichen Institutionen dar. Demgegenüber erlaubt der hier zugrunde gelegte Staatsbegriff u.a. die Schule als Institution des Staats (oder zumindest als eine seiner Kontrolle unterliegende Einrichtung) zu verstehen. Der Schulsektor wird jedoch im Rahmen der politischen Kulturforschung nicht dem politischen System zugeordnet. Dasselbe gilt auch für weitere staatliche Einrich-

3 Das Interesse des Staats an den Werten

Relevante Forschungen im Rahmen des politischen Kulturansatzes
Aufgrund dieser konzeptionellen Differenzen sind auch nur bestimmte Forschungen des politischen Kulturansatzes für die hier verfolgte Fragestellung relevant. Es handelt sich um folgende Aspekte:

- Forschungen zur allgemeinen Demokratiezufriedenheit (diffuse politische Unterstützung)
- Forschungen zum Vertrauen in den Staat und seine Institutionen

Beide Aspekte der politischen Kulturforschung weisen zwei Gemeinsamkeiten auf. Zum einen zielen sie im Kern auf Max Webers Konzept des Glaubens an die Legitimität der bestehenden Herrschaftsordnung sowie einer daraus ableitbaren befürwortenden Haltung des Bürgers gegenüber den Ordnungen und Institutionen des Staats. Die Sonderstellung dieser Werthaltung war im Abschnitt 3.1 dargelegt worden. Zum anderen knüpfen beide Aspekte an das Konzept politischer Unterstützung von David Easton (1965, 1976) an, das eine wichtige Weiterentwicklung des Ansatzes von Almond und Verba darstellt. Aufgrund seiner Bedeutung sollen die Grundlinien von Eastons Konzept in einem Exkurs umrissen werden.[111]

Exkurs: David Eastons Konzept politischer Unterstützung
Auch David Easton interessiert sich für die Stabilität eines politischen Systems und den Beitrag, den politisch relevante Einstellungen hierzu leisten können. Die Besonderheit dieses Ansatzes besteht darin, dass Easton zum einen die Objekte, auf die sich die politischen Einstellungen der Individuen beziehen können, stärker als frühere Ansätze differenziert. Zum anderen unterscheidet er darüber hinaus

---

[111] tungen, wie etwa die staatlichen Geheimdienste. Eine generelle Schwierigkeit in der Zuordnung von Institutionen zum politischen System besteht darin, dass der Begriff „politisches System" in der politischen Kulturforschung häufig unscharf verwendet bzw. nur unzureichend definiert wird.
Eastons Ansatz ist nicht die einzige Weiterentwicklung des politischen Kulturansatzes, die für die vorliegende Arbeit relevant ist. So unterscheidet etwa Seymour M. Lipset (1959) nicht zwischen diffuser und spezifischer politischer Unterstützung der Bürger, sondern zwischen der Legitimität und Effektivität eines politischen Systems und zieht hieraus Schlüsse hinsichtlich der Stabilität des politischen Systems (weiterführend ebd.: 86–91). Da sich spätere Autoren jedoch häufig lediglich auf David Eastons Konzept politischer Unterstützung beziehen, soll sich an dieser Stelle auch nur auf eben dieses konzentriert werden.

auch verschiedene Typen politischer Einstellungen.[112] Zur Beschreibung des Verhältnisses zwischen Individuum und politischem System führt Easton das Konzept der politischen Unterstützung ein, worunter er bewertende (negative/positive) Einstellungen der Individuen gegenüber politischen Objekten versteht (Easton 1965: 163). Um dauerhaft bestehen zu können, sollte ein politisches System zumindest ein Minimum an positiver politischer Unterstützung durch die beherrschten Personen erfahren (ebd.: 162, 222f).

Die politische Unterstützung eines Individuums kann sich dabei auf drei politische Objekte beziehen (ebd.: 171–220). Erstens kann sie sich auf die politische Gemeinschaft richten. Damit ist das Kollektiv der Personen gemeint, die in ihrer Gesamtheit das politische System bilden und dem auch das Individuum aufgrund bestimmter Merkmale als Mitglied angehört.[113] Zweitens bezieht sich politische Unterstützung auf das Regime, worunter Easton die konstitutionelle Ordnung des politischen Systems mit den darin verknüpften Werten, Normen und politischen Autoritätsrollen versteht. Drittens kann die politische Unterstützung auch den Autoritäten gelten. Das sind die konkreten Personen, die aktuell als Rolleninhaber innerhalb der politischen Institutionen agieren.

Die Unterstützung eines Individuums kann gegenüber diesen politischen Objekten zwei Formen annehmen und sich als spezifische oder aber als diffuse politische Unterstützung äußern (ebd.: 267–274). Spezifische Unterstützung des politischen Systems äußert sich in der Zufriedenheit eines Individuums mit den aktuellen Leistungen bzw. Outputs des politischen Systems und gilt primär den aktuellen Autoritäten, die für die tagesaktuellen Outputs verantwortlich sind. Quelle der spezifischen Unterstützung ist der kurzfristige Nutzen, den ein Individuum aus den aktuell gewährten Outputs ziehen kann. Demgegenüber äußert sich die diffuse politische Unterstützung als Zustimmung zu den politischen Objekten als solchen.

---

[112] Zu dieser Einschätzung gelangen bereits Pickel/Pickel (2006: 78). Zur Kritik, insbesondere zu den Unschärfen in Eastons Ansatz, siehe Fuchs (1989: 19f) und Westle (1989: 73–90). Weiterentwicklungen und Spezifizierungen wurden u.a. von Fuchs (1989: 21–32), Westle (1989: 169–205) sowie Norris (2011: 23f) vorgelegt.

[113] Easton definiert politische Gemeinschaft sehr allgemein und bestimmt diese als „that aspect of a political system that consists of its members seen as a group of persons bound together by a political division of labor" (Easton 1965: 177). Die Mitgliedschaft einer Person zu einem bestimmten politischen System (z.B. Bürger der Bundesrepublik zu sein) wird dabei von verschiedenen Kriterien bestimmt, wobei „each system provides criteria of membership trough territorial presence, legal definition, blood, subjection, kinship, or this like" (ebd.: 179).

3 Das Interesse des Staats an den Werten

Das heißt, Individuen unterstützen die politischen Objekte um ihrer selbst willen, ohne Rücksicht auf die aktuellen Leistungen, die durch das politische System erbracht werden.[114]

Die Differenzierung politischer Objekte sowie die Unterscheidung in spezifische und diffuse Unterstützung birgt einen bedeutsamen Vorteil für die Prognose der Stabilität politischer Systeme. Denn Easton kann erklären, warum ein politisches System, trotz aktueller Unzufriedenheit in der Bevölkerung mit den aktuellen Leistungen der politischen Institutionen und Entscheidungsträger, dennoch stabil sein kann (vgl. bereits Conradt 1980: 223). Analog zu Max Weber hat Easton – jedoch auf Basis des strukturfunktionalistischen Theorieansatzes – letztlich eine Bedingung für die dauerhafte Herrschaftssicherung benannt: Um langfristig stabil zu sein, sind politische Systeme auf die diffuse politische Unterstützung der Regierten angewiesen. Das Konzept diffuser politischer Unterstützung kann daher auch als Analogon zu der im Abschnitt 3.1 aus Webers Staatsbegriff abgeleiteten befürwortenden Haltung des Bürgers gegenüber den Ordnungen und Institutionen des Staats interpretiert werden.

Studien zur allgemeinen Demokratiezufriedenheit
Diffuse politische Unterstützung wird in empirischen Umfrageerhebungen mit verschiedenen Indikatoren gemessen.[115] Am häufigsten wird jedoch das Konzept

---

[114] Mit dem Glauben an die Legitimität („Belief in Legitimacy") sowie dem Glauben an das Verfolgen von Interessen der Allgemeinheit („Belief in a Common Interest") unterscheidet Easton zudem zwei Arten diffuser Unterstützung gegenüber dem Regime und den Autoritäten (Easton 1965: 278–319). Legitimität wird Regime und Autoritäten zugesprochen, wenn deren vertretene Normen und Werte mit den moralischen Prinzipien des Individuums übereinstimmen (ebd.: 278). Der Glaube an das Verfolgen von Interessen der Allgemeinheit basiert hingegen auf dem Vertrauen, dass Autoritäten und Regime weniger die partikularen Interessen einzelner Gruppen im Blick haben, sondern „the interest of the realm, the public, common, or national interest, the general good and public welfare, or the good of the tribe, of ‚our people'" (ebd.: 311f). Wie Easton ausführt, ist der zweite Typus diffuser Unterstützung eng an den Legitimitätsglauben geknüpft, hat jedoch auch unabhängig davon einen Effekt auf die Solidarität der Individuen mit dem Regime und den dazugehörigen Autoritäten (ebd.: 312).

[115] Zu den verschiedenen Ansätzen der Messung und Operationalisierung der politischen Unterstützungstypen siehe Gabriel (1983: 254); Fuchs (1987: 361–363; 1989: 33–39); Westle (1989: 139–164). Ein wiederkehrender Kritikpunkt an Eastons Ansatz ist das Problem ungenügender Trennschärfe bei der Operationalisierung der unterschiedenen Typen politischer Unterstützung (Westle 1989: 139; Pickel/Pickel 2006: 81).

mit einer Frage zur allgemeinen Zufriedenheit mit der Demokratie operationalisiert (vgl. Gabriel 1983: 254).

Die diffuse politische Unterstützung im Allgemeinen sowie die allgemeine Demokratiezufriedenheit im Besonderen kann für die westdeutsche Bevölkerung zwischen 1949 und 1989 (aber auch darüber hinaus) als relativ gut erforscht gelten. Die Befunde relevanter Studien werden dabei übereinstimmend kommentiert (vgl. Conradt 1980; Rausch 1980: 95; Baker/Dalton/Hildebrandt 1981: 21–37; Pappi 1982; Gabriel 1983: 255–259; Fuchs 1987: 375; 1989: 162–170; Westle 1989: 291–354; Berg-Schlosser 1990: 37–40; Greifenhagen 1991: 20f; Meulemann 1996: 97–99; Bergem 2004: 44f). Demnach hat sich, eingebettet in einen allgemeinen Wandel der politischen Kultur, auch die politische Unterstützung der Demokratie innerhalb der westdeutschen Bevölkerung verändert. Wurde in den 1950er Jahren noch ein Mangel an affektiver bzw. diffuser Unterstützung für das neu errichtete demokratische System diagnostiziert und die Bundesrepublik der 1950er Jahre skeptisch als „Schönwetterdemokratie" (Pappi 1982: B75) beurteilt, hat sie sich fortan zu einer stabilen Demokratie mit Modellcharakter entwickelt (Conradt 1980: 265). Spätestens seit den 1970er Jahren verweisen die Indikatoren auf eine hohe diffuse politische Unterstützung innerhalb der westdeutschen Bevölkerung.[116]

Forschungen zum Vertrauen in den Staat und seine Institutionen
Das Vertrauen in den Staat und dessen Institutionen stellt einen weiteren relevanten Aspekt des Glaubens an die Legitimität der Herrschaftsordnung und einer hieraus ableitbaren befürwortenden Haltung der Bürger gegenüber dem Staat und seinen Ordnungen dar. Vorhandene Forschungen zum Institutionenvertrauen knüpfen ebenfalls an das Konzept der diffusen politischen Unterstützung von David Easton an (vgl. Klages/Herbert 1981: 5; 1983: 39; Löwenhaupt 1993: 32; Pickel/ Walz 1995: 145f; Walz 1996: 16; Gabriel 1999: 205; Niedermayer 2005: 65). Allerdings stehen hier weniger die Einstellungen gegenüber der Herrschaftsform (Demokratie), sondern vielmehr die Einstellungen gegenüber den konkreten institutionellen Ausprägungen der Herrschaftsform im Mittelpunkt.

---

[116] Der Wandel der politischen Kultur der Bundesrepublik wird dabei auf vier verschiedene Ursachen zurückgeführt: 1. auf die veränderten Sozialisationsbedingungen in der Nachkriegszeit, 2. auf den Mangel einer glaubhaften Alternative zum bestehenden politischen System, 3. auf die allgemeine sozioökonomische Modernisierung, schließlich 4. auf die Leistungsfähigkeit des westdeutschen politischen Systems (vgl. Conradt 1980: 256–263).

3 Das Interesse des Staats an den Werten 101

Die Untersuchung des Institutionenvertrauens hat lange Zeit ein „Schattendasein in der empirischen Forschung" (Gabriel 1993: 5) geführt. Insbesondere das allgemeine Vertrauen in den Staat wurde nur selten untersucht. Umfragebefunde der 1950er Jahre deuten – analog zur allgemeinen Demokratiezufriedenheit – auf ein anfänglich ausgeprägtes Misstrauen der Westdeutschen in den eigenen Staat und seine Bürokratie hin (Schweigler 1972: 174). Seit Beginn der 1970er Jahre lässt sich jedoch ein allgemein hohes Vertrauen in den westdeutschen Staat feststellen (ebd.). Dieser Befund wird auch von Helmut Klages und Willi Herbert bestätigt, die in Studien Ende der 1970er bzw. zu Beginn der 1980er Jahre ausführlich zum „Staatsvertrauen" sowie zur „Staatssympathie" als einer affektiven Einstellung gegenüber dem Staat forschten (Klages/Herbert 1981: 16f; 1983: 40; Klages 1984: 54f).

Etwas häufiger als das allgemeine Staatsvertrauen wurde das Vertrauen in spezifische staatliche Institutionen empirisch untersucht.[117] In der Literatur werden dabei mit den „regierungspolitischen" Institutionen sowie den „Verwaltungsinstitutionen" zwei Arten von staatlichen Institutionen unterschieden (vgl. Pickel/Walz 1995: 147). Unter die regierungspolitischen Institutionen werden diejenigen Einrichtungen gefasst, die unmittelbar in die aktuelle Tagespolitik eingebunden sind und kaum losgelöst von den aktuellen Repräsentanten und Rolleninhabern beurteilt werden können. Hierunter fallen in der Bundesrepublik insbesondere die Bundesregierung, der Bundestag sowie die politischen Parteien (ebd.). Als Verwaltungsinstitutionen werden hingegen die staatlichen Einrichtungen aufgefasst, die nicht unmittelbar der politischen Entscheidungsebene angehören, sondern der Umsetzung und Sicherstellung der getroffenen Entscheidungen dienen. Hierunter zählen u.a. die staatlichen Gerichte, die Polizei sowie die Verwaltung (ebd.).[118]

---

[117] Die Messung erfolgt in der Regel durch Vorlage einer Liste mit einzelnen Institutionen und der Frage, inwiefern der Befragte diesen Institutionen jeweils vertraut (vgl. Löwenhaupt 1993: 21; Pickel/Walz 1995: 145).

[118] Oscar W. Gabriel hat eine andere Bezeichnung für die beiden unterschiedenen Gruppen von Institutionen gewählt. Die regierungspolitischen Einrichtungen bezeichnet er als „parteienstaatliche" Institutionen, die Verwaltungsinstitutionen hingegen als „rechtsstaatliche" Institutionen. Nach Gabriel unterscheiden sich beide Arten von Institutionen hinsichtlich vier Kriterien: 1. in ihren Aufgaben (parteienstaatliche Institutionen: Treffen von verbindlichen Entscheidungen für die Gesellschaft vs. rechtsstaatliche Institutionen: Ausführung der Entscheidungen, Sicherstellung der allgemein akzeptierten Spielregeln, Schlichtung von Streitfällen), 2. hinsichtlich ihrer Eingebundenheit in die tagespolitischen Konflikte (parteienstaatliche Institutionen: stark involviert vs. rechtsstaatliche Institutionen: gering involviert); 3. in ihrer Art der Personalgewinnung (parteienstaatliche Institutionen: durch Wettbewerb

Empirische Studien in den alten Bundesländern zeichnen seit den 1970er Jahren bis zur Wiedervereinigung das Bild eines allgemein hohen und stabilen Vertrauens der Bevölkerung in die meisten öffentlichen Institutionen der Bundesrepublik (vgl. Rausch 1980: 74; Pickel/Walz 1995: 147–149; Walz 1996: 11). Dies gilt sowohl für regierungspolitische als auch für Verwaltungsinstitutionen.[119]

Forschungen zur unintendierten Beeinflussung von Werten in der BRD-Bevölkerung

Griff die politische Kulturforschung grundlegende explizite Werte der Bundesrepublik auf, so ist es die in Politikwissenschaft und Soziologie angesiedelte empirische Wertwandelforschung, die sich mit den unintendierten Folgen staatlicher Einflussnahme auf die Wertvorstellungen in der Bevölkerung auseinandersetzt. Die vorhandenen Erklärungsansätze teilen dabei – zumindest implizit – die Annahme, dass der westdeutsche Staat bestimmte Rahmenbedingungen verändert hat, wodurch die Werthaltungen in der Bevölkerung unbeabsichtigt beeinflusst wurden. In der Literatur werden primär zwei staatlich beeinflusste Rahmenbedingungen mit Wertwandeltendenzen in Verbindung gebracht:

- unintendierter Wertwandel aufgrund materieller und physischer Sicherheit
- unintendierter Wertwandel aufgrund der „Bildungsexpansion"[120]

---

[119] um Wählerstimmen vs. rechtsstaatliche Institutionen: berufsqualifizierende Kriterien) schließlich 4. in ihren Beziehungen zur Öffentlichkeit (parteienstaatliche Institutionen: regelmäßiger direkter Kontakt; rechtsstaatliche Institutionen: kein direkter Kontakt, Bild geprägt von Berichterstattung in Massenmedien) (Gabriel 1999: 206).
Lediglich ein leichter Rückgang des Vertrauens in die Bundeswehr wird vor 1990 berichtet (Walz 1996: 198). Nach 1990 wird hingegen häufig ein deutlich geringeres Vertrauen in regierungspolitische Institutionen konstatiert, während die Verwaltungsinstitutionen (insbesondere die Polizei und die Gerichte) ein hohes Vertrauen in der Bevölkerung genießen (vgl. etwa Kornelius/Roth 2004: 67–72). Zu temporären Schwankungen, Zyklen sowie zu Determinanten des Institutionenvertrauens im wiedervereinigten Deutschland siehe weiterführend Gabriel (1993, 1999); Pickel/Walz (1995); Walz (1996); Bréchon (1998); Walz/Brunner (2000); Simonson (2004); Niedermeyer (2005: 64–86); Walter-Rogg (2005).

[120] Es gibt darüber hinaus Wertestudien, die auf weitere empirisch feststellbare Wertwandeltendenzen in der westdeutschen Bevölkerung hinweisen, jedoch nicht staatlich beeinflussbare Rahmenbedingungen, sondern andere Determinanten zur Erklärung des Wertwandels ins Feld führen. So konstatiert etwa Elisabeth Noelle-Neumann (1978) aufgrund von Umfrageerhebungen in den Jahren 1967 und 1972 einen rapiden Verfall bürgerlicher Werte (z.B. der Arbeits- und Leistungswerte) innerhalb der westdeutschen Bevölkerung. Den Rückgang dieser Werte führt sie auf die Verbreitung des Fernsehens und somit auf eine

3 Das Interesse des Staats an den Werten 103

Unintendierter Wertwandel aufgrund materieller und physischer Sicherheit
Der wohl bekannteste Ansatz zur Erklärung von Wertwandelprozessen in der Bundesrepublik, aber auch allgemein in den westlichen Ländern stammt von Ronald Inglehart (1977, 1981, 1995, 1998). Er ist bereits weiter oben ausführlicher dargestellt worden. Inglehart geht in seinem Kernmodell von einem intergenerationalen Wandel von materialistischen zu postmaterialistischen Werten aus, der auf der Erfahrung materieller und physischer Sicherheit in den formativen Jahren der Individuen der Nachkriegsgenerationen gründet.[121] Dieser Wandlungsprozess vollzieht sich weitgehend unbemerkt als „stille Revolution" und ist von den westlichen Staaten nicht explizit angestrebt worden. Er ist vielmehr das unintendierte Produkt der Befriedigung existentieller menschlicher Grundbedürfnisse in den ökonomisch entwickelten und sicheren westlichen Demokratien.[122]

Inglehart versuchte seine Wertwandeltheorie seit Beginn der 1970er Jahre kontinuierlich mithilfe umfangreicher Umfrageerhebungen und Zeitreihenanalysen empirisch zu belegen. Die Befunde lassen allerdings Zweifel an einer tatsächlich stattgefundenen Verschiebung von materialistischen zu postmaterialistischen Werten in der Bundesrepublik bzw. in den weiteren westlichen Ländern. So liefern Replikationsstudien für die Bundesrepublik der 1970er bis Anfang der 1980er

---

technische Innovation zurück (ebd.: 72ff). In einem späteren Aufsatz verweist sie hingegen auf das Wirken Adornos und der „Frankfurter Schule". Damit führt sie nunmehr die Rezeption eines sozialwissenschaftlichen Theorieansatzes als bedeutsame Ursache des Wertwandels in der Bundesrepublik ein (Noelle-Neumann/Petersen 2001: 17).

[121] Es ist anzumerken, dass Inglehart seinen ursprünglichen Theorieansatz in späteren Publikationen zum Teil erheblich modifiziert hat. Lag in The Silent Revolution (Inglehart 1977) die Betonung auf den prägenden Sozialisationseinflüssen während der formativen Jahre, hat sie sich in der Folgezeit auf die zunehmende Berücksichtigung von Periodeneffekten und situativen Faktoren verschoben. Böltken und Jagodzinski (1985: 453ff) sprechen deshalb auch von einem theoretischen „core model" in The silent Revolution und einem „soft model", das Inglehart in den nachfolgenden Publikationen vertritt. Zudem hat Inglehart seinen Erklärungsansatz später zu einer Theorie eines universellen Wertwandelprozesses der Postmodernisierung ausgebaut (vgl. Inglehart 1998). Dabei wird mit dem „soft model" nicht mehr nur das Aufkommen postmaterialistischer, sondern eines ganzen Bündels weiterer postmoderner Werte zu erklären versucht. Eine detaillierte Darstellung der verschiedenen Versionen von Ingleharts Theorieansatz sowie eine systematische Kritik findet sich in Walter (2003).

[122] Die Ausbreitung postmaterialistischer Werthaltungen in der Bevölkerung ist nach Inglehart mit einer Vielzahl von Folgeerscheinungen für die westlichen Staaten verbunden. So prognostiziert Inglehart unter anderem einen Wandel der politischen Sachthemen, der sozialen Grundlagen politischer Konflikte sowie der Formen politischer Partizipation. Für die einzelnen Nationalstaaten unerfreulich dürfte indes die Prognose eines sinkenden Glaubens an deren Legitimität sein („declining legitimacy of nation-state", Inglehart 1977: 5).

Jahre Hinweise auf entgegengesetzte Trends als von der Theorie vorhergesagt. Danach waren im besagten Zeitraum jüngere Kohorten zunehmend materialistischer, ältere Kohorten hingegen zunehmend postmaterialistischer eingestellt (Böltken/Jagodzinski 1985; Puschner 1985). Weitere Studien, die dabei auch auf die von Inglehart verwendeten Umfragedaten zurückgreifen, belegen lediglich einen Rückgang materialistischer Werthaltungen sowie die Zunahme gemischter Werttypen.[123] Die vorhergesagte Zunahme postmaterialistischer Werte in der Bundesrepublik blieb jedoch aus (Klein 1995; Witte 1996; Klein/Pötschke 2000).

Unintendierter Wertwandel aufgrund der „Bildungsexpansion"
Eine weitere Ursache für Wertwandlungen in der westdeutschen Bevölkerung wird in der seit den 1960er Jahren stattfindenden „Bildungsexpansion" erkannt. Darunter wird die in der Bevölkerung gestiegene Nachfrage nach weiterführenden Bildungsabschlüssen und die damit einhergehende längere Verweildauer im Bildungssystem verstanden (vgl. Baumert 1991: 333; Hadjar/Becker 2011: 203). Sie geht auf weitreichende Reformen des bundesdeutschen Bildungssektors seit den 1960er Jahren zurück und ist mit dem staatlich forcierten Ausbau des sekundären (Schulen ab der fünften Klasse und Berufsschulen) und tertiären Bildungsbereichs (Fach- und Hochschulen) verbunden (vgl. Geißler 1996: 250–256).
Zwei staatliche Ziele wurden mit den Bildungsreformen verfolgt. Zum Erhalt der wirtschaftlichen Wettbewerbsfähigkeit der Bundesrepublik sollte zum einen die Zahl der hochqualifizierten Absolventen gesteigert werden. Zum anderen wurde eine größere Chancengleichheit hinsichtlich der Bildung angestrebt. Während die Bildungsbeteiligung in der Bundesrepublik seither kontinuierlich stieg, blieben schichtspezifische Bildungsungleichheiten jedoch bestehen (Meulemann 1992: 123; Geißler 1996: 259–263; Hadjar/Becker 2011: 206).
Werte- und Bildungsforscher vermuten nun, dass die Bildungsexpansion neben diesen ursprünglich intendierten Wirkungen auch unintendierte Folgen auf die Werte der westdeutschen Bevölkerung hatte.[124] Ein prominenter Vertreter dieser

---

[123] Ein gemischter Werttyp ist eine Person, die aufgrund ihres Antwortverhaltens nicht eindeutig dem materialistischen bzw. dem postmaterialistischen Werttyp zugeordnet werden kann. Zur Messung der materialistischen bzw. postmaterialistischen Wertvorstellungen siehe Inglehart (1977: 28–31 sowie 40f).

[124] Veränderte Werthaltungen sind dabei nur eine unter mehreren vermuteten Folgen der Bildungsexpansion. Weitere Folgen diskutiert u.a. Heiner Meulemann (1992: 135–147).

3 Das Interesse des Staats an den Werten

These ist Helmut Klages. Nach Klages vollzog sich in der Bundesrepublik hauptsächlich in den 1960er Jahren und bis etwa Mitte der 1970er Jahre ein gesamtgesellschaftlicher Wertwandel in Form eines „Wertwandlungsschub[s]" (Klages 1984: 20). Die zuvor in der Bevölkerung vorherrschenden Werte der Pflicht und Akzeptanz traten dabei zunehmend in den Hintergrund, während die Werte der Selbstverwirklichung und Selbstentfaltung an Bedeutung gewannen (u.a. ebd.: 22f, Klages 1985: 224f).

Die Ursache dieses plötzlich aufgetretenen und schon in den 1970er Jahren beendeten Wertwandlungsschubs vermutet Klages primär in der bereits vollzogenen Bildungsexpansion (vgl. Klages/Herbert 1983: 115; Klages 1984: 126f).[125] Für den westdeutschen Staat hatte diese „kontra-intuitive Folgen" (Klages/Herbert 1983: 115). Insbesondere führte sie zur Verringerung der erwünschten staatsbürgerlichen Tugenden des Selbstzwangs und der Selbstkontrolle (Pflicht und Akzeptanz) in der Bevölkerung (vgl. ebd.). Grundlegend für diesen Wertwandel ist ein Wirkungsmechanismus auf der Individualebene. Demnach begünstigt die in den Schul- und Bildungseinrichtungen praktizierte abstrakt-wissenschaftliche Form der Wissensvermittlung, aber auch neue Lehrinhalte, die Infragestellung tradierter Werthaltungen durch die Lernenden (ebd.: 116).

Ein Zusammenhang zwischen Bildungsexpansion und gewandelten Wertvorstellungen in der westdeutschen Bevölkerung ist auch von weiteren Autoren vermutet worden (vgl. Baumert 1991; Meulemann 1992; Hadjar/Becker 2011). Allerdings wird der Zusammenhang häufig nur postuliert (vgl. Klages 1985; Meulemann 1992). Empirische Befunde deuten zwar darauf hin, dass Selbstentfaltungswerte im Zeitverlauf zugenommen, Pflicht- und Akzeptanzwerte hingegen abgenommen haben (vgl. Klages 1984: 19). Zudem zeigen sich Bildungs- und generationelle

---

[125] Neben der Bildungsexpansion benennt Klages jedoch noch zwei weitere Ursachen des Wertwandlungsschubs in der Bundesrepublik der 1960er und 1970er Jahre. Zum einen hat auch eine „‚konzertierte' Selbstentfaltungskampagne" (Klages 1984: 127) innerhalb der Massenmedien zu einer Verbreitung der Selbstentfaltungswerte geführt. Die Kampagne wurde von vielen literarischen Autoren der Bundesrepublik unterstützt und gelangte schließlich in der Regierungszeit von Willy Brandt im Jahr 1969 zu politischer Verbindlichkeit. Zum anderen haben auch die ökonomisch günstigen Bedingungen dieser Jahre zur Ausbreitung der Selbstentfaltungs- und Selbstverwirklichungswerte beigetragen (ebd.: 127, siehe auch Klages 1985: 224).

Unterschiede bei relevanten Werthaltungen (etwa bei postmaterialistischen Werten, siehe z.B. Baumert 1991: 343).[126] Dennoch ist der Wirkungsmechanismus zwischen (höherer oder zunehmender) Bildung und der Genese bzw. Modifikation bestimmter Werthaltungen auf Individualebene empirisch noch unzureichend erforscht (kritisch bereits Klages 1985: 227; Müller 1998: 103f). Insofern bleibt zweifelhaft, ob die Bildungsexpansion auch tatsächlich als eine Hauptursache der empirisch beobachteten Wertwandeltendenzen anzusehen ist.

Werte im Poesiealbum als Test der empirischen Bewährung vorhandener Wertwandeltheorien

Gerade hier könnte eine vergleichende Analyse von in der DDR bzw. der Bundesrepublik geführten Poesiealben weitere Erhellung bringen. Denn der Vergleich der eingetragenen Werthaltungen bietet eine Möglichkeit, die vorhandenen Wertwandeltheorien hinsichtlich ihrer empirischen Bewährung zu testen. Einerseits kommt diesem Vorgehen entgegen, dass DDR und Bundesrepublik, trotz gradueller Differenzen, bestimmte Rahmenbedingungen, die mit Wertwandlungen in Verbindung gebracht werden, weitgehend teilten.[127] Folglich müssten zumindest der Ten-

---

[126] In Anlehnung an Inglehart (u.a. 1995: 418–425) wird in diesem Zusammenhang oft auch von einer „kognitiven Mobilisierung" gesprochen (u.a. Baumert 1991: 333; Hadjar/Becker 2011: 215). Demnach führt eine höhere Bildung zum Erwerb größerer Fähigkeiten zur Informationsverarbeitung sowie von Handlungskompetenzen, welche die politischen Teilhabe- und Gestaltungsmöglichkeiten verbessern (vgl. Hadjar/Becker 2011: 215).

[127] Dies trifft insbesondere auf die von Ronald Inglehart postulierten Ursachen eines materialistisch-postmaterialistischen Wertwandels zu. So ist der Aspekt physischer Sicherheit in Form der Abwesenheit von Krieg für Bürger der DDR und Bundesrepublik als identisch anzusehen. Auch gab es in der DDR – wenngleich in bescheidenerem Ausmaß als in der Bundesrepublik – einen generellen Zuwachs an materieller Sicherheit für die ostdeutsche Bevölkerung (Pappi 1982: B75; Gensicke 1992b: 676f). Graduell-strukturelle, nicht aber generelle Unterschiede lassen sich hingegen bezüglich der Bildungsexpansion als möglicher Ursache des Wertwandels von Pflicht und Akzeptanz zu Werten der Selbstverwirklichung feststellen. In der DDR setzte eine hohe Bildungsbeteiligung bereits in den 1950er Jahren ein. Zu Beginn der 1970er Jahre wurde allerdings durch Einführung von Zugangsbeschränkungen der tertiäre Bildungsbereich (Zugang zu Universitäten) staatlich reguliert und auf einem bestimmten Zugangsniveau ‚eingefroren' (Geißler 1996: 254f). Andererseits weist die DDR-Bevölkerung die Besonderheit beruflicher Mehrfachqualifikationen auf (ebd.: 255). Demgegenüber setzte die Bildungsexpansion in der Bundesrepublik erst in den 1960er Jahren ein. Der tertiäre Bildungsbereich sowie dessen Zugangsmöglichkeit blieben in der Folgezeit ohne Beschränkung, so dass die Abiturienten- und Studierendenquoten in der Bundesrepublik die Quoten in der DDR seit den 1970er Jahren quantitativ zunehmend übertrafen (ebd.).

3 Das Interesse des Staats an den Werten

denz nach ähnliche Wertwandlungen, wie in den Erklärungsansätzen für die Bundesrepublik beschrieben, auch für die DDR festzustellen sein. Die Prüfung der wichtigsten Wertwandeltheorien auf ihre empirische Bewährung in Poesiealbumeinträgen erfolgt in Kapitel 7.4.1.
Andererseits unterschieden sich bestimmte Rahmenbedingungen in DDR und Bundesrepublik auch erheblich. So wird im Rahmen dieser Arbeit angenommen, dass sich beide deutsche Staaten insbesondere in der Wahrnehmung der Repressivität des Staats sowie hinsichtlich der Wahrnehmung der Glaubwürdigkeit seiner Institutionen durch die jeweilige Bevölkerung stark unterschieden. Damit werden zwei weitere vom Staat beeinflussbare Rahmenbedingungen aufgegriffen, die bisher nur unzureichend als mögliche Ursachen von Wertwandeltendenzen bzw. unterschiedlichen Wertentwicklungen in DDR und Bundesrepublik in Betracht gezogen wurden. Auf die Wahrnehmung von Repressivität und Glaubwürdigkeit des Staats als für die Beeinflussung von Werthaltungen infrage kommende staatliche Rahmenbedingungen wird in Abschnitt 4.3.1 vertiefend eingegangen.

Fazit zu den Wirkungsstudien für die Bundesrepublik
Die Wirkungen der staatlichen Einflussnahme zugunsten der intendierten Verbreitung und Akzeptanz explizit erwünschter Werte in der bundesdeutschen Bevölkerung sind bisher nur zum Teil erforscht worden. Insbesondere die politische Kulturforschung hat Aspekte aufgegriffen, die im Sinne einer befürwortenden Haltung gegenüber dem Staat und seinen Institutionen gedeutet werden können. Sie sind für die Bundesrepublik empirisch gut erforscht.
Unintendierte Folgen staatlicher Einflussnahme auf die Werte der westdeutschen Bevölkerung wurden im Rahmen der empirischen Wertwandelforschung untersucht. Dabei werden unintendierte Wertwandlungen auf die Gewährleistung materieller und physischer Sicherheit sowie die Bildungsexpansion als staatliche Rahmenbedingungen in der Bundesrepublik zurückgeführt. Die dabei angeführten Wertwandlungstendenzen sind durch Umfragestudien für die westdeutsche Bevölkerung empirisch belegt. Es gibt allerdings auch widersprechende Befunde. Ein Problem besteht darin, die Kausalität der Beziehungen zwischen den postulierten Rahmenbedingungen und den empirisch festgestellten Wertwandelphänomenen nachzuweisen. Der Vergleich der in Poesiealben in Ost und West eingetragenen Werte bietet eine Möglichkeit, die empirische Bewährung der vorhandenen Theorieansätze zu testen.

3.2.3.2 Wirkungsstudien zur Beeinflussung der Werte in der DDR

Wenden wir uns abschließend empirischen Studien zu, die sich mit den Folgen staatlicher Einflussnahme auf die Werte in der DDR-Bevölkerung auseinandersetzen. Zunächst werden wieder Forschungen zur intendierten Einflussnahme des DDR-Staats auf seine Bürger skizziert. Anschließend geht es um Studien über unintendierte Folgen staatlicher Einflussnahme auf die Werte in der DDR-Bevölkerung.

Forschungen zur intendierten Beeinflussung erwünschter Werte in der DDR-Bevölkerung

Die Frage, wie erfolgreich der DDR-Staat die von ihm erwünschten Werte der eigenen Bevölkerung vermitteln konnte, wurde in den Sozialwissenschaften der DDR, aber auch in der westdeutschen Politikwissenschaft und Bildungsforschung gestellt. Es lassen sich dabei drei Arten von Studien unterscheiden:

- Studien zu politischen Einstellungen und staatlich erwünschten Werten in der DDR
- Studien zur „politischen Realkultur" der DDR
- Studien zu den spezifischen Wirkungen politischer Erziehung in der DDR

Studien zu politischen Einstellungen und staatlich erwünschten Werten in der DDR

In der DDR wurden seit den 1960er Jahren eine Vielzahl quantitativer Umfrageerhebungen durchgeführt, in denen DDR-Bürger zu ihren Einstellungen, Werten und Verhaltensweisen befragt wurden (vgl. Friedrich 1990: 25; Gensicke 1992a). Für die Erforschung von Fragen zu politischen Überzeugungen und zum „sozialistischen Bewusstsein" der DDR-Bürger nahm das Institut für Jugendforschung (ZJI) in Leipzig eine exponierte Stellung ein (vgl. Lemke 1991: 76; Grammes/Schluß/Vogler 2006: 336). Hierbei handelt es sich um eine sozialwissenschaftliche Forschungseinrichtung, die im Jahr 1966 auf Beschluss des Minister-

3 Das Interesse des Staats an den Werten 109

rats der DDR gegründet und dem Amt für Jugendfragen nachgeordnet war (Friedrich 1991b: 11).[128] Empirische Befunde zu politischen Haltungen und der Identifikation mit der DDR unterlagen allerdings seit den 1960er Jahren strenger Geheimhaltung (ebd.: 12). Nur selektiv und verdeckt wurden hiervon einige wenige Umfrageergebnisse vor 1989 in Veröffentlichungen berichtet.[129] Erst nach dem politischem Umbruch wurden zu Beginn der 1990er Jahre die unter Verschluss gehaltenen Daten publiziert (so in Friedrich 1990; siehe auch die Sammelbände Friedrich/Griese 1991; Hennig/Friedrich 1991).

Zentrales Ergebnis der Befragungen des Leipziger ZJI zum „sozialistischen Bewusstsein" der DDR-Jugendlichen ist die Feststellung einer gesunkenen Identifikation mit den staatlichen Kernwerten der DDR seit den 1970er Jahren (vgl. Friedrich 1990: 27–31). Waren die 1970er Jahre noch von einer weitgehenden Konsolidierung sozialistischer Wertorientierungen innerhalb der DDR-Jugend gekennzeichnet, erfolgte in den 1980er Jahren, besonders aber nach 1985, ein rapider Rückgang in der Zustimmung zu Kernwerten des SED-Staats.[130] Nach Walter Friedrich war der Rückgang der Akzeptanz der DDR-Kernwerte eingebettet in einen umfassenderen Mentalitätswandel innerhalb der DDR-Jugend, der sich von den 1970er Jahren an bis zum politischem Umbruch 1989 vollzog (ebd.: 34–37; vgl. auch Förster 1991: 137f; Müller 1991: 124; Friedrich 1993: 195). Gekennzeichnet war der Wertwandel in der DDR durch eine zunehmende Betonung von

---

[128] Zur Selbstdarstellung des ZJI siehe die Beiträge des langjährigen Leiters Walter Friedrich (1991a, 1991b); zu einer historischen Einordnung dieser Forschungseinrichtung im Kontext der DDR-Jugendforschung siehe Wiedemann (1998); Grammes/Schluß/Vogler (2006: 335–367).

[129] Das lässt sich exemplarisch anhand einer Publikation des ZJI aus dem Jahr 1980 darstellen (siehe hierzu Friedrich/Müller 1980). Darin thematisiert der Mitverfasser der Studie, Harry Müller, in seinem Beitrag den Zusammenhang zwischen dem weltanschaulichem Begriffswissen und dem Vertreten sozialistischer Wertorientierungen (vgl. Müller 1980: 116–145). Ausführlich geht Müller darauf ein, dass mit zunehmendem Alter der Jugendlichen auch deren ideologisches Begriffswissen wächst. Allerdings lässt sich kein unmittelbarer Zusammenhang zwischen dem Zuwachs an weltanschaulichem Begriffswissen und dem Vertreten sozialistischer Wertorientierungen feststellen (ebd.: 130). Inwiefern nun aber die sozialistischen Werte bei den befragten Jugendlichen ausgeprägt waren, darüber schweigt die Studie.

[130] Rückläufig waren insbesondere 1. die Identifikation mit dem Marxismus-Leninismus; 2. die Verbundenheit mit der Sowjetunion; 3. der Glauben an das Durchsetzungsvermögen des Sozialismus in der Welt; 4. die allgemeine Identifikation mit der SED, dem DDR-Staat sowie der Art der Machtausübung innerhalb der DDR (vgl. Friedrich 1990: 27–31; Förster 1991: 137f). Weiterhin deuten Untersuchungen, die Ende der 1980er Jahre durchgeführt wurden, hin auf eine mangelnde Identifikation mit dem vom SED-Staat propagierten Geschichtsbild durch die DDR-Jugendlichen (Schubarth 1991a:151f; 1991b: 28).

Werten der Selbstbestimmung und Selbstverwirklichung, durch die Aufwertung hedonistischer Werte, aber auch durch die zunehmende Wertschätzung materieller Werte sowie der persönlichen Sicherheit (vgl. Friedrich 1990: 34–37; Müller 1991: 127).

Validitätsprobleme von Erhebungen zu staatlich erwünschten Werten in der DDR
Die Aussagekraft der in der DDR durchgeführten Untersuchungen zu politischen Überzeugungen und staatlich erwünschten Werten unterliegt Einschränkungen hinsichtlich ihrer Validität (vgl. bereits Schmitt 1980: 17). So ist anzunehmen, dass Befragungen in der DDR zu politischen Themen in besonderem Maße mit dem Problem der sozialen Erwünschtheit im Antwortverhalten konfrontiert waren.[131] Probanden könnten demnach Fragen zu staatlich erwünschten Werten bzw. zu politischen Einstellungen tendenziell befürwortend beantwortet haben, ohne dass bei ihnen eine entsprechende Werthaltung bzw. politische Überzeugung auch tatsächlich zugrunde lag. Die Annahme von Validitätsproblemen lässt sich aus der „Theorie rationalen Befragtenverhaltens" (Diekmann 2009: 448) ableiten.[132] Demnach sind politisch relevante Fragestellungen in Staaten, die von der Bevölkerung repressiv wahrgenommen werden, als nicht restriktionsfrei einzuschätzen. So könnten Befragte in der DDR ein mangelndes Bekenntnis zum DDR-Staat oder ein gar oppositionelles Antwortverhalten mit möglichen hohen Verhaltenskosten verbunden haben. Deswegen könnte es bei politischen Sachthemen öfters lediglich zu einer bloßen „Wiedergabe gelernter Denkmuster" (Schmitt 1980: 228) durch die Befragten gekommen sein.[133]

---

[131] Das Problem der sozialen Erwünschtheit meint in Befragungssituationen die Tendenz, „das tatsächliche Verhalten oder die eigene Meinung in Richtung auf das sozial erwartete Verhalten oder die sozial erwünschte Meinung zu verzerren" (Diekmann 2009: 443, weiterführend siehe ebd.: 447–451).

[132] Auch die in DDR-Studien gewährleistete Einhaltung der Standards empirischer Sozialforschung, insbesondere die Zusicherung der Anonymisierung der erhobenen Daten (vgl. etwa Förster 1991: 136), verhindert nicht zwingend Effekte sozialer Erwünschtheit bei als heikel eingestuften Fragestellungen.

[133] Trotz der genannten Validitätseinschränkungen für politisch-relevante Themenbereiche ist von einer generellen Verweigerung der Befunde der DDR-Sozialforschung – wie zum Teil in der westdeutschen Werte- und Einstellungsforschung vorkommend (exemplarisch Habich/Landua/Seifert/Spellerberg 1991: 13) – abzusehen. Untersuchungen zu weniger verfänglichen Themen und Werten dürften weitgehend valide Daten geliefert haben. Zu dieser Einschätzung kommt auch Thomas Gensicke (1992a: 3), obschon er noch auf weitere Probleme der sozialwissenschaftlichen Umfragepraxis, insbesondere die mangelnde Repräsentativität vieler empirischer Studien in der DDR hinweist (ebd.: 9).

3 Das Interesse des Staats an den Werten 111

Studien zur „politischen Realkultur" in der DDR
Die westdeutsche vergleichende Politikwissenschaft interessierte sich ebenfalls für die Akzeptanz der staatlich erwünschten Werte durch die DDR-Bevölkerung. Hierbei sind Forschungsarbeiten entstanden, die hauptsächlich dem politischen Kulturansatz zuzuordnen sind. Sie bilden eine zweite Gruppe von Studien zum Erfolg intendierter staatlicher Einflussnahme zugunsten erwünschter Werte in der DDR. Oft liegt diesen Studien das von Archie Brown (1977) entwickelte Konzept zur Erforschung der politischen Kultur nicht-demokratischer Länder zugrunde. Wie bereits umrissen, wird hierbei zwischen „politischer Zielkultur" (oder auch „offizieller politischer Kultur") und „politischer Realkultur" (bzw. „dominanter politischer Kultur") unterschieden. Als politische Zielkultur werden die von der politischen Führung eines Staats angestrebten politischen Einstellungen und Werthaltungen verstanden. Die politische Realkultur umfasst hingegen die tatsächlich in der Bevölkerung vorkommenden Werte und politischen Überzeugungen.[134] Forschungen zur politischen Realkultur in der DDR-Bevölkerung wurden seit Beginn der 1980er Jahren unternommen. Da westdeutsche Forscher keine eigenen Umfrageerhebungen auf dem Gebiet der DDR durchführen konnten, war man vor 1990 auf alternative Informationsquellen und Analysegegenstände angewiesen.[135] Oft zeichnen sich die entstandenen Studien auch durch eine Mischung verschiedener ausgewerteter Dokumente aus.
Am häufigsten wurde die in der DDR publizierte sozialwissenschaftliche Forschungsliteratur auf Hinweise zur politischen Realkultur in der DDR-Bevölkerung analysiert (u.a. Hille 1985; Rytlewski 1987: 243f; Belwe 1989: 89–106; Diemer 1989: 120f; Häuser 1989: 135–138; Lemke 1989: 88f; Ukena 1989: 172–214;

---

[134] Die politische Zielkultur wird nach Brown in sozialistischen Staaten über Massenmedien, Bildungseinrichtungen sowie andere Sozialisationsagenturen verbreitet. Allerdings lässt sich daraus nicht der Schluss ziehen, dass die staatlich erwünschten Werte damit auch automatisch zu „realen" Werten in der Bevölkerung werden (Brown 1977: 8). Die politische Zielkultur sowie die politische Realkultur eines Staats können vielmehr in unterschiedlichen Verhältnissen zueinander stehen. Sie können vollständig übereinstimmen, sie können sich substanziell überschneiden, sie können aber auch stark voneinander abweichen. Generell empfiehlt Brown die im traditionellen politischen Kulturansatz vertretene Annahme lediglich einer einzigen in der Bevölkerung eines Landes vorkommenden politischen Kultur zu überdenken (ebd.).

[135] Lediglich eine weitgehend deskriptive Oral-History-Studie von Lutz Niethammer und Kollegen ist als westdeutsche Feldforschung im Jahr 1987 auf dem Gebiet der DDR offiziell genehmigt worden (vgl. Niethammer/Plato/Wierling 1991).

Grunenberg 1990: 93–115). Neben der Sichtung der ostdeutschen Forschungsliteratur wurden auch eigenständige nicht-reaktive Dokumentenanalysen durchgeführt.[136] Ein in diesem Zusammenhang häufiger genutzter Untersuchungsgegenstand bildeten literarische Prosawerke von DDR-Autoren (Rossade 1982, 1989; Hanke 1987; Rytlewski 1989: 16f; Grunenberg 1990; Lemke 1991: 250–259; Bachmann 1993: 59–101; Bergem 1993: 235). Der Rückgriff auf diesen eher ungewöhnlichen Gegenstand politikwissenschaftlicher Forschung wurde unter anderem damit begründet, dass der Literatur in der DDR die Funktion einer Ersatzöffentlichkeit zukam (Rossade 1982: 6, Hanke 1987: 8).[137] Weiterhin wurden DDR-Zeitschriften inhaltsanalytisch ausgewertet. Hier sind insbesondere die Arbeiten von Reinhard Koch zu erwähnen, der Ratgeber-Kolumnen sowie Kontaktanzeigen in DDR-Jugendzeitschriften verschiedener Jahrgänge auswertete (Koch 1989, 1990a, 1990b).[138] Als weitere Quellen für die Deskription der politischen Realkultur der DDR dienten unter anderem Gesprächsprotokolle mit DDR-Jugendlichen (Grunenberg 1990: 116–120, Lemke 1991: 139, Bergem 1993: 237), Dokumentarfilmliteratur und offizielle Statistiken (Diemer 1989: 120f) sowie Befragungen von DDR-Zuwanderern in der Bundesrepublik (Hesse 1988). Auch flossen eigene Wahrnehmungen der Forscher hinsichtlich verbreiteter Einstellungen und Verhaltensweisen der DDR-Bürger in die Analysen ein (u.a. Rytlewski 1989: 16).

---

[136] Allerdings ist anzumerken, dass eine größere Zahl dieser Analysen kaum methodisch fundiert erscheinen. Die Mehrzahl der vorhandenen Dokumentenanalysen stellen aus methodischer Sicht lediglich Sichtungen von Dokumentenmaterial dar (vgl. beispielhaft die Beiträge in Wehling 1989). Methodisch fundierte Inhaltsanalysen sind seltener zu finden (vgl. etwa die Arbeiten von Koch 1989, 1990a, 1990b).

[137] Die Aussagekraft dieser Analysen literarischer Texte zur Erfassung der politischen Realkultur ist allerdings kritisch einzuschätzen. Insbesondere wird der fiktionale Charakter der, zudem selektiv ausgewählten, Texte unterschätzt.

[138] Die von Koch analysierten Gegenstände erscheinen nur auf den ersten Blick für die Erforschung der politischen Realkultur als abwegig. Am Beispiel der Analyse von Ratgeber-Kolumnen kann Koch jedoch zeigen, wie der Alltag und die alltäglichen Probleme in der DDR zwischen den 1960er und 1980er Jahren zunehmend „entpolitisiert" wurden. Koch interpretiert dies als Rückzug des SED-Staats aus den privaten Nischen (Koch 1989: 101). Die Auswertung von Kontaktanzeigen junger Erwachsener in den 1980er Jahren zeigt außerdem, dass die politisch erwünschten Eigenschaften der „sozialistischen Persönlichkeit" im DDR-Alltag keine Rolle spielten. Vielmehr bildeten für den Lebensbereich Familie und Partnerschaft andere Persönlichkeitsmerkmale den „common sense" innerhalb der DDR-Bevölkerung (Koch 1990a: 120).

3 Das Interesse des Staats an den Werten 113

Nach 1990 erschienene Studien griffen die bereits vorhandenen Analysen zur politischen Realkultur der DDR zumeist lediglich systematisiert und zusammengefasst auf (so u.a. Sontheimer/Bergem 1990; Lemke 1991; Bergem 1993: 232–252, 2004). Auch fanden darin die zuvor unter Verschluss gehaltenen Befunde der DDR-Jugendforschung nunmehr Berücksichtigung (vgl. Lemke 1991: 104). Andere Studien versuchten hingegen mithilfe von Retrospektivinterviews, die vormals verbreiteten politischen Einstellungen und Werte der Ostdeutschen zu rekonstruieren (vgl. u.a. Geulen 1998).[139]
Wie aber wird nun die in der DDR-Bevölkerung verbreitete politische Realkultur in den vorliegenden Untersuchungen charakterisiert? Die Durchsicht der Studien lässt drei zentrale Merkmale erkennen:

- lediglich förmlich-ritualisiertes Bekenntnis zur politischen Zielkultur der DDR
- politische Realkultur der DDR mit Zügen der traditionellen politischen Kultur vor 1945
- hohe Wertschätzung der nicht-staatlichen Sozialisationsinstanzen

Ein erstes Charakteristikum der politischen Realkultur der DDR wird in der Tatsache erblickt, dass der überwiegende Teil der DDR-Bürger sich öffentlich lediglich in förmlicher, ritualisierter Form, jedoch ohne erkennbare innere Überzeugung zur politischen Zielkultur der DDR bekannte (Hanke 1987: 303; Ukena 1989: 180f; Sontheimer/Bergem 1990: 68; Bergem 1993: 233). Der Mangel an politischer Überzeugung trotz formaler Partizipation wird auch als Dissonanz zwischen Ziel- und Realkultur bzw. als ein Unterscheiden in öffentliche und private Verhaltens- und Bewußtseinsebenen durch die DDR-Bürger beschrieben (vgl. Grunenberg 1989: 228; Lemke 1989: 87; 1991: 277; Rytlewski 1989: 21; Sontheimer/Bergem 1990: 74; Bergem 1993: 233). Je nachdem in welchem gesellschaftlichen Bereich (öffentlich/privat) sich eine Person gerade bewegte, kam entweder eine „offizielle" oder eine „private" Sprache zur Anwendung (bereits Ludz 1980: 36; Hesse 1988: 99f).

---

[139] Hierzu können auch Fragen zur Verbundenheit mit der ehemaligen DDR gezählt werden, die in Umfragen nach 1990 mehrfach erhoben wurden (vgl. etwa Neller 2009: 79).

Ein zweites kennzeichnendes Merkmal der politischen Realkultur der DDR wird darin erkannt, dass sich in der DDR-Bevölkerung Züge der traditionellen politischen Kultur Deutschlands aus der Zeit vor 1945 bewahrten. So wird die DDR-Bevölkerung häufig als konservativ und kleinbürgerlich in ihren Einstellungen, Werten und Verhaltensweisen beschrieben (Weidenfeld/Korte 1991: 9f; Bergem 1993: 237; Sontheimer/Bergem 1990: 69). Insbesondere wird auf die Tradierung folgender Werte aufmerksam gemacht: die Betonung von Arbeits- und Leistungswerten (Hanke 1987: 312; Rytlewski 1989: 17; Häuser 1989: 139; Habich/Landua/Seifert/Spellerberg 1991: 29), das Festhalten an preußisch-deutschen Traditionen und autoritären Verhaltensdispositionen, insbesondere eines „Untertanengeistes" und Obrigkeitsglaubens (Hanke 1987: 32, 308; Rytlewski 1989: 18f; Opp de Hipt 1989: 54), weitgehendes politisches Desinteresse und unpolitisches Verhalten, verbunden mit einem Rückzug in private Nischen (vgl. Hanke 1987: 310; Habich/Landua/Seifert/Spellerberg 1991: 29; Sontheimer/Bergem 1990: 68; Bergem 1993: 233). Aufgrund dieser Tradierungen wurde die DDR im Vergleich zur Bundesrepublik von politischen Beobachtern auch als der „deutschere" Staat wahrgenommen (vgl. Gaus 1983: 170).

Ein drittes Kennzeichen der politischen Realkultur der DDR kann in der besonderen Wertschätzung von nicht-staatlichen Sozialisationsinstanzen gesehen werden. Insbesondere wird häufig die ungebrochene Bedeutung der Familie in der DDR konstatiert (vgl. Hille 1985: 186; Diemer 1989: 120; Häuser 1989: 133; Lemke 1989: 88f; 1991: 99; Grunenberg 1990: 92; Koch 1990: 117; Gensicke 1992a: 42). Demnach blieb auch in der DDR die Familie die einflussreichste Sozialisationsinstanz, auf die der SED-Staat nur geringen Zugriff hatte (Lemke 1991: 100). Bezüglich der Vermittlung von Werthaltungen trat die Familie damit in unmittelbare Konkurrenz zu den staatlichen Sozialisationsinstanzen (staatliche Bildungs- und Erziehungseinrichtungen und Massenorganisationen), was deren Einflussmöglichkeiten auf die Werte der Heranwachsenden vermutlich erheblich geschmälert haben dürfte.[140]

Neben der kontinuierlichen Wertschätzung der Familie wird auch die Bevorzugung weiterer mit dem Staat konkurrierender Sozialisationsinstanzen angemerkt. Dies betrifft die auch durch die DDR-Jugendforschung belegte Wertschätzung des Freundeskreises sowie der informellen Netzwerke im Rahmen eines weitgehend

---

[140] Defizite des staatlichen Jugendverbands Freie Deutsche Jugend als Sozialisationsagentur diskutieren u.a. Grunenberg 1990: 116ff; Lemke 1991: 139).

3 Das Interesse des Staats an den Werten 115

politikfernen Freizeitverhaltens (Lemke 1989: 90, 1991: 153–187). Für die 1980er Jahre wird zudem das Aufkommen weiterer mit dem DDR-Staat konkurrierender Sozialisationsinstanzen konstatiert. Hierunter fallen die fast flächendeckende Rezeption westlicher Massenmedien (vgl. u.a. Hesse 1988: 41; Grunenberg 1990: 95; Karig/Stiehler 1997: 346), die Herausbildung subkultureller Musikszenen und alternativer politischer Gruppen sowie ein gewisser Bedeutungszuwachs der Kirchen Ende der 1980er Jahre (Lemke 1989: 91, 1991: 186; Grunenberg 1990: 125–130).

Zusammenfassend lässt sich sagen, dass die westdeutsche politische Kulturforschung das Bild eines weitgehenden Scheiterns der staatlichen Einflussnahme bezüglich der Herausbildung staatlich erwünschter Werte in der DDR-Bevölkerung zeichnet. Allerdings sollte man von einer generellen Dissonanz zwischen politischer Ziel- und politischer Realkultur absehen. Denn analysiert man die vom DDR-Staat erwünschten Werte genauer, zeigt sich, dass primär hinsichtlich der ideologischen Kernwerte des SED-Staats eine Dissonanz zwischen politischer Ziel- und Realkultur in der DDR bestand. Einvernehmen bzw. Kongruenz zwischen Ziel- und Realkultur könnte hingegen bezüglich eines Teils der traditionellen bürgerlichen Werte vorgeherrscht haben. Durch Aufnahme in den offiziellen Wertekanon der DDR waren einige dieser Werte ebenfalls staatlich legitimiert.[141] Die besondere Wertschätzung der nicht-staatlichen Sozialisationsinstanzen durch die DDR-Bevölkerung (besonders der Familie) könnte dabei beide Wertetrends – die Absage an die staatlichen Kernwerte sowie die Tradierung bürgerlicher Werte – begünstigt haben.

Studien zu den Wirkungen politischer Erziehung im DDR-Schulunterricht
Untersuchungen zu den Wirkungen politischer Erziehung im DDR-Schulunterricht bilden eine dritte Gruppe von Forschungsarbeiten zur intendierten staatlichen Einflussnahme in der DDR. Diese Studien sind überwiegend der west- und später bundesdeutschen Bildungsforschung zuzurechnen. Zum einen wird in diesen Arbeiten die empirische Forschungsliteratur der DDR-Unterrichtsforschung in der DDR kritisch aufgearbeitet und auf Hinweise einer ideologischen Beeinflussung

---

[141] Auf diese Überschneidungen von politischer Ziel- und Realkultur hinsichtlich der traditionellen bürgerlichen Werte wurde in der politischen Kulturforschung nur sporadisch hingewiesen (vgl. Hanke 1987: 313; Sontheimer/Bergem 1990: 69). In der Autoritarismusforschung wurde diese Aspekt hingegen stärker betont (vgl. Maaz 1993: 213).

der DDR-Schüler analysiert (z.B. Grammes/Schluß/Vogler 2006). Zum anderen werden auch eigenständige empirische Untersuchungen in Form von Dokumentenanalysen (z.B. Friedrich 2006) oder aber Retrospektivbefragungen ehemaliger Lehrer und Schüler (z.B. Budke 2009) unternommen.[142]
Inhaltlich befassen sich die Studien entweder mit den Wirkungen des Unterrichts spezifischer Schulfächer oder aber sie analysieren das allgemeine Schul- und Unterrichtsklima in der DDR. Besonders häufig wurden die Wirkungen des Unterrichts im Fach Staatsbürgerkunde untersucht, was die Schlüsselstellung dieses Faches für die politische Bildung in der DDR unterstreicht (vgl. Schmitt 1980: 165–230; Behrmann 2006: 291–297; Grammes/Schluß/Vogler 2006: 215–247). Da in der DDR jedoch jedes Schulfach einen Beitrag zur politischen Erziehung leisten sollte, liegen zudem auch Untersuchungen zu den ideologischen Wirkungen weiterer Unterrichtsfächer vor (so etwa für den Geschichtsunterricht: Hasberg 2001: 13–93; den Deutschunterricht: Friedrich 2006; für den Geographieunterricht: Budke 2009).

Studien, die sich allgemein mit dem Schul- und Unterrichtsklima in der DDR auseinandersetzen, wurden bereits zu Beginn der 1980er Jahre von Rainer Brämer (1980, 1983b) vorgelegt. Inhaltsanalytisch wertete Brämer hierzu die Beiträge von DDR-Lehrern in einer pädagogischen Fachzeitschrift zu typischen Problemsituationen im DDR-Unterricht aus.

Brämers Studien, aber auch die anderen Untersuchungen zur Wirksamkeit politischer Erziehung in einzelnen Unterrichtsfächern kommen zu einem übereinstimmenden Befund. Analog der Forschungen zur politischen Realkultur wird primär ein Scheitern der intendierten Einflussnahme der staatlichen Bildungseinrichtungen zugunsten der Herausbildung ideologischer Einstellungen konstatiert (Brämer 1980: 57, 1983b: 80; Schmitt 1980: 231; Budke 2009: 368). Dieses Scheitern ma-

---

[142] Bemerkenswert erscheint zudem, dass im Rahmen dieser Studien relativ häufig sämtliche zu Beginn des Kapitels aufgeworfenen Forschungsfragen zum Spannungsverhältnis von Staat und den Werten der Individuen aufgegriffen werden. Das heißt, dass in diesen Arbeiten oft zunächst staatliche Dokumente (Gesetze, meist aber Lehrpläne) nach den staatlich erwünschten Werten bzw. erwünschten politischen Überzeugungen untersucht werden. Anschließend werden die angewandten Methoden schulischer Werterziehung diskutiert. Mithilfe eigener oder der Re-Analyse vorhandener empirischer Erhebungen aus der DDR wird schließlich der Erfolg der Vermittlung dieser staatlich erwünschten Werte und politischen Überzeugungen abgeschätzt (vgl. Schmitt 1980; Friedrich 2006; Gammes/Schluß/ Vogler 2006; Budke 2009).

3 Das Interesse des Staats an den Werten 117

nifestiert sich darin, dass Schüler in der DDR lediglich ein „verbalopportunistisches Verhalten" (Brämer 1983b: 80) an den Tag legten. Obschon die DDR-Schüler über ein hohes politisches Wissen verfügten, war damit keine Internalisierung der vom Staat erwünschten politischen Überzeugungen verbunden (Schmitt 1980: 229f).[143]

Forschungen zur unintendierten Beeinflussung von Werten in der DDR-Bevölkerung
Der geringe Erfolg bei der Vermittlung ideologischer Kernwerte kann auch als unintendierte Folge der staatlichen Erziehungsbemühungen in der DDR verstanden werden. Darüber hinaus werden in der Literatur weitere unbeabsichtigte Folgen staatlicher Rahmenbedingungen der DDR auf Werte und Verhaltensweisen der ostdeutschen Bevölkerung diskutiert. Zwei Ansätze erscheinen für die vorliegende Untersuchung von besonderem Interesse:

- unintendierte Folgen autoritärer Strukturen und Erziehungspraktiken in der DDR auf Werte und Einstellungen der Ostdeutschen
- unintendierte Folgen staatlicher Kontrolle, Kollektivierung und Mangelwirtschaft auf die persönlichen Netzwerke in der DDR-Bevölkerung

Unintendierte Werte und Einstellungen aufgrund autoritärer Strukturen und Erziehungspraktiken
Nach 1989 durchgeführte Befragungen haben bei bestimmten politischen Einstellungen Ost-West-Unterschiede festgestellt. Insbesondere wurde häufig auf eine höhere Fremdenfeindlichkeit sowie einen stärker ausgeprägten Ethnozentrismus der Ostdeutschen hingewiesen (z.B. Melzer 1992: 130). Die Ursachen hierfür wurden und werden kontrovers diskutiert. Ein Ansatz zur Erklärung dieser Einstellungsunterschiede besteht darin, sie als unintendierte Folge der autoritären Erziehung in der DDR zu betrachten bzw. ganz allgemein auf die repressiven und autoritären Strukturen des DDR-Staats zurückzuführen (vgl. Schubarth 1991b: 37,

---

[143] Alexandra Budke interpretiert ihre Befunde auch als unintendierte negative Effekte des DDR-Unterrichts. So wurden die Schüler in der DDR anstatt zu überzeugten Erbauern des Sozialismus eher zu Unaufrichtigkeit sowie zu Misstrauen gegenüber anderen Personen, insbesondere den Lehrern, erzogen (Budke 2009: 368).

1993: 259; Schubarth/Pschierer/Schmidt 1991: 16; Maaz 1993; Hopf/Silzer/Wernich 1999: 92; Pfeiffer 1999: 2).[144] Grundlage dieses Erklärungsansatzes bildet das Konzept der autoritären Persönlichkeit, das bereits in den 1940er Jahren von Theodor W. Adorno und Kollegen entwickelt worden ist (Adorno/Frenkel-Brunswik/Levinson/ Sanford 1982, zuerst 1950). Nach diesem Konzept führt eine lieblose, vernachlässigende, lediglich auf Unterordnung abzielende frühkindliche Erziehung zur Herausbildung eines autoritären Persönlichkeitstypus mit der Neigung zu antidemokratischen bis hin zu faschistischen Einstellungen.

Ein prominenter Vertreter dieses Erklärungsansatzes ist der Psychoanalytiker Hans-Joachim Maaz (1990, 1993).[145] Nach Maaz war das staatliche Erziehungssystem in der DDR durch eine frühe Trennung der Kleinkinder von ihren erwachsenen Bezugspersonen gekennzeichnet. Die frühe Trennung hat bei den Kindern in der DDR vermehrt zu einem „Mangelsyndrom" an emotionaler Zuwendung geführt. Gefühle wie Trauer, Angst, Wut und Hass, die mit dem Mangel an emotionaler Bindung einhergehen mussten von den Heranwachsenden unterdrückt werden, blieben allerdings als unbewusster „Gefühlsstau" erhalten. Nach der politischen Wende entlud sich dieser Gefühlsstau laut Maaz bei einigen Ostdeutschen in Form gewalttätiger Ausbrüche gegenüber Fremden oder Schwächeren (Maaz 1993: 213-216).

Einen etwas anderen Ansatz zur Erklärung autoritärer Einstellungen in Ostdeutschland legten Christel Hopf und Mitarbeiter vor (Hopf/Silzer/Wernich 1999). Ihre These ist, dass ostdeutsche Kinder aufgrund der Erziehungspraxis in der DDR emotional stärker belastet aufwuchsen als die Kinder in Westdeutschland (ebd.: 93). So waren die Kinderkrippen und Kindergärten weder personell noch räumlich so gestaltet, dass die Erzieherinnen zu stabilen Bezugspersonen für die Kinder werden konnten. Zudem wurde in den staatlichen Erziehungseinrichtungen nur unzureichend auf individuelle Bedürfnisse und Selbstentfaltungswünsche der Kinder eingegangen, stattdessen dominierten in den Einrichtungen starre Regeln sowie die Vorgaben der Erzieher (ebd.: 94).

---

[144] Das erhöhte Maß an Fremdenfeindlichkeit und Ethnozentrismus unter den Ostdeutschen ist insofern als eine unintendierte Folge staatlicher Erziehung zu verstehen, da die DDR offiziell eine Erziehung zu Völkerfreundschaft und internationaler Solidarität verfocht, die gemäß diesem Erklärungsansatz verfehlt worden ist (Hopf/Silzer/Wernich 1999: 80).

[145] An dieser Stelle sollen lediglich die wichtigsten Beiträge der Vertreter dieses Ansatzes erläutert werden. Für Weiterentwicklungen des Autoritarismus-Ansatzes siehe u.a. die Beiträge in Rippl/Seipel/Kindervater (2000).

3 Das Interesse des Staats an den Werten

Bemerkenswert ist, dass sich in den verschiedenen Übertragungen des Autoritarismuskonzepts auf die ostdeutsche Bevölkerung häufig eine zweite Argumentationslinie finden lässt. Diese besteht darin, die höhere Fremdenfeindlichkeit und den verbreiteten Ethnozentrismus unter Ostdeutschen auch allgemein auf die staatlichen Rahmenbedingungen der DDR zurückzuführen. Demnach waren nicht nur die staatlichen Erziehungseinrichtungen sondern war der DDR-Staat generell von repressiven und autoritären Strukturen gekennzeichnet, was folglich zur Herausbildung autoritärer Einstellungsmuster beitrug (vgl. Maaz 1990: 65, 1993: 212f; Schubarth 1991b: 37, 1993: 259; Hopf/Silzer/Wernich 1999: 92).[146] Mit dieser zweiten Argumentationslinie wird allerdings über das traditionelle Autoritarismuskonzept hinausgegangen, bei dem lediglich die frühkindliche Sozialisation für die Entwicklung der autoritären Persönlichkeit und damit korrespondierende Einstellungen als maßgeblich angesehen werden (vgl. Adorno/Frenkel-Brunswik/Levinson/Sanford 1982: 6).

Probleme bei der Anwendung des Autoritarismusansatzes auf Ostdeutschland
Die Übertragung des Autoritarismuskonzepts auf die ostdeutsche Bevölkerung ist in der Forschung nicht unwidersprochen geblieben (u.a. Friedrich 1993: 194; Oesterreich 1993: 216). Eines der Hauptprobleme kann in der mangelnden empirischen Prüfung dieses Ansatzes gesehen werden. In der Tat wird der Zusammenhang zwischen frühkindlicher Erziehung in der DDR und der größeren Verbreitung antidemokratischer Einstellungen unter den Ostdeutschen häufig nur postuliert, die empirische Beweisführung ist hingegen als unzureichend einzuschätzen.[147]

---

[146] Ein Aspekt, auf den insbesondere Hans-Joachim Maaz hingewiesen hat, scheint in diesem Zusammenhang bemerkenswert: Nach Maaz bestand zwischen den verschiedenen Sozialisationsinstanzen (sowohl den staatlichen Erziehungseinrichtungen und der Familie) eine weitgehende Übereinstimmung hinsichtlich der Erziehungsnormen, so dass im Kern auch die Familie zur Herausbildung autoritärer Persönlichkeiten in der DDR beitrug (vgl. Maaz 1993: 213f).

[147] So etwa bei Schubarth (1991b, 1993); Schubarth/Pschierer/Schmidt (1991) und Pfeiffer (1999). Maaz (1990) stützt sich auf seine persönlichen Erfahrungen, die er bei der Behandlung psychisch erkrankter DDR-Bürger gesammelt hat. Vor allem Hopf/Silzer/Wernich (1999) haben jedoch versucht, über das bloße Postulat hinauszugehen und den Zusammenhang zwischen frühkindlicher Erziehung in der DDR und der späteren Ausprägung autoritärer Einstellungen auch empirisch zu belegen. Allerdings besteht ihre Datengrundlage aus lediglich 52 qualitativen Retrospektivinterviews.

Zwei Gründe könnten hierfür ausschlaggebend sein. Zum einen ist der empirische Nachweis eines Einflusses sozialisatorischer Erfahrungen im frühen Kindesalter auf Einstellungen in späteren Lebensjahren mit generellen Hürden verbunden. Dieser gelingt im Grunde nur, wenn man Sozialisationserfahrungen, die eine Person im weiteren Lebensverlauf sammelt, aber auch die aktuelle Situation, in der sich ein Individuum zum Zeitpunkt der Befragung befindet, als mögliche beeinflussende Faktoren auf deren Einstellungen ausblendet. Angesichts der erheblichen gesellschaftlichen Umbrüche, die sich in Ostdeutschland nach dem Herbst 1989 vollzogen, lässt sich allerdings durchaus argumentieren, dass gerade situative Einflüsse und Erfahrungen der Ostdeutschen im gesellschaftlichen Transformationsprozess nach der Wende die Herausbildung von fremdenfeindlichen und ethnozentrischen Einstellungen begünstigt haben.[148] Zum anderen erscheint das oft gewählte Studiendesign für den Nachweis von Sozialisationseffekten als nur bedingt aussagekräftig. So wurden die politischen Einstellungen primär in Form von Querschnittsanalysen erhoben, bei denen eine repräsentativ ausgewählte Stichprobe von Probanden lediglich zu einem einzigen Zeitpunkt befragt wurde. Um mit größerer Sicherheit Einflüsse der Sozialisation von anderen Einflüssen unterscheiden zu können, bedarf es jedoch umfassender Längsschnittstudien, bei denen in regelmäßigen Abständen ein und dieselben Probanden zu ihren Werten und Einstellungen befragt werden.[149]

---

[148] Diese Sichtweise entspricht im Kern der sogenannten „Situationshypothese", die von einigen Vertretern der politischen Einstellungsforschung als konkurrierender Ansatz zur „Sozialisationshypothese" postuliert wird (weiterführend zu diesen Hypothesen und deren Kombinationen siehe Neller 2006: 64–70).

[149] Im Hinblick auf die nach 1990 festgestellten Ost-West-Unterschiede bei politischen Einstellungen scheint es allerdings generell sinnvoll, nicht allein – wie im Autoritarismuskonzept angelegt – sozialisatorische Wirkungen, sondern auch und gerade situative sowie strukturelle Einflussfaktoren anzunehmen (vgl. bereits Pickel 2002: 54–60). Ein Indiz für gleichermaßen wirksame sozialisatorische wie situative Einflüsse auf das fremdenfeindliche Potenzial in der ostdeutschen Bevölkerung liefert eine Studie von Wilfried Schubarth (1990; Schubarth/Pschierer/Schmidt 1991). Schubarth hat hierzu im Rahmen einer Intervallstudie circa 400 Schüler aus der DDR unmittelbar vor (September 1989) sowie genau inmitten der politischen Umbruchphase (November 1989) befragt. Die Befunde deuten einerseits auf ein gewisses, schon vor der Wende vorhandenes fremdenfeindliches Potenzial unter den DDR-Jugendlichen hin. Andererseits legt ein regelrecht sprunghafter Anstieg dieses Potenzials bei ein und denselben Befragten die Wirkung situativer Einflüsse während der Umbruchphase nahe (vgl. Schubarth/Pschierer/Schmidt 1991: 13).

Unintendierte Folgen von staatlicher Kontrolle, Kollektivierung und Mangelwirtschaft

Eine zweite unbeabsichtigte Folge staatlicher Rahmenbedingungen des SED-Staats betrifft die Ausgestaltung persönlicher Netzwerke in der DDR. So wird die DDR-Gesellschaft im Anschluss an eine These von Günter Gaus (1983) auch als Nischengesellschaft charakterisiert. Damit ist gemeint, dass entgegen des totalitären Anspruchs einer ideologischen Vereinnahmung sämtlicher Lebensbereiche auch die DDR-Bürger private Rückzugsmöglichkeiten unterhielten, in denen sie ihren individuellen, vom Kollektivismus nur unzureichend befriedigten Bedürfnissen nachgehen konnten (ebd.: 157).[150] Als staatlich geduldete „Freiräume von der herrschenden Lehre" (ebd.) boten die Nischen für die DDR-Bürger eine Möglichkeit, sich mit dem SED-Staat zu arrangieren. Die Duldung der Nischen stellte dabei spätestens seit den 1970er Jahren für die politische Führung der DDR zugleich ein wichtiges Instrument zur Herrschaftsstabilisierung dar (vgl. Mühler/Wippler 1993: 703–709).

Die Frage, welche spezifischen Ausformungen die Nischengesellschaft in der DDR aufgrund der herrschenden staatlichen Rahmenbedingungen erfuhr, ist bisher nur selten empirisch erforscht worden. Einen wichtigen Beitrag zu diesem Thema legte Beate Völker vor, die im Rahmen einer Paneluntersuchung die persönlichen Netzwerke von Ostdeutschen vor dem politischen Umbruch sowie in den ersten Jahren nach der Wiedervereinigung empirisch untersuchte (Völker/Mühler/Flap 1992; Völker 1995). Völker geht davon aus, dass sich einerseits staatliche Kontrolle und Kollektivierung sowie andererseits die herrschende Mangelwirtschaft des DDR-Staats unintendiert auf die Struktur der persönlichen Netzwerke der DDR-Bürger auswirkten. Diese beiden Rahmenbedingungen stellten die Bürger in der DDR vor zwei grundlegende Probleme: Während Kollektivierung und politische Kontrolle die DDR-Bürger mit dem Problem der Wahrung eigener individueller Ansprüche sowie mit der Frage nach der Vertrauenswürdigkeit von Personen konfrontierte, stellte die Mangelwirtschaft die Ostdeutschen vor die Herausforderung, auf alternative Art und Weise knappe Güter zu beschaffen bzw. das eigene materielle Wohlergehen abzusichern. Mit Rückgriff auf die

---

[150] Private Nischen stellen nach Gaus keineswegs ein alleiniges Phänomen kommunistischer Staaten dar. Im Gegenteil verfügt jede Gesellschaft, auch die westdeutsche, über private, vom Staat unberührte Rückzugsräume. Es ist die übliche Existenzform im privaten Bereich (Gaus 1983: 159).

Social-Capital-Theory argumentiert Völker, dass die DDR-Bürger auf beide Probleme mit zwei adäquaten Verhaltensstrategien reagierten, indem sie ihre persönlichen Netzwerke an die vorherrschenden Rahmenbedingungen anpassten. Zum einen schufen sich die Ostdeutschen eine Nische bzw. ein Core-Netzwerk, das lediglich aus einer kleinen Gruppe als vertrauenswürdig eingeschätzter Personen bestand und zur freien Diskussion über politische Themen sowie zum Ausleben der eigenen Individualität genutzt wurde. Zum Anderen reagierten die Ostdeutschen auf die Mangelwirtschaft mit der Bildung eines umfangreicheren, jedoch unverbindlicheren Beschaffungsnetzwerks, das zur Versorgung mit knappen Gütern genutzt wurde. Unintendierte Folge der staatlichen Rahmenbedingungen in der DDR war neben dem Umbau der persönlichen Netzwerke zugleich das Verfehlen der ideologisch angestrebten, alle Gesellschaftsmitglieder umfassenden sozialen Kohäsion: „Again these networks configurations were certainly not intended by Marxist ideology or by the rulers in the former GDR. The ideology of collectivism did not result in a society of comrades, but in a society with a sharp demarcation between private and public parts of personal networks" (Völker 1995: 276).

Völkers Untersuchungen sind für die vorliegende Forschungsarbeit von besonderem Interesse, da ihre Befunde die Frage aufwerfen, inwiefern das Ausweichen in private Nischen auch zur Betonung korrespondierender Werthaltungen in der DDR beigetragen haben könnte. So könnten Wertvorstellungen, die für Ausbau und Unterhaltung informeller persönlicher Netzwerke wichtig erscheinen, eher in Ost- als in Westalben eingetragen worden sein. Insbesondere ist hier an Werte wie die Achtung und Wertschätzung der Familie bzw. an die Werte der Kooperation, des Altruismus und gegenseitiger Hilfsbereitschaft als mögliche ‚Nischenwerte' zu denken. Der Nachweis von Ost-West-Unterschieden könnte dann als Indiz für eine indirekte Wirkung staatlicher Rahmenbedingungen auf die entsprechenden Werthaltungen gedeutet werden.

Fazit zu den Wirkungsstudien für das Gebiet der DDR
Fassen wir den Stand der Wirkungsforschung für die DDR zusammen. Die intendierte Einflussnahme des SED-Staats zugunsten staatlich erwünschter Werte in der DDR-Bevölkerung wurde in verschiedenen Fachwissenschaften untersucht. Retrospektiv besteht Einigkeit darüber, dass das ambitionierte Erziehungsziel des DDR-Staats – die Schaffung eines neuen Menschentypus in Form „sozialistischer Persönlichkeiten" – weitgehend verfehlt worden ist. Umstritten ist allerdings das

Ausmaß des Scheiterns der ideologischen Einflussnahme. Zudem gibt es eine widersprüchliche Befundlage. So verweist die in der DDR durchgeführte sozialwissenschaftliche Forschung zumindest auf eine temporär in den 1970er Jahren feststellbare hohe Identifikation mit dem DDR-Staat und seinen Kernwerten. Demgegenüber hat die westdeutsche politische Kultur- und Bildungsforschung zumeist ein generelles Scheitern der ideologischen Beeinflussung in der DDR konstatiert und ein Beharren der Ostdeutschen auf Wertvorstellungen der traditionellen deutschen politischen Kultur beobachtet. Es ist jedoch anzumerken, dass die Befunde der DDR-Sozialwissenschaften mit Validitätsproblemen konfrontiert sind. Der westdeutschen politischen Kultur- und Bildungsforschung mangelt es hingegen an überzeugenden empirischen Belegen.

Hinsichtlich der Erforschung der unintendierten Folgen staatlicher Einflussnahme der DDR auf die Werte der Ostdeutschen vor 1990 ist ein allgemeines Forschungsdefizit zu konstatieren. Vorhandene Untersuchungen haben sich primär auf die unintendierten Folgen der autoritären Erziehung bzw. der allgemeinen autoritären Strukturen des DDR-Staats auf politische Einstellungen der Ostdeutschen nach 1989 konzentriert; die empirische Beweisführung für diesen kausalen Zusammenhang ist allerdings defizitär. Seltener wurden die unintendierten Folgen der staatlichen Kontrolle und Kollektivierung sowie der omnipräsenten Mangelwirtschaft in der DDR untersucht; hierbei standen die unintendierten Folgen dieser Rahmenbedingungen auf die persönlichen Netzwerke der DDR-Bürger im Forschungsfokus. Inwiefern der vom Staat unintendierte Umbau der Netzwerke auch indirekte Auswirkungen auf die Werte der Ostdeutschen hatte, soll in dieser Arbeit weiter vertieft werden.

3.2.4 Forschungsdefizite

Tabelle 3.1 fasst den Stand der Forschung zum Einfluss des Staats auf die Werte in der Bevölkerung in DDR und Bundesrepublik zwischen 1949 und 1989 zusammen. In Klammern wird auf wichtige Arbeiten in den einzelnen Forschungsbereichen verwiesen. Es fällt auf, dass viele Forschungsarbeiten bereits älteren Datums sind. Das mag allerdings aufgrund des schon historisch gewordenen Forschungsgegenstands nicht verwundern. Lediglich im Bereich der Erforschung impliziter Werte der Bundesrepublik sind in jüngerer Zeit grundlegende Arbeiten neu hinzugekommen. Weiterhin ist zu bemerken, dass zum Spannungsverhältnis Staat und

Werte der Bürger in verschiedenen Fachwissenschaften und zum Teil auch parallel geforscht wurde. Die vorhandenen Studien in den Einzelwissenschaften lassen jedoch nur selten einen interdisziplinären Austausch zur Forschungsproblematik oder die Kenntnis der Ansätze und Befunde in den Nachbardisziplinen erkennen. Angesichts der Vielschichtigkeit der Forschungsthematik erscheint für künftige Forschungen ein verstärkter interdisziplinärer Austausch auf diesem Gebiet sinnvoll.

Forschungsdefizite und eigener Beitrag
Der Blick auf Tabelle 3.1 sollte trotz der vielfältigen Ansätze nicht darüber hinwegtäuschen, dass es in fast allen Bereichen zum Teil noch erhebliche Forschungsdefizite gibt. Dies gilt sowohl speziell für den in dieser Arbeit interessierenden staatlichen Einfluss in DDR und Bundesrepublik zwischen 1949 und 1989 als auch allgemein für das Themenfeld Staat und Werte. Die Forschungsdefizite sowie der eigene Beitrag dieser Arbeit sollen abschließend benannt werden.

1. Defizite in der inhaltsanalytischen Auswertung von Rechtstexten
Rechtstexte oder andere staatliche Dokumente der Bundesrepublik sind bisher nur selten als Quelle staatlich erwünschter Werte erkannt und analysiert worden. Vielmehr herrscht in diesem Bereich ein genereller Mangel an inhaltsanalytischen Untersuchungen im Hinblick auf explizite bzw. implizite Werte vor. Demgegenüber wurden staatliche Dokumente der DDR deutlich häufiger als Quellen staatlich erwünschter Werte des Arbeiter- und Bauernstaats zitiert. Hier besteht allerdings das Problem, dass es sich oft lediglich um deskriptive Wiedergaben der Schlüsseltexte handelt. Das methodische Auswertungsniveau von Studien zu staatlich erwünschten Werten in der DDR ist als gering einzuschätzen.
Aufgrund dieser Forschungslage wird in dieser Arbeit ein Beitrag zur weiteren Erschließung der staatlich erwünschten Werte in DDR und Bundesrepublik geleistet. Dabei steht die Analyse von staatlichen Dokumenten im Vordergrund, in denen staatlich erwünschte Werte in Form von Erziehungszielen benannt werden. Entsprechend der hier zugrunde liegenden Systematik geht es somit um die weitere Erschließung expliziter Werte von DDR und Bundesrepublik. Innovativ wird hierzu eine vergleichende Perspektive eingenommen, damit soll zu einer weiteren Typisierung staatlich erwünschter Werte gelangt werden.

3 Das Interesse des Staats an den Werten

Tabelle 3.1: Überblick zum Forschungsstand

Studientyp	Gegenstand		Bundesrepublik	DDR
Dokumentenanalysen von Rechtstexten	explizite Werte		- staatsrechtliche Studien zu Erziehungszielen der Bundesrepublik (Evers 1979; Häberle 1981a, 1981b) - politikwissenschaftliche Untersuchungen zur „politischen Zielkultur" der Bundesrepublik (Bergem 1993)	- fachübergreifender Verweis auf Walter Ulbrichts Grundsätze der sozialistischen Ethik und Moral - erziehungswissenschaftliche Studien zu Erziehungszielen in Rechtstexten für den Bildungs- und Jugendbereich der DDR (Voelmy 1968; Schmitt 1980)
	implizite Werte		- fachübergreifende Deutungen der im Grundgesetz verankerten Grundrechte als Grundwerte - Studien der Politikdidaktik zu impliziten Werten des Grundgesetzes (Detjen 2009, 2013)	- staatsrechtliche Studien zu impliziten Werten in der Verfassung der DDR (Luchterhandt 1985) - politikwissenschaftliche Studien zur „politischen Zielkultur" der DDR (Hanke 1976; Lemke 1980; Grunenberg 1990)
Studien zu den Möglichkeiten staatlichen Einflussnahme	direkter Einfluss		- pädagogische Werterziehungskonzepte (siehe Kapitel 4)	- pädagogische Werterziehungskonzepte (siehe Kapitel 4)
	indirekter Einfluss		- weitgehend Forschungsdefizit (siehe Kapitel 4.2)	- weitgehend Forschungsdefizit (siehe Kapitel 4.2)
empirische Wirkungsstudien	intendierte Wirkungen		- politikwissenschaftliche Studien der politischen Kulturforschung zur diffusen politischen Unterstützung (Conradt 1980; Fuchs 1989; Westle 1989) sowie zum Vertrauen in den Staat und seine Institutionen (Klages/Herbert 1981; Walz 1996)	- in der DDR durchgeführte sozialwissenschaftliche Studien zum „sozialistischen Bewusstsein" der DDR-Bürger (Friedrich 1990) - politikwissenschaftliche Studien zur „politischen Realkultur" in der DDR (Hanke 1987; Wehling 1989; Lemke 1991; Bergem 1993) - erziehungswissenschaftliche Studien zum Erfolg politischer Bildung in der DDR (Schmitt 1980; Brämer 1983b)
	unintendierte Wirkungen		- soziologische und politikwissenschaftliche Studien zum Wertwandel in der Bundesrepublik aufgrund unintendierter Folgen materieller und physischer Sicherheit (Inglehart 1977, 1995, 1998) sowie aufgrund der Bildungsexpansion (Klages 1984, 1985; Meulemann 1992)	- Autoritarismusstudien zu den unintendierten Folgen autoritärer Erziehung und Strukturen des DDR-Staats (Maaz 1990; Hopf/Silzer/Wernich 1999) - soziologische Studie zu unintendierten Folgen staatlicher Kontrolle, Kollektivierung und Mangelwirtschaft auf persönliche Netzwerke (Völker 1995)

Die inhaltliche Erschließung und der Vergleich der expliziten Werte von DDR und Bundesrepublik erfolgt im nächsten Abschnitt dieser Arbeit. Die spätere empirische Untersuchung der Wertvorstellungen in den Albumeinträgen in Ost- und Westdeutschland wird auf dieser Werte-Typologie basieren.

2. Defizite in der Erforschung indirekter staatlicher Einflussnahme auf die Werte
Die Möglichkeiten des Staats, Einfluss auf die Werte der Bevölkerung zu nehmen, wurden in diesem Abschnitt nur kursorisch skizziert und werden in Kapitel 4 weiter vertieft. Dennoch dürfte bereits aus der groben Darstellung des Forschungsstands hervorgegangen sein, dass sich die bisherige Forschung primär auf die direkte Einflussnahme des Staats im Rahmen der von ihm kontrollierten Sozialisationsinstanzen (Bildungs- und Erziehungseinrichtungen) konzentrierte. Demgegenüber wurden die Möglichkeiten der indirekten Einflussnahme des Staats auf die Werte und Einstellungen der Bürger bisher nur unzureichend theoretisch fundiert und erforscht. Ein Anliegen dieser Arbeit ist daher, die Möglichkeiten des Staats, auch indirekt auf die Werte der Individuen einzuwirken, weiter zu ergründen. Konkret soll der Frage nachgegangen werden, ob durch Gesetze bzw. die Schaffung spezifischer staatlicher Rahmenbedingungen in DDR und Bundesrepublik die Verhaltensweisen der Personen in Ost- und Westdeutschland dauerhaft beeinflusst wurden und inwiefern dadurch auch indirekt die Werte der Personen in Ost- und Westdeutschland beeinflusst wurden. Ein auf einer modifizierten Version der Theorie der kognitiven Dissonanz (Festinger 1970) aufbauender Erklärungsansatz wird in Kapitel 4.2 entwickelt.

3. Defizite der bisherigen Wirkungsforschung
Die empirische Forschung zu den intendierten bzw. nicht-intendierten Wirkungen des Staats auf die Werte von Personen in DDR und Bundesrepublik weist ebenfalls Forschungsdefizite auf. So ist die empirische Untersuchung der Wertvorstellungen in der westdeutschen Bevölkerung bisher nur bedingt aus dem Blickwinkel der vom Staat erwünschten Werte erfolgt. Nur einige, allerdings grundlegende, staatlich erwünschte Werte wurden von der politischen Kulturforschung aufgegriffen und können für die Bundesrepublik als gut erforscht gelten. Andere staatlich erwünschte Werte der Bundesrepublik wurden indes kaum oder nicht spezifisch erforscht. Hier macht sich der Mangel an vorausgehenden Dokumentenanalysen von bundesdeutschen Rechtstexten bemerkbar.

3 Das Interesse des Staats an den Werten

Der Vergleich mit der Forschungsliteratur zur DDR lässt zudem ein generelles Defizit an nicht-reaktiver Forschung zu politischen Einstellungen bzw. staatlich erwünschten Werten in der Bundesrepublik erkennen. Diese wäre jedoch als Ergänzung und Kontrolle der reaktiven, zumeist auf Umfrageerhebungen basierenden Forschungsbefunde anzustreben. Mit der Untersuchung von Poesiealben soll somit auch ein Beitrag zur nicht-reaktiven Werte- und Einstellungsforschung der Bundesrepublik geleistet werden. Für das Gebiet der DDR lassen sich hingegen sowohl reaktive als auch nicht-reaktive Untersuchungen zu Einstellungen und Werten feststellen. Diese Forschungsanstrengungen weisen jedoch spezifische Probleme auf und gelangen zum Teil zu widersprüchlichen Befunden. Auch hier soll die vergleichende Untersuchung von Poesiealben, die während der innerdeutschen Teilung geführt wurden, weitere Erhellung bringen. Dabei kommt entgegen, dass Poesiealben auch für Untersuchungszeiträume vorliegen, in der sowohl für die Bundesrepublik als auch für die DDR nur eine geringe Datenlage zu vorherrschenden Wertvorstellungen vorhanden ist.

3.3 Staatlich erwünschte Werte in DDR und Bundesrepublik 1949–1989

In Anlehnung an Webers Staatsbegriff kann von staatlich erwünschten Werten insbesondere dann gesprochen werden, wenn diese in Rechtsordnungen eines Staats explizit benannt werden. Der Blick in die Forschungsliteratur ergab Hinweise auf hierfür in Frage kommende Rechtstexte für die ehemalige DDR und die Bundesrepublik. Die darin aufgeführten Werte wurden allerdings bisher nur unsystematisch erschlossen, insbesondere fehlt ein Vergleich der staatlich erwünschten Werte der beiden deutschen Staaten. In diesem Kapitel der Arbeit wird diese Forschungslücke geschlossen. Zunächst wird auf die relevanten staatlichen Dokumente der DDR und der Bundesrepublik eingegangen und die Auswahl der Texte begründet. Anschließend werden die aus diesen Dokumenten mit Hilfe einer qualitativen Inhaltsanalyse erschlossenen Werte dargestellt und vergleichend systematisiert. Mit der Erforschung einer begrenzten Anzahl von staatlichen Dokumenten wird nicht der Anspruch erhoben, die staatlich erwünschten Werte in DDR und Bundesrepublik vollständig zu erfassen, vielmehr wird auf die Notwendigkeit weiterer Inhaltsanalysen von weiteren hierzu infrage kommenden staatlichen Dokumenten von DDR und Bundesrepublik hingewiesen.

3.3 Staatlich erwünschte Werte in DDR und Bundesrepublik 1949–1989

3.3.1 Relevante staatliche Dokumente

3.3.1.1 Relevante offizielle Dokumente der DDR

Im Rahmen dieser Arbeit wurden folgende offizielle Dokumente der DDR für eine Inhaltsanalyse im Hinblick auf explizit erwünschte Werte des DDR-Staats ausgewählt:

- A. Grundsätze der sozialistischen Ethik und Moral (Walter Ulbricht 1960)
- B. Gesetze der Thälmannpioniere (Mitgliedsbuch der Pionierorganisation)
- C. Statut der Freien Deutschen Jugend (der gleichnamigen Jugendorganisation)

Die Dokumente sind in Anhang 1 im Wortlaut aufgeführt. Warum wurden diese Dokumente ausgewählt? Die Durchsicht der Forschungsliteratur zeigte, dass Ulbrichts Grundsätze der sozialistischen Ethik und Moral eine Schlüsselstellung für die Erforschung staatlich erwünschter Werte der DDR besitzen. Die darin benannten Wertvorstellungen können als Kernmerkmale der vom DDR-Staat angestrebten „sozialistischen Persönlichkeit" verstanden werden. Obschon erst nachträglich in DDR-Recht überführt, erscheint die Auswahl von Ulbrichts Grundsätzen als Quelle für die Ermittlung expliziter Werte des DDR-Staats als unstrittig.

Warum fiel zudem die Entscheidung auf eine Analyse der Gesetze der Thälmannpioniere sowie des Statuts der Freien Deutschen Jugend? Ulbrichts Grundsätze beschreiben die Zielmerkmale der „sozialistischen Persönlichkeit" als erwachsene Person. Im empirischen Teil dieser Arbeit stehen jedoch besonders die Wertvorstellungen von Heranwachsenden im Alter zwischen sechs und 20 Jahren im Fokus. Aus diesem Grund erscheint es sinnvoll, auch staatliche Dokumente der DDR zu analysieren, die speziell für diese Altersgruppe konzipiert wurden. Hierzu bieten sich die Dokumente der staatlichen Kinder- und Jugendorganisation der DDR an, da sie explizite Anforderungskataloge an Einstellungen und Werthaltungen in Form ihrer Mitgliederpflichten enthalten. Anhand dieser Dokumente kann somit ein vom Staat erwünschtes Werteprofil für Heranwachsende in der DDR nachgezeichnet werden.

Die formale Gestaltung in Form präskriptiver Wertekataloge lässt dabei den Schluss zu, dass es sich sowohl bei den Gesetzen der Thälmannpioniere als auch

3 Das Interesse des Staats an den Werten 129

beim Statut der Freien Deutschen Jugend lediglich um jeweils altersgerechte Versionen von Ulbrichts Grundsätzen handelt. Die altersgemäßen Anpassungen zeigen sich dabei unter anderem darin, dass mit steigendem Beitrittsalter zur jeweiligen Massenorganisation eine zunehmende Konkretisierung der Wertauffassungen festzustellen ist. So enthalten die für jüngere Alterssegmente konzipierten Gebote der Jungpioniere sowie die Gesetze der Thälmannpioniere noch allgemein formulierte Werthaltungen. Diese sind später in den FDJ-Statuten zum Teil zu spezifischen Verhaltensvorschriften geronnen. Trotz dieser Verschiedenheiten auf Wortebene weisen die staatlichen Dokumenten der DDR häufig semantische Gemeinsamkeiten auf.[151]

3.3.1.2 Relevante offizielle Dokumente der Bundesrepublik

Explizit erwünschte Wertvorstellungen der Bundesrepublik können insbesondere aus folgenden Rechtstexten inhaltsanalytisch erschlossen werden:

> Artikel mit Bildungs- bzw. Erziehungszielen in den Landesverfassungen der (alten) Bundesländer

Aus der Sichtung der Forschungsliteratur ging hervor, dass sich die staatsrechtliche Diskussion um staatlich erwünschte Werte der Bundesrepublik primär auf die

---

[151] Ein Beispiel: In den Geboten der Jungpioniere, den Gesetzen der Thälmannpioniere sowie in den Statuten der Freien Deutschen Jugend findet sich stets ein Abschnitt, in dem der Wert der Arbeit und des tüchtigen Handelns herausgestellt wird. Mit zunehmendem Eintrittsalter werden die Wertvorstellungen um weitere und zum Teil konkret benannte Verhaltensvorschriften ergänzt. Der betreffende Abschnitt in den Geboten der Jungpioniere lautet: „Wir Jungpioniere achten alle arbeitenden Menschen und helfen überall tüchtig mit." In den Gesetzen der Thälmannpioniere heißt es: „Wir Thälmannpioniere lieben die Arbeit, achten jede Arbeit und alle arbeitenden Menschen. Wir lernen von den Arbeitern, Genossenschaftsbauern und den anderen Werktätigen und packen schon heute bei jeder Arbeit mit zu, wo immer es auf unsere Hilfe ankommt. Wir schützen das Volkseigentum." Im Statut der Freien Deutschen Jugend werden die Mitglieder schließlich darauf verpflichtet „vorbildlich zu arbeiten, für ein hohes Entwicklungstempo der Produktion, die Erhöhung der Effektivität, den wissenschaftlich-technischen Fortschritt und das Wachstum der Arbeitsproduktivität tätig zu sein; im sozialistischen Wettbewerb zur Erfüllung der Volkswirtschaftspläne beispielhaft voranzugehen; schöpferisch an der Neuererbewegung, insbesondere an der Bewegung Messe der Meister von morgen, teilzunehmen und die Erfahrungen der Neuerer anzuwenden, die Arbeitsdisziplin zu festigen, das Kollektiv zu achten und das gesellschaftliche Eigentum zu schützen und zu vermehren".

Artikel mit Bildungs- bzw. Erziehungszielen in den Verfassungen der bundesdeutschen Länder konzentriert. Insofern liegt es nahe, auf diese Verfassungsartikel als Quellen expliziter Werte der Bundesrepublik zurückzugreifen. Die betreffenden Artikel sind in Anhang 2 aufgeführt.

Der Hauptgrund für die Relevanz der Landesverfassungen und nicht etwa des Grundgesetzes für die Analyse expliziter Werte ist – wie bereits weiter oben angemerkt – in der föderalen Staatsstruktur der Bundesrepublik zu sehen. Achim Leschinsky und Gerhard Kluchert bringen diesen Sachverhalt wie folgt auf den Punkt: „Aufgrund des Kulturföderalismus finden sich entsprechende Formulierungen nicht im Grundgesetz, sondern in den einzelnen Länderverfassungen und mit z.T. gleichem Wortlaut – in den Schulgesetzen, die allesamt die Schule nicht nur als einfache Unterrichtsanstalt nehmen, sondern ihr zugleich einen recht weit gespannten erzieherischen Auftrag erteilen" (Leschinsky/Kluchert 1999: 19; bereits Deutscher Juristentag 1981).[152] Die Erziehungs- bzw. Bildungsziele in den Länderverfassungen knüpfen zum Teil wörtlich an Bestimmungen der Weimarer Reichsverfassung von 1919 an (Deutscher Juristentag 1981: 26, auch 137f).

Wenn die Erziehungs- bzw. Bildungsziele der Landesverfassungen als staatlich erwünschte Werte der Bundesrepublik interpretiert werden können, sollte dennoch Folgendes nicht außer Acht gelassen werden: Bildungs- bzw. Erziehungsziele wurden in Artikeln der Landesverfassungen der Bundesländer Baden-Württemberg, Bayern, Bremen, Hessen, Nordrhein-Westfalen, Rheinland-Pfalz sowie Saarland formuliert.[153] Das heißt: Nicht alle Länderverfassungen enthalten entsprechende Artikel.[154] Zudem gibt es zum Teil regionale Unterschiede bezüglich der in den Länderverfassungen formulierten Bildungs- und Erziehungsziele (Deutscher Juristentag 1981; Leschinsky/Kluchert 1999: 18). Dennoch erscheint es aus zwei Gründen plausibel, an der Deutung der Bildungs- und Erziehungsziele der

---

[152] Eine Ausnahme stellen die Bestimmungen zum Religionsunterricht dar, die im Art. 7 Abs. 3 des Grundgesetzes geregelt sind (hierzu auch Deutscher Juristentag 1981: 136).
[153] Siehe: BaWüVerf 12 sowie 21; Art. 131 I–IV BayVerf; Art. 26 I–V BremVerf; Art. 56 III–VII HessVerf; Art. 7 I und II NRWVerf; RhPfVerf Art. 33; Art. 26 I sowie Art. 30 SaarlVerf (benutzte Quelle: Pestalozza 2005). Bis auf das Land Sachsen-Anhalt haben sich nach der Wiedervereinigung alle weiteren ostdeutschen Bundesländer ebenfalls ähnliche Bildungs- bzw. Erziehungsziele in ihren Landesverfassungen gegeben.
[154] Keine konkreten Bildungs- bzw. Erziehungsziele wurden in die Verfassungen von Berlin und Hamburg aufgenommen. In den Verfassungen der Länder Niedersachsen und Schleswig-Holstein fehlen sie ebenfalls. Allerdings erfolgt in diesen Verfassungen ein Hinweis auf eine spezielle (Schul-)Gesetzgebung.

3 Das Interesse des Staats an den Werten 131

Landesverfassungen als staatlich erwünschte Werte der Bundesrepublik festzuhalten:
1. Die aus den Bildungs- bzw. Erziehungszielen bestimmbaren Werthaltungen kommen in der Regel in mehreren Landesverfassungen vor, so dass von gemeinsamen und (bundes-)länderübergreifenden Werten gesprochen werden kann (Häberle 2005: 148).
2. Die Bildungs- bzw. Erziehungsziele wurden für das staatlich verantwortete Schulwesen verfasst (Deutscher Juristentag 1981: 26). Da der Vergleich der Bundesländer keine „prinzipiellen Differenzen im realen Schulalltag" (Leschinsky/Kluchert 1999: 19) nahelegt bzw. die pädagogischen Zielsetzungen relevanter Unterrichtsfächer der Wertevermittlung (Ethikunterricht u.ä.) im Wesentlichen gleich sind (Hengelbrock 1998: 86), können bundesweit weitgehend übereinstimmende Wert- und Erziehungsgrundsätze im staatlich-kontrollierten Schulsektor der Bundesrepublik angenommen werden.

Zum Problem der Erweiterung der bundesdeutschen Erziehungsziele
Auf einen weiteren Punkt ist abschließend hinzuweisen. Die in den Landesverfassungen der Bundesländer verankerten Bildungs- bzw. Erziehungsziele geben nicht nur einen relativ homogenen Wertekatalog wieder, sie weisen auch eine hohe Persistenz auf. Seit Inkrafttreten der jeweiligen Landesverfassungen Ende der 1940er bzw. Anfang der 1950er Jahre haben sie sich kaum verändert. Lediglich die im Jahr 1947 im Saarland verabschiedeten Erziehungsziele lassen eine größere Novellierung im Jahr 1956 erkennen.[155]
Wenn Veränderungen in den betreffenden Artikeln der Landesverfassungen seither vorgenommen wurden, dann handelt es sich um Ergänzungen der Bildungs-

---

[155] Die Verfassung des Saarlandes trat am 15. Dezember 1947 inkraft, wobei französische Einflüsse festzustellen sind. So enthielt Artikel 30 unter anderem die Vermittlung französischer Sprachkenntnisse als verbindliches Erziehungsziel: „Geschichte und politische Entwicklung des Saarlandes verpflichten alle Schulen zur Pflege des Geistes der Völkerversöhnung. Sie pflegen im Rahmen der christlichen und europäischen Kultur die deutsche Kultur und die deutsche Sprache und tragen durch die Lehre der französischen Sprache zur Entwicklung der kulturellen Beziehungen zwischen Frankreich und dem Saarland bei" (Art. 30 SaarlVerf vom 15.12.1947). Im Zuge der Angliederung des Saarlandes an die Bundesrepublik im Jahr 1957 erfuhr die Verfassung des Saarlandes größere Veränderungen. Dies betraf auch die Erziehungsziele. Der per Gesetz vom 20. Dezember 1956 veränderte Artikel 30 enthielt nun Formulierungen, die große Affinität zu Artikel 12 der Landesverfassung von Baden-Württemberg aufwiesen (vgl. Art. 30 SaarlVerf. nach Gesetz Nr. 548 vom 20. Dezember 1956; ABl. S. 1657).

bzw. Erziehungsziele. Sieht man von den frühen verfassungsrechtlichen Anpassungen im Saarland ab, sind erst seit Mitte der 1980er Jahre entsprechende Erweiterungen feststellbar. Sie betreffen primär die Aufnahme des Natur- und Umweltschutzes als zusätzliches Bildungs- und Erziehungsziel. Beginnend mit dem Freistaat Bayern, der durch das Fünfte Gesetz zur Änderung der Verfassung vom 20. Juni 1984 (GVBl. S. 223) die Erziehung zu „Verantwortungsbewußtsein für Natur und Umwelt" (Art. 131, 2 BayVerf) in den Rang eines Erziehungszieles hob, haben in der Folgezeit auch die anderen Bundesländer entsprechende Formulierungen in ihre Verfassungen aufgenommen.[156] Die Verankerung in Rechtstexten kann dabei als eine Reaktion der politischen Akteure auf Länderebene auf die in den 1970er Jahren entstandene Umweltbewegung verstanden werden (weiterführend Engels 2006).

Das Beispiel der Aufnahme des Natur- und Umweltschutzes in den Katalog der Bildungs- und Erziehungsziele der Länderverfassungen zeigt, dass insbesondere demokratisch verfasste Staaten in der Lage sind, auf Dynamiken in den kollektiven Wertvorstellungen der Bevölkerung mit Kodifizierung zu reagieren (Häberle 2005: 147).

3.3.2 Zur inhaltsanalytischen Erschließung der Werte

Bevor ein systematischer Vergleich der staatlich erwünschten Werte in DDR und Bundesrepublik erfolgt, soll zunächst kurz dargelegt werden, wie die Werte aus

---

[156] Zur damaligen politischen Diskussion um die Einführung des Natur- und Umweltschutzes als Erziehungsziel siehe unter anderem Der Spiegel (Nr. 28, Jg. 1984) (http://www.spiegel.de/spiegel/print/d-13508440.html; Zugriff am 05.08.2011). Der Schutz der natürlichen Lebensgrundlagen wurde zudem am 27. Oktober 1994 in Artikel 20a des Grundgesetzes zum Staatsziel der Bundesrepublik erhoben, am 26. Juli 2002 wurde der Artikel um den Tierschutz ergänzt.

3 Das Interesse des Staats an den Werten 133

den betreffenden staatlichen Dokumenten inhaltsanalytisch erschlossen wurden.[157] Das Vorgehen orientierte sich an den in der Methodenliteratur empfohlenen „zusammenfassenden" inhaltsanalytischen Analysetechniken (siehe Früh 2011; Mayring 2010; Merten 1996).[158]
In einem ersten Schritt wurde formal definiert, was als Analyse-, Kodier- bzw. Kontexteinheit im Rahmen der Inhaltsanalyse verstanden werden soll (vgl. hierzu Früh 2011: 92–96; Mayring 2010: 59). Die ausgewählten DDR-Dokumente weisen jeweils die Form von Aufzählungen verschiedener Gebote bzw. Verhaltensvorschriften auf. Deshalb wurde festgelegt, jedes einzelne Gebot bzw. jede Verhaltensvorschrift als separate Kodiereinheit zu analysieren. Bezüglich der in den Landesverfassungen der alten Bundesländer jeweils verankerten Erziehungs- und Bildungsziele wurde entschieden, die betreffenden Verfassungsartikel (bzw. Absätze) im Ganzen als jeweils separate Kodiereinheit zu definieren. Die festgelegten Kodiereinheiten wurden anschließend mit einer ID-Nummer versehen und in die Zeilen einer Hilfstabelle (getrennt nach Ost und West) übertragen. Die Spalten der Hilfstabelle wurden für die herauszuarbeitenden (paraphrasierten) Wertvorstellungen vorgesehen.
Im zweiten Schritt wurde jede Kodiereinheit auf ihre Sinngehalte interpretiert. Ziel war es, die jeweilige Kodiereinheit auf darin zum Ausdruck kommende Werthaltungen zu untersuchen und diese zu paraphrasieren. Die Paraphrase wurde dabei in reduzierter, möglichst substantivierter Form formuliert. An folgender Interpretationsregel wurde sich orientiert:

---

[157] Dies erscheint notwendig, da die Forschungsliteratur bisher häufig nur auf die Dokumente verweist bzw. diese nur zitiert (vgl. u.a. Tenorth/Kudella/Paetz 1996; Schroeder 1998; Hengelbrock 1998). Eine Ausnahme bildet der Bericht der Kommission Schulrecht des Deutschen Juristentags zum Entwurf für ein Landesschulgesetz (Deutscher Juristentag 1981). Im Rahmen dieser Publikation setzten sich die Autoren eingehend mit den Wertvorstellungen in den Erziehungs- und Bildungszielen der Landesverfassungen der Bundesländer auseinander und systematisierten diese (Deutscher Juristentag 181: 137ff). Allerdings wurde die hierbei zugrunde gelegte inhaltsanalytische Methode der Erhebung nicht dargelegt, so dass die Nachprüfbarkeit nicht gewährleistet ist. Da im Rahmen dieser Arbeit ein Vergleich zwischen staatlich erwünschten Werten in DDR und Bundesrepublik durchgeführt und dabei ein vergleichbares Abstraktionsniveau angestrebt wird, wurde sich für eine eigene Inhaltsanalyse der betreffenden Landesverfassungsartikel entschieden.
[158] Die Erstellung der (Wert-)Kategorien erfolgte dabei „empiriegeleitet" (Früh 2011: 156–158) bzw. „induktiv" (Mayring 2010: 67–85). Da an dieser Stelle nur interessiert, welche Werte als staatlich erwünschte zu betrachten sind, wurde auf weiterführende Analysen verzichtet.

3.3 Staatlich erwünschte Werte in DDR und Bundesrepublik 1949–1989

Suche in der Kodiereinheit nach Werthaltungen, das heißt nach zum Ausdruck gebrachten Auffassungen vom guten und richtigen Handeln. Übernimm die auf Werte deutenden ‚Signalwörter' in die Tabelle und trage sie nebeneinander in möglichst substantivierter Form in separaten Zellen ab.

Mit dieser Interpretationsregel wurde sich bewusst auf die Bestimmung von Wertvorstellungen konzentriert. Die Erfassung der zum Teil in den Dokumenten aufgeführten Begründungen der Wertvorstellungen wurde hingegen vernachlässigt. Das Vorgehen soll an einem Beispiel erläutert werden: Der neunte der zehn Grundsätze von Walter Ulbricht wurde als Kodiereinheit separiert:

ID-Nr. Kodiereinheit
Ulbr-9 „9. Du sollst sauber und anständig leben und Deine Familie achten."[159]

Drei Auffassungen des guten und richtigen Handelns können herausgearbeitet werden: 1. Ein sauberes Leben ist zu führen. 2. Ein anständiges Leben ist zu führen. 3. Die eigene Familie ist zu achten. Um kurze Paraphrasen zu formulieren, wurden Sauberkeit, Anstand sowie Achtung vor der Familie als Substantivierungen der Wertauffassungen in die Kodiertabelle aufgenommen.

Kodierung	Wortlaut	Wert-1	Wert-2	Wert-3	Wert-4
...					
Ulbr-9	9. Du sollst sauber und anständig leben und Deine Familie achten.	Sauberkeit	Anstand	Achtung der Familie	
...					

Im abschließenden dritten Schritt wurden die empirisch gebildeten Kategorien zusammengefasst. Hierzu wurden die gebildeten Paraphrasen in eine Hilfstabelle überführt und kodiert. Anschließend wurden die Paraphrasen nach semantischer Äquivalenz (Synonymen) untersucht und im Rahmen zweier Generalisierungsdurchläufe zusammengefasst. Von ursprünglich 75 verschiedenen Paraphrasierun-

---

[159] Unterstreichung durch den Verfasser.

3 Das Interesse des Staats an den Werten 135

gen der ‚Ersterfassung' der DDR-Dokumente bzw. von 64 unterschiedlichen Paraphrasen der BRD-Dokumente verblieben nach Abschluss der zweiten Generalisierung jeweils 18 Paraphrasen. Diese Paraphrasen werden als staatlich erwünschte Werte der DDR bzw. der alten Bundesrepublik interpretiert.

Dokumentation und verwendete Abkürzungen
Die analysierten Ost- bzw. West-Dokumente sind im Wortlaut in Anhang 1 und 2 wiedergegeben. Die nach Abschluss der Inhaltsanalyse extrahierten Wertvorstellungen sind dort ebenfalls neben der jeweiligen ‚Fundstelle' aufgeführt. Die aus den Dokumenten herausgearbeiteten Werthaltungen werden weiter unten ausführlicher erläutert. Um auch auf die jeweilige Fundstelle in den Dokumenten hinzuweisen und diese genauer spezifizieren zu können, wird in den Erläuterungen auf Abkürzungen zurückgegriffen.

Tabelle 3.2: Abkürzungen für die analysierten Dokumente

Dokumente der DDR	
Abkürzung	Dokumente mit staatlich erwünschten Werten in der DDR
Ulbr-1, 2, ..., 10	Grundsätze der sozialistischen Ethik und Moral (Walter Ulbricht 1960)
Thäl-1, 2, ..., 11	Gesetze der Thälmannpioniere (Mitgliedsbuch der Pionierorganisation)
FDJ-1, 2, ..., 10	Statut der Freien Deutschen Jugend (Mitgliedsbuch Jugendorganisation)
Dokumente der Bundesrepublik	
Abkürzung	aktuelle Landesverfassungen mit Bildungs- und Erziehungszielen
Art.12 Abs.1; Art. 21 Abs. 1 BaWüVerf	Verfassung des Landes Baden-Württemberg vom 11.11.1953
Art. 131 Abs. 1 bis 4 BayVerf	Verfassung des Freistaates Bayern vom 02.12.1946
Art. 26 Abs. 1 bis 5 BremVerf	Verfassung der Freien Hansestadt Bremen vom 21.10.1947
Art.56 Abs. 3 bis 7 HessVerf	Verfassung des Landes Hessen vom 01.12.1946
Art. 7 Abs. 1 und 2 NRWVerf	Verfassung für das Land Nordrhein-Westfalen vom 28.06.1950
Art. 33 RhPfVerf	Verfassung für Rheinland-Pfalz vom 18.05.1947
Art. 26 Abs. 1; Art. 30 SaarlVerf	Verfassung des Saarlandes vom 15.12.1947

Die Abkürzungen orientieren sich für die DDR-Dokumente an den Bezeichnungen der ID-Nummern für die Kodiereinheiten (z.B. ‚Ulbr-1' = 1. Grundsatz der sozialistischen Ethik und Moral). Für die betreffenden Artikel der bundesdeutschen

Länderverfassungen werden die hierfür üblichen Abkürzungen verwendet. Tabelle 3.2 gibt einen Überblick über die verwendeten Abkürzungen und die analysierten Dokumente.

3.3.3 Zur Systematik staatlich erwünschter Werte

Die staatlich erwünschten Werte können systematisiert werden. Der Vergleich der aus den DDR- bzw. BRD-Dokumenten herausgearbeiteten Wertvorstellungen lässt folgende Unterscheidungen plausibel erscheinen:

- staatliche Kernwerte
- staatlich legitimierte Werte
  - geteilt-offizielle Werte (sowohl DDR als auch BRD)
  - staatlich vereinnahmte Werte (entweder DDR oder BRD)

Staatliche Kernwerte
Als staatlicher Kernwert kann eine Werthaltung aufgefasst werden, die nur in den Dokumenten eines der beiden deutschen Staaten vorkommt und inhaltlich als spezifischer Wert dieses Staats interpretiert werden kann. Das Spezifische eines staatlichen Kernwerts besteht darin, dass er Kernelemente der betreffenden Herrschaftsform reflektiert (Demokratie vs. sozialistische Parteien-Diktatur) und nicht als traditionelle bzw. allgemein verbreitete Wertvorstellung einer Bevölkerung anzusehen ist. So ist beispielsweise die Herausbildung einer „demokratisch-freiheitlichen Gesinnung" als Erziehungs- bzw. Bildungsziel in den Landesverfassungen der Bundesrepublik verankert. Demgegenüber findet sich in den untersuchten DDR-Dokumenten die Forderung nach einer Identifikation mit dem DDR-Staat und dessen Ideologie. Es kann vermutet werden, dass Akteure staatlicher Institutionen insbesondere an der Akzeptanz dieser spezifischen staatlichen Kernwerte innerhalb der Bevölkerung interessiert sind.

Staatlich legitimierte Werte
Als ein staatlich legitimierter Wert kann eine Wertvorstellung gekennzeichnet werden, die in den Dokumenten eines Staats zwar benannt wird, jedoch eine allgemeine bzw. traditionell in einer Bevölkerung vorkommende Werthaltung darstellt. Es ist ein Wert, der nicht spezifisch an einen Staat bzw. eine bestimmte

Herrschaftsform gebunden ist. Durch Aufnahme in ein offizielles staatliches Dokument erfährt dieser Wert jedoch (zusätzlich) staatliche Legitimation.

Die staatlich legitimierten Werte können noch einmal in geteilt-offizielle und staatlich vereinnahmte Werte unterschieden werden. Hierbei zeichnet sich eine geteilt-offizielle Werthaltung dadurch aus, dass sie formal betrachtet in den Dokumenten mehrerer Staaten als erstrebenswerte Werthaltung Erwähnung findet (hier: in den offiziellen DDR- und BRD-Dokumenten). Aufgrund ihrer Allgemeinheit bzw. Tradiertheit erscheint diese Werthaltung allerdings nicht an die Staaten- bzw. Herrschaftsformen gebunden.

Als staatlich vereinnahmter Wert lässt sich schließlich eine Werthaltung kennzeichnen, die formal betrachtet nur in den Dokumenten eines Staats vorkommt (hier: entweder in den offiziellen DDR- oder in den BRD-Dokumenten). Aufgrund ihrer Allgemeinheit bzw. Tradiertheit scheint sie allerdings ebenfalls nicht an die spezifische Staats- bzw. betreffende Herrschaftsform gebunden zu sein.

3.3.4 Staatliche Kernwerte

3.3.4.1 Staatliche Kernwerte der DDR

Die Inhaltsanalyse der DDR-Dokumente ergab neun Werthaltungen, die als staatliche Kernwerte der DDR gedeutet werden können. Es sind Werte, die nur in diesen Dokumenten vorkommen und einen Zusammenhang zu Grundprinzipien der sozialistischen Staats- und Herrschaftsform erkennen lassen. Sie lassen sich nochmals in drei Wertebündel unterscheiden:

1. Werte, die auf eine Identifikation mit sozialistischem Staat und dessen Ideologie abzielen
2. Werte, die eine partielle Mitmenschlichkeit zum Ausdruck bringen
3. rationalistisch-technische Werte

Wertebündel I: Identifikation mit dem sozialistischen Staat und dessen Ideologie
Ein erstes Wertebündel bilden Wertvorstellungen, die auf eine Identifikation des DDR-Bürgers mit dem sozialistischen Staat und der diesem zugrunde liegenden marxistisch-leninistischen Ideologie abzielen. Konkret lassen sich folgende fünf Wertvorstellungen diesem Wertebündel zuordnen:

- explizite Identifikation mit Staat und Ideologie
- Ablehnung der bürgerlichen Ideologie
- aktive Beteiligung am sozialistischen Aufbau
- Kollektivismus
- sozialistische Wehrmoral

Explizite Identifikation mit Staat und Ideologie
Die explizit ausgesprochene Forderung nach einer Identifikation mit Staat und Ideologie stellt eine zentrale staatlich erwünschte Werthaltung der DDR dar. Sie lässt sich zum Teil mehrfach in den Ost-Dokumenten nachweisen und ist durch drei Merkmale gekennzeichnet: 1. Es wird eine innerliche, auf persönliche Überzeugung beruhende Identifikation mit dem Staat angestrebt. Dies drückt sich in Textpassagen aus, in denen mit Nachdruck die Liebe bzw. beständige Parteinahme für den Arbeiter- und Bauernstaat beschworen werden (Thäl-1). Hierbei soll eine Orientierung an den kommunistischen Idealen erfolgen (FDJ-7). 2. Auch eine äußerlich erkennbare Identifikation mit dem Staat wird als erstrebenswert dargestellt. Erwünscht ist ein sichtbares Bekenntnis zu den staatlichen Massenorganisationen, das im Tragen entsprechender Symbole (rotes Halstuch, blaues Hemd; vgl. Thäl-2; FDJ-10) sowie einer aktiven Beteiligung an den Aktivitäten der staatlichen Massenorganisationen (Thäl-10; FDJ-9; FDJ-10) seinen Ausdruck findet. 3. Zudem wird eine aktiv-erziehende Identifikation mit dem Staat gewünscht. Dies zeigt sich in der Forderung, die eigenen Kinder im „Geiste des Friedens und Sozialismus" (Ulbr-8) zu erziehen. Eine Weitergabe der staatlich erwünschten Werte an die nächste Generation soll auch als Aufgabe der Familie betrachtet werden. Zugespitzt formuliert wird also auch eine aktiv missionierende Haltung zugunsten der Verbreitung der weiteren staatlich erwünschten Werte gefordert.

Ablehnung der bürgerlichen Ideologie
In den analysierten DDR-Dokumenten wird der erwünschten Identifikation mit dem DDR-Staat und dessen ideologischen Grundprämissen die „bürgerliche Ideologie" als konträr entgegengesetzt. Insbesondere in den Statuten der FDJ ist eine stark ablehnende Haltung gegenüber allen „Erscheinungen der bürgerlichen Ideologie und Moral" (FDJ-7) festgeschrieben. Bereits in den Gesetzen der Thälmannpioniere wird die Ablehnung der bürgerlichen Ideologie in Form eines aktiven

3 Das Interesse des Staats an den Werten   139

Auftretens gegen die „Hetze und die Lügen der Imperialisten" (Thäl-4) als Werthaltung propagiert. Die Ablehnung der bürgerlichen Ideologie lässt sich somit als eine erwünschte, allgemein ablehnende Haltung gegenüber dem westlichen Wirtschafts- und Herrschaftsmodell (Kapitalismus und Demokratie) und damit korrespondierender Wertvorstellungen interpretieren.[160]

Aktive Beteiligung am sozialistischen Aufbau
Eng verbunden mit der persönlichen Identifikation mit Staat und Ideologie erscheint die mehrfach anzutreffende Forderung nach einer aktiven Beteiligung am sozialistischen Aufbau. So sollen ganz allgemein „gute Taten für den Sozialismus" (Ulbr-4) vollbracht, wie auch konkret „an der Verwirklichung des Programms der SED und ihrer Beschlüsse" (FDJ-2) mitgewirkt werden. Die Übernahme einer aktiven Rolle bezieht sich hier weniger auf den erzieherischen Aspekt der Weitergabe erwünschter Werte an die nachfolgende Generation, vielmehr zielt diese Werthaltung auf eine Integration mittels aktiver Mobilisierung.

Kollektivismus
Die (freiwillige) Unterordnung der Interessen und Bedürfnisse des Einzelnen unter die Interessen eines Kollektivs stellt ebenfalls eine wichtige Wert-Prämisse des DDR-Staats dar.[161] In den untersuchten Dokumenten wird der Stellenwert des Kollektivs betont. Wiederholt findet sich hierin die Forderung das „Kollektiv zu achten" (FDJ-3; auch Ulbr-5). Die vom Kollektiv geäußerte Kritik ist vom Individuum zu beherzigen (Ulbr-5).

---

[160] Allerdings wird sich weiter unten zeigen, wie widersprüchlich die offizielle Staatsmoral war, denn auch in der DDR waren typische bürgerliche Werte der kapitalistischen Arbeits- und Leistungsethik Teil des staatlichen Werte-Kanons.
[161] Kollektivismus wird im in der DDR erschienenen Kleinen politischen Wörterbuch (Böhme et al. 1989) definiert als „theoretische Auffassung und praktische Haltung, die von der Einsicht ausgeht, daß die freie Entfaltung der Menschen sowie die Befriedigung ihrer Interessen nur in der Gemeinschaft und durch sie möglich ist, und die daher die freiwillige, auf der Übereinstimmung der grundlegenden gesellschaftlichen und individuellen Interessen beruhende Einordnung des Individuums in die Gesellschaft anstrebt" (ebd.: 491). Der „sozialistische Kollektivismus" (ebd.) wird dabei erneut konträr zum „bürgerlichen Individualismus" (ebd.) gedacht.

Sozialistische Wehrmoral

Ein weiterer zentraler Kernwert der DDR stellt die Befürwortung einer sozialistischen Wehrmoral dar.[162] In den untersuchten DDR-Dokumenten kommt diese staatlich erwünschte Wertvorstellung durch Verwendung eines militärisch gefärbten Vokabulars zum Ausdruck.[163] So finden sich Textstellen, in denen zur „Verteidigung" (Ulbr-2; FDJ-6) des Arbeiter- und Bauernstaats bzw. zum Schutz des Volkseigentums (Ulbr-6; Thäl-7; FDJ-3) aufgerufen wird. Die „Friedenskräfte" (Thäl-4) sollen unterstützt, die „Kriegstreiber" (ebd.) hingegen gehasst werden. Die Ertüchtigung des eigenen Körpers ist ebenfalls in den Dienst der erwünschten sozialistischen Wehrmoral zu stellen. Im Sinne der „Wehrertüchtigung" (FDJ-8) soll der eigene Körper gestählt werden.

Wertebündel II: Partielle Mitmenschlichkeit

Ein zweites Bündel von DDR-Kernwerten bilden Wertvorstellungen, die im Kern eine partielle Mitmenschlichkeit zum Ausdruck bringen. Kennzeichnend für diese Auffassungen ist die Verknüpfung der Bereitschaft zur Unterstützung von Mitmenschen an die Zugehörigkeit zu bestimmten Gruppen. Konkret können zwei in den Dokumenten feststellbare Werthaltungen dem Wertebündel partielle Mitmenschlichkeit zugeordnet werden:

- ‚exklusive' Solidarität
- Beseitigung von Ausbeutung

---

[162] Die Bedeutsamkeit einer sozialistischen Wehrmoral wird auch im Kleinen politischen Wörterbuch (Böhme et al. 1989) unter dem Stichwort der „sozialistischen Wehrerziehung" unterstrichen und verstanden als „wichtiger Bestandteil der klassenmäßigen sozialistischen Erziehung und Bildung, der die Herausbildung und Festigung jener Eigenschaften, Kenntnisse und Verhaltensweisen der Bürger zum Ziel hat, die sie befähigen, ihren Pflichten zur Verteidigung des sozialistischen Vaterlandes und zur Stärkung der Verteidigungsbereitschaft der sozialistischen Verteidigungskoalition nachzukommen" (ebd.: 915).

[163] Besonders in den Statuten der FDJ wird die vom DDR-Staat angestrebte sozialistische Wehrmoral genauer umrissen. Als Pflicht des FDJ-Mitgliedes wird hierbei genannt, „alle seine Kräfte aufopferungsvoll für die Verteidigung der Arbeiter- und Bauern-Macht einzusetzen, wachsam gegenüber den Anschlägen der Feinde des Friedens und des Sozialismus zu sein, die bewaffneten Organe der Deutschen Demokratischen Republik in ihrer Tätigkeit zu unterstützen; sich ständig, besonders in Vorbereitung auf den Wehrdienst, Kenntnisse und Fähigkeiten zum sicheren Schutz des Sozialismus anzueignen, als Angehöriger der Nationalen Volksarmee, der Grenztruppen der DDR bzw. der anderen Schutz- und Sicherheitsorgane um höchste militärische Meisterschaft zu ringen und hohe Einsatzbereitschaft und Disziplin zu beweisen; Staats-, Wirtschafts- und Militärgeheimnisse zu wahren" (FDJ-6).

3 Das Interesse des Staats an den Werten 141

‚Exklusive' Solidarität
Kennzeichnend für die untersuchten DDR-Dokumente ist das Fehlen eines universellen Solidarprinzips im Sinne einer unumschränkten Verbundenheit mit allen Menschen. Lediglich eine partielle Solidarisierung mit ausgewählten Menschen und Völkern wird als wünschenswert erachtet. Staatlich erwünscht erscheint in diesem Zusammenhang einerseits die vorrangige Solidarisierung mit der internationalen Arbeiterklasse (Ulbr-1). Mehr noch wird die enge Verbundenheit mit den sozialistischen Bruderländern, besonders aber mit der Sowjetunion und deren Massenorganisationen als erwünschte Werthaltung propagiert (Ulbr-1; Thäl-5; FDJ-5). Auch gegenüber den Völkern, die um ihre nationale Befreiung bzw. Unabhängigkeit kämpfen, sollte man sich aus staatlicher Sicht solidarisch verhalten (Ulbr-10; Thäl-5; FDJ-5). Aufgrund dieser selektiven, nicht voraussetzungslosen Erteilung von Solidaritätsbekundungen wird die Wertvorstellung als ‚exklusive' Solidarität gekennzeichnet.

Beseitigung von Ausbeutung
In den Kontext partieller Mitmenschlichkeit ist auch die Aufforderung zur Beseitigung von Ausbeutungsverhältnissen einzuordnen. Diese Wertvorstellung wird bei Ulbricht als dritter Grundsatz formuliert (Ulbr-3).[164] Die Einordnung dieser Werthaltung als lediglich partiell mitmenschlich lässt sich mit Hinweis auf Ulbrichts Freund/Feind-Analyse von Ausbeutungsverhältnissen begründen. So wird Ausbeutung von Ulbricht als existentieller Bestandteil der bürgerlichen Gesellschaft verstanden, wodurch dieser Gesellschaftsform jegliche Form von Humanität abgesprochen wird.[165] Die Beseitigung von Ausbeutung erscheint somit immer auch an die Beseitigung der als inhuman empfundenen bürgerlichen Gesellschaft geknüpft. Konkret heißt das: Nicht allein die Beseitigung der Ausbeutung wird

---

[164] Der zentrale Stellenwert der Abschaffung von Ausbeutung zeigt sich unter anderem auch in der Aufnahme eines entsprechenden Passus in die Verfassung der DDR (Art. 2). Siehe hierzu des weiteren Böhme et al. (1989: 100).

[165] In der Erläuterung seiner Grundsätze führt Ulbricht diesbezüglich aus: „Der Eckstein der alten, bürgerlichen Gesellschaft war von jeher die Ausbeutung des Menschen durch den Menschen. An ihm scheiden sich die Geister und die Welten. Wer in irgendeiner Form die Ausbeutung betreibt, sie fördert oder rechtfertigt, sei es mit noch so ausgetüftelten hochkulturellen und anderen Begründungen, der kann nicht wahrhaft sittlich, nicht wirklich menschlich sein. Nur derjenige handelt sittlich und wahrhaft menschlich, der sich aktiv für den Sieg des Sozialismus einsetzt, das heißt für die Beseitigung der Ausbeutung des Menschen durch den Menschen" (Ulbricht 1960: 184, Hervorhebung im Original).

angestrebt, sondern auch die Beseitigung der konkurrierenden zugleich nicht tolerierten bürgerlichen Gesellschaft – und ihrer Träger. In diesem Sinne lässt sich nur von einem Konzept partieller Humanität sprechen.

Wertebündel III: Rationalistisch-technische Kernwerte der DDR
Neben den Wertvorstellungen, die auf Identifikation mit Staat und Ideologie abzielen bzw. in denen sich eine partielle Mitmenschlichkeit ausdrückt, können zwei weitere DDR-Kernwerte extrahiert werden. Sie lassen sich unter der Bezeichnung ‚rationalistisch-technische Kernwerte' in einem dritten Wertebündel zusammenfassen:

- Kritik und Selbstkritik
- Begeisterung für Technik

Kritik und Selbstkritik
Das Üben von Kritik und Selbstkritik ist ebenfalls ein spezifischer Kernwert der DDR. Vornehmlich die eigenen Einstellungen und Verhaltensweisen, aber auch die der anderen Akteure sollen kritisch hinterfragt werden.[166] Eine explizite Aufforderung, „Kritik und Selbstkritik furchtlos und ohne Ansehen der Person anzuwenden" (FDJ-7), findet sich in den Statuten der FDJ, aber implizit auch an anderer Stelle (Ulbr-5; FDJ-9).

Begeisterung für Technik
Eine Eigentümlichkeit der DDR-Dokumente besteht darin, dass im Zusammenhang mit der Forderung nach allgemeinem Wissens- und Erkenntniserwerb besonders auf eine technische Interessiertheit abgehoben wird. So wird im Rahmen der Gesetze der Thälmannpioniere gefordert, sich „mit der Technik vertraut" (Thäl-9) zu machen. Zudem wird die Teilnahme „am naturwissenschaftlich-technischen Schaffen" (Thäl-9) als wünschenswert herausgestellt. Die Forderung nach einer

---

[166] Folgt man dem Kleinen politischen Wörterbuch, handelt es sich hierbei um eine „auf der materialistischen Dialektik beruhende produktive Methode, Widersprüche zwischen objektiven Erfordernissen der gesellschaftlichen Entwicklung in den verschiedensten Lebensbereichen und überholten subjektiven Auffassungen, Einstellungen sowie Verhaltens- und Arbeitsweisen aufzudecken und schöpferisch zu lösen" (Böhme et al. 1989: 546). Als SED-interne Methode der Parteierziehung ist Kritik und Selbstkritik überaus positiv konnotiert (siehe ebd.: 546).

3 Das Interesse des Staats an den Werten   143

szientistisch-technischen Interessiertheit findet sich auch in den FDJ-Statuten. Hier wird die Aneignung der „modernen Erkenntnisse von Wissenschaft und Technik" (FDJ-4) als wünschenswert betont.

3.3.4.2 Staatliche Kernwerte der Bundesrepublik

Die Inhaltsanalyse der Landesverfassungen der alten Bundesländer ergab elf Werthaltungen, die als staatliche Kernwerte der Bundesrepublik interpretiert werden können. Sie kommen nur in diesen Rechtstexten vor und können als mit der demokratischen Staats- und Herrschaftsform korrespondierende Werte interpretiert werden. Die bundesrepublikanischen Kernwerte lassen sich ebenfalls in drei Wertebündel unterscheiden:

1. Werte der Freiheit, Demokratie und Toleranz (,Demokratiewerte')
2. Werte der universellen Mitmenschlichkeit und Verantwortung
3. Selbstständigkeit im Handeln

Wertebündel I: Freiheit, Demokratie und Toleranz (,Demokratiewerte')
In den Bildungs- bzw. Erziehungszielen der Landesverfassungen lassen sich staatlich erwünschte Werthaltungen feststellen, die eng mit der demokratischen Verfasstheit der Bundesrepublik korrespondieren. Es sind Werte, die ganz allgemein ein „demokratisches Ethos" begründen und als zentrale Werte demokratisch verfasster Staaten angesehen werden können:

- freiheitlich-demokratische Gesinnung
- gesellschaftliche Teilhabe
- Meinungsfreiheit
- religiöse und weltanschauliche Toleranz

Freiheitlich-demokratische Gesinnung
Die Grundwerte der Freiheit und Demokratie werden in den Landesverfassungen oft in einem Atemzug genannt. An die Institution Schule wird der Anspruch gestellt, zu einer korrespondierenden Haltung in Form einer freiheitlich-demokratischen Gesinnung zu erziehen (Art. 12 Abs. 1 BaWüVerf; Art. 33 RhPfVerf; Art.

30 SaarlVerf).[167] Die Bedeutsamkeit dieses Kernwerts wird durch Aufnahme von Anweisungen für den Schulsektor unterstrichen. In diesen konkreten Vorschriften wird die Unantastbarkeit der Grundlagen des demokratischen Staats hervorgehoben.[168]

Gesellschaftliche Teilhabe
Als weiterer Kernwert der Bundesrepublik lässt sich die Forderung nach gesellschaftlicher Teilhabe deuten. Hierunter verbirgt sich vornehmlich die Erziehung zur Übernahme „politischer Verantwortlichkeit bzw. Verantwortung" (Art.12 Abs.1 BaWüVerf; Art.26 Abs.1 BremVerf; Art.56 Abs.4 HessVerf; Art.30 Saarl-Verf). Neben der Erziehung zur politischen Partizipation wird allerdings auch die Erziehung zu einer allgemeinen „Teilnahme am kulturellen Leben des eigenen Volkes und fremder Völker" (Art.26 Abs.4 BremVerf) gefordert. Politische Partizipation ist somit als Teil einer umfassenderen Wertvorstellung der gesellschaftlich kulturellen Teilhabe zu interpretieren. In einigen Landesverfassungen wird der Kernwert der gesellschaftlichen Partizipation durch Verankerung weitreichender Mitbestimmungsrechte im Schulwesen fundiert.[169]

Meinungsfreiheit
Das im Grundgesetz verankerte Grundrecht auf freie Meinungsäußerung (Art. 5 Abs. 1 S. 1 GG) findet auch in korrespondierenden Bildungs- bzw. Erziehungszielen der Bundesländer ihren Niederschlag. Allerdings wird in diesem Zusammenhang das Recht auf Meinungsfreiheit weniger explizit formuliert. Vielmehr wird das Grundrecht in der Forderung nach Erziehung zur „Duldsamkeit gegenüber den Meinungen anderer" (Art. 26 Abs. 1 BremVerf) implizit tangiert. Grenzen der

---

[167] Alternativ finden sich Formulierungen, die zu einer Erziehung „im Geiste der Demokratie" (Art. 131 Abs. 3 BayVerf) bzw. „im Geiste [...] der Demokratie und der Freiheit" (Art. 7 Abs. 2 NRWVerf) aufrufen.
[168] So in der Landesverfassung von Hessen, in der es heißt: „Nicht zu dulden sind Auffassungen, welche die Grundlagen des demokratischen Staates gefährden" (Art. 56 Abs. 5 S. 3 HessVerf). Einstellungen, so kann man diese Textstelle deuten, die einer freiheitlich-demokratischen Gesinnung entgegenstehen, sind demnach von den Akteuren der staatlichen bzw. staatlich kontrollierten Institution Schule aktiv zu unterbinden.
[169] In der Landesverfassung von Baden-Württemberg betrifft dies die erwünschte Partizipation der Schüler: „Die Jugend ist in den Schulen zu freien und verantwortungsfreudigen Bürgern zu erziehen und an der Gestaltung des Schullebens zu beteiligen" (Art. 12 Abs. 2 BaWüVerf). In der Landesverfassung von Hessen ist die Partizipation der Erziehungsberechtigten (Eltern) verankert: „Die Erziehungsberechtigten haben das Recht, die Gestaltung des Unterrichtswesens mitzubestimmen, soweit die Grundsätze der Absätze 2 bis 5 nicht verletzt werden" (Art. 56 Abs. 6 HessVerf).

Meinungsfreiheit werden gezogen, wenn „Auffassungen, welche die Grundlagen des demokratischen Staates gefährden" (Art. 56 Abs. 5 S. 3 HessVerf) vertreten werden.

Toleranz gegenüber religiösen und weltanschaulichen Überzeugungen
Als eng mit der Meinungsfreiheit verbunden kann das ebenfalls im Grundgesetz verbriefte Grundrecht der Glaubens- und Gewissensfreiheit angesehen werden (Art. 4 Abs. 1 GG). Korrespondierend hierzu finden sich in den Artikeln der Landesverfassungen Forderungen nach einer Erziehung zur Toleranz gegenüber den religiösen bzw. weltanschaulichen Auffassungen anderer Personen. Konkret soll zur Achtung bzw. Duldsamkeit gegenüber den (religiösen bzw. weltanschaulichen) Überzeugungen Anderer erzogen werden (vgl. Art. 131 Abs. 2 BayVerf; Art. 56 Abs. 4 HessVerf; Art. 7 Abs. 2 NRWVerf; Art. 33 RhPfVerf).[170] Der Gedanke einer prinzipiellen Toleranz bzw. allgemeinen Duldsamkeit wird zum Grundsatz schulischer Erziehung erklärt. So heißt es in der Verfassung des Landes Hessen: „Grundsatz eines jeden Unterrichts muß die Duldsamkeit sein. Der Lehrer hat in jedem Fach auf die religiösen und weltanschaulichen Empfindungen aller Schüler Rücksicht zu nehmen und die religiösen und weltanschaulichen Auffassungen sachlich darzulegen" (Art. 56 Abs. 3 S. 2 HessVerf).

Wertebündel II: Universelle Mitmenschlichkeit und Verantwortung
Aus den Artikeln der Landesverfassungen zu den Bildungs- bzw. Erziehungszielen der Bundesländer können neben den ‚Demokratiewerten' weitere Kernwerte der Bundesrepublik extrahiert werden. Der überwiegende Teil dieser Kernwerte lässt sich dem Label ‚universelle Mitmenschlichkeit und Verantwortung' unterordnen. Wurde in den DDR-Dokumenten eine partielle Mitmenschlichkeit propagiert, kommt in den Kernwerten dieses Wertebündels ein universelles Solidarprinzip zum Ausdruck. Folgende Werte lassen sich hierunter fassen:

- Achtung vor der Würde des Menschen
- Völkerversöhnung, universelle Brüderlichkeit

---

[170] Das Erziehungsziel der Achtung bzw. Duldsamkeit gegenüber den Überzeugungen bzw. Auffassungen Anderer kann dahingehend gedeutet werden, dass Heranwachsende neben einer freiheitlich-demokratischen Gesinnung eine weitere staatsbürgerliche Einstellung im Rahmen schulischer Erziehung erwerben sollten, welche hilft, das Grundrecht auf freie Meinungsäußerung bzw. das Grundrecht auf Glaubens- und Gewissensfreiheit mittels Internalisierung einer toleranten Einstellung gegenüber Andersdenkenden abzusichern.

3.3 Staatlich erwünschte Werte in DDR und Bundesrepublik 1949–1989

- Natur- und Umweltschutz
- sittliche Verantwortung
- soziale Gerechtigkeit
- Zivilcourage

Achtung vor der Würde des Menschen
Das in Artikel 1 Absatz 1 des Grundgesetzes verankerte zentrale Grundrecht der Unantastbarkeit der Würde eines Menschen findet seine Entsprechung in den Bildungs- und Erziehungszielen der Bundesländer. Die Achtung vor der Würde jedes Menschen wird dabei zu den vornehmsten bzw. obersten Zielen der Erziehung gezählt (vgl. Art. 13 Abs. 2 BayVerf; Art. 7 Abs. 1 NRWVerf), sie wird auch als Grundlage für eine Gemeinschaftsgesinnung angesehen (Art. 26 Abs. 1 BremVerf).

Völkerversöhnung, universelle Brüderlichkeit
Ebenfalls den Aspekt universeller Mitmenschlichkeit betont der Aufruf zu einer Erziehung im Geiste der Völkerversöhnung (Art. 131 Abs. 3 BayVerf; Art. 33 RhPfVerf; Art. 30 SaarlVerf). Bezog sich die Völkerverständigung in den DDR-Dokumenten selektiv auf die sozialistischen Bruderländer sowie auf Völker im Unabhängigkeitskampf, so wird in den bundesdeutschen Länderverfassungen ganz allgemein die Erziehung zu einer „friedlichen Zusammenarbeit mit anderen Menschen und Völkern" (Art. 26 Abs. 1 BremVerf) sowie zur Brüderlichkeit mit allen Menschen und einer universell gedachten Völkergemeinschaft aufgerufen (Art. 12 Abs. 1 BaWüVerf; Art. 7 Abs. 2 NRWVerf).

Natur- und Umweltschutz
Wie bereits weiter oben angemerkt wurde in den 1980er Jahren der Natur- und Umweltschutz als Erziehungs- und Bildungsziel in die Länderverfassungen aufgenommen. Von der Schule wird seither erwartet, dass sie zu „Verantwortungsbewußtsein für Natur und Umwelt" (Art. 131 Abs. 2 BayVerf; auch Art. 26 Abs. 5 BremVerf; Art. 33 RhPfVerf) erzieht. Alternativ wird die Erziehung zur „Verantwortung für Tiere und die Erhaltung der natürlichen Grundlagen" (Art. 7 Abs. 2 NRWVerf) bzw. „zu sorgsamem Umgang mit den natürlichen Lebensgrundlagen" (Art. 30 SaarlVerf) gefordert. Diese Forderung drückt ebenfalls tendenziell ein Prinzip universeller, aber auch generationsübergreifender Verantwortung aus.

Sittliche Verantwortung

Dieser Kernwert geht aus einem bundesdeutschen Erziehungsziel hervor. Einerseits soll der junge Mensch durch die staatlichen Bildungseinrichtungen zu einer „sittlichen Haltung" (Art. 33 RhPfVerf) bzw. „sittlichen Persönlichkeit" (Art. 56 Abs. 4 HessVerf) erzogen werden, andererseits soll die Erziehung auch in eine „sittliche Verantwortlichkeit" (Art. 12 Abs. 1 BaWüVerf; Art. 30 SaarlVerf) münden. Auf der Folie einer sittlich-moralischen Haltung soll somit zu einem korrespondierenden sittlich begründeten Verhalten, insbesondere zu einer sittlichen-moralischen Verantwortungsbereitschaft erzogen werden. Die sittlich-moralische Verantwortlichkeit wird nicht an Bedingungen geknüpft, so dass diese Werthaltung dem Wertebündel universelle Mitmenschlichkeit und Verantwortung zugeordnet werden kann.

Soziale Gerechtigkeit

Soziale Gerechtigkeit kann als ein weiterer Kernwert der Bundesrepublik interpretiert werden. Er lässt sich ebenfalls dem Wertebündel der universellen Mitmenschlichkeit und Verantwortung zuordnen. Insbesondere in der Verfassung der freien Hansestadt Bremen wird der „Willen zu sozialer Gerechtigkeit" (Art. 26 Abs. 1 BremVerf) als Grundpfeiler einer Erziehung zur „Gemeinschaftsgesinnung" (ebd.) verstanden.

Zivilcourage

Eng mit dem Kernwert der sittlichen Verantwortung verbunden erscheint der Aufruf zu einer Erziehung zur Zivilcourage. Dieser findet sich in der Verfassung der freien Hansestadt Bremen. Darin wird zu einer Erziehung aufgefordert, die nicht nur das eigene Denken hervorhebt, sondern auch „zur Achtung vor der Wahrheit, zum Mut, sie zu bekennen und das als richtig und notwendig Erkannte zu tun" (Art. 26 Abs. 3 BremVerf). Die Erziehung zur Zivilcourage zielt somit auf ein Handeln aus Einsicht in eine erkannte Wahrheit. Sittliche Verantwortung zielt hingegen eher auf ein Handeln auf Grundlage der Einsicht in (universale) sittlich moralische Prinzipien.

Weiterer Kernwert: Selbstständigkeit im Handeln

Konträr zur Betonung des Kollektivs in den DDR-Dokumenten wird in den bundesdeutschen Länderverfassungen die Selbstständigkeit der Person als Kernwert hervorgehoben. Der Wert eines selbstbestimmten, mündigen Handelns drückt sich besonders in der Forderung nach einer „Erziehung zum eigenen Denken" (Art. 26 Abs. 3 BremVerf) aus, die unter anderem eine Voraussetzung für couragiertes, mündiges Handeln darstellt. Die Erziehung zur Selbstverantwortlichkeit des Menschen soll jedoch nicht als Selbstzweck erfolgen, vielmehr ist zu einer Selbstständigkeit zu erziehen, die im „Dienst am Volk und der Menschheit" (Art. 56 Abs. 4 HessVerf) steht.

3.3.5 Staatlich legitimierte Werte

Neben staatlichen Kernwerten enthalten die offiziellen Dokumente weiterhin staatlich legitimierte Wertvorstellungen. Diese können in geteilt-offizielle sowie staatlich vereinnahmte Werte unterschieden werden.

3.3.5.1 Geteilt-offizielle Werte

Sechs allgemeine bzw. traditionell in der deutschen Bevölkerung vorkommende Wertvorstellungen werden sowohl in den DDR-Dokumenten als auch in den westdeutschen Länderverfassungen benannt. Sie lassen sich als geteilt-offizielle Werthaltungen kennzeichnen:

- Altruismus, Gegenseitigkeit und Gemeinschaftssinn
- Wahrheitsliebe und Wahrhaftigkeit
- Bindung an Familie und Heimat
- Arbeit und Leistung
- Bildung und Erkenntnisstreben ⎫ bürgerliche Werte
- Charakterfestigkeit, Recht- und Sittlichkeit ⎭ (Noelle-Neumann 1978)

Altruismus, Gegenseitigkeit und Gemeinschaftssinn
Auffassungen, nach denen selbstloses, reziprokes sowie ein am Gemeinwohl orientiertes Handeln gut und richtig ist, können als allgemeine und traditionell weitverbreitete Wertvorstellungen interpretiert werden. Diese Auffassungen zielen im Kern auf eine vornehmlich intrinsisch motivierte Bereitschaft zur Kooperation

3 Das Interesse des Staats an den Werten 149

bzw. Unterstützung anderer Personen. Sie kommen in den hier untersuchten staatlichen Dokumenten auf unterschiedliche Weise zum Ausdruck.[171]
In den DDR-Dokumenten drückt sich eine an Kooperation und Gemeinwohl orientierte Werthaltung unter anderem in den Mitgliederstatuten der DDR-Massenorganisationen aus. So werden die Thälmannpioniere zur allgemeinen Hilfsbereitschaft angehalten (Thäl-7), zugleich wird der Aspekt der Freundschaft betont (Thäl-8). Freundschaft kann in diesem Zusammenhang als eine auf Wechselseitigkeit beruhende Form der Kooperation zwischen zwei Personen verstanden werden. Besonders aber wird in den Statuten der Kinder- und Jugendorganisationen der DDR der Gemeinschaftssinn beschworen. So heißt es in den Geboten der Thälmannpioniere: „Wir sorgen dafür, daß unsere Gruppe eine feste Gemeinschaft wird, und helfen kameradschaftlich jedem anderen Schüler" (Thäl-8). Egoistisch motivierten Verhaltensweisen, die der Gemeinschaftsgesinnung widersprechen, ist hingegen aktiv entgegenzuwirken (FDJ-7).
In den bundesdeutschen Länderverfassungen werden ebenfalls Altruismus, Gegenseitigkeit und Gemeinschaftssinn als anzustrebende Bildungs- und Erziehungsziele benannt. So soll zur „Bereitschaft zum sozialen Handeln" (Art. 7 Abs. 1 NRWVerf), zur „Hilfsbereitschaft" (Art. 131 Abs. 1 BayVerf) bzw. zu „sozialer Bewährung" (Art. 30 SaarlVerf) erzogen werden. Häufig wird in diesem Zusammenhang eine Verbindung zur tradierten christlich-religiösen Werterziehung hergestellt; so soll die Erziehung vornehmlich im Geiste (christlicher) Nächstenliebe erfolgen (vgl. Art. 12 Abs. 1 BaWüVerf; Art. 56 Abs. 4 HessVerf; Art. 33 RhPf-Verf; Art. 30 SaarlVerf). Die Bremer Verfassung verweist zudem auf die Erziehung zu einer expliziten „Gemeinschaftsgesinnung" (Art. 26 Abs. 1 BremVerf;

---

[171] Es ist darauf hinzuweisen, dass die Werte des Altruismus, der Gegenseitigkeit und des Gemeinschaftssinns von den Werten der ‚universalen Mitmenschlichkeit und Verantwortung' nicht immer trennscharf unterschieden werden können, vielmehr sind die Übergänge fließend. Dennoch ist es sinnvoll, die Werte der ‚universalen Mitmenschlichkeit und Verantwortung' als Kernwerte der Bundesrepublik aufzufassen. Altruismus, Gegenseitigkeit und Gemeinschaftssinn sind hingegen als traditionell in der Bevölkerung vorkommende Wertvorstellungen zu kennzeichnen. Begründet wird dies damit, dass bei den Werten der ‚universalen Mitmenschlichkeit und Verantwortung' der Universalismus-Gedanke oft explizit betont wird, wodurch gerade diese Werte mit den Werten der ‚partikularen Mitmenschlichkeit' in den DDR-Dokumenten kontrastieren. Zudem beziehen sich Altruismus, Gegenseitigkeit und Gemeinschaftssinn vornehmlich auf Interaktionsbeziehungen mit anderen Personen, wobei Haltungen der Kooperation oder selbstlosen Unterstützung als gut und richtig angemahnt werden. Die Werte der ‚universalen Mitmenschlichkeit und Verantwortung' sind hingegen ‚breiter' angelegte Wertkonzepte, die sich nicht allein auf eine Interaktionsbeziehung mit anderen Personen reduzieren lassen.

vgl. auch Art. 26 Abs. 1 S. 1 SaarlVerf). Auch in konkreten Unterrichtsanweisungen, die gelegentlich in den Landesverfassungsartikeln zu finden sind, wird den prosozialen, kooperations-stiftenden Wertvorstellungen Rechnung getragen. So sollen nicht „Feldherren, Kriege und Schlachten" (Art. 56 Abs. 5 S. 2 HessVerf), sondern „die großen Wohltäter der Menschheit" (ebd.) im Mittelpunkt des Geschichtsunterrichts in Hessen stehen.

Wahrheitsliebe und Wahrhaftigkeit
Die Liebe zur Wahrheit wird im Rahmen der untersuchten DDR-Dokumente besonders in den Geboten der Thälmannpioniere betont (Thäl-8; Thäl-6). Ehrlichkeit und Offenheit werden als Anforderungen für die Mitgliedschaft in einer der Massenorganisationen formuliert (Thäl-6; FDJ-7). Die Prinzipien der Wahrheitsliebe und Wahrhaftigkeit sollen zudem auch bei anderen Personen der (Schul-)Gemeinschaft durchgesetzt werden (Thäl-6).
In den Länderverfassungen der Bundesrepublik wird die Erziehung zur „Wahrhaftigkeit" (Art. 56 Abs. 4 HessVerf; Art. 33 RhPfVerf) ebenfalls explizit als Zielvorstellung benannt. Alternativ dazu wird eine Erziehung zur „Achtung vor der Wahrheit" (Art. 26 Abs. 3 BremVerf) angemahnt. Wahrheitsliebe und Wahrhaftigkeit werden zudem in der Hessischen Landesverfassung bei der Formulierung von Unterrichtsprinzipien explizit genannt, so heißt es darin: „Der Geschichtsunterricht muß auf getreue, unverfälschte Darstellung der Vergangenheit gerichtet sein" (Art. 56 Abs. 5. S. 1 HessVerf).

Bindung an Familie und Heimat
Die Wertschätzung der Familie, die Verbundenheit einer Person mit ihrem Heimatort, ihrer Heimatregion, aber auch dem Heimatland stellen traditionelle Wertvorstellungen dar. Sie kommen gleichermaßen in den Dokumenten der DDR und der Bundesrepublik vor.
In den DDR-Dokumenten wird dabei Heimat der Tendenz nach vornehmlich in nationalen Grenzen gedacht. So wird die Liebe zum (sozialistischen) Vaterland beschworen und mit der Bereitschaft zur aktiven Verteidigung der sozialistischen Staatsform verknüpft (Ulbr-2; Thäl-1). Zudem soll die Wertschätzung der Heimat in der Aufforderung an die Heranwachsenden, die „Schönheiten unserer Heimat" (Thäl-10) zu entdecken, geweckt werden. Hier bleibt allerdings der Heimatbegriff diffus. Neben einer erwünschten Heimatbindung wird in den DDR-Dokumenten

3 Das Interesse des Staats an den Werten 151

auch die Achtung der Familie als staatlich erwünscht unterstrichen (Ulbr-9). Altersgemäß findet sich hierzu in den Gesetzen der Thälmannpioniere die Forderung, die Eltern zu achten und zu unterstützen (Thäl-3). In den Erziehungs- und Bildungszielen der bundesdeutschen Länderverfassungen findet sich hingegen häufig die Forderung nach einer Erziehung in oder zur „Liebe zu Volk und Heimat" (vgl. Art. 12 Abs. 1 BaWüVerf; Art. 7 Abs. 2 NRWVerf; Art. 33 RhPfVerf; Art. 30 SaarlVerf). In dieser Formulierung bleibt der Heimatbegriff ebenfalls unbestimmt, lediglich die bayrische Landesverfassung spezifiziert die erwünschte Heimatbindung als regionale Identifikation mit der „bayrischen Heimat" (Art. 131 Abs. 3 BayVerf). Hier wird zudem als Erziehungsziel die Liebe zum „deutschen Volk" (ebd.) explizit genannt. Insofern ist für die Bundesrepublik eine weit auslegbare Heimatbindung als erwünscht anzunehmen. Einerseits werden eher regionale Bindungen an die Herkunftsregion gewünscht, andererseits fällt unter die Wertschätzung der Heimat auch ein gewisser supranationaler Patriotismus.[172] In den Länderverfassungsartikeln zu den Erziehungs- und Bildungszielen kommt ebenfalls die Wertschätzung der Familie als staatlich erwünschter Wert zum Ausdruck. Allerdings wird sie in diesen Artikeln weniger explizit benannt, sondern lässt sich eher als verdecktes Erziehungsziel ableiten.[173] Einerseits drückt sich die Wertschätzung der Familie hierbei in der Verankerung weitreichender Mitbestimmungsrechte der Erziehungsberechtigten (Eltern) bei der „Gestaltung des Unterrichtswesens" (Art. 56 Abs. 6 HessVerf) aus., andererseits wird den Eltern das natürliche Recht zur Erziehung garantiert. So heißt es in der Verfassung des Saarlandes: „Auf der Grundlage des natürlichen und christlichen Sittengesetzes haben die Eltern das Recht, die Bildung und Erziehung ihrer

---

[172] Denkbar ist, dass die Erziehung zu einer supranationalen ‚deutsch-deutschen' Identität (Liebe zum deutschen Volk) wie einiges mehr auf die zeithistorischen Umstände zurückzuführen ist, während derer die Länderverfassungen erarbeitet wurden. Hier ist insbesondere an die sich bereits schon abzeichnende innerdeutsche Teilung zu erinnern, die den Wunsch nach Beibehalt einer Identität als Deutsche beflügelt haben könnte. Heimat wird hier also eher kulturell und weniger geographisch bestimmt.

[173] Die besondere Stellung der Familie als die „Grundlage der menschlichen Gesellschaft" (Art. 5 Abs. 1 S. 1 NRWVerf) wird in anderen Artikeln der Länderverfassungen unterstrichen. Ehe und Familie werden dabei unter den besonderen Schutz des Staats gestellt (vgl. auch Art. 125 BayVerf; Art. 21 BremVerf; Art. 4 HessVerf; Art. 23 Abs. 1 RhPfVerf.; Art. 22 SaarlVerf). Auch im Grundgesetz ist der Schutz von Ehe und Familie als Grundrecht verankert (Artikel 6 Abs. 1 GG). Den genannten Verfassungsartikeln ist die Wertschätzung der Familie inhärent.

Kinder zu bestimmen" (Art. 26 Abs. 1 S. 2 SaarlVerf; bereits Artikel 6 Abs. 2 S. 2 GG).

Bürgerliche Werte
Der Terminus „bürgerliche Werte" wird in Orientierung an Elisabeth Noelle-Neumann verwendet, die in den 1970er Jahren einen Verfall dieser Werte diagnostiziert hat (Noelle-Neumann 1978). Nach Noelle-Neumann konstituierte sich zu Beginn des 18. Jahrhunderts im bürgerlichen Milieu ein Bündel von Wertauffassungen, in denen „eine bestimmte Art von Bewußtsein und Lebensführung" (ebd.: 15) zum Ausdruck kommt. Durch kontinuierliche Thematisierung in moralischen Wochen- und Monatsschriften gelangten diese Wertvorstellungen zu weitreichender Popularität in der deutschen Bevölkerung. Sie büßten erst in den 1970er Jahren ihren hohen Stellenwert ein. Interessanterweise verweist Noelle-Neumann dabei auch auf den hier interessierenden Forschungsgegenstand des Poesiealbums, der ihrer Meinung nach bis in die 1970er Jahre hinein gerade von den bürgerlichen Werten geprägt worden ist (ebd.: 17). Aufbauend auf eine Durchsicht bürgerlicher Erbauungsliteratur seit 1720 definiert sie bürgerliche Werte als ein Wertebündel mit folgenden Werthaltungen:

> „Es soll darum ausdrücklich angegeben werden, was hier unter ‚bürgerlichen Werten' verstanden wird: der hohe Wert von Arbeit, von Leistung; Überzeugung, daß sich Anstrengung lohnt; Glaube an Aufstieg und Gerechtigkeit des Aufstiegs; Bejahung von Unterschieden zwischen den Menschen und ihrer Lage; Bejahung des Wettbewerbs, Sparsamkeit als Fähigkeit, kurzfristige Befriedigung zugunsten langfristiger zurückstellen; Respekt vor Besitz; Streben nach gesellschaftlicher Anerkennung, Prestige, damit verbunden Anerkennung der geltenden Normen von Sitte und Anstand; Konservatismus, um das Erworbene zu behalten; in gemäßigter Weise auch Bildungsstreben" (Noelle-Neumann 1978: 15, kursive Hervorhebung durch den Verfasser).

In der Definition wurden jene Werte kursiv gekennzeichnet, die sich wortgleich oder synonym sowohl in den staatlichen Dokumenten von DDR als auch Bundesrepublik finden lassen. Gemäß den hier getroffenen Unterscheidungen wurden sie den geteilt-offiziellen Werten zugeordnet.

3 Das Interesse des Staats an den Werten   153

Arbeit und Leistung
Arbeit, berufliche Bewährung, Leistungsbereitschaft wird gleich mehrfach in den untersuchten DDR-Dokumenten als erwünschte Wertvorstellungen hervorgehoben. Ein Gesetz der Thälmännpioniere greift dabei explizit den Wert der Arbeit auf: „Wir Thälmannpioniere lieben die Arbeit, achten jede Arbeit und alle arbeitenden Menschen [...]" (Thäl-7). In den FDJ-Statuten wird zusätzlich an den Wert der Arbeit eine Vorbildfunktion geknüpft, aktiv soll sich die Jugend für die „Erhöhung der Effektivität" (FDJ-3) sowie die Steigerung der Arbeitsproduktivität einsetzen. Beispielhaft soll im „sozialistischen Wettbewerb" (ebd.) vorangegangen werden. Kontinuierlich ist zudem an der „Vervollkommnung seines beruflichen Könnens" (FDJ-4) zu arbeiten. In Ulbrichts Grundsätzen wird der Leistungsgedanke nochmals explizit hervorgehoben: „Du sollst stets nach Verbesserung Deiner Leistungen streben [...]" (Ulbr-7). Da zugleich zu einem schonenden Umgang mit Ressourcen sowie zur Festigung der „sozialistischen Arbeitsdisziplin" aufgerufen wird, zielt der Appell an eine intrinsisch motivierte Leistungsbereitschaft implizit auf die erwünschte Steigerung der Arbeitsproduktivität.
In den Länderverfassungen der Bundesrepublik drückt sich der Wert der Arbeit und der Leistungsbereitschaft in Erziehungs- und Bildungszielen aus, welche die Befähigung des jungen Menschen zu beruflicher Bewährung bzw. beruflicher Tüchtigkeit hervorheben (vgl. Art. 12 Abs. 1 BaWüVerf; Art. 30 SaarlVerf; Art. 56 Abs. 4 HessVerf; Art. 33 RhPfVerf). Die Aufnahme einer beruflichen Tätigkeit sowie „die Erziehung zu einem Arbeitswillen" (Art. 26 Abs. 2 BremVerf) werden als Zielvorgaben schulischer Erziehung genannt. Die Schuleinrichtungen übernehmen hierbei die Aufgabe, den Heranwachsenden „mit den für den Eintritt ins Berufsleben erforderlichen Kenntnissen und Fähigkeiten" (ebd.) auszurüsten.

Bildung und Erkenntnisstreben
Kernziel des sozialistischen Bildungswesens war die Erziehung zur „allseitig und harmonisch entwickelten sozialistischen Persönlichkeit", zu der auch eine „moderne Allgemein- und hohe Spezialbildung" (Evers 1979: 32) gehörte. Insofern drückt sich der Stellenwert von Bildung und Erkenntnis bereits in dieser grundlegenden Zielvorstellung aus. Auch in Ulbrichts Grundsätzen wird die Forderung nach allseitiger Bildung bekräftigt (Ulbr-8). Altersgemäß kommt in den Gesetzen der Thälmannpioniere das Streben nach Bildung und Erkenntnis mehrfach in der Aufforderung zum aktiven Lernen zum Ausdruck (Thäl-4; Thäl-6). „Gründliche

Kenntnisse und Fertigkeiten" (Thäl-6; auch FDJ-4) sollen erarbeitet und kontinuierlich erweitert werden. Auch sollen andere Personen zum Erwerb von Wissen und Kenntnissen motiviert werden. Die Lernbereitschaft soll sich dabei nicht auf den schulischen Wissenserwerb beschränken, vielmehr soll auch von den im Arbeitsprozess stehenden Werktätigen gelernt werden (Thäl-7). Zudem soll auch die Freizeit sinnvoll zur Ausbildung der geistigen Fähigkeiten genutzt werden (FDJ-8). Dass dabei der Erwerb naturwissenschaftlich-technischer Erkenntnisse Vorrang genießen soll, war schon weiter oben als spezifischer Kernwert der DDR angemerkt worden (Thäl-9; FDJ-4).

In den bundesdeutschen Landesverfassungen kommen Bildung und Erkenntnisstreben ebenfalls als erwünschte Werthaltungen, allerdings eher implizit, zum Ausdruck. So verweist die bayrische Landesverfassung darauf, dass Schule „Wissen und Können" (Art. 131 Abs. 1 BayVerf) vermitteln soll. Das setzt voraus, dass die Aneignung von Wissen (= Bildung) als gut und richtig und somit vom Staat erwünscht eingeschätzt wird. Zudem soll zur „Aufgeschlossenheit für alles Wahre, Gute und Schöne" (Art. 131 Abs. 2 BayVerf) erzogen werden. Auch dieses Erziehungsziel setzt Bildung und Erkenntnisstreben als erwünschte Werthaltung voraus. Bildung und Erkenntnisstreben ist zudem konkreten Unterrichtsanweisungen implizit, wenn z.B. für den Geschichtsunterricht eine „getreue, unverfälschte Darstellung der Vergangenheit" (Art. 56 Abs. 5 S. 1 HessVerf) festgelegt wird. Als Wertvorstellung ist Bildungsstreben ebenfalls impliziert, wenn Eltern grundlegende Mitbestimmungsrechte für die „Bildung und Erziehung ihrer Kinder" (Art. 26 Abs. 1 SaarlVerf) eingeräumt werden.[174]

Charakterfestigkeit, Recht- und Sittlichkeit
Charakterfestigkeit, Recht- und Sittlichkeit als Ausdruck von Rechtschaffenheit und der „Anerkennung der geltenden Normen von Sitte und Anstand" (Noelle-Neumann 1978: 15) können als tradierte bürgerliche Wertvorstellungen interpretiert werden.

---

[174] Es ist darauf hinzuweisen, dass Bildung und Erkenntnisstreben als staatlich erwünschte Wertvorstellungen in anderen Artikeln der Landesverfassungen evoziert werden. Dies trifft insbesondere auf Artikel zu, in denen ein „Recht auf Bildung" (Art. 27 Abs. 1 BremVerf) bzw. ein Anspruch auf Ausbildung (Art. 11 Abs. 1 BaWüverf; Art. 128 Abs. 1 BayVerf; Art. 6 Abs. 3 NRWVerf) formuliert werden. Zudem gibt es spezifische Verfassungsartikel, die eine Förderung der Erwachsenenbildung (Art. 22 Abs. 1 BaWüVerf) bzw. allgemeinen Volksbildung (Art. 32 SaarlVerf) festschreiben.

3 Das Interesse des Staats an den Werten 155

In den DDR-Dokumenten wird Charakterfestigkeit explizit in den Grundsätzen der sozialistischen Ethik und Moral als erwünschte Werthaltung genannt (Ulbr-8). In den FDJ-Statuten wird ebenfalls die Bildung des Charakters angesprochen (FDJ-7). Die Ausprägung der Charaktereigenschaften soll sich dabei einerseits an den kommunistischen Idealen orientieren, andererseits soll aber auch für „Ordnung, Disziplin und Sicherheit" (FDJ-7) eingetreten werden. Gerade in der Forderung nach Anstand (Ulbr-9), dem Ruf nach Ordnung und Disziplin (Thäl-6; FDJ-7), der Anmahnung von Verlässlichkeit und einer Übereinstimmung „von Wort und Tat" (Thäl-6; Thäl-8) kommen vornehmlich tradierte Norm- und Wertvorstellungen zum Ausdruck, die im Sinne bürgerlicher Rechtschaffenheit, Charakterfestigkeit und Sittlichkeit interpretiert werden können.

Auch in der Bundesrepublik wird im Rahmen der Länderverfassungen die Charakterbildung als Erziehungsziel benannt. So soll Schule „nicht nur Wissen und Können vermitteln, sondern auch Herz und Charakter bilden" (Art. 131 Abs. 1 BayVerf). Der bürgerliche Wert der „Rechtlichkeit" (Art. 56 Abs. 4 HessVerf; Art. 33 RhPfVerf), der im Sinne einer Anerkennung der geltenden Rechtsnormen interpretiert werden kann, wird in den Landesverfassungen von Hessen und Rheinland-Pfalz explizit als Erziehungsziel aufgeführt. Sittlichkeit, die im Sinne der Anerkennung der geltenden sittlichen Normen verstanden wird (vgl. auch Noelle-Neumann 1978: 15), findet eine Entsprechung in der Erziehung zur „Selbstbeherrschung" (Art. 131 Abs. 2 BayVerf).

3.3.5.2 Staatlich vereinnahmte Werte

Staatlich vereinnahmte Werte in der DDR
Folgende traditionelle bzw. allgemeine Wertvorstellungen werden nur in den DDR-Dokumenten als erwünschte Werte aufgeführt:

- Sparsamkeit
- Gesundheit
- Frohsinn und optimistische Lebenseinstellung

Sparsamkeit
Nach Elisabeth Noelle-Neumann stellt Sparsamkeit eine tradierte bürgerliche Werthaltung dar (Noelle-Neumann 1978: 15). Sie wird von Walter Ulbricht in den

Grundsätzen der sozialistischen Ethik und Moral als erwünschte staatliche Werthaltung in der DDR angemahnt (Ulbr-7).

Gesundheit
Eine gesunde Lebensführung stellt eine allgemein verbreitete Werthaltung dar, die vom DDR-Staat allerdings in besonderem Maße vereinnahmt wurde. Sie drückt sich einerseits in der Forderung nach Sauberkeit und Körperhygiene aus (Ulbr-9; Thäl-6; Thäl-10). Andererseits kommt die Erwünschtheit einer gesunden Lebensweise auch in der Aufforderung zur körperlichen Fitness und Gesunderhaltung des Körpers zum Ausdruck. Dies soll durch regelmäßigen Sport, aktive Betätigung und gesunde Ernährung erreicht werden (Thäl-10; FDJ-8). Jedoch soll die Gesundheit auch durch „Wehrertüchtigung" (FDJ-8) gestärkt werden. Insofern erscheinen Gesundheit und die vom DDR-Staat erwünschte „körperliche Stählung" (Ulbr-8; Thäl-10) als instrumentelle Werte. Gesundheit wird für die Erfüllung der sozialistischen Wehrmoral benötigt.

Frohsinn und optimistische Lebenseinstellung
Eine optimistische, fröhliche Lebenseinstellung ist ebenfalls eine allgemeine und verbreitete Wertvorstellung, die freilich an kein spezifisches staatliches System gebunden ist. Sie findet sich dennoch explizit in den DDR-Dokumenten aufgeführt. Konkret wird den Heranwachsenden in den Gesetzen der Thälmannpioniere verordnet, allgemein „fröhlich [zu] sein" (Thäl-10).

Staatlich vereinnahmter Wert in der Bundesrepublik: Religiosität
Der Glaube an einen Gott stellt eine allgemein verbreitete und ebenso tradierte Wertvorstellung dar. Diese Wertvorstellung lässt sich allerdings als staatlich vereinnahmter Wert der Bundesrepublik deuten. So wird in mehreren Landesverfassungen der Erwerb einer religiösen Einstellung als Bildungs- und Erziehungsziel explizit benannt. Insbesondere soll die Schule zur „Ehrfurcht vor Gott" (Art. 12 Abs. 1 BaWüVerf; Art. 131 Abs. 2 BayVerf; Art. 7 Abs. 1 NRWVerf; Art. 33 RhPfVerf; Art. 30 SaarlVerf) erziehen. Ein Bezug zum christlichen Glauben wird zudem in Artikeln hergestellt, in denen die Schuleinrichtungen zu einer Erziehung „im Geiste der christlichen Nächstenliebe" (Art. 12 Abs. 1 BaWüVerf; Art. 30 SaarlVerf) verpflichtet werden. Insofern lässt sich Religiosität (i.S. eines Glaubens

an bzw. Ehrfurcht vor Gott) als eine vom bundesdeutschen Staat vereinnahmte traditionell verbreitete Werthaltung interpretieren.[175]

3.3.6 Staatlich erwünschte Werte in DDR und Bundesrepublik im Überblick

Tabelle 3.3 fasst die aus den staatlichen Dokumenten herausgearbeiteten Wertvorstellungen zusammen. Es können hieraus folgende Schlussfolgerungen gezogen werden:
1. Gemäß der hier unternommenen Analyse stellen staatlich erwünschte Werte einen Werte-Mix dar. Einerseits sind Werte erwünscht, die mit Grundprinzipien der jeweiligen Herrschaftsform (Demokratie/sozialistische Parteien-Diktatur) korrespondieren. Andererseits werden allgemein verbreitete und traditionell in einer Bevölkerung vorkommende Werthaltungen in Rechtstexten aufgegriffen und staatlich legitimiert. Dieser Befund kommt dem Ansatz von Almond und Verba nahe, demzufolge eine staatsbürgerliche Kultur („Civic Culture") aus einer Kombination von parochialen („parochial"), untertänigen („subject") und partizipativen („participant") Orientierungen besteht (Almond/Verba 1963: 31). Die Analyse der Rechtstexte hilft dabei, die vom Staat erwünschte politische Zielkultur etwas genauer zu fixieren. Es können zudem Unterschiede zwischen verschiedenen Staaten bezüglich der erwünschten Werte herausgearbeitet werden.
2. Staatliche Kernwerte reflektieren Grundprinzipien der jeweiligen Herrschaftsform. Es kann plausibel vermutet werden, dass Akteure staatlicher Institutionen besonders an einer Verbreitung dieser Werte interessiert sind. Dies deshalb, weil die Aufgabe der Vermittlung allgemeiner bzw. traditioneller Werthaltungen mit anderen, nicht-staatlichen Sozialisationsinstanzen geteilt wird. Dies trifft hingegen weniger auf die staatlichen Kernwerte zu, es sei denn, sie werden selbst zu tradierten Wertvorstellungen. Der spezifische Vergleich der Kernwerte in DDR und Bundesrepublik verweist auf Unterschiede. In der DDR drückt sich in den Kernwerten

---

[175] Eine religiöse Lebensführung kann als „verdeckte" Werthaltung auch in der Bundesgesetzgebung inhaltsanalytisch erschlossen werden. Zwar ist im Grundgesetz geregelt, dass es keine Staatskirche gibt (Art. 137 Abs. 1 GG). Andererseits kommt der Wert der Religiosität implizit durch die staatliche Unterstützung religiöser Lebensführung, etwa durch die Förderung der Religionsgemeinschaften (z.B. durch das Recht, eigene Steuern zu erheben, vgl. Art. 137 Abs. 6 GG) sowie durch die Einrichtung des Religionsunterrichts als ordentliches Lehrfach (Art. 7 Abs. 3 S. 1 GG), zum Ausdruck.

3.3 Staatlich erwünschte Werte in DDR und Bundesrepublik 1949–1989

eine Tendenz zum Partikularismus aus. Die Kernwerte der Bundesrepublik lassen hingegen eine Orientierung an universalen Prinzipien erkennen.

Tabelle 3.3: Staatlich erwünschte Werte in DDR und Bundesrepublik

staatlich erwünschte Werte		DDR	BRD
staatliche Kernwerte		*Werte, die auf Identifikation mit Staat und Ideologie abzielen* - Identifikation mit Staat und Ideologie - Ablehnung der „bürgerlichen Ideologie" - aktive Beteiligung am sozialistischen Aufbau - Kollektivismus - sozialistische Wehrmoral *Werte der partiellen Mitmenschlichkeit:* - ‚exklusive' Solidarität - Beseitigung von Ausbeutung *rationalistisch-technische DDR-Kernwerte:* - Kritik und Selbstkritik - Begeisterung für Technik	*Werte der Freiheit, Demokratie und Toleranz (‚Demokratiewerte')* - Freiheitlich-demokratische Gesinnung - gesellschaftliche Teilhabe - Meinungsfreiheit - religiöse und weltanschauliche Toleranz *Werte der universellen Mitmenschlichkeit und Verantwortung:* - Achtung vor der Würde des Menschen - Natur- und Umweltschutz - sittliche Verantwortung - soziale Gerechtigkeit - Völkerversöhnung, universelle Brüderlichkeit - Zivilcourage *Weiterer spezifischer BRD-Kernwert:* - Selbstständigkeit im Handeln
staatlich legitimiert	geteilt-offiziell	- Altruismus, Gegenseitigkeit und Gemeinschaftssinn - Wahrheitsliebe und Wahrhaftigkeit - Bindung an Familie und Heimat - Arbeit und Leistung - Bildung und Erkenntnisstreben - Charakterfestigkeit, Recht- und Sittlichkeit	} bürgerliche Werte
	staatlich vereinnahmt	- Sparsamkeit - Gesundheit - Frohsinn (Optimismus)	- Religiosität

3. Staatlich legitimierte Werte spiegeln allgemein verbreitete bzw. tradierte Wertvorstellungen einer Bevölkerung wider. Für eine Person eröffnet sich dadurch eine

3 Das Interesse des Staats an den Werten

weitere Möglichkeit, sich über die kulturelle Tradition mit einem Staat zu identifizieren. Der Ost-West-Vergleich zeigt, dass einerseits Kooperation (Altruismus, Gemeinschaftssinn), Vertrauen (Wahrheitsliebe) und Bindung (Familie und Heimat) fördernde Wertvorstellungen sowohl in Ost als auch West erwünscht waren. Zum anderen wurde in beiden Staaten auch auf tradierte bürgerliche Werte verwiesen.

4. Die staatlich erwünschten Werte weisen eine hohe Persistenz auf. Dies könnte allerdings auch daran liegen, dass sie in Rechtstexten gefasst sind, die eher selten modifiziert werden. Es ist deshalb vorstellbar, dass Wertvorstellungen, die in den Rechtstexten noch als erwünscht erscheinen, kaum noch relevant für eine Bevölkerung sind. Andererseits zeigt die Aufnahme von Umwelt- und Naturschutz in die staatlich erwünschten Erziehungsziele, dass ein Staat – vermittelt über die politischen Akteure – auf Wertedynamiken in der Bevölkerung reagieren kann. Dies dürfte allerdings eher auf demokratisch verfasste Staaten zutreffen.

5. Es soll abschließend darauf hingewiesen werden, dass keine Vollständigkeit bezüglich der hier ermittelten staatlich erwünschten Werte beansprucht wird. Vielmehr ist anzunehmen, dass in anderen Rechtstexten weitere Werthaltungen zum Ausdruck kommen. Darüber hinaus ist weiterführend der Vergleich mit den Rechtstexten anderer Länder bzw. des Europa- und Völkerrechts anzustreben, um Gemeinsamkeiten und Unterschiede staatlich erwünschter Werte herauszuarbeiten. Für entsprechend vergleichende Dokumentanalysen könnte die hier vorgeschlagene Systematik zumindest eine erste Orientierung bieten.

4 Wie kann ein Staat Einfluss nehmen auf die Werte seiner Bürger?

Im vorangegangenen Kapitel wurde am Beispiel von Bundesrepublik und ehemaliger DDR aufgezeigt, inwiefern Staaten ein Interesse an der Herausbildung bestimmter Wertvorstellungen in der Bevölkerung haben. Es stellt sich nunmehr die Frage, welche Möglichkeiten einem Staat zur Verfügung stehen, die Werte seiner Bürger zugunsten der von ihm erwünschten Wertvorstellungen zu beeinflussen. Dieser Frage soll in diesem Kapitel auf den Grund gegangen werden. In Kapitel 3.2.2 wurden die bisher in diesem Zusammenhang unternommenen Forschungen und Systematisierungen bereits kurz skizziert. Eine Unterscheidung des Politikwissenschaftlers Wolfgang Bergem aufgreifend war dabei zwischen einer direkten und einer indirekten Einflussnahme des Staats auf die Werte der Bürger unterschieden worden. Während unter einer direkten Beeinflussung der Versuch des Staats verstanden werden kann, im Rahmen staatlicher Sozialisationsinstanzen auf die Werte von Personen intendiert Einfluss zu nehmen, stellt eine indirekte Einflussnahme den Versuch des Staats dar, durch Modifikation seiner Ordnungen (Gesetzgebung) eine Veränderung der Verhaltensweisen seiner Bürger zu bewirken, die sich indirekt auch in veränderten Einstellungen und Werthaltungen niederschlagen kann.

Im Folgenden sollen beide Möglichkeiten staatlicher Einflussnahme vertiefend diskutiert werden. Zunächst wird sich in Kapitel 4.1 der direkten staatlichen Einflussnahme auf die Werte zugewandt. Die grundlegenden Konzepte schulischer Werterziehung werden dargestellt und Rückschlüsse auf die zwischen 1949 und 1989 jeweils in DDR und Bundesrepublik praktizierte schulische Werterziehung gezogen. Zudem werden die Erfolgsaussichten einer intendierten direkten Einflussnahme des Staats auf die Werte abgewogen und die Grenzen schulischer Werterziehung diskutiert. Sodann wird sich in Kapitel 4.2 der indirekten staatlichen Beeinflussung der Werte von Individuen gewidmet. Diese Möglichkeit staatlicher Einflussnahme lässt sich mit der Theorie der kognitiven Dissonanz von Leon Festinger fundieren, so dass zunächst die Grundzüge dieses Theorieansatzes skizziert werden. Die Theorie der kognitiven Dissonanz ist für spezifische Einstellungen konzipiert worden. Werte stellen jedoch vergleichbare kognitive Phänomene dar, so dass eine Erweiterung von Festingers Theorie um das Wertkonzept vorgeschlagen wird. Darauf aufbauend werden in Kapitel 4.3 Schlussfolgerungen für die Hypothesenbildung gezogen und Makro-Mikro-Makro-Modelle zur Vorhersage von Verhaltensweisen und Wertvorstellungen in DDR und Bundesrepublik zwischen 1949 und 1989 entwickelt.

4.1 Direkte Einflussnahme im Rahmen staatlicher Sozialisationsinstanzen

Unter einer direkten Beeinflussung der Werte durch den Staat kann der Versuch verstanden werden, im Rahmen staatlicher Sozialisationsinstanzen (insbesondere der Bildungs- und Erziehungseinrichtungen) auf die Werte von Personen Einfluss zu nehmen.[176] Akteure dieser Sozialisationsinstanzen (Lehrer, pädagogisches Personal) treten hierzu in Interaktion mit den Heranwachsenden. Durch geeignete Lerninterventionen (Unterricht, Gestaltung der Schulstruktur) wird versucht, die Werte der Heranwachsenden zu beeinflussen.

Dass eine direkte Wertebeeinflussung insbesondere innerhalb der vom Staat kontrollierten Schule prinzipiell möglich ist, gilt als unstrittig. Uneinigkeit herrscht allerdings hinsichtlich Form und Inhalt der dabei zu leistenden Werterziehung. Es ist Aufgabe der Pädagogik, für die Ausgestaltung des staatlichen Erziehungsauftrags adäquate Ansätze zu entwickeln. Im Folgenden wird deshalb auf die in den Erziehungswissenschaften vorliegenden Konzepte schulischer Werterziehung eingegangen. Diese Konzepte finden Berücksichtigung im Curriculum und geben damit Richtung und Umfang vor, wie der Staat direkt Einfluss auf die Werte von Heranwachsenden nimmt.

4.1.1 Pädagogische Werterziehungskonzepte

In der pädagogischen Literatur werden mit dem „romantischen", dem „technologischen" sowie dem „progressiven" Ansatz vornehmlich drei Grundauffassungen schulischer Werterziehung unterschieden (Oser/Althof 1994: 89–119; Standop

---

[176] Wie das Beispiel der DDR-Massenorganisationen zeigt, kann ein Staat neben Bildungs- und Erziehungseinrichtungen weitere Sozialisationsagenturen einrichten. Dennoch dürfte insbesondere die Schule als zentrale staatlich kontrollierte Sozialisatonsinstanz anzusehen sein. Im Folgenden liegt die Konzentration deshalb primär auf der direkten Wertebeeinflussung im Rahmen des Schulunterrichts.

4 Wie kann ein Staat Einfluss nehmen auf die Werte seiner Bürger? 163

2005: 74–79; Standop 2010; Multrus 2008; Patry 2009: 27–40; Wiater 2010: 17; Schleicher 2011: 108).[177] Jeder dieser Ansätze basiert auf spezifischen theoretischen Annahmen, die zur Betonung unterschiedlicher Erziehungsbereiche und Erziehungsmethoden führen. Je nachdem welcher Werterziehungsansatz zugrunde gelegt wird, ergeben sich somit auch divergierende Schlussfolgerungen für die Ausgestaltung des staatlichen Erziehungsauftrags. Im Folgenden wird auf die verschiedenen Grundauffassungen schulischer Werterziehung näher eingegangen. Es werden die Grundannahmen, die resultierenden Folgerungen für das Curriculum sowie die praktischen Umsetzungen der Werterziehungskonzepte dargestellt und diskutiert. Zudem werden Schlussfolgerungen gezogen, die sich bei der Anwendung des jeweiligen Ansatzes für das Spannungsverhältnis Staat und Werte der Bürger ergeben.

4.1.1.1 Der „romantische" Ansatz

Grundannahmen
Der „romantische" Ansatz der Moralerziehung stellt eine pädagogische Grundauffassung dar, die ihren Ursprung in Vorstellungen Jean-Jacques Rousseaus hat.[178] Diesem Ansatz liegt ein Verständnis vom Menschen zugrunde, „demzufolge das Gute als im Menschen angelegt betont wird, das Abnorme und Böse aber dem Einfluß gesellschaftlicher Umstände zugeschrieben wird" (Oser/Althof 1994: 91).

---

[177] Wie weiter oben bereits angemerkt geht die Unterscheidung der drei Grundauffassungen auf Lawrence Kohlberg und Rochelle Mayer zurück, die zwischen „Romanticism", „Cultural Transmission" und „Progressivism" unterscheiden (Kohlberg/Mayer 1972: 451–455). In der deutschen Erziehungswissenschaft wird allerdings der „Cultural Transmission"-Ansatz zumeist als „technologischer" Ansatz bezeichnet (vgl. Oser/Althof 1994: 96). In der Literatur finden sich darüber hinaus noch weitere pädagogische Werterziehungskonzepte. So fügen etwa Oser und Althof den drei Grundauffassungen ein eigenes diskursives Konzept hinzu (Oser/Althof 1994: 119–123); Mauermann unterscheidet insgesamt fünf Werterziehungskonzepte (Mauermann 2004: 27), Fritz Oser acht (Oser 2001: 63–89), Margit Stein dokumentiert gar elf verschiedene Konzepte (Stein 2008: 160–162). Ausführlich äußert sich auch Uhl (1998). Bei genauerer Analyse können auch die weiteren Konzepte einer der drei Grundauffassungen zugeordnet werden. Wie Mauermann (2004: 34) unterstreicht, nehmen alle neueren Werterziehungskonzepte auf Lawrence Kohlbergs Theorie Bezug, man kann sie daher auch als Varianten des „progressiven" Ansatzes verstehen.

[178] Mit der Bezeichnung „romantisch" soll daran erinnert werden, dass insbesondere im Rahmen der romantischen Philosophie des 19. Jahrhunderts über die natürliche Entwicklung des Kindes nachgedacht wurde (Kohlberg/Mayer 1972: 452). Nach Kohlberg und Mayer vertreten heutzutage vor allem Anhänger der Lehre Sigmund Freuds und Arnold Gesells den romantischen Erziehungsansatz (ebd.: 451).

Jedes Individuum wird hinsichtlich seiner natürlichen Fähigkeiten und Potenziale als einzigartig begriffen. Seine Persönlichkeit ist bereits im Kindesalter anzuerkennen und zu berücksichtigen.

Schlussfolgerungen für das Curriculum schulischer Werterziehung
Aus diesen Vorannahmen folgt, dass die schulische Erziehung lediglich bei der Entfaltung der Persönlichkeit unterstützend bzw. begleitend wirken kann und sollte. Durch Schaffung eines günstigen pädagogischen Klimas kann dazu beigetragen werden, dass der Heranwachsende seine eigenen Potenziale entdeckt und entwickelt. Dem Heranwachsenden ist hierzu größtmögliche Freiheit zu gewähren, andernfalls könnten seine „inneren Tendenzen" unterdrückt werden (Kohlberg/Mayer 1972: 451; Oser/Althof 1994: 90f). Von einer intendierten Beeinflussung von Werten und Einstellungen des Heranwachsenden ist abzusehen. Dies wird auch mit dem Hinweis auf die generelle Subjektivität jeglicher Werthaltung begründet: „Die Wertfrage wird ins Individuum verlagert. Werte gelten daher als relativ: sie sind dann gut, wenn sie vom betreffenden Individuum als gut empfunden werden" (Oser/Althof 1994: 92). Werteerziehung in der Schule hat gemäß dem „romantischen" Ansatz keinesfalls „material", d.h. in Form einer intendierten Vermittlung konkreter Wertvorstellungen, zu erfolgen. Sie sollte vielmehr vorsichtig „formal" wirken und dazu dienen, einem Individuum Klarheit über dessen eigene Wertvorstellungen zu verschaffen.

Praktische Umsetzungen
Eine Realisierung der romantischen Grundauffassung von Moralerziehung wird im Konzept der Summerhill-Schule von A.S. Neill gesehen (Kohlberg/Mayer 1972: 451). Dem romantischen Ansatz können jedoch auch die Werterziehungsprogramme der „Wertanalyse" bzw. „Wertklärung" („Values Clarification"), die besonders in den USA zu größerer Popularität gelangt sind, zugeordnet werden (Harmin/Kirschenbaum/Simon 1973; Raths/Harmin/Simon 1976: 67–190; siehe auch den Überblick in Uhl 1998: 155f). Im Rahmen dieser und ähnlicher Programme werden Heranwachsende aufgefordert, sich mit den eigenen Wertvorstellungen auseinanderzusetzen und sich ihrer bewusst zu werden. Eine intendierte Beeinflussung dieser Werte sehen diese Programme aber nicht vor.

4 Wie kann ein Staat Einfluss nehmen auf die Werte seiner Bürger? 165

Diskussion des „romantischen" Ansatzes
In der Pädagogik steht man dem „romantischen" Ansatz der Werterziehung überwiegend kritisch gegenüber (Wilson 2008: 457; hierzu auch Oser/Althof 1994: 93ff). Gewürdigt wird, dass der Ansatz die Persönlichkeit des Kindes berücksichtigt, zudem sind die Programme der „Wertklärung" leicht im Schulbereich umsetzbar (Oser/Althof 1994: 93f). Kritik wird besonders am offen vertretenen Werterelativismus geübt (u.a. Oser/Althof 1994: 94; Wilson 2008: 457; Multrus 2008: 26f.). Da keine intendierte Auseinandersetzung mit den Werten der Heranwachsenden angestrebt wird, ist generell zu fragen, ob der „romantische" Ansatz und daran anschließende Schulprogramme überhaupt als Konzept der Moralerziehung angesehen werden können (Wilson 2008: 457). Kritisiert wird zudem, dass dem Ansatz keine klare Theorie der Entwicklung der Persönlichkeit zugrunde liegt (Oser/Althof 1994: 92).

Was folgt aus dem „romantischen" Ansatz zum Verhältnis von Staat und Werten? Aus dem „romantischen" Ansatz pädagogischer Werterziehung folgt, dass der Staat bzw. die vom Staat kontrollierte Sozialisationsinstanz Schule von der Vermittlung konkreter (materialer) Wertvorstellungen abzusehen hat. Eine staatliche Einflussnahme verbietet sich, da hierdurch die Persönlichkeit eines Heranwachsenden und dessen besondere Fähigkeiten, Potenziale und Wertvorstellungen möglicherweise unterdrückt werden. Der Staat sollte in der Schule lediglich ein Klima erzeugen, das dazu beiträgt, die angelegten Potenziale eines Kindes behutsam zu wecken, wodurch es sich seiner eigenen Wertvorstellungen vergewissert.

4.1.1.2 Der „technologische" Ansatz

Grundannahmen
Eine zweite in den Erziehungswissenschaften vertretene Grundauffassung moralischer Werterziehung wird als „technologischer" oder auch als „Kultur- und Wertübermittlungsansatz" (Oser/Althof 1994: 96) bezeichnet.[179] Dieser Ansatz orientiert sich an traditionellen Sozialisationsannahmen der Soziologie, wie sie unter

---

[179] Zuweilen findet man in der Literatur aber auch die wenig schmeichelhafte Bezeichnung „Indoktrinationsmethode" (Schläffli 1986: 9) für diese Grundauffassung.

anderem Émile Durkheim vertrat (vgl. Durkheim 1972: 20–49, zuerst 1911). Ausgangspunkt ist hier die Vorstellung, „daß jeder Neuankömmling in dieser Welt in eine bestimmte Gruppe mit einer bestimmten Kultur eintritt, die ihm vorgegeben ist. Es wird angenommen, daß Lebenstüchtigkeit nur im Rahmen der eigenen Gruppe und ihrer Kultur erworben werden kann" (Brezinka 1991: 240). Umfassendstes Erziehungsziel einer Gesellschaft stellt diesem Ansatz zufolge die Erlangung allgemeiner Lebenstüchtigkeit innerhalb der Gesellschaft dar (ebd.: 245). Das neugeborene Kind wird dabei als eine Tabula rasa gedacht, als unbeschriebene Tafel bzw. leeres Gefäß, das erst durch die umgebende Gruppe (Gesellschaft) Inhalte vermittelt bekommt. Durch die Vermittlung vornehmlich traditioneller Inhalte wird das Kind für das Leben in der Gruppe (Gesellschaft) ertüchtigt und somit integriert. Die bestehenden Werte und Normen werden tradiert und auf die nächste Generation übertragen (vgl. Oser/Althof 1994: 96). Der Vorgang der Internalisierung der Werte und Normen wird als eher passive Übernahme bzw. „mechanistische" Übertragung angesehen (vgl. Kohlberg/Mayer 1972: 456).

Wolfgang Brezinka: Notwendigkeit schulischer Werterziehung in pluralistischen Gesellschaften
Im Rahmen des „technologischen" Ansatzes kommt der Werterziehung die Aufgabe zu, die weltanschaulichen und moralischen Aspekte der Lebenstüchtigkeit aufzugreifen und ein Individuum mittels „materialer" Werteinstellungs-Erziehung moralisch in die Gesellschaft zu integrieren (Brezinka 1991: 245, auch 224). Wer aber soll diese Werterziehung leisten? Vornehmlich wird dies als Aufgabe der Eltern eines Kindes verstanden, aber auch sinnstiftende Sozialisationsinstanzen wie Gesinnungs- und Religionsgemeinschaften haben diese Aufgabe zu leisten. Aus diesen Überlegungen folgt zunächst nicht, dass neben den als maßgeblich erachteten Sozialisationsinstanzen (Eltern, Religionsgemeinschaften) auch die Schule einen Beitrag zur moralischen Integration in die Gesellschaft leisten soll. Diese Forderung ergibt sich erst dann, wenn die moralische Integration von den anderen Sozialisationsinstanzen nicht mehr geleistet wird und der Fortbestand der Gesellschaft gefährdet scheint.
Genau ein solches Gefährdungsszenario entwirft Wolfgang Brezinka, ein Hauptvertreter dieses Ansatzes, als Symptom pluralistisch verfasster freiheitlich-demokratischer Gesellschaften. Brezinka zufolge sind moderne pluralistische Gesellschaften insbesondere vom Phänomen der „Wertunsicherheit" gekennzeichnet,

4 Wie kann ein Staat Einfluss nehmen auf die Werte seiner Bürger? 167

worunter er „die soziale Vereinzelung, die Individualisierung der Ideale und der Lebensstile, de[n] beliebige[n] Austausch normativer Orientierungsgüter" (ebd.: 247) fasst. Diese Verunsicherung in Wertfragen führte dazu, dass ehemals unhinterfragte Werterziehungsinstanzen wie die Religionsgemeinschaften in Fragen der Moralerziehung und Gestaltung der Lebenspraxis an Einfluss verloren (ebd.: 225). Auch viele Eltern sind vom Phänomen der Wertunsicherheit erfasst, wodurch die Weitergabe grundlegender Werte und somit die Fortdauer und Stabilität der Gesellschaft gefährdet ist. Damit eine Gesellschaft auch unter pluralistischen Bedingungen bestehen bleibt, „kann sich die Gesellschaft für die moralische Erziehung des Nachwuchses nicht allein auf die Eltern verlassen – so grundlegend und vorrangig ihr Beitrag auch sein könnte und sein sollte. Die Eltern brauchen moralische Unterstützung und erzieherische Ergänzung" (ebd.: 247).

Schlussfolgerungen für das Curriculum schulischer Werterziehung
Schule hat dem „technologischen" Ansatz zufolge ergänzend erzieherisch zu wirken und vor allem eine materiale Werteinstellungs-Erziehung zu leisten. Sie hat jene weltanschaulichen und moralischen Aspekte der Lebenstüchtigkeit zu vermitteln, die notwendig sind, um einen Heranwachsenden moralisch in die Gesellschaft zu integrieren (ebd.: 245, auch 224). Ziel ist die weitgehend unhinterfragte Akzeptanz (Internalisierung) konkreter Wertvorstellungen durch den Heranwachsenden. Orientierung darüber, welche materialen Wertvorstellungen vermittelt werden sollen, bieten relevante Rechtstexte eines Staats wie die Verfassung bzw. die in den Landesverfassungen formulierten Erziehungsziele (ebd.: 249f).[180] Allerdings sind vor allem die „gemeinschaftsverpflichteten und staatserhaltenden Werteinstellungen" (ebd.: 250) zu vermitteln. Unterstützt werden soll die materi-

---

[180] Brezinka weist in diesem Zusammenhang darauf hin, dass das „Volk und die von ihm gewählte Volksvertretung" (Brezinka 1991: 249) für die Formulierung von Erziehungszielen (im Sinne psychischer Dispositionen, über die ein Mitglied der Gesellschaft idealerweise verfügen sollte) verantwortlich sind. Er erkennt deshalb die Bedeutung staatlich formulierter Erziehungsziele, die in Rechtstexten fixiert wurden, grundsätzlich an: „Werterziehung in der Schule muß an den gesetzlichen Erziehungszielen orientiert sein" (ebd.: 249). Die in den Rechtstexten der Bundesrepublik genannten Erziehungsziele hält er allerdings als für zu vage formuliert und (ironischerweise) für reformbedürftig. Konkret bewertet er sie als „teilweise unklar, logisch ungeordnet, unvollständiger als vertretbar, informationsarm und wirklichkeitsfern" (ebd.: 249). Dass Brezinka an eine Reform der Erziehungsziele denkt, wirkt angesichts dessen Betonung einer Tradierung des Bestehenden freilich paradox.

ale Werteinstellungs-Erziehung durch die Vermittlung einer kulturellen Allgemeinbildung in der Schule. Diese sollte eine „Auswahl eines (relativ) dauerhaft gültigen Kerns maßgeblicher Kulturgüter als schulische Lehrgüter" (ebd.: 249) umfassen.

Praktische Umsetzung
Aufbauend auf den Kultur- bzw. Wertübertragungsansatz und als Reaktion auf empirische Studien, die auf einen schleichenden Verfall traditioneller Gemeinschaftswerte hindeuten, wurden seit den 1970er Jahren besonders in den USA (weniger aber in der Bundesrepublik) Programme zur „Charaktererziehung" entwickelt und im schulischen Kontext erprobt (siehe Ryan/Lickona 1992; Ryan/Bohlin 1999; Uhl 1998: 156). Traditionelle Ideen des „erziehenden Unterrichts" wurden hierbei aufgegriffen und sind in neue Konzepte der „Erziehungstechnologie, Verhaltensmodifikation oder des ‚direct teaching' eingegangen" (Oser/Althof 1994: 96).[181]

Diskussion des „technologischen" Ansatzes
Der „technologische" Ansatz pädagogischer Werterziehung trifft in der deutschen Erziehungswissenschaft überwiegend auf Ablehnung (Oser/Althof 1994: 99). Vor allem drei Einwände werden erhoben:[182] Als Haupteinwand wird angeführt, dass dieses Konzept vorrangig auf die Internalisierung konkreter Werteinstellungen abzielt. Eine materiale Werteinstellungs-Erziehung ist jedoch der Gefahr von Indoktrination und der Tradierung überkommener Moralvorstellungen (Dogmatismus) ausgesetzt. Kritisch wird darauf hingewiesen, dass mit der Konzentration auf

---

[181] Die Idee des „erziehenden Unterrichts", wonach der Unterricht an der Schule nicht nur Bildung, sondern auch Werte vermitteln soll, wurde zunächst von Johann Friedrich Herbart (1776–1841) formuliert (zu Herbarts Pädagogikkonzeption siehe Kim 1993). Nach Siegfried Uhl (1998: 152) erlebte der „erziehende Unterricht" mit einer Vielzahl von Leitfäden und Unterrichtsempfehlungen seine Blütezeit im 19. Jahrhundert und war bis zu Beginn des 20. Jahrhunderts in deutschen Schulen präsent. Erst seit den 1980er Jahren erfolgen zaghafte Versuche, an diese Idee wieder anzuknüpfen. Als wichtigster Unterschied zum „erziehenden Unterricht" des 19. Jahrhunderts wird angesehen, dass nicht mehr der Unterrichtsstoff und die durch ihn angestrebte „Bildung des Gedankenkreises" als besonders bedeutsam für eine glückende Werte-Erziehung angesehen wird. Vielmehr verweisen heutige Vertreter des „erziehenden Unterrichts" auf weitere, vielleicht sogar wichtigere erzieherische Einflussfaktoren, etwa die Persönlichkeit des Lehrers, Schulklima, Zusammenarbeit zwischen Eltern und Lehrern usw. (Uhl 1998: 152f).

[182] Zu einer ausführlicheren Diskussion und Kritik siehe insbesondere Oser/Althof (1994: 99–102).

4 Wie kann ein Staat Einfluss nehmen auf die Werte seiner Bürger? 169

eine materiale Werteinstellungs-Erziehung die Kinder und Jugendlichen lediglich zu einem angepassten, aber nicht mündigen Bürger erzogen werden (u.a. Schläffli 1986: 9; Weber 1999: 82; Oser/Althof 1994: 101; Multrus 2008: 25; Ladenthin 2013: 7). Ein zweiter Kritikpunkt verweist darauf, dass Werte nicht rational begründbar sind und deshalb von der Vermittlung konkreter Werte abzusehen ist (u.a. Fees 2000: 345f; Multus 2008: 28; Schleicher 2011: 122). Schließlich rekurriert ein dritter Kritikpunkt auf die verfassungsrechtlich gebotene weltanschauliche Neutralität des Staats, die einer materialen Wertevermittlung im Rahmen der staatlich kontrollierten Schule entgegensteht (u.a. Fees 2000: 345f; Stein 2010: 57).[183]

Was folgt aus dem „technologischen" Ansatz zum Verhältnis von Staat und Werten?
Um Fortbestand und Stabilität der staatlich organisierten Gesellschaft zu garantieren, lässt sich aus dem Ansatz schlussfolgern, dass der Staat ein Interesse hat, materiale Werteinstellungs-Erziehung an der Schule zu betreiben. Der Staat hat ein explizites Interesse an der Internalisierung bestimmter Werte. Um welche es sich dabei konkret handelt, ist aus den relevanten Rechtstexten des Staats zu entnehmen bzw. abzuleiten. Generell sollten jedoch besonders gemeinschaftsstiftende und staatserhaltende Werte vermittelt werden. Diese Schlussfolgerungen decken sich weitgehend mit Émile Durkheims Vorstellungen hinsichtlich der Rolle des Staats bei der Erziehung von Individuen (vgl. Durkheim 1972: 37–40).

4.1.1.3 Der „progressive" Ansatz

Grundannahmen
Als „progressiver" Ansatz wird eine dritte Grundauffassung zur Werterziehung bezeichnet, die eng mit dem Namen Lawrence Kohlberg und seiner Stufentheorie

---

[183] Insbesondere die letzte Position übersieht allerdings, dass es bundesrepublikanische Rechtstexte gibt, die ausdrücklich eine materiale Werteinstellungs-Erziehung an der Schule verpflichtend fordern (Multus 2008: 25). Es ist nicht verwunderlich, dass Erziehungswissenschaftler, die einer materialen Werteinstellungs-Erziehung an der Schule eher skeptisch gegenüberstehen, die rechtlichen Rahmenbedingungen oft nicht zur Kenntnis nehmen (etwa Fees 2000).

der Moralentwicklung verbunden ist.[184] Diese entwicklungspsychologische Grundauffassung dominiert seit längerem die pädagogische Diskussion um schulische Werterziehung. Alle neueren Werterziehungskonzepte beziehen sich auf Kohlbergs Theorieansatz (Mauermann 2004: 34). Die Stufentheorie der Moralentwicklung unterliegt dabei fünf theoretischen Postulaten, die Kohlberg als „Grundannahmen kognitiv-entwicklungsorientierter Ansätze" (Kohlberg 2001: 51) bezeichnet hat. Es kann angenommen werden, dass ähnlich ausgerichtete Werterziehungskonzepte an diese Postulate anknüpfen.[185]

Das entscheidende Postulat lautet, dass Moralentwicklung immer auch an die Fähigkeit geknüpft ist, Urteile in Moralfragen (etwa zu moralischen Dilemma-Situationen) fällen zu können. Diese kognitive Kompetenz bildet zugleich die motivationale Basis moralischen Handelns. Soziale Interaktion, Anregung und Stimuli durch Andere stellen Kohlberg zufolge diejenigen Quellen dar, aus denen ein Individuum seine Kompetenzen zur moralischen Urteilsfähigkeit bezieht. Diese Quellen sind in jeder Kultur prinzipiell gleichartig, so dass von einem universellen Muster der Moralentwicklung ausgegangen werden kann. Indem ein Individuum mit diesen das Urteilsvermögen stimulierenden Quellen durch Interaktion in Berührung kommt, erarbeitet es quasi selbst seine kognitiven Kompetenzen zur mo-

---

[184] Mit der Bezeichnung „progressiv" soll der Entwicklungs- und Steigerungscharakter dieses Ansatzes unterstrichen werden. Moralerziehung dient dazu, die Entwicklung zu stimulieren. (vgl. Oser/Althof 1994: 564). Angelehnt ist Kohlbergs Ansatz an Jean Piaget und die Erziehungsphilosophie John Deweys (Kohlberg/Mayer 1972: 451–455).

[185] Es handelt sich hierbei um folgende fünf Grundannahmen: „1. Moralentwicklung enthält eine grundlegende kognitivstrukturelle oder moralische Urteilskomponente. 2. Moralität beruht auf einer generalisierten motivationalen Basis: Anerkennung, Kompetenz, Selbstwertgefühl und Selbstverwirklichung sind ausschlaggebend, nicht aber die Befriedigung biologischer Bedürfnisse und die Reduktion von Angst und Furcht. 3. Wichtige Aspekte der Moralentwicklung sind kulturübergreifend, weil sich alle Kulturen aus den gleichen Quellen von sozialer Interaktion, Rollenübernahme und sozialen Konflikten speisen, die durch Moral integriert werden müssen. 4. Fundamentale moralische Normen und Prinzipien sind Strukturen, die aus Erfahrungen in sozialer Interaktion aufgebaut und nicht einfach durch die Internalisierung von – als äußere Gegebenheiten vorhandenen – Regeln erworben werden. Moralstufen werden nicht durch internalisierte Regeln definiert, sondern durch Strukturen der Interaktion zwischen dem Selbst und anderen. 5. Einflüsse der Umwelt auf die Moralentwicklung vollziehen sich eher über die allgemeine Qualität und das Ausmaß kognitiver und sozialer Anregung im Verlauf der Entwicklung des Kindes als über spezifische Erfahrungen mit den Eltern oder Erlebnisse der Disziplinierung, Bestrafung und Belohnung" (Kohlberg 2001: 51).

ralischen Urteilsfähigkeit. Eine gezielte Beeinflussung der moralischen Entwicklung von ‚Außen' (Umwelt) ist möglich, indem Qualität und Ausmaß kognitiver und sozialer Anregung im Verlauf der Kindesentwicklung verändert werden.

Lawrence Kohlbergs Theorie der Moralstufen
Basierend auf diesen Postulaten hat Kohlberg sein bekanntes Modell der „Moralstufen" entwickelt, bei dem mit jeder Stufe eine Kompetenzerweiterung moralischer Urteilsfähigkeit einhergeht. Moralische Urteilsfähigkeit ist dabei auf jeder Moralstufe mit der Einnahme einer bestimmten Perspektive verbunden. In der argumentativen Beurteilung moralischer Probleme (Dilemma-Situationen) tritt diese offen zutage. Der Erwerb von Moral wird dadurch messbar, und es lässt sich abschätzen, welches „Moralniveau" ein Individuum mittlerweile erreicht hat. Kohlberg unterscheidet in seinem Modell sechs Moralstufen, die drei moralische Niveaus wiedergeben. Die Stufen 1 und 2 stellen das „präkonventionelle" Moralniveau dar. Akteure auf diesem Niveau (Kinder bis neun Jahren, einige Jugendliche, jedoch viele jugendliche und erwachsene Straftäter) beurteilen moralische Probleme aus einer eigenzentrierten Perspektive. Das Einhalten von Regeln wird vornehmlich danach abgewogen, ob es der eigenen Person nützt oder nicht. Die Stufen 3 und 4 bilden das „konventionelle" Moralniveau. Dieses wird von den meisten Akteuren im Verlauf des Jugendalters erreicht, im Erwachsenenalter jedoch nur noch von wenigen Menschen überschritten. Akteure auf konventionellem Moralniveau argumentieren in der Diskussion moralischer Probleme aus der Perspektive eines Mitglieds der eigenen Gesellschaft bzw. Gruppe heraus. Sie können sich gut in die Lage anderer Gesellschafts- bzw. Gruppenmitglieder hineinversetzen, so dass vor allem mit Blick auf das Wohl der Gruppe bzw. der Gesellschaft argumentiert wird. Geltende Normen und Werte werden nicht infrage gestellt, vielmehr sind sie aufgrund der Einsicht in die Existenzbedingungen des umgebenden Systems zu bewahren. Die Stufen 5 und 6 bilden schließlich das „postkonventionelle" Moralniveau, das allerdings nur von wenigen Menschen (und auch erst im Alter von über 20 Jahren) erreicht wird. Akteure mit postkonventionellem Moralniveau nehmen beim Fällen moralischer Urteile eine Perspektive ein, die der umgebenden Gesellschaft ‚vorgeordnet' ist. Die Beurteilung moralischer Probleme wird nunmehr argumentativ von der Einsicht in und den Glauben an gewisse absolute bzw. universal gültige Werte gelenkt. Hierbei handelt es sich vornehmlich um ethische Prinzipien der Gerechtigkeit (siehe Kohlberg 2001: 37–50). Hat

ein Individuum eine bestimmte Moralstufe erreicht, dann ist das unumkehrbar. Auch wenn eine allgemeine, je nach Lebensalter abgestufte Entwicklungstendenz nachgezeichnet werden kann, erlangt nicht jedes Individuum im gleichen Lebensjahr dieselbe Urteilsfähigkeit. Zumeist werden die höchsten Stufen moralischer Entwicklung auch gar nicht erreicht.

Schlussfolgerungen für das Curriculum schulischer Werterziehung
Aus dem „progressiven" Ansatz ergibt sich die Forderung, dass nicht die Vermittlung konkreter materialer Werthaltungen im Fokus schulischer Werterziehung stehen sollte, sondern die Steigerung kognitiver Urteilskompetenzen, die das Erreichen der jeweils nächsthöheren Moralstufe ermöglichen: „Das Ziel der Erziehung ist insofern nicht der Erwerb bestimmter Vorstellungen, sondern die Entwicklung selbst, konkret das Erreichen des jeweils nächsten Entwicklungsschritts, der nächsthöheren Stufe" (Oser/Althof 1994: 104). Kernziel schulischer Werterziehung ist der mündige Bürger, der kompetent und selbstbestimmt zu moralischen Fragen Stellung bezieht. Damit wird der Schwerpunkt auf eine formale Urteils-Erziehung gelegt. Gleichwohl erfolgt ebenso eine Auseinandersetzung mit materialen Wertvorstellungen. Dies geschieht, indem die zu behandelnden moralischen Fragestellungen aus dem Lebensalltag gewonnen werden, wodurch geltende Werte und Normen einer Gesellschaft berührt werden (ebd.). Befürworter erkennen darin auch die besondere Stärke des progressiven Ansatzes, denn die Steigerung der Urteilskompetenz „vermeidet eine Erziehung zur Anpassung an die sozialen und kulturellen Gegebenheiten, weil sie sich nie mit bloßen Meinungsbekundungen zufriedengibt, sondern immer die Fähigkeit in den Vordergrund rückt, Werte und Normen zu begründen und kritisch zu befragen" (ebd.).

Praktische Umsetzung
Die praktische Umsetzung des „progressiven" Ansatzes orientiert sich an dem Grundsatz, dass eine Weiterentwicklung nur dann möglich ist, „wenn das Kind oder der Jugendliche selbst erfährt, daß ein bestimmtes Denkmuster ungenügend ist" (ebd.). Es wird als Kernaufgabe schulischer Werterziehung betrachtet, diese Einsichten zu stimulieren. Eine Möglichkeit hierzu wird darin gesehen, Heranwachsende im Unterricht mit Argumenten zu konfrontieren, die der jeweils höheren Moralstufe angehören. Mit dieser als „Plus-1-Konvention" bezeichneten Er-

4 Wie kann ein Staat Einfluss nehmen auf die Werte seiner Bürger? 173

ziehungsstrategie ist die Hoffnung verbunden, dass der Heranwachsende seine bisherige Haltung bzw. Argumentation überdenkt und sich die Argumentation bzw. Perspektive der nächsthöheren Moralstufe zu eigen macht (ebd.). Eine weitere Methode, die kognitive Urteilskompetenz eines Heranwachsenden zu stimulieren, wird in der Diskussion von moralischen Dilemma-Situationen erblickt (etwa Oser/Althof 1994: 105–109; Lind 2009). Versuche, den „progressiven" Ansatz auch institutionell auf das allgemeine Schulleben zu übertragen, stellen Modellprojekte dar, die das Konzept einer „gerechten Schulgemeinschaft" („Just Community School") zu realisieren suchen (vgl. Kohlberg/Wasserman/Richardson 1978). Dieses auf Kohlberg und Kollegen zurückgehende Schulkonzept sieht Mitbestimmungsrechte für alle Schulangehörige und das Ausüben diskursiver und demokratischer Praktiken vor (ausführlich hierzu auch Oser/Althof 1994: 109–113; 337–442; Oser/Althof 2001).

Diskussion des „progressiven" Ansatzes
Aufgrund seiner besonderen Stellung in der pädagogischen Werterziehungsdiskussion ist der „progressive" Ansatz häufig kritisiert worden. Er hat zudem verschiedene Revisionen und Weiterentwicklungen erfahren. An dieser Stelle soll die an diesem Ansatz vorgebrachte Kritik nicht wiederholt werden.[186] Vielmehr sollen lediglich zwei besonders relevant erscheinende Aspekte diskutiert werden.
Ein erster Punkt betrifft die Frage nach möglichen unintendierten Folgen einer primär auf die Stärkung formeller Urteilskompetenz ausgerichteten Werterziehung. Der Ansatz verfolgt den Anspruch, vor allem durch die Kraft des Arguments im Rahmen eines Diskurses auf die moralische Entwicklung einer Person Einfluss zu nehmen (u.a. Edelstein 1986: 339f; Patry 2009: 40f; Weinberger 2009: 65; Fees 2010: 96f; Stein 2010: 57). Daraus ergibt sich zum einen die Frage, unter welchen Bedingungen diese Einflussnahme auch tatsächlich gelingt. Zum anderen ist auch nach möglichen unbeabsichtigten Folgen dieser Form von Werterziehung zu fragen. Letztere Frage ist allerdings in der Forschung bisher kaum aufgegriffen worden. Dabei lassen sich durchaus unbeabsichtigte Wirkungen dieses Werterziehungsansatzes plausibel annehmen. Insbesondere liegt die Vermutung nahe, dass der „progressive" Ansatz möglicherweise die Herausbildung wert-relativistischer

---

[186] Eine ausführliche Auseinandersetzung mit der an Kohlbergs Modell vorgebrachten Kritik findet sich im Standardwerk zum „progressiven" Ansatz von Oser und Althof (1994: 188–335) sowie in einer Arbeit von Becker (2010).

4.1 Direkte Einflussnahme im Rahmen staatlicher Sozialisationsinstanzen

Einstellungen unintendiert fördert.[187] Begründen lässt sich diese Vermutung damit, dass die dem Ansatz zugrunde liegende diskursive Technik möglicherweise Personen häufig zur naheliegenden Überzeugung gelangen lässt, dass Werte und Normen generell verhandelbar und somit relativ sind. Hat sich eine Person diese Einstellung zu eigen gemacht, könnte sie aus Kosten-Nutzen-Erwägungen daraus den Schluss ziehen, dass es sich nicht lohnt, das eigene Handeln an Werten auszurichten. Personen, denen Werte verhandelbar erscheinen, könnten diese primär als intrinsische, sich selbst auferlegte Verhaltensrestriktionen wahrnehmen, die das Erreichen eigener Lebensziele behindern. Ohne es zu beabsichtigen, könnte der „progressive" Ansatz dazu führen, dass die Verbindlichkeit von Werten für das eigene Verhalten infrage gestellt wird.

Diese Argumentation verweist bereits auf das zweite Problem, das mit dem progressiven Ansatz einhergeht und im Kern alle deontologisch angelegten Moralerziehungskonzepte betrifft: das Auseinanderfallen von intrinsischer Motivation (Einsicht, Urteilskompetenz) und tatsächlichem moralischen Handeln. Eine Vielzahl von Interventionsstudien legt nahe, dass Erziehungsprogramme, welche auf eine Steigerung der moralischen Urteilskompetenz abzielen, dieses Ziel auch erreichen. Akteure argumentieren bei moralischen Fragestellungen nach Abschluss der Intervention oft auf einem höheren kognitiven Niveau (Übersichten hierzu in Schläfli 1986; Oser/Althof 1994: 147–179). Allerdings folgt daraus nicht, dass eine Person mit höherer Moralstufe eher bereit ist, auch tatsächlich moralisch zu handeln. Dieses Problem ist in der Pädagogik als „Bruch" zwischen moralischem Urteil und moralischem Handeln beschrieben worden und hat zu verschiedenen theoretischen Lösungsanstrengungen geführt, ohne jedoch zu überzeugenden Modifizierungen des Ansatzes zu gelangen (siehe Oser/Althof 1994: 224–255).

Was folgt aus diesem Ansatz bezüglich des Interesses des Staats an den Werten seiner Bürger?

Aus dem „progressiven" und ähnlich gelagerten „kognitiv-entwicklungsorientierten" Ansätzen kann gefolgert werden, dass der Staat – im Rahmen schulischer Werterziehung – vor allem die Selbstständigkeit und Mündigkeit des Bürgers för-

---

[187] Der „progressive" Ansatz verfolgt im Kern keinen Werterelativismus (vgl. Oser/Althof 1994: 104). Insofern ist die vermutete Begünstigung wertrelativierender Einstellungen als unintendierte Folge dieses Ansatzes einzuschätzen.

4 Wie kann ein Staat Einfluss nehmen auf die Werte seiner Bürger?

dern sollte, indem er dessen moralische Urteilsfähigkeit stärkt. Die entwicklungspsychologisch vorgezeichnete Moralentwicklung kann und soll der Staat bzw. die Schule durch Einsatz diskursiver Praktiken befördern helfen. Aus der Perspektive des Staats scheint die ausschließliche Erziehung zu Mündigkeit und Selbstbestimmung allerdings auch mit gewissen ‚Gefahren' verbunden. Legt man Kohlbergs Stufenmodell zugrunde, erscheint es aus Sicht des Staats hinreichend (wenn nicht gar geboten), wenn die Heranwachsenden lediglich das „konventionelle" Moralniveau (Moralstufen 3 und 4) erlangen, denn bereits hier wird eine hinreichende Gesetzeskonformität erreicht. Personen, die darüber hinaus das „postkonventionelle" Moralniveau erlangen, könnten unter Umständen für den Staat sogar eine Gefahr darstellen, insofern sie ethische Prinzipien über das (staatliche) Gesetz stellen und gegen dieses opponieren (vgl. Kohlberg/Boyd/Levine 1996: 205f; Kohlberg/Turiel 1978: 56). Verstöße gegen bzw. die prinzipielle Infragestellung der staatlichen Ordnung dürften indes kaum im Sinne des Staats sein (vgl. auch Oser/Althof 1994: 63f).[188]

4.1.1.4 Kombination von materialer und formaler Werterziehung

Mit Blick auf die vorhandenen Grundauffassungen lässt sich sagen, dass sich die pädagogische Diskussion bezüglich der angemessenen Ausgestaltung des staatlichen Erziehungsauftrags zwischen der Betonung einer eher materialen Werteinstellungs-Erziehung einerseits und einer formalen Beurteilungs-Erziehung andererseits bewegt. Aufgrund der allgemeinen Verbreitung und Akzeptanz von Kohlbergs entwicklungspsychologischem Theorieansatz wird in der bundesdeutschen Erziehungswissenschaft aktuell die formale Werterziehung (Stärkung der moralischen Urteilskompetenz im Diskurs mit den Schülern) favorisiert. Es ist jedoch darauf hinzuweisen, dass Extrempositionen, die entweder eine ausschließlich ma-

---

[188] Allerdings ist diese Gefahr primär theoretischer Natur, denn Kohlberg nimmt an, dass nur eine Minorität von Personen und dann erst ab einem Alter von 20 Jahren die höchste „postkonventionelle" Moralstufe erreicht. Die Interventionsmöglichkeit des Staats endet jedoch weitgehend mit Abschluss des Abiturs bereits im Alter von 18 bzw. 19 Jahren. Gemäß der Theorie von Kohlberg entlässt die Schule also die Schüler auf dem aus staatlicher Sicht erwünschten „konventionellen" Moralniveau.

teriale Werteinstellungs-Erziehung oder aber eine rein formale Werterziehung einfordern, in der jüngeren Literatur nur noch selten vertreten werden.[189] Häufiger findet sich vielmehr die Forderung nach einer Kombination von materialer und formaler Werterziehung (u.a. Mauermann 1981: 82f; Uhl 1998: 163; Weber 1999: 82; Matthes 2004: 23; Multrus 2008: 25; Gruber 2009: 60). Als vorrangiges Ziel schulischer Werterziehung wird hierbei der mündige Bürger angesehen, zugleich wird jedoch immer auch die Vermittlung bestimmter materialer Werte eingefordert.[190]

Eine Begründung der Forderung nach einer kombinierten Werteinstellungs- und Bewertungs-Erziehung findet sich bei Werner Wiater. Er argumentiert, dass Heranwachsende auf ihrer Entwicklung zum mündigen und selbstbestimmten Bürger „vormundschaftlich legitimierbare Durchgangsphasen" (Wiater 2010: 18) durchlaufen, in denen sie auf „,fremdbestimmte' Lernhilfen" (ebd.) angewiesen sind. Mit zunehmender moralischer Entwicklung sollte die inhaltliche Vermittlung zunehmend von Formen der Kommunikation und Reflexion abgelöst werden. Hauptsächlich wird angestrebt, die Heranwachsenden zu einem „demokratischen Ethos" zu erziehen bzw. ihnen „demokratische Grundwerte" als materiale Wertvorstellungen zu vermitteln (vgl. Weber 1981: 64; Schmidt 1981: 74). Diese Werte werden als verbindlicher Minimalkonsens einer offenen, weltanschaulich-pluralistischen Gesellschaft angesehen (vgl. Weber 1999: 82; Wiater/Wiater 2010: 88).[191]

---

[189] Dass Schule überwiegend materiale Werteinstellungs-Erziehung zu leisten hat, wird vor allem von Wolfgang Brezinka vertreten. Auch Gauger (2009: 94ff, 106) vertritt eine ähnliche Position. Dass ausschließlich eine formale Bewertungs-Erziehung im Diskurs mit dem Schüler erfolgen soll, wird hingegen unter anderem von Fees (2000, 2010), Schiele (2000: 4), Stein (2010: 57) sowie Ladenthin (2013: 7) vertreten.

[190] In diesem Zusammenhang erfolgt oft auch der Hinweis auf das bundesdeutsche Schulrecht bzw. die Erziehungsziele in den Landesverfassungen, die vor allem eine materielle Werteinstellungs-Erziehung vorsehen (etwa Uhl 1998: 148; Multrus 2008: 25; Wiater/Wiater 2010: 87; Schleicher 2011: 122–125). Die Vermutung scheint plausibel, dass die langanhaltende Konzentration auf den entwicklungspsychologischen Ansatz von Kohlberg den Blick auf die rechtlichen Aspekte des staatlichen Erziehungsauftrags lange Zeit verstellt hat, so dass die staatlich formulierten Erziehungsziele – ähnlich wie in den juristischen Studien – auch für die erziehungswissenschaftliche Diskussion erst ‚wiederentdeckt' werden mussten.

[191] Selbst Verfechter des „progressiven" Ansatzes oder auch des „romantischen" Ansatzes (vgl. Harmin 1988) begnügen sich nicht mehr allein mit einer formalen Werterziehung zur Urteilskompetenz. So breiten etwa Oser und Althof in ihrem Modellprojekt einer „Gerechten Schulgemeinschaft" ein breites Instrumentarium von Maßnahmen aus, dass einerseits die Vorzüge der Demokratie begrifflich machen soll, andererseits diese auch ganz praktisch einübt (Oser/Althof 1994: 337–458).

4 Wie kann ein Staat Einfluss nehmen auf die Werte seiner Bürger? 177

Was folgt aus dieser Forderung bezüglich des staatlichen Interesses an den Werten seiner Bürger? Der Staat hat ein Interesse an mündigen Bürgern, die kompetent in moralischen Fragen urteilen können. Der Staat hat jedoch ebenfalls ein Interesse an der Internalisierung bestimmter Werthaltungen, die insbesondere einen „demokratischen Ethos" widerspiegeln. Mit Blick auf die aus den Rechtsquellen analysierten staatlich erwünschten Werte handelt es sich also um die Vermittlung der spezifischen Kernwerte eines Staats.

4.1.1.5 Überblick über die pädagogischen Werterziehungskonzepte

Tabelle 4.1 fasst die Eckpunkte der pädagogischen Werterziehungskonzepte noch einmal zusammen. Es stellt sich die Frage, welche dieser Werterziehungskonzepte in DDR und Bundesrepublik zwischen 1949 und 1989 zur Anwendung kamen. Vergleichende Untersuchungen zur schulischen Erziehung (Waterkamp 1990; Mitter 1990) haben diese Frage nicht explizit gestellt, lassen jedoch folgende Rückschlüsse zu.

DDR: Dominanz einer „technologischen" Werterziehung
Es kann plausibel vermutet werden, dass in der ehemaligen DDR vornehmlich das Konzept der „technologischen" Werterziehung und der Versuch einer materialen Werterziehung dominiert haben (Dengel 2005: 102, 149). Dafür spricht, dass die Erziehung zur „sozialistischen Persönlichkeit" primär die Vermittlung bestimmter materialer Wertvorstellungen vorsah. Zugleich überwog bei Politikern und Pädagogen in der DDR die Überzeugung von der Planbarkeit des Erzieherischen (u.a. Waterkamp 1990: 268; Schubarth 1991: 37; Keiser 1991: 39; Kluchert 1999: 116). Auch die Betonung hierarchisch-autoritärer Personenbeziehungen im Schulsektor der DDR deutet darauf hin, dass eher eine passive Übernahme bestimmter materialer Werthaltungen angestrebt wurde.[192]

---

[192] Wilfried Schubarth, ehemaliger Mitarbeiter des Zentralinstituts für Jugendforschung in Leipzig, hat die Werteerziehung in der DDR rückblickend wie folgt zusammengefasst: „So wurde z.B. Erziehung vor allem als Einwirkung und Kinder und Jugendliche als Objekt dieser Einwirkungen verstanden. Das ging einher mit einer Überbetonung der Wissensvermittlung und der verbalen Vermittlung von Werten bei gleichzeitiger Vernachlässigung der konkreten Lebenserfahrungen Jugendlicher. Das wiederum resultierte vor allem aus der irrigen Annahme, daß man Menschen nach bestimmten Zielvorstellungen formen und die

Tabelle 4.1: Pädagogische Werterziehungskonzepte

Ansatz	Theorie-Kontext	Grundpositionen	Ziele	Umsetzung
„romantischer" Ansatz	Rousseau, Theorie natürlicher Reifung	Einzigartigkeit jedes Menschen, Respekt gegenüber der Persönlichkeit des Kindes	keine materiale Wertvermittlung, Wecken der natürlichen Wertpotenziale	Konzept der „Summerhill"-Schule, Wertanalyse, Wertklärung
„technologischer" Ansatz	Kultur- und Wertübertragungs-Ansatz	Tabula-Rasa-Annahme, passive Übernahme der tradierten Werte und Normen	Erlangen von Lebenstüchtigkeit, Internalisierung von materialen Wertvorstellungen, besonders von gemeinschaftsstiftenden und staatserhaltenden Werten	Programme zur Charaktererziehung (USA)
„progressiver" Ansatz	Kohlbergs Stufentheorie der Moralentwicklung	Moralfähigkeit ist an die Urteilsfähigkeit über moralische Probleme geknüpft	Steigerung kognitiver Kompetenzen bei der Beurteilung moralischer Probleme, Selbstständigkeit und Mündigkeit	Plus-1-Konvention, Konzept einer „Gerechten Schulgemeinschaft"
kombinierte Ansätze		vormundschaftlich legitimierbare materiale, später formale Werterziehung	Selbstständigkeit und Mündigkeit, Vermittlung staatlicher Kernwerte	

Bundesrepublik: Wandel von „technologischer" zu „progressiver" Werterziehung

Für die Bundesrepublik lässt sich plausibel annehmen, dass bis in die 1960er Jahre hinein der „technologische" Ansatz schulischer Werterziehung ebenfalls dominierte. In den 1970er Jahren setzte sich allerdings Kohlbergs Ansatz als primäres Werterziehungskonzept in der bundesdeutschen Erziehungswissenschaft durch (Becker 2010: 44). Dies dürfte sich auch in einer Neuakzentuierung in der Lehrerausbildung sowie im zunehmenden Einsatz von Elementen der formalen Werterziehung (Dilemma-Diskussionen) niedergeschlagen haben. Ein Indiz dafür stellt ein seit den 1970er Jahren in der Bundesrepublik beobachtbarer Wandel in der Lehrer-Schüler-Beziehung dar. Diese ist zunehmend gekennzeichnet von einer

---

Entwicklung ihrer Persönlichkeit durch massive Einflußnahme auf ihr Bewußtsein in bestimmte Bahnen lenken könnte" (Schubarth 1991: 37).

4 Wie kann ein Staat Einfluss nehmen auf die Werte seiner Bürger?

„Angstfreiheit der Schüler im Umgang mit dem Lehrer, verbunden mit einem Abbau hierarchisch strukturierter Beziehungen" (Waterkamp 1990: 272). Dieser Befund deutet darauf hin, dass Interessen und Persönlichkeit der Schüler seit den 1970er Jahren in bundesdeutschen Schulen zunehmend berücksichtigt wurden (vgl. Conradt 1980: 253).

4.1.2 Grenzen direkter Einflussnahme durch den Staat

Die Wirkung der verschiedenen Werterziehungsprogramme an Schulen wurde in einer Vielzahl von Studien getestet. In der Regel zeigen sie, dass die Programme ‚funktionieren', das heißt, dass sich eine Beeinflussung der Werte bzw. relevanter kognitiver Fähigkeiten nachweisen lässt. Dem australischen Bildungsforscher John Hattie zufolge mag das allerdings kaum überraschen, denn faktisch jede Lernintervention zeigt eine beeinflussende Wirkung (Hattie 2013). Deshalb ist eher nach der Effizienz bzw. Stärke, aber auch der Steuerbarkeit der Beeinflussung zu fragen. Hier zeigt sich im Vergleich mit einer Vielzahl weiterer Einflussfaktoren, dass Werterziehungsprogramme nur einen geringen Effekt auf die Lernenden ausüben, wobei formale Werterziehungskonzepte (Diskussionen über moralische Dilemmata) etwas besser abschneiden als Programme einer materialen Werterziehung (ebd.: 178). Insofern sind die Möglichkeiten des Staats, über die Schule direkt auf die Werte einzuwirken, als gering einzuschätzen. Woran liegt das?

Heinz-Elmar Tenorth: Grenzen der Indoktrination
Seit den 1980er Jahren griff man im Rahmen der historischen Bildungsforschung das Problem der Begrenztheit schulischer Werterziehung vermehrt unter Stichworten wie „Ambivalenz", „Eigensinnigkeit" bzw. „Eigenlogik" der Sozialisationsinstanzen auf. Damit sind Faktoren gemeint, die innerhalb der Institution Schule der Vermittlung von Wertvorstellungen entgegenstehen. Insbesondere wurde versucht, damit das offensichtliche Scheitern staatlicher Erziehungsansprüche in totalitären Staaten zu erklären. Hans-Elmar Tenorth hat in diesem Zusammenhang ganz allgemein über die „Grenzen der Indoktrination" (Tenorth 1995) reflektiert und hierzu drei Kernthesen formuliert. Sie können als Grenzen der direkten staatlichen Einflussnahme auf die Werte von Individuen durch schulische Werterziehung gedeutet werden.

Immunität des Fachunterrichts gegen Vermittlung festgelegter Werte

Mit einer ersten These verweist Tenorth auf die „eigenlogischen Prinzipien" (ebd.: 343) des Unterrichtens. Das Geschäft des Lehrers ist demnach „immer die ‚Verfremdung', die Konfrontation eines vertrauten oder als alltäglich, gültig, unbefragt auftretenden Bildes der Wirklichkeit durch eine andere, neue, besser begründbare Erfahrung und Interpretation der Welt" (ebd.). Unterrichten ist folglich immer auch mit dem Hinterfragen vertraut erscheinender Sachverhalte verbunden. Insofern sperrt sich Fachunterricht gegen die Vermittlung festgelegter erzieherischer Inhalte.

Konkurrierende Sozialisationsinstanzen

In einer zweiten These verweist Tenorth auf die Sozialisationsbedingungen in der Moderne. Sozialisationserfahrungen sind in der Moderne vor allem von Brüchen gekennzeichnet. So findet Sozialisation nicht länger in einem homogenen Umfeld, vielmehr im Kontext mehrerer Milieus statt, die als „Konkurrenz von Lebenswelten" (ebd.: 345) verstanden werden können. Die Wertevermittlung der Schule, so lässt sich schlussfolgern, erfolgt demnach immer auch in Konkurrenz mit anderen Sozialisationsinstanzen (Familie, Kirche, Peers usw.). Hinzu kommt, dass Sozialisationsinstanzen, wie die Schule selbst, nicht monolithisch wahrgenommen werden. So kann ein Sozialisand auch in der Schule auf konkurrierende Ansichten treffen (ebd.: 346f).

„Eigenaktivitäten" des Individuums

Eine dritte These zielt auf den Vorgang des Lernens an sich, der ebenfalls im Kern gegen erzieherische Ansprüche resistent ist (ebd.: 342). Das individuelle Lernen lässt sich nach Tenorth als ein Mechanismus begreifen, „der im wesentlichen erst durch die Eigenaktivität und Interessen und durch ihre Selektivität gegenüber allen Außenerwartungen bestimmt wird" (ebd.: 347). Das heißt, eine Person bestimmt im Grunde immer auch selbst, welche Lerninhalte sie aufnehmen möchte. Die selektive Eigenaktivität des Individuums lässt sich im Rahmen der Erziehung zwar nutzen und unter günstigen Umständen gestalten, aber sie lässt sich zu keinem Zeitpunkt umgehen (ebd.).

4 Wie kann ein Staat Einfluss nehmen auf die Werte seiner Bürger? 181

Diese Grundthesen finden sich in der Literatur zur schulischen Werterziehung häufiger.[193] Zudem werden weitere „Eigenlogiken" bzw. „Ambivalenzen" als Hemmnisse insbesondere einer materialen Werteerziehung angeführt. So verfügt Achim Leschinsky und Gerhard Kluchert zufolge nicht nur der Fachunterricht, sondern auch die Schule als Ganze über „bestimmte strukturelle Merkmale, die sich einem bewußten Gestaltungszugriff entziehen" (Leschinsky/Kluchert 1999: 17; vgl. auch Tenorth 1999: 39f; Terhart 1999: 44). Auch können die pädagogischen Zielvorgaben selbst „reflexiv, widersprüchlich und unbegrenzbar" (Rolff 1992: 314) sein und damit einer effektiven Werterziehung entgegenstehen. Zudem erfolgt der generelle Hinweis, dass die Hauptaufgabe der Schule weniger in der Werterziehung, sondern hauptsächlich in der Vermittlung von Bildung besteht, wofür sie auch den Großteil der ihr zu Verfügung stehenden Ressourcen verwendet (Meyer 1983: 267; Rolff 1992; Giesecke 1999: 75). Zusammenfassend lässt sich somit sagen, dass Pädagogen die Möglichkeiten gezielter Werte-Beeinflussung durch die Schule als eher gering erachten.

Wann gelingt eine direkte Beeinflussung?
Obschon einer intendierten Wertebeeinflussung nur geringe Chancen eingeräumt werden, finden sich in der Literatur dennoch auch Hinweise auf Faktoren, die eine Werterziehung im Rahmen der Schule zumindest begünstigen. Diese werden primär in einer geschickten Unterrichtsführung sowie in der Gestaltung struktureller Merkmale der Schule gesehen, die auf das Sozialverhalten innerhalb der Schule sowie das Schul- und Lernklima im Allgemeinen abheben (u.a. Meyer 1983: 279; Himmelmann 2000: 261; Leschinsky/Kluchert 1999: 33; Giesecke 2004: 238–246). Andererseits wird die Rolle des Lehrers betont, der kognitiv kompetent sein (Weinert/Helmke 1996: 231), vor allem aber die zu vermittelnden Werte auch vorleben sollte (Böhm 1983: 59; Giesecke 1999: 78, 2004: 239; allgemein zur Rolle des Lehrers siehe Hattie 2013).
Mit Blick auf Tenorths Grundthesen über die Grenzen intendierter schulischer Werterziehung, dürften die genannten Faktoren vermutlich nur moderierende Ef-

---

[193] So zu den Eigenheiten des Fachunterrichts (Kluchert 1999: 112); zur Konkurrenzsituation mit anderen Werteagenturen (Hermann 1985a: 16; Giesecke 1999: 73; Tenorth 1999: 39f; Roth 2001: 119; Giesecke 2004: 236 sowie zu den individuellen Eigen-Aktivitäten im Lernprozess (Rolff 1992: 310; Leschinsky/Kluchert 1999: 17).

4.1 Direkte Einflussnahme im Rahmen staatlicher Sozialisationsinstanzen

fekte auf den Erfolg schulischer Werterziehung ausüben. Denn weder die „Eigenlogiken" des Fachunterrichts bzw. der Schulstruktur (These 1) noch die „Eigenaktivitäten" der Individuen (These 3) lassen sich damit vollständig ausblenden. Diese beiden Hemmnisse intendierter Werterziehung sind eher als ‚Konstanten' zu interpretieren, die unabhängig von Schulsystem und Staat einer direkten Beeinflussung von Heranwachsenden generell entgegenstehen.

Wie aber ist es um den von Tenorth in These 2 benannten Faktor bestellt: die Wahrnehmung einer Konkurrenz der Sozialisationsinstanzen durch den Sozialisanden? Hier ist genauer zu differenzieren. Die Analyse der staatlich erwünschten Werte in Ost und West hat gezeigt, dass Staaten sowohl an der Vermittlung spezifischer Kernwerte als auch an der Vermittlung traditioneller Werte interessiert sind. Speziell für die traditionellen Werte kann dabei plausibel angenommen werden, dass neben dem Staat bzw. der Schule auch andere Sozialisationsinstanzen (etwa die Familie) an der Verbreitung bzw. Weitergabe dieser Werte interessiert sind. Das führt zur Vermutung, dass ein Sozialisand die verschiedenen Sozialisationsinstanzen bezüglich der traditionellen Werte als nicht konkurrierend wahrnimmt. Da die verschiedenen Sozialisationsagenturen diese Werte gleichermaßen vertreten, könnte er sie als ‚unwidersprochen' wahrnehmen, was eine Übernahme vermutlich begünstigt. Die Wahrnehmung konkurrierender Sozialisationsinstanzen bezieht sich demnach weniger auf geteilte Werte, sondern primär auf die von den einzelnen Sozialisationsinstanzen spezifisch vertretenen Werte – im Falle des Staats auf dessen Kernwerte.

Wann gelingt nun aber die Vermittlung staatlicher Kernwerte am effektivsten? Kehrt man Tenorths These 2 um, dann ist die Wahrscheinlichkeit eines Erziehungserfolgs bei der Vermittlung spezifischer Werte dann am höchsten, wenn ein Sozialisand die verschiedenen Sozialisationsinstanzen als nicht (mehr) in Konkurrenz stehend wahrnimmt. Hat demnach ein Heranwachsender den Eindruck, dass neben der Schule auch andere (traditionelle) Sozialisationsinstanzen die staatlichen Kernwerte aktiv vermitteln, akzeptieren oder zumindest ‚unwidersprochen' hinnehmen, dann dürfte die Wahrscheinlichkeit einer Übernahme dieser Werte am größten sein.

Genau dieser Konstellation einer nur gering wahrnehmbaren Konkurrenz zwischen tradierten Sozialisationsinstanzen könnten Heranwachsende in der NS-Zeit vermehrt begegnet sein. Es kann angenommen werden, dass Heranwachsende in dieser Zeit die Lehrer, Elternhäuser, zum Teil sogar die Kirchen als tendenziell übereinstimmende Werteinstanzen wahrnahmen. Dies könnte die Aufnahme von ideologisch geprägten Wertvorstellungen durch Heranwachsende während der NS-Zeit zumindest phasenweise begünstigt haben. Welche Konstellationen herrschten jedoch in DDR bzw. Bundesrepublik vor? Welche Schlussfolgerungen ergeben sich hieraus für den Vermittlungserfolg der Kernwerte beider deutschen Staaten? Für die DDR kann von einer wahrnehmbaren Homogenität der Sozialisationsinstanzen – allein schon mit Blick auf die Stellung der Kirchen – nicht gesprochen werden. Widersprüche zwischen Alltagswelt und staatlicher Propaganda dürften zudem von den Heranwachsenden selbst wahrgenommen, aber auch von den konkurrierenden Sozialisationsinstanzen (Familie, Peers) thematisiert worden sein. Heranwachsende in der DDR dürften somit die staatlichen Kernwerte der DDR in ihrem persönlichen Umfeld kaum als ‚unwidersprochen' wahrgenommen haben. Insofern dürfte die Vermittlung der staatlichen Kernwerte auf die staatlichen Sozialisationsinstanzen (Schule und Massenorganisationen) beschränkt geblieben sein. Es ist daher anzunehmen, dass eine Identifikation mit den staatlichen Kernwerten der DDR durch Heranwachsende kaum stattfand.

Für die Bundesrepublik ergibt sich eine andere Schlussfolgerung. Konkurrierende Sozialisationsinstanzen (Kirchen, Eltern) wurden und werden hier nicht nur toleriert, sondern geschützt und gefördert. Dadurch dürfte einerseits die Pluralität der Wertvorstellungen insgesamt gefördert worden sein, andererseits könnte dies auch zur Akzeptanz der demokratischen Staatsform durch die anderen Sozialisationsinstanzen beigetragen haben. Die Vermittlung bundesdeutscher Kernwerte dürfte zwar nach wie vor als Aufgabe des Staats angesehen werden. Es kann jedoch erwartet werden, dass konkurrierende Sozialisationsinstanzen die staatlichen Kernwerte der Bundesrepublik nicht in Zweifel ziehen. Diese ‚stillschweigende' Akzeptanz durch andere Sozialisationsinstanzen könnte somit die direkte Werterziehung durch den bundesdeutschen Staat begünstigt haben.

Fassen wir die Diskussion der Grenzen direkter staatlicher Einflussnahme auf die Werte der Bürger zusammen. Der Erfolg intendierter schulischer Werterziehung wird allgemein als gering eingeschätzt. Insbesondere werden Eigenlogiken des Unterrichts, Eigenaktivitäten des Lernenden sowie die Wahrnehmung konkurrierender Sozialisationsinstanzen als begrenzende Faktoren angeführt. Während Eigenlogiken des Unterrichts sowie die Eigenaktivitäten des Lernenden nur bedingt beeinflussbare Faktoren darstellen, bezieht sich die Wahrnehmung konkurrierender Sozialisationsinstanzen vor allem auf die von den Instanzen spezifisch vertretenen Werte, weniger auf gemeinsam geteilte Werte. Die Chancen für die Internalisierung spezifischer Kernwerte eines Staats erhöhen sich vermutlich, wenn Heranwachsende sie als ‚unwidersprochen' wahrnehmen. Das ist der Fall, wenn andere traditionelle Sozialisationsinstanzen in der Wahrnehmung der Heranwachsenden die staatlichen Kernwerte stillschweigend akzeptieren oder diese befürworten. Das dürfte eher in der Bundesrepublik als in der ehemaligen DDR der Fall gewesen sein. Allerdings sollte man diese Effekte in Ost und West nicht überschätzen. Als Fazit der Diskussion der direkten Einflussnahme durch den Staat bleibt festzuhalten, dass diese als prinzipiell gering einzuschätzen ist.

4.2 Indirekte Einflussnahme durch Setzen von Verhaltensanreizen

Wenden wir uns damit der zweiten Möglichkeit des Staats zu, Einfluss auf die Werte seiner Bürger zu nehmen. Als eine indirekte Beeinflussung der Werte durch den Staat kann der Versuch verstanden werden, durch Modifikation der Rechtsordnungen eine Veränderung der Verhaltensweisen der Personen zu bewirken, die sich indirekt auch in veränderten Einstellungen und Werthaltungen niederschlagen kann. Diese Art staatlicher Einflussnahme durch Setzen von Verhaltensanreizen kann als indirekt bezeichnet werden, da die Beeinflussung der Werte hier erst über den ‚Umweg' einer Verhaltensänderung erfolgt. Eine unmittelbare Interaktion zwischen einem staatlichen Werteagenten (Lehrer) und einem Edukanden wie bei der direkten Einflussnahme, ist hierzu nicht erforderlich.[194]

---

[194] Die Veränderung der Rechtsordnung stellt dabei das zentrale Mittel indirekter Einflussnahme dar. Es gibt jedoch auch weitere, oft begleitende Maßnahmen staatlicher Intervention, die ebenfalls auf eine Verhaltensbeeinflussung abzielen, aber keine expliziten Eingriffe in bestehende Gesetzeswerke verlangen. Zu denken ist hier in erster Linie an Veränderungen in den Verwaltungs- und Dienstvorschriften, die zu wahrnehmbaren Schwerpunktverlagerungen bestehender Dienstanweisungen (z.B. Anweisung zu verstärkten Kontrollen) führen können. Zudem können auch Umverteilungen in der Ressourcenausstattung und ein neuer Etatzuschnitt für staatliche Dienstleistungen neue Verhaltensanreize für die Bürger erzeugen. Weiterhin ist auf staatliche Maßnahmen aufmerksam zu machen, die in Form von Aufklärungskampagnen neues Wissen bereitstellen und somit auch direkte erzieherische Funktionen erfüllen können. Allerdings findet bei dieser Form von ‚Erziehung' keine direkte Interaktion im Rahmen einer staatlichen Sozialisationsinstanz statt. Der Versuch einer Verhaltensbeeinflussung erfolgt stattdessen über die Bereitstellung zusätzlicher Informationen. Gemeinsamer Kern dieser weiteren staatlichen Interventionsmöglichkeiten

4 Wie kann ein Staat Einfluss nehmen auf die Werte seiner Bürger? 185

Die Überlegungen zu einer indirekten Beeinflussung der Werte durch den Staat lassen sich durch die Theorie der kognitiven Dissonanz von Leon Festinger stützen (Festinger 1970, zuerst 1957). Die Theorie der kognitiven Dissonanz wurde für „Kognitionen" konzipiert, worunter Festinger vornehmlich Einstellungen und Meinungen versteht. Werte stellen allerdings vergleichbare mentale Dispositionen bzw. Kognitionen dar. Insofern scheint eine Erweiterung der Theorie der kognitiven Dissonanz auch auf allgemeinere Wertvorstellungen gerechtfertigt. Im Folgenden sollen zunächst die Grundlinien der Theorie der kognitiven Dissonanz nachgezeichnet und die Relevanz dieses Ansatzes für die hier verfolgte Fragestellung herausgearbeitet werden. Anschließend wird eine Ausweitung von Festingers Theorie auf das Phänomen der Werte aber auch die Grenzen einer intendierten indirekten Einflussnahme auf die Werte diskutiert.

4.2.1 Die Theorie der kognitiven Dissonanz von Leon Festinger

Die Theorie der kognitiven Dissonanz wurde von Leon Festinger bereits in den 1950er Jahren formuliert und gilt als empirisch gut belegt. Obschon die Theorie seither Ausdifferenzierungen und Weiterentwicklungen erfahren hat (vgl. etwa Aronson/Wilson/Akert 2008: 161–189), soll hier auf die ursprüngliche Konzeption von Leon Festinger zurückgegriffen werden. Festinger fasst seine Theorie in drei Kernthesen zusammen:

„1. There may exist dissonant or ‚nonfitting' relations among cognitive elements.
2. The existence of dissonance gives rise to pressures to reduce the dissonance and to avoid increases in dissonance.
3. Manifestations of the operation of these pressures include behavior changes, changes of cognition, and circumspect exposure to new information and new opinions" (Festinger 1970: 31).

---

ist der Versuch, wahrnehmbare Verhaltensanreize zu setzen. Sie sind ebenfalls als Instrumente einer indirekten Wertebeeinflussung interpretierbar. Wenn im Folgenden der Schwerpunkt ganz allgemein auf den Modifikationen der Rechtsordnungen liegt, so sind diese weiteren Maßnahmen staatlicher Intervention immer mitgemeint.

4.2 Indirekte Einflussnahme durch Setzen von Verhaltensanreizen

Vermeidung von Inkonsistenzen (Dissonanzen) zwischen Einstellungen und Verhalten

Festingers Ausgangsüberlegung ist, dass Menschen im Allgemeinen nach Konsistenz (Konsonanz) ihrer Einstellungen sowie zur Konsistenz von Einstellung und Verhalten streben. Die Konsistenz der eigenen Einstellungen sowie zwischen Einstellung und Verhalten ist gemeinhin die Regel (ebd.: 1). Allerdings können zuweilen auch Inkonsistenzen zwischen den eigenen Einstellungen bzw. zwischen einer eigenen Einstellung und einer eigenen Verhaltensweise beobachtet werden (ebd.). Eine solche Inkonsistenz kann auch als „kognitive Dissonanz" bezeichnet werden. Als Beispiel für eine bestehende kognitive Dissonanz zwischen Einstellung und Verhalten verweist Festinger auf einen Raucher, der weiter raucht, obschon er weiß, dass er damit seiner Gesundheit schadet (ebd.: 2).[195]

Bestehende Dissonanzen führen zu psychischem Druck

Eine typische Strategie von Personen, mit den eigenen wahrgenommenen Dissonanzen umzugehen, besteht darin, Rationalisierungen vorzunehmen. Das heißt, eine Person versucht, etwa durch Auswahl geeigneter Argumente, die Inkonsistenzen sich selbst gegenüber aufzulösen, so dass sie nicht länger als Widersprüche wahrgenommen werden. Bleibt eine Dissonanz dennoch bestehen, dann wird diese als psychologisch unangenehm empfunden, die Person verspürt dann einen inneren Druck, die bestehende Dissonanz zu reduzieren (ebd.: 2).

Zwei Wege der Dissonanzreduktion

Wie kann eine Person eine bestehende kognitive Dissonanz reduzieren? Zwei Wege sind nach Festinger denkbar, die er am Beispiel des Rauchers, der nunmehr über die Gesundheitsgefahren des Rauchens im Bilde ist, erläutert.

1. Kognition wird durch Verhaltensänderung wieder konsistent
2. Veränderung des „Wissens"

Eine erste Möglichkeit besteht darin, dass eine Person ihr Verhalten so ändert, dass Verhalten und Einstellung wieder konsistent sind: „He might simply change his

---

[195] Als Beispiel für eine kognitive Dissonanz zwischen zwei Einstellungen führt er an, dass ein Mensch nichts gegen Afroamerikaner im Allgemeinen haben kann, sie aber dann doch nicht in der unmittelbaren Nachbarschaft wohnen haben möchte (Festinger 1970: 1).

4 Wie kann ein Staat Einfluss nehmen auf die Werte seiner Bürger?

cognition about his behavior by changing his actions; that is, he might stop smoking. If he no longer smokes, then his cognition of what he does will be consonant with the knowledge that smoking is bad for his health" (ebd.: 6). Eine zweite Möglichkeit, die kognitive Dissonanz zu reduzieren, besteht für eine Person darin, selektiv zusätzliche Kenntnisse zu erwerben, welche die bisherige Einstellung stützen. Zuvor aufgekommene Zweifel an der bisherigen Einstellung können dadurch für die Person wieder an Relevanz verlieren: „He might change his ‚knowledge' about the effects of smoking. This sounds like peculiar way to put it, but it expresses well what must happen. He might simply end up believing that smoking does not have any deleterious effects, or he might acquire so much ‚knowledge' pointing to the good effects it has that the harmful aspects become negligible. If he can manage to change his knowledge in either of these ways, he will have reduced, or even eliminated, the dissonance between what he does and what he knows" (ebd.: 6).

Keine Garantie für das Gelingen von Dissonanzreduktion
Ob aber eine Reduktion von Dissonanz gelingt, kann nicht vorhergesagt werden: „There is no guarantee that the person will be able to reduce or remove the dissonance. The hypothetical smoker may find that the process of giving up smoking is too painful for him to endure" (ebd.: 6).

4.2.2 Relevanz der Theorie der kognitiven Dissonanz für die Fragestellung

Die Relevanz von Festingers Theorieansatz für die hier verfolgte Fragestellung ergibt sich aus dessen Ausführungen über die Entstehung kognitiver Dissonanz. Wie entstehen überhaupt Inkonsistenzen zwischen den eigenen Einstellungen bzw. zwischen Einstellung und Verhalten? Nach Festinger gibt es hierfür zwei Möglichkeiten:

1. eine Person wird mit neuen Ereignissen bzw. neuen Informationen konfrontiert (ebd.: 4)

2. Widersprüche in den Einstellungen sind häufig gar nicht vermeidbar (ebd.: 5)[196]

Modifikationen der Rechtsordnungen als neue Ereignisse interpretierbar
Besonders die erste Möglichkeit der Entstehung kognitiver Dissonanz ist hier von Interesse. Neue Ereignisse bzw. neue Informationen können bei einer Person kognitive Dissonanz hervorrufen. Es kann plausibel angenommen werden, dass dieser Fall auch eintreten kann, wenn Rechtsordnungen wahrnehmbar verändert werden und dadurch neue Verhaltensanreize entstehen. Reagiert eine Person auf eine wahrnehmbare staatliche Intervention (also auf die Schaffung neuer Verhaltensanreize aufgrund einer Gesetzesnovelle) mit einer Veränderung im Verhalten, kann dies unter Umständen zu Widersprüchen zwischen bisheriger Einstellung und neuem Verhalten und somit zu kognitiver Dissonanz führen. Eine mögliche Folge kann dann sein, dass die bisherige Einstellung einer Person zugunsten einer anderen, dem neuen Verhalten konsistenten Einstellung aufgegeben wird. Dieser Sachverhalt soll an einem Beispiel erläutert werden: Zur Reduktion von Abgasen sowie zur Erhöhung der Verkehrssicherheit beschließt die Regierung eines Staats auf der Autobahn ein Tempolimit einzuführen und ändert hierzu die Straßenverkehrsordnung. Das Übertreten des Tempolimits wird mit Bußgeldern oder dem Entzug des Führerscheins sanktioniert. Insbesondere bei Kraftfahrern, die bisher gern mit hohem Tempo unterwegs waren und Tempolimits abgelehnt haben, könnten nun kognitive Dissonanzen auftreten. Sie sind dazu angehalten, ihr Verhalten zu ändern und ihr Fahrtempo an das gesetzliche Tempolimit anzupassen, was allerdings ihrer bisherigen Einstellung widerspricht. Einige Kraftfahrer werden diese staatliche Regulierungsmaßnahme weiterhin ablehnen und möglicherweise auch künftig, zumindest wenn sie sich unbeobachtet fühlen, das Tempolimit zu überschreiten suchen. Sie bleiben bei ihrer Ablehnung von Tempolimits.

---

[196] Festinger erläutert seine Überlegungen hinsichtlich der Entstehung kognitiver Dissonanz an mehreren Beispielen (siehe Festinger 1970: 4f). Bezüglich der ersten Möglichkeit der Dissonanz-Entstehung verweist er unter anderem auf folgende Situation: Eine Person plant seit Tagen ein Picknick im Grünen und denkt dabei an einen Tag mit strahlendem Sonnenschein. Als der Tag des Picknicks anbricht, regnet es. Es ist ein neues Ereignis eingetreten: „The knowledge that it is now raining is dissonant with his confidence in a sunny day and with his planning to go to a picnic" (ebd.: 4). Als ein Beispiel dafür, dass gewisse Widersprüche in den Einstellungen oft gar nicht vermieden werden können, führt Festinger unter anderem folgende Situation an: Ein Farmer in den USA unterstützt im Allgemeinen die Partei der Republikaner. Gleichzeitig kann derselbe Farmer die spezifische Haltung dieser Partei gegenüber Farmpreisen ablehnen.

4 Wie kann ein Staat Einfluss nehmen auf die Werte seiner Bürger? 189

Andere Autofahrer könnten sich hingegen mit dem gedrosselten Fahrtempo abfinden und diesem nach einer Weile sogar positive Seiten abgewinnen. So könnten sie nunmehr das Fahren auf der Autobahn als deutlich entspannter und risikoärmer empfinden, auch könnte der dadurch gesunkene Kraftstoffverbrauch positiv wahrgenommen werden. Nach einer Weile könnten sie das Tempolimit nicht nur akzeptieren, sondern sogar befürworten. Durch den vom Staat gesetzten Anreiz, ihr Verhalten zu ändern, wurden somit bei diesen Personen kognitive Prozesse ausgelöst, die ihre bisher ablehnende Haltung gegenüber Tempolimits revidierten.

4.2.3 Werte und kognitive Dissonanz

Wie schon mehrfach betont wurde, konzipierte Festinger seine Theorie der kognitiven Dissonanz primär für Meinungen und spezifische Einstellungen, wie etwa die gegenüber Tempolimits. Es wird hier jedoch die These vertreten, dass eine Ausweitung dieses Theorieansatzes auch auf das Phänomen der Werte möglich ist.[197] In Kapitel 2 war das Verhältnis zwischen Einstellungen und Werten bereits ausführlich diskutiert worden. Werte unterscheiden sich demnach vornehmlich inhaltlich-qualitativ von Einstellungen. Die Auffassungen vom guten und richtigen Handeln sind in der Regel abstrakter und weniger an konkrete Situationen gebunden. Es wurde argumentiert, dass diese möglicherweise gerade aufgrund dieser Eigenschaften ‚schwerfälliger' gegenüber einem Wandel auf mentaler Ebene sind. Sie sind vermutlich stärker ‚immun' gegenüber kognitiver Dissonanz.[198]
Sieht man nun aber von ihrer höheren Persistenz einmal ab, stellen Werte und Einstellungen vergleichbare kognitive Phänomene dar. Deshalb ist generell vorstellbar, dass sich neben den spezifischeren Einstellungen auch die abstrakteren Wertvorstellungen einer Person aufgrund situativer Einflüsse ändern können. Dass

---

[197] Den Versuch, Wertvorstellungen mit kognitionstheoretischen Überlegungen zu verbinden, unternahm bereits Peter Kmieciak in den 1970er Jahren. Sein „kognitives/werttheoretisches Erklärungsmodell" (Kmieciak 1976: 207) verknüpft dabei allerdings gleich mehrere kognitionstheoretische Ansätze. Auch Helmut Klages argumentiert in seinen Wertstudien zuweilen mithilfe der Theorie der kognitiven Dissonanz (vgl. Klages 1984: 16, 1985: 230).

[198] Häufig wird dagegen die hohe Persistenz von Wertvorstellungen mit deren Sozialisation in Kindheit und Jugend in Verbindung gebracht. Einmal tief verankert, ändern sich die Werte nicht oder kaum noch. Dass Werte in dieser Zeit erlernt und verinnerlicht werden, soll keineswegs bestritten werden. Allerdings kann das größere Beharrungsvermögen der Werte auch und gerade auf deren inhaltlich-qualitativen Merkmale und weniger auf den Zeitpunkt ihres Erwerbs zurückgeführt werden.

dies durchaus der Fall sein kann, zeigte sich in den 1950er Jahren in der DDR, als viele Personen offenkundig in kurzer Zeit bereit waren, ihre religiösen Wertvorstellungen aufzugeben (hierzu ausführlich weiter unten).[199] Insofern stellt sich die Frage, unter welchen situativen Bedingungen auch allgemeinere Werthaltungen ‚unter Druck' geraten können. Welche Faktoren begünstigen, dass auch Werte ins Spannungsfeld kognitiver Dissonanz geraten?

Wann wandeln sich Werte?

Werte, so war in Kapitel 2 argumentiert worden, sind mit einer Vielzahl spezifischer Einstellungen assoziiert. Wenn eine Einstellung aufgrund neuer Informationen oder auch neuer Verhaltensanreize unter Druck gerät und sich eine kognitive Dissonanz aufbaut, dann ist denkbar, dass sich dies indirekt auch auf eine assoziierte Wertvorstellung auswirken kann. Sofern hierbei lediglich eine einzige Einstellung von kognitiver Dissonanz betroffen ist, dürfte sich eine mögliche Einstellungsänderung (als Dissonanzreduktion) kaum auf eine assoziierte Werthaltung auswirken. Wird allerdings eine Person mit einer Vielzahl neuer Verhaltensanreize oder neuer Wissensbestände konfrontiert, könnten – vermittelt über die assoziierten Einstellungen und Verhaltensweisen – auch Werthaltungen von Dissonanz betroffen sein. Eine Veränderung der Werthaltung könnte dann für die betroffene Person eine Möglichkeit darstellen, die bestehende kognitive Dissonanz aufzulösen. Kurzum: Bei multipler Veränderung der Umweltbedingungen (Vielzahl von Verhaltensanreizen, neues Wissen) können sich möglicherweise auch internalisierte Werte verändern.

Dies kann besonders für eher schwach ausgeprägte Wertvorstellungen angenommen werden, das heißt für Werte, die affektiv und kognitiv für eine Person kaum eine Rolle spielen und bisher kaum Verhaltensrelevanz besessen haben. Hingegen dürften von einer Person für wichtig erachtete Wertvorstellungen, die zudem affektiv ‚aufgeladen' sind und Verhaltensrelevanz besitzen, sich als deutlich stabiler erweisen.[200] Kommt es zu einer Wertveränderung auf mentaler Ebene, so dürfte es

---

[199] Auch die im Rahmen von Kohortenstudien berichteten „Periodeneffekte" können als ein Indiz dafür interpretiert werden, dass sich die Wahrnehmung einer veränderten Lebenssituation (etwa die Wahrnehmung einer veränderten ökonomischen Situation eines Landes) auf assoziierte Wertvorstellungen auswirken kann (vgl. Inglehart 1995: 105f).

[200] Das ist eine Annahme, die sich für Einstellungen aus dem sozialpsychologischen Attitudestrength-Ansatz ableiten lässt (vgl. Haddock/Maio 2007: 205). Da nur inhaltlich-qualitativ

4 Wie kann ein Staat Einfluss nehmen auf die Werte seiner Bürger?

sich vermutlich weniger um einen Wandel im Sinne einer Umkehrung der bisherigen Wertvorstellung handeln. Vielmehr dürfte es sich entweder um ein ‚Verblassen' einer Werthaltung handeln: Die bisherige Wertvorstellung wird dann vermutlich nicht mehr als wichtig erachtet und in zuvor relevanten Situationen nicht mehr ‚aktualisiert', sie löst keine affektiven Zustände aus. Oder aber eine (bisher nicht oder nur) gering ausgeprägte Werthaltung wird aufgrund neuer Wissensbestände bzw. Verhaltensanreize ‚verstärkt': Sie kann dann in einer Person affektive Zustände auslösen und Verhaltensrelevanz erlangen.

Ein Beispiel: Die Vielfalt der Verhaltensanreize und der Rückgang religiöser Werte in der DDR
Diese Überlegungen lassen sich am bereits erwähnten Beispiel des Rückgangs religiöser Werte in der ostdeutschen Bevölkerung verdeutlichen. Es wird argumentiert, dass nach 1945 die Ostdeutschen dauerhaft einer Vielzahl von Verhaltensanreizen ausgesetzt waren, die eine Loslösung von religiösen Werthaltungen begünstigt haben. Ein Teil dieser Verhaltensanreize wurde dabei vom DDR-Staat initiiert. Die Analyse lässt hierbei zwei ‚Stoßrichtungen' erkennen: Einerseits wurden die Kirchen in ihrer Arbeit als konkurrierende Werteagenturen behindert, andererseits erfolgte eine Benachteiligung derjenigen Personen, die erkennbar aus religiösen Haushalten stammten:

Staatlich initiierte Behinderung der Kirchen als Werteagenturen in der DDR
- kein Religionsunterricht, vielmehr atheistisch ausgerichtete Schuleinrichtungen
- keine Staatshilfen, etwa bei Einnahme der Kirchensteuer
- fehlender Zugang zu den Medien
- fehlende öffentliche Wirkungsmöglichkeiten der Kirchen
- Keine politische Mitwirkung von Christen außerhalb der SED-kontrollierten CDU und der Nationalen Front (Henkys 1994: 203)

Staatlich initiierte Benachteiligung der Personen aus religiösen Haushalten
- Behinderung und Benachteiligung von Kindern und Jugendlichen aus christlichen Elternhäusern im Bildungssystem der DDR (Schroeder 1998: 474)

---

zwischen Werten und Einstellungen unterschieden wird, lässt sich diese These allerdings auch auf Wertvorstellungen ausdehnen.

4.2 Indirekte Einflussnahme durch Setzen von Verhaltensanreizen

- Berufliche Diskriminierung, u.a. kein Ausüben öffentlicher Berufe (Henkys 1994: 203)
- Androhung von Repressionen bei unerwünschten politischen Aktivitäten in der Jungen Gemeinde (Schroeder 1998: 474; Pietzsch 2005: 16)

Diese Behinderungen religiöser Lebensführung lassen sich als staatlich initiierte Verhaltensanreize interpretieren, denen die DDR-Bürger „quasi-experimentell" (Wohlrab-Sahr/Karstein/Schmidt-Lux 2009: 13) ausgesetzt waren. Zu diesen vom DDR-Staat verantworteten kommen allerdings eine Vielzahl weiterer Verhaltensanreize auf individueller Ebene hinzu (z.B. Aussicht auf mehr Freizeit, weniger Verpflichtungen usw.).[201] Zudem ist anzumerken, dass eine Loslösung von der Kirche auch eine gewisse Anschlussfähigkeit an die „Bestände der Aufklärung" (Wohlrab-Sahr 2011: 146; Wohlrab-Sahr/Karstein/Schmidt-Lux 2009) besaß. Das heißt, eine Loslösung von der Kirche ließ sich offenkundig auch mit anderen Wissensbeständen vereinbaren und somit kognitiv leichter verarbeiten. Hinzuzufügen ist, dass zwar 90 % der Ostdeutschen im Gründungsjahr der DDR noch Mitglied einer Kirche waren (Pollack/Müller 2011: 130). Forschungen legen jedoch nahe, dass bereits zu diesem Zeitpunkt unter den protestantischen Kirchenangehörigen die religiösen Einstellungen eher schwach ausgeprägt waren (vgl. Henkys 1994: 239).

Es kann deshalb vermutet werden, dass ‚modernisierungsbedingte' Anreize nunmehr ergänzt um eine Vielzahl neu und dauerhaft eingerichteter Verhaltensanreize des DDR-Staats bei nicht wenigen Ostdeutschen eine kognitive Dissonanz ausgelöst haben könnten. Zur Reduzierung dieser kognitiven Dissonanz könnten diese Personen ihre vermutlich ohnehin schwach ausgeprägten religiösen Wertvorstellungen abgelegt haben. Da bei der religiösen Erziehung in der DDR mit der Schule eine wichtige Sozialisationsinstanz entfiel, kam es zudem verstärkt auf die Eltern an, religiöse Erziehungsleistungen zu erbringen.[202] Es scheint plausibel, dass es

---

[201] Vgl. hierzu auch die „Wettbewerbssituation", in der sich religiöse Angebote befinden, in Pollack/Müller (2011: 143).
[202] Zwar gab es das Angebot der Kirchen, religiöses Wissen auch weiterhin im Rahmen der Gemeinden durch Religionsunterricht und Christenlehre zu erwerben. Aber die Überführung aus der obligaten Wissensvermittlung durch die Schule in den Bereich der Freizeit und Freiwilligkeit dürfte die Anreizstruktur für den Erwerb religiösen Wissens ungünstig beeinflusst haben. So dürfte der Besuch der Christenlehre für die Heranwachsenden mit anderen, möglicherweise attraktiver wahrgenommenen Freizeitangeboten (Fußballverein, TV usw.) konkurriert und zu Konflikten mit den Eltern geführt haben. Insofern hatten die Eltern nicht

4 Wie kann ein Staat Einfluss nehmen auf die Werte seiner Bürger? 193

nunmehr eine größere Anzahl Eltern gab, die aus der Bewertung von Aufwand und Nutzen der zusätzlich zu leistenden religiösen Erziehung für sich entschieden, Religiosität nicht weiter an die nachfolgende Generation zu vermitteln. Insofern dürfte die Konfessionslosigkeit an spätere Generationen weitergegeben worden sein.[203] Ganz allgemein lässt sich somit vermuten, dass das Vorhandensein multipler Verhaltensanreize bei den Ostdeutschen zur verstärkten Abwendung von religiösen Werthaltungen als Strategie zur Dissonanzreduktion führte.

4.2.4 Grenzen indirekter Einflussnahme durch den Staat

Das Beispiel der Behinderung religiöser Lebensführung in der ehemaligen DDR suggeriert die Vorstellung einer gewissen Steuerbarkeit indirekter Einflussnahme auf die Werte der Bevölkerung durch das Setzen relevanter Verhaltensanreize. Hiernach scheint es, dass der DDR-Staat die aus seiner Sicht ‚richtigen' Verhaltensanreize setzte, wodurch indirekt die religiösen Wertvorstellungen in der Bevölkerung wie vom Staat intendiert zurückgingen. Diese Vorstellung greift allerdings zu kurz. Es wurde darauf hingewiesen, dass sich die DDR-Bürger mit einer Vielzahl weiterer, nicht vom Staat ausgehender Verhaltensanreize konfrontiert sahen. Erst das Zusammenwirken dieser mit den DDR-spezifischen Faktoren dürfte zu einer vermehrten Abkehr von der Religion geführt haben. Deshalb wird sich auch der Meinung angeschlossen, dass der Prozess der Säkularisierung im Zuge allgemeiner Modernisierungsprozesse bereits weit vor der Gründung der DDR einsetzte und sich nicht auf die DDR beschränkte (vgl. Pollack/Müller 2011: 143). Die Erosion religiöser Wertvorstellungen setzte sich auch in der Bundesrepublik nach 1949 weiter fort. Dies wird auch im empirischen Teil dieser Arbeit am Beispiel religiöser Einträge in die Poesiealben untermauert. Insofern wirkten sich die divergierenden Verhaltensanreize in Ost und West vornehmlich moderierend auf die religiösen Werthaltungen aus. Die Verhaltensanreize des DDR-Staats haben den Säkularisierungsprozess hier vermutlich nur beschleunigt (vgl. Pickel 2011b: 188; Pickel 2013: 95).[204]

---

nur den Zugang zum Religionsunterricht zu ermöglichen, sondern vermutlich auch innerfamiliäre ‚Überzeugungsarbeit' zu leisten.

[203] Zum Einfluss der Eltern bei der Übertragung der Konfessionslosigkeit auf die nächste Generation siehe Pickel (2011a: 73).

[204] Eine Rückkehr zu religiösen Einstellungen blieb nach 1990 aus und wäre auch aus der hier eingenommenen Theorieperspektive unplausibel. Es hätte hierzu erneut multifaktorieller

Allgemeine Grenzen einer intendierten indirekten Einflussnahme

Aus Festingers Theoriemodell und den vorangegangenen Überlegungen können allgemeine Grenzen einer absichtsvollen Beeinflussung der Werte durch das Setzen von Verhaltensanreizen näher bestimmt werden. Insbesondere zwei Faktoren lassen die Chancen einer absichtsvollen indirekten Einflussnahme auf die Werte der Individuen eher begrenzt erscheinen:

1. Es gibt keine Garantie, dass eine Dissonanzreduktion eintritt (Festinger 1970: 6).
2. Werte sind gegenüber kognitiver Dissonanz stärker ‚immun' als Einstellungen.

Auf beide Faktoren wurde bereits eingegangen. Festingers Hinweis, dass es keine Garantie für eine Dissonanzreduktion gibt, deutet auf eine nur geringe Steuerbarkeit einer indirekten Einflussnahme hin. Verhaltensanreize durch den Staat können, müssen aber nicht zwingend auch die Einstellungen und Werte von Menschen beeinflussen. Der zweite Faktor verweist auf die besonderen Merkmale von Wertvorstellungen. Werte zeichnen sich durch eine hohe Abstraktheit sowie einen transsituativen Geltungsanspruch aus, wodurch sie vermutlich eine größere Persistenz sowie eine höhere Immunität gegenüber kognitiver Dissonanz aufweisen. Hieraus folgt, dass einzelne Modifikationen der Rechtsordnungen eher keinen Einfluss auf die Werte einer Person ausüben. Um auf indirekte Wirkungen des Staats auf die Werte in der Bevölkerung schließen zu können, sind deshalb vor allem größere Maßnahmebündel oder aber die vom Staat allgemein beeinflussbaren Rahmenbedingungen in den Blick zu nehmen.

4.3 Schlussfolgerungen für die Hypothesenbildung

In Tabelle 4.2 sind die wichtigsten Punkte hinsichtlich der direkten sowie der indirekten Beeinflussung der Werte durch den Staat zusammengefasst. Welche

---

Verhaltensanreize bedurft, den Ostdeutschen eine Rückkehr in die Kirche ‚schmackhaft' zu machen. Viele Ostdeutsche dürften zudem die Erfahrung gemacht haben, dass typische areligiöse Anreize, die Kirchenmitgliedschaften ebenfalls bieten, insbesondere persönliche Kontakte, erweitertes soziales Netzwerk, Jobaussichten usw. auch ohne Kirchenmitgliedschaften realisiert werden konnten. Auch die bereits erwähnte Anschlussfähigkeit an „Bestände der Aufklärung" (Wohlrab-Sahr 2011: 146) ist nach wie vor vorhanden.

4 Wie kann ein Staat Einfluss nehmen auf die Werte seiner Bürger?

Schlüsse ergeben sich hieraus für die Bildung von Hypothesen zur Vorhersagbarkeit staatlicher Einflussnahme?

Tabelle 4.2: Direkte und indirekte Wertebeeinflussung durch den Staat

	direkte Beeinflussung	indirekte Beeinflussung
Kernthese	Werterziehung im Rahmen staatlicher Sozialisationsinstanzen, insbesondere aber der Schule durch Unterricht, Lehrer-Schüler-Interaktion sowie Schulklima	Werteanpassung als Folge einer Dissonanzreduktion, ausgelöst durch neue Verhaltensanreize bzw. Wissensbestände aufgrund Veränderungen der Rechtsordnungen
Theorieansatz	schulische Werterziehungskonzepte	Theorie der kognitiven Dissonanz, erweitert um das Wertkonzept
Chancen intendierter Einflussnahme durch den Staat	geringer Einfluss, institutionelle „Eigenlogiken" als begrenzende Faktoren	bei Vorliegen multipler Verhaltensanreize möglich, aber kaum steuerbar

Im Rahmen dieser Arbeit ist es nur bedingt möglich, den spezifischen Beitrag der Schule als Instanz direkter staatlicher Einflussnahme auf die Werte von Heranwachsenden näher zu bestimmen. Vielmehr soll sich auf die Analyse der indirekten Wertebeeinflussung durch den Staat konzentriert werden. Die Erweiterung der Theorie der kognitiven Dissonanz legt hierbei nahe, dass multiple Anreize notwendig sind, die Werte von Personen zu beeinflussen. Diese Vermutung lenkt den Blick auf die allgemeinen und vornehmlich vom Staat beeinflussbaren Rahmenbedingungen, mit denen die Individuen einer Bevölkerung konfrontiert sind.[205] Zwei Fragen sind in diesem Zusammenhang zu klären:

1. Welche vom Staat bereitgestellten Rahmenbedingungen erscheinen besonders relevant hinsichtlich der Beeinflussung von Werten und Verhaltensweisen von Personen?
2. Welche Vorhersagen können mithilfe der Theorie der kognitiven Dissonanz hinsichtlich häufiger in einer Bevölkerung feststellbarer („dominierender") Strategien der Dissonanzreduktion getroffen werden?

---

[205] Es kann in diesem Zusammenhang plausibel angenommen werden, dass sich die grundlegenden staatlichen Rahmenbedingungen auch auf die eher begrenzt erscheinenden Möglichkeiten der direkten Wertebeeinflussung durch die Schule auswirken. Konkret kann eine moderierende Wirkung der Rahmenbedingungen auf die institutionellen „Eigenlogiken" der Bildungsinstanzen in Ost und West angenommen werden.

4.3.1 Staatliche Rahmenbedingungen und Strategien zur Dissonanzreduktion

Relevante staatliche Rahmenbedingungen
Wenden wir uns der ersten Frage zu: Welche staatlichen Rahmenbedingungen erscheinen besonders relevant hinsichtlich der Beeinflussung von Werten und Verhaltensweisen von Individuen? Generell dürfte ein Staat viele Bereiche des menschlichen Zusammenlebens in irgendeiner Weise tangieren. Spezifische Wirkungen des Staats dürften dabei allerdings vor allem von Rahmenbedingungen ausgehen, die allein in den Händen des Staats liegen und nur von diesem beeinflusst werden können. Das trifft im Besonderen auf folgende zwei Rahmenbedingungen zu:

- wahrgenommene Repressivität des Staats beim Durchsetzen seiner Ordnungen
- wahrgenommene Glaubwürdigkeit staatlicher Institutionen

Wahrgenommene Repressivität des Staats beim Durchsetzen seiner Ordnungen
Das spezifische Merkmal eines Staats ist Max Weber zufolge die Ausübung des Gewaltmonopols über ein angebbares geografisches Territorium. Es ist dies die Rahmenbedingung, über die einzig der Staat verfügt. Wie ein Staat sein Gewaltmonopol einsetzt, um seine Ordnungen in der Bevölkerung durchzusetzen, kann jedoch von Staat zu Staat variieren. So kann ein Staat zur Durchsetzung der eigenen Ordnungen tendenziell eher repressiv gegen die eigene Bevölkerung vorgehen. Er kann allerdings auch weniger rigide seine Ordnungen durchsetzen. Entscheidend ist in diesem Zusammenhang, wie ein Staat hinsichtlich der Ausübung seiner Herrschaft in der Bevölkerung wahrgenommen wird. Wird er in seiner Herrschaftsausübung eher repressiv wahrgenommen, dürften sich für die Beherrschten andere Verhaltensanreize ergeben als wenn seine Institutionen wenig oder überhaupt nicht repressiv erlebt werden.

Wahrgenommene Glaubwürdigkeit der staatlichen Institutionen
Eine zweite, primär vom Staat beeinflussbare Rahmenbedingung ist die Glaubwürdigkeit seiner Institutionen. Ein Staat verfügt zur Durchsetzung und Formulierung seiner Ordnungen über eine Vielzahl von Institutionen. In Webers Terminologie umfasst das „Leiter" und „Verwaltungsstab" (Weber 1980: 26). Im Prinzip

4 Wie kann ein Staat Einfluss nehmen auf die Werte seiner Bürger?

lassen sich hierunter sämtliche Einrichtungen der öffentlichen Hand versammeln.[206] Es kann plausibel vermutet werden, dass die Bürger eines Staats das Agieren der verschiedenen staatlichen Institutionen nicht nur unter dem Aspekt der Repressivität, sondern auch der Glaubwürdigkeit bewerten. Je nachdem ob das Wirken staatlicher Institutionen als tendenziell eher glaubwürdig oder unglaubwürdig eingeschätzt wird, sind erneut unterschiedliche Verhaltensanreize für die beherrschten Personen anzunehmen.

Relevant ist diese Rahmenbedingung auch aus einem weiteren Grund. Aufbauend auf Webers Staatsbegriff war in Kapitel 3 argumentiert worden, dass der Staat immer auch an einer befürwortenden Haltung ihm und seinen Institutionen gegenüber interessiert ist. Es liegt die Vermutung nahe, dass die wahrgenommene Glaubwürdigkeit bzw. Unglaubwürdigkeit staatlicher Institutionen die Haltung einer Person gegenüber dem Staat und seinen Institutionen maßgeblich beeinflusst. Die Wahrnehmung glaubwürdiger Institutionen dürfte dabei das Vertrauen in diese stärken und somit eine befürwortende Haltung gegenüber dem Staat und dessen Institutionen befördern. Demgegenüber dürften als eher unglaubwürdig wahrgenommene Institutionen Distanz und Ablehnung begünstigen.[207]

Annahmen zur Wahrnehmung der staatlichen Rahmenbedingungen
Die vom Staat gesetzten Rahmenbedingungen können innerhalb einer Bevölkerung unterschiedlich wahrgenommen werden. So kann eine Person beispielsweise die Repressivität des Staats subjektiv stärker empfinden als eine andere. Zudem

---

[206] Hierunter können demnach die Staatsregierung und die Ministerien, aber auch die nachgeordneten Administrationen, die Rechts- und Sicherungsorgane, die staatlichen Bildungs- und Erziehungseinrichtungen, möglicherweise zusätzlich eingerichtete staatliche Massenorganisationen gezählt werden.

[207] Die Glaubwürdigkeit staatlicher Institutionen dürfte sich dabei auch auf den generellen Glauben an die Legalität staatlicher Ordnung auswirken. Allerdings erscheint diese in diesem Zusammenhang als eine hinreichende, nicht aber notwendige Bedingung für den Glauben an die Legitimität staatlicher Ordnung. So kann ein Staatswesen grundsätzlich für legitim gehalten werden, selbst wenn es unglaubwürdig erscheint – und umgekehrt. Als Beispiel soll auf die ostdeutsche Reformbewegung in der Phase des politischen Umbruchs im Herbst 1989 hingewiesen werden. Diese hielt die bestehende staatliche Ordnung – also den DDR-Staat als solchen – durchaus für legitim und wollte vornehmlich dessen unglaubwürdig gewordene Institutionen reformieren (vgl. Knabe 1990: 28–30; Wielgohs/Schulz 1990: 18). Mit anderen Worten: Erscheinen Institutionen des Staats unglaubwürdig, werden diese eher infrage gestellt als der Staat als ganzer. Gerade im Spannungsfeld zwischen der Wahrnehmung staatlicher Institutionen als unglaubwürdig und dem Glauben an die grundsätzliche Legitimität staatlicher Ordnung darf Potenzial für kognitive Dissonanz vermutet werden.

ist anzunehmen, dass eine Person die verschiedenen Institutionen des Staats differenziert wahrnimmt und hiervon nur bestimmte als repressiv oder unglaubwürdig, andere staatliche Institutionen hingegen als weniger repressiv oder glaubwürdig einschätzt usw. Um zu Aussagen über mögliche Strategien der Dissonanzreduktion zu gelangen, scheint es aus heuristischen Gründen sinnvoll, zwei Annahmen zur Wahrnehmung staatlicher Rahmenbedingungen zu treffen:[208]
1. Es wird angenommen, dass eine Person aufgrund der Gesamtheit ihrer Wahrnehmungen zu einer generalisierten Einschätzung der staatlichen Rahmenbedingungen gelangt. Damit wird auf Binnendifferenzierungen verzichtet und nicht zwischen der Wahrnehmung der einzelnen staatlichen Institutionen unterschieden.
2. Es werden jeweils lediglich zwei Grundausprägungen bzw. Pole der Wahrnehmung staatlicher Rahmenbedingungen angenommen. So wird zum einen angenommen, dass eine Person den Staat entweder überwiegend als repressiv oder aber als eher nicht-repressiv wahrnimmt. Zum anderen wird angenommen, dass sie die Institutionen eines Staats entweder als allgemein glaubwürdig oder aber als allgemein unglaubwürdig einschätzt.

Damit ergeben sich vier Kombinationen hinsichtlich der Wahrnehmung der hier interessierenden staatlichen Rahmenbedingungen: nicht-repressiv/glaubwürdig, nicht-repressiv/unglaubwürdig, repressiv/glaubwürdig sowie repressiv/unglaubwürdig. Jede dieser Kombinationen ist mit spezifischen Verhaltensanreizen für die Individuen einer Bevölkerung verbunden. Sie können bei einer Person genau dann kognitive Dissonanz auslösen, wenn die Person Einstellungen, Werte und Verhaltensweisen, aber auch bestimmte Lebensziele präferiert, denen die wahrgenommenen staatlichen Rahmenbedingungen entgegenstehen. Sollte dies der Fall sein: Welche Möglichkeiten stehen einer Person zur Verfügung, die entstandene kognitive Dissonanz zu reduzieren?

Strategien zur Reduktion von kognitiver Dissonanz und deren Vorhersagbarkeit
Wenden wir uns damit der zweiten Frage zu: Welche Strategien der Reduktion von kognitiver Dissonanz stehen einer Person zur Verfügung und inwiefern lassen

---

[208] Mit dieser Einschränkung auf lediglich zwei Optionen der Wahrnehmung staatlicher Rahmenbedingungen wird auf ein differenzierteres und damit informativeres Erklärungsmodell verzichtet. Da hier primär die dominanten Strategien zur Dissonanzreduktion in einer Bevölkerung interessieren, ist dieses Vorgehen allerdings gerechtfertigt.

4 Wie kann ein Staat Einfluss nehmen auf die Werte seiner Bürger?

sich diese bei Vorliegen bestimmter staatlicher Rahmenbedingungen vorhersagen? Die Theorie der kognitiven Dissonanz sagt voraus, dass Widersprüche zwischen Einstellung und Verhalten durch veränderte Einstellungen bzw. verändertes Verhalten zugunsten eines mentalen Gleichgewichts kompensiert werden können. Leider bleibt die Theorie relativ unspezifisch bezüglich der Vorhersage, welche Form der Reduktion von kognitiver Dissonanz bei neuem Wissen oder neuen Verhaltensanreizen bevorzugt wird. Zudem kann eine Dissonanzreduktion auch ausbleiben. Für den Einzelfall ist es also schwierig vorherzusagen, wie sich ein konkreter Akteur verhält.

Hinsichtlich möglicherweise häufiger in einer Bevölkerung vorkommender und somit dominanter Strategien zur Dissonanzreduktion lassen sich deshalb auch nur Vermutungen anstellen, die aufgrund der gegebenen staatlichen Rahmenbedingungen aus der Sicht der Individuen einer Bevölkerung nachvollziehbar und plausibel erscheinen. Ein Ansatz könnte hierbei sein, nach Anpassungsstrategien im Verhaltens- bzw. im Einstellungs- und Wertebereich zu fragen, die Personen vornehmen, wenn die Wahrnehmung der staatlichen Rahmenbedingungen dem Verwirklichen eigener Lebensziele (bzw. aktueller Einstellungen, Werte und Verhaltensweisen) entgegensteht. Dabei scheint es sinnvoll, besonders nach der Anpassungsstrategie zu fragen, die es einer Person – unter den jeweils wahrgenommenen Rahmenbedingungen – mit dem vermutlich geringsten Aufwand ermöglicht, eine Dissonanzreduktion und damit eine Vereinbarkeit eigener Lebensziele mit den staatlichen Rahmenbedingungen herbeizuführen.[209]

---

[209] Begründen lässt sich diese Vorgehensweise damit, dass Festinger insbesondere auf die „Rationalisierung" von Einstellungen bzw. Verhaltensweisen als eine typische – und damit auch häufig zu beobachtende – Strategie zur Reduzierung kognitiver Dissonanz hinweist (vgl. Festinger 1970: 2). Genauer betrachtet stellt die Rationalisierung von Einstellungen und Verhaltensweisen (wie etwa die Aneignung passender Argumente, die es erlauben, ein bisheriges Verhalten – wie etwas das Zigarettenrauchen trotz des Wissens um mögliche Gesundheitsschäden – nicht verändern zu müssen) eine Anpassungsstrategie dar, die es einer Person mit vergleichsweise geringem Aufwand ermöglicht, kognitive Dissonanzen zu reduzieren. Genau deshalb könnte diese Strategie zur Dissonanzreduktion auch häufiger vorkommen – im Vergleich zu anderen Dissonanzreduktionsstrategien ist sie für eine Person vermutlich weniger aufwendig.

Grundlegende Möglichkeiten der Dissonanzreduktion
Trotz dieser generellen Vagheiten in der Vorhersage lassen sich zumindest analytisch drei grundlegende Möglichkeiten der Dissonanzreduktion als Reaktion auf die wahrgenommenen Rahmenbedingungen eines Staats unterscheiden:

1. Die Person verlässt das Staatsgebiet.
2. Die Person versucht, den Staat und dessen Rahmenbedingungen zu verändern.
3. Die Person versucht, sich mit dem Staat und dessen Rahmenbedingungen zu arrangieren.

Bei Verlassen des Staatsgebiets, aber auch beim Versuch, die staatlichen Ordnungen zu verändern, ist eine Person bemüht, ihre Werte, Einstellungen und Verhaltensweisen weitgehend beizubehalten. Die Dissonanzreduktion wird erreicht, indem die Person den staatlichen Rahmenbedingungen entweder entflieht oder versucht, sie entsprechend der eigenen Vorstellungen zu gestalten. Beim Arrangement mit dem Staat liegt der Fall anders. Hier wird eine Reduktion kognitiver Dissonanz durch Modifikation und Anpassung der eigenen individuellen Verhaltensweisen, Werte und Einstellungen an die staatlichen Rahmenbedingungen angestrebt. Es liegt die Vermutung nahe, dass eine Person zunächst immer erst versuchen wird, sich mit den vorhandenen staatlichen Rahmenbedingungen zu arrangieren, bevor sie mit dem Verlassen des Staats oder dem Versuch, diesen zu verändern, zu drastischeren Mittel der Dissonanzreduktion greift.

Dominante Strategien der Dissonanzreduktion beim Arrangement mit dem Staat
Es kann im Rahmen dieser Arbeit nicht auf alle drei grundlegenden Optionen der Dissonanzreduktion eingegangen werden. Vielmehr steht die Möglichkeit, durch ein Arrangement mit dem Staat zu einer Dissonanzreduktion zu gelangen, im Vordergrund. Damit stellt sich primär folgende Frage: Welche Modifikationen bzw. Anpassungen der eigenen Einstellungen, Werte und Verhaltensweisen nimmt eine Person als Reaktion auf die wahrgenommenen staatlichen Rahmenbedingungen vor, um kognitive Dissonanz zu reduzieren bzw. zu vermeiden? Welche Strategien der Dissonanzreduktion dominieren dabei innerhalb einer Bevölkerung?[210]

---

[210] Dass in einer Bevölkerung, die ähnlichen Verhaltensanreizen ausgesetzt ist, dominante Strategien der Dissonanzreduktion beobachtet werden können, lässt sich auch Festingers Theorieansatz entnehmen, wenn er, wie bereits besprochen, auf die „Rationalisierung" eigener

4 Wie kann ein Staat Einfluss nehmen auf die Werte seiner Bürger?

Wahrnehmung der Repressivität eines Staats und dominante Strategien der Dissonanzreduktion

Wenden wir uns zunächst einer Bevölkerung zu, die ihren Staat als eher repressiv wahrnimmt. Welche Strategien zur Reduktion von Dissonanz scheinen für diese Personen besonders plausibel? Wird ein Staat als eher repressiv wahrgenommen, dann dürften ganz allgemein Strategien der Unauffälligkeit und äußerlichen Verhaltenshomogenität zu erwarten sein. Personen könnten hier insbesondere Verhaltensweisen vermeiden, die das Interesse repressiv wahrgenommener Kontroll- und Sanktionsinstanzen auf sich ziehen. Eine naheliegende Verhaltensstrategie besteht darin, auf bewährte und ‚unverdächtig' erscheinende Verhaltensformen zurückzugreifen. Das Arrangement mit dem Staat besteht also primär in einer äußerlichen Unauffälligkeit.

Welche Strategien sind hingegen in einer Bevölkerung zu vermuten, die den Staat als überwiegend nicht-repressiv wahrnimmt? Wird ein Staat als tolerant gegenüber dem Ausleben individueller Werte, Einstellungen und Verhaltensweisen empfunden, dann entfällt für die beherrschten Personen die Notwendigkeit, sich mit dem Staat zumindest hinsichtlich dieser Rahmenbedingung zu arrangieren. Eine dominante Strategie zur Dissonanzreduktion ist deshalb auch nicht zu verzeichnen. Personen können sich stattdessen eher selbst entfalten. Insofern ist als Folge dieser Rahmenbedingung eine größere Heterogenität der Werte, Einstellungen und Verhaltensweisen innerhalb der Bevölkerung zu erwarten. Ein Sonderfall liegt allerdings vor, wenn der Staat deshalb als nicht-repressiv wahrgenommen wird, weil er auf seinem Staatsgebiet nicht hinreichend über das Gewaltmonopol verfügt; d.h. wenn der Staat als zu schwach wahrgenommen wird, seine Ordnungen im beherrschten Gebiet durchzusetzen. In diesem Fall erscheinen vor allem Strategien der individuellen Absicherung als plausibel. Personen dürften dann ein Arrangement mit den lokalen, jedoch nicht-staatlichen Inhabern des Gewaltmonopols eingehen. Andererseits haben Personen dann einen hohen Anreiz dafür, eine der beiden weiteren grundlegenden Möglichkeiten zur Dissonanzreduktion (Verlassen

---

Einstellungen und Verhaltensweisen als häufig beobachtbare Strategie zur Verminderung kognitiver Dissonanz verweist (Festinger 1970: 16). Auch das Beispiel der „erzwungenen Säkularisierung" (Meulemann 2003) in der DDR deutet darauf hin, dass die ostdeutsche Bevölkerung auf die gegebenen Verhaltensanreize vorwiegend mit einer ganz bestimmten Strategie kognitiver Dissonanzreduktion und zwar mit einer Abwendung von religiösen Wertvorstellungen reagiert hat.

des Staatsgebietes, Veränderung der staatlichen Rahmenbedingungen) für sich in Anspruch zu nehmen.

Glaubwürdigkeit staatlicher Institutionen und plausible Strategien der Dissonanzreduktion
Wenden wir uns der zweiten staatlichen Rahmenbedingung zu. Welche Strategien der Dissonanzreduktion sind bei der Wahrnehmung staatlicher Institutionen als glaubwürdig zu erwarten? Wird die Glaubwürdigkeit staatlicher Institutionen hoch eingeschätzt, sind Strategien der tendenziellen Hinwendung, zumindest aber der Akzeptanz des Staats anzunehmen. Es ist plausibel anzunehmen, dass staatliche Kernwerte dann eher in einer Bevölkerung akzeptiert und vertreten werden. Wird die Glaubwürdigkeit staatlicher Institutionen hingegen als eher gering eingeschätzt, dürften allgemein Strategien einer Abwendung vom Staat begünstigt werden. Diese können darin bestehen, sich auf die eigenen, vermutlich verlässlicheren Netzwerke und Nischen zu konzentrieren. Die Distanzierung vom Staat zeigt sich auch in einem fehlenden Interesse an den staatlichen Kernwerten. In der Bevölkerung werden stattdessen andere Werte bevorzugt.

Kombination der Rahmenbedingungen und exemplarische Staaten
In Tabelle 4.3 sind die plausibel anzunehmenden dominanten Strategien der Dissonanzreduktion in einer Bevölkerung bei Kombination der staatlichen Rahmenbedingungen wiedergegeben und um Beispielstaaten ergänzt.
Ein Beispiel für einen repressiv und zugleich weitgehend als unglaubwürdig wahrgenommenen Staat kann in der DDR erblickt werden. Demgegenüber stellt die Bundesrepublik exemplarisch einen weitgehend als nicht-repressiv wahrgenommenen Staat mit überwiegend als glaubwürdig eingeschätzten Institutionen dar. Auf beide Staaten und ihre jeweiligen Rahmenbedingungen wird in den nächsten Abschnitten vertiefend eingegangen.
Ein Beispiel für einen Staat, der von der Bevölkerung sowohl als repressiv wie auch als glaubwürdig wahrgenommen wurde, kann im NS-Staat erblickt werden. Abweichungen von den staatlichen Ordnungsvorstellungen wurden hier mit äußerster Härte verfolgt, was die Verhaltenshomogenität in der deutschen Bevölkerung beförderte. Zugleich dürften der NS-Staat und dessen Institutionen hinsichtlich der Durchsetzung ihrer politischen Ziele zumindest phasenweise vielen Deutschen als durchaus glaubwürdig erschienen sein, was die weitgehende Akzeptanz

4 Wie kann ein Staat Einfluss nehmen auf die Werte seiner Bürger?

und Sympathie mit den ideologischen Kernwerten des Dritten Reiches gefördert haben könnte. Die Kombination aus nicht-repressiv wahrgenommenem Staat und geringer Glaubwürdigkeit der staatlichen Institutionen verweist auf den Sonderfall eines als schwach wahrgenommenen Staats mit unzureichendem Gewaltmonopol. Personen haben in diesem Fall keinen Anreiz, sich mit diesem kaum existenten Staat zu arrangieren, sondern das Arrangement mit dem lokalen Inhaber des Gewaltmonopols zu suchen. Personen haben hier zugleich einen erhöhten Anreiz, das Staatsgebiet zu verlassen oder aber die Rahmenbedingungen des Staats zu verändern.

Tabelle 4.3: Staatliche Rahmenbedingungen und Strategien der Dissonanzreduktion

Wahrnehmung des Staats in der Bevölkerung		**Glaubwürdigkeit der staatlichen Institutionen**	
		gering	**hoch**
wahrgenommene staatliche Repressivität	hoch	Strategien der Abwendung vom Staat (Nische, Betonung nichtstaatlicher Werte) Strategien der Unauffälligkeit (Verhaltenshomogenität) Beispiel: DDR	Strategien der Hinwendung zum Staat (Partizipation, Betonung staatlich erwünschter Werte) Strategien der Unauffälligkeit (Verhaltenshomogenität) Beispiel: NS-Staat
	gering	Strategien der Abwendung vom Staat (Nische, Betonung nichtstaatlicher Werte) Strategien der individuellen Absicherung Beispiel: Staaten mit unzureichendem Gewaltmonopol	Vielfalt individueller Strategien, darunter auch Hinwendung zum Staat (Werteheterogenität, Selbstentfaltung, Partizipation als Ausdruck der Selbstentfaltung) Verhaltensheterogenität Beispiel: Bundesrepublik

4.3.2 Modell zum Einfluss des DDR-Staats auf die Werte der Bürger

Aufbauend auf die vorangegangenen Überlegungen können Modelle zum erwartbaren Einfluss des Staats auf die Werte der Bürger für DDR und Bundesrepublik entwickelt werden. Diese Erklärungsmodelle werden weiter unten zur Formulierung von Hypothesen für die erwarteten Wertvorstellungen im Kontext der Poesiealbumsitte dienen. Wie bereits erwähnt, wird für die DDR folgende Konstellation staatlicher Rahmenbedingungen angenommen:

- Wahrnehmung eines eher repressiven Staats
- geringe Glaubwürdigkeit der staatlichen Institutionen

Indizien für die Wahrnehmung des DDR-Staats als eher repressiv

Dass der DDR-Staat repressiv war und auch entsprechend in der Bevölkerung wahrgenommen wurde, ist in der Forschung hinlänglich beschrieben worden. Es ist an dieser Stelle deshalb hinreichend, wenn lediglich auf die besonders häufig in der Literatur genannten Ausprägungen repressiver Staatsgewalt im SED-Staat hingewiesen wird:

- Wahrnehmung eines ausgebauten Kontroll- und Überwachungsapparats (Gieseke 2011)
- Wahrnehmung einer ausgebauten Grenzsicherung (Schroeder 1998: 167–173)
- Wahrnehmung autoritärer Strukturen (Hopf/Silzer/Wernich 1999)

Indizien für die geringe Glaubwürdigkeit staatlicher Institutionen in der DDR

Die Wahrnehmung von Widersprüchen zwischen Alltagserfahrungen und staatlicher Propaganda dürften dazu geführt haben, dass der DDR-Staat und seine Institutionen in den Augen der ostdeutschen Bevölkerung nur wenig glaubwürdig waren. Ein deutliches Indiz für diese Glaubwürdigkeitsdefizite kann in der Bevorzugung westdeutscher Massenmedien bei gleichzeitig geringer Rezeption der DDR-Medien erblickt werden. Dieses Nutzerverhalten begründeten Ostdeutsche unter anderem auch mit der Unglaubwürdigkeit der staatlichen Medien in der DDR (vgl. Koch 1988: 81). Darüber hinaus lieferte die Durchsicht der Literatur in Kapitel 3 Befunde dafür, dass die Ostdeutschen generell versuchten, staatliche Institutionen der DDR soweit wie möglich zu meiden. Auch dieser Aspekt deutet auf ein Glaubwürdigkeitsproblem des SED-Staats hin. Zusammengenommen können folgende Sachverhalte als Indizien für eine geringe Glaubwürdigkeit staatlicher Institutionen in der DDR interpretiert werden:

- Widersprüche zwischen Alltagserfahrungen und offizieller Propaganda
- überwiegende und flächendeckende Nutzung westdeutscher Medien (Hesse 1988)
- lediglich förmlich-ritualisiertes Bekenntnis zur politischen Zielkultur (Grunenberg 1989)
- hohe Wertschätzung nicht-staatlicher Sozialisationsinstanzen (Lemke 1991)

4 Wie kann ein Staat Einfluss nehmen auf die Werte seiner Bürger? 205

Modell zu den Auswirkungen staatlicher Rahmenbedingungen auf Verhalten und Werte in der DDR

Wie wirkte sich die spezifische Kombination aus als repressiv wahrgenommenen Staat und als eher unglaubwürdig erachteten staatlichen Institutionen in der DDR auf das Verhalten und die Werte der DDR-Bevölkerung aus? Zur Beantwortung dieser Frage gibt Abbildung 4.1 ein Erklärungsmodell in Form eines Makro-Mikro-Makro-Modells wieder.

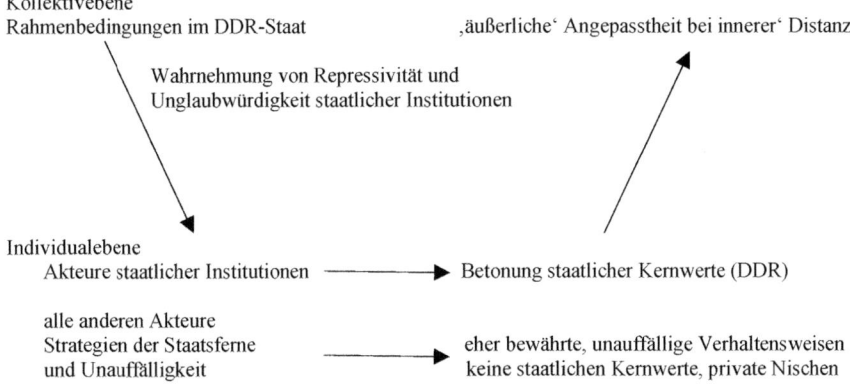

Abbildung 4.1: Staatliche Rahmenbedingungen und Werte in der DDR-Bevölkerung

Entsprechend der Schlussfolgerungen zu den erwartbaren dominanten Strategien der Dissonanzreduktion wird angenommen, dass die ostdeutsche Bevölkerung auf die spezifischen Rahmenbedingungen in der DDR vornehmlich mit Strategien der Staatsferne und Unauffälligkeit reagierte. Es dürften eher selten staatliche Kernwerte vertreten worden sein. Das aktive Vertreten dieser Werte dürfte primär auf Akteure staatlicher Institutionen beschränkt geblieben sein. Generell sind Ausweichstrategien ins „Private" zu vermuten, was sich mit der These einer Nischenbildung und Bevorzugung privater Netzwerke (Völker 1995) deckt. Die in der DDR-Forschung häufig zu findende These, wonach der DDR-Staat vor allem zu einem ‚angepassten' Verhalten geführt hat, wird im Modell mit Verweis auf die vorangegangenen Darlegungen um die verbreitete Haltung einer ‚inneren' Distanz zum Staat ergänzt. Aus Festingers Theorieansatz und dessen hier vorgeschlagener Erweiterung um das Wertkonzept kann allerdings nicht bestimmt werden, welche konkreten Werte in der Bevölkerung vorherrschten. Hinweise hierfür wird die Analyse der Poesiealben geben.

4.3.3 Modell zum Einfluss der Bundesrepublik auf die Werte der Bürger

Für die Bundesrepublik zwischen 1949 und 1989 wird folgende Konstellation staatlicher Rahmenbedingungen angenommen:

- Wahrnehmung eines nicht repressiven Staats
- hohe Glaubwürdigkeit der staatlichen Institutionen

Indizien für die Wahrnehmung eines nicht-repressiven Staats
Dass die Bundesrepublik weniger repressiv gegenüber der eigenen Bevölkerung auftrat als der DDR-Staat, dürfte unstrittig sein. Ein verblüffendes Indiz dafür, dass auch die Bevölkerung den bundesdeutschen Staat weitgehend als nicht-repressiv wahrnahm, kann vermutlich darin gesehen werden, dass über die Tätigkeit der westdeutschen Staatsschutzorgane bisher kaum geforscht wurde. Während es mittlerweile zahlreiche Studien über das Wirken der Staatssicherheit in der DDR gibt, wurde erst im Jahr 2012 eine erste zeithistorische Monographie über die Arbeit des Verfassungsschutzes in der alten Bundesrepublik vorgelegt (Foschepoth 2012). Obwohl darin die Überwachung in der Bundesrepublik als ebenfalls hocheffizient beschrieben wird, wurden die Staatsschutzorgane von der westdeutschen Bevölkerung offenbar als nicht-repressiv wahrgenommen. Neben diesem Aspekt ist weiterhin auf die Existenz von Institutionen und Freiheiten in der BRD hinzuweisen, die es in repressiven Staaten kaum oder nicht gibt:

- Mangel an Studien über die Wahrnehmung der westdeutschen Staatsschutzorgane
- freies Vereinswesen[211] (Agricola 1997)

---

[211] Ein freies Vereinswesen wird auch in der politischen Kulturforschung als Kennzeichen einer „freiheitlichen Gesellschaft" aufgefasst (Scheuch 1993; bereits Verba/Nie1972; Verba/Nie/Kim 1978).

4 Wie kann ein Staat Einfluss nehmen auf die Werte seiner Bürger?

- Bürgerinitiativen und Interessenverbände (Lösche 2007)
- Zulassen einer Öffentlichkeit (Schiewe 2004)

Indizien für eine hohe Glaubwürdigkeit staatlicher Institutionen
Die staatlichen Institutionen der Bundesrepublik dürften in der westdeutschen Bevölkerung zwischen 1949 und 1989 weitgehend hohe Glaubwürdigkeit genossen haben. Auch hier ist an den in Kapitel 3 referierten Forschungsstand, insbesondere an die Befunde der politischen Kulturforschung zu erinnern. Sie können als Indizien für eine weitverbreitete Wahrnehmung der Glaubwürdigkeit staatlicher Institutionen in der westdeutschen Bevölkerung gedeutet werden:

- hohe diffuse Unterstützung des politischen Systems (Fuchs 1989; Westle 1989)
- Vertrauen in die staatlichen Institutionen der Bundesrepublik (Walz 1996)

Modell zu den Auswirkungen staatlicher Rahmenbedingungen auf Verhalten und Werte in der BRD
Wie wirkte sich die spezifische Kombination aus kaum wahrgenommener Repressivität und glaubwürdigen staatlichen Institutionen auf allgemeine Verhaltensweisen und Wertvorstellungen in der westdeutschen Bevölkerung zwischen 1949 und 1989 aus?
Die Darlegungen zur Wahrnehmung staatlicher Rahmenbedingungen lassen den Schluss zu, dass in der westdeutschen Bevölkerung die Notwendigkeit zum Arrangement mit dem Staat weit geringer war als in der DDR. Aufgrund der gering wahrgenommenen Repressivität des Staats sind vielmehr vermehrt Strategien der Selbstentfaltung und Ausprägung individueller Wertvorstellungen anzunehmen. Dies dürfte sich auch in einer größeren Heterogenität bezüglich Verhaltensweisen und Wertvorstellungen zeigen. Das verbreitete Vertrauen in die staatlichen Institutionen förderte Strategien der Partizipation und trug zur Akzeptanz staatlicher Kernwerte bei. Die Abbildung 4.2 gibt somit ein Makro-Mikro-Makro-Modell wieder, mit dem ganz allgemein eine zunehmende Werteheterogenität in der westdeutschen Bevölkerung vorhergesagt werden kann.

4.3 Schlussfolgerungen für die Hypothesenbildung

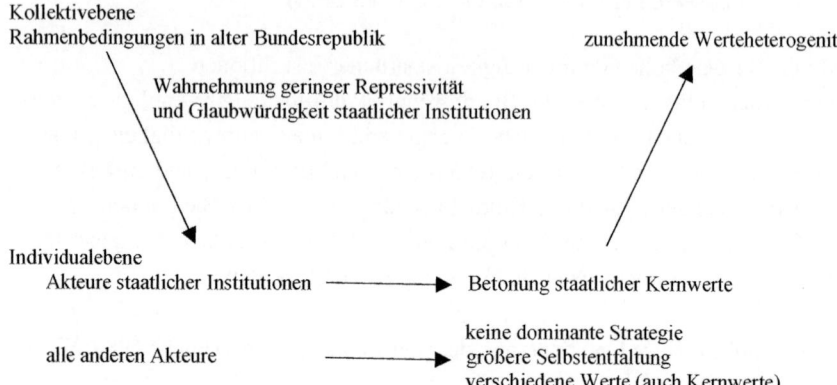

Abbildung 4.2: Staatliche Rahmenbedingungen und Werte in der BRD-Bevölkerung

5 Das Poesiealbum als Untersuchungsgegenstand

Die im vorherigen Kapitel entwickelten Erklärungsmodelle staatlicher Einflussnahme auf die Werte der Bürger in DDR und Bundesrepublik sollen im Folgenden anhand von Einträgen in Poesiealben geprüft werden. Poesiealben stellen für Soziologen einen eher ungewöhnlichen Untersuchungsgegenstand dar. Deshalb wird in diesem Kapitel zunächst auf diesen Gegenstand näher eingegangen. Anschließend werden Hypothesen über die zu erwartenden Werte in den Alben formuliert. Folgende Vorgehensweise wird hierzu gewählt: Zuerst wird in Kapitel 5.1 das Poesiealbum formal definiert und gegenüber ähnlichen Sammelmedien abgegrenzt. Sodann wird in Kapitel 5.2 in einem kurzen Abriss auf den historischen Hintergrund der Albumsitte eingegangen. Daran anschließend wird in Kapitel 5.3 der Forschungsstand referiert. Wenngleich nur selten, nutzten Soziologen die Alben bisher vor allem zur Erforschung von Wertvorstellungen der Eintragenden. Als nicht-reaktiver Gegenstand bieten sie allerdings noch weitere Möglichkeiten für die soziologische Analyse, die deshalb in Kapitel 5.4 skizziert werden. Abschließend werden in Kapitel 5.5 auf Basis der in Kapitel 4 entwickelten Erklärungsmodelle Hypothesen über die zu erwartenden Wertvorstellungen in den Ost- bzw. Westalben formuliert.

5.1 Was ist ein Poesiealbum?

Poesiealben werden in der Forschung unterschiedlich definiert. Tabelle 5.1 gibt einen Überblick über verschiedene Definitionsvorschläge. Diese sind der Germanistik bzw. der Volkskunde entnommen, da die Alben bisher vornehmlich in diesen Fachgebieten untersucht wurden. Wie ist die Zweckmäßigkeit dieser Definitionsvorschläge einzuschätzen?
Die Erwähnung einer konkreten sozialen Beziehung (z.B. Freundschaft) erscheint eher unzweckmäßig. So können die sozialen Beziehungen zwischen Einträger und Albumhalter vielfältig sein. Sie müssen nicht eine Freundschaft dokumentieren (z.B. wenn Lehrer als Einträger fungieren). Auch die Definition über den Zweck (z.B. Erinnerung, Beherzigung) ist eher problematisch, weil Poesiealben auch aus anderen Gründen geführt werden können (etwa, um lediglich den Schulkameraden

nachzueifern usw.). Eine Definition, die auf die inhaltliche Ebene der Einträge verweist (z.B. freundliche Eintragung), könnte ebenfalls nicht alle denkbaren inhaltlichen Varianten abdecken. Deshalb scheint es sinnvoll, zur Bestimmung des Gegenstands eher formale Kriterien in den Blick zu nehmen.

Tabelle 5.1: Definitionen des Gegenstands Poesiealbum

Fachgebiet	Definition
Volkskunde	„Poesie ist dabei die umgangssprachliche Abkürzung für ‚Poesiealbum' – der letztperiodischen Bezeichnung des Stammbuchs –, das man kurz als ein Buch definieren kann, in das Freunde ihren Namen besonders in Verbindung mit einem Spruch und allerlei Auszierden, so Handzeichnungen u.a.m. eintragen" (Fiedler 1960: 9).
Germanistik	„Das Poesiealbum ist eine Sammlung von Texten, die von Mitgliedern einer Gruppe einem i.a. jugendlichen Gruppenangehörigen mit dem Ziel der Beachtung bzw. Beherzigung des Inhalts und vor allem der Erinnerung an die eintragende Person in ein eigens zu diesem Zweck geführtes Buch (Album) eingetragen werden" (Rossin 1985: 38f).
Germanistik	„[...] in kleinen, leicht handhabbaren Büchlein werden Bekanntschaften und Freundschaften in Form von freundlichen Eintragungen zur Erinnerung an beachtenswerte Begegnungen, frohe Geschehnisse und treue Freundschaften festgehalten" (Kratzsch 1988: 8).
Germanistik (Stammbücher)	„[...] Sammeln autographer Zueignungen von ausgewählten Menschen, die persönlich hierzu angesprochen (bisweilen vielleicht auch genötigt) werden" (Taegert 1995: 11).
Germanistik (Stammbücher)	„Unter Stammbüchern verstehen wir also in formaler Hinsicht gedruckte Bücher oder Blankoalben (später auch in Umschlägen oder Kassetten zusammengefaßte einheitlich geschnittene Loseblätter), die der Aufnahme von Autographen nicht mit dem Eigner identischer Einträger dienen" (Schnabel 1995: XIV).

Formales Kernmerkmal des Mediums ist die Sammlung autographer Zeugnisse von Personen, die zu diesem Zweck vom Albumbesitzer ausgewählt werden. Insofern wird sich den überwiegend übereinstimmenden Definitionsvorschlägen von Werner Taegert (1995: 11) und Werner Wilhelm Schnabel (1995: XIV) angeschlossen, die zwar für das Erwachsenenstammbuch konzipiert sind, in deren Tradition allerdings Poesiealben stehen.[212] Zur Abgrenzung gegenüber anderen Sam-

---

[212] Poesiealben sollten als Fortsetzung der Stammbuchsitte verstanden und nicht, wie in der älteren und keineswegs wertfreien Stammbuchforschung, als eine zweite, vom Stammbuch verschiedene Sitte aufgefasst werden (vgl. Fechner 1976: 411). Was spricht für diese Sichtweise? 1. Es gab keine Unterbrechung der Sitte. 2. Die Sitte weist formale Kontinuitäten auf. 3. Wie die Diskussion des Wertbegriffs gezeigt hat, gibt es auch methodologische Gründe (größere Begriffsextension), die für einen eher weiten Begriff des Gegenstands sprechen.

5 Das Poesiealbum als Untersuchungsgegenstand 211

melmedien autographer Zeugnisse scheint es jedoch sinnvoll, ein weiteres Merkmal in eine Albumdefinition aufzunehmen. Konkret sollte sie zusätzlich auf die Orientierung an tradierten, der jahrhundertealten Albumsitte entspringenden Normen bei der Sammlung und Gestaltung der Einträge hinweisen. Diese mit dem Sammeln bzw. dem Eintrag verbundenen Normen werden weiter unten näher erläutert. Ein Halter bzw. ein Inskribent kann zwar davon abweichen, aber die Mehrheit der Alben bzw. Einträge wird die Orientierung an diesen Normen erkennen lassen. Der Forschungsgegenstand wird deshalb wie folgt definiert:

Poesiealbum: Sammelform von autographen Zeugnissen, die durch die Orientierung an tradierten Eintrags- und Sammelnormen spezifisch strukturiert sind.

5.1.1 Abgrenzung zu verwandten Sammelmedien

In der Literatur wird das Poesiealbum vornehmlich gegenüber anderen handschriftlichen Textsorten wie Brief oder Tagebuch abgegrenzt (Rossin 1985: 46ff). Gegenüber ähnlichen Sammelmedien wurde es aber bisher nur unzureichend abgegrenzt. Vergleichbare Sammelmedien stellen das Gästebuch sowie das zeitgenössische Steckbriefalbum dar. Es soll im Folgenden auf Unterschiede zu diesen beiden Sammelformen hingewiesen werden.

5.1.1.1 Gästebuch

Gästebücher liegen oft in öffentlichen Einrichtungen aus. Zuweilen wird die Sitte, ein Gästebuch zu führen, noch in bürgerlichen Haushalten gepflegt. Die enge Verbindung zwischen Stammbuch bzw. Poesiealbum und dem Gästebuch ist in der Literatur häufig betont worden (Angermann 1971: 24; Rossin 1985: 51ff). In der Tat lassen sich Gemeinsamkeiten zwischen den Sammelmedien erkennen. So stellt das Gästebuch ein Buch dar, das formale Ähnlichkeit mit einem Blankoalbum aufweist. Zudem setzt sich der Eintrag in ein Gästebuch aus ähnlichen Textsegmenten zusammen. So wird oft eine individuelle Zueignung formuliert und um Datums- und Lokalisierungsangaben sowie die Unterschrift des Eintragenden ergänzt. Trotz dieser Parallelen können beide Medien gut unterschieden werden. Ein Gästebucheintrag wird in der Regel frei formuliert, während für Poesiealbumeinträge auf Zitate zurückgegriffen wird. Die größere Individualität der Formulierungen dürfte mit der Ortsgebundenheit des Gästebuchs als einem weiteren Unterscheidungsmerkmal zusammenhängen. Das Poesiealbum ist demgegenüber während der aktiven Sammelphase durch Mobilität gekennzeichnet. Es zirkuliert im Klassenverband. Es wird einem Inskribenten für den Eintrag überlassen, wobei Erwartungen, die aus der Albumtradition erwachsen, an die Gestaltung des Eintrags geknüpft werden. Hierunter zählt auch, dass der Eintragende eher einen Spruch auswählt als einen individuellen Text zu formulieren.

5.1.1.2 Steckbriefalbum

Ein Sammelmedium, das ebenfalls formale Ähnlichkeiten mit dem Poesiealbum aufweist, ist das „Steckbriefalbum".[213] Es handelt sich um eine Sammelform, die sich seit den 1980er Jahren wachsender Beliebtheit unter Kindern und Jugendlichen erfreut und mit dem Poesiealbum als Sammelmedium von Zeugnissen der Mitschüler zunehmend konkurriert (Langbein 371ff; Becher 1999: 8). Die Steckbriefalben firmieren dabei unter einer Vielzahl von Bezeichnungen, wobei am häufigsten die Bezeichnung ‚Mein Schulfreunde-Buch' anzutreffen ist (Langbein 1997: 360f; Becher 1999: 8f; Franz 2000: 37). Ulrike Langbein hat den Gegenstand wie folgt bestimmt: „Diese Alben richten sich unter dem Titel ‚Alle mein Schulfreunde' an den festen Personenkreis der Schulklasse [...] Auf den Doppelseiten werden mittels eines Steckbriefes neben Angaben zur Person, wie Name, Adresse, Augenfarbe und Sternzeichen, der Lieblingslehrer, das Lieblingsessen, die Lieblingsfarbe, die Lieblingsband usw. abgefragt. Ein Freiraum auf der einen Seite ist vorgesehen für ein Foto oder eine Zeichnung. Auf der anderen Seite sind unter formalen Vorgaben wie ‚Zur Erinnerung!' oder ‚Das wollte ich dir schon immer sagen' schriftliche Reaktionen vom klassischen Poesiealbumspruch bis hin zu Komplimenten möglich" (Langbein 1997: 369).
Steckbriefalben sind demnach Bücher, die Eigenschaften und Vorlieben insbesondere der Mitschüler durch Stichwortvorgabe abfragen. Poesiealben sind hingegen Blankoalben für Albumeinträge, an die lediglich gewisse Erwartungen im Hinblick auf die Form des Eintrags geknüpft sind – nicht aber an inhaltliche Belange.

---

[213] Ulrike Langbein hat den Begriff „Steckbriefalbum" für diese unter heterogenen Bezeichnungen firmierenden Sammelform geprägt (Langbein 1997: 360).

5 Das Poesiealbum als Untersuchungsgegenstand

Auch gibt es keine Beschränkung auf einen bestimmten Einträgerkreis (Schüler). Trotz dieser klaren, auch optischen Verschiedenheiten ist die Unterscheidung der beiden Sammelformen überraschenderweise umstritten. So bezieht Ulrike Langbein neben den klassischen Poesiealben auch Steckbriefalben unterschiedslos in ihre Untersuchungen mit ein, während Angela Becher keine Gemeinsamkeiten zwischen den beiden Medien erkennen kann (Langbein 1997: 369; Becher 1999: 8). Es wird hier der Standpunkt vertreten, dass die formalen Unterschiede zwischen Steckbriefalbum und Poesiealbum zu gravierend sind, als dass man beide Medien einer gemeinsamen Betrachtung unterziehen sollte.[214]

Fassen wir die wichtigsten Punkte dieses Abschnitts kurz zusammen: Poesiealben stellen Sammelmedien für autographe Zeugnisse dar. Sie unterscheiden sich von anderen Sammelformen primär durch Normen, die aus der Albumtradition hervorgegangen sind. Im Gegensatz zu Gästebüchern sind Poesiealben nicht ortsgebunden. Zudem werden für Albumeinträge in der Regel Zitate ausgewählt, während Einträge in Gästebücher vom Inskribenten selbst verfasst werden. Anders als bei den unter Kindern und Jugendlichen verbreiteten Steckbriefalben kann ein Albumeinträger seine Eintragsinhalte weitgehend restriktionsfrei wählen, allerdings ist die Gestaltung des Eintrags an formale Normen gebunden.

5.2 Historischer Hintergrund der Albumtradition

Poesiealben stellen die zeitgenössische Ausprägung der vormals hauptsächlich von Erwachsenen betriebenen Stammbuchsitte dar, die sich bis in die Mitte des 16. Jahrhunderts zurückverfolgen lässt. Wie schon erwähnt sind aus dieser langen Tradition verschiedene Eintrags- und Sammelnormen für die Inskribenten und Halter der Alben hervorgegangen, die es bei der Analyse von Poesiealben zu be-

---

[214] Es kann zudem auf einen weiteren formalen Unterschied hingewiesen werden: Steckbriefalben enthalten *keine Subskriptionen* im engeren Sinne. Die Nennung des eigenen Namens erfolgt als Antwort auf eine Stichwortvorgabe. Das ist kaum als Unterschrift zu deuten. In Poesiealben und Stammbüchern ist die Subskription hingegen Kernbestandteil eines Eintrags (vgl. Henzel 2014: 104). Bereits in einer der frühesten wissenschaftlichen Auseinandersetzungen mit dem Medium Stammbuch wurde auf die konstituierende Bedeutung der Unterschrift verwiesen. So schreibt Friedrich Wilhelm Hölbe im Jahr 1798 zur Bedeutung der Subskription im Kontext des Albumeintrags: „Diese giebt der ganzen Inschrift ihre Bestimmung, und erhebt das Geschriebene zum eigentlichen Denkmal" (Hölbe 1798: 111).

achten gilt. Um diese Normen besser verstehen und historisch einordnen zu können, erfolgt an dieser Stelle ein kurzer Überblick über die historischen Hintergründe der Albumsitte.

5.2.1 Die Albumsitte als Erwachsenen-Sitte

5.2.1.1 Entstehung der Sitte im Umkreis der Reformatoren in Wittenberg

Geistesgeschichtliche und lokale Bedingungen für die Entstehung der Albumsitte
Der geographische und zeithistorische Ausgangspunkt der Sitte wird weitgehend übereinstimmend im Umkreis der Reformatoren im Wittenberg zu Beginn der 1540er Jahre verortet (u.a. Kratzsch 1988: 9; Klose 1999: 12). Ursachen und Begleitumstände ihrer Entstehung sind allerdings umstritten (Schnabel 2003: 211). Als zeitgeschichtliche Rahmenbedingung für die Entstehung der Stammbuchsitte wird oft auf den zu jener Zeit vorherrschenden Renaissancehumanismus verwiesen (vgl. Taegert 1995: 30; Schnabel 2003: 216). Dieser förderte eine Geisteshaltung, die zum einen dem individuell-biographischen Erinnern an eine Person einen höheren Stellenwert zusprach (Klose 1988: XIIf; Schnabel 2003: 216). Zum anderen gelangte in dieser Zeit das Konzept der Freundschaft zu herausragender Bedeutung. So wurden auf Freundschaft beruhende Beziehungen nunmehr häufig höher bewertet als verwandtschaftliche Bindungen (Schnabel 2003: 217; bereits Klose 1988: XV; Heinzer 1989: 111).[215]
Der geistesgeschichtliche Kontext des Renaissancehumanismus erklärt allerdings nicht die lokale Entstehung der Sitte in Wittenberg. Werner Wilhelm Schnabel hat deshalb auf eine bereits in den 1530er Jahren in Wittenberg etablierte Gepflogenheit hingewiesen und als mögliche Ursache für die Entstehung genannt: Demnach hatten sich Anhänger der Lutherischen Reformation angewöhnt, sich von den vor Ort wirkenden prominenten Theologen Autographen zu erbitten (Schnabel 2003: 244; vgl. bereits Kurras 1987: 10; Steinhilber 1995: 29f; Taegert 1998: 7). Zu diesem Zweck wurden Publikationen der Reformatoren, Bibelausgaben, aber auch eigens hierfür angefertigte Blattsammlungen verwendet (Schnabel 2003: 244ff).

---

[215] Die Forschung macht zudem auf weitere Traditionslinien aufmerksam, die zur Stammbuchsitte geführt haben sollen. Besonders auf die bereits seit dem 15. Jahrhundert belegten adligen Gästebücher wird in diesem Zusammenhang als mögliche Vorläufer des Stammbuchs verwiesen (etwa Kurras 1987: 10).

5 Das Poesiealbum als Untersuchungsgegenstand

Die neuere Stammbuchforschung vermutet, dass die handschriftlichen Buchwidmungen der Reformatoren, insbesondere diejenigen Martin Luthers, stilprägend für die frühen Stammbucheinträge gewesen sein könnten (ebd.: 236). Luther hatte sich für erbetene Buchwidmungen ein bestimmtes formales Schema zugelegt, das er später auch bei Einträgen in Stammbüchern anwandte. Einem kürzeren Zitat (zumeist aus der Bibel) mit Angabe der Belegstelle folgte dabei ein exegetischer Kommentar, daran schloss sich ein Widmungstext oder auch nur eine Unterschrift an, zuweilen wurde zusätzlich das Datum der Inskription vermerkt (ebd.: 237). Der Gesamtumfang der Inskription beschränkte sich auf eine Blattseite (ebd.: 260). Indem auch die weiteren in Wittenberg wirkenden Reformatoren diesem Gestaltungsmuster folgten, könnte sich dadurch ein erstes Grundmuster für die frühen Stammbucheinträge herausgebildet haben (ebd.: 264).

5.2.1.2 Die Albumsitte bis zum ersten Drittel des 18. Jahrhunderts

Rasche lokale Ausdehnung der Sitte
Ursprünglich auf Einträge aus dem theologischen Umfeld in Wittenberg beschränkt, verbreitete sich die Stammbuchsitte schnell über die Stadtgrenzen Wittenbergs hinaus. Die Halter der frühesten Stammbücher waren zunächst vor allem Anhänger der Reformation „in einem mittleren Lebensalter, die überwiegend bürgerlichen Verhältnissen entstammten und sozial und statusmäßig den Mittel- oder Oberschichten ihrer jeweiligen Aufenthaltsorte angehörten" (ebd.: 250). Auch zählten bald Adlige zu den Sammlern von Autographen. Gemeinsam ist den frühen Albumhaltern, dass sie als Reisende in Wittenberg verkehrten und wohl von hier die Anregung zum Führen eines Albums bezogen haben (ebd.: 249).[216]
Durch die zunehmende Benutzung der Alben auch an anderen Orten verlor die Sitte allerdings rasch ihren Bezug zu Wittenberg sowie ihren ursprünglich theologisch-protestantischen Kontext. Neben Angehörigen des Adels waren es nunmehr vor allem Studenten bürgerlicher Herkunft, die ab der Mitte des 16. Jahrhunderts die Trägerschaft der Sitte bildeten. Die Studenten baten hierbei neben Lehrern und

---

[216] Eine weitere Gemeinsamkeit der ersten Stammbuchhalter besteht darin, dass sie auch außerhalb von Wittenberg vornehmlich Vertreter der protestantischen Geistlichkeit um eine Inskription baten. Dieser Umstand hat zu der These geführt, dass die frühen Albumeinträge des 16. Jahrhunderts als protestantische Solidaritätsbekundungen zu verstehen seien, mit denen sich die Angehörigen der neuen Glaubensrichtung der gemeinsamen Gruppenzugehörigkeit versicherten (vgl. Heinzer 1989: 111).

geistlichen Würdenträgern auch Kommilitonen um Einträge. Ihre hohe Mobilität führte dazu, dass die Sitte an Universitätsstädten bzw. an Zentren mit überregionaler Bedeutung noch im 16. Jahrhundert europaweit bekannt und überkonfessionell betrieben wurde (ebd.: 268ff). Weitere soziale Gruppen, wie umherziehende Handwerksgesellen, Angehörige aus dem Handelsstand sowie Militärangehörige, griffen ebenfalls die Sitte auf. Hinsichtlich der lokalen Ausbreitung ist jedoch zu bemerken, dass die reisenden Deutschen zwar die Albumsitte in weite Teile Europas trugen und an den jeweiligen Aufenthaltsorten Einheimische bereitwillig als Einträger fungierten. Doch wurde die Sittenpraxis selbst nur in jenen Ländern übernommen, „die sich im 16. Jahrhundert der Reformation lutherischer oder auch calvinistischer Prägung angeschlossen hatten" (ebd.: 272; vgl. auch Steinhilber 1995: 30f).[217]

Mit der Ausbreitung der Stammbuchsitte fanden zunehmend kleinere und transportfreundlichere Albumgrößen im Querformat Verwendung.[218] Auch erhielten die zunächst namenlos bzw. unter der allgemeinen Begrifflichkeit „liber" firmierenden Alben nunmehr eine eigene Bezeichnung. Insbesondere bürgerten sich seit den 1570er Jahren sowohl die Bezeichnungen „Stammbuch" als auch „album amicorum" für das Medium ein.[219] Die Alben waren allerdings auch als „Philothek" bzw. ab der zweiten Hälfte des 18. Jahrhunderts häufig auch als „Denkmal der Freundschaft" bekannt (Loesch 1998: 9). Die Forschung verweist zudem auf

---

[217] Schnabel vermutet in diesem Zusammenhang, dass die Albumsitte, obwohl im deutschen Sprachraum konfessionsübergreifend betrieben, speziell im katholischen Ausland als „protestantisch" bzw. „deutsch" wahrgenommen wurde, so dass ein Praktizieren der Sitte in diesen Ländern ausblieb (Schnabel 2003: 272).

[218] Die ersten Alben wurden im Großformat (Folioformat) angelegt. Zudem wurden auch gedruckte Bücher benutzt, die für Inskriptionen oft mit leeren Seiten „durchschossen" wurden. Besonders häufig wurde dabei auf das „Emblematum liber" des italienischen Humanisten Andrea Alciati (1492–1550) zurückgegriffen (Klose 1988: XIII; Heinzer 1989: 10f; Taegert 1995: 14). Zum weiteren Wandel des Trägermediums siehe Schnabel (2003: 123–137).

[219] Schnabel macht indes auf das Album des Nürnbergers Johannes Klarer, der bereits im Jahr 1559 die Bezeichnung „Stamenn Büchleinn" als Albumtitel verwendete, aufmerksam. Doch scheint dies eine Frühform der Titelgebung zu sein, die zunächst keine Nachahmerschaft fand. Erst 1573, dann aber fortlaufend ist die Bezeichnung „Stammbuch" für die Alben belegt (ebd.: 291). Nicht geklärt ist bisher, warum für die Album-Bezeichnung auf eine ursprünglich für genealogische Zwecke benutzte Begrifflichkeit (im Sinne von „Stammbaum" bzw. „Geburtsregister") zurückgegriffen wurde. Gleichwohl hat sich im Verlauf des 17. Jahrhunderts das Wort „Stammbuch" als Bezeichnung für die Alben im deutschen Sprachraum durchgesetzt (siehe hierzu ebd.: 292ff).

5 Das Poesiealbum als Untersuchungsgegenstand

viele weitere, jedoch weniger geläufige Bezeichnungen (siehe hierzu Schnabel 2003: 275–303).

Fremdsprachige Zitate überwiegen, gnomische Texte und Gedichte ersetzen exegetischen Textteil
Stammbucheinträge wurden bis ins erste Drittel des 18. Jahrhunderts überwiegend in der damaligen Bildungssprache Latein, aber auch in weiteren Fremd- und Gelehrtensprachen (v.a. Griechisch, Hebräisch) ausgeführt (Taegert 1995: 19); Einträge in deutscher Sprache waren hingegen in der Minderheit. Bei den eingetragenen Texten handelte es sich nur in seltenen Fällen um eigene Schöpfungen des Inskribenten. Wie später in den Poesiealben wurden auch in den Erwachsenenalben überwiegend Zitate eingetragen, die dem zeitgenössischem Bildungskanon entnommen wurden.[220]

Am formalen Aufbau eines Eintrags änderte sich nur noch wenig. Lediglich der von den Wittenberger Theologen zweigliedrig ausgeführte Textteil (Zitat mit anschließendem exegetischen Kommentar) schmolz zu einem „Haupttext" zusammen. Kurze und inhaltlich prägnante Texte in Form von Sprüchen, Sprichwörtern, Sentenzen oder auch Devisen dominierten die Einträge (Schnabel 2003: 68). Speziell im 16. Jahrhundert wurden häufiger Initialenfolgen eingetragen. Auch erfreuten sich kurze Gedichtformen bald wachsender Beliebtheit. Ein abweichendes Eintragsverhalten legten die Adligen an den Tag: Sie griffen eher auf Wahlsprüche, Sentenzen bzw. Motti zurück, wie sie bereits in mittelalterlichen Wappendevisen überliefert sind (Taegert 1995: 16; Schnabel 2003: 68).

---

[220] Nach Werner Taegert handelt es sich bei den textuellen Inskriptionen in der Regel um „einen Sinnspruch, Gemeinplatz oder moralisches bzw. erbauliches Zitat, gegebenenfalls auch mehrere, aus dem Fundus des Bildungskanons: aus der Bibel und dem geistlichen Schrifttum (so den Kirchenvätern oder den Reformatoren), aus der antiken, neuzeitlichen gelehrten Literatur oder Dichtung, ferner aus der volkstümlichen Spruchweisheit; hin und wieder begegnen Scherze und Sprachspielereien" (Taegert 1995: 16; vgl. auch Loesch 1998: 7). Das Spruchgut ist dabei vor allem den lateinischen Schulautoren entlehnt, wobei Taegert als mögliche Quellen auf die eigene Lektüre der Inskribenten, auf Sentenzsammlungen oder auch auf Zitate verweist, die als „Allgemeingut im Umlauf" (Taegert 1995: 16) waren. Zumeist gereimte Eigenschöpfungen kommen hingegen nur gelegentlich vor (ebd.: 16f). Bei Musikern ist häufig die Beigabe von Notenfolgen (Kanones, Tanzweisen) zu beobachten (ebd.: 19).

Inhalt der Einträge kaum erforscht
Die ältere Stammbuchforschung hat sich vor allem der Erforschung der Entstehungsbedingungen der Albumsitte gewidmet. Sie hat die Alben zudem primär als Quelle der Biographie- und Netzwerkforschung genutzt. Inhaltliche Auswertungen von Stammbucheinträgen wurden hingegen bisher selten vorgenommen. Insbesondere zu frühen Epochen finden sich nur recht grobe inhaltliche Systematisierungen, so dass diesbezüglich noch erheblicher Forschungsbedarf besteht. Nach Werner Wilhelm Schnabel lassen sich die Inhalte der Stammbucheinträge bis zum ersten Drittel des 18. Jahrhunderts zumindest grob in fünf Kategorien unterscheiden: 1. Äußerung von Wertvorstellungen; 2. Ratschläge für ein gelingendes Leben („Lebensklugheit"); 3. Thematisierung der persönlichen bzw. kollektiven Lebenssituation; 4. Thematisierung der sozialen Beziehung des Einträgers zum Stammbuchhalter; 5. Thematisierung des Eintragsvorgangs (Schnabel 2003: 63–65). Stammbucheinträge wurden demnach besonders dazu benutzt, bestimmte Werte zum Ausdruck zu bringen. Vornehmlich wurden religiöse Wertvorstellungen, Tugenden, aber auch Themen der „Güterlehre" angesprochen. Nicht nur Formen des moralischen Appells wurden gewählt; zuweilen wurden Einträge auch dazu verwendet, Kritik an überkommenen Wertvorstellungen zu äußern (ebd.: 63).

Soziale Hierarchie als Ordnungsprinzip der Einträge
Ein Charakteristikum der Erwachsenenstammbücher besteht in der Anordnung der Inskriptionen in einem Album. So ist die Reihenfolge der Einträge in einem Stammbuch bis zum Beginn des 19. Jahrhunderts erkennbar hierarchisch nach sozialem Status der Inskribenten geordnet (bereits Keil/Keil 1893: 32ff; Steinhilber 1995: 35f; Schnabel 2003: 138f). Demnach waren die ersten Seiten „Königen und Fürsten vorbehalten, während danach – die soziale Stufung nachvollziehend – Prälaten und Hochadel, Niederadel, Geistliche und Professoren in der Folge des Ansehens ihrer Fakultäten, schließlich Studenten und Handwerker ihren Platz fanden" (Schnabel 2003: 139).

5.2.1.3 Die Albumsitte ab der zweiten Hälfte des 18. Jahrhunderts

Wandel im Sprachbild: Deutschsprachige Einträge werden dominant
Die zweite Hälfte des 18. Jahrhunderts wird häufig als „Blütezeit" der Albumsitte bezeichnet (vgl. Taegert 1995: 21). In dieser Zeit sind die Stammbücher einigen

Wandlungen unterworfen. Der augenfälligste Wandel ist der Wechsel von einer vornehmlich lateinisch bzw. fremdsprachig geprägten zu einer vorwiegend deutschen Schriftsprache (ebd.: 21). Die Ausbreitung der deutschen Schriftsprache in den Alben bezog sich dabei nicht nur auf die Sprüche und eingetragenen Gedichte. Einhergehend mit dem Wandel zur deutschen Sprache veränderte sich auch der sprachliche Umfang einzelner schriftlicher Eintragselemente. So schrumpften insbesondere die unterhalb des Spruchs platzierten Widmungstexte von längeren zu kurzen Dedikationsformeln, wie sie noch heute in Poesiealben zum Teil gebräuchlich sind (etwa: „Zur freundlichen Erinnerung"; vgl. Taegert 1995: 22ff; Henzel 2014: 258f).

Wandel der zitierten Autoren bei persistenten Werthaltungen
Einen weiteren Wandel stellt der Rückgang von Zitaten antiker Autoren in den Einträgen der Alben der zweiten Hälfte des 18. Jahrhunderts dar. An deren Stelle traten nunmehr Gedichte, Aussprüche und Zitate zeitgenössischer Autoren (Angermann 1971: 59–69; Taegert 1995: 21; Henzel 2014: 371ff).[221] Bemerkenswert ist, dass sich trotz eines gewandelten Autorenkanons die in den Texten zum Ausdruck gebrachten Werte im Verlauf des 18. Jahrhunderts als eher stabil erwiesen. „Freundschaft" im Besonderen, aber auch „Glück", „Tugend", die „Akzeptanz des Gegebenen", religiöser Glaube, das „Leben im Hier und Jetzt" sowie „Vanitas" sind die Themen und Wertvorstellungen, welche die Alben im 18. Jahrhundert überwiegend prägten (vgl. Henzel 2014: 290).

Politisierung und Reflexion zeitgenössischer Ereignisse
In welchem Umfang Albumeinträge dazu genutzt wurden, sich zu zeitgenössischen Ereignissen bzw. politischen Themen zu äußern, darüber gibt es bisher nur wenige systematische Untersuchungen. Horst Steinhilber analysierte Einträge von Studenten zwischen 1740 und 1800 an deutschen Universitätsstädten und stellte

---

[221] Exemplarisch zeigt sich dies an der gegenläufigen Entwicklung der Zitierhäufigkeit des antiken Dichters Horaz und dem besonders in der zweiten Hälfte des 18. Jahrhunderts häufig rezipierten deutschen Lyrikers Christian Fürchtegott Gellert (zur Stellung dieser Autoren siehe bereits Kurras 1994: XI; Henzel 2014: 365–369).

besonders in den 1790er Jahren eine Zunahme von Freiheitsbekundungen und korrelierenden politischen Einstellungen fest (vgl. Steinhilber 1995: 235–332).[222] Katrin Henzel konnte in Leipziger Stammbucheinträgen nach 1760 die Präsenz neuer Ideale wie „Freiheit" und „Brüderlichkeit" ebenfalls belegen (Henzel 2014: 333–336). Doch scheint es abwegig, im 18. Jahrhundert von einer allgemeinen Politisierung der Alben zu sprechen. Eher „punktuell" und primär auf das studentische Milieu beschränkt dürfte der Rückgriff auf politische Losungen der Französischen Revolution für Albuminskriptionen gewesen sein (vgl. Steinhilber 1995; Taegert 1995: 26). Auch im Kontext der Napoleonischen Befreiungskriege wurde in Albumeinträgen vermehrt über aktuelle Ereignisse und politische Themen reflektiert (Keil/Keil 1893: 313f; Taegert 1995: 26). Doch blieb auch hier die Politisierung der Einträge offensichtlich zeitlich begrenzt. Mit Hinweis auf die darauf einsetzende Restaurations- und Biedermeierzeit werden in der Forschung die überwiegend apolitischen und zur Idylle neigenden Inskriptionen der anschließenden Epoche begründet (Steinhilber 1995: 39f; Taegert 1995: 28).[223]

5.2.2 Die Albumsitte als Kinder- und Jugendsitte

5.2.2.1 Zur Verjüngung der Trägerschaft im 19. Jahrhundert

Der Wandel der Trägerschaft von vornehmlich erwachsenen zu überwiegend jugendlichen Albumhaltern wird oft als gravierendste Wandlungserscheinung der Albumsitte aufgefasst (Fiedler 1960: 44; Rossin 1985: 15). Die Verjüngung der Trägerschaft wird dabei in der Forschung als gleitender Vorgang beschrieben

---

[222] Allerdings sind Steinhilbers Untersuchungen aufgrund methodischer Probleme kritisch einzuschätzen. So ist die Auswahl der untersuchten Albumeinträge bei Steinhilber hoch selektiv und primär auf die 1790er Jahre beschränkt (vgl. Steinhilber 1995: 41–43). Seine Quantifizierungen in Bezug auf Vorkommen und Wandel politischer Einstellungen und Werte in den untersuchten Einträgen sind allenfalls als mögliche Tendenzen zu bewerten.

[223] Eine interessante, jedoch zeitlich begrenzte Erscheinung betraf gegen Ende des 18. Jahrhunderts die äußere Form des Stammbuchs. Neben den üblichen, gebundenen Alben wurden nunmehr auch lose Blattsammlungen als Stammbücher geführt (Göhmann-Lehmann 1994: 19f; Taegert 1995: 28; Loesch 1998: 8). Die häufig querformatigen losen Blätter wurden nach ihrem Beschreiben in verzierten Buchattrappen-Kassetten oder ähnlichen Behältnissen aufbewahrt (Göhmann-Lehmann 1994: 21–23). Die Auflösung der gebundenen Form erscheint insofern interessant, da es die Aufhebung der hierarchischen Struktur der Einträge im gebundenen Album erlaubte. Allerdings blieb diese ungebundene Form des Albums weitgehend auf die erste Hälfte des 19. Jahrhunderts beschränkt (ebd.: 19).

5 Das Poesiealbum als Untersuchungsgegenstand

(Taegert 1995: 29). Einen konkreten Zeitpunkt des Übergangs benennen zu wollen, ist deshalb schwierig. Konsens herrscht jedoch in der Ansicht, dass etwa seit der Mitte des 19. Jahrhunderts fast nur noch Jugendliche als Besitzer von Alben auftraten (Fiedler 1960; Taegert 1995: 26).

Warum es im 19. Jahrhundert zu diesem Wandel kam, ist in der Forschung umstritten.[224] Überwiegend wird auf drei Ursachen hingewiesen: 1. Veränderungen auf der Makroebene, 2. Einstellungswandel der Erwachsenen, 3. Aufkommen von konkurrierenden Erinnerungsmedien.

Als Veränderungen auf der Makroebene lassen sich Argumentationen zusammenfassen, die vor allem allgemeine und gesamtgesellschaftliche Veränderungen im 19. Jahrhundert für den Wandel der Trägerschaft verantwortlich machen. So wird in diesem Kontext allgemein auf die „wirtschaftliche und gesellschaftliche Entwicklung" (Fiedler 1960: 44) jener Zeit verwiesen. Diese wird einerseits als von „Industrialisierung" (Rossin 1985: 17) und einer „Vermassung des Menschen" (ebd.) geprägt dargestellt. Andererseits werden die Biedermeierzeit und ein in diesem Zusammenhang erfolgter „Rückzug ins Private" als mögliche Gründe für den Wandel der Trägerschaft angeführt (Rossin 1985: 19; Taegert 1995: 29).

Ein zweiter Grund für die Verjüngung der Albumhalter wird in einem im 19. Jahrhundert sich vollzogenen Einstellungswandel vermutet. So wird die Biedermeierzeit mit einem neuen vorherrschenden Lebensgefühl der Erwachsenen verbunden. Dieses wird als von „Ernüchterung" (Taegert 1995: 29) oder auch „Frustration" (Rossin 1985: 15ff) geprägt beschrieben, was zum Rückzug der Erwachsenen von der Albumsitte und der damit verbundenen Freundschaftsthematik beigetragen habe. Eine veränderte Einstellung wird auch gegenüber der Sprache und den poetischen Gegenständen vermutet. So wird häufiger auf eine im 19. Jahrhundert stattfindende „Emotionalisierung" der Sprache hingewiesen, der sich vor allem Frauen bedienten (Rossin 1985: 15f; Taegert 1995: 29). Dichtung und Lyrik wurden nunmehr vor allem als Sache des weiblichen Geschlechts angesehen (Rossin 1985: 15ff). Dies führte dazu, dass männliche Albumhalter der Sitte später fernblieben. Ein weiterer Einstellungswandel wird in einer Neubewertung der Albumsitte

---

[224] Überraschend ist jedoch, dass in der Forschung die Ursachen für den Wandel der Trägerschaft kaum diskutiert werden. Sogar in umfangreichen Arbeiten zur Albumsitte wird dieser Frage nur unzureichend nachgegangen (vgl. Angermann 1971). Auch spätere Übersichtsarbeiten umgehen diese Forschungsfrage (etwa Geiger 1981).

durch die bisherigen Trägerschichten erblickt. So wird vermutet, dass die eher gebildeten Schichten sich zu jenem Zeitpunkt von der Sitte lösten, als sie in den Alben nicht länger eine Möglichkeit zur Distinktion gegenüber anderen Schichten erblickten (Keil/Keil 1893: 46; Brednich 1997: XXIV).
Eine dritte Ursache für den Wandel der Trägerschaft wird schließlich im Aufkommen konkurrierender Erinnerungsmedien gesehen, die das Stammbuch in den ursprünglichen Trägermilieus zunehmend verdrängten. In diesem Zusammenhang wird auf die an deutschen Universitäten in Mode gekommenen „Dedikationssilhouetten" verwiesen. Es handelte sich dabei um getuschte oder schablonisierte Schattenrisse in Form von hochformatigen Kärtchen, die mit Widmungen versehen unter den Studenten getauscht wurden (Taegert 1995: 26f). Später wurden die Silhouetten von Lithographien und ab den 1860er Jahren zunehmend von Porträtphotographien als persönliche Andenken verdrängt (Keil/Keil 1893: 330; Taegert 1995: 28).

5.2.2.2 Das Album als Schüleralbum

Zunehmend weibliche Albumhalter, Sammlung der Einträge vor Schulabgang und Konfirmation
Einhergehend und wohl eng mit der Verjüngung der Albumeigner verknüpft, erfolgte im Verlauf des 19. Jahrhunderts auch ein geschlechtlicher Wandel hinsichtlich der Trägerschaft. Waren es bis Ende des 18. Jahrhunderts überwiegend männliche Erwachsene (insbesondere Studenten), die ein Album führten, waren es am Ende des 19. Jahrhunderts hauptsächlich weibliche Jugendliche. Im 18. Jahrhundert noch eher selten vorzufinden, waren mit Beginn des 19. Jahrhunderts von Frauen geführte Alben in größerer Zahl nachweisbar. Auffallend ist, dass es sich schon zu diesem Zeitpunkt um überwiegend jugendliche Frauen im Alter zwischen 12 und 15 Jahren handelte (vgl. Angermann 1971: 17; Göhmann-Lehmann 1994: 29; Taegert 1995: 29). Warum es zum geschlechtlichen Wandel der Albumträgerschaft kam, ist bisher kaum erforscht. Es liegt jedoch die Vermutung nahe, dass sich weibliche Jugendliche als eher parallele Albumträger gegenüber den männlichen Studenten herausbildeten. Zwischen den beiden Trägerschaften dürften sich aufgrund der Unterschiede in Alter und sozialem Umfeld nur in beschränktem

5 Das Poesiealbum als Untersuchungsgegenstand

Maße Berührungspunkte ergeben haben. Während sich die Sitte in Studentenkreisen im 19. Jahrhundert zunehmend verlief, blieb sie in der neuen, jungen und weiblichen Trägerschaft erhalten. Die jungen Albumbesitzerinnen waren es wohl auch, die das Album in den noch heute üblichen Kontext der Schule überführten. So erfolgte das Anlegen der Alben und das Sammeln der Inskriptionen nunmehr häufig in der Zeit der Konfirmation, die mit dem Ende der Schulzeit zusammenfiel (Angermann 1971: 19; Göhmann-Lehmann 1994: 29). Bereits in früheren Epochen hatten Studenten häufig vor Ortswechseln und der Trennung von Bekannten und Freunden deren Inskriptionen gesammelt (Keil/Keil 1893: 8; Taegert 1995: 12). Auch die Alben der Schülerinnen wurden nun oft vor der bevorstehenden Auflösung des Klassenverbands angelegt (Fiedler 1960: 45; Angermann 1971: 33f; Göhmann-Lehmann 1994: 29). Obschon bereits im 19. Jahrhundert vornehmlich weibliche Jugendliche Alben führten, gab es dennoch immer auch männliche Schüler, die an der Sitte partizipierten (Angermann 1971: 21). Im 20. Jahrhundert traten jedoch generell seltener männliche Jugendliche als Halter auf, wobei dies besonders für den städtischen Kontext vermutet wird (Zillig 1935: 95; Fiedler 1960: 51; Angermann 1971: 21).

Weitere Popularisierung der Sitte und Wandel der Bezeichnung zu „Poesiealbum"
Bis Ende des 19. Jahrhunderts erfolgte die Ausweitung der Sitte in sämtliche soziale Schichten, auch die unteren Schichten nahmen nun daran teil (Angermann 1971: 22). Die Popularisierung drückt sich in einer nochmaligen lokalen Ausdehnung aus. Stellte die Sitte ehedem ein eher städtisches Phänomen dar, führten seit dem letzten Drittel des 19. Jahrhunderts auch Schülerinnen in ländlich geprägten Regionen Stammbücher (ebd.). Vorschub für die lokale und soziale Ausweitung der Sitte dürfte das Einsetzen einer serienmäßigen Produktion industriell vorgefertigter Alben geleistet haben. Die zuvor handgefertigten Alben wurden dadurch für weite Bevölkerungskreise erschwinglich (Zillig 1935: 98f; Loesch 1998: 12). Die industriell hergestellten, oftmals querformatigen Alben waren um 1850 und in den folgenden Jahrzehnten in der Regel mit der Bezeichnung „Album" versehen (Angermann 1971: 37). Wann sich die noch heute übliche Bezeichnung „Poesie" als Albumaufdruck durchgesetzt hat, ist umstritten. Der Zeitpunkt wird im späten 19. Jahrhundert (Loesch 1998: 11) oder im ersten Drittel des 20. Jahrhunderts ver-

mutet (Angermann 1971: 38f). In den 1940er Jahren ist die Bezeichnung „Stammbuch" für das Medium noch geläufig.[225] Spätestens in den 1950er Jahren bürgerte sich allerdings die Bezeichnung „Poesiealbum" ein. Unter dem Namen „Poesie" bzw. in dessen verkürzter Form „Posie" firmiert es seither in der die Sitte tragenden Schülerschaft (Fiedler 1960: 44f).

5.3 Forschungsstand

Welche Forschungsanstrengungen sind im Zusammenhang mit den Alben als Kinder- und Jugendsitte bisher unternommen worden? Die Durchsicht der Literatur lässt sechs Schwerpunkte in der Beschäftigung mit Poesiealben erkennen:[226]

- Deskriptionen der Alben und der Albumsitte (Volkskunde)
- Poesiealben als Gegenstand der Kinderpsychologie (Psychologie, Kulturwissenschaften)
- Poesiealben als Gegenstand textueller Forschung (Philologie)
- Poesiealben als Gegenstand der Sozialisationsforschung (Pädagogik)
- Poesiealben als Gegenstand biographischer Forschung (Geschichtswissenschaften)
- Poesiealben als Gegenstand der Werteforschung (Soziologie)

Deskriptionen der Alben und der Albumsitte (Volkskunde)
Mit Abstand am häufigsten finden sich Studien, die den Versuch unternehmen, die historischen Ausprägungen der Albumsitte bzw. deren aktuelle Ausformung als Kinder- und Jugendsitte zu beschreiben. Diese Arbeiten entstammen überwiegend dem Bereich der Volkskunde, zuweilen aber auch der Pädagogik. Zwei Arbeiten

---

[225] So verwendet Maria Zillig in den von ihr in den 1930er und 1940er Jahren publizierten Studien zur namentlichen Kennzeichnung der Alben die Bezeichnung „Jugend-Stammbuch" (vgl. Zillig 1935, 1942). In Österreich firmieren die Schüleralben noch heute unter der Bezeichnung „Stammbuch".

[226] In der Darstellung des Forschungsstands wird nur die Literatur einbezogen, die sich vordergründig mit der Albumsitte als Kinder- und Jugendsitte befasst. Anders als bei Poesiealben sind Forschungen zum Erwachsenenstammbuch reichlich vorhanden, kommen allerdings häufig nicht über Biographie- und Netzwerkforschung hinaus. Ein Standardwerk zu den Alben des 16. bis 18. Jahrhunderts hat Werner Wilhelm Schnabel (2003) vorgelegt. Eine neuere methodisch fundierte Studie zu Leipziger Stammbucheinträgen aus der zweiten Hälfte des 18. Jahrhunderts stammt von Katrin Henzel (2014). Ein genereller Mangel an Studien besteht für die Albumsitte im 19. Jahrhundert sowie in der ersten Hälfte des 20. Jahrhunderts. Auch sind Studien zur aktuellen Ausprägung der Sitte kaum vorhanden.

5 Das Poesiealbum als Untersuchungsgegenstand

ragen schon allein aufgrund ihres Umfangs hierbei heraus: Zum einen hat Alfred Fiedler zu Beginn der 1960er Jahre eine erste grundlegende Beschreibung der Wandlungen der Albumsitte von den Stammbüchern des 16. Jahrhunderts bis zum Poesiealbum der 1950er Jahre vorgelegt. Zum anderen ist auf die Studie von Gertrud Angermann (1971) zu verweisen, die Änderungen in der Albumsitte vom 18. bis zum 20. Jahrhundert anhand der Sichtung von neun bis zehntausend Einträgen in mehr als einhundert Alben aus dem Raum Minden-Ravensberg (Nordrhein-Westfalen) nachvollzogen hat. Neben diesen größeren Arbeiten von Fiedler und Angermann findet sich eine Vielzahl von Aufsätzen in Fachzeitschriften und Sammelbänden. Oft werden hier nur einzelne Aspekte der Sitte aufgegriffen oder auch nur der vorhandene Forschungsstand wiedergegeben (vgl. Freudenthal 1964a, 1964b; Kämpf-Jansen 1976; Naumann 1979; Bausinger 1980, Geiger 1980, 1981, 1984; Bronner 1988; Becher 1999; Franz 2000; Clements 2011). Generell anzumerken ist, dass in den deskriptiven Studien die verschiedenen Aspekte der Albumsitte oft nicht methodisch fundiert, sondern eher intuitiv beschrieben werden. Statistische Analysen beschränken sich auf Häufigkeitsauszählungen von eingetragenen Texten sowie den hierbei kenntlich gemachten Autoren. Es wird versucht, vor allem aus der Präsenz der häufig benutzten Texte auf allgemeine Albuminhalte zu schließen. Durch die Konzentration auf ‚typische' Eintragstexte werden allerdings gerade diese Inhalte überschätzt und die enorme Heterogenität der Texte übersehen. Aussagen über die Inhalte der Eintragungen sind deshalb in diesen Studien mit einer gewissen Vorsicht zu behandeln.

Poesiealben als Gegenstand der Kinderpsychologie (Psychologie, Kulturwissenschaften)
Schon weitaus seltener sind psychologische Forschungen zur Albumsitte. Sie konzentrieren sich auf die Untersuchung der individuellen Motive der Kinder, an der Sitte teilzunehmen. Nach wie vor erwähnenswert sind in diesem Zusammenhang die frühen Arbeiten von Maria Zillig (Zillig 1935, 1942). Zillig hatte im Jahr 1933 zunächst 60 Alben von Schülerinnen an Würzburger Volksschulen analysiert, in einer späteren Untersuchung im Jahr 1938 dann ihr Untersuchungskorpus auf 220 Alben und mehr als 4200 Einträge erweitert. Auch Zilligs Arbeiten sind überwiegend deskriptiv, vermitteln allerdings einen recht genauen Einblick in die Albumpraxis der 1930er Jahre. Sie lassen eine Zunahme ideologisch geprägter Texte im Poesiealbum während der NS-Zeit erkennen (vgl. Zillig 1942: 153f). Zudem

hat Zillig in begleitenden Fragebögen nach Motiven der Mädchen für die Teilnahme an der Sitte und die Auswahl der Zitate gefragt und auf bivariate Zusammenhänge zwischen zunehmendem Alter und einer sich differenzierenden Textauswahl hingewiesen (Zillig 1935: 99). An Zilligs Arbeiten ist später eher selten angeknüpft worden, nur wenige weitere Befragungen von Schülern mit Bezug zur Albumsitte sind dokumentiert (Bodensohn 1968; Rossin 1985). Zuletzt versuchte Ulrike Langbein mithilfe von Gruppeninterviews, die Motive der Kinder bei der Gestaltung der Einträge näher zu analysieren (Langbein 1997).

Poesiealben als Gegenstand textueller Forschung (Philologie)
Philologische Untersuchungen zu den Texteintragungen in Poesiealben sind ebenfalls selten. In diesem Zusammenhang ist auf die größere Studie von Jürgen Rossin hinzuweisen (Rossin 1985). Rossin hat 60 Alben mit mehr als 2000 Einträgen untersucht, die zwischen 1967 und 1977 von Schülern eines Gymnasiums in Datteln (Nordrhein-Westfalen) geführt wurden. Neben der üblichen Deskription geht Rossin ausführlich auf die sprachliche Gestaltung der Albumtexte ein und verweist auf eine relative Konstanz von Vers- und Rhythmusstrukturen (ebd.: 168–264). Bezüglich der Albuminhalte nimmt er eine Gliederung in fünf „Leitthemen" vor (Wunschtexte, Lebensweisheit, Tugendlehre, Freundschaft, Religion), die er anschließend an Textbeispielen erläutert (ebd.: 265–371). Kritisch anzumerken ist, dass die lokale Konzentration auf die Alben einer einzigen Schuleinrichtung eine hohe Reziprozität der Einträgerschaft vermuten lässt (siehe hierzu nächstes Kapitel). Ein Schüler trägt sich in der Regel in mehrere Alben derselben Jahrgangsstufe ein, was auch im Korpus der von Rossin untersuchten Alben vorgekommen sein dürfte. Diese Problematik der Mehrfacheintragungen bei lokal zentrierten Untersuchungen wird von Rossin allerdings übersehen, wodurch seine Befunde eher als kritisch einzuschätzen sind.

Poesiealben als Gegenstand der Sozialisationsforschung (Pädagogik)
Poesiealben stehen auch im Fokus pädagogischer Diskussionen. Einerseits wird nach der sozialisatorischen Wirkung der Alben gefragt. Andererseits wird die Frage diskutiert, inwiefern die Alben aktiv in den Bildungs- und Erziehungsprozess der Schule einbezogen werden sollten. Häufig – und nicht allein von Pädagogen – wird eine eher ungünstige sozialisatorische Wirkung der Einträge vermutet.

5 Das Poesiealbum als Untersuchungsgegenstand

So wird angenommen, dass Einträge in Poesiealben ein unterwürfig akzeptierendes weibliches Rollenverständnis vermitteln und damit zur Tradierung überkommener weiblicher Wertmuster beitragen (Naumann 1979: 282; Rossin 1985: 293; Slembeck 1990: 291). Zudem wird eine Wirkung auf die Herausbildung eines trivialen literarischen Geschmacks vermutet (Bodensohn 1968; Naumann 1979). Nur in älteren Studien wird deshalb den Lehrern eine intendierte und sorgfältige Verwendung eigener Albumeinträge zur Wertevermittlung empfohlen (Bodensohn 1968: 150; Walter 1977: 99). Neuere pädagogische Ratgeber empfehlen eher einen kritisch distanzierten Umgang mit dem Medium (vgl. Klees/Marburger/Schuhmacher 2007: 86).

Poesiealben als Gegenstand biographischer Forschung (Geschichtswissenschaften)
Anders als Erwachsenenstammbücher stehen Poesiealben üblicherweise nicht im Fokus einer explizit biographischen Forschung. Lediglich die Untersuchungen von Karin Wieckhorst stellen hiervon eine Ausnahme dar (Wieckhorst/Glasenapp/Steinlein 1999; Wieckhorst 2000). Im Fokus des Interesses steht bei Wieckhorst das Poesiealbum der Ruth Schwersenz, das diese als jüdische Schülerin zwischen 1939 und 1941 in Berlin führte. Wieckhorst zeichnet einerseits das jüdisch geprägte soziale Netzwerk der Albumhalterin bis kurz vor den Deportationen nach und rekonstruiert in diesem Zusammenhang das weitere Schicksal der Einträger. Leider sind die eingetragenen Texte nur grob inhaltlich ausgewertet. Sie weisen – wenig überraschend – keine ideologisch geprägten Inhalte auf. Das lässt sich als Strategie der Staatsferne deuten und entspricht der erwarteten Wirkung repressiver Staaten. Leider unternimmt Wieckhorst keinen Vergleich des analysierten Poesiealbums mit zeitgenössischen Alben nicht-jüdischer Halter. Hier wären gewiss erhellende Einblicke in Kontinuitäten und Divergenzen bezüglich der Eintragsinhalte zu erwarten gewesen.

Poesiealben als Gegenstand der Werteforschung (Soziologie)
Soziologen haben sich bisher nur selten dem Poesiealbum als Forschungsgegenstand zugewandt. Eine Ausnahme bilden die Studien von Hanna Herzog und Rina Shapira, die in Israel geführte Alben zur Untersuchung von Wertwandlungsprozessen genutzt haben (Shapira/Herzog 1984; Herzog/Shapira 1986). Grundlage ihrer Untersuchungen sind mehr als 4100 Einträge in 130 Alben, die zwischen 1925

und 1980 von israelischen Jugendlichen geführt wurden. Diese wurden von den Autorinnen mithilfe einer Themenfrequenzanalyse inhaltsanalytisch ausgewertet. Ihre Untersuchungen liefern Hinweise auf zwei grundlegende Wandlungstendenzen in den israelischen Alben: Einerseits stellen sie einen Rückgang von kollektivzentrierten Wertvorstellungen fest, der mit einer Zunahme individualistisch-privatistischer Werthaltungen verbunden ist. Andererseits ist in den Alben eine zunehmende Thematisierung der Schule als wichtiger Bezugsinstanz für die jugendlichen Einträger feststellbar. Dies drückt sich auch in einer quantitativen Zunahme von Lehrereinträgen in den Alben aus. Die beobachteten Wandlungstendenzen in den Alben deuten Herzog und Shapira auf der Folie eines marxistischen Erklärungsmodells als Anpassung der Werte an einen vollzogenen ökonomischen Wandel. Herrschten zunächst Formen des sozialistischen Wirtschaftens vor, wurden diese wenige Jahre nach der Staatsgründung Israels (1948) in ein kapitalistisch geprägtes Wirtschaftsmodell überführt, was die Herausbildung eher individualistischer Wertvorstellungen begünstigt habe.[227]

Fazit zum Forschungsstand und Desiderate

Das Fazit zur bisherigen Erforschung der Albumsitte in ihrer Ausprägung als Kinder- und Jugendsitte fällt geteilt aus. Einerseits liegen materialreiche Deskriptionen zur Sittenpraxis vor. Andererseits herrscht großer Mangel an methodisch fundierten Studien. Längere Zeiträume der Kinder- und Jugendsitte sind bisher kaum erschlossen. Dies gilt insbesondere für Poesiealben, die vor 1933 geführt wurden, aber auch für Alben aus der DDR. Hier schließt die vorliegende Arbeit eine Forschungslücke. Zudem ist die aktuelle Ausprägung der Albumsitte kaum erforscht.

---

[227] Allerdings erweist sich das von Herzog und Shapira gewählte marxistische Erklärungsmodell nur als bedingt schlüssig, denn es erklärt nicht die zweite Wandlungstendenz in den Alben: die starke Thematisierung der Schule bei gestiegener Anzahl von Lehrereinträgen (von 9 % in den 1920er Jahren auf 25 % zu Beginn der1980er Jahre; im Vergleich dazu: 10 % in den hier untersuchten Alben). Gemäß unserem Erklärungsmodell könnte vielmehr ein Wandel in der Form der Akzeptanz, die dem Staat und dessen Institutionen entgegengebracht wird, vermutet werden. Denn hinter dem Rückgang der kollektiv-zentrierten Wertvorstellungen verbirgt sich vor allem ein rapider Rückgang von Einträgen, die den Wert von Nation und Heimat hervorheben (Herzog/Shapira 1986: 111). Wurden vor der Staatsgründung Israels im Jahr 1948 in nahezu jedem dritten Albumeintrag Nation und Heimat thematisiert, nahmen diese Einträge später sehr stark ab, bis sie im Jahr 1980 kaum noch in den Alben präsent waren. In diesem Lichte könnte die zunehmende Thematisierung der Schule und die hohe Anzahl an Lehrereinträgen eine Transformation von einer direkt ausgesprochenen Akzeptanz des Staats zu einer eher indirekten Akzeptanz staatlicher Institutionen darstellen.

5 Das Poesiealbum als Untersuchungsgegenstand

Dies könnte allerdings auch ein Indiz dafür sein, dass die Poesiealben mittlerweile durch konkurrierende Produkte (insbesondere das Steckbriefalbum) in den Hintergrund gedrängt wurden. Zudem mangelt es an international vergleichenden Albumstudien, die – mit Blick auf die israelische Studie – durchaus möglich erscheinen. Hier wäre allerdings Grundlagenforschung nötig, um festzustellen, in welchen Ländern eine vergleichbare Albumsitte ebenfalls betrieben wurde bzw. wird. Trotz dieser zum Teil erheblichen Forschungsdefizite sollte dennoch deutlich geworden sein, dass Poesiealben vielfältige Möglichkeiten der interdisziplinären Erforschung bieten.

5.4 Das Poesiealbum aus soziologischer Perspektive

Die Studien von Herzog und Shapira (1984, 1986) belegen, dass Poesiealben für die empirische Wertforschung einen fruchtbaren Gegenstand bilden können. Das Potenzial der Alben für die soziologische Forschung geht allerdings darüber hinaus und scheint noch nicht hinreichend erkannt worden zu sein. Daher werden im Folgenden die Möglichkeiten der Analyse von Poesiealben skizziert, wenn sie aus einer dezidiert soziologischen Perspektive betrachtet werden.

5.4.1 Textuelle und nicht-textuelle Albumelemente als Verhaltensspuren

Wenn man sich dem Poesiealbum als Forschungsgegenstand aus einer soziologischen respektive handlungstheoretischen Perspektive nähert, dann empfiehlt es sich, die in einem Album entdeckbaren schriftlichen bzw. nicht-schriftlichen Zeugnisse als Ergebnis intendierter Handlungen zu verstehen. Die im Album auffindbaren textuellen wie auch nicht-textuellen Sachverhalte können dann als Verhaltensspuren aufgefasst werden, die Personen in diesem Sammelmedium hinterlassen.[228] Diese Verhaltensspuren sind bei einer Albumanalyse zu identifizieren und den Personen, die sie produzierten, zuzuordnen. Für die systematische Erforschung eines Poesiealbums ergeben sich somit zwei Grundfragen: 1. Welche Personen hinterlassen Zeugnisse im Album? 2. Um welche Zeugnisse (Verhaltensspuren) handelt es sich?

---

[228] Diese Erläuterungen erfolgen in Orientierung an Andreas Diekmann, der den Begriff „Verhaltensspuren" als einen Oberbegriff sowohl für nicht reaktive Erhebungsmethoden als auch entsprechende Datenquellen ansieht (vgl. Diekmann 2009: 655).

Produzenten und Grundarten von Verhaltensspuren in Poesiealben

Im Kontext der Albumsitte können drei Produzenten von Verhaltensspuren unterschieden werden: 1. Halter (Albumbesitzer), 2. Einträger, 3. andere Nutzer.[229] Als ein ‚anderer Nutzer' kann dabei eine Person aufgefasst werden, die das Album nicht für einen Eintrag, sondern zu einem anderen Zweck verwendet. Vor allem jüngere Geschwister oder die Kinder des Halters treten als andere Nutzer eines Albums in Erscheinung, indem sie es für Schreib- und Zeichenübungen benutzen. Halter, Einträger und andere Nutzer produzieren verschiedene Verhaltensspuren im Album, die in drei Grundkategorien unterschieden werden können: 1. textuelle Zeugnisse, 2. nicht-textuelle Zeugnisse, 3. Separationen. Unter die textuellen Zeugnisse lassen sich diejenigen schriftlichen Inskriptionen versammeln, die eine Person in einem Album hinterlässt. Unter die nicht-textuellen Zeugnisse können hingegen vor allem die Zierelemente gefasst werden, die eine Person in das Album seinen textuellen Zeugnissen hinzufügt. Eine seltene Form von Verhaltensspuren stellen Separationen dar. Hierunter können Spuren gefasst werden, die auf eine Entnahme von Bestandteilen eines Albums (Herauslösung von Albumseiten, Entnahme von Beigaben) hinweisen.

Unter Berücksichtigung der in der Forschung unternommenen Albumdeskriptionen (s.o.) sowie der eigenen Untersuchungen lassen sich die verschiedenen Verhaltensspuren der einzelnen Akteure näher spezifizieren. Eine Systematisierung findet sich in Tabelle 5.2. Hinzugefügt wurden Analysemöglichkeiten, die sich mit der Erhebung der jeweiligen Verhaltensspuren verbinden.

---

[229] Die Terminologie folgt weitgehend Werner Wilhelm Schnabel (2003), weicht jedoch bei der Bezeichnung ‚anderer Nutzer' ab. Nach Schnabel besteht die Trägerschaft der Stammbuchsitte aus „Haltern", „Einträgern" sowie „Lesern" (Schnabel 2003: 151ff). Leser der Einträge müssen jedoch keine Verhaltensspuren in einem Album hinterlassen und sind deshalb nur bedingt nachweisbar. Im Rahmen dieser Arbeit werden sie unter die ‚anderen Nutzer' subsumiert.

5 Das Poesiealbum als Untersuchungsgegenstand

Tabelle 5.2: Verhaltensspuren im Poesiealbum und Möglichkeiten der Analyse

Akteur	Verhalten	Verhaltensausprägung	Analysemöglichkeiten
Einträger	textuelle Inskription	Eintrag eines Spruchs	Werthaltungen, Zitatherkunft, Autorenangabe, Sprache, Textvariabilität
		Eintrag einer Widmung (Selbstbezeichnung)	Werthaltungen, Netzwerkforschung, Textvariabilität
		Subskription	
		Lokalisierung und Datierung des Eintrags	Textvariabilität
		Anordnung der obligaten Textelemente	Variabilität der formalen Gestaltung
		Ausführen von Subtexten Exordialsignal Separater Subtext Zeichnungs-Subtext Beigaben-Subtext	Werthaltungen, Textvariabilität
	nicht-textuelle Inskription	Verzierung der Textelemente	Variabilität der Formen
		Ausführung einer Zeichnung Symbol (ikonisch) Bild (szenisch)	Erforschung impliziter Werthaltungen, soziologische Bildforschung, Variabilität der Formen und Motive, mediale Einflüsse, Konsumspuren
		Einfügung von Beigaben Glanzbild Aufkleber Fotografie Postkarte weitere Formen	Erforschung impliziter Werthaltungen, Variabilität der Formen und Motive, mediale Einflüsse, Konsumverhalten
Albumhalter	textuelle Inskription	Eintrag von Eingangstexten Präambel Eignervermerk Zeitpunkt des Anlegens Titel	Werthaltungen (Präambel), Textvariabilität
		Positionierung der Einträger durch Platzhalter Initiale Einlegen beschrifteter Zettel	Strukturierung des sozialen Netzwerks
		Eintrag von Ausgangstexten Epilog	Werthaltungen, Textvariabilität
	nicht-textuelle Inskription	Verzierungen von Textelementen	Variabilität der Verzierungen
		Ausführung einer Zeichnung Symbol (ikonisch) Bild (szenisch)	Erforschung impliziter Werthaltungen, soziologische Bildforschung, Variabilität der Formen und Motive, mediale Einflüsse, Konsumspuren
		Einfügen von Beigaben	Erforschung impliziter Werthaltungen,

5.4 Das Poesiealbum aus soziologischer Perspektive

		Glanzbild Aufkleber Fotografie Postkarte weitere Form	Variabilität der Formen und Motive, mediale Einflüsse, Konsumspuren
	Separation	Eingriff in bestehende Inskription	
		Ergänzung einer Beigabe	
		Herauslösung einer Albumseite	
		Herauslösung einer Beigabe	
anderer Nutzer	Nachnutzung	Ausführen nachträglicher Inskriptionen	
		Separationen	

Verhaltensspuren des Einträgers

Primärer Produzent von Verhaltensspuren ist der Einträger. Er hinterlässt immer textuell-schriftliche Zeugnisse, die er segmentiert in Textparzellen auf der ihm zugeteilten Albumseite ausführt. Obligat ist die Ausführung: 1. einer Spruch-Parzelle, die einen Text in Prosa oder Reimform enthält; 2. einer Widmungs-Parzelle, die neben einer Zueignungsformel häufig auch eine Selbstbezeichnung des Einträgers umfasst (z.B. „Zur Erinnerung an Deine Mitschülerin ..."); 3. eine Textparzelle, welche die Unterschrift des Einträgers (Subskription) beinhaltet; 4. eine Parzelle mit Angaben über Ort und Datum des Eintrags.

Diese traditionellen Eintragselemente werden in der Regel auf einer Albumvorderseite (recto) ausgeführt und pyramidal angeordnet. Dabei bildet der Spruch die Spitze, die Angaben zur Lokalisierung und Datierung (links) sowie Widmung und Subskription (rechts) bilden hingegen das Fundament der Pyramide (vgl. Henzel 2014: 102). Zusätzlich zu diesen obligaten Textelementen kann ein Einträger weitere schriftliche Zeugnisse anbringen. Diese können sich auf der Albumvorderseite, aber auch auf der vorherigen Albumrückseite (verso) befinden. Diese zusätzlichen Textsegmente lassen sich als ‚Subtexte' bezeichnen und je nach Art der Ausführung nochmals differenzieren.

Neben den schriftlichen Zeugnissen kann ein Inskribent auch eine Vielzahl nichttextueller Verhaltensspuren im Album hinterlassen. Sie dienen in der Regel der Verzierung des Eintrags und können sowohl auf der Albumseite mit den obligaten Textelementen (recto) als auch verso auf der vorherigen Seite ausgeführt werden. Drei Arten nicht-textueller Elemente können unterschieden werden: Zum einen nehmen Einträger häufig Verzierungen der Textelemente vor. Diese bestehen in der Hervorhebung von Initialen und Wörtern oder auch in der Gestaltung der Textparzellen durch Hervorhebung des Textuntergrunds, Rahmungen und Unterstreichungen. Zweitens führen Einträger Zeichnungen aus. Diese können eher ikonisch, symbolhaft sein und die Form einfacher floraler Motive (Veilchen, Rosen, Blumengirlanden usw.) oder von Herz- und Glückssymbolen (Kleeblätter, Fliegenpilz usw.) aufweisen. Die Zeichnungen können jedoch auch aufwendiger gestaltet sein und szenische Darstellungen umfassen (z.B. Landschaftszeichnungen). Eine dritte Art von nicht-textuellen Elementen stellen extern gefertigte Beigaben dar, die in das Album integriert werden. Neben den traditionellen Oblaten sind das in neueren Poesiealben besonders Aufkleber und Sticker, Fotografien des Einträgers sowie Postkarten. Seltener werden ausgeschnittene Bilder, externe Zeichnungen, Bastelarbeiten, Geldstücke, Briefmarken und getrocknete Pflanzen dem Eintrag beigefügt.

Verhaltensspuren des Albumhalters
Albumbesitzer hinterlassen in ihren Alben ebenfalls Verhaltensspuren. Schriftlich-textuelle Zeugnisse finden sich vor allem im Einband bzw. auf den ersten Seiten eines Albums. Der Halter trägt hier öfters eine Präambel mit Anweisungen für den Albumgebrauch ein (z.B. „Wer in dieses Album schreibt, den bitte ich um Sauberkeit!"). Diese kann er um eine Eigentumskennzeichnung („Dieses Album gehört ...") oder auch weitere „Eingangstexte" (Schnabel 2003) ergänzen. Schriftlich-textuelle Spuren kann der Halter jedoch auch auf der letzten Albumseite in Form von ‚Ausgangstexten' hinterlassen, mit denen er seine Sammlung von Einträgen ausklingen lässt. Eine besondere Form schriftlicher Verhaltensspuren stellt das Eintragen von Initialen in der oberen Ecke einer Albumseite dar. Diese fungieren als Platzhalter zur Kennzeichnung jener Seite, die er für den Eintrag eines bestimmten Inskribenten reserviert hat. Oft wird diese handschriftliche Positionierung im Eintrag belassen, zuweilen wird sie jedoch auch vom Einträger entfernt. Neben schriftlich-textuellen hinterlässt ein Albumhalter auch nicht-textuelle Zeugnisse. Prinzipiell greift er hierzu auf die gleichen Ziermöglichkeiten zurück, die auch dem Albumeinträger zur Verfügung stehen. Eine besondere Form von Verhaltensspuren des Albumbesitzers stellen Separationen dar. Spuren des Herauslösens beschriebener Seiten aus einem Poesiealbum sind allerdings nur selten festzustellen.

Verhaltensspuren anderer Nutzer
Vor allem jüngere Geschwister oder die Kinder der Albumhalter stellen andere Nutzer von Poesiealben dar, indem sie Verhaltensspuren in einem Album hinterlassen. Leer gebliebene Seiten werden hierbei für eigene Schreib- und Zeichenübungen verwendet. Zuweilen greifen die Nachnutzer jedoch auch in vorhandene Einträge ein, indem sie Texte ergänzen oder zusätzliche Verzierungen vornehmen. Auch ist die Entnahme von Beigaben möglich. Generell sind diese Spuren einer Nachnutzung in den Alben jedoch nur selten zu entdecken. Aufgrund anderer verwendeter Materialien sind sie zudem gut identifizierbar.

5.4.2 Normen der Albumsitte als formale Restriktionen

Das Ausführen von Inskriptionen in einem Poesiealbum durch den Einträger, aber auch das Sammeln von Eintragungen durch den Halter erfolgte im Kontext einer jahrhundertealten Albumsitte, die mit bestimmten Normen verbunden ist. Die Kenntnis dieser Normen ist insofern wichtig, da sie bei der Bildung von Hypothesen bezüglich der zu erwartenden Verhaltensspuren in den Alben in DDR und Bundesrepublik zu berücksichtigen sind. In diesem Abschnitt sollen deshalb die Normen, die aus der Albumtradition für Einträger und Albumhalter erwachsen, kurz erläutert werden. Die Analyse der Sittenpraxis zeigt, dass die Erwartungen, die an das Führen von Alben sowie die Gestaltung von Albumeinträgen geknüpft sind, primär formaler Natur sind (vgl. bereits Bausinger 1980: 120).

Normen des Eintragsverhaltens
Basierend auf der Albumtradition erscheinen vor allem zwei Erwartungen an einen Albumeintrag geknüpft (vgl. auch Angermann 1971: 39; Rossin 1985: 140f; Henzel 2014: 100ff):

- Ausführung obligater Textparzellen
  (Spruch/Widmung/Subskription/Lokalisierung und Datierung)
- pyramidale Anordnung dieser Textparzellen auf einer Albumseite

Diese aus der Albumtradition herrührenden Normen können als formale Restriktionen für die Eintragspraxis verstanden werden. Sie bieten dem Einträger Orientierung hinsichtlich der Ausführung und Anordnung der Textelemente auf einer

5 Das Poesiealbum als Untersuchungsgegenstand

Albumseite. Das heißt jedoch nicht, dass von diesem Eintragsmuster nicht auch abgewichen werden kann. So kann ein Einträger auf obligate Textelemente verzichten oder diese anders anordnen. Er kann zudem, wie im Fall von Widmung und Subskription häufig zu beobachten ist, obligate Textelemente auch in einer gemeinsamen Parzelle ausführen. Nichtsdestotrotz lässt sich von einem normativen Grundmuster der Eintragsgestaltung sprechen. Abbildung 5.1 gibt angelehnt an Henzel (2014: 103) einen Eintrag mit normativer Anordnung der obligaten Textelemente wieder.

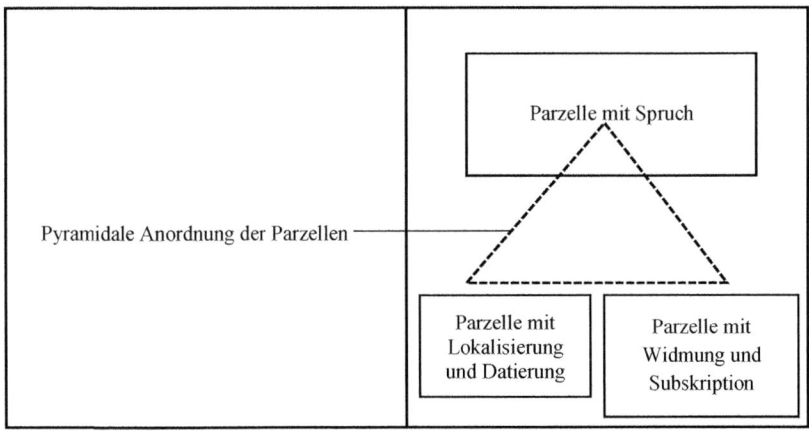

Abbildung 5.1: Beispiel eines Albumeintrags

Inhaltliche Gestaltungsfreiheit für die Spruch-Parzelle
Die Eintragsnormen beziehen sich hauptsächlich auf die formale Gestaltung eines Eintrags. Wie ein Einträger diesen ausführt, steht ihm prinzipiell frei (vgl. bereits Zillig 1942: 156, Rossin 1985: 26). Allerdings ‚verlangen' einige obligate Textparzellen automatisch bestimmte Inhalte. Dies betrifft insbesondere die Parzellen der Lokalisierung und Datierung sowie die der Subskription. Die Widmungs-Parzelle kann jedoch vom Einträger inhaltlich frei gestaltet werden. Mehr noch gilt dies für die Spruch-Parzelle, die keinen inhaltlichen Restriktionen unterliegt. Hier besteht lediglich die formale Norm, dass keine eigene Formulierung, sondern ein

Zitat für die Spruch-Parzelle verwendet wird. Die Auswahl des Zitats und damit die inhaltliche Ausgestaltung der Spruch-Parzelle ist hingegen frei von Restriktionen.[230] Trotz der prinzipiellen inhaltlichen Gestaltungsfreiheit ist jedoch darauf hinzuweisen, dass einige inhaltliche Themen der Spruch-Parzelle durch die Albumpraxis begünstigt werden. So wurden und werden Alben häufig im Kontext von Trennungssituationen geführt, in denen vor allem die befreundeten Personen um Einträge gebeten werden. Ein Einträger kann diese Situation (Trennung) sowie die soziale Beziehung (Freundschaft) in seiner Spruchauswahl reflektieren. Insofern sind Freundschaft, Abschied und Erinnerung bzw. der Wunsch für ein glückliches Leben als ‚albumspezifische' bzw. ‚albumaffine' Themen zu kennzeichnen.

Normen des Sammelverhaltens
Die Albumforschung hat des Weiteren auf Erwartungen in Bezug auf das Sammelverhalten des Halters aufmerksam gemacht. Insbesondere verweisen Untersuchungen zur Position der Einträger auf eine vermutlich bereits seit dem 19. Jahrhundert bestehende Rangordnung der Einträgergruppen im Album (vgl. Zillig 1935: 97; 1942: 141; Angermann 1971: 26; Rossin 1985: 36):[231]

> Familie > (Pfarrer) > Lehrer > Peergroup > sonstige Einträger.

Zwei Schlüsse können hieraus gezogen werden. Zum einen gibt es offensichtlich Einträgergruppen, die traditionell in den Alben vorkommen. Das betrifft insbesondere Verwandte, Lehrer sowie die Gruppe der gleichaltrigen Freunde und Mitschüler (Peergroup). In früheren Epochen dürfte zudem der Pfarrer der Kirchgemeinde um einen obligatorischen Eintrag gebeten worden sein. Zum anderen er-

---

[230] Die formale Norm, wonach primär Zitate in die Alben eingetragen werden, lässt sich bereits in Erwachsenenstammbüchern des 18. Jahrhunderts nachweisen (vgl. Henzel 2014). Wie die früheren Stammbücher sind dabei auch die Poesiealben durch eine überraschend hohe Fluktuation und Vielfalt der eingetragenen Zitate gekennzeichnet. So wurde im Rahmen der vorliegenden Studie festgestellt, dass mehr als 1400 verschiedene Texte in die Alben eingetragen wurden. Davon kamen 73 % der eingetragenen Sprüche nur ein einziges Mal vor. Die bisherige Albumforschung hat sich primär auf ‚typische' und wiederkehrende Eintragstexte konzentriert, dabei allerdings die Diversität der weiteren Sprüche womöglich übersehen.

[231] Allerdings merkt nur Angermann an, dass zuweilen auf die Einträge der nächsten Verwandten Vertreter der Kirche (Pfarrer) folgen. Von ihr stammt zudem der Hinweis, dass diese Rangordnung seit dem 19. Jahrhundert besteht (siehe weiterführend Angermann 1971: 26).

5 Das Poesiealbum als Untersuchungsgegenstand

folgt die Platzierung der Einträgergruppen im Album entsprechend einer traditionellen Rangordnung. Weil auch erwachsene Autoritäten (Lehrer, Pfarrer, erwachsene Verwandte) um einen Eintrag ersucht und im Album prominent platziert werden, kann auf das Vorhandensein einer Sammelnorm geschlossen werden. Entsprechend dieser Norm orientiert sich die Auswahl und Platzierung der Einträger nicht allein an den eigenen Präferenzen des Halters, sondern vermutlich auch an Erwartungen, die sich aus der Albumtradition ergeben.

5.4.3 Möglichkeiten der Analyse

Die Deutung der verschiedenen Albuminskriptionen als Verhaltensspuren eröffnet eine Vielzahl von Erhebungs- und Analysemöglichkeiten. Wie aus Tabelle 5.2 hervorgeht, können Poesiealben deshalb für mehrere soziologische Forschungsgebiete und Fragestellungen genutzt werden:

- Analyse von Werthaltungen
- Netzwerkforschung
- Forschungen zur Variabilität der Verhaltensspuren
- soziologische Bildforschung

Poesiealben bieten sich bevorzugt zur Analyse von Wertvorstellungen an. Diese können durch eine inhaltsanalytische Untersuchung der textuellen Partien der Inskriptionen erschlossen werden. Dies trifft im besonderen Maße auf die eingetragenen Sprüche zu, in denen oft Auffassungen vom guten und richtigen Handeln explizit benannt werden. Jedoch kann ein Einträger auch durch seine Widmungs- und Subtexte, aber auch die eingebrachten nicht-textuellen Elemente (Einzeichnungen, Motive der Beigaben usw.) implizit Wertvorstellungen zum Ausdruck bringen. Poesiealben geben dabei nicht nur Hinweise auf die Werte der Einträger. Auch die Ein- und Ausgangstexte des Albumbesitzers können auf Wertvorstellungen hin untersucht werden. Ebenso gilt dies für die vom Halter verwendeten nicht-textuellen Elemente.

Poesiealben können darüber hinaus zur Erforschung des persönlichen Netzwerks der jugendlichen Albumhalter genutzt werden. So kann analysiert werden, welche Personen des persönlichen Umfelds für einen Albumeintrag angesprochen wurden. Poesiealben geben dadurch Hinweise auf Bedingungen und Wandel bei der

Bevorzugung von Interaktions- und Sozialisationspartnern im Verlauf der Adoleszenz. Allerdings ist die oben skizzierte traditionelle Sammelnorm zu beachten, die das Ansprechen von Personen aus bestimmten Einträgergruppen auch erwarten lässt. Nichtsdestotrotz obliegt es allein dem Albumhalter, die formale Sammelnorm subjektiv auszulegen und die spezifischen Einträger für sein Album auszuwählen.

Eine dritte Untersuchungsmöglichkeit von Poesiealben besteht darin, die textuellen und nicht-textuellen Elemente der Alben auch auf ihren Variantenreichtum hin zu untersuchen. Das ist für die hier verfolgte Forschungsthematik von besonderem Interesse, da weiter oben Annahmen über die Homogenität und Heterogenität von Verhaltensweisen in DDR und Bundesrepublik formuliert wurden. Diese können durch Vergleich der Variabilität der Albumelemente in Ost und West geprüft werden.

Poesiealben können schließlich auch für bildsoziologische Fragestellungen genutzt werden. Aufgrund der Häufigkeit bildhafter Gegenstände in den Alben können sogar quantitativ ausgerichtete Bildanalysen unternommen werden.[232] So können beispielsweise die Häufigkeit verwendeter Symbole und Motive, die verschiedenen Ausführungspraktiken, Materialien usw. erhoben und nach beeinflussenden Faktoren gefragt werden. Die Erforschung der Zeichnungen, aber auch der externen Bildbeigaben (Glanzbilder, Fotografien, Postkarten usw.) können dabei Gegenstand der Analyse implizierter Wertvorstellungen sein (z.B. religiöser Wertvorstellungen in entsprechenden Bildbeigaben). Auch können die Bildgegenstände in den Alben auf Hinweise zum Konsumverhalten und die sich wandelnde Medienrezeption von Heranwachsenden hin untersucht werden.

Fazit: Das Poesiealbum aus soziologischer Perspektive
Fassen wir die Diskussion des Poesiealbums als Gegenstand soziologischer Forschung kurz zusammen. Schriftliche und nicht-schriftliche Zeugnisse in Poesiealben stellen aus soziologischer respektive handlungstheoretischer Perspektive das Resultat intendierter Handlungen von Personen dar. Als Produzenten dieser Ver-

---

[232] Hierzu könnte man an die überwiegend qualitativen Ansätze soziologischer Bildforschung (etwa von Englisch 1991; Müller-Doohm 1997; Bohnsack 2007; Breckner 2010) anknüpfen.

haltensspuren fungieren hauptsächlich die Einträger in die Alben. Allerdings hinterlassen auch die Albumbesitzer selbst und, wenngleich nur sehr selten, auch andere Nutzer Verhaltensspuren in den Alben. Das Sammel- und Eintragsverhalten unterliegt einigen formalen Normen, die aus der Albumsitte entspringen. Das Eintragsverhalten der Inskribenten ist dabei primär von Normen in Bezug auf die formale Gestaltung der obligaten Textelemente eines Eintrags gekennzeichnet. Inhaltlich können die Textelemente, insbesondere aber die Spruch-Parzelle, jedoch weitgehend frei gestaltet werden. Das Sammelverhalten der Albumbesitzer unterliegt hingegen der traditionellen Erwartung, dass bestimmte Einträgergruppen (Mitschüler, Lehrer, Verwandte) um einen Eintrag gebeten werden. Allerdings bestimmt der Halter, welche Inskribenten letztlich konkret ausgewählt und wie umfangreich dabei die traditionellen Einträgergruppen bedient werden.

Unter Beachtung dieser weitgehend formalen Verhaltensnormen, die aus den Traditionen der Albumsitte erwachsen, bieten Poesiealben eine Vielzahl von Anknüpfungspunkten für soziologische Fragestellungen. Primär eignen sich Poesiealben zur Erforschung von Werthaltungen. Wenngleich eingeschränkt können sie auch zur Analyse persönlicher Netzwerke von Heranwachsenden genutzt werden. Durch die Prüfung der Variabilität der Eintragselemente kann die Homogenität bzw. die Heterogenität von Verhaltensweisen erforscht werden. Schließlich eignen sich die vielfältigen Zierelemente in den Alben als Gegenstand soziologischer Bildforschung.

5.5 Staatliche Rahmenbedingungen und Einträge in Poesiealben

Nach Darstellung des Poesiealbums als Forschungsgegenstand können nunmehr Hypothesen über die staatliche Beeinflussung der Werte in Alben, die in DDR und Bundesrepublik geführt wurden, formuliert werden. Wie sich gezeigt hat, bieten Poesiealben vielfältige Analysemöglichkeiten. Gleichwohl wird sich in dieser Arbeit auf die Untersuchung der Einträge und hier speziell auf die in den Spruch-Parzellen zum Ausdruck gebrachten Werte konzentriert. Dass sich die Spruch-Parzelle dafür besonders gut eignet, wurde bereits begründet. Andere für Wertanalysen geeignete Albumelemente – sowohl des Einträgers als auch des Halters – werden im Rahmen dieser Arbeit nicht aufgegriffen. Allerdings sind hierfür prinzipiell dieselben Grundtendenzen wie für die eingetragenen Sprüche anzunehmen.

5.5.1 Hypothesenbildung

In Kapitel 4 waren folgende Zusammenhänge zwischen der Wahrnehmung des Staats und möglichen dominanten Strategien der Dissonanzreduktion in den Bevölkerungen von DDR und Bundesrepublik postuliert worden:

	Wahrnehmung des Staats	**dominante Strategien der Dissonanzreduktion**
DDR	geringe Glaubwürdigkeit staatlicher Institutionen Wahrnehmung eines eher repressiven Staats	*Strategien der Staatsferne* keine staatlichen Kernwerte, private Nischen *Strategien der Unauffälligkeit* bewährte, unauffällige Verhaltensweisen
BRD	hohe Glaubwürdigkeit staatlicher Institutionen Wahrnehmung eines nicht repressiven Staats	*Strategien der Akzeptanz und Vielfalt* auch nicht staatliche Akteure vertreten Kernwerte *keine dominante Strategie* größere Selbstentfaltung, Werteunverbindlichkeit

Welche Hypothesen können aus diesen theoretischen Überlegungen für das Vorkommen von Wertvorstellungen sowie anderen Inhalten in den Poesiealben in Ost und West aus den Erklärungsmodellen in Kapitel 4 abgeleitet werden? Hierzu ist zunächst zu klären, welche Wert- bzw. Inhaltskategorien im Rahmen der Albumanalyse untersucht werden sollen.

Zu untersuchende Werthaltungen und Albuminhalte
Gemäß dem hier verfolgten Ansatz kann zwischen staatlich erwünschten Werten und allen weiteren Werten bzw. Albuminhalten, an denen ein Staat kein intendiertes Interesse besitzt, unterschieden werden. Diese beiden Grundkategorien lassen sich wie folgt weiter differenzieren:

staatlich erwünschte Wertvorstellungen	*andere Werthaltungen und Albuminhalte*
staatliche Kernwerte (DDR/BRD) staatlich legitimierte Werte - geteilt-offizielle Werte - staatlich vereinnahmte Werte staatlich unerwünscht: Religiosität (DDR)	Werte gemäß den Wertwandeltheorien (BRD) weitere Werthaltungen ‚albumspezifische' Inhalte ‚andere' Inhalte

Gemäß der in Kapitel 3 vorgenommenen Typisierung können die staatlich erwünschten Werte in staatliche Kernwerte sowie in staatlich legitimierte Werte unterschieden werden. Zudem können die staatlich legitimierten Werte nochmals in

5 Das Poesiealbum als Untersuchungsgegenstand

geteilt-offizielle sowie in staatlich-vereinnahmte Werte unterteilt werden. Die Werthaltung Religiosität nimmt hiervon jedoch eine Sonderstellung ein. Wie die Inhaltsanalyse staatlicher Dokumente gezeigt hat, stellt Religiosität eine staatlich vereinnahmte Werthaltung der Bundesrepublik dar. In der DDR wurde die Ausübung von Religiosität hingegen behindert. Aufgrund dieser besonderen Konstellation (Förderung in der Bundesrepublik vs. Behinderung in der DDR) wird Religiosität im Folgenden als eine vom DDR-Staat unerwünschte Wertvorstellung aufgefasst und separat analysiert.

Die weiterhin in die Alben eingetragenen Werte und Inhalte, an denen die beiden deutschen Staaten kein explizites Interesse formulierten, können ebenfalls differenziert werden. Sinnvoll erscheint die Unterscheidung in vier Kategorien. Eine erste Kategorie bilden hierbei die in den (westdeutschen) Wertwandeltheorien thematisierten Werthaltungen. Es soll geprüft werden, inwiefern diese Werte in den Poesiealben vertreten wurden. Damit werden die gängigen Wertwandeltheorien auf ihre empirische Bewährung getestet. Eine zweite Kategorie bilden Wertvorstellungen, die möglicherweise in den Albumeintragungen erst explorativ aufgedeckt werden, ohne dass sie von der bisherigen Wertforschung aufgegriffen wurden. Auch für diese noch ‚unbekannten' weiteren Werthaltungen kann eine generelle Hypothese aus den Erklärungsmodellen abgeleitet werden. Eine dritte Kategorie bilden albumspezifische Themen. Darunter werden diejenigen Inskriptionsinhalte gefasst, die aufgrund der Praxis der Albumsitte häufiger eingetragen werden. Konkret handelt es sich um die Themen Freundschaft, Abschied und Erinnerung sowie der Wunsch für ein glückendes Leben. Schließlich erfasst eine vierte Kategorie individuelle Themen, die hier zusammengefasst als andere Inhalte bezeichnet werden. Auch für diese kann eine Hypothese bezüglich ihres Vorkommens in den Alben in Ost und West formuliert werden.

Zur Erwartbarkeit staatlich erwünschter Werte
Wenden wir uns zunächst den staatlich erwünschten Werten zu. Welche Hypothesen ergeben sich für diese Werte aus den Erklärungsmodellen zu den Auswirkungen der wahrgenommenen staatlichen Rahmenbedingungen in DDR und Bundesrepublik? Folgende Ableitungen scheinen plausibel:

- Staatliche Kernwerte wurden primär von Lehrern und eher in West- als in Ostalben eingetragen.

- Staatlich legitimierte Werte wurden gleichermaßen in West- und Ostalben eingetragen.
- Der Eintrag von Religiosität erfolgte seltener in den Ost- als in den Westalben.

Wie lassen sich diese Ableitungen begründen? Die Vermittlung staatlicher Kernwerte obliegt primär den Werteagenturen des Staats. Insofern kann angenommen werden, dass die Kernwerte sowohl in DDR als auch Bundesrepublik am ehesten von den Lehrern als staatsnahen Einträgern in die Alben eingetragen wurden. Speziell in der DDR dürften allerdings neben den Lehrern auch die Akteure weiterer staatlicher Institutionen die DDR-Kernwerte in den Alben vertreten haben.[233] Inwiefern haben jedoch noch weitere Einträger staatliche Kernwerte inskribiert? Für die DDR lassen sich aufgrund der geringen Glaubwürdigkeit staatlicher Institutionen primär Strategien der Abwendung vom Staat vermuten, so dass außer den staatsnahen Einträgern nur selten weitere Inskribenten DDR-Kernwerte in den Alben vertreten haben. Für die Bundesrepublik kann aufgrund der höheren Glaubwürdigkeit des westdeutschen Staats auf Strategien der Akzeptanz und Hinwendung zum Staat geschlossen werden. Hier könnten somit nicht nur Lehrer, sondern auch weitere Einträger Kernwerte der Bundesrepublik inskribiert haben.

Welche Hypothese ergibt sich für die staatlich legitimierten Werte? Obschon in offiziellen Dokumenten eines oder beider deutschen Staaten explizit benannt, handelt es sich bei den staatlich legitimierten Werten um allgemeine und traditionelle Werthaltungen, die nicht an eine spezifische Herrschaftsform gebunden sind. Deshalb kann auch vermutet werden, dass diese Werte prinzipiell ähnlich verteilt in DDR und Bundesrepublik eingetragen wurden. Erst mit zunehmender Dauer der innerdeutschen Teilung könnten sich bei diesen Werten moderate Ost-West-Unterschiede ergeben haben. Welche Unterschiede dabei zu erwarten sind, wird weiter unten im Rahmen der Diskussion vermuteter Interaktionseffekte dargestellt.

Die Wertvorstellung Religiosität war als unerwünschte Werthaltung des DDR-Staats gekennzeichnet worden. Aufgrund der in Abschnitt 4.2.3 bereits ausführlich dargelegten unterschiedlichen staatlichen Rahmenbedingungen für die Entfaltung

---

[233] Zum erwarteten Eintragsverhalten von Akteuren weiterer staatlicher Institutionen in der DDR als eine spezifische Einträgergruppe wird weiter unten noch vertiefend eingegangen.

religiösen Lebens (DDR: repressiv/BRD: fördernd) kann plausibel vermutet werden, dass Religiosität zunehmend seltener in den Ostalben inskribiert wurde als in den Westalben.

Zur Erwartbarkeit anderer Werte und Inhalte
Für die weiterhin in den Alben vorkommenden Werte und Albuminhalte ergeben sich aus den Erklärungsmodellen folgende Ableitungen:

- Hinsichtlich des Eintrags von Werten gemäß den Wertwandeltheorien (BRD) sind Interaktionseffekte zu erwarten.
- Der Eintrag weiterer Werthaltungen erfolgte gleichermaßen in den Ost- und Westalben.
- Der Eintrag albumspezifischer Inhalte erfolgte gleichermaßen in den Ost- und Westalben.
- Der Eintrag ‚anderer' Inhalte erfolgte tendenziell eher in den West- als in den Ostalben.

Wertwandeltheorien erheben den Anspruch, grundlegende Veränderungen im Wertehaushalt einer Bevölkerung deskriptiv zu erfassen. Deshalb kann angenommen werden, dass es sich bei den Wertekategorien gemäß den Wertwandeltheorien um weitverbreitete Werte innerhalb der Bevölkerung handelt. Zumindest zu Beginn der innerdeutschen Teilung müssten diese Werte prinzipiell ähnlich verteilt in den Alben der DDR und Bundesrepublik festzustellen sein. Erst im weiteren Zeitverlauf könnte die Wahrnehmung unterschiedlicher staatlicher Rahmenbedingungen in Ost und West zu divergenten Entwicklungen dieser Werte geführt haben. Dabei sind keine grundsätzlich verschiedenen Wandlungstendenzen in Ost und West, sondern allenfalls moderate Unterschiede anzunehmen. Denn die vorhandenen Wertwandeltheorien benennen Faktoren als für den Wertwandel verantwortlich (etwa physische und materielle Sicherheit, Bildungsexpansion), die gleichermaßen in DDR und Bundesrepublik vorhanden, jedoch – nicht zuletzt aufgrund der unterschiedlichen staatlichen Rahmenbedingungen – in Ost und West unterschiedlich stark ausgeprägt waren. Insofern sind für Ost- und Westdeutsch-

land zwischen 1949 und 1989 prinzipiell ähnliche Wertwandeltendenzen anzunehmen, die jedoch in den alten Bundesländern möglicherweise stärker ausgeprägt waren.[234]
Bezüglich aller weiteren Wertvorstellungen, die im Rahmen der Inhaltsanalyse explorativ aufgedeckt werden, ist zu vermuten, dass es sich um traditionell in der gesamtdeutschen Bevölkerung vorkommende Werthaltungen handelt. Analog zu den staatlich legitimierten Werten kann dabei angenommen werden, dass diese Werte prinzipiell ähnlich in die Alben in Ost und West eingetragen wurden. Erst im Zeitverlauf könnten sich moderate Ost-West-Unterschiede ergeben haben. Insofern werden auch bei den weiteren Wertvorstellungen erneut lediglich Interaktionseffekte, nicht aber direkte Effekte der staatlichen Rahmenbedingungen in Ost und West erwartet.

Ebenfalls keine generellen Ost-West-Unterschiede, sondern lediglich Interaktionseffekte sind für die albumspezifischen Inhalte zu erwarten. Diese Annahme ist zu treffen, da die Durchführungspraxis der Albumsitte prinzipiell ähnlich in DDR und Bundesrepublik gewesen sein dürfte. Insofern dürften die Themen Freundschaft, Abschied und Erinnerung sowie der Wunsch für ein glückliches Leben gleichermaßen in Ost und West als Themen für die Inskription begünstigt worden sein.

Eine andere Annahme ist jedoch für den Eintrag individueller und seltener Inskriptionsinhalte zu formulieren, die hier als andere Inhalte gekennzeichnet werden. Es ist zu vermuten, dass aufgrund der fehlenden Repressivität und der damit einhergehenden größeren Möglichkeiten zur Selbstentfaltung individuelle Albumthemen eher in westdeutschen als in ostdeutschen Alben eingetragen wurden.

Annahmen zu den Werten und Inhalten spezifischer Eintragergruppen
Neben den bisher getroffenen Annahmen zu den Auswirkungen unterschiedlich wahrgenommener staatlicher Rahmenbedingungen auf die Werte und Eintragsinhalte der Albuminskribenten in DDR und Bundesrepublik können darüber hinaus

---

[234] Hinsichtlich der zu prüfenden Wertekategorien wird auf die klassischen Wertwandelstudien von Peter Kmieciak (1976), Ronald Inglehart (1977) sowie Helmut Klages (1988) Bezug genommen. Es wird geprüft, ob sich in den Alben Hinweise auf einen materialistisch/postmaterialistischen Wertwandel (Inglehart), ein Rückgang von Akzeptanz- und Pflichtwerten (Klages) sowie eine Zunahme hedonistischer Lebenseinstellungen (Kmieciak) ergeben.

5 Das Poesiealbum als Untersuchungsgegenstand 245

Hypothesen zum Inskriptionsverhalten einiger spezifischer Einträgergruppen formuliert werden. Konkret ergeben sich für die sonstigen Einträgergruppen folgende zusätzliche Annahmen:

- Explizite Werteagenturen trugen tendenziell monothematisch ihre spezifischen Werte ein.
- Weitere Bekannte traten nicht wahrnehmbar als Werteagenten auf.

Kirchenvertreter, aber auch die Akteure staatlicher Institutionen in der DDR lassen sich, mehr noch als die Lehrer – hier ist an die „Eigenlogiken" der Schule zu erinnern –, als explizite Werteagenten auffassen. Die Annahme scheint plausibel, dass Akteure dieser beiden expliziten Werteagenturen sehr spezifisch die Wertvorstellungen ihrer Institutionen in ihren Einträgen vertreten haben könnten. Insofern kann für die Kirchenvertreter sowohl in Ost- als auch Westdeutschland angenommen werden, dass sie vermutlich fast ausschließlich religiöse Wertvorstellungen inskribierten. Für die Akteure staatlicher Institutionen in der DDR kann analog vermutet werden, dass sie primär staatliche Kernwerte der DDR eingetragen haben.

Weitere Bekannte stellen demgegenüber Personen dar, die nicht dem unmittelbaren sozialen Umfeld des Halters zuzurechnen sind. Es sind Personen, die eine weniger enge soziale Beziehung und eher schwache Bindung zum Halter haben. Aufgrund dessen kann vermutet werden, dass sie auf den Eintrag spezifischer Werthaltungen eher verzichteten. Da die weiteren Bekannten zudem aus vermutlich recht unterschiedlichen sozialen Kontexten stammen (z.B. Vereinskameraden, Ferienbekanntschaften), liegt die Vermutung nahe, dass ihre Einträge inhaltlich heterogen sind. Insofern kann plausibel angenommen werden, dass die weiteren Bekannten in Ost wie West zum einen eher nicht als Werteagenten in den Alben auftraten, sondern eher heterogene Eintragsinhalte inskribierten.

Hypothesen zu den erwarteten Werthaltungen und Albuminhalten
Zusammenfassend kann vermutet werden, dass sich die DDR-Einträger aufgrund der Wahrnehmung staatlicher Institutionen als repressiv und unglaubwürdig möglicherweise eher auf bewährte Werte und Albuminhalte konzentrierten. In den Alben der DDR ist demnach eine gewisse Konzentration auf tradierte Wertvorstellungen und Albumthemen zu erwarten. Demgegenüber dürften sich die Einträger

in der Bundesrepublik aufgrund der kaum als repressiv und als deutlich glaubwürdiger wahrgenommenen staatlichen Institutionen zunehmend einem breiteren Werte- und Themenspektrum geöffnet haben. Das impliziert einerseits die Erwartung einer größeren Wertschätzung staatlicher Kernwerte, andererseits aber auch einer zwischen 1949 und 1989 erfolgten, wenn auch nur moderaten, Pluralisierung der Werte und Themen in den Westalben. Folgende Hypothesen können nunmehr formuliert werden. Für die mit einem Stern (*) versehenen Hypothesen werden keine direkten, sondern lediglich moderierende Effekte des DDR-/BRD-Hintergrunds eines Einträgers auf dessen Inskriptionsverhalten angenommen. Diese Interaktionseffekte werden weiter unten erläutert.

Staatliche Kernwerte (DDR)
H1 Wenn ein Einträger in der DDR den Beruf des Lehrers ausgeübt hat, dann hat er mit einer höheren Wahrscheinlichkeit staatliche Kernwerte der DDR eingetragen als alle anderen Einträger.

Staatliche Kernwerte (Bundesrepublik)
H2 Wenn ein Einträger in der BRD den Beruf des Lehrers ausgeübt hat, dann hat er mit einer höheren Wahrscheinlichkeit staatliche Kernwerte der BRD eingetragen als alle anderen Einträger.

Geteilt-offizielle Werte
H3* Wenn ein Einträger in der DDR gelebt hat, dann hat er mit der gleichen Wahrscheinlichkeit geteilt-offizielle Werte eingetragen wie ein Einträger in der BRD.

Staatlich vereinnahmte Werte
H4* Wenn ein Einträger in der DDR gelebt hat, dann hat er mit der gleichen Wahrscheinlichkeit staatlich vereinnahmte Werte eingetragen wie ein Einträger in der BRD.

Religiöse Werthaltung
H5 Wenn ein Einträger in der BRD gelebt hat, dann hat er mit einer höheren Wahrscheinlichkeit eine religiöse Werthaltung eingetragen als ein Einträger in der DDR.

Werte gemäß den Wertwandeltheorien
H6* Wenn ein Einträger in der DDR gelebt hat, dann hat er mit der gleichen Wahrscheinlichkeit Werte gemäß den Wertwandeltheorien eingetragen wie ein Einträger in der BRD.

5 Das Poesiealbum als Untersuchungsgegenstand 247

Weitere Werte
H7*	Wenn ein Einträger in der DDR gelebt hat, dann hat er mit der gleichen Wahrscheinlichkeit weitere Werte eingetragen wie ein Einträger in der BRD.

Albumspezifische Inhalte
H8*	Wenn ein Einträger in der DDR gelebt hat, dann hat er mit der gleichen Wahrscheinlichkeit albumspezifische Werte und Inhalte eingetragen wie ein Einträger in der BRD.

Andere Inhalte
H9	Wenn ein Einträger in der BRD gelebt hat, dann hat er mit einer höheren Wahrscheinlichkeit ‚andere' Inhalte eingetragen als ein Einträger in der DDR.

Werte von spezifischen Werteagenturen
H10	Wenn sich ein Akteur einer staatlichen Institution in der DDR in ein Album inskribiert hat, dann hat er in seinem Eintrag primär staatliche Kernwerte der DDR zum Ausdruck gebracht.
Wenn hingegen ein Vertreter der Kirche sich in ein Album inskribiert hat, dann hat er primär eine religiöse Wertvorstellung in seinem Eintrag betont.

Werte der weiteren Bekannten
H11	Wenn sich ein weiterer Bekannter in ein Album inskribiert hat, dann hat er eher unterschiedliche oder gar keine Wertvorstellungen in seinem Eintrag zum Ausdruck gebracht.

5.5.2 Annahme von Interaktionseffekten

Insbesondere für traditionelle Werte wird eine größere Beharrungskraft und keine generellen Ost-West-Unterschiede in den Alben vorhergesagt. Bei diesen Werten wird jedoch angenommen, dass die staatlichen Rahmenbedingungen in DDR und Bundesrepublik die Wirkung anderer Einflussfaktoren moderierten. Zwei generelle Interaktionseffekte können dabei vermutet werden.

1. Wechselwirkung zwischen Eintragsjahr und Ost-/West-Hintergrund des Einträgers

          Einträger aus DDR/Bundesrepublik
                           ↓

Jahr bzw. Dekade bei Eintrag ──────────▶ Unterschiede beim Eintragen in Ost- und Westalben im Zeitverlauf

Es wird eine Wechselwirkung zwischen dem Zeitpunkt eines Eintrags und den jeweils wahrgenommenen staatlichen Rahmenbedingungen in Ost und West auf die Eintragswahrscheinlichkeit der Albuminhalte vermutet. Dabei wird angenommen, dass insbesondere bei traditionellen Werten erst im Zeitverlauf Ost-West-Unterschiede auftraten.

Wie lässt sich diese Wechselwirkung begründen? Bestimmte traditionelle Werte werden in einer Bevölkerung weithin akzeptiert und bilden den Konsens einer Gesellschaft. Diese Werte besitzen – gerade weil sie den unausgesprochenen Konsens bilden – eine hohe Beharrungskraft und sind weit weniger von einem möglichen Wandel betroffen. Denn sie werden seltener infrage gestellt, sie werden kaum als widersprüchlich wahrgenommen, so dass sie weitaus seltener in kognitive Dissonanz geraten. Deshalb erweisen sich diese Werte als persistent. Das bedeutet zugleich, dass der Faktor Zeit auf diese Werte nur einen geringen Einfluss ausübt. Sie erwecken buchstäblich den Eindruck, sie seien ‚zeitlos'.

Aus den Erklärungsmodellen kann abgeleitet werden, dass die unterschiedlichen staatlichen Rahmenbedingungen in Ost und West den Einfluss des Eintragszeitpunkts moderierten. Es wird angenommen, dass zu Beginn der innerdeutschen Teilung bestimmte traditionelle Werte Konsens in der gesamtdeutschen Bevölkerung waren und deshalb auch zu Beginn des Untersuchungszeitraums ziemlich ähnlich verteilt in den Ost- und Westalben vorkamen. Die staatlichen Rahmenbedingungen der DDR begünstigten nach 1949 Strategien der Staatsferne und der Unauffälligkeit, darunter den Rückzug auf bewährte, traditionelle Eintragsmuster. Insofern stärkten die staatlichen Rahmenbedingungen in der DDR die Beharrungskraft dieser traditionellen Werte unintendiert. Sie lassen über den Zeitraum der innerdeutschen Teilung eine stärkere Konservierung der Werte in der DDR erwarten. Der Einfluss des Eintragszeitpunkts könnte bei diesen Werten in der DDR demnach gering geblieben sein.

5 Das Poesiealbum als Untersuchungsgegenstand

Etwas anderes ist für die Bundesrepublik zu erwarten. Die staatlichen Rahmenbedingungen begünstigten hier nach 1949 Strategien der Vielfalt und die Hinwendung zu anderen Werten mit der Folge, dass die traditionellen Werte womöglich seltener in die Alben eingetragen wurden. Dadurch dürfte der Faktor ‚Eintragsjahr' überhaupt erst an Einfluss gewonnen haben. Glaubwürdigkeit und geringe Repressivität des westdeutschen Staats setzten vermutlich einen, wenngleich nur langsamen, aber doch fortwährenden Prozess einer zunehmenden Pluralisierung der Werte in der westdeutschen Bevölkerung in Gang. Traditionell unhinterfragte Werte könnten unter diesen Rahmenbedingungen zunehmend in kognitive Dissonanz geraten sein. Insofern kann eine im Zeitverlauf zunehmende Tendenz des Auflösens tradierter Wertmuster für die Bundesrepublik, weniger aber für die DDR plausibel angenommen werden.

2. Wechselwirkung zwischen Alter und Ost-/West-Hintergrund des Einträgers

Bereits Maria Zillig hat auf Einflüsse des Alters auf das Eintragsverhalten hingewiesen (Zillig 1935: 99). Es kann nun vermutet werden, dass die Wahrnehmung der unterschiedlichen Rahmenbedingungen in DDR und Bundesrepublik den Einfluss des Alters auf das Inskriptionsverhalten moderierte. Dabei können verschiedene moderierende Effekte angenommen werden. Welche Interaktionseffekte konkret zu erwarten sind, wird im Rahmen der jeweils zu prüfenden Hypothese näher spezifiziert.

6 Erhebung und Aufbereitung der Daten

Die Hypothesen werden anhand der Einträge in 84 Poesiealben, die zwischen 1949 und 1989 in DDR und Bundesrepublik geführt wurden, getestet. Die Erhebung der Alben sowie die Aufbereitung der darin enthaltenen Daten werden im Folgenden näher beschrieben. Da es sich um einen für Soziologen ungewöhnlichen Gegenstand handelt, wird die hierbei gewählte Vorgehensweise ausführlicher dargestellt. Drei Ziele werden damit angestrebt: Erstens soll eine weitreichende Nachvollziehbarkeit der Befunde gewährleistet werden. Zweitens wird die Hoffnung gehegt, weitere Albumstudien anregen zu können, bei denen die folgenden Schilderungen eine hilfreiche methodische Orientierung bieten könnten. Drittens werden auch auf die mit dem Erhebungsverfahren verbundenen Beschränkungen der Validität und Repräsentativität hingewiesen und Grenzen der Studie, aber auch der Albumforschung im Generellen aufgezeigt.

6.1 Erhebung der Alben

6.1.1 Umfang der Erhebung

Im Rahmen der vorliegenden Arbeit wurden 84 Poesiealben von 65 Albumbesitzern (58 weiblich/ 7 männlich) erhoben. Aus dem Gebiet der ehemaligen DDR nahmen 32 Personen an der Studie teil (28 weiblich/4 männlich). Sie stellten insgesamt 45 Alben zur Verfügung. Aus den alten Bundesländern nahmen 33 Personen (30 weiblich/3 männlich) teil, die insgesamt 39 Alben bereitstellten. 48 Albumhalter hatten hierbei nur ein einziges Poesiealbum geführt (Ost: 20 Halter/West: 28). 15 Albumbesitzer hatten zwei Alben angelegt (Ost: 11/West: 4). Zwei Halter hatten sogar drei Poesiealben geführt (Ost: 1/West: 1).
Die Feststellung, dass mehr als ein Viertel (26,2 %) aller teilnehmenden Albumhalter mehr als ein Poesiealbum geführt hat, war überraschend, denn dieser Sachverhalt wird in der bisherigen Albumforschung an keiner Stelle erwähnt. Die in Tabelle 6.1. berechneten Korrelationskoeffizienten deuten darauf hin, dass in der DDR eher die Tendenz bestand, mehrere Alben anzulegen, als in der Bundesre-

© Springer Fachmedien Wiesbaden GmbH, ein Teil von Springer Nature 2019
S. Walter, *Der Staat und die Werte*, https://doi.org/10.1007/978-3-658-25786-6_6

publik. Warum einige Halter gleich mehrere Alben geführt haben, kann im Rahmen dieser Untersuchung nicht geklärt werden. Hinsichtlich der Tendenz, wonach eher im Osten mehrere Alben geführt wurden, soll an dieser Stelle lediglich eine Vermutung geäußert werden. Die Forschung verweist darauf, dass Poesiealben häufig zu verschiedenen Anlässen (Geburtstag, Ostern, Weihnachten, Konfirmation usw.) verschenkt werden (vgl. Zillig 1935: 96; Zillig 1942: 137; Rossin 1985: 81). Insofern ist denkbar, dass Poesiealben allein aufgrund ihrer leichten Verfügbarkeit ein beliebtes Geschenk für Heranwachsende in der DDR darstellten. In Westdeutschland könnten die Alben aufgrund des höheren Warenangebots mit anderen Präsenten konkurriert haben und somit seltener verschenkt worden sein.

Tabelle 6.1: Korrelationen: Anzahl geführter Alben und Haltermerkmale

	Anzahl geführter Alben		
	Korrelationskoeffizient r_s	p	n
Halter aus DDR/BRD (DDR = 1)	,25	,049	65
Alter bei Albumbeginn	-,01	,971	52
Geschlecht des Halters (weiblich = 1)	,21	,100	65
Wohnort Einwohnerzahl	-,16	,214	63
Jahr bei Albumbeginn	,06	,627	65

Für den Zusammenhang zwischen Alter bei Albumbeginn, Wohnort Einwohnerzahl sowie Jahr bei Albumbeginn und der Anzahl geführter Alben wurden Rangkorrelationskoeffizienten nach Spearman geschätzt, für die weiteren dichotomen Variablen Vierfelderkorrelationskoeffizienten.

6.1.2 Vorgehensweise bei der Erhebung der Alben

Bewusste Auswahl

Da sich die Untersuchung auf den Einfluss staatlicher Rahmenbedingungen und somit auf Ost-West-Unterschiede zwischen 1949 und 1989 konzentriert, wurde bewusst nach Alben dieses Zeitraums gefragt. Dabei wurde versucht, für jede Dekade eine möglichst homogene Anzahl von Alben zu erhalten. Mit Blick auf Tabelle 6.2 ist dies überwiegend gelungen. Anzumerken ist, dass auch Alben, die kurz vor 1949 angelegt worden waren (konkret ab 1947), in die Untersuchung einbezogen wurden. Das lässt sich damit rechtfertigen, dass bereits unmittelbar nach Kriegsende in den jeweiligen Besatzungszonen die grundlegenden staatlich-institutionellen Differenzierungen stattgefunden haben (vgl. Lindner 2006: 95). Des Weiteren ist darauf hinzuweisen, dass einige Alben aus den 1980er Jahren auch

6 Erhebung und Aufbereitung der Daten

Einträge nach 1989 enthalten. Da diese Eintragungen bei der Analyse des Inskriptionsverhaltens nicht berücksichtigt werden sollen, wurde eine entsprechende Filtervariable in den Datensatz integriert.

Tabelle 6.2: Alben nach Dekade

			Dekade, in der Album begonnen wurde				Gesamt
			1947–1959	1960–1969	1970–1979	1980–1989	
Halter	BRD	N	7	11	6	9	33
		%	46,7 %	55,0 %	46,2 %	52,9 %	50,8 %
	DDR	N	8	9	7	8	32
		%	53,3 %	45,0 %	53,8 %	47,1 %	49,2 %
Gesamt		N	15	20	13	17	65
		%	100 %	100 %	100 %	100 %	100 %
% von Dekade							

Drei Erhebungsstrategien

Die Erhebung der Alben stellte eine gewisse Herausforderung dar. Um eine ausreichende Anzahl für die Einsichtnahme zu erhalten, wurde es notwendig verschiedene Erhebungsstrategien anzuwenden. Es handelt sich hierbei um folgende:

- Erhebung von Poesiealben aus dem Bekanntenkreis
- Aufruf über eine Mailingliste des Fachs Volkskunde
- Einsichtnahme in Alben aus privaten und öffentlichen Sammlungen

Diese Erhebungsstrategien sowie deren parallele Anwendung sind mit gewissen Nachteilen verbunden, welche die Validität der Befunde einschränken. Diese Einschränkungen werden weiter unten ausführlich besprochen. Auch wenn der Korpus von 84 eingesehenen Alben mit insgesamt 2863 erhobenen Einträgen eine hohe Anzahl verfügbarer Daten darstellt, so erhebt die vorliegende Studie dennoch nicht den Anspruch, repräsentativ zu sein.[235] Die Erhebung repräsentativer Albumdaten wäre nur mit einer zufallsbasierten Auswahl von Albumbesitzern möglich, das konnte und sollte in der vorliegenden Arbeit nicht realisiert werden. In dieser

---

[235] Zur Problematik der „Repräsentativität" im Kontext sozialwissenschaftlicher Studien siehe die Darstellungen in Diekmann (2009: 430ff.).

Studie geht es vornehmlich darum, relevante Einflüsse auf Werte und Verhaltensweisen zu untersuchen und damit Wirkungsmechanismen auf deren Herausbildung besser zu verstehen.

Erhebung von Alben aus dem Bekanntenkreis
Eine erste Erhebung von Alben wurde im Bekanntenkreis des Verfassers durchgeführt. Diese Art der Erhebung ist im Rahmen der Albumforschung nicht unüblich (siehe etwa das ähnliche Vorgehen von Angermann 1971: 11). Verwandte, Freunde und weitere Bekannte aus dem persönlichen Umfeld wurden gebeten, ihre Poesiealben dem Verfasser zur Einsichtnahme zu überlassen. Nach Rückgabe der Alben wurden die Teilnehmer gebeten, weitere ihnen bekannte Halter auf die Studie aufmerksam zu machen. Mithilfe dieses „Schneeballprinzips" konnten Albumbesitzer auch aus dem ferneren Bekanntenkreis des Verfassers gewonnen werden. Mit dieser Vorgehensweise konnten insgesamt 30 Albumbesitzer für die Studie gewonnen und 40 Alben erhoben werden. Dieser Bestand an Alben stellt zugleich den überwiegenden Anteil der hier untersuchten DDR-Alben dar.

Einschränkung der Validität
Die Erhebung von Alben aus dem Bekanntenkreis birgt Vor- und Nachteile. Ein Vorteil ist, dass aufgrund der persönlichen Bekanntschaft, einige Halter eher bereit sind, ihre Alben für eine Einsichtnahme zur Verfügung zu stellen.[236] Vorteilhaft erweist sich zudem, dass auch die Übergabe eines Albums an den Forscher eher keine Schwierigkeit bereitet. Den Vorteilen dieser Erhebungsmethode stehen jedoch auch bedenkenswerte Nachteile für die Datenqualität entgegen, auf die an dieser Stelle explizit hingewiesen wird:
Insgesamt wurden 35 der 45 erhobenen DDR-Poesiealben entweder in der Stadt Leipzig oder aber im angrenzenden Landkreis Leipzig geführt. Lediglich 10 Alben wurden in anderen Regionen der ehemaligen DDR geführt. Die geographische Konzentration der Alben auf eine bestimmte Region ist der beschriebenen Erhebungsart geschuldet. Sie kann unter Umständen die Validität der Befunde einschränken. So ist denkbar, dass etwa lokale Besonderheiten der Albumsitte erfasst

---

[236] Die persönliche Wertigkeit von Alben als Memorabile ist nicht zu unterschätzen. So haben zwei Albumbesitzerinnen ihre Bereitschaft zur Teilnahme an der Studie nur unter der Voraussetzung erklärt, die Poesiealben ‚nicht aus der Hand' zu geben, sondern nur in Form von Kopien zur Verfügung zu stellen (Alben Nr. 21, 37, 38).

6 Erhebung und Aufbereitung der Daten 255

werden, die jedoch nicht auf die gesamte DDR übertragbar sind. Der Vergleich mit den 10 Alben, die in anderen Regionen der ehemaligen DDR erhoben wurden, lässt allerdings das Gegenteil vermuten.[237]
Ein zweites Problem bei der Erhebung aus dem Bekanntenkreis ergibt sich aus der Tatsache der hohen Reziprozität von Einträgen. Das Führen von Poesiealben wird in der Forschung als Phänomen innerhalb einer Schulklasse beschrieben (Zillig 1935: 97; Angermann 1971: 26; Walter 1977: 98; Rossin 1985: 60f; Herzog/ Shapira 1986: 110f). Damit ist gemeint, das Poesiealben zumeist von Schülern einer Klasse zur gleichen Zeit geführt werden, die dann auch wechselseitig Einträge vornehmen (Rossin 1985: 30). Diese empirisch gut belegbare Tatsache führt jedoch dazu, dass sich bei Erhebungen von Alben aus dem Bekanntenkreis zum Teil wiederholt Inskriptionen von ein und derselben Person in verschiedenen Alben finden lassen. Dies trifft insbesondere dann zu, wenn – wie im Fall des Verfassers – der Wohnort eine geringe Einwohnerzahl aufweist (< 1.000).
In der vorliegenden Studie sind auf diese Weise von insgesamt 90 Personen Panel-Einträge erhoben worden.[238] Die Problematik, die sich aus diesen durch die Erhebungsmethode verursachten Panel-Einträgen ergibt, liegt auf der Hand: Werden Einträge ein und derselben Person in den Alben nicht erkannt, könnten verzerrte Befunde (etwa durch Überbetonung bestimmter Werthaltungen) die Folge sein. Besonders betroffen von dieser Problematik sind neben Panel-Daten der Peergroup auch und gerade die Lehrer. Diese sind nicht selten über einen längeren Zeitraum an ein und derselben Schule tätig, was dazu führt, dass sie auch mit Inskriptionen in den Alben vieler Schüler-Jahrgänge eines Ortes präsent sind. Gerade in Hinblick auf diese in Alben nur gering repräsentierte Einträgergruppe of-

---

[237] Eine Besonderheit ist allerdings in zwei Alben einer Albumhalterin aus einer Kleinstadt aus Mecklenburg-Vorpommern, zu sehen (Album-Nr. 37, 38). Diese Alben zeichnen sich dadurch aus, dass fast jeder Einträger ein großformatiges Porträtfoto dem Eintrag als Zielrelement beigegeben hat. Diese Besonderheit erklärt sich dadurch, dass sich die Halterin explizit eine entsprechende Beigabe gewünscht hatte. Dass ein Albumhalter ausdrücklich Vorgaben für die Gestaltung der Einträge äußert, dürfte jedoch eine eher ungewöhnliche Vorgehensweise im Kontext der Albumsitte darstellen.

[238] Hiervon sind 75 Personen mit Einträgen in zwei verschiedenen Alben vertreten. Sechs Personen haben in jeweils drei verschiedene Alben eingeschrieben. Eine Person ist in vier unterschiedlichen Alben mit Inskriptionen vertreten, eine weitere Person hat sich sogar in fünf verschiedene Alben eingetragen.

fenbart sich der Nachteil dieses Erhebungsverfahrens. Denn in Querschnittsanalysen kann letztlich nur eine Inskription des betreffenden Einträgers einbezogen werden.[239]

Aufruf über einen Mailverteiler der Deutschen Gesellschaft für Volkskunde
Eine zweite Strategie, Alben für die Untersuchung zu erhalten, bestand darin, einen Aufruf über den Mailverteiler der Deutschen Gesellschaft für Volkskunde zu starten. Diese Strategie war naheliegend, da bisher vor allem volkskundliche bzw. kulturwissenschaftliche Arbeiten zu Poesiealben vorgelegt wurden.[240] Ein entsprechender Aufruf erfolgte im September 2010, nachdem die Erhebung von Alben aus dem Bekanntenkreis erschöpft war.[241] Da zu jenem Zeitpunkt bereits eine hinreichende Anzahl von Alben aus der ehemaligen DDR vorlag, richtete sich der Aufruf explizit an Albumbesitzer aus den alten Bundesländern. Albumhalter, die sich zur Teilnahme an der Studie bereiterklärten, wurden gebeten, ihre Alben an das Sekretariat des Instituts für Soziologie der Universität Leipzig zu schicken. Nach erfolgter Einsichtnahme wurden die Alben an die Halter zurückgesandt. Zusätzlich wurde auch hier das „Schneeballprinzip" angewandt und die Teilnehmer gebeten, weitere Albumhalter auf die Studie aufmerksam zu machen. Insgesamt konnten mit dieser Erhebungsmethode 28 Personen erreicht werden, die 37 Poesiealben zur Verfügung stellten.

Einschränkung der Validität
Ein Vorteil dieser Erhebungsmethode besteht darin, dass eine breite regionale Streuung der Albumhalter und Einträger erzielt werden kann. Zudem tritt das

---

[239] Der Problematik, die sich aus den Panel-Daten ergibt, ist in Studien, die ihr Datenmaterial von nur wenigen ausgewählten Schulen beziehen (etwa in den Studien von Zillig 1935; 1942; besonders aber von Rossin 1985), nur unzureichend Rechnung getragen worden. Wie die im Rahmen dieser Studie vorgefundenen *erhebungsbedingten* Panel-Daten im Datensatz berücksichtigt wurden, wird weiter unten beschrieben.
[240] Adresse des Mailverteilers: http://www.d-g-v.org/onlinedienste/kv-mailingliste (Zugriff am 06.12.2012).
[241] Ursprünglich war vorgesehen, analog zur regionalen Konzentration auf Alben aus Leipzig und dem umliegenden Landkreis sich auch in den alten Bundesländern auf eine vergleichbare Stadt bzw. Region zu konzentrieren. Hierzu wurde ursprünglich die Stadt Frankfurt am Main und der angrenzende Main-Taunus-Kreis ausgewählt. Allerdings zeigten Probeanfragen an ansässige Institutionen und gemeinnützige Vereine (z.B. Landfrauenvereine), dass sich auf diesem Weg keine Poesiealben erheben ließen.

6 Erhebung und Aufbereitung der Daten 257

Problem erhebungsverursachter Panel-Daten nicht auf. Nachteilig erweist sich jedoch, dass die Bereitstellung per Post für einen Albumhalter mit Aufwand und Kosten verbunden ist, was einige Albumhalter von einer Teilnahme abgehalten haben mag.[242] Zudem ergeben sich Validitätsprobleme aus folgenden zwei Gründen: Zum einen handelt es sich bei der hier benutzten Mailing-Liste um einen Fachverteiler einer spezifischen Wissenschaftsdisziplin. Hieraus ergibt sich, dass der Abonnentenkreis dieses Mailverteilers vorwiegend aus Personen mit hohem Bildungsgrad besteht, so dass Halter mit höheren Bildungsabschlüssen (Abitur) aus der alten Bundesländern im Vergleich zu Haltern aus der ehemaligen DDR überrepräsentiert sind. Zum anderen haben sich überdurchschnittlich häufiger jüngere Halter auf den Mail-Aufruf hin gemeldet. Diese hatten ihre Poesiealben überwiegend in den 1980er Jahren geführt. Dies führte letztendlich dazu, dass in den hier untersuchten West-Alben Einträge aus dieser Dekade auch überdurchschnittlich häufig vorkommen.

Einsichtnahme in Alben aus Sammlungen
Als dritte Quelle der Erhebung von Poesiealben wurden private bzw. öffentliche Sammlungen benutzt. Hierzu ist anzumerken, dass sich museale Bestände in der Regel auf die Sammlung der früheren Erwachsenenstammbücher beschränken. Werden zudem Kinder- und Jugendalben gesammelt, dann endet der Bestand oft mit Exemplaren aus den 1950er Jahren.[243] Demgegenüber dürften Poesiealben des 20. Jahrhunderts vorwiegend Sammelgegenstand von Privatsammlungen sein. Hieraus konnte zumindest die überwiegende Mehrheit der mittels dieser Erhebungsstrategie eingesehenen Alben gewonnen werden (sechs Alben aus Privatsammlung/ein Album aus einem öffentlichen Museum).

---

[242] Hier wurde versucht entgegenzuwirken, indem die Kosten der Bereitstellung über den Postweg vom Verfasser getragen wurden. Tatsächlich haben sich nur 14 Partizipanten des Mailverteilers nach dem Aufruf direkt gemeldet. Erst mithilfe des „Schneeballprinzips" konnten noch einmal soviele Albumhalter von einer Teilnahme an der Studie überzeugt werden.

[243] So etwa bei der größten Sammlung von Stammbüchern/Alben im deutschsprachigen Raum in der Anna-Amalia-Bibliothek Weimar (siehe Raffel 2012). Da bereits ab Mitte des 19. Jahrhunderts vor allem Kinder und Jugendliche Alben führten, stellt das häufig beobachtbare Abbrechen von Sammlungen mit Alben aus den 1950er Jahren wohl ein Indiz für die weitverbreitete und zählebige Abwertung der späteren Alben dar.

Einschränkung der Validität

Der Vorteil dieses Vorgehens besteht aus der einfachen Zugänglichkeit zu einer größeren Anzahl von Alben, die zudem in der Regel durch Archivierung für spätere Forschungen meist gesichert sind. Nachteilig wirkt sich aus, wenn Sammlungsschwerpunkte im Bestand vorliegen. Dies war im Rahmen dieser Studie allerdings nicht der Fall. Es ist jedoch weiterhin anzumerken, dass die Erhebung weiterer nützlicher Daten zum Albumhalter bzw. Einträger durch Nachfragen nicht möglich ist, so dass hierdurch Lücken im Datensatz entstehen und bestimmte Fragestellungen mit diesen Alben nur unzureichend beantwortet werden können. Tabelle 6.3 gibt einen zusammenfassenden Überblick über die Anzahl der Teilnehmer bzw. Alben, die mit den genannten Erhebungsstrategien erreicht wurden.

Tabelle 6.3: Alben nach Erhebungsstrategie

Erhebung		BRD		DDR		Gesamt	
		Personen	Alben	Personen	Alben	Personen	Alben
Bekanntenkreis	n	5	5	25	35	30	40
	%	16,7 %	12,5 %	83,3 %	87,5 %	100 %	100 %
Mailverteiler	n	25	31	3	6	28	37
	%	89,3 %	83,8 %	10,7 %	16,2 %	100 %	100 %
Sammlungen	n	3	3	4	4	7	7
	%	42,9 %	42,9 %	57,1 %	57,1 %	100 %	100 %
Gesamt	n	33	39	32	45	65	84
	%	50,8 %	46,4 %	49,2 %	53,6 %	100 %	100 %

6.1.3 Erhebungszeitraum

Die Erhebung der Poesiealben erfolgte zwischen Mai 2009 und Mai 2011. Dieser eher ungewöhnlich lange Zeitraum erklärt sich durch die bereits angedeuteten Schwierigkeiten hinsichtlich der Beschaffung einer genügend großen Zahl an Alben. Da hier retrospektiv Verhaltensspuren untersucht werden, die in den Alben bereits zwischen 1949 und 1989 hinterlassen wurden, wirkt sich die lange Erhebungsdauer nicht auf die interessierenden Fragestellungen aus.

6 Erhebung und Aufbereitung der Daten 259

6.2 Aufbereitung der Albumdaten

Wie wurde verfahren, nachdem ein Album zur Verfügung gestellt wurde? In den bisherigen Studien über Poesiealben finden sich kaum Bemerkungen über das methodische Vorgehen bei Erhebung und Aufbereitung von Daten aus den Alben. Lediglich die in neueren Arbeiten zu Erwachsenenstammbüchern ausgewiesene Parzellenstruktur kann hier als Anhaltspunkt für die Bildung erhebbarer Variablen dienen (Schnabel 2003; Henzel 2014). Aus diesem Grund wurde eine eigene Methodik für die Erhebung und Aufbereitung von Merkmalen aus den Poesiealben entwickelt. Dieses Vorgehen besteht aus folgenden Arbeitsschritten:

1. Anlegen einer Rohdaten-Tabelle für jedes einzelne Album (Verschriftlichung)
2. Erhebung weiterer Daten mittels schriftlicher Befragung
3. Zusammenführung der Rohdaten in einer Gesamttabelle
4. Inhaltsanalyse der Textelemente

6.2.1 Anlegen einer Rohdaten-Tabelle für jedes Album

Jedes zur Verfügung gestellte Poesiealbum wurde in einem ersten Arbeitsschritt einzeln in einer separaten Rohdaten-Tabelle erfasst. Ziel dieser ‚Ersterfassung' war es, die in den Alben vorfindbaren Bild- und Textinformationen zu verschriftlichen und dabei nach erhebbaren Kategorien zu ordnen. Es handelt sich konkret um 19 Kategorien, die in Tabelle 6.4 dargestellt sind. Da der überwiegende Teil der hierdurch erfassten Kategorien bereits in Kapitel 5 näher beschrieben wurde, sollen an dieser Stelle nur einige wenige Anmerkungen zu den in der Rohdaten-Tabelle erfassten Merkmale erfolgen.

Warum erfolgte eine namentliche Erfassung?
Vor- und Zuname lassen sich aus der Unterschrift des Einträgers im Rahmen der Widmungs-Parzelle im Eintrag feststellen. Die namentliche Erfassung des Einträgers in der Rohdaten-Tabelle erfolgte aus zwei Gründen. Zum einen war im weiteren Verlauf der Studie vorgesehen, dass ein Albumhalter die Einträger seines Albums bestimmten Einträgergruppen (Peergroup, Verwandter usw.) zuordnet. Die Zuweisung der Einträger erfolgte dabei durch Vorlage einer reduzierten Vari-

ante der Rohdaten-Tabelle (s.u.). Hierfür wurde aus pragmatischen Gründen entschieden, die Namen der Inskribenten zur erleichterten Orientierung mit aufzunehmen. Ein zweiter Grund für eine namentliche Erfassung bestand darin, Panel-Einträge zu identifizieren. Hierzu wurden nach Überführung der Rohdaten in eine Gesamttabelle die Namen der Inskribenten auf mehrmaliges Vorkommen in ein und demselben Eintragsort abgeglichen. Bei der späteren Übertragung der Gesamttabelle in einen SPSS-Datensatz wurden Vorname und Name der Einträger dann nicht mehr berücksichtigt.

Tabelle 6.4: Kategorien der Rohdaten-Tabelle

Nr.	Kategorie	Kontext, erfasste Informationen
01	Identifikation des Einträgers durch fortlaufende Nummer	Identifikation
02	Name des Einträgers	Einträgerdaten
03	Vorname des Einträgers	Einträgerdaten
04	Geschlechtszugehörigkeit (aus Namen/Widmung)	Einträgerdaten
05	Ort des Eintrags	Einträgerdaten
06	Datum des Eintrags	Einträgerdaten
07	Selbstbezeichnung des Einträgers	Einträgerdaten
08	Position des Eintrags	Platzierung im Album
09	Albumseite	Platzierung im Album
10	Spruch	Erfassung der Textelemente
11	Autor (falls angegeben)	Erfassung der Textelemente
12	Widmungstext	Erfassung der Textelemente
13	Exordialsignal	Erfassung der Textelemente
14	Subtext	Erfassung der Textelemente
15	Formale Norm eingehalten? ja/nein (dichotom)	Anordnung der Textelemente
16	Beschreibung der Abweichung der Anordnung	Anordnung der Textelemente
17	Verzierung vorgenommen? ja/nein (dichotom)	Erfassung der Zierelemente
18	Beschreibung der verwendeten Zierelemente	Erfassung der Zierelemente
19	Anmerkungen	Anmerkungen

Bestimmung der Geschlechtszugehörigkeit
Die Geschlechtszugehörigkeit eines Einträgers wurde aus dem Vornamen bzw. der Widmungsformel („Dies schrieb Dir Deine/Dein ...") abgeleitet.

Unterscheidung von Position und Albumseite
Mit Position wurde die sequenzielle Verortung eines Eintrags im Album bestimmt. Mit Albumseite wurde hingegen das Blatt erfasst, auf der der Eintrag realisiert

6 Erhebung und Aufbereitung der Daten

worden ist. Diese Unterscheidung erscheint sinnvoll, da zwischen den Einträgen Albumseiten leer bleiben können. So kann beispielsweise der erste Eintrag eines Albums auf Seite 3 (Position 1, Albumseite 3) erfolgen, während der nächste Eintrag erst auf Seite 8 erscheint (Position: 2, Albumseite 8).[244]

Erfassung der Textelemente
In die Rohdaten-Tabelle eines jeden Albums sind die vorgefundenen Texte wortgetreu übernommen worden. Das heißt, dass Rechtschreibfehler und auftretende Textvarianten übernommen wurden. Nicht berücksichtigt wurde hingegen die Zeilen- bzw. Versstruktur des eingetragenen Textes, da sie nicht Gegenstand dieser Studie sind.

Erfassung der Zierelemente
Die in einem Eintrag entdeckten Zierelemente wurden in der Rohdaten-Tabelle in einer hierfür vorgesehenen Spalte (‚Beschreibung der verwendeten Zierelemente') für eine spätere statistische Analyse beschrieben. Die Auswertung der Zierelemente ist für eine spätere Publikation vorgesehen.

Anmerkungen
In der Spalte ‚Anmerkungen' wurden gelegentlich festgestellte Besonderheiten von untersuchten Albumeinträgen vermerkt (etwa wenn ein Panel-Eintrag entdeckt wurde, oder wenn bestimmte Quellen zitiert wurden usw.). Diese Anmerkungen dienten lediglich dem internen Gebrauch und erfüllen keine weiteren Analysezwecke.

6.2.2 Erhebung zusätzlicher Daten mittels schriftlicher Nachbefragung

In einem zweiten Arbeitsschritt wurde der Albumhalter um zusätzliche Angaben zu den Einträgen, aber auch zu sich selbst gebeten. Hierzu wurde dem Albumbesitzer eine reduzierte Variante der Rohdaten-Tabelle seines Albums vorgelegt, in

---

[244] Unterschiede zwischen Position und Albumseite eines Eintrags sind in mehreren der untersuchten Alben feststellbar. Es kommt zuweilen vor, dass chronologisch deutlich spätere Einträge vordere Positionen einnehmen. Dies trifft insbesondere für späte Peergroup-Einträge zu. Denkbar ist, dass einst für bestimmte Einträger reservierte Albumseiten später neu vergeben wurden.

der zeilenweise die vorgefundenen Einträge aufgelistet waren.[245] Im Anhang 3 ist die hierfür benutzte Vorlage aufgeführt.

Beschränkung auf Abfrage von Fakten
Zwei Ziele wurden mit der Nachbefragung angestrebt. Zum einen sollte die Anzahl fehlender Datenwerte im späteren Datensatz reduziert werden. Zum anderen sollten grundlegende demographische Merkmale des Albumhalters für die spätere statistische Analyse erhoben werden. Warum wurde sich auf die Abfrage dieser wenigen Aspekte beschränkt? Das Führen der Poesiealben lag zum Zeitpunkt der Erhebung (2009–2011) für die Studienteilnehmer zwischen 20 und 60 Jahre zurück. Retrospektive Befragungen unterliegen dem Problem, dass Erinnerungsfehler auftreten können (Diekmann 2009: 463). Um dieser nicht zu unterschätzenden Problematik entgegenzuwirken, wurde sich auf die Abfrage von Faktenwissen konzentriert. Ein weiterer Grund für die Beschränkung auf wenige Fakten ist darin zu sehen, dass bereits aus den erhebbaren Albumdaten relevante Halter- bzw. Einträgermerkmale für die statistische Analyse abgeleitet werden können. Dies trifft insbesondere für die Merkmale Geschlechtszugehörigkeit, und Wohnortgröße zu.[246] Gemeinsam mit den aus der Befragung erhobenen Variablen Bildungsgrad (Schulform des Halters) und Lebensalter (Alter des Halters) können somit neben dem Ost-/West-Hintergrund gleich mehrere demographische Merkmale als Kontrollvariablen in der statischen Analyse berücksichtigt werden. Welche Daten wurden nun aber durch die schriftliche Nachbefragung ergänzt bzw. zusätzlich erhoben?

a) Ergänzung von Datenwerten
Ort und Datum eines Eintrags sind für einen Vergleich von Alben aus DDR und Bundesrepublik zwischen 1949 und 1989 von besonderer Relevanz. Deshalb wurde angestrebt, für diese beiden Merkmale die Anzahl fehlender Werte möglichst gering zu halten. Hatte ein Eintrager auf eine Lokalisierung oder Datierung seiner Inskription verzichtet, wurde der Albumhalter gebeten, nach Möglichkeit

---

[245] Es handelt sich hier also nicht im klassischen Sinne um eine standardisierte schriftliche Befragung, sondern eher um eine „schriftliche Nachbefragung" (Diekmann 2009: 516), die zur Ergänzung der Datenwerte aus den analysierten Poesiealben diente.
[246] Geschlechtszugehörigkeit sowie Wohnort des Halters lassen sich oft durch Analyse der „Eigentumkennzeichnung" auf der Eingangsseite oder auch durch genauere Analyse der Widmungsformeln bestimmen.

6 Erhebung und Aufbereitung der Daten

Ort (Wohnort) und Jahr des Eintrags in der Rohdaten-Tabelle zu ergänzen. Wie aus Tabelle 6.5 hervorgeht, konnte mit den Angaben der Albumhalter eine größere Anzahl bisher fehlender Datenwerte ergänzt werden.

Tabelle 6.5: Ergänzung fehlender Datenwerte durch schriftliche Befragung

	Daten-Werte vor und nach der Befragung					
	vor Nachbefragung		zusätzlich ergänzt		Gesamt	
	n	%	n	%	n	%
Jahr des Eintrags	2474	86,4	235	8,2	2709	94,6
Ort des Eintrags	2095	73,2	605	21,1	2700	94,3
Einträgergruppierung („Wer?")	1931	67,4	811	28,4	2742	95,8
Gesamt	2863	100	2863	100	2863	100

Neben der Ergänzung von Ort und Eintragsjahr wurden die Halter gebeten, in einer hierfür vorgesehenen Spalte („Wer?") die Albuminskribenten einer bestimmten Einträgergruppe zuzuordnen. Folgende Vorgaben wurden hierfür unterhalb der Spalte platziert:

F = Familie
M = Mitschüler (eigene Klasse)
P = Peer (Freunde, Schüler, in etwa Gleichaltrige)
L = Lehrer/Lehrerin
H = Hort (DDR)
S = Staatliche Organisation (Pionierorganisation u.a.)
K = Kirche (Pfarrer, Seelsorger, ...)
V = Verein[247]
A = Anderes soziales Umfeld (bitte genauer benennen)

Vor der schriftlichen Befragung konnten aufgrund des Vorkommens von ‚Selbstbezeichnungen' in den Einträgen bereits 67,4 % der Inskribenten einer Einträgergruppe zugeordnet werden. Durch die schriftliche Befragung konnte dieser Anteil um weitere 28,4 % der Fälle erhöht werden. Somit ließen sich 95,8 % aller hier untersuchten Inskribenten einer bestimmten Einträgergruppe zuordnen.

---

[247] Die aus der Forschungsliteratur abgeleitete Vorgabe *Verein* erwies sich als wenig brauchbar. Hier lag die Annahme zugrunde, dass außerschulische Freunde bzw. Bekannte aus einem Vereinskontext als Einträger fungieren könnten (siehe die Ausführungen von Rossin 1985: 38, 60f). Diese Annahme konnte mit der vorliegenden Erhebung nicht bestätigt werden. Die Vorgabe wurde in keinem Fall ausgewählt.

Einschränkung der Validität

Es sei auf folgenden Umstand hingewiesen, der die Aussagekraft der oben unterschiedenen Gruppenkategorien einschränkt. Es lässt sich feststellen, dass Albumbesitzer aus der ehemaligen DDR überproportional häufig Einträger der „Peergroup" zugeordnet haben (in DDR: 22,5 % der Fälle/in BRD: 9,0 % der Fälle). Demgegenüber liegt die Anzahl der „Mitschüler"-Zuordnungen in der Bundesrepublik im Vergleich zu DDR-Alben um mehr als 10 % höher (in DDR: 53 % der Fälle/in BRD: 64 % der Fälle). Diese Unterschiede lassen sich nicht auf unterschiedliche Sammelpräferenzen in DDR und BRD zurückführen. Vielmehr dürften sie auf einen „Positionseffekt" (Diekmann 2009: 464) der Fragestellung zurückgehen. Das soll kurz erläutert werden: Auf den vorgelegten Nachfragebögen wurde die Auswahl der Einträgergruppen (s.o.) unterhalb der Spalte „Wer?" aufgelistet. Lediglich die Kategorie „Mitschüler" wurde horizontal in derselben Zeile wie die Kategorie „Peer" aufgeführt. Die Ausgangsüberlegung hierfür war, dass „Peer" und „Mitschüler" eine gemeinsame Kohorte bilden, was durch die Stufung auf einer Ebene ausgedrückt werden sollte. Diese Platzierung hatte jedoch zur Folge, dass gerade in den ersten Erhebungsbögen, mit denen hauptsächlich Halter aus der ehemaligen DDR befragt wurden, die etwas abseits stehende „Mitschüler"-Kategorie beim Ausfüllen oft nicht berücksichtigt wurde. Wie telefonische Nachfragen ergaben, wurde in diesen Bögen stattdessen auch für Mitschüler die Bezeichnung „Peer" verwendet. Um diese früh entdeckte Zuordnungsproblematik nicht weiter zu vertiefen, wurde bei späteren Fragebögen das Vorgehen leicht modifiziert und die Kategorie „Mitschüler" in die Liste eingereiht. Da in der späteren Analyse die Gruppe der „Mitschüler" bzw. der „Peers" zusammengefasst als Peergroup betrachtet wurden, ist die hier angesprochene problematische Zuordnung ohne weiteren Belang.

b) Erfassung demographischer Merkmale des Albumhalters
Ein zweites Ziel der schriftlichen Befragung bestand darin, demographische Merkmale des Albumhalters zu erheben. Beschränkt wurde sich auf die Erhebung folgender drei Merkmale:

- Alter des Albumbesitzers beim ersten Eintrag
- Klassenstufe beim ersten Eintrag
- damalige Schulform

6 Erhebung und Aufbereitung der Daten

Die Altersangabe des Halters beim ersten Eintrag reicht aus, um dessen Alter zum Eintragszeitpunkt eines jeden weiteren Eintrags mit folgender einfacher Formel zu berechnen:

Alter des Halters beim 1. Eintrag + Jahr des Eintrags - Jahr des 1. Eintrags = Alter bei Eintrag
z.B.: 10 Jahre + 1962 - 1960 = 12 Jahre

Da es sich um Gleichaltrige handelt kann aus dem Alter des Halters auf das annähernde Alter eines Peergroup-Einträgers bei dessen Eintrag geschlossen werden. Die zusätzliche Bitte um Angabe der Klassenstufe diente in diesem Zusammenhang zur Kontrolle für den Fall, dass keine Altersangabe erfolgte. Auf einen interessanten Umstand ist in diesem Zusammenhang hinzuweisen: Ein Ost-West-Vergleich zeigt, dass ein Albumhalter in der Bundesrepublik im Durchschnitt früher ein Album begonnen hat als ein Halter in der ehemaligen DDR (West: mit 9,5 Jahren/Ost: mit 11,3 Jahren/Gesamt: 10,4 Jahre). Insofern waren auch die Peergroup-Einträger bei ihrem Eintrag in der Bundesrepublik im Durchschnitt jünger als die Peergroup-Einträger in der DDR (West: 10,7 Jahre/ Ost: 12,8 Jahre/Gesamt: 11,9 Jahre). Diese signifikanten Altersunterschiede sind vermutlich auf Unterschiede in den Schulsystemen in Ost und West zurückzuführen. In der DDR war das Schulsystem von einer langen Phase gemeinsamen Unterrichts gekennzeichnet. Demgegenüber stellte das dreigliedrige Schulsystem der Bundesrepublik einen Anreiz für die Halter dar, bereits kurz vor Ende der Grundschulzeit ein Album anzulegen und Mitschüler, welche die Schule wechselten, um einen Eintrag zu bitten. Für die vorliegende Analyse sind die entdeckten Altersunterschiede im Ost-West-Vergleich allerdings weniger relevant, da der Fokus auf generelle Einflüsse auf Werte und Verhaltensweisen in der Adoleszenz gelegt wird, wovon das Alter einen Faktor unter mehreren darstellt.

Analog zur Schlussfolgerung vom Alter des Halters auf das annähernde Alter eines Peergroup-Einträgers kann auch von dem Bildungsgrad des Halters auf den Bildungsgrad eines Peergroup-Einträgers zum Zeitpunkt der Albumführung geschlossen werden. Den zu jener Zeit erreichten Bildungsgrad wurde mithilfe der Frage nach der damals besuchten Schulform zu ermitteln versucht. Allerdings ist auf Validitätsbeschränkungen dieses Indikators hinzuweisen. Aufgrund des langen gemeinsamen Unterrichts in der DDR erfolgte der Erwerb unterschiedlicher

Bildungsgrade in der DDR oft erst nach Abschluss der Sammlung der Albumeinträge. Dies zeigt sich auch darin, dass von den DDR-Haltern bei der Frage nach der „damaligen Schulform" fast ausschließlich die Polytechnische Oberschule (POS) angegeben worden ist. Aufgrund dessen ist der Bildungsindikator für die DDR-Einträger nur bedingt aussagekräftig. Für die Übertragbarkeit des Bildungsgrades des Halters auf Peergroup-Einträger in der Bundesrepublik ist zu beachten, dass Alben zum Teil bereits in der Grundschulzeit geführt wurden. Diese ist für alle Schüler verbindlich und sagt zunächst nichts darüber aus, welcher Bildungsweg später eingeschlagen wurde. Erschwerend kommt hinzu, dass sich die Bildungslandschaft in der Bundesrepublik heterogen gestaltet und zudem noch fortwährenden Modifizierungen im 40jährigen Untersuchungszeitraum unterworfen war. Diese Problematik ist daher stets mitzubedenken, wenn der Bildungsgrad als erklärende Variable in die Analyse eingeht. Der Einfluss des Bildungsgrades auf das Verhalten im Rahmen der Albumsitte kann hier also nur tendenziell ermittelt werden.

6.2.3 Zusammenführung der Rohdaten in einer Gesamttabelle

In einem dritten Arbeitsschritt wurden die separaten Rohdaten-Tabellen in einem Gesamtdokument zusammengefasst. In diese Gesamttabelle wurden nun auch die von den Haltern ergänzten Datenwerte integriert. Die durch schriftliche Befragung erhobenen demographischen Merkmale des Albumhalters flossen ebenfalls in diese Gesamttabelle ein.

Untersuchung nach Panel-Einträgen
Wie angemerkt, ergaben sich aufgrund der Erhebung der Alben im Bekanntenkreis wiederholte Einträge von ein und derselben Person. Der Abgleich der namentlich erfassten Inskribenten im Rahmen der zusammengefassten Gesamttabelle führte jedoch zur Aufdeckung eines bisher in der Forschung zu Poesiealben ebenfalls nicht berücksichtigten Sachverhalts: So zeigte sich, dass einige Albumbesitzer von sich aus Personen des persönlichen Umfelds zu einem späteren Zeitpunkt noch einmal um eine Inskription baten. Dass Halter demnach selbst Panel-Eintragungen veranlassen, ist in der bisherigen Albumforschung nur im Kontext von Erwachsenenstammbüchern beschrieben worden (Schnabel 2003; Henzel 2014). Dabei lassen sich zwei Fälle unterscheiden:

6 Erhebung und Aufbereitung der Daten

A. Ein Einträger nimmt im selben Album eine weitere Inskription vor.
B. Ein Einträger nimmt eine Inskription in ein anderes Album des Halters vor.

Es ist zu vermuten, dass Inskribenten, die wiederholt in ein und demselben Album eingetragen haben (Fall A), vom Halter besonders wertgeschätzt wurden. Insgesamt ließ sich dieser Sachverhalt im Rahmen dieser Studie für fünf Einträger in vier Alben feststellen (Ost: 1/West: 4). Der zweite Fall, wonach ein Einträger in ein weiteres Album eines Halters eingetragen hat (Fall B), ließ sich weitaus häufiger beobachten. Insgesamt haben 81 Inskribenten auch in ein weiteres Album eines Halters eingetragen (Ost: 58/West: 23).[248]

Die Tatsache, dass ein Halter einen Einträger wiederholt um eine Inskription bittet, scheint demnach ein durchaus häufiger beobachtbares Phänomen zu sein. Denn 23 % der an der Studie teilgenommenen Albumhalter haben in irgendeiner Form Panel-Einträge gesammelt. Da es sich um einen erst im Rahmen dieser Untersuchung entdeckten Aspekt der Poesiealbumsitte handelt, wurde keine Hypothese zu möglichen Ost-West-Unterschieden im Sammelverhalten formuliert. Hier ist die weitere Albumforschung gefordert, die Bedingungen für das Sammeln von Panel-Eintragungen näher zu untersuchen.

Berücksichtigung der Panel-Einträge im späteren Datensatz

Wie wurde mit den durch Namensabgleich festgestellten Panel-Einträgen verfahren? Es wurde in die Gesamttabelle eine weitere Spalte (und spätere Variable) „Fallbeschreibung" aufgenommen, welche der näheren Typisierung der Einträge dient. Eine erste Kategorie dieser Variable erfasst dabei sämtliche singulär vorkommenden Einträge sowie, bei Vorliegen von Panel-Einträgen, stets den chronologisch frühesten Eintrag eines Inskribenten. In weiteren Kategorien werden die

---

[248] Für einen Einträger wurde sogar festgestellt, dass er sich in drei Alben (Alben Nr. 69–71) ein und desselben Halters eingeschrieben hatte. Generell lassen sich in diesem Zusammenhang hauptsächlich zwei Beobachtungen machen: Entweder werden nur sehr wenige (1–5) Inskribenten um einen weiteren Eintrag in ein zweites Album gebeten (Album Nr. 7, 12, 19, 40, 51, 55, 76) oder aber es finden sich fast alle Inskribenten des ersten Albums auch in einem zweiten Album (Album Nr. 14, 17, 28, 70). Eine eher unsystematische Nachfrage bei einer Auswahl von Haltern ergab, dass vermutlich das kurzfristige *Verlegen eines Albums* ein Hauptgrund dafür war, dass in einem zweiten Album nochmals fast alle Inskribenten des früheren Albums eingetragen haben (so etwa die Halter der Alben Nr. 13 und 14 bzw. 27 und 28). Nicht aufgeklärt werden konnte allerdings das wiederholte Eintragen weniger Inskribenten in ein zweites Album des Halters.

oben beschriebenen Panel-Typen unterschieden. Darüber hinaus wurden auch Einträge, die nach 1989 in den Alben realisiert wurden, in einer eigenen Kategorie erfasst. Zudem wird mit einer weiteren Kategorie auf mögliche „Sonderformen" verwiesen.[249] Tabelle 6.6 gibt einen Überblick über die mithilfe der Variable „Fallbeschreibung" näher bestimmten Fälle im Datensatz.

Die vorliegende Studie konzentriert sich auf die Analyse der eingetragenen Sprüche und damit auf das Inskriptionsverhalten der Einträger. Um mögliche Verzerrungen zu vermeiden, wurde dazu jeweils nur eine Inskription pro Einträger für die Analyse zugelassen. Hierzu diente die Kategorie „singulärer Eintrag bzw. 1. Eintrag" der Variable „Fallbeschreibung" als Filter.

Tabelle 6.6: Fallbeschreibung

Fallbeschreibung	Einträger aus					
	BRD		DDR		Gesamt	
	n	%	n	%	n	%
Singulärer Eintrag bzw. 1. Eintrag	1314	96,8	1339	89,0	2653	92.7
Panel verursacht durch Erhebung	0	0	90	6,0	90	3,1
Panel durch Eigner im selben Album (a)	4	0,3	1	0,1	5	0,2
Panel durch Eigner in weiterem Album (b)	23	1,7	58	3,8	81	2,8
Eintrag nach 1989	17	1,2	16	1,1	33	1,1
Sonderform	0	0	1	0,1	1	0,1
Gesamt	1358	100	1505	100	2863	100

6.2.4 Inhaltsanalyse der Textelemente

Orientierung an der Themen-Frequenzanalyse nach Früh
Nach Zusammenfassung der ‚Rohdaten' in einer Gesamttabelle wurden in einem vierten Arbeitsschritt die eingetragenen Sprüche einer Inhaltsanalyse unterzogen und damit für die quantitative Analyse aufbereitet. Hierbei wurde sich an der Themen-Frequenzanalyse von Werner Früh orientiert (Früh 2011: 147–212). Die Themen-Frequenzanalyse stellt ein grundlegendes inhaltsanalytisches Verfahren dar, bei der theorie- (deduktive) und empiriegeleitete (induktive) Kategorienbildung miteinander kombiniert werden.

---

[249] Als *Sonderform* wurde allerdings nur einziger Eintrag eingestuft. Hierbei handelt es sich um einen gemeinsam verfassten Eintrag zweier Schüler auf einem Albumblatt (ID 525), wobei sich nur einer der beiden Einträger in einem zweiten Album der Halterin erneut inskribiert hat.

6 Erhebung und Aufbereitung der Daten

In einem ersten Schritt werden basierend auf theoretischen Vorüberlegungen Hypothesen zur interessierenden Forschungsfrage formuliert, aus denen Inhaltskategorien abgeleitet werden (theoriegeleitete Kategorienbildung). In einem zweiten Schritt wird eine Stichprobe aus dem zuvor festgelegten Datenmaterial gezogen und mithilfe zusammenfassender Techniken ein zweites Kategoriensystem gebildet (empiriegeleitete Kategorienbildung).[250] Die aus der Stichprobe gewonnenen empirischen Kategorien werden sodann den theoretisch abgeleiteten Kategorien zugeordnet, oder aber sie bilden eigene Kategorien, für die weitere Hypothesen formuliert werden (siehe Früh 2011: 153ff).

An dieser Vorgehensweise wurde sich weitgehend orientiert, jedoch wurde sie an den Forschungsgegenstand sowie an die zu prüfenden Hypothesen angepasst. Es ergaben sich somit folgende Arbeitsschritte:[251]

1. theoriegeleitete Kategorienbildung
   - staatlich erwünschte Werte
   - Wertekategorien gemäß den Wertwandeltheorien
   - albumspezifische Inhalte
2. empiriegeleitete Kategorienbildung

---

[250] In der Literatur wird dieses Verfahren auch als „induktive Kategorienbildung" bezeichnet und allgemein unter die „zusammenfassenden" Analysetechniken gefasst (vgl. hierzu Mayring 2010: 67–85).

[251] Warum wurde sich nicht für eine komplexere Analysetechnik entschieden? Zwei Gründe sprechen hauptsächlich dafür. Zum einen wird sich bei der Anwendung dieses Verfahrens am methodischen Vorgehen anderer fruchtbarer Studien zur Erfassung von Werthaltungen und Einstellungen in Poesiealbumeinträgen orientiert. Insbesondere seien hier die Arbeiten von Herzog und Shapira genannt (Shapira/Herzog 1984; Herzog/Shapira 1986). Zum anderen erscheinen komplexere Analysetechniken wie etwa „strukturierende" bzw. „explizierende" Verfahren der Inhaltsanalyse (vgl. weiterführend Mayring 2010: 85ff) für die Analyse von Albumtexten als inadäquat. Dies hat folgenden Grund: Eine hier vertretene Grundannahme ist, dass sich ein Einträger mit den von ihm inskribierten Inhalten in irgendeiner Form *identifiziert*. Dass ein Inskribent dabei in der Regel auf ein Zitat zurückgreift, steht der Identifikation mit den darin zum Ausdruck gebrachten Bedeutungsgehalten nicht entgegen. Allerdings erschwert die Verwendung von Zitaten eine Aussage darüber, mit welcher Valenz bzw. Intensität der zitierte Inhalt vom Inskribenten vertreten wird. Da es sich um eine *entlehnte* Aussage eines (bekannten oder unbekannten) Autors handelt, kann folglich nicht unmittelbar darauf geschlossen werden, wie stark die geäußerten Inhalte vom Inskribenten selbst vertreten werden. Aufgrund dieser Tatsache erscheint es sinnvoll, sich lediglich auf das Vorkommen von semantischen Inhalten (Werten) zu konzentrieren. Eine empiriegeleitete Kategorienbildung, welche die induktive Abstraktion von Werthaltungen aus den eingetragenen Texten zum Ziel hat, erweist sich hierbei aus unserer Sicht als adäquate Vorgehensweise.

- Erschließung der Werte und Inhalte aus den Album-Sprüchen durch Selektion und Reduktion
3. Bündelung der empirie- unter die theoriegeleitet gebildeten Inhaltskategorien
   - Deutung der empiriegeleitet gebildeten Kategorien, ob sie staatlich erwünschten Werthaltungen semantisch entsprechen
   - Deutung der verbliebenen empiriegeleitet gebildeten Kategorien, ob sie Werthaltungen gemäß den Wertwandeltheorien semantisch entsprechen
   - Deutung der verbliebenen empiriegeleitet gebildeten Kategorien, ob sie den albumspezifischen Inhaltskategorien semantisch entsprechen
4. Bündelung der übrigen empirischen Inhaltskategorien aufgrund semantischer Äquivalenz
5. Generalisierung der gebündelten Inhaltskategorien und Aufbereitung für die statistische Analyse
6. Übertragung der gebündelten Inhaltskategorien in einen SPSS-Datensatz

1. Theoriegeleitete Kategorienbildung

Als theoriegeleitet gebildete Inhaltskategorien dienen die staatlich erwünschten Werte in DDR und Bundesrepublik, die Wertekategorien gemäß den Wertwandeltheorien sowie die aus der Albumforschung bekannten albumspezifischen Inhalte. Für diese Inhaltskategorien wurden spezifische Hypothesen formuliert. Die Erschließung der staatlich erwünschten Werte aus relevanten Dokumenten in DDR und Bundesrepublik wurde in Abschnitt 3.3 ausführlich dargestellt. Als Wertekategorien gemäß den Wertwandeltheorien fungieren die Werthaltungen „Postmaterialismus", „Materialismus", „Pflicht und Akzeptanz" sowie „Hedonismus".[252] Als albumspezifisch wurden Eintragsinhalte gekennzeichnet, die aufgrund der Durchführungspraxis der Albumsitte begünstigt werden. Im Anschluss an Maria Zillig (1935; 1942) sind dies insbesondere die Thematisierung bzw. der Wunsch nach Erinnerung, die Thematisierung von Freundschaft, Liebe und Treue sowie die Thematisierung bzw. der Wunsch für ein gelingendes bzw. glückliches Leben.

---

[252] *Materialismus* und *Postmaterialismus* wurden der Wertwandeltheorie von Ronald Inglehart (1977, 1995, 1998), *Hedonismus* dem Ansatz von Peter Kmieciak (1976), *Pflicht* und *Akzeptanz* der Theorie eines „Wertwandlungsschubs" nach Helmut Klages (1984) entlehnt. Hierbei ist anzumerken, dass Werte der *Selbstverwirklichung* bzw. *Selbstentfaltung* die ebenfalls von Klages als im Wandel befindlich propagiert werden, in dieser Studie als staatlicher Kernwert der Bundesrepublik (*Selbstständigkeit im Handeln*) erfasst sind.

2. Empiriegeleitete Kategorienbildung

Leicht abweichend von der von Früh vorgeschlagenen Vorgehensweise (vgl. Früh 2011: 156ff) erfolgte die empiriegeleitete Kategorienbildung nicht anhand einer einzelnen Stichprobe, sondern sukzessiv am gesamten erhobenen Datenmaterial.[253] Hierbei wurde in drei Teilschritten vorgegangen:

a) Bildung einer Hilfstabelle mit den Album-Sprüchen (nur ID und Spruch)
Zunächst wurde eine Hilfstabelle (I) gebildet, die lediglich die Identifikationsnummer des Eintrags (ID) und den eingetragenen Albumspruch enthielt.[254] Durch die isolierte Betrachtungsweise der Sprüche sollte die inhaltliche Deutung der Eintragungen im Sinne einer ‚Ersterfassung' möglichst unvoreingenommen und weitestgehend textorientiert erfolgen.[255]

b) Selektion und Reduktion des Textmaterials (mittels Interpretationsregeln)
Beginnend mit ID-Nr. 1 wurde sodann sukzessive jeder eingetragene Spruch auf dessen Sinngehalte untersucht und interpretiert. Um möglichst systematisch vorzugehen, wurden nach Durchsicht der ersten fünfzig Eintragungen Interpretationsregeln formuliert, die später um weitere ergänzt wurden. Sie sind im Anhang 4 mit Beispielinterpretationen dokumentiert. Ziel war es, den jeweiligen Spruch auf die darin enthaltene(n) Werthaltung(en) zu reduzieren. Diese sollten bereits in möglichst substantivierter Form erfasst werden. Beinhaltete ein Spruch hingegen keine Werthaltung, so sollte die Kernaussage des Spruchs in einer kurzen Paraphrase zusammengefasst werden.

c) Eintragen der Werthaltungen bzw. weiteren Kerninhalte in Hilfstabelle
Jede bei der Interpretation herausgearbeitete Werthaltung (als Substantiv) bzw. jeder weitere Inhalt (Paraphrase) wurde in Hilfstabelle I in einer jeweils separaten Tabellenzelle in der Zeile des analysierten Spruchs vermerkt. Tabelle 6.7 gibt einen Ausschnitt aus Hilfstabelle I wieder.

---

[253] Auch hier wird sich an der Arbeit von Herzog/Shapira (1986) orientiert.
[254] Die ID war notwendig, um die aus dem jeweiligen Eintragstext herausgefilterten Werte-Kategorien später dem betreffenden Einträger im Datensatz wieder zuzuordnen.
[255] Konkret sollte vorgebeugt werden, dass das Wissen um Einträgermerkmale (z.B. Einträger des betreffenden Textes ist ein Lehrer oder ein weiblicher Peer usw.) die semantische Deutung der Texte beeinflusst.

Tabelle 6.7: Ausschnitt aus Hilfstabelle I: Reduktion auf Werte-Kategorien und Paraphrasen

ID	Text	Wert_1	Kodierung_1	Wert_2	Kodierung_2	Wert_3	Kodierung_3	...
1	Der Undank ist immer eine Art Schwäche. Ich habe nie gesehen, daß tüchtige Menschen wären undankbar gewesen. Goethe	Dankbarkeit	25	Tüchtigkeit	27			
2	Vergiß nie in Deinem Leben, was deine Eltern Dir gegeben. Behalt sie lieb Dein Leben lang das ist für sie der schönste Dank.	Elternliebe	33					
3	Liebe das Mutterherz solange es schlägt wenn es gebrochen ist ist es zu spät.	Mutterliebe	33					
4	Nur das heißt Leben, wenn dein heut ein Morgen hat. Geibel	Optimismus	35					
5	Dein Leben sei ruhig und heiter, kein Leiden betrübe dein Herz, das Glück sei stets dein begleiter, nie treffe dich Kummer und Schmerz.	Frohsinn	19	glückliches Leben	60			
6	Reden ist Silber Schweigen ist Gold	Bescheidenheit	41	Vorsicht	37			
7	Die Tat alleine ist's, welche Kraft verleiht! (Schiller)	Tätig sein	27					
8	Hast Du im Tal ein sichres Haus; so wolle nie zu hoch hinaus.	materielle Sicherheit	40	Bescheidenheit	41			
...	...	...	...	...	...	...	...	

Durch dieses Vorgehen wurde der Inhalt jedes eingetragenen Spruchs durch mindestens eine Inhaltskategorie erfasst. Allerdings ließen sich aus der Mehrzahl der

6 Erhebung und Aufbereitung der Daten 273

Sprüche zwei oder mehr Kategorien extrahieren.[256] Insgesamt wurden 331 verschiedene Inhaltskategorien herausgearbeitet, die 5167 mal im Gesamtkorpus der 2863 Sprüche vorkamen. Im Durchschnitt wurden somit etwa zwei Inhaltskategorien pro Eintrag inhaltsanalytisch gebildet (genaugenommen 1,8). Das heißt, dass ein Spruch durchschnittlich zwei Werthaltungen enthielt.

3. Bündelung der empiriegeleitet unter die theoriegeleitet gebildeten Inhaltskategorien

Die im Rahmen der Ersterfassung unterschiedenen 331 empiriegeleitet gebildeten Kategorien wurden nun in eine weitere Hilfstabelle (II) überführt und in einer Spalte als Ausgangsmaterial aufgelistet. Sodann wurde jede empiriegeleitet gebildete Inhaltskategorie geprüft, ob sie semantisch mit einer der theoriegeleiteten Inhaltskategorien übereinstimmte. In einem ersten Durchgang wurden sie auf eine Übereinstimmung mit den staatlich erwünschten Werten untersucht. Konnte eine semantische Äquivalenz festgestellt werden, wurde der empiriegeleitet gebildeten Kategorie der entsprechende staatlich erwünschte Wert zugeordnet. Insgesamt konnten 150 der 331 empiriegeleitet gebildeten Kategorien unter dreißig staatlich erwünschte Werte gebündelt werden. In einem zweiten Durchgang wurde geprüft, ob die verbliebenen Kategorien semantisch mit den Wertekategorien der Wertwandeltheorien übereinstimmten. 21 empiriegeleitet gebildete Kategorien konnten auf diese Weise unter die vier interessierenden Wertekategorien gebündelt werden. In einem dritten Bündelungsdurchgang wurde schließlich geprüft, ob die weiteren Kategorien den albumspezifischen Inhaltskategorien semantisch entsprachen. Dies war bei 30 Kategorien der Fall.

4. Bündelung der übrigen empirischen Inhaltskategorien aufgrund semantischer Äquivalenz

Der nächste Schritt bestand darin, die verbliebenen empiriegeleitet gebildeten Kategorien nach semantischen Ähnlichkeiten zu untersuchen und entsprechend zu bündeln. Dieser Schritt wurde im Rahmen des dritten Bündelungsdurchgangs pa-

---

[256] In 44,4 % der untersuchten Einträge ließ sich nur eine Inhaltskategorie bilden. Demgegenüber wurden bei 37,6 % der Einträge jeweils zwei Inhaltskategorien extrahiert. In 12,7 % der Einträge ließen sich drei Kategorien, in 3,8 % der Einträge sogar vier Werte- bzw. Inhaltskategorien bilden. Selten waren Sprüche, bei denen die semantische Analyse fünf Inhaltskategorien (1,3 %) oder sogar sechs Inhaltskategorien (0,1 %) ergab.

rallel zur Bündelung der albumspezifischen Inhalte durchgeführt. Es wurde vorrangig versucht, weitere Werthaltungen aufgrund von semantischen Gemeinsamkeiten in neuen und verallgemeinernden Wertebündeln zusammenzufassen. Insgesamt konnten im Rahmen dieses Arbeitsschrittes 130 verbliebene Kategorien in insgesamt 25 Wertebündeln zusammengefasst werden. Nach Abschluss dieser Bündelungen waren die ursprünglich 331 Inhaltskategorien auf 65 Wertebündel reduziert.

5. Generalisierung der gebündelten Inhaltskategorien und Aufbereitung für die statistische Analyse
Um eine weitere Reduzierung der 65 Wertebündel zu erreichen, wurden abschließend zwei Generalisierungsdurchgänge durchgeführt. Zum einen wurden innerhalb der staatlich erwünschten Werte in DDR und BRD weitere Zusammenfassungen gemäß den in Kapitel 3.3 vorgenommen Unterscheidungen vorgenommen. Zum anderen wurden auch die übrigen Bündel weiter zusammengefasst. Beim ersten Generalisierungsdurchgang ließ sich die Anzahl von 65 Wertebündel auf 33, im abschließenden zweiten auf 20 Wertebündel reduzieren. Es ist anzumerken, dass sich auch während der Generalisierungsdurchläufe Möglichkeiten der Bündelung ergaben, so dass Bündelung und Generalisierung bis zur Erstellung des fertigen Kategoriensystems ‚Hand in Hand' gingen.[257] Tabelle 6.8 gibt einen Überblick über die gebildeten Inhaltskategorien nach abgeschlossener Bündelung sowie deren weitere Komprimierung durch die zwei Generalisierungsvorgänge.

6. Übertragung der gebündelten Inhaltskategorien in einen SPSS-Datensatz
Ein letzter Arbeitsschritt bestand darin, die gebildeten Wertebündel in einen SPSS-Datensatz zu überführen. Auch wenn primär die zuletzt gebildeten 20 Wertebündel (rechte Spalte Tabelle 6.8) als abhängige Variablen dienen, wurde entschieden, auch die weniger komprimierten Wertebündel (Inhaltskategorien nach Bündelung I–III, Generalisierung I) in den Datensatz aufzunehmen – dies deshalb, um eine genauere Analyse der Werte und Inhalte (insbesondere der staatlichen Kernwerte) zu ermöglichen. Die Aufbereitung für den SPSS-Datensatz erfolgte

---

[257] Im Rahmen dieser weiteren Bündelungen wurde auch entschieden, den vom DDR-Staat vereinnahmten Wert Sparsamkeit sowie die Wertwandel-Kategorie Materialismus aufgrund ihrer semantischen Nähe den *Tugenden der Vorsicht, und des maßvollen Handelns* zuzuordnen. Wie sich zeigen wird, kamen diese Werthaltungen nur sehr selten in den untersuchten Poesiealben vor, so dass ihre Einordnung in ein größeres Wertbündel sinnvoll erscheint.

6 Erhebung und Aufbereitung der Daten 275

dabei in drei Teilschritten: Zunächst wurde den gebildeten 65 Wertebündeln (Inhaltskategorien nach Bündelung I–III) eine Ziffer zwischen 1 und 65 zugeordnet. Anschließend wurden die jeweils vorgenommenen Bündelungen in Hilfstabelle II zurückverfolgt. Sodann wurde jede der ursprünglich 331 empiriegeleitet gebildeten Kategorien je nach zugeordnetem Wertebündel mit 1 bis 65 rekodiert. In einem zweiten Schritt wurde sich der Hilfstabelle I zugewandt. Hier wurde jede Ausprägung der 331 empiriegeleitet gebildeten Kategorien ermittelt und mit der Ziffer des betreffenden Wertebündels kodiert (siehe ausschnitthaft Tabelle 6.7). Nach Abschluss dieses Vorgangs wurden in einem dritten Schritt die sechs Spalten mit den vorgenommenen Kodierungen (1–65) aus Hilfstabelle I in einen SPSS-Datensatz kopiert und mit Syntax-Anweisungen dichotome Variablen entsprechend der Wertebündel gebildet. Auch die durch Generalisierung I und II komprimierten Wertebündel wurden auf diese Weise als dichotome Variablen im SPSS-Datensatz realisiert.[258]

---

[258] Für die Deskription der durchschnittlichen Häufigkeit einer Werthaltung bzw. eines Eintragselements in einem Album wurden zudem ein weiterer Datensatz (*Albumdaten*) angelegt. Wurde im Rahmen der Datenauswertung auf diesen spezifischen Hilfsdatensatz zurückgegriffen, ist dies im Folgenden stets unterhalb der betreffenden Tabelle vermerkt. Fehlt in den Anmerkungen einer Tabelle der Hinweis auf einen spezifischen Datensatz, diente der allgemeine Datensatz (N = 2863) als Grundlage der Analyse.

Tabelle 6.8: Übersicht zu den gebildeten Werte- und Inhaltskategorien

Kontext	Inhaltskategorien nach Bündelung I–III	Generalisierung I	Generalisierung II
BRD-Kernw.	freiheitlich-demokratische Gesinnung	Freiheit und Demokratie	BRD-staatliche Kernwerte
BRD-Kernw.	religiöse und weltanschauliche Toleranz		
BRD-Kernw.	Achtung vor der Würde des Menschen	universelle Mitmenschlichkeit und Verantwortung	
BRD-Kernw.	Natur- und Umweltschutz		
BRD-Kernw.	sittliche Verantwortung		
BRD-Kernw.	soziale Gerechtigkeit		
BRD-Kernw.	Völkerversöhnung, universelle Brüderlichkeit		
BRD-Kernw.	Zivilcourage		
BRD-Kernw.	Selbstständigkeit im Handeln	Selbstständigkeit im Handeln	
DDR-Kernw.	Ablehnung der „bürgerlichen Ideologie"	Identifikation mit dem sozialistischen Staat	DDR-staatliche Kernwerte
DDR-Kernw.	aktive Beteiligung am sozialistischen Aufbau		
DDR-Kernw.	Identifikation mit Staat und Ideologie		
DDR-Kernw.	Kollektivismus		
DDR-Kernw.	sozialistische Wehrmoral		
DDR-Kernw.	Beseitigung von Ausbeutung	partielle Mitmenschlichkeit	
DDR-Kernw.	Kritik und Selbstkritik	Kritik und Selbstkritik	
BRD*	Ehrfurcht vor Gott	Religiosität	Religiosität
DDR*	aktiv-sportliche, gesundheitsorientierte Lebensführung	Gesundheit	Gesundheit
DDR*	Frohsinn	Frohsinn	Frohsinn und Optimismus
DDR*	optimistische Lebenseinstellung	optimistische Einstellung zum Leben	
DDR*	Zuversicht durch Glauben		
geteilt-offiziell	Altruismus, Gegenseitigkeit, Gemeinschaftssinn	Altruismus	Altruismus
geteilt-offiziell	Frieden		
geteilt-offiziell	Arbeitswille, Tüchtigkeit, Leistungsbereitschaft	Arbeit und Leistung	Arbeit und Leistung

6 Erhebung und Aufbereitung der Daten

geteilt-offiziell	Aufgeschlossenheit für alles Wahre, Gute und Schöne	Bildung und Erkenntnisstreben	Bildung und Erkenntnisstreben
geteilt-offiziell	Wissen und Können		
geteilt-offiziell	Wahrhaftigkeit, Wahrheitsliebe	Wahrhaftigkeit, Wahrheitsliebe	Wahrhaftigkeit, Wahrheitsliebe
geteilt-offiziell	Klarheit		
geteilt-offiziell	Reinheit des Gewissens		
geteilt-offiziell	Charakterfestigkeit	Charakterfestigkeit, Recht- und Sittlichkeit	Charakterfestigkeit, Recht- und Sittlichkeit
geteilt-offiziell	Recht- und Sittlichkeit		
geteilt-offiziell	Achtung der Familie	Bindung an Familie und Heimat	Bindung an Familie und Heimat
geteilt-offiziell	Heimatverbundenheit, Patriotismus		
Wertwandel	Diesseitsorientiertheit	Diesseitsorientiertheit	Diesseitsorientiertheit/Hedonismus
Wertwandel	Hedonismus	Hedonismus	
Wertwandel	Postmaterialismus	Postmaterialismus	Postmaterialismus
Wertwandel	Akzeptanz, Pflicht, Bescheidenheit	Akzeptanz, Pflicht, Bescheidenheit	Akzeptanz, Pflicht, Bescheidenheit
Wertwandel	Gehorsamkeit		
Wertwandel	Materialismus	Materialismus	
DDR*	Sparsamkeit	Sparsamkeit	
weiterer Wert	Menschenkenntnis, Vorsicht im Umgang mit Mitmenschen	Vorsicht im Umgang mit Mitmenschen	Tugenden der Vorsicht und des maßvollen Handelns
weiterer Wert	Gewissenhaftigkeit, Ernsthaftigkeit	Tugenden der Beharrlichkeit und Zurückhaltung	
weiterer Wert	Sanftmut, Friedfertigkeit, Gelassenheit		
weiterer Wert	Ausdauer, Beharrlichkeit, Geduld		
weiterer Wert	Bedachtsamkeit, Besonnenheit, kluges angemessenes Handeln		
weiterer Wert	Entschlusskraft	Tugenden der Tatkraft, Mut und Stärke	Tugenden der Tatkraft, Mut und Stärke
weiterer Wert	Opferbereitschaft		
weiterer Wert	Standhaftigkeit, Stärke, Tapferkeit		

weiterer Wert	Mut, Risikobereitschaft		
weiterer Wert	Nützen der Zeit, Zielstrebigkeit		
Albumsitte	Abschied, Trennung	Erwachsenwerden, Erinnerung, Abschied	Erwachsenwerden, Erinnerung, Abschied
Albumsitte	Albumsitte		
Albumsitte	Erinnerung		
Albumsitte	Erwachsenwerden, Jugend, Schulzeit		
Albumsitte	Liebe, Treue, Freundschaft	Freundschaft, Liebe, Partnerschaft	Freundschaft, Liebe, Partnerschaft
Albumsitte	glückliches Leben	glückliches Leben	glückliches Leben
Anderes	Thematisierung der Künste: Kunst, Musik, Literatur	Thematisierung der Künste: Kunst, Musik, Literatur	Anderes/keine Werthaltung
Anderes	Reflexion über das menschliche Dasein	Reflexion über das menschliche Dasein	
Anderes	Emotion, Naivität	Emotion, naive Weltbetrachtung	
Anderes	Anderes	Anderes	
Anderes	keine Werthaltung	keine Werthaltung	

* staatlich vereinnahmte Werte

7 Die Wertvorstellungen in Poesiealben in DDR und Bundesrepublik

Nach Darstellung der Erhebung und Aufbereitung der Albumdaten soll sich nun der Prüfung der in Kapitel 5 formulierten Hypothesen zugewandt werden. Zunächst werden dazu in Kapitel 7.1 die allgemeine Vorgehensweise sowie die im Rahmen der statistischen Analyse verwendeten unabhängigen Variablen erläutert. Mit der Darstellung ihres durchschnittlichen Vorkommens wird zudem geklärt, welche Werte zwischen 1949 und 1989 in den Alben besonders dominiert und welche nur eine untergeordnete Rolle gespielt haben. Sodann wird in Kapitel 7.2 das Vorkommen der staatlich erwünschten Werte in den Alben untersucht. Insbesondere werden die aus den Erklärungsmodellen abgeleiteten Hypothesen zum Vorkommen der staatlichen Kernwerte von DDR und Bundesrepublik bzw. zum Vorkommen der von beiden deutschen Staaten legitimierten Werte geprüft. Daraufhin wird sich in Kapitel 7.3 den Einträgen mit religiösen Wertvorstellungen zugewandt. In der Bundesrepublik legitimiert, vom DDR-Staat hingegen unerwünscht, werden bei dieser Werthaltung größere Ost-West-Unterschiede im Eintragsverhalten erwartet. In Kapitel 7.4 stehen anschließend Werte und Eintragsinhalte im Vordergrund, an denen DDR und Bundesrepublik kein explizites Interesse formuliert haben. Dabei wird sich zunächst auf die Werte konzentriert, die gemäß verschiedenen Wertwandeltheorien im Untersuchungszeitraum Wandlungen erfahren haben. Es wird gefragt, ob sich diese Theorien auch bei einem nichtreaktiven Untersuchungsgegenstand wie dem Poesiealbum empirisch bewähren. Danach stehen mit den Tugenden der Vorsicht und des maßvollen Handelns' sowie den Tugenden des Muts und der Zielstrebigkeit' Wertvorstellungen im Fokus, die im Rahmen der Inhaltsanalyse der Albumeinträge explorativ entdeckt, von der Wertforschung bisher jedoch nicht thematisiert wurden. Schließlich werden die albumaffinen Themen sowie die seltenen Albuminhalte behandelt und die hierfür formulierten Hypothesen geprüft.

Die Analysen werden sich vor allem auf die Einträge der Verwandten, Lehrer und der Peergroup konzentrieren, die zusammengenommen für circa 95 % der Albuminskriptionen verantwortlich sind. Das Eintragsverhalten der sonstigen Einträgergruppen und die hierfür gebildeten Annahmen werden indes in Kapitel 7.5

untersucht und getestet. Zum Abschluss des Kapitels wird in Kapitel 7.6 ein Fazit zum Einfluss der wahrgenommenen staatlichen Rahmenbedingungen auf die Werte der Bürger in DDR und Bundesrepublik gezogen.

7.1 Vorbemerkungen

Bevor zur Prüfung der einzelnen Hypothesen übergangen wird, soll zunächst kurz auf die allgemeine Vorgehensweise sowie die im Rahmen der multivariaten Analyse verwendeten abhängigen Variablen eingegangen werden. Zudem wird ein Blick auf das durchschnittliche Vorkommen der unterschiedenen Werthaltungen in den Alben geworfen.

7.1.1 Allgemeine Vorgehensweise im Rahmen der Hypothesenprüfung

Die Prüfung der Hypothesen erfolgt systematisch und umfasst folgende vier Arbeitsschritte:

1. Deskription des Wertebündels und bivariate Prüfung
2. multivariate Prüfung
3. Prüfung auf Interaktionseffekte
4. Zusammenfassung und Interpretation der Befunde

Das zu untersuchende Wertebündel wird zuerst erläutert, wobei einige inskribierte Sprüche, in denen die betreffende Werthaltung zum Ausdruck gebracht wird, beispielhaft zitiert werden. Sodann wird bivariat geprüft, ob sich Hinweise auf allgemeine Ost-West-Unterschiede bei der jeweils untersuchten Werthaltung ergeben. Hierbei wird auch analysiert, wie sich die Wertvorstellung über die Haupteinträgergruppen in Ost und West verteilt hat. Daran anschließend wird mithilfe der Berechnung von Logistischen Regressionen der Frage nachgegangen, welche Faktoren die Eintragswahrscheinlichkeit der Wertvorstellung beeinflusst haben könnten. Liegen für ein Wertebündel zu geringe Fallzahlen vor, wird auf die Berechnung von Korrelationen ausgewichen. In einem dritten Schritt werden Annahmen über mögliche Interaktionseffekte formuliert und getestet. Abschließend werden die Befunde der Hypothesenprüfung zusammengefasst und interpretiert.

7 Die Wertvorstellungen in Poesiealben in DDR und Bundesrepublik

7.1.2 Beschreibung der unabhängigen Variablen

Tabelle 7.1 gibt Auskunft über die unabhängigen Variablen, die im Rahmen der multivariaten Prüfung als Faktoren in der Logistischen Regression berücksichtigt werden. Die Erhebung der darin aufgeführten Merkmale ist bereits in Kapitel 6 weitgehend beschrieben worden. Zum Faktor Wohnortgröße sowie zum Bildungsgrad sowie Alter der Peergroup-Mitglieder scheinen jedoch noch abschließend einige Anmerkungen erforderlich.

Tabelle 7.1: Unabhängige Variablen für die Prüfung der Hypothesen

unabhängige Variable	Kodierung/Wertebereich		arithmetisches Mittel/ Standardabweichung
Geschlecht des Einträgers	weiblich	= 1 (76,1 %)	
	männlich	= 0 (22,4 %)	
Jahr des Eintrags			1969/12,80
Wohnortgröße des Einträgers	bis 1.999	= 1	
	2.000–4.999	= 2	
	5.000–19.999	= 3	
	20.000–49.999	= 4	3,6/2,27
	50.000–99.999	= 5	
	100.000–499.999	= 6	
	500.000 und mehr	= 7	
Einträgergruppe	Peers	= 1 (73,2 %)	
	Familie	= 2 (9,5 %)	
	Lehrer	= 3 (9,2 %)	
	Sonstige	= 4 (3,5 %)	
Einträger aus DDR/BRD	DDR	= 1 (50,5 %)	
	Bundesrepublik	= 0 (49,5 %)	
nur Peers: Bildungsgrad	niedrig (Haupt- bzw. Volksschule)	= 1	
	mittel (Gesamt-, Real-, Berufs-, Polytechnische Oberschule)	= 2	2,1/0,49
	hoch (Gymnasium/Erweiterte Oberschule)	= 3	
nur Peers: Alter bei Eintrag	Alter des Halters bei Albumbeginn + Jahr des Eintrags - Jahr des 1. Eintrags		11,9/2,38

Nur singulärer sowie bei Panel-Einträgern chronologisch erster Eintrag berücksichtigt, bei Bildungsgrad und Alter zudem nur Peers als Einträger berücksichtigt.

Wohnortgröße

Die Wohnortgröße des Einträgers gibt in kategorisierter Form die Einwohnerzahl des Ortes wieder, in dem ein Albumhalter zum Zeitpunkt der Albumführung gelebt hat. Dieses Merkmal dient als Indikator für mögliche Stadt-Land-Unterschiede bezüglich des Eintrags der Werthaltungen. Damit sind entsprechend der einschlägigen Literatur graduelle Unterschiede auf einem Stadt-Land-Kontinuum gemeint, die sich hauptsächlich durch Unterschiede in der sozialstrukturellen Zusammensetzung der Bevölkerung, z.B. der unterschiedlichen Verteilung von Bildungsgraden, Einkommensmöglichkeiten usw. in größeren Städten gegenüber eher ländlich geprägten Regionen ergeben (vgl. Knirim 1974: 233; Knirim/Krüll/Peters 1974: 7; Kötter/Krekeler 1977: 21).

Zwei Drittel der untersuchten Einträge enthielten bereits Angaben zum Eintragsort. Dieser ist mit dem Wohnort des Inskribenten in der Regel identisch. Durch die Nachbefragung des Halters wurden die Wohnorte einer Vielzahl weiterer Einträger ermittelt. Insgesamt konnten damit für 96 % der Einträger die damaligen Wohnorte bestimmt werden. In der vorliegenden Untersuchung umfasst dies 297 verschiedene Orte. Die Einwohnerzahl dieser Orte wurde im Internet recherchiert. Als Quellen dienten hauptsächlich die aktuellen Einwohnerstatistiken auf den offiziellen Webseiten der betreffenden Kommunen bzw. die Angaben der Landesstatistikämter des jeweiligen Bundeslandes.

Bildungsgrad und Alter der Peergroup-Mitglieder
Fast drei Viertel der Albumeinträge stammen von der Peergroup des Halters. In aller Regel handelt es sich dabei um Einträge gleichaltriger Freunde und Klassenkameraden. Insofern scheint es nicht abwegig, das Alter sowie den Bildungsgrad des Halters mit dem des Peers als Einträger gleichzusetzen. Allerdings können damit nur annäherungsweise Alter und Bildung der Peers bestimmt werden. Eine exakte Messung des Einflusses dieser Faktoren bei den eintragenden Peers ist damit nicht möglich. In Abwägung des Erhebungsaufwands zur Bestimmung des korrekten Alters eines Peers (verbunden mit der nicht unerheblichen Gefahr von Erinnerungsfehlern) erscheint dieses Vorgehen jedoch als vorteilhaft. Vor allem tendenzielle Hinweise auf die Beeinflussung von Wertvorstellungen durch Bildungsgrad und Alter in der Phase der Adoleszenz werden sich damit erhofft. Diese Befunde, die lediglich explorativen Charakter aufweisen, können jedoch Orientierung im Rahmen weiterer Album- bzw. Wertestudien bieten und entsprechend vertiefend geprüft werden.

7 Die Wertvorstellungen in Poesiealben in DDR und Bundesrepublik

7.1.3 Durchschnittliches Vorkommen der gebildeten Wertebündel

Im Rahmen der Inhaltsanalyse waren durch theoriegeleitete Bündelungen sowie anschließende Generalisierungen die Werte und Inhalte der eingetragenen Albumtexte in insgesamt 20 Wertebündeln zusammengefasst worden. Um die allgemeine Präsenz dieser Wertebündel in den zwischen 1949 und 1989 geführten Alben besser einschätzen zu können, soll zunächst ein Blick auf deren durchschnittliches Vorkommen in den Alben geworfen werden.

Es sei noch einmal darauf hingewiesen, dass die vorliegende Studie keine Repräsentativität beansprucht. Insofern geben die folgenden Ausführungen allenfalls Tendenzen hinsichtlich der Bevorzugung bestimmter Werte im Untersuchungszeitraum wieder. In Tabelle 7.2 ist das durchschnittliche Vorkommen der gebildeten Wertebündel in den untersuchten Alben aufgeführt. Die Wertebündel wurden dabei nach ihren Mittelwerten (absteigend) sortiert. Wie der Tabelle zu entnehmen ist, wurden die Wertebündel unterschiedlich häufig zum Ausdruck gebracht.

Werte und Inhalte mit hoher Präsenz in den Alben
Eine relativ hohe Präsenz in den Alben weisen die Wertebündel Nr. 1 bis 8 auf. Diese Werte und Inhalte kamen im Durchschnitt in mehr als drei Einträgen je Album vor. Mit Frohsinn und optimistischer Lebenseinstellung kommt dabei eine Werthaltung am häufigsten vor, die als staatlich vereinnahmter Wert der DDR gekennzeichnet worden ist. Ein Album enthielt demnach im Durchschnitt sechs Einträge, in denen Frohsinn bzw. eine optimistische Lebenseinstellung als erstrebenswert dargestellt wurden.[259]

Wenig überraschend ist der Befund, dass relativ häufig albumspezifische Inhalte in die Alben inskribiert wurden. So werden die Thematisierung von Erinnerung, Abschied und Erwachsenwerden, der Freundschaftsgedanke, aber auch der allgemeine Wunsch für ein erfülltes und glückliches Leben in der Albumforschung tra-

---

[259] Zieht man die Forschungsliteratur zurate, sind dem Leben zugewandte, optimistische Einstellungen seit Beginn des 19. Jahrhunderts in den Alben zunehmend vertreten (Angermann 1971: 213). Auch in den Untersuchungen zu Alben des 20. Jahrhunderts wird auf das häufige Vorkommen dieser Werthaltungen in den Einträgen verwiesen (Zillig 1935: 114; 1942: 151; Rossin 1985: 284f; Freudenthal 1964a: 95; Bodensohn 1968: 150). Allerdings wurden hier Aussagen über die Präsenz bestimmter Werte nur unzureichend empirisch belegt.

ditionell mit einem häufigeren Vorkommen in den Alben in Verbindung gebracht.[260] Bemerkenswert ist indes die hohe Präsenz von Werten der Akzeptanz, Bescheidenheit und Pflichterfüllung. Das sind Werte, denen auch in der empirischen Wertwandelforschung das Interesse gilt (u.a. Klages 1988). Im Durchschnitt ließen sich in einem Album etwa vier Einträge mit Pflicht- und Akzeptanzwerten feststellen.

Tabelle 7.2: Durchschnittliche Häufigkeit der Wertebündel je Album

Nr.	Wertebündel	Mittelwert	Standardabweichung	Kontext
1	Frohsinn, Optimismus	6,1	4,04	Vereinnahmt
2	Erwachsenwerden, Erinnerung, Abschied	4,7	3,59	Albumspezifisch
3	Akzeptanz, Pflicht, Bescheidenheit	4,3	3,45	Wertwandel
4	Tugenden der Vorsicht und maßvolles Handeln	4,0	2,79	weitere Werte
5	Altruismus, Gegenseitigkeit, Gemeinschaftssinn	3,9	3,06	geteilt-offiziell
6	Freundschaft, Liebe, Partnerschaft	3,7	2,77	Albumspezifisch
7	glückliches Leben	3,7	3,28	Albumspezifisch
8	Religiosität	3,7	3,55	unerwünscht (DDR)
9	Charakterfestigkeit, Recht- und Sittlichkeit	2,8	2,41	geteilt-offiziell
10	Bindung an Familie und Heimat	2,8	2,33	geteilt-offiziell
11	Arbeit und Leistung	2,7	2,12	geteilt-offiziell
12	Anderes, keine Werthaltung	2,6	2,58	anderes
13	Wahrheitsliebe, Wahrhaftigkeit	2,6	2,36	geteilt-offiziell
14	Bildung und Erkenntnisstreben	2,1	2,27	geteilt-offiziell
15	Tugenden des Muts und der Zielstrebigkeit	2,0	1,77	weitere Werte
16	BRD-Kernwerte	1,5	1,54	BRD-Kernwerte
17	DDR-Kernwerte	,8	1,39	DDR-Kernwerte
18	Gesundheit	,7	1,00	Vereinnahmt
19	Postmaterialismus	,5	,80	Wertwandel
20	Hedonismus und Diesseitsorientierung	,2	,48	Wertwandel

Werte und Inhalte mittlerer Präsenz in den Alben
Die Wertebündel Nr. 9 bis 15 in Tabelle 7.2 stellen Werthaltungen dar, die durchschnittlich in zwei bis drei eingetragenen Texten je Album thematisiert wurden.

---

[260] Siehe Zillig (1942: 144ff); Rossin (1985: 276ff) und Bodensohn (1968: 150). Auch ‚Religiosität' lässt sich im Grunde den traditionellen Albuminhalten zuordnen, ist doch religiöser Glaube als Werthaltung seit Beginn der Albumsitte in den Einträgen präsent (siehe weiterführend Angermann 1971: 233–312). ‚Religiosität' wird im Rahmen dieser Untersuchung allerdings als staatlich ‚unerwünschter' Wert der DDR gedeutet.

7 Die Wertvorstellungen in Poesiealben in DDR und Bundesrepublik

Es handelt sich zumeist um Werte, die im Rahmen dieser Studie als geteilt-offizielle Werte gekennzeichnet wurden. Es sind Werte, die sowohl in den relevanten offiziellen Dokumenten der Bundesrepublik als auch der DDR genannt werden. Allerdings handelt es sich eher um tradierte Wertvorstellungen, die innerhalb der (gesamt-)deutschen Bevölkerung allgemein akzeptiert waren bzw. sind. Durch Aufnahme in offizielle Dokumente stellen sie jedoch staatlich legitimierte Werte dar, von denen angenommen werden kann, dass auch Akteure staatlicher Institutionen (sowohl in DDR als auch BRD) ein Interesse an der Verbreitung dieser Werte gehabt haben dürften.

Überraschend ist in diesem Zusammenhang, dass auch die Kategorie ‚Anderes bzw. keine Werthaltung' in der Gruppe der mittel-präsenten Werte bzw. Inhalte vertreten ist. Demnach lassen sich durchschnittlich zwei bis drei Einträge in einem Album (arithmetisches Mittel 2,6) feststellen, die individuelle bzw. nicht-wertbezogene Inhalte zum Ausdruck brachten. Dies ist insofern bemerkenswert, als Poesiealbumeinträge oft als wenig individuell eingeschätzt werden (vgl. Bodensohn 1968).

Werte und Inhalte mit geringer Präsenz in den Alben

Wie aus Tabelle 7.2 hervorgeht, wurden die Wertebündel Nr. 16 bis 20 eher selten in ein Album eingetragen. Insbesondere fallen hierunter die staatlichen Kernwerte von Bundesrepublik und DDR (arithmetisches Mittel der BRD-Kernwerte: 1,5/der DDR-Kernwerte: 0,8 je Album). Auch die auf Grundlage empirischer Wertwandel-Theorien gebildeten Wert-Kategorien Postmaterialismus und Hedonismus sind nur in sehr geringem Umfang in den untersuchten Einträgen präsent. Nur in jedem zweiten Album ließ sich ein Eintrag finden, der im Sinne einer postmaterialistischen Werthaltung interpretiert werden kann (arithmetisches Mittel: 0,5).[261]

---

[261] Eine „materialistische" Werthaltung, wie sie ebenfalls prominent in der umfragebasierten Wertforschung propagiert wird, ließ sich sogar noch seltener feststellen. Lediglich in insgesamt 14 Texteintragungen ließ sich eine entsprechende Werthaltung herausarbeiten. Aufgrund dieser geringen Fallzahl erschien es unzweckmäßig, eine separate Analyse dieser Wertekategorie durchzuführen. Stattdessen wurden die betreffenden Fälle dem Wertebündel der Tugenden der Beharrlichkeit, Vorsicht, und Zurückhaltung zugeordnet.

Hedonismus wurde noch seltener in ein Album eingetragen. Nur jedes fünfte Album enthielt im Durchschnitt überhaupt einen Eintrag mit dieser Werthaltung (arithmetisches Mittel: 0,2).[262]

Fazit zum durchschnittlichen Vorkommen der Werte und Inhalte
Zusammenfassend ergeben sich aus der Deskription des durchschnittlichen Vorkommens der gebildeten Wertebündel hauptsächlich drei Befunde:
1. Ganz allgemein betrachtet wurden bevorzugt albumspezifische Inhalte bzw. traditionelle Wertvorstellungen in den Poesiealben zum Ausdruck gebracht. Dieser Befund lässt sich auf zweierlei Weise deuten. Zum einen verweist der relativ häufige Eintrag tradierter Wertvorstellungen auf ein allgemeines Festhalten an eher traditionellen Wertvorstellungen in der Bevölkerung. Demnach hätten etwa die zumeist unter dem Label „bürgerlich" firmierenden Wertvorstellungen (vgl. hierzu Kmieciak 1976; Noelle-Neumann 1978) zwischen 1949 und 1989 kaum an Relevanz verloren. Zum anderen könnte man das häufige Vorkommen tradierter Albuminhalte auch als Auswirkung eines allgemeinen Beharrungsvermögens der Albumsitte deuten. Die Beharrlichkeit tradierter Inhalte wäre nach dieser Lesart lediglich die Folge des bequemen Rückgriffs der Inskribenten auf tradierte Albumtexte, die unreflektiert eingetragen wurden.[263]
Plausibel erscheint vor allem die erste Lesart, wonach sich in der hohen Präsenz tradierter Wertvorstellungen in den Alben eine allgemein hohe Persistenz dieser Werte innerhalb der deutschen Bevölkerung widerspiegelt. Denn gegen die These eines Beharrungsvermögens lässt sich ein Argument anführen, dass bisher in der Albumforschung gänzlich unberücksichtigt geblieben ist: die hohe Diversität bzw. Fluktuation der Albumtexte im Zeitverlauf. So wurden in den 2863 hier untersuchten Einträgen insgesamt 1406 verschiedene Texte festgestellt (ohne Berücksichtigung zahlreicher Varianten). Von diesen 1406 Texten ließen sich 73,3 % (N = 1030) nur ein einziges Mal in den untersuchten Alben nachweisen. Das heißt,

---

[262]   Hedonismus wurde im Rahmen der zusammenfassenden Generalisierungen mit der Wertekategorie ‚Diesseitsorientierung' zusammengefasst. Betrachtet man Hedonismus isoliert, so sind noch weniger Fallzahlen für diese Werthaltung feststellbar.
[263]   In der Albumforschung hat man bereits häufiger über eine angeblich „gedankenlose" Übernahme von Albumtexten durch die an der Sitte teilnehmenden Kinder und Jugendlichen räsoniert, ohne dies jedoch empirisch zu belegen (etwa Fiedler 1960: 58; Bodensohn 1968: 150).

7 Die Wertvorstellungen in Poesiealben in DDR und Bundesrepublik

es erfolgte zwar ein Rückgriff auf tradierte Albumtexte (wie etwa auf den beliebten Albumspruch „Rosen, Tulpen, Nelken ..."), aber ebenso wurde eine Vielzahl anderer, nicht-tradierter Texte in die Alben inskribiert. Wenn eine hohe Fluktuation auf der textuellen Ebene vorlag, aber nur eine geringfügige Veränderung auf der semantischen Ebene festgestellt werden kann, dann spricht viel für die These einer Persistenz der Werte in der Bevölkerung.[264]

2. Staatliche Kernwerte, wie sie aus offiziellen Dokumenten der BRD und DDR zu entnehmen sind, ließen sich in den untersuchten Alben relativ selten feststellen. Andere Werte und Inhalte wurden den staatlichen Kernwerten vorgezogen. Die allgemein geringe Präsenz der staatlichen Kernwerte im Untersuchungszeitraum stellt einen Hinweis dafür dar, dass die ‚offiziellen' Werthaltungen in Ost und West von den Inskribenten vermutlich eher passiv hingenommen als aktiv vertreten wurden. Diese Deutung lässt sich mit dem Hinweis auf Untersuchungen von Alben zwischen 1933 und 1945 untermauern. Diese legen nahe, dass sich Kernwerte der NS-Ideologie in den Poesiealben dieser Zeit in größerem Umfang niedergeschlagen haben (Zillig 1942; Angermann 1971). Das heißt, dass staatliche Kernwerte in Alben durchaus zu einer hohen Präsenz gelangen können. Im Rahmen dieser Studie ließ sich dies jedoch nicht feststellen. In den West- und mehr noch in den Ost-Alben blieb eine aktive Zustimmung zu den jeweiligen staatlichen Kernwerten überwiegend aus.

3. Die Eintragungen in Poesiealben können aufgrund ihrer Nichtreaktivität als ein Gradmesser für die Plausibilität von Wertwandel-Theorien angesehen werden, die vornehmlich ihre Beweiskraft aus empirischen Umfragen ziehen. So ließ sich im Rahmen dieser Studie feststellen, dass die von Helmut Klages bzw. der „Speyerer Werteforschung" vornehmlich in den Blick genommenen Akzeptanz- und Pflichtwerte in den untersuchten Albumtexten relativ häufig vorkamen, was für die Plausibilität dieser Werte spricht. Demgegenüber waren materialistische bzw. postmaterialistische Werthaltungen nach der Theorie von Ronald Inglehart (1977) in den untersuchten Alben ausgesprochen selten. Dies gilt auch für hedonistische Einstellungen, wie sie von Peter Kmieciak als im Wandel befindlich postuliert wurden

---

[264] Der Aspekt der Variabilität der eingetragenen Texte wurde im Rahmen der Dissertation ausführlich behandelt. Da sich die vorliegende Druckfassung auf die Analyse der Wertvorstellungen konzentriert, sind die Befunde zur Textvariabilität hier nicht aufgeführt, sondern werden separat publiziert. Nicht im Fokus der Studie stand die Erforschung der Motive der Inskribenten für die Spruchauswahl. Hierzu sind weitere Forschungsanstrengungen notwendig.

(Kmieciak 1976).[265] Angesichts ihres eher geringen Vorkommens in den Alben erscheint es sinnvoll, die Darstellungen eines angeblich ‚umfassenden' intergenerationellen Wandels dieser Werte zumindest kritisch zu hinterfragen.

7.2 Zur Inskription staatlich erwünschter Werte

Im Rahmen der Inhaltsanalyse relevanter offizieller Dokumente in DDR und Bundesrepublik waren staatlich erwünschte Wertvorstellungen herausgearbeitet und wie folgt unterschieden worden:

- staatliche Kernwerte
- staatlich legitimierte Werte
- ‚geteilt-offizielle' Werte (sowohl DDR als auch BRD)
- staatlich vereinnahmte Werte (entweder nur DDR oder nur BRD)

Gemeinsames Merkmal dieser Werte ist, dass sie durch Aufnahme in offizielle Dokumente als staatlich erwünscht verstanden werden können. Es kann somit plausibel vermutet werden, dass insbesondere bei Akteuren staatlicher Institutionen ein Interesse bestanden hat, für die Verbreitung und allgemeine Akzeptanz dieser Werthaltungen in der Bevölkerung zu sorgen.

Im Folgenden werden die Hypothesen geprüft, die hinsichtlich der Eintragswahrscheinlichkeit dieser staatlich erwünschten Werte gebildet wurden. Zunächst wird sich den staatlichen Kernwerten zugewandt, und die Hypothesen zu den Kernwerten der DDR und der Bundesrepublik werden geprüft. Anschließend wird getestet, inwiefern sich die Einträger in Ost und West hinsichtlich des Eintrags der geteilt-offiziellen Werte unterschieden haben. Sodann wird die Hypothese getestet, die für das Vorkommen staatlich vereinnahmter Werte in den Alben formuliert worden war.

---

[265] Demgegenüber wiesen die ebenfalls von Peter Kmieciak näher untersuchten „Berufs- und Leistungsorientierungen" (Kmieciak 1976: 463) eine mittlere Präsenz in den untersuchten Alben auf, was für deren Plausibilität spricht (Entsprechung in Tabelle 7.2: Wertebündel Nr. 11 ‚Arbeit und Leistung'). Ähnlich ist der Katalog „bürgerlicher" Werte nach Elisabeth Noelle-Neumann (1978: 15f) einzuschätzen, der sich ebenfalls in Teilen in den ‚geteilt-offiziellen' Werten mit mittlerer Präsenz in den Alben wiederfindet.

7 Die Wertvorstellungen in Poesiealben in DDR und Bundesrepublik

7.2.1 Staatliche Kernwerte

7.2.1.1 Kernwerte der DDR

Aus Dokumenten der Pionier- und Jugendorganisation sowie den Grundsätzen der sozialistischen Ethik und Moral (Ulbricht 1960) waren in Kapitel 3.3 neun staatliche Kernwerte der DDR herausgearbeitet worden. Hinsichtlich des Eintrags dieser Werte in die Poesiealben in DDR und Bundesrepublik war folgende Hypothese gebildet worden:

H1 *Wenn ein Einträger in der DDR den Beruf des Lehrers ausgeübt hat, dann hat er mit einer höheren Wahrscheinlichkeit staatliche Kernwerte der DDR eingetragen als alle anderen Einträger.*

Es wird angenommen, dass Einträger in der DDR mit größerer Wahrscheinlichkeit DDR-Kernwerte in ein Album eintrugen als Inskribenten in der Bundesrepublik. Hierbei wird vermutet, dass eine Identifikation mit dem DDR-Staat und seinen Kernwerten nur in der Gründungszeit des Staats in der DDR-Bevölkerung zu beobachten war, diese Identifikation jedoch später zunehmend nachgelassen hat. Da Lehrer als Vertreter einer staatlichen Institution fungieren, lässt sich speziell für diese Einträgergruppe annehmen, dass insbesondere DDR-Lehrer Kernwerte des Arbeiter- und Bauernstaats in die Alben inskribierten.

Textmerkmale und Beispiele
Zunächst sollen einige Anmerkungen zu den eingetragenen Texten erfolgen. Die Ausführungen zu den Textmerkmalen können jedoch nur kursorisch sein. Eine vertiefende Beschäftigung mit der Zeichenebene kann an dieser Stelle nicht erfolgen, da sich in dieser Arbeit hauptsächlich mit dem semantischen Gehalt (Werthaltungen) der Albumtexte auseinandergesetzt wird. Hier sind weitere Albumstudien erforderlich, um die Text-Eintragungen unter einer stärker philologisch ausgerichteten Perspektive zu analysieren.

Ablehnung der „bürgerlichen Ideologie"
Nur zwei Texteintragungen wurden im Sinne einer Ablehnung der bürgerlichen Ideologie interpretiert. Zum einen betraf dies einen Eintrag, in dem ein Verweis

auf das Kommunistische Manifest erfolgt und der Kapitalismus als überholte Gesellschaftsform dargestellt wird.[266] In einem anderen Text drückt sich die Ablehnung der bürgerlichen Ideologie implizit darin aus, dass der Lehre Mao Tse Tungs bedingungslos zu folgen sei.[267]

Aktive Beteiligung am sozialistischen Aufbau
Die Aufforderung nach einer aktiven Beteiligung am Aufbau des Sozialismus kann hauptsächlich aus Texten herausgelesen werden, in denen aufgerufen wird, beim Aufbau der „neuen Zeit" mitzuwirken. Oft wird dabei ein im Text angesprochenes Du in den Kontext eines Wir-Kollektivs eingeordnet. Mit Blick auf die Aktivistenbewegung in der DDR (vgl. Schroeder 1998: 498) können auch Texte im Sinne dieses DDR-Kernwerts gedeutet werden, in denen an die persönliche Vorbildfunktion für Andere bzw. die Gesellschaft appelliert wird. Schließlich sind Texte, die dazu aufrufen, sich voll und ganz dem Fortschritt und dem Dienst an der Gesellschaft zu verschreiben, ebenfalls im Sinne einer aktiven Mitarbeit am Aufbau des Sozialismus interpretierbar.

Identifikation mit Staat und Ideologie
Die Aufforderung, sich mit dem sozialistischen Staat und seiner Ideologie zu identifizieren, erfolgt in der Regel auf metaphorischer Ebene. Oft erfolgt dabei ebenfalls der Aufruf, sich mit der „neuen Zeit" und den neuen Gegebenheiten zu identifizieren. Ideologische Kenntnisse werden als Voraussetzungen der menschlichen Entwicklung gedacht. Darüber hinaus können Texte diesem DDR-Kernwert zugeordnet werden, in denen ideologische Prämissen, wie etwa der Glaube an gesellschaftlichen Fortschritt sowie die Veränderbarkeit des Menschen zum Ausdruck kommen. Generell ist darauf hinzuweisen, dass in den Einträgen, die eine Identifikation mit der Ideologie und dem Staat nahelegen, oft auch andere DDR-Kernwerte tangiert werden.

---

[266] Dabei wurde allerdings das Zitat als von Karl Marx stammend gekennzeichnet. Jedoch ist Lenin der Urheber des Zitats.
[267] Es handelt sich hierbei um einen Eintrag in ein West-Album in den 1980er Jahren, vermutlich durch einen Studenten. Das Zitat könnte allerdings auch ironisch gelesen werden, stammt es doch ursprünglich von Robert Gernhardt.

7 Die Wertvorstellungen in Poesiealben in DDR und Bundesrepublik   291

Kollektivismus
Texte, die im Sinne des DDR-Kernwerts Kollektivismus interpretiert wurden, stellen in der Regel das Wir-Kollektiv über das individuelle Subjekt. Da in den sonst üblichen Albumtexten explizite Handlungsempfehlungen an ein individuelles Ich gerichtet werden („Sei bescheiden", „Halte dich rein" usw.) können auch Texte im Sinne des Kollektivismus interpretiert werden, in denen aus einer vereinnahmenden Wir-Perspektive heraus argumentiert wird (z.b. „Mit der Zeit muß Schritt man halten, Besser schon voraus noch gehen; Nimmer wird je der Erdball unseretwegen rückwärts drehen").

Sozialistische Wehrmoral
Die sozialistische Wehrmoral drückt sich vornehmlich in Albumtexten aus, in denen zu einer allgemeinen Wehrhaftigkeit und insbesondere zu einer wehrhaften Verteidigung des Friedens aufgerufen wird. Stets stehen in diesen Texten der Schutz und die Verteidigung im Mittelpunkt, wobei dies auch mit Hinweis auf die verheerenden Folgen von Kriegen begründet wird. Zudem können Texte der sozialistischen Wehrmoral zugeordnet werden, aus denen eine grundsätzliche Kampfbereitschaft hervorgeht. Kampf, Schutz und Abwehr sind demnach die Signalwörter dieses Kernwerts.

Beseitigung von Ausbeutung
Die Beseitigung von Ausbeutung wurde in lediglich zwei Texten thematisiert. Zum einen erfolgte ein expliziter Aufruf durch ein entsprechendes Zitat von Karl Marx. In einem weiteren Texteintrag wird ein Lied des Liedermachers Franz Josef Degenhardt zitiert, welches auf die Ausbeutung und Unterdrückung der peruanischen Landbevölkerung aufmerksam macht.

Kritik und Selbstkritik
Texte, die im Sinne dieses DDR-Kernwerts interpretiert wurden, stellen weniger die Kritik an Anderen, sondern vielmehr die kritische Selbstprüfung in den Mittelpunkt. Vor allem das eigene Tun soll hinterfragt werden. Nur wer vor sich selbst „bestehen" kann, ist berechtigt, Kritik gegenüber Anderen zu äußern. Auch Texte, in denen zu einer beständigen Arbeit an der Verbesserung seiner eigenen Persönlichkeit aufgerufen wird, lassen sich im Sinne dieses DDR-Kernwerts interpretieren.

Exklusive Solidarität und Begeisterung für Technik

Texte, in denen lediglich zu einer exklusiven Solidarität mit den sozialistischen Bruderländern aufgerufen wird, in denen sich aber auch in irgendeiner Form eine Technikbegeisterung ausdrücken könnte, ließen sich nicht entdecken. Diese DDR-Kernwerte kamen faktisch nicht in den untersuchten Alben vor.

Auswahl von eingetragenen Texten mit staatlichen DDR-Kernwerten

Ablehnung der „bürgerlichen Ideologie"
- zum 125jährigen Gedenken an das kommunistische Manifest „Der faulende, parasitäre Kapitalismus ist der Vorabend der sozialistischen Revolution" Karl Marx
- Ich bin jung, mein Herz ist voll Schwung soll niemand drin wohnen als Mao Tse Tung.

Aktive Beteiligung am sozialistischen Aufbau
- Das, was Du tust, muß Vorbild sein, das was Du lernst präge Dir ein. Das, was Du kannst wird entscheiden.
- Du stehst mit uns in Reih und Glied, stets der Friede mit uns zieht. Sei mutig, strebsam und bereit zum Aufbau einer neuen Zeit!
- Kennst Du unser großes Ziel? Wer viel lernt, der kann auch viel; wer gemeinsam lernt und schafft, der nützt doppelt seine Kraft. Keiner schafft das Werk allein - alle müssen Helfer sein!
- Diese Zeit ist eine Wende, Hoffnung ist ihr Stern. Diese Zeit braucht deine Hände, halte dich nicht fern!

Identifikation mit Staat und Ideologie
- Seine Zeit lieben, die Wahrheit lieben; anders wird keiner groß. Heinrich Mann
- Mit der Zeit muß Schritt man halten, Besser schon voraus noch gehen; Nimmer wird je der Erdball Unseretwegen rückwärts drehen.
- Unser Leben ist nicht leicht zu tragen, Nur wer fest sein Herz in Händen hält, hat die Kraft, zum Leben Ja zu sagen und zum Kampf für eine neue Welt.
- Ein neues Lied, ein besseres Lied, O Freude, will ich euch dichten! Wir wollen hier auf Erden schon Das Himmelreich errichten. (Heine)

Kollektivismus
- Allein sind wir nichts, zusammen sind wir alles! Reicht euch die Hand, denn Einigkeit macht stark! (Kanon)
- Kennst Du unser großes Ziel? Wer viel lernt, der kann auch viel; wer gemeinsam lernt und schafft, der nützt doppelt seine Kraft. Keiner schafft das Werk allein - alle müssen Helfer sein!

Sozialistische Wehrmoral
- Bittre Not hat uns gelehrt: tut den Krieg in Acht und Bann. Haltet Wacht mit scharfem Schwert, daß die Taube friedlich nisten kann.
- Sei auch, nachdem Du die Schule verlassen hast, im Kampf für den Frieden immer bereit.

Beseitigung von Ausbeutung
- Das höchste Wesen für den Menschen ist der Mensch selbst. Folglich muß man alle Beziehungen, alle Bedingungen vernichten, in denen der Mensch ein niedergedrücktes, versklavtes, verachtetes Wesen ist. Karl Marx.
- Da hocken sie auf Kirchenstufen Bauern ohne Land Hirten ohne Herden, 1000mal verbrannt. Ihre Frauen tragen Kinder auf dem Rücken und im Leib Hüte, bunte Lumpen

7 Die Wertvorstellungen in Poesiealben in DDR und Bundesrepublik 293

> Zöpfe, Mann und Weib 2. Da hocken sie auf Kirchenstufen Köpfe zwischen Knien wissen, warum Geier über ihnen ziehen. Das ist alles, was sie wissen, 1000mal verbrannt; träumen nicht einmal von einem andern Land. Da hocken sie auf Kirchenstufen murmeln Litaneien, die sie nicht verstehen, atmen Weihrauch ein und das Zeichen Fidel Castros an der Häuserwand; schreibt, sagen die Priester, Satans Klauenhand. Da hocken sie auf Kirchenstufen und von Mund zu Mund gehn die Fuselflaschen Priester lauern, und dann rollen sie von Kirchenstufen 1000mal verbrannt träumen nicht einmal von einem andern Land. Doch einmal stehen sie auf Kirchenstufen Gewehre in der Hand, holen sich die Herden holen sich ihr Land vertreiben alle Priester Hazendados aus dem Land, schreiben ihre Zeichen frei an jede Wand. Fiesta Peruana!

Kritik und Selbstkritik
- Von anderen etwas fordern ist leicht, aber das ist das Allerschwerste: Die Forderung an sich selbst. -Makarenko-
- Klug ist nicht, wer keine Fehler macht. Solche Menschen gibt es nicht und kann es nicht geben. Klug ist, wer keine allzu wesentlichen Fehler macht und es versteht, sie leicht und rasch zu korrigieren (Lenin).

Exklusive Solidarität
-

Begeisterung für Technik
-

Durchschnittliche Häufigkeit

Wie bereits erwähnt wurde, lassen sich DDR-Kernwerte nur selten in Poesiealben feststellen. Im Durchschnitt enthielt ein Album weniger als einen entsprechenden Eintrag (arithmetisches Mittel = 0,8). Wurden bestimmte staatliche DDR-Kernwerte bevorzugt eingetragen? Um diese Frage zu klären, sind in Tabelle 7.3 die durchschnittlichen Häufigkeiten (arithmetisches Mittel/Standardabweichung) der einzelnen DDR-Kernwerte je Album separat sowie in zusammengefasster Form (Generalisierung I und II) wiedergegeben.[268]

In der Tat ergeben sich Hinweise auf eine gewisse Bevorzugung bestimmter DDR-Kernwerte. So kommen vornehmlich jene Werthaltungen in den Alben vor, die im Kern auf eine Identifikation mit dem sozialistischen Staat abzielen. In mehr als jedem zweiten Album (arithmetisches Mittel = 0,6) ließ sich im Durchschnitt eine entsprechende Werthaltung feststellen. Bereits deutlich seltener sind demgegenüber Einträge, in denen zur kritischen Selbstreflexion aufgerufen wird. Im Durchschnitt wies nur jedes siebte Album einen entsprechenden Text auf (arithmetisches Mittel = 0,2). Praktisch ohne Relevanz blieben in den untersuchten Alben die bei-

---

[268] Als abhängige Variable(n) dienen jene Albumeinträge, bei denen im Rahmen der Inhaltsanalyse Kernwerte der DDR festgestellt wurden. Enthielt ein Eintrag eine entsprechende Werthaltung, so wurde dieser Eintrag mit 1, alle weiteren Fälle mit 0 kodiert.

den DDR-Kernwerte, die zusammengenommen auf eine ‚partielle Mitmenschlichkeit' abzielen. Lediglich zwei Texte ließen sich finden, die als Aufrufe zur Beseitigung von Ausbeutung interpretierbar sind (siehe Textbeispiele). Demgegenüber ließ sich kein Texteintrag feststellen, in dem eine auf die sozialistischen Bruderländer beschränkte Solidarität (‚exklusive Solidarität') zur Sprache kam.

Tabelle 7.3: Durchschnittliche Häufigkeit der DDR-Kernwerte je Album

Werte in offiziellen Dokumenten (DDR)	Generalisierung I	Generalisierung II
Ablehnung der „bürgerlichen Ideologie" 0,02/0,15	Identifikation mit dem sozialistischen Staat 0,62/1,23	DDR-Kernwerte 0,8/1,39
aktive Beteiligung am sozialistischen Aufbau 0,17/0,43		
Identifikation mit Staat und Ideologie 0,21/0,62		
Kollektivismus 0,17/0,49		
sozialistische Wehrmoral 0,13/0,51		
Beseitigung von Ausbeutung 0,02/0,15	partielle Mitmenschlichkeit 0,02/0,15	
exklusive Solidarität (0)		
Kritik und Selbstkritik 0,15/0,42	Kritik und Selbstkritik 0,15/0,42	

Arithmetisches Mittel/Standardabweichung.

Bivariate Prüfung

Haben sich die Alben in DDR und Bundesrepublik bezüglich der durchschnittlichen Häufigkeit inskribierter DDR-Kernwerte unterschieden? Aufgrund der geringen Fallzahlen wird sich nur auf das zusammengefasste Wertebündel (Eintrag enthält DDR-Kernwert ja/nein) konzentriert. Tabelle 7.4 gibt die durchschnittliche Häufigkeit (absolut/relativ) der DDR-Kernwerte getrennt nach Ost und West wieder. Der Tabelle kann entnommen werden, dass sich die untersuchten Alben in DDR und Bundesrepublik hinsichtlich des durchschnittlichen Vorkommens der DDR-Kernwerte klar unterscheiden. Ließ sich im Durchschnitt nur in jedem zehnten West-Album ein Eintrag mit einem DDR-Kernwert feststellen (arithmetisches Mittel pro BRD-Album = 0,1), waren es in den DDR-Alben durchschnittlich 1,4 Einträge pro Album. Hierbei ist zu erwähnen, dass überhaupt in nur 10 % der untersuchten West-Alben DDR-Kernwerte festzustellen waren, während dies für

7 Die Wertvorstellungen in Poesiealben in DDR und Bundesrepublik

69 % der Ost-Alben zutrifft. Das heißt: Während in den westdeutschen Alben allenfalls gelegentlich eine Inskription vorkam, die sich im Sinne eines DDR-Kernwerts interpretieren ließ, enthielt der überwiegende Teil der DDR-Alben zumindest ein bis zwei dieser Einträge.[269] Ein U-Test nach Mann und Whitney erhärtet ebenfalls Hypothese H1 und verweist auf hochsignifikante Unterschiede zwischen DDR- und BRD-Alben bezüglich des durchschnittlichen Vorkommens der DDR-Kernwerte.

Tabelle 7.4: Durchschnittliche Häufigkeit der DDR-Kernwerte

		n	Mittelwert	Standardabweichung	Min	Max
DDR-Kernwerte	BRD	39	,1	,31	0	1
	DDR	45	1,4	1,67	0	9
	Gesamt	84	,8	1,39	0	9
DDR-Kernwerte	BRD	39	,5	2,31	0	14
(relativer Anteil in %)	DDR	45	3,9	3,55	0	13
	Gesamt	84	2,3	3,46	0	14

Mann-Whitney-U-Test DDR-Kernwerte in DDR/BRD-Alben: $U = 333$, $p = .000$.

Häufigkeitsverteilung der DDR-Kernwerte nach Einträgergruppen
Entsprechend Hypothese H1 wird angenommen, dass besonders Lehrer in der DDR die staatlichen Kernwerte in den Alben vertraten. Erste Anhaltspunkte für diese Vermutung soll ein Blick auf die Häufigkeitsverteilung der DDR-Kernwerte innerhalb der Haupteinträgergruppen liefern. In Tabelle 7.5 sind diese dargestellt. Die Befunde in Tabelle 7.5 erhärten den vermuteten Zusammenhang: Es waren vornehmlich die DDR-Lehrer, die in den Alben die DDR-Kernwerte inskribierten. Sie sind mit entsprechenden Einträgen deutlich überrepräsentiert. Auch die Peers in der DDR trugen im Vergleich zu den anderen Einträgergruppen etwas häufiger DDR-Kernwerte ein. Demgegenüber griffen Verwandte in der DDR nur selten auf diese Werte zurück. Sie sind mit Einträgen, in denen DDR-Kernwerte zum Ausdruck kommen, unterrepräsentiert. Dies trifft erwartungsgemäß auch für sämtliche westdeutschen Einträgergruppen zu.

---

[269] Es mag irritieren, dass der maximale relative Anteil an Einträgen, die DDR-Werte enthalten, in der BRD etwas höher angesiedelt ist als in der DDR (BRD: 14 %/DDR: 13 %.). Der Grund ist, dass das betreffende BRD-Album (Nr. 60) nur eine sehr geringe Anzahl von Einträgen aufweist (n = 7), so dass bereits ein im Sinne der DDR-Kernwerte gedeuteter Text stark ins Gewicht fällt (14 %).

Tabelle 7.5: DDR-Kernwerte nach Einträgergruppe

		Familie DDR	Familie BRD	Einträgergruppe Lehrer DDR	Lehrer BRD	Peers DDR	Peers BRD	Gesamt
DDR-Kern-	n	2	1	14	0	36	3	56
werte	%	1,6 %	,8 %	11,3 %	,0 %	3,5 %	,3 %	2,3 %
Gesamt	n	122	130	124	120	1031	911	2438
	%	100 %	100 %	100 %	100 %	100 %	100 %	100 %

Nur singulärer bzw. bei Panel-Einträgern chronologisch erster Eintrag berücksichtigt, $n = 2438$; % innerhalb der Einträgergruppen; 4 Zellen (33,3%) mit erwarteter Häufigkeit kleiner 5; Exakter Test nach Fisher = 57.3, $p = .000$.

Korrelationen

Aufgrund der geringen Fallzahlen soll auf eine multivariate Prüfung mithilfe einer Logistischen Regression verzichtet werden. Stattdessen soll geprüft werden, ob zwischen den Kontrollvariablen und dem Eintragen von DDR-Kernwerten korrelative Zusammenhänge bestehen. Tabelle 7.6 gibt hierfür die berechneten Korrelationskoeffizienten nach Spearman wieder. Die Befunde stützen weitgehend Hypothese H1. Es ist jedoch darauf hinzuweisen, dass nur gering ausgeprägte Korrelationen festzustellen sind.

Lehrer und Peers in der DDR tragen DDR-Kernwerte ein
Die stärkste Korrelation ergibt sich erwartungsgemäß, wenn man die Einträger nach Ost-/West-Zugehörigkeit unterscheidet. DDR-Hintergrund eines Inskribenten und Eintrag eines DDR-Kernwerts sind demnach gleichsinnig korreliert. Betrachtet man die verschiedenen Einträgergruppen, so besteht, ebenfalls wie vermutet, der stärkste korrelative Zusammenhang zwischen DDR-Lehrern und den DDR-Kernwerten. Wie sich bereits in der Häufigkeitsverteilung in Tabelle 7.5 angedeutet hat, besteht zudem eine signifikante gleichsinnige Korrelation zwischen der Zugehörigkeit zur Gruppe der DDR-Peers und dem Eintrag eines DDR-Kernwerts. Die Korrelation ist allerdings im Vergleich zu den DDR-Lehrern nur schwach ausgeprägt.

Zusammenhang zwischen Alter und Eintrag eines Kernwerts
Die Befunde in Tabelle 7.6 deuten zudem auf einen möglichen Alterseffekt bei den Peers hin. Je älter ein Heranwachsender in der DDR wurde, umso eher schien er bereit, DDR-Kernwerte in ein Album einzutragen. Nicht unerwähnt bleiben

7 Die Wertvorstellungen in Poesiealben in DDR und Bundesrepublik

soll, dass zumindest tendenziell eher männliche als weibliche Einträger die DDR-Kernwerte zum Ausdruck brachten. Bemerkenswert ist darüber hinaus, dass sich zwischen 1949 und 1989 offensichtlich kaum Veränderungen im Eintragsverhalten bezüglich der DDR-Kernwerte ergaben. Eine signifikante Korrelation zwischen Eintragsjahr und DDR-Kernwert konnte nicht festgestellt werden.

Tabelle 7.6: Korrelationen: DDR-Kernwerte und Einträgermerkmale

	Eintrag enthält DDR-Kernwert		
	Korrelationskoeffizient r_s	p	n
Geschlecht des Einträgers (weiblich = 1)	-,04	,071	2615
Jahr des Eintrags	,01	,793	2501
Wohnortgröße des Einträgers	-,00	,931	2376
Einträger ist ... Peer - DDR	,05	,007	2532
Peer - BRD	-,10	,000	2532
Verwandter - DDR	-,01	,537	2532
Verwandter - BRD	-,03	,197	2532
Lehrer - DDR	,13	,000	2532
Lehrer - BRD	-,04	,073	2532
Einträger aus DDR/BRD (DDR = 1)	,13	,000	2653
Alter des Einträgers	,08	,001	1565
Bildungsgrad des Einträgers	-,01	,601	1581

Nur singuläre Einträge bzw. bei Panel-Einträgern der chronologisch erste Eintrag wurden berücksichtigt. Für den Zusammenhang zwischen Jahr des Eintrags, Wohnortgröße, Alter sowie Bildungsgrad des Einträgers und dem Eintrag eines BRD-Kernwerts wurden Rangkorrelationskoeffizienten nach Spearman geschätzt, für alle weiteren dichotomen Variablen Vierfelderkorrelationskoeffizienten.

Prüfung des Alterseffekts

Es soll abschließend der Alterseffekt in der Gruppe der Peers näher betrachtet werden. Staatliche Kernwerte, ob in DDR oder Bundesrepublik, können auch als politisch-abstrakte Werte gedeutet werden, deren Eintragung in ein Album ein beginnendes Interesse an politischen Themen bei Heranwachsenden signalisiert. Hierbei kann angenommen werden, dass mit steigendem Lebensalter auch die Bereitschaft zunimmt, sich mit politischen Themen zu beschäftigen. Genau dies legt auch die positive Korrelation in Tabelle 7.6 nahe.

Schließt man sich den Überlegungen von Karl Mannheim (1964, zuerst 1928) an, so dürfte das zunehmende politische Interesse bei Heranwachsenden allerdings einen eher nichtlinearen Verlauf nehmen. Mannheim zufolge beginnt das Reflektieren und Problematisieren der eigenen Lebensumstände (in dessen Kontext auch die Herausbildung politischer Einstellungen gesehen werden kann) erst mit fortgeschrittener Adoleszenz.[270] Dies müsste sich bei Übertragung auf Poesiealben auch in einer weniger linearen als vielmehr exponentiellen Eintragsbereitschaft politischer Werthaltungen (unabhängig von deren Inhalt) mit zunehmendem Alter zeigen. Konkret dürfte nach Mannheim bis etwa zum 17. Lebensjahr zunächst ein eher flacher Anstieg der Wahrscheinlichkeit für den Eintrag politischer Werte zu beobachten sein. Nach dem 17. Lebensjahr dürfte mit dem Wecken des politischen Interesses die Wahrscheinlichkeit für den Eintrag eines politischen Werts stark ansteigen.

Um diesen Zusammenhang zu prüfen, wurde eine Logistische Regression berechnet, in die lediglich das Alter eines Peers als Faktor zur Vorhersage der Eintragswahrscheinlichkeit von DDR-Kernwerten einging. Tabelle 7.7 gibt die entsprechenden Befunde dieser Logistischen Regression wieder.

Tabelle 7.7: Logistische Regression: DDR-Kernwerte nach Alter

Unabhängige Variable (Faktor)	Abhängige Variable: DDR-Kernwerte	
	b	Exp(b)
Alter des Peers bei Eintrag	,24**	1,27
Konstante	-6,81	
Pseudo-R2 (Nagelkerke)	,04	

** signifikant < 1 %, * signifikant < 5 %, + signifikant < 10 %. Nur singulärer bzw. bei Panel-Einträgern chronologisch erster Eintrag berücksichtigt; Omnibus-Test Modell: Chi-Quadrat(1) = 11.63, p = .001, n = 1565.

Der LR-Test verweist darauf, dass bei Einbezug des Alters in die Schätzung die Vorhersage der Wahrscheinlichkeit im Vergleich zum Nullmodell hochsignifikant verbessert wird. Je älter ein Peer demnach wurde, desto höher ist die Chance, dass er einen DDR-Kernwert eintrug. Interessant ist der Verlauf der vorhergesagten

---

[270] So heißt es bei Mannheim: „In der ersten Jugendzeit nimmt man aber auch reflexive Gehalte weitgehend unproblematisch ganz wie jene tieferlagernden Lebensbestände in sich auf. Der neue seelisch-geistige Lebenskeim, der im neuen Menschen latent vorhanden ist, kommt noch im eigentlichen Sinne gar nicht zu sich selbst. Mit dem 17. Lebensjahr, oft etwas früher, oft später, eben dort, wo das selbstexperimentierende Leben beginnt, entsteht erst die Möglichkeit des In-Frage-Stellens. Das Leben wächst erst jetzt in die gegenwärtige Problematik hinein und hat die Möglichkeit, sie als solche zu empfinden. Jene Schicht der Bewußtseinsgehalte und Einstellungen, die durch *neue* soziale und geschichtliche Lagerung problematisch und deshalb reflexiv geworden ist, wird erst jetzt erreicht; erst jetzt ist man ‚gegenwärtig'" (Mannheim 1964: 539).

7 Die Wertvorstellungen in Poesiealben in DDR und Bundesrepublik

Wahrscheinlichkeit bei Berücksichtigung des Alters. Dieser ist in Abbildung 7.1 dargestellt.

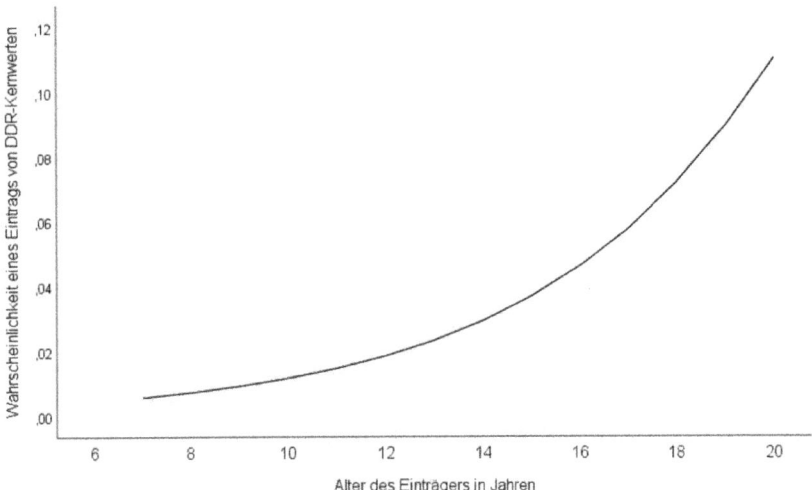

Abbildung 7.1: DDR-Kernwerte nach Alter

Die Abbildung erhärtet den Verdacht eines nichtlinearen Zusammenhangs. Nur allmählich stieg zunächst die Wahrscheinlichkeit für den Eintrag eines politischen Kernwerts der DDR an. Legt man die Abbildung 7.1 zugrunde, so lag die Wahrscheinlichkeit bei 14-jährigen bei circa 2 %, verdoppelte sich bis zum 16. Lebensjahr auf 4 % und nahm anschließend immer stärker zu. Dieser Verlauf stützt somit die an Mannheim angelehnte Vermutung, dass insbesondere politisch-abstrakte Werte erst in der fortgeschrittenen Adoleszenz reflektiert werden.

Zusammenfassung und Interpretation
1. Sehr geringe Präsenz der DDR-Kernwerte
Allgemein ist eine sehr geringe Präsenz der DDR-Kernwerte in den hier untersuchten Alben zu verzeichnen. Dieser Befund lässt sich dahingehend deuten, dass die DDR-Kernwerte innerhalb der (gesamtdeutschen) Bevölkerung nur geringe Zustimmung erfuhren und eine Identifikation mit diesen Werten zwischen 1949 und 1989 überwiegend ausblieb.

2. Identifikation mit staatlichen Kernwerten blieb in der DDR aus
Betrachtet man das durchschnittliche Vorkommen der DDR-Kernwerte in den Alben genauer, so zeigen sich die vermuteten Ost-West-Unterschiede. Wie angenommen, wurden DDR-Kernwerte hauptsächlich in Ost-Alben eingetragen, in den West-Alben spielten sie hingegen keine Rolle. Die Analyse der Verteilung der DDR-Kernwerte in den Einträgergruppen stützt ebenfalls Hypothese H1. Demnach brachten vornehmlich die DDR-Lehrer die Kernwerte des Arbeiter- und Bauernstaats in ihren Einträgen zum Ausdruck. Betrachtet man allerdings die generelle Häufigkeit der ideologischen Einträge, so ist darauf hinzuweisen, dass es überraschend wenig DDR-Lehrer waren, die DDR-Kernwerte eintrugen (hier: 11,3 %). Die überwiegende Mehrheit der DDR-Lehrer (88,7 %) machte demnach in ihren Einträgen auf andere Werte aufmerksam. Die Befunde der Häufigkeitsanalysen erhärten damit den Verdacht, dass eine Identifikation mit den DDR-Kernwerten innerhalb der DDR-Bevölkerung eher nicht stattfand. Nichtstaatliche Akteure (Peers und Verwandte) nahmen in nur sehr geringem Maß ideologisch geprägte Einträge vor. Das zuweilen beobachtbare staatskonforme Verhalten der DDR-Lehrer könnte darüber hinaus als Beleg für den hohen Anpassungsdruck in der DDR gedeutet werden. Denn der semi-öffentliche Charakter der Poesiealben ließ eine potenzielle Kontrolle der Inskriptionsinhalte durch staatliche Überwachungsorgane jederzeit zu. Bereits die Möglichkeit dieser Kontrolle könnte Lehrer in der DDR dazu veranlasst haben, auch ideologisch angepasste Einträge in den Alben vorzunehmen. Diese Vermutung wäre allerdings durch retrospektive Befragungen zum Inskriptionsverhalten von Lehrern zu klären.

3. Politisierung erst in fortgeschrittener Adoleszenz
Die Analyse der Peergroup ergab zudem Hinweise auf einen Alterseffekt. Demnach nahm im Jugendalter mit jedem weiteren Lebensjahr die Wahrscheinlichkeit exponentiell zu, dass ein DDR-Kernwert eingetragen wurde. Dieser Befund kann als ein Indiz angesehen werden, dass generell die Reflexion über politisch-abstrakte Themen erst in der fortgeschrittenen Adoleszenz einsetzt.

7.2.1.2 Kernwerte der Bundesrepublik

Aus den Landesverfassungen der alten Bundesländer ließen sich insgesamt zwölf Erziehungs- und Bildungsziele herausarbeiten, die als staatliche Kernwerte der alten Bundesländer interpretiert werden können. Im Rahmen der Hypothesenbildung war für die westdeutschen Kernwerte folgender Zusammenhang formuliert worden:

H2 *Wenn ein Einträger in der BRD den Beruf des Lehrers ausgeübt hat, dann hat er mit einer höheren Wahrscheinlichkeit als alle anderen Einträger staatliche Kernwerte der BRD eingetragen.*

Textmerkmale und Beispiele
Zunächst sollen wieder einige Anmerkungen zur Interpretation der einzelnen BRD-Kernwerte in den Albumtexten vorausgeschickt werden.[271]

Freiheitlich-demokratische Gesinnung
Eine explizit freiheitlich-demokratische Gesinnung wird in den Albumtexten nicht zur Sprache gebracht. Insbesondere Hinweise auf Demokratie oder eine demokratische Teilhabe lassen sich in den Alben nicht feststellen. Demgegenüber finden sich Texte, die allgemein das Thema der Freiheit aufgreifen bzw. das „Freisein" eines Menschen thematisieren. Auch wenn in diesen Texten ein eher abstrakter Freiheitsbegriff zum Ausdruck kommt, der nicht unmittelbar an eine demokratische Praxis geknüpft sein muss, so lassen sich die Texte dennoch mit einem Freiheitsbezug zumindest im Sinne des BRD-Kernwerts deuten.

---

[271] Entsprechend dem theoriegeleiteten Vorgehen wurde auch hier jede gebildete Paraphrase geprüft, ob sie einem der BRD-Kernwerte zugeordnet werden kann. Dabei wurden auch die betreffenden Texte noch einmal herangezogen und auf eine entsprechende Interpretierbarkeit kontrolliert. Wie auch bei den DDR-Kernwerten erschien es ratsam, die BRD-Kernwerte ‚weit' auszulegen. Dies bedeutet jedoch auch, dass eine etwas anders gelagerte Interpretation dieser Texte möglich scheint.

Religiöse und weltanschauliche Toleranz

Nur zwei Albumtexte ließen sich finden, in denen ein allgemeiner Toleranzgedanke zum Ausdruck gebracht wurde. In einem Text drückt sich Toleranz metaphorisch in der Formel „ein Jeder soll den Weg des Andern achten" aus. In einem zweiten Text wird zur „Duldsamkeit gegenüber allem Anderssein" aufgerufen.

Achtung vor der Würde des Menschen

Dieser Kernwert ist ebenfalls abstrakt und wurde hier als gegenseitiger Respekt unter Gleichen unter der Prämisse, dass jedes menschliche Leben gleichwertig ist, gedeutet. Lediglich zwei Texte entsprachen dabei dieser Deutung. In einem Text kommt die Prämisse der Gleichwertigkeit darin zum Ausdruck, dass das Grundrecht auf Nahrung über die soziale Herkunft eines Menschen gestellt wird. Ein zweiter Text, der aus einem Song zitiert, zielt durch Kritik an Machtmissbrauch und Gier implizit ebenfalls auf ein allgemeines Grundrecht, ein menschenwürdiges Leben führen zu können.

Natur- und Umweltschutz

Natur- und Umweltschutz kamen in den untersuchten Albumtexten verschiedentlich zum Ausdruck. Der Hinweis auf eine schützenswerte Umwelt ist Texten implizit, die das Thema der Umweltverschmutzung direkt ansprechen. Auch eine Verbindung zwischen Natur und Nachhaltigkeit wird in Albumtexten gezogen. So findet sich häufiger ein Textzitat von Eugen Roth, in dem die Schönheit der Natur („schöner Baum") mit dem Hinweis auf die Nachhaltigkeit des Handelns (Bedenken der Folgen, wenn der Baum gefällt wird) verbunden wird. Das Anprangern von Tierquälerei sowie das gleichberechtigte Nebeneinander sämtlicher lebendigen Geschöpfe verweist ebenfalls auf eine schützenswerte Natur und Umwelt.

Sittliche Verantwortung

Unter der sittlichen Verantwortung des Menschen kann eine grundlegende Haltung verstanden werden, in einer gebotenen Situation stets entsprechend gültiger moralischer Normen zu handeln. Lediglich ein Text ließ sich im Sinne dieser Lesart interpretieren und wurde diesem Kernwert zugeordnet (siehe unten).

7 Die Wertvorstellungen in Poesiealben in DDR und Bundesrepublik 303

Soziale Gerechtigkeit
Der Begriff der sozialen Gerechtigkeit ist ebenfalls vielfältig interpretierbar. Im Kontext dieser Untersuchung wurden nur solche Texte diesem Kernwert zugeordnet, in denen ausdrücklich das Thema der Gerechtigkeit angesprochen wird. Dies war lediglich in zwei Texten der Fall. Gerechtigkeit wird darin als allgemeines Handlungsprinzip angesehen.

Völkerversöhnung, universelle Brüderlichkeit
Der BRD-Kernwert Völkerversöhnung und universelle Brüderlichkeit steht der in der DDR vertretenen ‚exklusiven', auf die sozialistischen Bruderländer beschränkten Solidarität entgegen. Texte, in denen eine Bereitschaft gefordert wird, sich auf fremde Kulturen einzulassen, kann im Sinne dieses BRD-Kernwerts interpretiert werden. Zudem steht eine ausnahmslose Solidarität mit allen Menschen im Fokus entsprechender Einträge. Der universalistische Gedanke kann oft auch in Texten festgestellt werden, in denen die Signalwörter „Welt" und „Erde" vorkommen. In diesen Texten wird häufig eine globale Perspektive eingenommen, in der zum einen die Sorge um den aktuellen Zustand der Welt im Allgemeinen, zum anderen aber auch die Hoffnung auf die künftige Besserung der allgemeinen Lage geäußert wird.

Zivilcourage
Der Kernwert der Zivilcourage steht semantisch dem Kernwert der sittlichen Verantwortung nahe, betont jedoch stärker den Aspekt des aktiven Handelns und Eingreifens in spezifischen Situationen. Albumeinträge, die demnach zum aktiven Widerspruch ermuntern, wurden im Sinne dieses Kernwerts interpretiert.

Selbstständigkeit im Handeln
Während in den offiziellen Dokumenten der DDR der Wert des Kollektivs betont wurde, wurde in den Verfassungen der alten Bundesländer die Selbstständigkeit im Handeln in den Rang eines Bildungs- und Erziehungsziels gehoben. Eine größere Anzahl von Albumtexten kann im Sinne dieses libertären BRD-Kernwerts interpretiert werden. In der Regel sind es Texte, die dazu auffordern, sein Leben in die eigenen Hände zu nehmen und es selbst zu gestalten. Selbstvertrauen wird in diesen Texten ebenso thematisiert wie Selbstbestimmung und -verwirklichung.

Die Forderung eines selbstständigen eigenverantwortlichen Handelns kommt somit auch den Selbstentfaltungswerten nahe, die nach Helmut Klages und der Speyerer Werteforschung nach einem „Wertwandlungsschub" (Klages 1984: 20) seit den 1970er Jahren in den alten Bundesländern immer mehr an Bedeutung gewonnen haben.

Meinungsfreiheit und gesellschaftliche Teilhabe
Texte, in denen mit der Meinungsfreiheit bzw. der Forderung nach (zivilgesellschaftlicher) Partizipation allgemeine Grundwerte demokratisch verfasster Staaten thematisiert werden, ließen sich in den hier untersuchten Alben nicht auffinden.

Auswahl von eingetragenen Texten mit BRD-Kernwerten

Freiheitlich-demokratische Gesinnung
• Das Element des Geistes ist die Freiheit.
• Leben – einsam und frei wie ein Baum und brüderlich wie ein Wald – ist unsere Sehnsucht. Nazim Hikmet
Religiöse und weltanschauliche Toleranz
• Ein jeder soll den Weg des andern achten, wie zwei sich redlich zu vollenden trachten.
• Sei duldsam gegen alles Anderssein und lass Dich keinen Widerspruch verdrießen; Nur immer steh auf deinen eignen Füssen und sprich zu rechter Zeit entschlossen Nein (Wichert).
Achtung vor der Würde des Menschen
• Wer ein Stück Brot fordert ist edler, als der um eine Verbeugung oder um einen Blick bettelt, denn jenes ist mehr wert.
• Es hat Sie keiner gefragt: Mächtige Herren regieren das Land, reden vom Frieden und träumen vom Sieg. Kinder, die niemals Liebe gekannt, ziehen gehorsam für sie in den Krieg. Ihre Gesänge sind Hymnen vom Tod, ihre Gebete Parolengeschrei. Blind wie die Faust, die besinnungslos droht, ist ihre Wut, wenn sie siedet wie Blei. Mütter zerbrechen an Tränen und Schmerz, Väter, sie schweigen nur grausam und dumm. Elend und Ängste zerfressen das Herz, wo liegt der Sinn, es weiß keiner warum. Mächtige Herren regieren das Land, sie sind zerfressen von maßloser Gier. Kinder, die niemals Liebe gekannt, müssen wie Fackeln verbrennen dafür. Wer kennt das Ziel, für das es lohnt, zu verschwenden und abzuschlachten, als wären sie wehrloses Vieh. Wer hat das Recht? Es hat sie keiner gefragt (Reinhard Fendrich).
Natur- und Umweltschutz
• Zu fällen einen schönen Baum brauchst eine halbe Stunde kaum – zu wachsen, bis man ihn bewundert, braucht er, bedenk es, ein Jahrhundert!
• Wer Tiere quält, ist unbeseelt und Gottes guter Geist ihm fehlt. Mag noch so vornehm drein er schaun, man sollte nimmer ihm vertraun. Goethe
Sittliche Verantwortung
• Wenn schon die Welt nie zum Paradiese werden kann, so liegt es an uns, wenigstens dafür zu arbeiten, daß sie nicht zur Hölle wird.
Soziale Gerechtigkeit

7 Die Wertvorstellungen in Poesiealben in DDR und Bundesrepublik

- Es gibt nichts Höheres als die Gedanken des Friedens und der Gerechtigkeit.
- Fest im Charakter, Energie im Streben, scharf im Urteil, gerecht im Leben, von gütigem Herzen u. reinem Sinn, so führt Dein Weg zu glücklicher Zukunft hin.

Völkerversöhnung, universelle Brüderlichkeit
- Wer fremde Sprachen nicht kennt, weiß nichts von seiner eignen. (Goethe)
- Wir haben gelernt wie Vögel zu fliegen, wie die Fische zu schwimmen. Doch wir haben die einfache Kunst verlernt, wie Brüder zu leben. M.L.King

Zivilcourage
- Wenn schlimmes geschieht, ist nicht nur der schuldig, der es tut, sondern auch der es schweigend geschehen läßt.
- Nichts ist schwerer und nichts erfordert mehr Charakter, als sich in offenem Gegensatz zu seiner Zeit zu befinden und laut zu sagen: Nein. Kurt Tucholsky

Selbstständigkeit im Handeln
- Wer mit dem Leben spielt, kommt nie zurecht. Wer sich nicht selbst befiehlt bleibt immer Knecht.
- Wer sich an andere hält, dem wankt die Welt. Wer auf sich selber ruht, steht gut. (Paul von Heyse)

Gesellschaftliche Teilhabe
-

Meinungsfreiheit
-

Durchschnittliche Häufigkeit der einzelnen Kernwerte
Die staatlichen Kernwerte der Bundesrepublik kamen in den hier untersuchten Alben in durchschnittlich 1,5 Einträgen je Album zum Ausdruck. Sie wurden somit etwa doppelt so häufig wie die Kernwerte der DDR in die Alben eingetragen. Wie der Vergleich mit anderen Werthaltungen in Kapitel 7.1.3 jedoch aufgezeigt hat, sind auch die BRD-Kernwerte in den Alben eher gering repräsentiert. Wurden bestimmte Kernwerte bevorzugt eingetragen? Tabelle 7.8 gibt hierüber Auskunft. Darin sind in der linken Spalte die BRD-Kernwerte mit ihrer durchschnittlichen Häufigkeit je Album aufgeführt (arithmetisches Mittel/Standardabweichung). In den weiteren Spalten sind die vorgenommenen Generalisierungen bis hin zum zusammengefassten Wertebündel dargelegt.[272]
Es fällt auf, dass die demokratischen Grundprinzipien der Freiheit, Demokratie und weltanschaulichen bzw. religiösen Toleranz sehr selten in den Alben vorkommen. Nur in etwa jedem 10. Album konnte ein Texteintrag entdeckt werden, der sich im Sinne dieser ‚Demokratie-Werte' interpretieren ließ. Die Forderung nach einer aktiv gestaltenden Partizipation (gesellschaftliche Teilhabe) bzw. der Wert

---

[272] Als abhängige Variablen dienten die Einträge, bei denen im Rahmen der Inhaltsanalyse BRD-Kernwerte festgestellt wurden. Enthielt ein Eintrag eine entsprechende Werthaltung, so ist dieser Eintrag mit 1 kodiert, alle übrigen mit 0.

der Meinungsfreiheit ließ sich, wie bereits angemerkt, in keiner der hier untersuchten Einträge entdecken.

Tabelle 7.8: Durchschnittliche Häufigkeit der BRD-Kernwerte je Album

Bildungs- und Erziehungsziele (BRD)	Generalisierung I	Generalisierung II
freiheitlich-demokratische Gesinnung 0,07/0,26	Freiheit, Demokratie, Toleranz 0,1/0,30	BRD-Kernwerte 1,5/1,54
gesellschaftliche Teilhabe 0		
Meinungsfreiheit 0		
religiöse und weltanschauliche Toleranz 0,02/0,15		
Achtung vor der Würde des Menschen 0,02/0,15	universelle Mitmenschlichkeit und Verantwortung 0,5/0,75	
Natur- und Umweltschutz 0,12/0,42		
sittliche Verantwortung 0,01/0,11		
soziale Gerechtigkeit 0,04/0,187		
Völkerversöhnung, universelle Brüderlichkeit 0,25/0,51		
Zivilcourage 0,07/0,30		
Selbstständigkeit im Handeln 1,02/1,27	Selbstständigkeit im Handeln 1,0/1,27	

Arithmetisches Mittel/Standardabweichung.

Nur geringfügig häufiger kommen in den untersuchten Alben staatliche Kernwerte vor, die unter dem Label ‚universelle Mitmenschlichkeit und Verantwortung' semantisch gebündelt wurden. Hierunter können die Achtung der Würde jedes Menschen, die sittliche Verantwortung und die Forderung nach sozialer Gerechtigkeit ebenso gefasst werden wie Zivilcourage, Völkerversöhnung und universelle Brüderlichkeit. Auch der häufig ab den 1980er Jahren in den Landesverfassungen zum Erziehungsziel erhobene Natur- und Umweltschutz kann dem Bereich der universellen Verantwortung und Mitmenschlichkeit zugeordnet werden. Durchschnittlich in etwa jedem zweiten Album konnte ein Eintrag festgestellt werden, der sich im Sinne dieser generalisierten Werte-Gruppe interpretieren ließ. Die Werthaltung

7 Die Wertvorstellungen in Poesiealben in DDR und Bundesrepublik

‚Völkerversöhnung und universelle Brüderlichkeit' kommt dabei durchschnittlich etwas häufiger vor als die übrigen Werte dieser Werte-Gruppe.[273] Der am häufigsten eingetragene staatliche Kernwert der BRD war Selbstständigkeit im Handeln. In der vorliegenden Untersuchung enthielt durchschnittlich jedes Album mindestens einen Spruch, der im Sinne der Forderung nach einer Selbstständigkeit im Handeln interpretiert werden konnte.

Bivariate Prüfung

Bisher wurde das Vorkommen der BRD-Kernwerte innerhalb der Gesamtheit der untersuchten Alben beschrieben. Es fragt sich, ob sich die DDR- und BRD-Alben bezüglich dieser Werthaltungen unterscheiden. In Tabelle 7.9 sind hierfür absolute und relative Häufigkeiten der generalisierten staatlichen Kernwerte nach ihrem Vorkommen in Einträgen in DDR- bzw. BRD-Alben aufgeführt.[274]

Tabelle 7.9: Durchschnittliche Häufigkeit der BRD-Kernwerte

		n	Mittelwert	Standardabweichung	Min	Max
Freiheit, Demokratie, universelle Verantwortung und Mitmenschlichkeit	BRD	39	,6	,87	0	3
	DDR	45	,5	,73	0	2
	Gesamt	84	,6	,80	0	3
Freiheit, Demokratie, universelle Verantwortung und Mitmenschlichkeit (relativer Anteil in %)	BRD	39	2,5	4,06	0	17
	DDR	45	1,4	2,21	0	8
	Gesamt	84	1,9	3,24	0	17
Selbstständigkeit im Handeln	BRD	39	1,0	1,31	0	5
	DDR	45	1,0	1,25	0	5
	Gesamt	84	1,0	1,27	0	5
Selbstständigkeit im Handeln (relativer Anteil in %)	BRD	39	3,4	5,00	0	21
	DDR	45	3,2	4,64	0	24
	Gesamt	84	3,3	4,79	0	24

Mann-Whitney-U-Test BRD-Kernwerte in DDR/BRD-Alben: Freiheit, Demokratie, universelle Verantwortung und Mitmenschlichkeit: $U = 804$, $p = .449$; Selbstständigkeit im Handeln: $U = 871.5$, $p = ,954$.

---

[273] Dies könnte allerdings auch auf die semantische Nähe dieses staatlichen BRD-Kernwerts zum im Albumkontext beliebten Wertebündel ‚Altruismus, Gegenseitigkeit und Gemeinschaftssinn' zurückzuführen sein.

[274] Der relative Anteil der betreffenden Werthaltung je Album wurde hier wie im Folgenden berechnet aus: Anzahl der Einträge im Album, welche die betreffende Werthaltung enthalten*100 / Anzahl aller in einem Album enthaltenen Einträge.

Aufgrund der geringen Fallzahlen wurde die Werte-Gruppe ‚Freiheit/Demokratie/weltanschauliche Toleranz' mit der Werte-Gruppe ‚universelle Mitmenschlichkeit und Verantwortung' zusammengefasst. Selbstständigkeit im Handeln wurde hingegen als eigenständiger Kernwert beibehalten.
Überraschenderweise und entgegen Hypothese H2 ergeben sich nur geringe Unterschiede zwischen den DDR- und BRD-Alben hinsichtlich des durchschnittlichen Vorkommens der BRD-Kernwerte. Zwar zeigt sich tendenziell, dass die BRD-Kernwerte (insbesondere das Wertebündel ‚Freiheit, Demokratie sowie universelle Verantwortung und Mitmenschlichkeit') etwas häufiger in westdeutschen Alben vorkommen, doch fallen diese Unterschiede besonders beim Kernwert ‚Selbstständigkeit im Handeln' kaum ins Gewicht. Auch U-Tests nach Mann und Whitney bestätigen diesen Befund. Bezüglich der BRD-Kernwerte ergeben sich keine signifikanten Häufigkeitsunterschiede zwischen BRD- und DDR-Alben.

Häufigkeitsverteilung der BRD-Kernwerte nach Einträgergruppe
Auch wenn sich keine Hinweise für generelle Unterschiede im innerdeutschen Vergleich finden lassen, so wird dennoch angenommen, dass besonders westdeutsche Lehrer die Bildungs- und Erziehungsziele der alten Bundesländer vertraten. Indizien hierfür liefert Tabelle 7.10. Darin ist die Häufigkeitsverteilung der BRD-Kernwerte über die Einträgergruppen wiedergegeben.

Tabelle 7.10: BRD-Kernwerte nach Einträgergruppe

		Einträgergruppe						
		Familie DDR	Familie BRD	Lehrer DDR	Lehrer BRD	Peers DDR	Peers BRD	Gesamt
Freiheit/Demokratie/univ. Verantwortung u. Mitmenschlichkeit	n	4	1	5	9	11	14	44
	%	3,3 %	,8 %	4,0 %	7,5 %	1,1 %	1,5 %	1,8 %
Selbstständigkeit im Handeln	n	7	4	9	8	27	25	80
	%	5,7 %	3,1 %	7,3 %	6,7 %	2,6 %	2,7 %	3,3 %
Gesamt	n	122	130	124	120	1031	911	2438
	%	100 %	100 %	100 %	100 %	100 %	100 %	100 %

Nur singulärer bzw. bei Panel-Einträgern chronologisch erster Eintrag berücksichtigt, $n = 2438$; % innerhalb der Einträgergruppen; bei Einträgen mit BRD-Kernwerten der Freiheit, Demokratie sowie universelle Verantwortung und Mitmenschlichkeit: 4 Zellen (33,3%) mit erwarteter Häufigkeit kleiner 5, Exakter Test nach Fisher = 22.8, $p = .000$; bei Einträgen mit BRD-Kernwert Selbstständigkeit im Handeln: 4 Zellen (33,3%) mit erwarteter Häufigkeit kleiner 5; Exakter Test nach Fisher = 13.9, $p = .012$.

7 Die Wertvorstellungen in Poesiealben in DDR und Bundesrepublik

Freiheit und Demokratie sowie universelle Verantwortung und Mitmenschlichkeit
Bei Einträgen, die das Wertebündel ‚Freiheit, Demokratie sowie universelle Verantwortung und Mitmenschlichkeit' tangieren, sind West-Lehrer deutlich überrepräsentiert. Allerdings überrascht auch, dass DDR-Lehrer sowie Familienangehörige in der DDR ebenfalls mit entsprechenden Einträgen überrepräsentiert sind. Demgegenüber spielten diese BRD-Kernwerte bei den Peers in Ost und West und mehr noch bei den BRD-Verwandten eine untergeordnete Rolle.

Selbstständigkeit im Handeln
Selbstständigkeit im Handeln erweist sich im Vergleich der Einträgergruppen ganz allgemein als eine Werthaltung, die vor allem von Lehrern vertreten worden ist. Sowohl in der DDR als auch in der BRD sind Einträge, in denen dieser Kernwert zum Ausdruck kommt, bei den Lehrern gleichermaßen überrepräsentiert. Zudem haben auch Verwandte in der DDR überdurchschnittlich häufig den BRD-Kernwert Selbstständigkeit im Handeln inskribiert.

Als ein Zwischenfazit lässt sich festhalten, dass sich die Albumeinträger in Ost und West bezüglich der BRD-Kernwerte nicht grundlegend unterschieden haben. Hypothese H2 wird durch die bisherige Prüfung eher nicht gestützt. Die westdeutschen Kernwerte scheinen demnach eine geringere Systemabhängigkeit aufzuweisen. Das heißt, diese Werte sind im Kern universeller. Dies wird auch in der Betrachtung der Häufigkeitsverteilung in den Einträgergruppen deutlich. Zwar tragen westdeutsche Lehrer wie vermutet die BRD-Kernwerte am häufigsten ein, allerdings trifft dies nur auf das Wertebündel ‚Freiheit, Demokratie sowie universelle Verantwortung und Mitmenschlichkeit' zu. Dieses Wertebündel dürfte etwas enger an die demokratisch verfasste Grundordnung der Bundesrepublik gekoppelt sein.

Korrelationen
Zur Vermeidung von Schätzfehlern aufgrund der geringen Fallzahlen wird erneut auf eine multivariate Prüfung mittels Logistischer Regression verzichtet. Stattdessen soll sich wieder auf die Berechnung von Korrelationen zwischen den Kontrollvariablen und den beiden gebildeten Kernwertebündeln konzentriert werden. Tabelle 7.11 gibt die entsprechenden Korrelationskoeffizienten nach Spearman wieder.

Tabelle 7.11: Korrelationen: BRD-Kernwerte und Einträgermerkmale

	Demokratie und Freiheit, universelle Verantwortung und Mitmenschlichkeit		Selbstständigkeit im Handeln		
	r_s	p	r_s	p	n
Geschlecht des Einträgers (weiblich = 1)	-,02	,238	,01	,769	2615
Jahr des Eintrags	,04	,036	-,04	,059	2501
Wohnortgröße des Einträgers	,02	,237	,02	,274	2376
Einträger ist ... Peer – DDR	-,04	,032	-,03	,169	2532
Peer – BRD	-,01	,562	-,02	,330	2532
Verwandter – DDR	,03	,182	,03	,102	2532
Verwandter – BRD	-,02	,386	-,00	,935	2532
Lehrer – DDR	,04	,045	,05	,008	2532
Lehrer – BRD	,10	,000	,04	,027	2532
Einträger aus DDR/BRD (DDR = 1)	-,01	,607	,01	,564	2653
Alter des Einträgers	,05	,043	,06	,029	1565
Bildungsgrad des Einträgers	,04	,108	,01	,645	1581

Nur singuläre Einträge bzw. bei Panel-Einträgern der chronologisch erste Eintrag wurden berücksichtigt. Für den Zusammenhang zwischen Jahr des Eintrags, Wohnortgröße, Alter sowie Bildungsgrad des Einträgers und dem Eintrag eines BRD-Kernwerts wurden Rangkorrelationskoeffizienten nach Spearman geschätzt, für alle weiteren dichotomen Variablen Vierfelderkorrelationskoeffizienten.

Keine generellen Ost-West-Unterschiede

Zunächst ist darauf aufmerksam zu machen, dass sich kein Hinweis auf einen korrelativen Zusammenhang zwischen dem DDR- bzw. BRD-Hintergrund eines Inskribenten und dem Eintrag eines BRD-Kernwerts ergibt. Somit wird erneut der Befund bestätigt, dass sich DDR- und BRD-Inskribenten bezüglich des Eintrags der BRD-Kernwerte im Allgemeinen nicht voneinander unterscheiden.

Freiheit und Demokratie sowie universelle Verantwortung und Mitmenschlichkeit

Das Wertebündel ‚Freiheit, Demokratie sowie universelle Verantwortung und Mitmenschlichkeit' ist am stärksten mit der Zugehörigkeit zur Gruppe der BRD-Lehrer assoziiert. Dies stützt die in Hypothese H2 formulierte Vermutung, dass es vor allem die BRD-Lehrer waren, die die BRD-Kernwerte inskribierten. Allerdings besteht zwischen der Zugehörigkeit zur Gruppe der DDR-Lehrer und dem BRD-Wertebündel ebenfalls eine signifikant gleichläufige Korrelation, was als Hinweis auf den stärker universalistisch ausgeprägten Kern der BRD-Werte gedeutet werden kann.

7 Die Wertvorstellungen in Poesiealben in DDR und Bundesrepublik 311

Eine gleichsinnige, allerdings ebenfalls sehr schwach ausgeprägte Korrelation ergibt sich zudem zwischen Eintragsjahr und dem BRD-Wertebündel. Dieser Befund kann ein Hinweis dafür sein, dass die Werte Freiheit, Demokratie sowie universelle Verantwortung und Mitmenschlichkeit zwischen 1949 und 1989 immer größere Akzeptanz in der deutschen Bevölkerung erfuhren.[275] Weiterhin deutet eine ebenfalls gleichsinnige Korrelation zwischen dem Alter eines Heranwachsenden und dem BRD-Wertebündel auf das Vorliegen eines Alterseffekts hin. Je älter ein Heranwachsender wurde, umso eher hat er in seinem Eintrag auf die Werte der Freiheit, Demokratie sowie universelle Verantwortung und Mitmenschlichkeit verwiesen.

Selbstständigkeit im Handeln
Bei der Werthaltung ‚Selbstständigkeit im Handeln' deuten ebenfalls gleichsinnige Korrelationen darauf hin, dass es vor allem Lehrer (in DDR und Bundesrepublik) waren, die diesen Wert eintrugen. Die fehlende Trennschärfe zwischen Ost und West verweist dabei auf den hohen Allgemeinheitsgrad dieser Werthaltung. So kann angenommen werden, dass Selbstständigkeit im Handeln eher kein systemabhängiges Bildungs- und Erziehungsziel darstellt. Darüber hinaus ist eine gleichsinnige Korrelation zwischen Alter und Eintrag des BRD-Kernwerts feststellbar, die auch bei dieser Werthaltung auf einen Alterseffekt hindeutet. Je älter ein Heranwachsender wurde, umso eher betonte er die Selbstständigkeit im Handeln.

Prüfung auf Interaktionseffekte
Prüfung auf Interaktion zwischen Eintragsjahr und Wahrnehmung staatlicher Rahmenbedingungen
Es hatte sich gezeigt, dass der Eintrag einer Werthaltung aus dem Wertebündel ‚Freiheit, Demokratie sowie universelle Verantwortung und Mitmenschlichkeit' gleichsinnig mit dem Eintragsjahr korreliert ist. Dies deutet darauf hin, dass zwischen 1949 und 1989 die Akzeptanz dieser staatlichen Kernwerte zunahm. Es fragt sich, ob dieser Trend in beiden deutschen Staaten zu verzeichnen war oder aber,

---

[275] Dass es vor allem diese BRD-Kernwerte waren, die offensichtlich im Zeitverlauf an Beliebtheit gewannen, zeigt der Blick auf den gegenläufigen (allerdings nicht signifikanten) Trend beim BRD-Kernwert ‚Selbstständigkeit im Handeln' in der Korrelation mit dem Eintragsjahr.

ob er auf die alten Bundesländer beschränkt blieb. Aufgrund der Wahrnehmung glaubwürdiger staatlicher Institutionen in der Bundesrepublik ist Letzteres zu vermuten. Während in der DDR vermutlich mit gleichbleibender Wahrscheinlichkeit der Wert der ‚Freiheit, Demokratie bzw. der universellen Verantwortung und Mitmenschlichkeit' eingetragen wurde, könnte sich die Wahrscheinlichkeit in den alten Bundesländern zwischen 1949 und 1989 mit jedem Jahr erhöht haben. Bezüglich der Werthaltung ‚Selbstständigkeit im Handeln' hatte sich eine negative Korrelation mit dem Eintragsjahr ergeben, die allerdings das Signifikanzniveau nicht erreichte. Es wurde bereits argumentiert, dass Selbstständigkeit im Handeln wohl eher eine allgemeine Werthaltung darstellt, die gleichermaßen in Ost und West vertreten worden ist. Insofern dürfte sich bei dieser Werthaltung eher kein Hinweis auf einen Interaktionseffekt ergeben. Es wird somit lediglich für das Wertbündel ‚Freiheit, Demokratie bzw. universelle Verantwortung und Mitmenschlichkeit' ein moderierender Einfluss der staatlichen Rahmenbedingungen in Ost und West angenommen:

Interaktionseffekt: Die Wahrscheinlichkeit eines Eintrags von ‚Freiheit, Demokratie bzw. universelle Verantwortung und Mitmenschlichkeit' nahm zwischen 1949 und 1989 in der Bundesrepublik zu, nicht aber in der DDR.

Zur Prüfung dieses Zusammenhangs wurden im Rahmen einer Logistischen Regression blockweise zwei Modelle geschätzt. In einem ersten Modell wurden zunächst nur der Ost-/West-Faktor und die Dekade, in der ein Eintrag erfolgte, als Faktoren berücksichtigt. Im zweiten Modell wurden diese Faktoren um ein multiplikatives Interaktionsterm, welches aus beiden Faktoren gebildet wurde, ergänzt.[276]
In Tabelle 7.12 sind die geschätzten Effektkoeffizienten wiedergegeben. Zunächst ist darauf hinzuweisen, dass die Vorhersagekraft der Modelle sehr gering ist und sich im Grunde nicht vom Nullmodell (nur Konstante) unterscheidet. Die Befunde in der Tabelle geben also allenfalls mögliche Trends wieder. Bei beiden Wertebündeln können jedoch signifikante Einflüsse des Eintragszeitpunkts festgestellt

---

[276] Sowohl bei dieser als auch bei den weiteren Schätzungen von Interaktionseffekten wurde jeweils die metrische Variable zentriert. Die Zentrierung ist mit den Bezeichnungen ‚ZDekade des Eintrags' bzw. ‚ZAlter' gekennzeichnet.

7 Die Wertvorstellungen in Poesiealben in DDR und Bundesrepublik

werden, welche die bereits entdeckten korrelativen Zusammenhänge wiedergeben. Wie der Blick auf die Pseudo-R2-Statistik zeigt, verbessert sich nur beim Wertebündel ‚Freiheit, Demokratie bzw. universelle Verantwortung und Mitmenschlichkeit' die Vorhersagekraft des Modells, nicht aber bei der Selbstständigkeit im Handeln.

Tabelle 7.12: Logistische Regression: BRD-Kernwerte nach Dekade in Ost und West

Unabhängige Variablen (Faktoren)	Abhängige Variable:							
	Demokratie, Freiheit, universelle Verantwortung				Selbstständigkeit im Handeln			
	1		2		3		4	
	B	Exp(b)	b	Exp(b)	b	Exp(b)	b	Exp(b)
Einträger aus DDR/BRD (DDR = 1)	-,02	,98	,11	1,12	,08	1,09	,07	1,07
Dekade bei Eintrag	,23+	1,26	,45*	1,57	-,20*	,82	-,16	,85
ZDekade*Einträger aus DDR/BRD			-,42	,66			-,08	,92
Konstante	-4,67**		-5,34**		-2,98**		-3,08**	
Pseudo-R2 (Nagelkerke)	,01		,01		,01		,01	

** signifikant < 1 %, * signifikant < 5 %, + signifikant < 10 %. Nur singulärer bzw. bei Panel-Einträgern chronologisch erster Eintrag berücksichtigt; Omnibus-Test Modell 1: Chi-Quadrat(2) = 2.97, p = .226, n = 2501; Modell 2: Chi-Quadrat(3) = 5.21, p = .157, n = 2501; Modell 3: Chi-Quadrat(2) = 4.39, p = .111, n = 2501; Modell 4: Chi-Quadrat(3) = 4.55, p = .208, n = 2501.

Obschon die Interaktionsterme nicht signifikant sind, ist daher nur für das Wertebündel ‚Freiheit, Demokratie bzw. universelle Verantwortung und Mitmenschlichkeit' ein gewisser moderierender Einfluss der staatlichen Rahmenbedingungen in Ost und West anzunehmen. Darauf deutet auch Abbildung 7.2. Darauf sind die Wahrscheinlichkeiten für den Eintrag dieser BRD-Kernwerte im Zeitverlauf in DDR und Bundesrepublik entsprechend der Modellschätzung in Tabelle 7.12. dargestellt.

Der Abbildung zu Folge stieg die Wahrscheinlichkeit für den Eintrag von ‚Freiheit, Demokratie bzw. universelle Verantwortung und Mitmenschlichkeit' im Zeitverlauf an, während sie in der DDR nahezu unverändert blieb. Für dieses Wertebündel ergeben sich demnach zumindest Indizien, die den vermuteten Interaktionseffekt stützen.

7.2 Zur Inskription staatlich erwünschter Werte

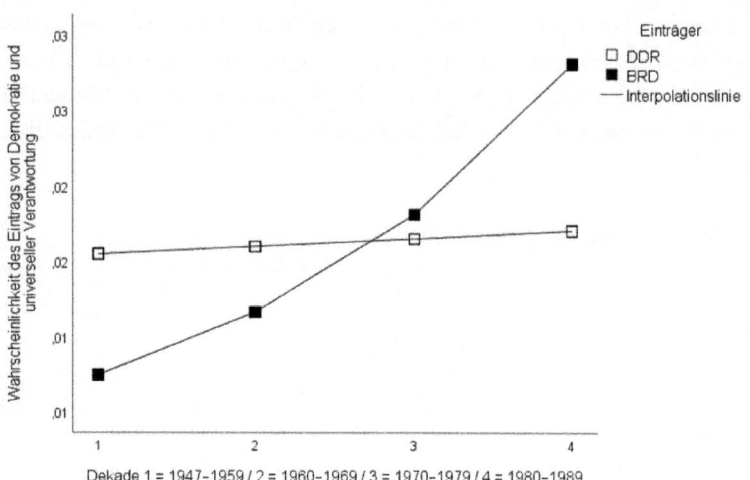

Abbildung 7.2: Demokratie und universelle Verantwortung nach Dekade in Ost und West

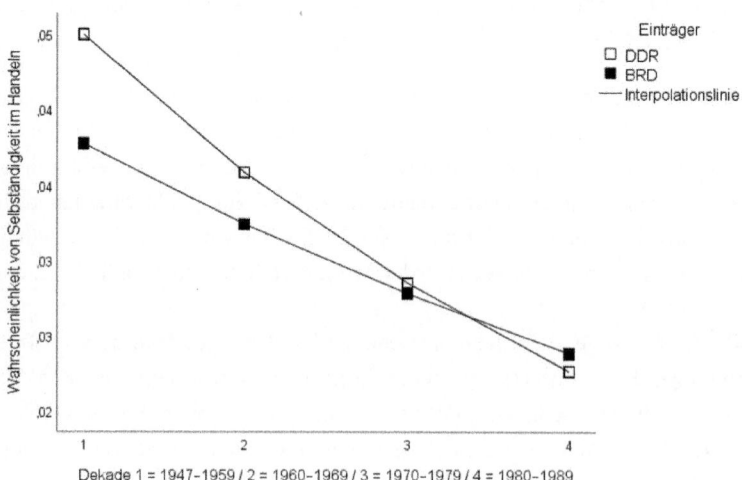

Abbildung 7.3: Selbstständigkeit im Handeln nach Dekade in Ost und West

Demgegenüber haben sich Einträger in Ost und West bezüglich der Eintragswahrscheinlichkeit der Werthaltung ‚Selbstständigkeit im Handeln' zwischen 1949 und

7 Die Wertvorstellungen in Poesiealben in DDR und Bundesrepublik 315

1989 nicht unterschieden. In Abbildung 7.3 sind die Wahrscheinlichkeiten für den Eintrag dieser Werthaltung im Zeitverlauf in Ost und West entsprechend der Modellschätzung in Tabelle 7.12. dargestellt. Wie man der Abbildung entnehmen kann, sank überraschenderweise zwischen 1949 und 1989 allgemein die Bereitschaft, Selbstständigkeit im Handeln im Rahmen einer Albuminskription zu betonen.

Prüfung auf Interaktion zwischen Alter und Wahrnehmung staatlicher Rahmenbedingungen
Die Prüfung auf korrelative Beziehungen hatte ergeben, dass auch das Lebensalter mit dem Eintrag der BRD-Kernwerte in ein Album gleichsinnig korreliert ist. Auch hier stellt sich die Frage nach moderierenden Einflüssen staatlicher Rahmenbedingungen. Die Wahrnehmung nicht repressiver und glaubwürdiger staatlicher Institutionen könnte besonders Heranwachsende in der Bundesrepublik angeregt haben, die Werte der Freiheit, Demokratie bzw. universellen Verantwortung und Mitmenschlichkeit mit zunehmendem Alter zu betonen. Es kann also folgender Zusammenhang angenommen werden:

Interaktionseffekt: Die Wahrscheinlichkeit eines Eintrags von Freiheit, Demokratie bzw. universeller Verantwortung und Mitmenschlichkeit nahm mit dem Alter bei einem Heranwachsenden in der Bundesrepublik zu, während sie bei einem Heranwachsenden in der DDR unverändert blieb.

Dieser Zusammenhang soll abschließend geprüft werden. Tabelle 7.13 gibt hierfür die Befunde von Logistischen Regressionen wieder, bei denen jeweils in einem ersten Modell der Ost-/West-Faktor sowie das Eintragsalter eines Peers berücksichtigt wurden. In einem zweiten Modell wurde zusätzlich ein multiplikatives Interaktionsterm der beiden Faktoren einbezogen.
Zunächst ist festzuhalten, dass der Einbezug des multiplikativen Interaktionsterms keine Indizien dafür liefert, dass sich Heranwachsende in DDR und BRD grundlegend bezüglich des Eintrags der westdeutschen Kernwerte unterscheiden. Vielmehr bestärken die Befunde in Tabelle 7.13 die Vermutung, dass ganz allgemein das Alter eines Inskribenten die Wahrscheinlichkeit eines Eintrags eines BRD-

Kernwerts beeinflusste. Je älter ein Heranwachsender wurde, umso größer wurde die Chance, dass er einen BRD-Kernwert eintrug.

Tabelle 7.13: Logistische Regression: BRD-Kernwerte nach Alter in Ost und West

Unabhängige Variablen (Faktoren)	Abhängige Variable:							
	Demokratie, Freiheit, universelle Verantwortung				Selbstständigkeit im Handeln			
	1		2		3		4	
	b	Exp(b)	B	Exp(b)	B	Exp(b)	b	Exp(b)
Peer aus DDR/BRD (DDR = 1)	-,84+	,43	-,65	,52	,05	1,05	,08	1,09
Alter bei Eintrag	,26**	1,30	,31**	1,37	,15*	1,17	,20+	1,22
ZAlter*Peer aus DDR/BRD			-,13	,87			-,08	,93
Konstante	-7,09**		-7,71**		-5,72**		-6,25**	
Pseudo-R2 (Nagelkerke)	,04		,05		,02		,02	

** signifikant < 1 %, * signifikant < 5 %, + signifikant < 10 %. Nur singulärer bzw. bei Panel-Einträgern chronologisch erster Eintrag berücksichtigt; Omnibus-Test Modell 1: Chi-Quadrat(2) = 9.14, p = .010, n = 1565; Modell 2: Chi-Quadrat(3) = 9.76, p = .021, n = 1565; Modell 3: Chi-Quadrat(2) = 5.36, p = .068, n = 1565; Modell 4: Chi-Quadrat(3) = 5.64, p = .131, n = 1565.

Der Blick auf das Wertebündel ‚Freiheit, Demokratie sowie universelle Mitmenschlichkeit und Verantwortung' verweist allerdings in Modell 1 auf tendenzielle Unterschiede zwischen den Peers in DDR und Bundesrepublik (Signifikanzniveau von 10 %). So waren Heranwachsende in den alten Bundesländern tendenziell eher bereit, diese BRD-Kernwerte in einem Album zum Ausdruck zu bringen, als Heranwachsende in der DDR. Diese größeren Unterschiede zwischen den Peers in DDR und BRD beim Wertebündel ‚Freiheit, Demokratie sowie universelle Mitmenschlichkeit und Verantwortung' zeigen sich auch in Abbildung 7.4. Diese gibt die Wahrscheinlichkeit für den Eintrag dieser BRD-Kernwerte mit zunehmendem Alter für die Peers in DDR und Bundesrepublik auf Grundlage der Modellschätzung in Tabelle 7.13 wieder.

Die Abbildung stützt zumindest vom Ansatz her den vermuteten moderierenden Einfluss wahrgenommener staatlicher Rahmenbedingungen auf die Eintragswahrscheinlichkeit des Wertebündels ‚Freiheit, Demokratie sowie universelle Mitmenschlichkeit und Verantwortung'. Zwar steigt sowohl in DDR und Bundesrepublik die Wahrscheinlichkeit des Eintrags dieser Kernwerte mit zunehmendem Lebensalter an, allerdings nimmt sie bei den westdeutschen Heranwachsenden mit zunehmendem Lebensalter exponentiell zu, während sie sich in der DDR allenfalls

7 Die Wertvorstellungen in Poesiealben in DDR und Bundesrepublik

leicht erhöht. Die Thematisierung dieser Kernwerte hing hier viel stärker davon ab, ob man in der DDR oder in der BRD aufwuchs.

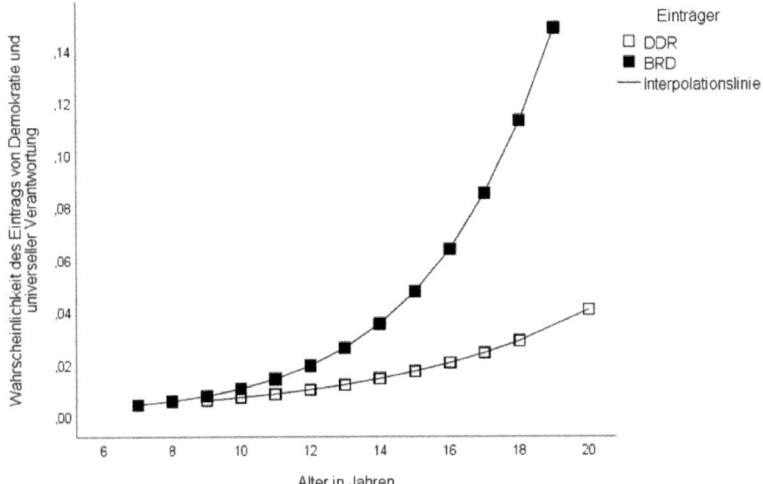

Abbildung 7.4: Demokratie und universelle Verantwortung nach Alter in Ost und West

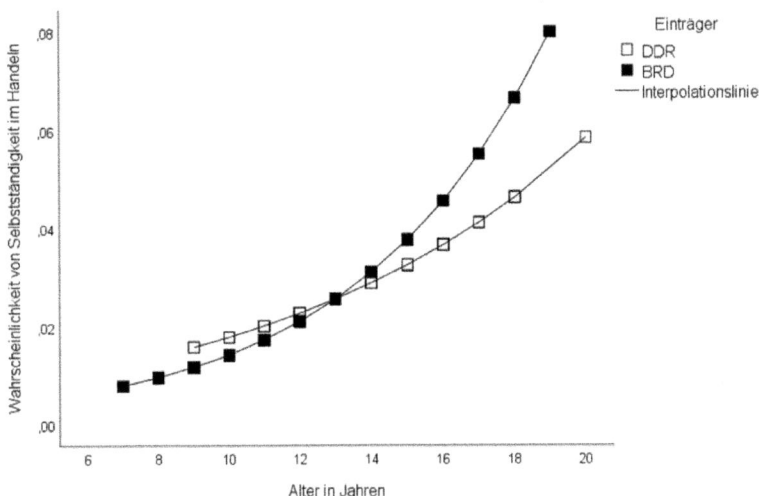

Abbildung 7.5: Selbstständigkeit im Handeln nach Alter in Ost und West

Zu einer anderen Einschätzung gelangt man bei der Betrachtung der vorhergesagten Wahrscheinlichkeiten der Werthaltung Selbstständigkeit im Handeln in Abbildung 7.5.[277] Hier nahm die Wahrscheinlichkeit eines Eintrags bei Heranwachsenden in Ost und West annähernd gleich mit dem Alter zu. Dieser Befund erhärtet erneut die Vermutung, dass Selbstständigkeit im Handeln wohl eher eine allgemeine und somit systemunabhängige Wertvorstellung darstellt.

Zusammenfassung und Interpretation
1. Einträge mit staatlichen Kernwerten der Bundesrepublik ebenfalls eher selten
Staatliche Kernwerte der BRD wurden im Vergleich zu den staatlichen Kernwerten der DDR zwar in etwa doppelt so vielen Einträgen festgestellt. Verglichen mit dem Vorkommen anderer Werthaltungen wurden die BRD-Kernwerte jedoch relativ selten in Poesiealben zum Ausdruck gebracht. Die genauere Analyse zeigt dabei auf, dass die Kernwerte der Freiheit, Demokratie und Toleranz, aber auch die Werte, welche auf eine universelle Verantwortung und Mitmenschlichkeit abzielen, nur selten Eingang in die untersuchten Alben gefunden haben. Demgegenüber ließ sich die Werthaltung ‚Selbstständigkeit im Handeln' etwas häufiger nachweisen.

2. Selbstständigkeit im Handeln stellt eher staatlich vereinnahmte Werthaltung dar
Die bivariate Prüfung ergab überraschend geringe Unterschiede bezüglich der durchschnittlichen Häufigkeit von BRD-Kernwerten in den Alben der DDR und der BRD. Nur die Werte der Freiheit, Demokratie sowie der universellen Verantwortung und Mitmenschlichkeit wurden tendenziell etwas häufiger in die West-Alben inskribiert. Wie erwartet, waren es besonders Lehrer der BRD, die diese Werte in ihren Einträgen betonten. Demgegenüber erwies sich die Wertvorstellung Selbstständigkeit im Handeln als eine allgemeine Werthaltung, die in Ost und West gleichermaßen in die Alben eingetragen wurde. Die Analyse der Häufigkeitsverteilung in den Einträgergruppen deckte auf, dass besonders Lehrer in DDR und BRD, aber auch DDR-Verwandte mit Einträgen dieser Werthaltung in den Alben überrepräsentiert sind. Auch wenn dieser Wert in den Landesverfassungen der BRD verankert ist und zugleich dem DDR-Kernwert des Kollektivismus diametral entgegensteht, zeigen die Befunde der Häufigkeitsanalyse, dass es sich bei

---

[277] Abgebildet ist die vorhergesagte Wahrscheinlichkeit für ‚Selbstständigkeit im Handeln' entsprechend der Schätzung des Modells in Tabelle 7.13.

7 Die Wertvorstellungen in Poesiealben in DDR und Bundesrepublik

Selbstständigkeit im Handeln eher nicht um einen staatlichen Kernwert der BRD handelt. Vielmehr dürfte hier eine allgemeine Wertvorstellung vorliegen, die an keine spezifische Staatsform gebunden scheint. Die ursprüngliche Einordnung als staatlicher Kernwert der Bundesrepublik ist daher zu modifizieren. Es scheint sinnvoller, Selbstständigkeit im Handeln als eine von der Bundesrepublik staatlich vereinnahmte Wertvorstellung zu interpretieren.

3. Politisierung mit fortschreitendem Jugendalter
Die weitere statistische Prüfung ergab Hinweise auf einen Alterseffekt, welcher die Bereitschaft beeinflusst hat, sowohl die Werte der Freiheit, Demokratie, universellen Verantwortung und Mitmenschlichkeit, aber auch Selbstständigkeit im Handeln in ein Album einzutragen. Je älter ein Heranwachsender wurde, umso größer wurde die Wahrscheinlichkeit einer Inskription dieser Wertvorstellungen. Dies lässt erneut darauf schließen, dass politische Einstellungen ganz allgemein erst mit zunehmendem Alter aktiv vertreten und inskribiert werden.

4. Hinweise auf zunehmende Identifikation mit staatlichen Kernwerten in der Bundesrepublik
Die Prüfung auf Interaktionseffekte verwies auf eine moderat zunehmende Identifikation der westdeutschen Einträger mit den staatlichen Kernwerten der Bundesrepublik. Dies betrifft allerdings nur die Werte der Freiheit, Demokratie sowie der universellen Verantwortung und Mitmenschlichkeit, nicht aber die Selbstständigkeit im Handeln. Gestützt wird diese Identifikationsthese durch drei Befunde: Für die Werte der Freiheit, Demokratie, universellen Verantwortung und Mitmenschlichkeit ließen sich erstens die in Hypothese H2 formulierten Unterschiede zwischen Lehrern in DDR und Bundesrepublik feststellen. Zweitens ergaben sich Hinweise auf gegenläufige Trends hinsichtlich der Eintragswahrscheinlichkeit dieser Werte in Ost und West. Während die Wahrscheinlichkeit eines Eintrags eines BRD-Kernwerts durch Verwandte in der Bundesrepublik zwischen 1949 und 1989 zunahm, sank sie bei Verwandten in der DDR im gleichen Zeitraum. Schließlich lässt sich drittens eine tendenzielle Bereitschaft zur Identifikation mit diesen Werten auch innerhalb der Peergroup (West) feststellen. Hier zeigte sich, dass ein Heranwachsender in der Bundesrepublik im Vergleich zu einem Altersgenossen in der DDR mit zunehmendem Alter tendenziell eher bereit war, die Werte der

Freiheit, Demokratie, universellen Verantwortung und Mitmenschlichkeit einzutragen.

Zusammenfassend lässt sich sagen, dass die statistischen Analysen den in Hypothese H2 formulierten Zusammenhang nur zum Teil stützen. Die Hypothese ist dahingehend zu modifizieren, dass sie sich allein auf die Werte der Freiheit, Demokratie sowie der universellen Verantwortung und Mitmenschlichkeit beschränkt. Die Werthaltung Selbstständigkeit im Handeln ist demgegenüber aufgrund ihrer allgemeinen Aussage den staatlich vereinnahmten Wertvorstellungen (BRD) zuzuordnen. Die generell nur gering ausfallenden innerdeutschen Unterschiede deuten daraufhin, dass es sich bei den BRD-Kernwerten um stärker universalistisch ausgerichtete Wertvorstellungen handelt (z.B. Freiheit, Völkerverständigung usw.). Diese Werte scheinen weniger an eine spezifische Staatsform gebunden zu sein als die auf staatliche Identifikation abzielenden DDR-Kernwerte. Dieser Sachverhalt der größeren Allgemeinheit und universellen Ausrichtung könnte auch die größere Verbreitung dieser Werte in der DDR-Bevölkerung erklären.

7.2.2 Staatlich legitimierte Werte

Im Folgenden soll sich den staatlich legitimierten Werten zugewandt werden. Damit wurden Wertvorstellungen gekennzeichnet, die neben den spezifischen staatlichen Kernwerten ebenfalls in offiziellen Dokumenten genannt werden, jedoch eher allgemein verbreitete bzw. tradierte Werthaltungen darstellen. Je nachdem, ob diese tradierten Werte von beiden deutschen Staaten oder nur von einem der beiden deutschen Staaten adaptiert wurden, können die staatlich legitimierten Werte nochmals in geteilt-offizielle und staatlich vereinnahmte Werte unterschieden werden.

7.2.2.1 Geteilt-offizielle Werte

Wenden wir uns zunächst den geteilt-offiziellen Wertvorstellungen zu. Damit sind Werthaltungen gekennzeichnet, die sowohl als Bildungs- und Erziehungsziele in den Landesverfassungen der alten Bundesländer als auch in den Dokumenten der Pionier- und Jugendorganisationen in der DDR bzw. in den von Walter Ulbricht

7 Die Wertvorstellungen in Poesiealben in DDR und Bundesrepublik 321

postulierten Grundsätzen der sozialistischen Ethik und Moral verankert wurden. Es sind somit Werte, die von beiden deutschen Staaten offiziell Legitimation erfahren haben. Konkret handelt es sich um folgende Wertvorstellungen:

- Altruismus, Gegenseitigkeit und Gemeinschaftssinn
- Wahrheitsliebe und Wahrhaftigkeit
- Bindung an Familie und Heimat
- Arbeit und Leistung
- Bildung und Erkenntnisstreben   ⎫ bürgerliche Werte
- Charakterfestigkeit, Recht- und Sittlichkeit ⎭ (Noelle-Neumann 1978)

Bei den geteilt-offiziellen Werten handelt es sich um allgemeine bzw. tradierte Wertvorstellungen, die an keine Staatsform gebunden sind. Sie dürften demnach auch in der gesamtdeutschen Bevölkerung große Verbreitung gefunden haben. Daher wurde folgende Hypothese bezüglich der Wahrscheinlichkeit des Vorkommens der geteilt-offiziellen Werte in den Alben in Ost und West formuliert:

H3 *Wenn ein Einträger in der DDR gelebt hat, dann hat er mit der gleichen Wahrscheinlichkeit geteilt-offizielle Werte eingetragen wie ein Einträger in der Bundesrepublik.*

Folgt man Elisabeth Noelle-Neumann, so kann ein Teilbereich der geteilt-offiziellen Werte auch als bürgerliche Werte klassifiziert werden. Hierbei handelt es sich um Werthaltungen, die sich seit etwa der Mitte des 18. Jahrhunderts zunehmend in der deutschen Bevölkerung durchgesetzt haben, allerdings seit den 1970er Jahren auf dem Gebiet der alten Bundesländer an Bedeutung verloren (Noelle-Neumann 1978: 10–58).[278] Ausgehend von diesen Überlegungen kann vermutet werden, dass die geteilt-offiziellen Werte zumindest zu Beginn des Untersuchungszeitraums in der gesamtdeutschen Bevölkerung allgemein akzeptiert waren. Mit Rücksicht auf den prognostizierten Wandel der bürgerlichen Werte in der

---

[278] Auf Noelle-Neumanns Definition bürgerlicher Werte wurde bereits in Abschnitt 3.3.5.1 eingegangen. Sie hat einen weiten Begriff von Bürgerlichkeit zugrunde gelegt und in diesem Zusammenhang besonders Arbeit und Leistungswerte hervorgehoben. Vor Noelle-Neumann hat allerdings bereits Peter Kmieciak in einer Wertestudie auf den Wandel der Arbeits- und Leistungswerte in der alten Bundesrepublik aufmerksam gemacht (Kmieciak 1976).

Bundesrepublik ist allerdings ein Interaktionseffekt zu vermuten, wonach sich die Inskribenten in Ost und West im Verlauf der innerdeutschen Teilung bezüglich dieser Wertvorstellungen stärker unterschieden haben könnten. Gemäß dem hier verfolgten Erklärungsansatz könnte demnach die Wahrnehmung der Bundesrepublik als glaubwürdig und nicht-repressiv die Heterogenität der Einstellungen und Werte in der westdeutschen Bevölkerung zunehmend befördert haben, so dass zwischen 1949 und 1989 ein moderater Rückgang tradierter Werte zugunsten der Betonung anderer Werte und Einstellungen eingetreten sein könnte. Demgegenüber wird für die als repressiv und unglaubwürdig wahrgenommene DDR ein stärkeres Festhalten an bewährten Verhaltensweisen und Werten – als Strategien der Staatsferne und Unauffälligkeit – angenommen.

Textmerkmale und Beispiele
Zunächst sollen wieder einige Anmerkungen und Textbeispiele darüber Auskunft geben, wie in den Alben zwischen 1949 und 1989 die geteilt-offiziellen Werte zum Ausdruck gebracht wurden.

Arbeit und Leistung
Arbeit- und Leistungswerte manifestieren sich in Albumtexten, in denen Fleiß, Tüchtigkeit und der Wille zur Arbeit betont werden. Weitere Signalwörter, die auf Arbeit und Leistungswerte in den Albumtexten verweisen, sind: Tätigsein, Schaffenskraft und Anstrengung. Soziale Anerkennung wird dabei mit dem Erbringen von Leistung in Verbindung gebracht, weniger mit sozialer Herkunft.

Bildung und Erkenntnisstreben
Bildung und Erkenntnisstreben zeigt sich vornehmlich in zwei Gruppen von Albumtexten: Zum einen sind es Texte, in denen der besondere Wert von Wissen und Können herausgehoben wird. Bildung, Bereitschaft zum Lernen sowie das Streben nach persönlicher Reife werden in den betreffenden Texten stark betont. Ebenso wird auf das Sammeln von Erfahrungen verwiesen, die in der Lebenspraxis, aber auch durch ein Lernen aus begangenen Fehlern gewonnen werden. Eine zweite Textgruppe zielt hingegen stärker auf eine kulturelle bzw. ästhetische Bildung ab. Das sind Texte, in denen eine Aufgeschlossenheit gegenüber allem Wahren, Schönen und Guten eingefordert wird. In diesen Texten wird nicht selten an

die Herausbildung eines ästhetischen Empfindens (Schönheitsliebe, Freude am Schönen) appelliert.

Charakterfestigkeit, Recht- und Sittlichkeit
Diese Wertekategorie beruht auf Texteintragungen, in denen zum einen Recht- und Sittlichkeit betont werden, zum anderen aber auch die Bildung eines gefestigten persönlichen Charakters, der als Grundlage für Rechtschaffenheit und sittliches Verhalten angesehen wird. Texte, in denen Recht- und Sittlichkeit betont werden, verweisen dabei unter anderem auf Bravheit, Ordnung, Tadellosigkeit und Tugendhaftigkeit. Sie stehen damit den Pflicht- und Akzeptanzwerten nahe, die zum Teil in diesen Texten ebenfalls als Werthaltungen propagiert werden. Charakterfestigkeit wird demgegenüber implizit in Texten gefordert, in denen Selbstachtung bzw. Selbstdisziplinierung (Bestehen vor sich selbst), aber auch Willenskraft bzw. Willensstärke verlangt werden.

Wahrheitsliebe und Wahrhaftigkeit
Wahrhaftigkeit und Wahrheitsliebe sind nicht nur an das entsprechende Signalwort „Wahrheit" geknüpft. Vielmehr können entsprechend dem traditionellen Albumvokabular auch Texte im Sinne der Wahrheitsliebe gedeutet werden, in denen allgemein von Klarheit bzw. Klarheit im Denken die Rede ist. Ebenfalls mit Hinweis auf tradierte Ausdrucksgewohnheiten können Texteinträge im Sinne von Wahrhaftigkeit interpretiert werden, in denen die Reinheit des Gewissens bzw. der Seele gepriesen wird.

Altruismus, Gegenseitigkeit und Gemeinschaftssinn
Auch diese Wertegruppe drückt sich in einem umfangreichen Textrepertoire aus. Hierunter können all jene Texteintragungen versammelt werden, in denen sich im Kern eine unvoreingenommene Bereitschaft zu kooperativem Verhalten ausdrückt. Dies zeigt sich vor allem in Texten, in denen zur Selbstlosigkeit aufgerufen wird, aber auch zu Freundlichkeit, Großzügigkeit, zum respektvollen Umgang, zu Mitgefühl sowie in der Forderung der Fähigkeit zum Vergeben und Verzeihen. Prinzipiell zeigt sich der unvoreingenommene kooperative Kern dieser Textbotschaften auch in der Forderung nach Güte bzw. in der bloßen Aufforderung Gutes zu tun bzw. gut zu sein.

Bindung an Familie und Heimat

Die Bindung an Familie und Heimat zeigt sich zum einen in Albumtexten, in denen mit Nachdruck daran appelliert wird, die Eltern (vor allem die Mutter) zu ehren und nicht zu vergessen. Das sind Texte, die im Kern den Zusammenhalt innerhalb der Kernfamilie als erstrebenswert erachten. Analog dazu wird der Wert der Heimat in Texten zum Ausdruck gebracht, in denen die Erinnerung und Wertschätzung der Heimat (bzw. des Heimatlands) betont werden. Die zusammenfassende Betrachtung von Familien- und Heimatbindung lässt sich so rechtfertigen, dass auf Textebene oft die naheliegende semantische Verbindung von Heimat und Elternhaus gezogen wird (z.B. „Vergiss nie deine Heimat, wo deine Wiege stand …").

Auswahl von eingetragenen Texten mit geteilt-offiziellen Werten

Altruismus, Gegenseitigkeit und Gemeinschaftssinn
- Edel sei der Mensch hilfreich und gut.
- Willst Du glücklich sein im Leben, trage bei zu andern Glück, denn die Freude, die wir geben, kehrt ins eigene Herz zurück.

Arbeit, Fleiß, Tüchtigkeit/Leistungsbereitschaft
- Arbeit und Fleiß, daß sind die Flügel, die führen über Strom und Hügel.
- Schaffen und Streben ist Gottes Gebot Arbeit ist Leben Nichtstun der Tod.

Bildung und Erkenntnisstreben
- Lernen ist wie Rudern gegen den Strom, wenn man aufhört treibt man zurück.
- Kannst Du lesen, so sollst du verstehen; kannst Du schreiben, so mußt du etwas wissen; kannst du glauben, so sollst du begreifen; und wenn du erfahren bist, sollst du nützen. (Goethe)

Wahrheitsliebe und Wahrhaftigkeit
- Das Auge klar, die Rede wahr. Das Gewissen rein, so wirst Du immer glücklich sein.
- Die Wahrheit zu nennen ist Spiel, Die Wahrheit erkennen ist viel, Die Wahrheit sagen ist schwer, Die Wahrheit ertragen ist mehr.

Charakterfestigkeit, Recht- und Sittlichkeit
- Wer mit dem Leben spielt, kommt nie zurecht. Wer sich nicht selbst befiehlt bleibt immer Knecht.
- Üb immer Treu und Redlichkeit bis an dein kühles Grab und weiche keinen Fingerbreit von Gottes Wegen ab.

Bindung an Familie und Heimat
- Liebe das Mutterherz solange es noch schlägt, wenn es gebrochen ist, ist es zu spät.
- Vergiß nie deine Heimat, wo deine Wiege stand. Du findest in der Ferne kein zweites Heimatland.

7 Die Wertvorstellungen in Poesiealben in DDR und Bundesrepublik 325

Bivariate Prüfung

Anders als die staatlichen Kernwerte der DDR bzw. BRD sind die geteilt-offiziellen Werte verhältnismäßig häufig in den Alben anzutreffen. Im Durchschnitt kommen sie in zwei bis drei Einträgen pro Album vor.[279] Es stellt sich die Frage, ob sich die DDR- und BRD-Alben hinsichtlich der durchschnittlichen Häufigkeit der geteilt-offiziellen Werte unterschieden haben. Tabelle 7.14 gibt die durchschnittliche Häufigkeit (absolut/relativ) der betreffenden Werte je Album wieder. Vor allem vier, zum Teil überraschende Befunde lassen sich der Tabelle entnehmen.

1. Zunächst ist festzuhalten, dass die geteilt-offiziellen Werte ganz allgemein betrachtet häufiger in den DDR-Alben zum Ausdruck gebracht wurden als in den BRD-Alben. Dies trifft der Tendenz nach für alle geteilt-offiziellen Werthaltungen zu. Während in der DDR die geteilt-offiziellen Werte jeweils von durchschnittlich 8 bis 11 % der Inskribenten je Album thematisiert wurden, traf dies in der BRD nur auf durchschnittlich 3 bis 7 % der Inskribenten je Album zu. Lediglich die Werthaltung Altruismus weicht von dieser Tendenz ab. Altruismus kommt auch in BRD-Alben relativ häufig vor und wurde durchschnittlich von 11 % der Einträger eines Albums inskribiert.

2. Besonders deutlich unterscheiden sich die Alben in Ost und West hinsichtlich der bürgerlichen Werte Arbeit und Leistung sowie Bildung und Erkenntnisstreben. Betrachtet man den relativen Anteil je Album, so kommen diese Werte in DDR-Alben fast doppelt (Arbeit und Leistung: BRD = 5,8 %/DDR = 10,1 %) bzw. sogar fast dreimal so häufig vor (Bildung und Erkenntnisstreben: BRD = 3,2 %/DDR = 8,1 %).[280] Ein U-Test von Mann und Whitney bestätigt, dass sich DDR- und BRD-Alben hinsichtlich des Vorkommens der Werte Arbeit und Leistung bzw. Bildung und Erkenntnisstreben hochsignifikant voneinander unterscheiden.

---

[279] Die relativ häufige Präsenz dieser Werte stellt ein Indiz für die Plausibilität der empirischen Wertestudien von Peter Kmieciak (1976) und Elisabeth Noelle-Neumann (1978) dar, die genau diese Werte thematisiert haben.

[280] Die besondere Stellung der Arbeits- und Leistungswerte in den untersuchten DDR-Alben zeigt sich auch, wenn man den Blick auf die maximal festgestellte Häufigkeit richtet. So wurde festgestellt, dass in einem DDR-Album bis zu 41 % der Inskribenten Arbeit und Leistung in ihren Einträgen thematisierten. Demgegenüber waren in der BRD nur bis maximal 20 % der Inskribenten eines Albums bereit, diese Werte einzutragen. Diese Befunde korrespondieren im Übrigen mit Umfrageergebnissen in Ost- und Westdeutschland zu Einstellungen gegenüber Arbeit und Leistung, die in der Zeit kurz vor der politischen Wiedervereinigung im Jahr 1990 durchgeführt wurden (vgl. Herbert/Wildenmann 1991: 86–88; Gluchowski/Zelle 1992: 236–238).

Tabelle 7.14: Durchschnittliche Häufigkeit der geteilt-offiziellen Werte

		n	Mittelwert	Standardabweichung	Min	Max
Altruismus, Gegenseitigkeit, Gemeinschaftssinn	BRD	39	3,8	2,29	0	9
	DDR	45	4,0	3,62	0	19
	Gesamt	84	3,9	3,06	0	19
Altruismus, Gegenseitigkeit, Gemeinschaftssinn (relativer Anteil in %)	BRD	39	11,1	5,87	0	29
	DDR	45	10,7	7,07	0	30
	Gesamt	84	10,9	6,50	0	30
Arbeit und Leistung	BRD	39	1,9	1,49	0	6
	DDR	45	3,4	2,35	0	10
	Gesamt	84	2,7	2,12	0	10
Arbeit und Leistung (relativer Anteil in %)	BRD	39	5,8	4,77	0	20
	DDR	45	10,1	6,88	0	41
	Gesamt	84	8,1	6,34	0	41
Bildung und Erkenntnisstreben	BRD	39	1,1	1,11	0	4
	DDR	45	3,0	2,63	0	14
	Gesamt	84	2,1	2,27	0	14
Bildung und Erkenntnisstreben (relativer Anteil in %)	BRD	39	3,2	3,63	0	17
	DDR	45	8,1	5,81	0	29
	Gesamt	84	5,8	5,48	0	29
Wahrheitsliebe und Wahrhaftigkeit	BRD	39	2,1	1,69	0	6
	DDR	45	3,0	2,75	0	14
	Gesamt	84	2,6	2,36	0	14
Wahrheitsliebe und Wahrhaftigkeit (relativer Anteil in %)	BRD	39	5,9	4,74	0	19
	DDR	45	8,2	4,92	0	18
	Gesamt	84	7,1	4,95	0	19
Charakterfestigkeit, Recht- und Sittlichkeit	BRD	39	2,6	2,12	0	8
	DDR	45	3,1	2,64	0	16
	Gesamt	84	2,8	2,41	0	16
Charakterfestigkeit, Recht- und Sittlichkeit (relativer Anteil in %)	BRD	39	7,7	5,72	0	24
	DDR	45	9,5	6,41	0	29
	Gesamt	84	8,7	6,13	0	29
Bindung an Familie und Heimat	BRD	39	2,2	1,79	0	7
	DDR	45	3,4	2,61	0	10
	Gesamt	84	2,8	2,33	0	10
Bindung an Familie und Heimat (relativer Anteil in %)	BRD	39	6,3	4,31	0	15
	DDR	45	10,1	6,49	0	35
	Gesamt	84	8,3	5,85	0	35

Mann-Whitney-U-Test geteilt-offizielle Werte in DDR/BRD-Alben: Altruismus: $U = 820, p = .603$; Arbeit/Leistung: $U = 526, p = ,001$; Bildung/Erkenntnisstreben: $U = 436, p = .000$; Wahrheitsliebe: $U = 702, p = .110$; Charakterfestigkeit: $U = 768.5, p = .321$; Familie/Heimat: $U = 651.5, p = .039$.

7 Die Wertvorstellungen in Poesiealben in DDR und Bundesrepublik

3. Weniger prägnant, jedoch immer noch recht deutlich der Tendenz nach unterscheiden sich die untersuchten DDR-/BRD-Alben hinsichtlich der Werte Wahrhaftigkeit und Wahrheitsliebe bzw. Bindung an Heimat und Familie. Während in der BRD diese Werte durchschnittlich von etwa 6 % der Einträger eines Albums thematisiert wurden, traf dies in DDR-Alben auf durchschnittlich 8 % (Wahrheitsliebe und Wahrhaftigkeit) bzw. 10 % (Familie und Heimat) der Einträger zu. Ein U-Test nach Mann-Whitney erhärtet diese Unterschiede. Für die Bindung an Heimat und Familie verweist der U-Test auf signifikante Gruppenunterschiede zwischen DDR- und BRD-Alben. Für Wahrheitsliebe und Wahrhaftigkeit erbringt der U-Test signifikante Unterschiede zwischen DDR und BRD-Alben, wenn man die relative Häufigkeit dieser Werthaltung je Album berücksichtigt.[281]

4. Nur marginal unterscheiden sich hingegen die hier untersuchten DDR-/BRD-Alben hinsichtlich der Werthaltungen Altruismus, Gegenseitigkeit und Gemeinschaftssinn bzw. Charakterfestigkeit, Recht- und Sittlichkeit voneinander. Auch wenn bei letztgenannter Werthaltung der erste Eindruck auf mögliche Ost-West-Unterschiede schließen lässt (in Tabelle 7.14: Charakterfestigkeit, Recht- und Sittlichkeit: BRD = 7,7 % der Einträge je Album/DDR = 9,5 %), so weist ein U-Test diese als nicht signifikant aus. Hinsichtlich altruistischer Werthaltungen können im Grunde gar keine Unterschiede zwischen Ost- und West-Alben festgestellt werden. Unabhängig, ob in DDR oder BRD, brachten durchschnittlich 11 % der Einträger eines jeden Albums diese Werthaltung zum Ausdruck. Ein U-Test erhärtet die Vermutung, dass Altruismus als Werthaltung genauso häufig in Alben der BRD wie der DDR eingetragen wurde.

Häufigkeitsverteilung der geteilt-offiziellen Werte nach Einträgergruppe
Wenn sich Hinweise auf größere Ost-West-Unterschiede ergeben, so stellt sich die Frage, ob bestimmte Einträgergruppen in der DDR die geteilt-offiziellen Werthaltungen besonders häufig in ihren Einträgen zum Ausdruck brachten. Zur Beantwortung dieser Frage sind in Tabelle 7.15 die Häufigkeiten der Inskriptionen mit geteilt-offiziellen Werthaltungen für die Einträgergruppen in Ost und West dargestellt.

---

[281] Der Vergleich der relativen Häufigkeiten der Werthaltung Wahrhaftigkeit und Wahrheitsliebe zwischen DDR- und BRD-Alben im Rahmen eines Mann-Whitney-U-Tests verweist auf signifikante Ost-West-Unterschiede ($U = 618$, $p = .020$). Dies trifft allerdings nicht zu, wenn man die absoluten Häufigkeiten miteinander vergleicht. Hier deuten sich nur der Tendenz nach Ost-West-Unterschiede an ($U = 702$. $p = 0,110$).

Tabelle 7.15: Geteilt-offizielle Werte nach Einträgergruppe

		Einträgergruppe						
		Familie DDR	Familie BRD	Lehrer DDR	Lehrer BRD	Peers DDR	Peers BRD	Gesamt
Altruismus	n	19	14	11	20	127	98	289
	%	15,6 %	10,8 %	8,9 %	16,7 %	12,3 %	10,8 %	11,9 %
Arbeit und Leistung	n	8	8	23	17	95	39	190
	%	6,6 %	6,2 %	18,5 %	14,2 %	9,2 %	4,3 %	7,8 %
Bildung und Erkenntnisstreben	n	8	6	40	10	68	16	148
	%	6,6 %	4,6 %	32,3 %	8,3 %	6,6 %	1,8 %	6,1 %
Wahrheitsliebe	n	11	8	7	4	99	55	184
	%	9,0 %	6,2 %	5,6 %	3,3 %	9,6 %	6,0 %	7,5 %
Charakterfestigkeit	n	12	13	22	9	83	72	211
	%	9,8 %	10,0 %	17,7 %	7,5 %	8,1 %	7,9 %	8,7 %
Familie und Heimat	n	9	7	2	1	115	70	204
	%	7,4 %	5,4 %	1,6 %	,8 %	11,2 %	7,7 %	8,4 %
Gesamt	n	122	130	124	120	1031	911	2438
	%	100 %	100 %	100 %	100 %	100 %	100 %	100 %

Nur singulärer bzw. bei Panel-Einträgern chronologisch erster Eintrag berücksichtigt, $n = 2438$; % innerhalb der Einträgergruppen; bei Einträgen mit Werthaltung Altruismus: Chi-Quadrat (5) = 6.7, $p = .241$; Cramer-V = .053, $p = .241$; bei Einträgen mit Werthaltung Arbeit und Leistung: Chi-Quadrat (5) = 46.0, $p = .000$; Cramer-V = .137, $p = .000$; bei Einträgen mit Werthaltung Bildung und Erkenntnisstreben: Chi-Quadrat (5) = 181.0, $p = .000$; Cramer-V = .272, $p = .000$; bei Einträgen mit Werthaltung Wahrheitsliebe: Chi-Quadrat (5) = 13.6, $p = .018$; Cramer-V = .075, $p = .018$; bei Einträgen mit Werthaltung Charakterfestigkeit: Chi-Quadrat (5) = 14.8, $p = .011$; Cramer-V = .078, $p = .011$; bei Einträgen mit Werthaltung Familie und Heimat: Chi-Quadrat (5) = 28.9, $p = .000$; Cramer-V = .109, $p = .000$.

Die Tabelle gibt in zusammengefasster Form die Befunde von sechs Kreuztabellen wieder, die jeweils zwischen einer geteilt-offiziellen Werthaltung (dichotomisiert) und einer Variable, welche die Haupteinträgergruppen kategorial unterscheidet, erstellt wurde. Nur bei der Werthaltung Altruismus verweist der Chi-Quadrat-Test auf keine Unterschiede zwischen den Einträgergruppen. Das heißt, dass Altruismus von allen Einträgergruppen in etwa mit der relativ gleichen Häufigkeit eingetragen wurde.[282] Bei den übrigen Werthaltungen unterscheiden sich hingegen einzelne Einträgergruppen hinsichtlich der beobachteten und der zu erwartenden

---

[282] Obwohl insbesondere Lehrer (BRD) und Verwandte (DDR) mit Einträgen der Werthaltung Altruismus überrepräsentiert scheinen, unterscheiden sie sich dennoch *nicht signifikant* von den übrigen Einträgergruppen. Allerdings sind die Unterschiede zwischen den Lehrern in BRD und DDR bezüglich dieser Werthaltung bemerkenswert: Während bei Lehrern der Bundesrepublik Altruismus die am zweithäufigsten eingetragene Werthaltung darstellt, gaben Lehrer der DDR sieben anderen Werthaltungen den Vorzug.

7 Die Wertvorstellungen in Poesiealben in DDR und Bundesrepublik

Häufigkeiten auf einem Signifikanzniveau von 1 % bzw 5 %. Zwei Befunde können der Tabelle entnommen werden.

1. Zunächst fällt auf, dass im Ost-West-Vergleich fast immer die DDR-Eintragergruppen häufiger die geteilt-offiziellen Werte eintrugen als die äquivalenten Eintragergruppen in der BRD.[283] Dies spricht dafür, dass in der DDR ganz allgemein eine stärkere Wertekonservierung vorherrschte.

2. Richtet man die Aufmerksamkeit auf Einträgergruppen, die bei den einzelnen Werthaltungen entweder über- oder unterrepräsentiert sind, so fallen zwei bemerkenswerte Trends auf: Bei den als „bürgerlich" klassifizierbaren Werten sind es aus relativer Sicht stets die DDR-Lehrer, die am häufigsten diese Werte inskribierten.[284] Da es sich zugleich um staatlich legitimierte Werte handelt, fungierten DDR-Lehrer also durchaus als Vermittler staatlich-erwünschter Werte. Demgegenüber scheinen die Peers in der BRD an diesen Werten nicht mehr interessiert zu sein, was als Hinweis auf einen Rückgang der Akzeptanz dieser bürgerlichen Werte in der BRD interpretiert werden kann.

Tabelle 7.16: Geteilt-offizielle Werte: Über- und unterrepräsentierte Einträgergruppen

	geteilt-offizielle Werte	überrepräsentiert	unterrepräsentiert
	Arbeit und Leistung	Lehrer (Ost/West)	Peers (West)
bürgerliche Werte	Bildung und Erkenntnis	Lehrer (Ost)	Peers (West)
	Charakterfestigkeit	Lehrer (Ost)	
Wahrheitsliebe		Peers (Ost), Familie (Ost)	Lehrer (West)
Familie und Heimat		Peers (Ost), Familie (Ost)	Lehrer (West/Ost)
Altruismus		[Lehrer (West), Familie (Ost)]	

Ein zweiter Trend ist bei den beiden Werthaltungen ‚Wahrheitsliebe' und ‚Bindung an Familie und Heimat' festzustellen: Hier ergibt sich das Bild, dass vor allem nicht-staatliche Akteure in der DDR (Peers und Verwandte) mit Einträgen dieser Werte überrepräsentiert sind, während die Lehrer (vornehmlich in den alten

---

[283] Von 18 möglichen Ost-West-Paarvergleichen ist in lediglich zwei Fällen die BRD-Einträgergruppe mit relativ mehr Einträgen vertreten als die DDR-Einträgergruppe. Konkret trugen Lehrer in der BRD häufiger Altruismus ein als Lehrer in der DDR. Bei der Werthaltung Charakterfestigkeit trugen Verwandte in der BRD geringfügig häufiger diese Werthaltung ein als Verwandte in der DDR.

[284] Besonders ausgeprägt ist dies bei der Werthaltung Bildung und Erkenntnisstreben, aber auch bei Arbeit und Leistung.

Bundesländern) eher kein Interesse an einem Eintrag dieser Wertvorstellungen zeigten. Die angesprochenen Trends sind in Tabelle 7.16 noch einmal dargestellt.

Multivariate Prüfung

Die Analyse der geteilt-offiziellen Werte soll weiter vertieft und mit der Frage verbunden werden, ob weitere Faktoren die Wahrscheinlichkeit eines Eintrags dieser Werthaltungen beeinflussten. Hierbei wird auf das Instrument der Logistischen Regression zurückgegriffen, bei der die dichotomisierten Werthaltungen als abhängige Variablen fungieren. Tabelle 7.17 gibt die Befunde der Schätzungen wieder.

Tabelle 7.17: Logistische Regression: Geteilt-offizielle Werte

Unabhängige Variablen (Faktoren)	Abhängige Variable: Geteilt-offizielle Werte					
	Altruismus	Wahrheitsliebe	Familie/ Heimat	Arbeit/ Leistung	Bildung	Charakterfestigkeit
Geschlecht des Einträgers (weibl.= 1)	1,40*	1,02	,84	,652*	,64*	1,10
Jahr des Eintrags (Kohorteneffekt)	1,00	,99	,98*	,998	1,01	,97**
Wohnortgröße des Einträgers	1,02	1,01	,90**	,980	1,07+	1,03
Einträgergruppe Peers	Ref.	Ref.	Ref.**	Ref.**	Ref.**	Ref.*
Familie	1,08	1,05	,70	,862	1,28	1,51+
Lehrer	,88	,57+	,13**	2,823**	5,84**	1,91**
Sonstige	1,46	,45	,50	,348	1,81	1,27
Einträger aus DDR/BRD (DDR = 1)	1,23	1,58**	1,35+	1,967**	4,32**	1,20
Pseudo-R2 (Nagelkerke)	,01	,02	,05	,06	,14	,03

$Exp(b)$; ** signifikant < 1 %, * signifikant < 5 %, + signifikant < 10 %; b-Koeffizienten im Anhang dargestellt; nur singulärer bzw. bei Panel-Einträgern chronologisch erster Eintrag berücksichtigt; Omnibus-Test Modell Altruismus: Chi-Quadrat(7) = 8.10, p = .324, n = 2216; Modell Wahrheitsliebe: Chi-Quadrat(7) = 16.01, p = .025, n = 2216; Modell Familie und Heimat: Chi-Quadrat(7) = 50.30, p = .000, n = 2216; Modell Arbeit und Leistung: Chi-Quadrat(7) = 53.06, p = .000; Modell Bildung und Erkenntnisstreben: Chi-Quadrat(7) = 124.45, p = .000, n = 2216; Modell Charakterfestigkeit: Chi-Quadrat(7) = 33.75, p = .000, n = 2216.

Erhärtung der DDR-BRD-Unterschiede bei vier geteilt-offiziellen Werten

Die Befunde der Logistischen Regressionen erhärten die Ost-West-Unterschiede bei jenen vier geteilt-offiziellen Werten, die bereits in der bivariaten Prüfung signifikante Unterschiede aufwiesen (Arbeit und Leistung, Bildung und Erkenntnisstreben, Wahrheitsliebe, Bindung an Heimat und Familie; bei letztgenannter Wertvorstellung jedoch nur auf einem Signifikanzniveau von 10 %). Wie der Blick auf

7 Die Wertvorstellungen in Poesiealben in DDR und Bundesrepublik

Tabelle 7.17 zeigt, beeinflussten außerdem recht unterschiedliche Faktoren die Wahrscheinlichkeit der verschiedenen Werthaltungen. Dies deutet auf eine gewisse Heterogenität dieser tradierten und zugleich staatlich erwünschten Wertvorstellungen hin.

1. Lehrer heben sich als Einträgergruppe ab

Auch in der multivariaten Prüfung zeigt sich, dass Lehrer im Vergleich zur Peergroup mit besonders hoher Wahrscheinlichkeit die bürgerlichen Werte Bildung und Erkenntnisstreben sowie Arbeit und Leistung inskribierten, jedoch auf den Wert von Familie und Heimat eher verzichteten. Hierbei ist darauf hinzuweisen, dass in Tabelle 7.17 nicht zwischen Lehrern der beiden Staaten unterschieden wurde und ein allgemeiner Effekt der Einträgergruppe (Lehrer) unterstellt wird.

2. Effekte der Geschlechtszugehörigkeit verweisen auf tradierte Rollenvorstellungen

Ein weiterer Befund ist der Nachweis eines Effekts der Geschlechtszugehörigkeit für drei geteilt-offizielle Werte: Während die bürgerlichen Werte Arbeit und Leistung sowie Bildung und Erkenntnisstreben mit größerer Wahrscheinlichkeit von männlichen Inskribenten eingetragen wurden, thematisierten weibliche Inskribenten mit größerer Wahrscheinlichkeit Altruismus, Gegenseitigkeit und Gemeinschaftssinn in ihren Einträgen. Diese Effekte dürften tradierten geschlechtsspezifischen Rollenvorstellungen entsprechen.

3. Bindung an Familie und Heimat auf dem Land, Betonung von Bildung in städtischen Milieus

Bei zwei Werthaltungen ließen sich Stadt-Land-Unterschiede feststellen: So wurde die Bindung an Familie und Heimat mit höherer Wahrscheinlichkeit betont, je kleiner der Wohnort des Inskribenten war. Entgegengesetzt verhielt es sich bei der Werthaltung Bildung und Erkenntnisstreben. Je größer der Wohnort, umso größer war auch die Wahrscheinlichkeit, dass der Wert der Bildung im Eintrag betont wurde.

4. Bedeutungsverlust von Charakterfestigkeit und Bindung an Familie und Heimat
Schließlich ist auf einen allgemeinen Rückgang der Eintragswahrscheinlichkeit bei zwei Wertvorstellungen hinzuweisen: Mit jeder Dekade im Untersuchungszeitraum sank zum einen die Chance, dass der Wert von Familie und Heimat unterstrichen wurde. Dieser Befund deckt sich mit ähnlichen Ergebnissen aus anderen Albumstudien.[285] Zum anderen verringerte sich zwischen 1949 und 1989 die Wahrscheinlichkeit, dass Charakterfestigkeit, Recht- und Sittlichkeit als Wert in ein Album inskribiert wurden.

Vertiefende Analyse der Peergroup-Einträge
Da die Peers die größte Einträgergruppe in den Alben darstellt und zudem die späteren Erwachsenengeneration bildet, soll das Eintragsverhalten dieser Gruppe noch etwas genauer analysiert werden. Hierbei können mit dem Alter und dem Bildungsgrad zwei weitere relevante Faktoren in der Analyse berücksichtigt werden. Tabelle 7.18 gibt die Ergebnisse von Logistischen Regressionen für die geteilt-offiziellen Werthaltungen wieder, bei denen nur die Peergroup-Einträge berücksichtigt wurden. Fünf Befunde können der isolierten Betrachtung der Peers in Tabelle 7.18 entnommen werden.

1. Stärkere Wertekonservierung bei den DDR-Peers
Auch die ausschließliche Betrachtung der Peergroup-Einträge legt nahe, dass in der DDR eine stärkere Konservierung der tradierten Werthaltungen in der DDR stattfand. Besonders ausgeprägt sind die Ost-West-Unterschiede bei den bürgerlichen Werten Arbeit und Leistung sowie Bildung und Erkenntnisstreben. Die Chance für einen Eintrag dieser Werte war demnach in der DDR etwa zwei- bzw. dreimal so hoch wie in der Bundesrepublik.

2. Geschlechter gleichen sich bei Altruismus und Bildung jeweils in DDR und BRD an
Interessanterweise verweist die isolierte Betrachtung der Peers auf lediglich zwei Geschlechtseffekte: Auch bei den Peers (in Ost und West) wurde demnach Arbeit

---

[285] So stellen Rina Shapira und Hanna Herzog in ihrer Untersuchung israelischer Poesiealben zwischen 1925 und 1980 fest, dass die Bereitschaft, sich in Poesiealben zu größeren Kollektiven (etwa dem Heimatland) zu bekennen, zunehmend sank (Herzog/Shapira 1986: 118f). Auch wird die Rolle der Eltern als Mediatoren zwischen Individuum und Gesellschaft in den Alben immer seltener von den Jugendlichen betont (Herzog/Shapira 1986: 114).

7 Die Wertvorstellungen in Poesiealben in DDR und Bundesrepublik

und Leistung mit größerer Wahrscheinlichkeit von männlichen Inskribenten eingetragen. Die ausschließliche Analyse der Peers deckt zudem eine geringere Wahrscheinlichkeit der Betonung von Familie und Heimat durch weibliche Peers auf. Dieser Befund ist insofern bemerkenswert, da er sich mit Ergebnissen der Migrationsforschung deckt, wonach weibliche Individuen eher bereit sind als männliche, den Heimatort schon in jungen Jahren zu verlassen, um eine Ausbildung oder eine berufliche Tätigkeit aufzunehmen (Steiner/Böttcher/Prein/Terpe 2004: 7ff; Hacket 2009: 43).

Tabelle 7.18: Logistische Regression: Geteilt-offizielle Werte (nur Peers)

unabhängige Variablen (Faktoren)	Altruismus	Wahrheitsliebe	Familie u. Heimat	Arbeit u. Leistung	Bildung	Charakterfestigkeit
Geschlecht des Eintägers (weibl.= 1)	1,33	,88	,65+	,61*	,63	,67
Jahr des Eintrags (Koholteneffekt)	1,00	,99	,99	1,00	1,01	,97**
Wohnortgröße des Eintägers	1,00	1,01	,91*	,98	1,09	1,04
Eintäger aus DDR/BRD (DDR = 1)	1,08	1,87*	1,49+	1,98*	3,21**	,93
Alter bei Eintrag	1,00	,96	,85**	,95	1,11+	,94
Bildungsgrad	,85	1,39	,64+	,61+	,96	1,17
Pseudo-R2 (Nagelkerke)	,004	,02	,04	,03	,06	,03

Exp(b); ** signifikant < 1 %, * signifikant < 5 %, + signifikant < 10 %; *b*-Koeffizienten im Anhang dargestellt; nur singulärer bzw. bei Panel-Einträgern chronologisch erster Eintrag berücksichtigt; Omnibus-Test Modell Altruismus: Chi-Quadrat(6) = 2.90, *p* = .822, *n* = 1251; Modell Wahrheitsliebe: Chi-Quadrat(6) = 9.56, *p* = .145, *n* = 1251; Modell Familie und Heimat: Chi-Quadrat(6) = 24.02, *p* = .001, *n* = 1251; Modell Arbeit und Leistung: Chi-Quadrat(6) = 15.11, *p* = .019, n =1251; Modell Bildung und Erkenntnisstreben: Chi-Quadrat(6) = 26.483, *p* = .000, *n* = 1251; Modell Charakterfestigkeit: Chi-Quadrat(6) = 17.36, *p* = .008, *n* = 1251.

Bemerkenswert ist zudem ein weiterer Befund. Bei der isolierten Analyse der Peers sind die Effekte der Geschlechtszugehörigkeit bei den Werthaltungen Altruismus sowie Bildung und Erkenntnisstreben so stark vermindert, dass sich die Geschlechter nicht mehr signifikant voneinander unterscheiden. Dies deutet daraufhin, dass sich die Geschlechter bei diesen Wertvorstellungen zwischen 1949 und 1989 annäherten. Differenziert man hierbei noch einmal die Geschlechtszugehörigkeit nach Ost und West (DDR–weiblich/DDR–männlich/BRD–weiblich/BRD–männlich), so ergeben sich Hinweise, dass diese Geschlechteranpassung in DDR und BRD jeweils für sich genommen erfolgte. Zum besseren Verständnis sei

334 7.2 Zur Inskription staatlich erwünschter Werte

auf die Abbildungen 7.6 und 7.7 verwiesen. Darin sind die im Rahmen von Logistischen Regressionen geschätzten Wahrscheinlichkeiten für den Eintrag von Bildung und Erkenntnis bzw. Altruismus dargestellt, wobei die Geschlechtszugehörigkeit (getrennt nach Ost und West), die Dekade des Eintrags sowie ein aus beiden Faktoren gebildetes multiplikatives Interaktionsterm berücksichtigt wurden.[286] Wie in den Abbildungen zu erkennen ist, nähern sich die Wahrscheinlichkeiten der Geschlechter in der DDR beziehungsweise in der BRD im Zeitverlauf jeweils tendenziell auf einem unterschiedlichen Wahrscheinlichkeitsniveau an.

3. Alterseffekte
Signifikante Effekte des Alters ergeben sich lediglich bei zwei geteilt-offiziellen Werten: Familie und Heimat wurde mit größerer Wahrscheinlichkeit von jüngeren Inskribenten betont. Demgegenüber stieg die Wahrscheinlichkeit für eine Inskription der Werthaltung Bildung und Erkenntnisstreben, und zwar je älter ein Heranwachsender wurde.

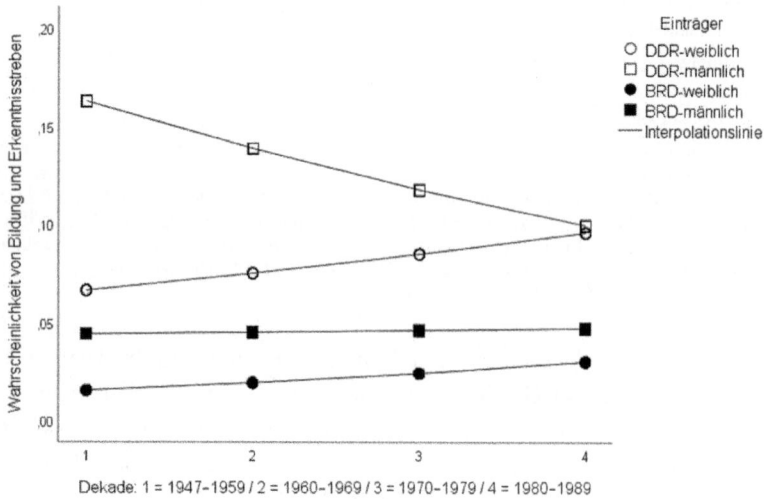

Abbildung 7.6: Bildung und Erkenntnisstreben nach Dekade und Geschlecht

---

[286] Die geschätzten Modelle sind im Anhang dargestellt.

7 Die Wertvorstellungen in Poesiealben in DDR und Bundesrepublik 335

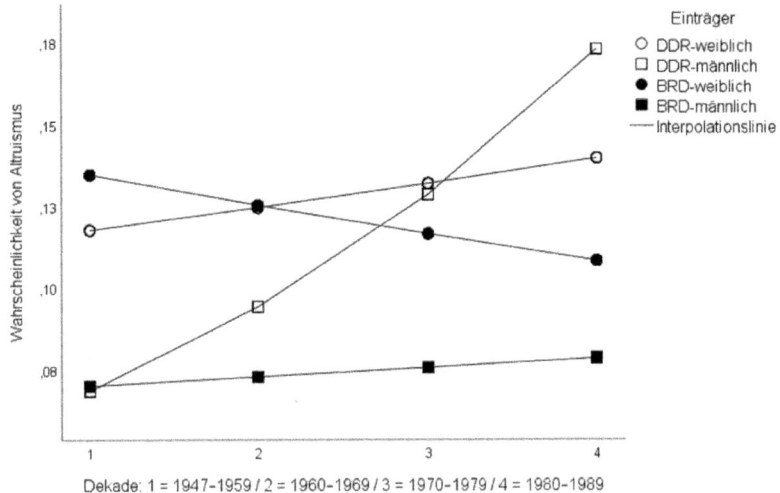

Abbildung 7.7: Altruismus nach Dekade und Geschlecht

4. Bildungseffekte

Bei den Werthaltungen Familie und Heimat sowie Arbeit und Leistung zeigen sich zumindest tendenziell Effekte des Bildungsgrads eines Inskribenten (auf einem Signifikanzniveau von 10 %). Je geringer der Bildungsgrad eines Inskribenten demnach war, umso größer war die Wahrscheinlichkeit, dass er diese Werte eintrug.

5. Erhärtung der Vermutung eines allgemeinen Rückgangs bei Charakterfestigkeit

Schließlich erhärtet die isolierte Betrachtung der Peers, dass zumindest die Werthaltung Charakterfestigkeit, Recht- und Sittlichkeit zwischen 1949 und 1989 an allgemeiner Akzeptanz in der gesamtdeutschen Bevölkerung verlor. Demgegenüber verlor, anders als es in der Betrachtung aller Inskribenten in Tabelle 7.17 noch der Fall war, in der Gruppe der Peers der Rückgang der Werte Familie und Heimat seine Signifikanz. Da Lehrer (in Ost und West) die Bindung an Familie und Heimat in ihren Inskriptionen nicht thematisierten, dürfte die gesunkene Wahrscheinlichkeit für diese Werte möglicherweise auf ein entsprechend verändertes Inskriptionsverhalten innerhalb der Gruppe der Verwandten zurückgehen. Das soll im nächsten Abschnitt geprüft werden.

7.2 Zur Inskription staatlich erwünschter Werte

Prüfung auf Interaktionseffekte
Prüfung auf Interaktion zwischen Eintragsjahr und Wahrnehmung staatlicher Rahmenbedingungen
Neben Hypothese H3 wird auch ein Interaktionseffekt vermutet, wonach sich im Zeitverlauf vor allem bei den bürgerlichen Werten größere Ost-West-Divergenzen ergaben:

> Interaktionseffekt: Die Wahrscheinlichkeit eines Eintrags bürgerlicher Werte nahm zwischen 1949 und 1989 in der Bundesrepublik ab, während sie in der DDR unverändert blieb.

Mit Verweis auf die Forschungen von Elisabeth Noelle-Neumann kann davon ausgegangen werden, dass die Einträger in Westdeutschland bürgerliche Werte zwischen 1949 und 1989 immer seltener eintrugen, während sie in der DDR auf ihrem Ausgangsniveau konserviert wurden. Zur Prüfung dieses Zusammenhangs wurden Logistische Regressionen durchgeführt und zwei Modelle geschätzt. In einem ersten Modell wurden nur die Dekade des Eintrags und eine Variable einbezogen, bei der die Einträgergruppen nach Ost und West differenziert wurden.[287] In einem zweiten Modell wurde zusätzlich ein multiplikatives Interaktionsterm dieser beiden Faktoren in die Schätzung aufgenommen.
In Tabelle 7.19 sind die Befunde des jeweils zweiten Modells für jede geteilt-offizielle Werthaltung aufgeführt. Sie verweisen nur auf wenige signifikante Interaktionseffekte. Vielmehr scheint vor allem die Zugehörigkeit zu einer bestimmten Einträgergruppe einen besonderen Einfluss auf die Wahrscheinlichkeit eines Eintrags einer geteilt-offiziellen Werthaltung ausgeübt zu haben. Die Ost-West-Unterschiede zwischen den einzelnen Einträgergruppen blieben zwischen 1949 und 1989 überwiegend konserviert. Allerdings sind bei einigen bürgerlichen Werten allgemeine, sowohl in Ost als auch West beobachtbare Wandlungstendenzen festzustellen. Separat betrachtet, ergeben sich für die untersuchten Werthaltungen folgende Befunde:

---

[287] Bei den Wertvorstellungen ‚Familie und Heimat' sowie ‚Wahrheitsliebe und Wahrhaftigkeit' hatte sich weiter oben gezeigt, dass Lehrer diese Werthaltung eher nicht in Poesiealben eintrugen. Zur Vermeidung fehlerhafter Schätzungen wurde deshalb bei diesen Werthaltungen eine Variable gebildet, bei der die Gruppen der Lehrer (Ost bzw. West) den sonstigen Einträgern (Ost bzw. West) zugeordnet wurden.

7 Die Wertvorstellungen in Poesiealben in DDR und Bundesrepublik

Tabelle 7.19: Logistische Regression: Geteilt-offizielle Werte nach Einträgergruppe und Dekade

unabhängige Variablen (Faktoren)	abhängige Variable: geteilt-offizielle Werte					
	Altruismus	Wahrheitsliebe	Familie und Heimat	Arbeit und Leistung	Bildung	Charakterfestigkeit
Dekade des Eintrags	,94	,94	,73**	,74+	1,47	,76*
Peers (BRD)	Ref.	Ref.*	Ref.**	Ref.**	Ref.**	Ref.**
Peers (DDR)	1,11	1,64**	1,49*	2,50**	5,09**	1,03
Familie (BRD)	,87	,98	,60	1,61	2,94+	1,18
Familie (DDR)	1,01	1,74	,83	1,77	5,38**	1,49
Lehrer (BRD)	1,70+			3,96**	7,53**	1,12
Lehrer (DDR)	,76			5,59**	34,34**	2,53**
Sonstige (BRD)	,91	,73	,31*	,00	1,99	,34
Sonstige (DDR)	1,80	,94	,11*	1,39	5,66*	3,34**
ZDekade * Peers (BRD)	Ref.+	Ref.	Ref.	Ref.	Ref.	Ref.
ZDekade by Peers (DDR)	1,15	,96	1,25	1,36+	,74	1,07
ZDekade by Familie (BRD)	,85	,75	,82	2,06+	,96	,77
ZDekade by Familie (DDR)	1,95*	1,01	1,82+	1,64	,75	1,01
ZDekade by Lehrer (BRD)	,74			1,48	,43*	,99
ZDekade by Lehrer (DDR)	1,03			1,32	,68	1,06
ZDekade by Sonstige (BRD)	2,07+	,75	,84	,00	1,35	2,62
ZDekade by Sonstige (DDR)	1,04	1,35	,51	1,32	,37	2,82*
Pseudo-R2 (Nagelkerke)	,02	,02	,05	,05	,15	,04

Exp(b); ** signifikant < 1 %, * signifikant < 5 %, + signifikant < 10 %; *b*-Koeffizienten im Anhang dargestellt; nur singulärer bzw. bei Panel-Einträgern chronologisch erster Eintrag berücksichtigt; Omnibus-Test Modell Altruismus: Chi-Quadrat(15) = 20.51, p = .153, n = 2414; Modell Wahrheitsliebe: Chi-Quadrat(11) = 18.77, p = .065, n = 2414; Modell Familie und Heimat: Chi-Quadrat(11) = 49.10, p = .000, n = 2414; Modell Arbeit und Leistung: Chi-Quadrat(15) = 55.38, p = .000, n = 2414; Modell Bildung und Erkenntnisstreben: Chi-Quadrat(15) = 133.67, p = .000, n = 2414; Modell Charakterfestigkeit: Chi-Quadrat(15) = 40.28, p = .000, n = 2414. Aufgrund geringer Fallzahlen bei der Inskription der Werthaltungen ‚Wahrheitsliebe' bzw. ‚Familie und Heimat' wurden keine Schätzungen der Odds ratio für die Lehrer vorgenommen. Die Lehrer (DDR) wurden hier der Kategorie ‚Sonstige' (DDR), die Lehrer (BRD) der Kategorie ‚Sonstige' (BRD) zugeordnet.

Allgemeiner Rückgang der Wahrscheinlichkeit von Charakterfestigkeit, Recht- und Sittlichkeit

Bereits in den vorangegangenen Prüfungen hatten sich Hinweise auf einen allgemeinen Rückgang der bürgerlichen Werthaltung ‚Charakterfestigkeit, Recht- und Sittlichkeit' ergeben. Dies wird durch die Befunde in Tabelle 7.19 weiter erhärtet. Zumindest der Tendenz nach sind hiervon, wie vermutet, besonders die BRD-Einträgergruppen von einem Rückgang der Eintragswahrscheinlichkeit dieser Werthaltung betroffen. Dies geht auch aus Abbildung 7.8 hervor, in der die Wahrscheinlichkeiten für den Eintrag von Charakterfestigkeit, Recht- und Sittlichkeit im Zeitverlauf entsprechend der Schätzung in Tabelle 7.19 wiedergegeben sind.[288]

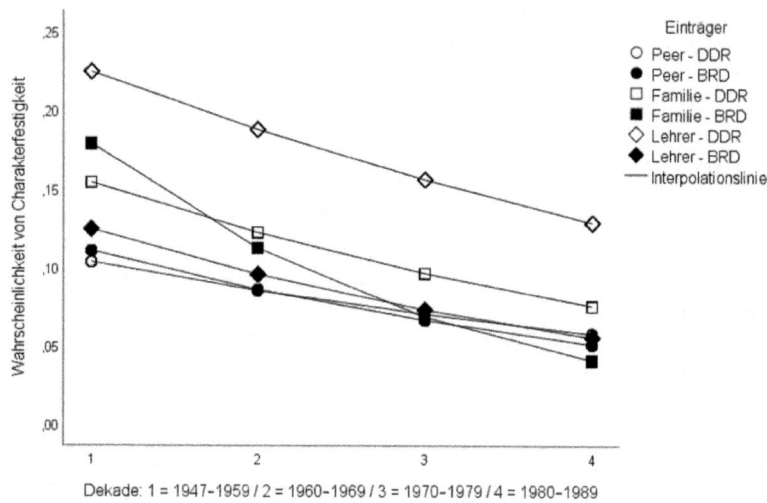

Abbildung 7.8: Charakterfestigkeit nach Dekade und Einträgergruppe

Peers in der BRD verlieren tendenziell das Interesse an Arbeit und Leistungswerten

Der Blick in Tabelle 7.19 verweist auf einen tendenziellen Rückgang (Signifikanzniveau von 10 %) der Eintragswahrscheinlichkeit von Arbeit und Leistung im Zeitverlauf. Die Visualisierung der Wahrscheinlichkeiten in Abbildung 7.9 lässt erkennen, dass dieser Rückgang vor allem auf die Gruppe der BRD-Peers zurückzuführen ist.[289]

---

[288] In dieser wie auch den folgenden graphischen Darstellungen wurden die ‚sonstigen' Einträger nicht berücksichtigt. Aufgrund ihrer heterogenen Zusammensetzung werden sie weiter unten separat analysiert.

[289] Grundlage der Abbildung ist die Modellschätzung für ‚Arbeit und Leistung' in Tabelle 7.19.

7 Die Wertvorstellungen in Poesiealben in DDR und Bundesrepublik 339

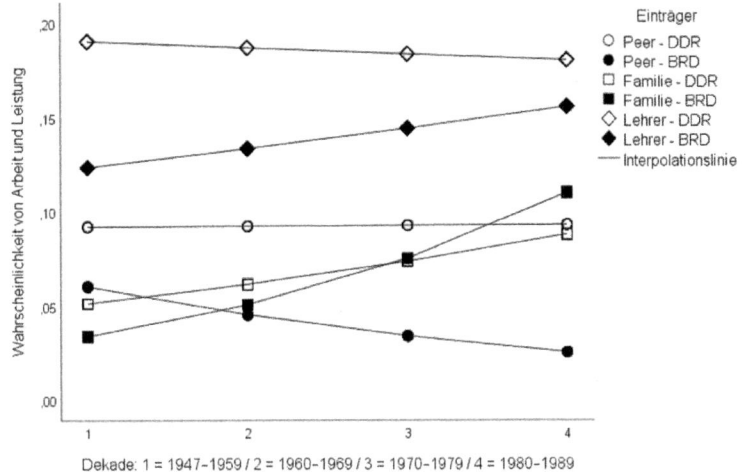

Abbildung 7.9: Arbeit und Leistung nach Dekade und Einträgergruppe

Offensichtlich verloren westdeutsche Heranwachsende das Interesse an einem Eintrag dieser bürgerlichen Wertvorstellungen zwischen 1949 und 1989 zunehmend. Dies deckt sich nicht nur mit den Annahmen von Elisabeth Noelle-Neumann (1978), sondern auch mit den Befunden der Wertestudie von Peter Kmieciak, der bereits Mitte der 1970er Jahre eine Abwertung der Berufs- und Leistungswerte in der BRD konstatiert hatte (Kmieciak 1976). Insofern wird der vermutete Zusammenhang eines tendenziell stärkeren Rückgangs bürgerlicher Werte zumindest für die größte Einträgergruppe in der BRD (Peers) gestützt.[290]

---

[290] Allerdings ist darauf hinzuweisen, dass bei den übrigen Einträgergruppen (außer Lehrern der DDR) zumindest der Tendenz nach ein gegenläufiger Trend zu beobachten ist. Das heißt, dass Arbeit und Leistung zwischen 1949 und 1989 von den übrigen Einträgergruppen mit gleichbleibender Wahrscheinlichkeit inskribiert bzw. sogar tendenziell leicht zunehmend in den Alben betont wurden. Wie sich darüber hinaus noch weiter unten zeigen wird, liegt hier vermutlich nur ein auf die Kindheit und Adoleszenz zeitlich begrenzter Effekt einer geringen Wertschätzung von Arbeit und Leistung in der BRD vor. Denn während bei den DDR-Peers die Bereitschaft zum Eintrag von Arbeit und Leistung mit zunehmendem Alter sank, stieg sie bei den BRD-Peers mit zunehmendem Lebensalter an. Dies wird weiter unten noch ausführlicher behandelt.

7.2 Zur Inskription staatlich erwünschter Werte

Bildungs- und Erkenntnisstreben

Aus Tabelle 7.19 geht hervor, dass die Eintragswahrscheinlichkeit von Bildung und Erkenntnisstreben vor allem von der Zugehörigkeit zu einer bestimmten Einträgergruppe beeinflusst wurde. Wie bereits aus der Deskription bekannt, unterschieden sich hierbei die BRD-Peers von allen anderen Einträgergruppen, besonders aber von den ostdeutschen Einträgergruppen. Die Befunde der Tabelle 7.19 deuten zudem darauf hin, dass sich bei dieser bürgerlichen Werthaltung im Grunde keine größeren Veränderungen der Eintragswahrscheinlichkeiten zwischen 1949 und 1989 ergaben, die Ost-West-Unterschiede also konserviert blieben. Allerdings deckt die Hinzunahme des Interaktionsterms eine bemerkenswerte Ausnahme auf: Lehrer in der BRD trugen zwischen 1949 und 1989 mit immer geringerer Wahrscheinlichkeit den Wert der Bildung und des Erkenntnisstrebens in die Alben ein. Dieser überraschende Befund geht auch aus Abbildung 7.10 hervor, in der die Wahrscheinlichkeiten entsprechend der Modellschätzung in Tabelle 7.19 graphisch dargestellt sind.

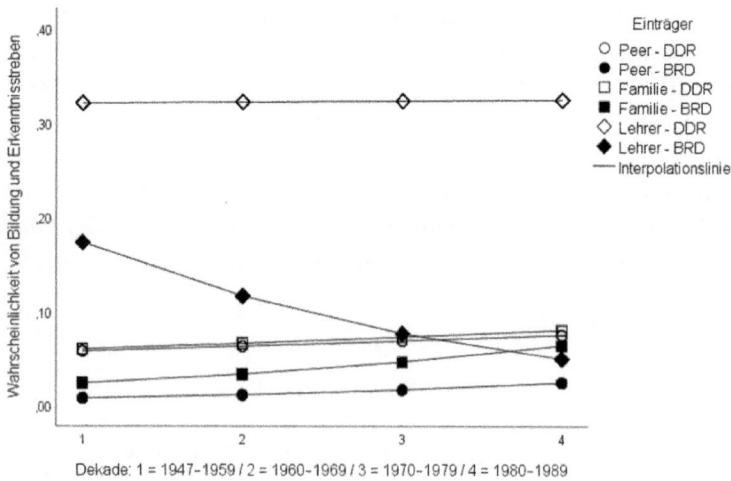

Abbildung 7.10: Bildung und Erkenntnisstreben nach Dekade und Einträgergruppe

Möglicherweise spricht dies für einen neuen Lehrer-Typus in der Bundesrepublik, der im Gegensatz zu früheren Lehrer-Generationen die humanistisch-bürgerlichen

7 Die Wertvorstellungen in Poesiealben in DDR und Bundesrepublik   341

Bildungswerte weniger stark betonte. Denkbar ist aber auch, dass Lehrer in Westdeutschland aufgrund eines erweiterten Aufgabenfelds (etwa der Integrierung von Kindern mit Migrationshintergrund) andere relevante Werte nunmehr stärker in den Blick nahmen.

Wahrheitsliebe und Wahrhaftigkeit
Bezüglich der Werthaltung ‚Wahrheitsliebe und Wahrhaftigkeit' verweisen die Befunde in Tabelle 7.19 auf keine grundlegenden Veränderungen der Eintragswahrscheinlichkeiten im Zeitverlauf, so dass hier ebenfalls von einer allgemeinen Konservierung der Ost-West-Unterschiede auszugehen ist. Wenn auch nicht als signifikant ausgewiesen, so deuten die geschätzten Effektkoeffizienten im Rahmen des Interaktionsterms zumindest auf tendenzielle Unterschiede zwischen den Einträgergruppen im Zeitverlauf hin. Hierfür lohnt ein detaillierter Blick in Abbildung 7.11. Darin sind die geschätzten Wahrscheinlichkeiten für den Eintrag von ‚Wahrhaftigkeit und Wahrheitsliebe' für die relevanten Einträgergruppen entsprechend der Schätzung in Tabelle 7.19 dargestellt.

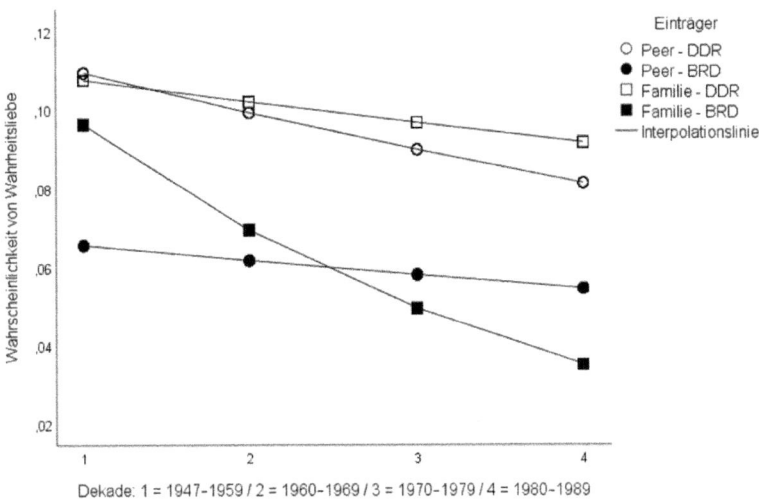

Abbildung 7.11: Wahrheitsliebe nach Dekade und Einträgergruppe

Aus der Abbildung geht hervor, dass nicht-staatliche Akteure (Peers und Verwandte) in der DDR stärker am Wert von Wahrheitsliebe und Wahrhaftigkeit festgehalten haben als nichtstaatliche Akteure in der BRD. Bedenkt man, dass Wahrheitsliebe zugleich als Grundlage für vertrauensvolle Beziehungen im Rahmen persönlicher Netzwerke angesehen werden kann, könnte mit dieser Werthaltung eine mit der Nische korrespondierende Werthaltung betont worden sein.

Altruismus und die Bindung an Familie und Heimat ebenfalls als Werte der Nische
Bei der Werthaltung Altruismus ist zunächst darauf hinzuweisen, dass auch aus Tabelle 7.19 hervorgeht, dass sich die Einträgergruppen bezüglich dieser Werthaltung kaum unterscheiden und die feststellbaren Tendenzen allenfalls marginal sind. Allerdings deckt die Hinzunahme des Interaktionsterms in die Schätzung einen interessanten Aspekt auf: So zeigt sich, dass verglichen mit den West-Peers insbesondere Verwandte in der DDR im Zeitverlauf immer häufiger zur Betonung von Altruismus tendierten. Wenn auch nicht signifikant, so zeigt sich dieselbe Tendenz auch bei den anderen ostdeutschen Einträgergruppen, insbesondere bei den DDR-Peers. Ein anderes Bild ergibt sich bei den westdeutschen Einträgern. Sieht man von der kleinen und heterogen zusammengesetzten Gruppe der sonstigen Einträger (BRD) ab, nahm hier die Eintragswahrscheinlichkeit im Vergleich zu den West-Peers zumindest der Tendenz nach in den Haupteinträgergruppen ab. Ähnlich verhält es sich bei der Bindung an Familie und Heimat. Im Vergleich mit den BRD-Peers betonten Familienangehörige in der DDR zwischen 1949 und 1989 mit zunehmender Wahrscheinlichkeit die Werte der Familie und Heimat in ihren Einträgen. Bei den DDR-Peers war dies zumindest der Tendenz nach der Fall. Anders liegt der Fall bei den westdeutschen Einträgergruppen: Im Vergleich zu den BRD-Peers nahm bei ihnen zwischen 1949 und 1989 der Tendenz nach die Wahrscheinlichkeit ab, dass Familie und Heimat in einem Album thematisiert wurden. Dass Altruismus und gegenseitige Unterstützung sowie der Wert des familiären Netzwerks insbesondere von nicht-staatlichen Akteuren in der DDR immer stärker betont wurden, kann als Hinweis auf eine Nischengesellschaft interpretiert werden, die sich in einer größeren Inskriptionsbereitschaft korrespondierender Werthaltungen widerspiegelt. Dass es sich hierbei um allgemeine und erhärtbare Trends in Ost und West handelt, geht aus den Abbildungen 7.12 und 7.13 hervor.

7 Die Wertvorstellungen in Poesiealben in DDR und Bundesrepublik 343

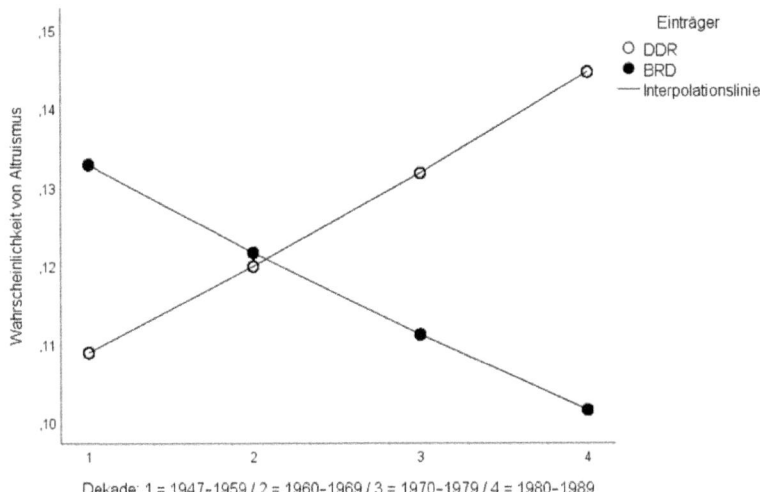

Abbildung 7.12: Altruismus nach Dekade in Ost und West

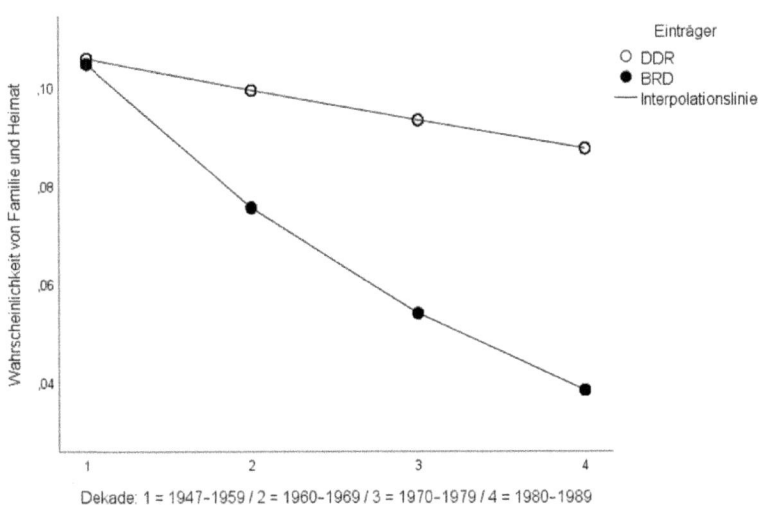

Abbildung 7.13: Bindung an Familie und Heimat nach Dekade in Ost und West

In den Abbildungen 7.12 und 7.13 sind die geschätzten Wahrscheinlichkeiten von Logistischen Regressionen für beide Werthaltungen dargestellt, bei denen allgemein der DDR-/BRD-Hintergrund eines Inskribenten, die Dekade des Eintrags sowie ein multiplikatives Interaktionsterm aus beiden Variablen als Faktoren eingegangen sind.[291] Demnach sank in der Bundesrepublik die Wahrscheinlichkeit für einen Eintrag der Werthaltung Altruismus, während sie in der DDR anstieg. Auch die Bindung an Familie und Heimat verlor zwischen 1949 und 1989 in den alten Bundesländern zunehmend an Relevanz, während sie in der DDR stärker auf dem Ausgangsniveau konserviert blieb.

Zusammenfassung und Interpretation
1. Allgemein stärkere Wertekonservierung in der DDR
Zunächst ist festzuhalten, dass in der DDR eine deutlich stärkere Konservierung der geteilt-offiziellen Werte stattfand. Damit ist gemeint, dass zwischen 1949 und 1989 die tradierten, zugleich staatlich legitimierten Werte in der DDR in geringerem Maße Wandlungstendenzen unterworfen waren als in den alten Bundesländern. So hatte sich gezeigt, dass vier der sechs geteilt-offiziellen Werte signifikant häufiger in den Alben der DDR betont wurden. Wie die nähere Analyse der Ost-West-Unterschiede ergab, waren unabhängig davon, ob Peers, Lehrer oder Verwandte eintrugen, in der Regel immer die DDR-Eintragergruppen mit Inskriptionen dieser Werte überrepräsentiert. Die Prüfung auf Interaktionseffekte ergab, dass die Ost-West-Wertedivergenzen im Zeitverlauf entweder bestehen blieben oder aber aufgrund einer sich verringernden Eintragswahrscheinlichkeit in den alten Bundesländern sogar zunahmen.

2. Der Schein wird gewahrt: DDR-Lehrer bevorzugen die staatlich legitimierten bürgerlichen Werte
Die Analyse der Häufigkeitsverteilung in den Einträgergruppen zeigte auf, dass insbesondere die Lehrer in der DDR überdurchschnittlich häufig die als bürgerlich klassifizierbaren Werte zum Ausdruck brachten (vgl. bereits Rytlewski 1989: 17f). Als besonders augenfällig erwies sich hierbei die Betonung von Bildung und Erkenntnisstreben. Fast jeder dritte Lehrer in der DDR (32,3 %) machte in den hier untersuchten Alben auf diesen Wert aufmerksam.

---

[291] Die geschätzten Modelle sind im Anhang dargestellt.

7 Die Wertvorstellungen in Poesiealben in DDR und Bundesrepublik

Die Konzentration auf bürgerliche Werte ist insofern bemerkenswert, als hier ein systematisches Verhalten der Lehrer in der DDR erkennbar wird: Vergleicht man die Häufigkeiten, mit der diese die geteilt-offiziellen Werte Bildung und Erkenntnisstreben (32,3 %), Arbeit und Leistung (18,5 %) sowie Charakterfestigkeit (17,7 %) inskribierten, mit der Häufigkeit, mit der sie die ideologischen Kernwerte der DDR eintrugen (11,3 %), so wird deutlich, dass sie sich zwar überwiegend auf dem Feld staatlich erwünschter Werthaltungen bewegten, dabei aber eher auf die tradiert bürgerlichen Bildungs- und Leistungswerte auswichen – statt der sozialistischen Ideologie zu folgen. Mit anderen Worten: Der Schein der staatlichen Identifikation wurde von den DDR-Lehrern durch Eintragung staatlich legitimierter Werte gewahrt, aber eine Identifikation mit dem sozialistischen Staat fand vermutlich selbst in dieser Einträgergruppe durch eine überwiegende Verweigerung der staatlichen Kernwerte der DDR nicht statt.

Demgegenüber inskribierten Lehrer der BRD in ihren Einträgen die demokratischen Kernwerte ihres Landes (14,2 %) mindestens genauso häufig, wenn nicht häufiger, als die bürgerlichen Werte Arbeit und Leistung (14,2 %), Bildungs- und Erkenntnisstreben (8,3 %) bzw. Charakterfestigkeit (7,5 %). Dieser Befund kann sowohl im Sinne einer zunehmend stärkeren Identifizierung der Lehrer in der BRD mit der politischen Grundordnung der Bundesrepublik als auch als ein Hinweis auf einen dortigen Lehrer-Typus interpretiert werden, der zugleich offener gegenüber anderen Werten und Einstellungen im Sinne einer Wertepluralisierung war.

3. Werte der Nische: Altruismus, Wahrheitsliebe, Familie und Heimat
Wie die Analyse der Häufigkeitsverteilung in den Einträgergruppen des Weiteren zeigt, sind sowohl die Peers als auch die Verwandten in der DDR mit Einträgen, in denen Familie und Heimat sowie Wahrhaftigkeit und Wahrheitsliebe betont wurden, in den Alben überrepräsentiert. Die Prüfung auf Interaktionseffekte ergab zudem, dass die Bindung an Familie und Heimat sowie der Wert der Wahrheitsliebe und Wahrhaftigkeit zwischen 1949 und 1989 vor allem bei den nichtstaatlichen Akteuren in der DDR einen hohen Stellenwert genossen und fast mit unveränderter Wahrscheinlichkeit im Zeitverlauf in die Alben inskribiert wurden. Dies trifft partiell auch auf Altruismus, Gegenseitigkeit und Gemeinschaftssinn zu. Obschon es sich hier um eine in DDR und BRD gleichermaßen bedeutsame Werthaltung handelt, haben zwischen 1949 und 1989 zunehmend die nichtstaatlichen

Akteure in der DDR (und hier vor allem DDR-Verwandte) diesem Wert in ihren Inskriptionen Ausdruck verliehen.

Diese Befunde lassen sich dahingehend deuten, dass hier von nicht-staatlichen Akteuren in der DDR offensichtlich Werte betont wurden, die auf Kooperation und gegenseitige Hilfe (Altruismus), auf Vertrauen (Wahrheitsliebe) und enge Bindungen (Familie und Heimat) abzielen und somit die Bildung von privaten Nischen begünstigten bzw. den Wert der Nische selbst unterstreichen.[292] Die Befunde geben somit Hinweise darauf, dass Altruismus, Wahrheitsliebe und die Bindung an Familie und Heimat als korrespondierende Werte der Nische angesehen werden können.

4. Tradiertes Verständnis der Geschlechterrollen verliert an Relevanz

Die multivariate Prüfung hatte Hinweise erbracht, wonach die Geschlechtszugehörigkeit eines Inskribenten die Äußerung bestimmter Werthaltungen beeinflusste. So hatte sich gezeigt, dass Bildung und Erkenntnis sowie Arbeit und Leistung mit größerer Wahrscheinlichkeit von männlichen Einträgern, Altruismus, Gegenseitigkeit und Gemeinschaftssinn hingegen eher von weiblichen Inskribenten eingetragen wurden. Dieser Befund verweist eventuell auf ein zugrunde liegendes traditionelles Verständnis von Geschlechterrollen.[293]

Die isolierte Analyse der Peergroup-Einträge legte indes nahe, dass sich die Geschlechterdifferenzen zumindest bei den Werthaltungen Bildung und Erkenntnis sowie Altruismus, Gegenseitigkeit und Gemeinschaftssinn im Untersuchungszeitraum zunehmend verringerten. Demgegenüber blieben Arbeit und Leistung noch immer von männlichen Inskribenten betont. Daraus lässt sich schlussfolgern, dass zumindest teilweise das Verständnis von traditionellen Geschlechterrollen an Relevanz verlor. Hierbei ergaben sich Hinweise, wonach der Wandel dieses Verständnisses dadurch moderiert wurde, wo ein Individuum (in der DDR oder BRD)

---

[292] Dieser Befund korrespondiert auch mit dem Sammeln von Einträgen durch die Halter der Alben. Hier zeigt, dass in der DDR häufiger ein großes Familiennetzwerk im Album mit Inskriptionen vertreten ist. Das deutet darauf hin, dass die Bindung innerhalb des Familiennetzwerks womöglich größer war als in der BRD. Die Betonung familiärer Bindungen und der weiteren Nischenwerte insbesondere durch Verwandte in der DDR scheint somit auch die Vermutung zu stützen, dass Nischen in der DDR auf einem erweiterten Netzwerk von Verwandten aufbauten.

[293] Während Arbeit und Zugang zur höheren Bildung traditionell vor allem männlichen Individuen vorbehalten war, wird Selbstlosigkeit und Gemeinschaftssinn traditionell eher mit einer weiblichen (mütterlichen) Geschlechterrolle assoziiert.

7 Die Wertvorstellungen in Poesiealben in DDR und Bundesrepublik

lebte. So erfolgte die Annäherung des geschlechtsspezifischen Inskriptionsverhaltens in DDR als auch BRD zwar im Zeitverlauf ähnlich, aber doch auf unterschiedlichem Wahrscheinlichkeitsniveau. Während die Annäherung des geschlechtsspezifischen Inskriptionsverhaltens zwischen 1949 und 1989 in der DDR mit einer tendenziell zunehmenden Betonung dieser Werte verbunden war, scheint sie in der BRD eher mit einer tendenziellen Abnahme im Zeitverlauf einhergegangen zu sein. Diese Ost-West-Unterschiede könnten ein Indiz dafür sein, dass die Überwindung von Geschlechterdifferenzen in der DDR stärker ausgeprägt war und auch in den Alben tendenziell stärker zum Ausdruck gebracht wurde als in den alten Bundesländern.

Zusammenfassend lässt sich sagen, dass in der DDR eine allgemeine Wertekonservierung stattfand, die in diesem Umfang nicht in der Hypothese erwartet wurde. Aufgrund dessen ist diese Hypothese zu modifizieren. Die Analyse ergab, dass die geteilt-offiziellen Werte aus zwei Wertgruppen bestehen: einerseits den bürgerlichen Werten, andererseits den Werten, die mit der Bildung von Nischen korrespondieren. Die bürgerlichen Werte verloren dabei, wie vermutet, in den alten Bundesländern an Bedeutung. In diesem Sinne werden die früheren Befunde von Elisabeth Noelle-Neumann und Peter Kmieciak gestützt.

Die Konservierung der bürgerlichen Werte in der DDR betraf zwar sämtliche Einträgergruppen, doch traf dies vor allem auf die Gruppe der Lehrer zu, die sich auf diese Werte augenscheinlich zurückzogen. Die Konservierung der weiteren Werte erfolgte besonders durch nichtstaatliche Akteure, weil sie sich möglicherweise für die Bildung von Nischen als nützlich erwiesen. Hier könnten weitere Albumstudien anschließen und prüfen, inwiefern diese Werte weiterhin in den Alben vorkamen, nachdem nach 1990 die Nischen in Ostdeutschland ihre Funktion verloren hatten (Völker 1995).

7.2.2.2 Staatlich vereinnahmte Werte

Als staatlich vereinnahmt wurden Werte gekennzeichnet, die ebenfalls traditionell in der deutschen Bevölkerung verbreitet sind, im Unterschied zu den geteilt-offiziellen Werten allerdings nur in den offiziellen Dokumenten eines der beiden deutschen Staaten vorkommen und damit als von diesem ‚vereinnahmt' angesehen werden können. Es handelt sich um folgende Werthaltungen:

- nur in der DDR: Sparsamkeit, Gesundheit, Frohsinn und optimistische Lebenseinstellung
- nur in der BRD: Religiosität

In der Betrachtung der staatlich vereinnahmten Werte kommt Religiosität eine Sonderrolle zu. Denn während „Ehrfurcht vor Gott" in den Landesverfassungen der alten Bundesländer als Bildungs- und Erziehungsziel mehrheitlich verankert wurde, galt diese Werthaltung in der DDR als unerwünscht. Aufgrund dieser Sonderstellung wird Religiosität als staatlich unerwünschte Werthaltung im Rahmen von Hypothese H5 separat untersucht. Hinsichtlich der weiteren staatlich vereinnahmten Werte Sparsamkeit, Gesundheit sowie Frohsinn und optimistische Lebenseinstellung war indes folgende Hypothese formuliert worden:

H4 *Wenn ein Einträger in der DDR gelebt hat, dann hat er mit der gleichen Wahrscheinlichkeit staatlich vereinnahmte Werte eingetragen wie ein Einträger in der Bundesrepublik.*

Sparsamkeit wird von Elisabeth Noelle-Neumann den bürgerlichen Werten zugeordnet (Noelle-Neumann 1978: 15). Daher kann angenommen werden, dass es sich um eine eher tradierte und somit allgemein in der deutschen Bevölkerung verbreitete Wertvorstellung handelt. Trotz der Vereinnahmung durch den DDR-Staat kann deshalb davon ausgegangen werden, dass sich die Inskribenten in DDR und BRD bezüglich des Eintrags dieser Wertvorstellung nicht unterscheiden. Auch Gesundheit und eine frohe und optimistische Lebenseinstellung können als allgemeine Einstellungen zur Lebensführung aufgefasst werden, die vermutlich universell verbreitet sind. Aufgrund dessen ist nicht zu erwarten, dass diese grundlegenden Wertvorstellungen trotz ihrer Verankerung in offiziellen Dokumenten durch den DDR-Staat explizit beeinflusst wurden. Die Albumforschung legt zudem nahe, dass Frohsinn und Optimismus, aber auch Gesundheit als albumspezifische Inhalte von Poesiealben eingeschätzt werden können (vgl. Zillig 1942: 51; Freudenthal 1964a: 96; Bodensohn 1968: 150; Angermann 1971: 277ff; Rossin 1985: 285). Das heißt, dass die Praxis der Albumsitte den Eintrag dieser Werthal-

7 Die Wertvorstellungen in Poesiealben in DDR und Bundesrepublik

tungen möglicherweise begünstigt bzw. es sich hierbei um traditionelle Albuminhalte handelt.[294] Auch aufgrund der Tradiertheit dieser Werte im Albumkontext kann davon ausgegangen werden, dass sie annähernd gleichverteilt in die Alben in Ost und West inskribiert wurden.

Textmerkmale und Beispiele
Zunächst soll kurz erläutert werden, wie sich die betreffenden Werthaltungen in den Texteintragungen der untersuchten Alben manifestieren. Anschließend werden die Werthaltungen durch eine Auswahl von Texten illustriert.

Sparsamkeit
Den Befund für diese Werthaltung bereits vorwegnehmend ist zu konstatieren, dass Sparsamkeit in den hier untersuchten Poesiealben nur sehr selten als Werthaltung eingetragen wurde. Nur zwei Texte ließen sich entsprechend interpretieren. Sie sind weiter unten dokumentiert. Ein Eintrag dieser Werthaltung erfolgte dabei in ein DDR-, der andere Eintrag in ein BRD-Album. Auffallend an der Textgestaltung ist, dass die beiden Einträge, die an Sparsamkeit gemahnen, an volkstümliche Redeweisen bzw. Sprichwörter erinnern.

Gesundheit
Der Wert der Gesundheit wurde in den untersuchten Poesiealben oftmals implizit im Rahmen von Wunschtexten zum Ausdruck gebracht. Da diese Texte oft eine persönliche Anrede enthalten („Ich wünsch dir ..."), entsteht der Eindruck, dass der Inskribent dem Halter des Albums persönlich die im Rahmen einer Aufzählung genannten Dinge wünscht. Die Wunschinhalte können durchaus variieren, wobei gerade die besondere Auswahl der Gegenstände implizit darüber Auskunft gibt, was dem Inskribenten selbst als Wert wichtig ist. Oft wird in den betreffenden Einträgen neben Gesundheit ein glückliches Leben und eine optimistisch-fröhliche Grundhaltung gewünscht. Als Metaphern für den Wert der Gesundheit können „gesundes Blut" und das „Freisein von Schmerzen" bewertet werden.

---

[294] Siehe hierzu und auch zu den weiteren ‚albumspezifischen' Inhalten Kapitel 7.4.4.

Frohsinn und optimistische Lebenseinstellung

Unter der Werthaltung ‚Frohsinn und optimistische Lebenseinstellung' können eine Vielzahl an Einträgen versammelt werden, in denen eine fröhlich-heitere und grundsätzlich lebensbejahende Grundhaltung zum Ausdruck kommt. Auch Frohsinn und Optimismus kommen dabei öfters in Wunschäußerungen zur Sprache. Zugleich drücken sich diese Werthaltungen in Texten aus, die explizite Aufforderungen enthalten, „nach vorn zu blicken" bzw. neuen Lebensmut zu schöpfen. Auf metaphorischer Ebene werden dabei in der Regel Hell-Dunkel-Kontrastierungen verwendet. Sonne und Licht stehen hierbei sinnbildlich für Heiterkeit und eine optimistische Lebenseinstellung.

Auswahl von eingetragenen Texten mit staatlich vereinnahmten Werten (DDR)

Sparsamkeit
- Lerne was, dann bist Du was. Bist Du was, dann hast Du was. Hast Du es, sei klug und spare Glück ist immer Mangelware.
- Wer den Pfennig nicht ehrt, ist die Mark nicht wert. Wer einmal lügt dem glaubt man nicht.

Gesundheit
- Ein frohes Herz gesundes Blut ist besser als viel Geld und Gut.
- Drei Wünsche seien Dir geweiht Gesundheit, Glück, Zufriedenheit.
- Blaue Augen, roter Mund. Liebe ... bleib gesund.
- Gesundheit kröne Deine Tage Zufriedenheit vergolde sie, Dein Leben fließe ohne Klage dahin in schönster Harmonie.
- Lieblich wie die goldne Sonne, reich an Frieden, reich an Wonne, Lieblich, froh, gesund u. rein soll Dein ganzes Leben sein.
- Lebe glücklich, ohne Schmerzen Freue deines Lebens dich! Und in deinem guten Herzen sei ein Plätzchen auch für mich.
- Ich wünsche Dir ein frohes Leben, Gesundheit und ein gutes Streben nach allem Schönen auf der Welt.
- Gesundheit ist das höchste Gut! Drum sei's vorangestellt. Dazu noch Glück und frohen Mut Und einen Sack voll Geld.

Frohsinn und optimistische Lebenseinstellung
- Hab Sonne im Herzen, ob's stürmt oder schneit, ob der Himmel voll Wolken die Erde voll Streit. Hab Sonne im Herzen, dann komme was mag, Das leuchte voll Licht Dir den dunkelsten Tag.
- Lebe glücklich, lebe froh wie der Mops im Paletot.
- Dein Leben sei fröhlich und heiter, kein Leiden betrübe dein Herz, das Glück sei stets dein Begleiter nie treffe dich Kummer und Schmerz.
- Mach es wie die Sonnenuhr zähl die heit'ren Stunden nur.
- Der Erde köstlichster Gewinn, ist frohes Herz und heit'rer Sinn. (Seume)
- Nie verlerne, so zu lachen wie Du jetzt lachst, froh und frei denn ein Leben ohne Lachen ist ein Frühling ohne Mai.
- Schaue vorwärts nicht zurück, neuer Mut bringt Lebensglück

7 Die Wertvorstellungen in Poesiealben in DDR und Bundesrepublik 351

- Du wirst es nie zu Tüchtigen bringen Bei deines Grames Träumerei'n, Die Tränen lassen nichts gelingen; Wer schaffen will muss fröhlich sein.
- Es grüne die Tanne es wachse das Erz Gott schenke uns allen ein fröhliches Herz.
- Immer, wenn Du meinst, es geht nicht mehr, kommt von irgendwo ein Lichtlein her.
- Fröhlich sein, Gutes tun, und die Spatzen pfeifen lassen. (Don Bosco)
- Wer des Morgens dreimal schmunzelt, mittags nie die Stirne runzelt, abends singt das alles schallt, der wird hundert Jahre alt.
- In jeder Minute, die du im Ärger verbringst, versäumst du sechszig glückliche Sekunden deines Lebens. (Albert Schweitzer)
- Sei ein Sonnenkind dein ganzes Leben; denn wer Sonne hat, der kann auch Sonne geben.

Bivariate Prüfung

Es soll zunächst wieder geprüft werden, ob sich Hinweise auf allgemeine Unterschiede bezüglich der Inskription der staatlich vereinnahmten Werte im Ost-West-Vergleich ergeben. Wie bereits angemerkt, spielt Sparsamkeit mit lediglich zwei festgestellten Einträgen in den untersuchten Poesiealben keine Rolle.[295] Daher wird sich im Folgenden auf die Analyse der Werthaltungen Gesundheit sowie Frohsinn/optimistische Lebenseinstellung konzentriert. Tabelle 7.20 gibt die durchschnittliche Häufigkeit (absolut/relativ) dieser Werte je Album im Ost-West-Vergleich wieder.

Gesundheit

Allgemein betrachtet wurde der Wert der Gesundheit in den untersuchten Poesiealben eher selten betont, jedoch fallen tendenzielle Unterschiede zwischen den Ost- und West-Alben auf. Während in der BRD im Durchschnitt in fast jedem Album ein Eintrag vorkommt, in dem Gesundheit als Werthaltung adressiert wurde, findet man in den Alben der DDR im Durchschnitt nicht einmal in jedem zweiten Album eine entsprechende Werthaltung (arithmetisches Mittel BRD: 0,9/DDR: 0,4). Betrachtet man die relative Häufigkeit dieser Werthaltung je Album, so lässt sich sagen, dass in BRD-Alben im Durchschnitt sogar doppelt so häufig Gesundheit thematisiert wurde wie in DDR-Alben (durchschnittlicher relativer Anteil der Einträge eines Albums, die die Werthaltung enthalten: in BRD: 2,5 %/in DDR: 1,3 %). Ein U-Test nach Mann und Whitney stützt den Befund tendenzieller Unterschiede zwischen DDR- und BRD-Alben bezüglich der Häufigkeit des Eintrags von Gesundheit auf einem Signifikanzniveau von 10 %.

---

[295] Ein Peer (BRD) und ein Verwandter (DDR) haben diese Werthaltung eingetragen. Es handelt sich dabei jeweils um männliche Personen, die aus eher kleinen Orten (bis 20.000 Einwohner) stammen und jeweils zu Beginn der 1980er Jahre diese Werthaltung inskribierten.

7.2 Zur Inskription staatlich erwünschter Werte

Tabelle 7.20: Durchschnittliche Häufigkeit staatlich vereinnahmter Werte

		n	Mittelwert	Standardabweichung	Min	Max
Gesundheit	BRD	39	,9	1,24	0	5
	DDR	45	,4	,66	0	2
	Gesamt	84	,7	1,00	0	5
Gesundheit	BRD	39	2,5	3,58	0	18
(relativer Anteil in %)	DDR	45	1,3	1,86	0	6
	Gesamt	84	1,8	2,85	0	18
Frohsinn/Optimismus	BRD	39	7,6	4,29	0	20
	DDR	45	4,8	3,35	0	17
	Gesamt	84	6,1	4,04	0	20
Frohsinn/Optimismus	BRD	39	21,6	9,36	0	50
(relativer Anteil in %)	DDR	45	15,3	11,58	0	64
	Gesamt	84	18,2	11,02	0	64

Mann-Whitney-U-Test staatlich vereinnahmte Werte in DDR/BRD-Alben: Gesundheit: $U = 705.5$, $p = .083$; Frohsinn/Optimismus: $U = 523.5$, $p = ,001$.

Frohsinn/Optimismus

Frohsinn und Optimismus sind die am häufigsten festgestellten Wertvorstellungen in den hier untersuchten Alben. Umso erstaunlicher sind die beobachtbaren Ost-West-Unterschiede bei dieser Werthaltung. Thematisierten in einem BRD-Album durchschnittlich 21,6 % der Einträge Frohsinn bzw. eine optimistische Lebenseinstellung, so trifft dies in einem DDR-Album für lediglich 15,3 % der Einträge zu. Ein U-Test ergibt hochsignifikante Gruppenunterschiede hinsichtlich der Häufigkeit der Werthaltung im Ost-West-Vergleich.

Häufigkeitsverteilung der staatlich vereinnahmten Werte nach Eintragergruppen
Wie haben sich die staatlich vereinnahmten Werte über die Haupteintragergruppen (differenziert nach Ost und West) verteilt? Tabelle 7.21 gibt hierüber Auskunft.[296]
Bezüglich der Werthaltung Gesundheit fällt zum einen auf, dass vor allem BRD-Peers diesen Wert inskribierten. Sie sind im Gegensatz zu den Peers in der DDR mit Einträgen, in denen Gesundheit thematisiert wurde, überrepräsentiert. Mit Blick auf die relativen Häufigkeiten der weiteren Eintragergruppen fällt auf, dass insbesondere Lehrer (DDR/BRD) im Allgemeinen auf den Eintrag dieser Werthaltung verzichteten. Hinsichtlich der Wertvorstellung Frohsinn und Optimismus

---

[296] Die Tabelle gibt komprimiert die Befunde von zwei Kreuztabellen wieder, die jeweils zwischen dem betreffenden staatlich vereinnahmten Wert (dichotomisiert) und einer Variablen, welche die Haupteintragergruppen kategorial unterscheidet, erstellt wurde.

7 Die Wertvorstellungen in Poesiealben in DDR und Bundesrepublik 353

ergibt sich aus der Tabelle, dass diese bevorzugt von Verwandten eingetragen wurde. Fast jeder vierte Verwandte in der DDR und sogar fast jeder dritte Verwandte in Westdeutschland brachte in seiner Inskription Frohsinn und Optimismus zum Ausdruck. Bemerkenswert sind zudem die Ost-West-Unterschiede innerhalb der Gruppe der Lehrer: Während 19,2 % der Lehrer im Westen diese Werthaltung in ihren Einträgen zum Ausdruck brachten, waren es im selben Zeitraum nur 6,5 % der Lehrer im Osten.[297] Obwohl es sich um eine vom DDR-Staat vereinnahmte Werthaltung handelt, empfahlen die Lehrer in der DDR demnach vergleichsweise selten eine optimistische Lebenshaltung.

Tabelle 7.21: Staatlich vereinnahmte Werte nach Einträgergruppe

		Einträgergruppe						
		Familie DDR	Familie BRD	Lehrer DDR	Lehrer BRD	Peers DDR	Peers BRD	Gesamt
Gesundheit	n	3	2	0	1	15	29	50
	%	2,5 %	1,5 %	,0 %	,8 %	1,5 %	3,2 %	2,1 %
Frohsinn/Optimismus	n	30	39	8	23	146	185	431
	%	24,6 %	30,0 %	6,5 %	19,2 %	14,2 %	20,3 %	17,7 %
Gesamt	n	122	130	124	120	1031	911	2438
	%	100 %	100 %	100 %	100 %	100 %	100 %	100 %

Nur singulärer bzw. bei Panel-Einträgern chronologisch erster Eintrag berücksichtigt, n = 2438; % innerhalb der Einträgergruppen; bei Einträgen mit Werthaltung Gesundheit: 4 Zellen (33,3%) mit erwarteter Häufigkeit kleiner 5; Exakter Test nach Fisher = 10.2, p = .048; bei Einträgen mit Werthaltung Frohsinn und Optimismus: Chi-Quadrat (5) = 41.6, p = .000; Cramer-V = .131, p = .000.

Aus den bisherigen Befunden ergibt sich folgendes Zwischenfazit: Entgegen Hypothese H4 deckt die bivariate Prüfung bei der Werthaltung Gesundheit und mehr noch bei Frohsinn und optimistischer Lebenseinstellung Unterschiede zwischen Ost- und West-Alben auf. Obwohl vom DDR-Staat vereinnahmt, kommen diese Werte tendenziell häufiger in den BRD-Alben vor. Sparsamkeit spielt in den untersuchten Alben hingegen keine Rolle. Die Analyse der Einträgergruppen zeigt dabei auf, dass sich beim Thema der Gesundheit möglicherweise vor allem die Peers in DDR und BRD voneinander unterscheiden. Optimismus und Frohsinn scheinen hingegen bevorzugt von Verwandten (Ost und West) eingetragen worden zu sein. Bemerkenswert sind zudem die Unterschiede zwischen den Lehrern:

---

[297] Verglichen mit der relativen Häufigkeit aller weiteren Werthaltungen ist ‚Frohsinn und Optimismus' sogar diejenige Wertvorstellung, die von BRD-Lehrern am häufigsten inskribiert wurde.

Während die Lehrer in der BRD relativ häufig diese Werthaltung inskribierten, verzichteten die DDR-Lehrer zumeist darauf.

Korrelationen zwischen Kontrollvariablen und dem Eintragen von ‚Gesundheit'
Welche Faktoren könnten das Eintragen der Wertvorstellung Gesundheit beeinflusst haben? Da Gesundheit als Wertvorstellung nur selten in den Alben thematisiert wurde, soll sich mit der Schätzung von Korrelationen zwischen den Kontrollvariablen und der dichotomisierten Werte-Variable (Eintrag enthält Gesundheit = 1/Eintrag enthält nicht Gesundheit = 0) begnügt werden. Tabelle 7.22 gibt die geschätzten Korrelationskoeffizienten wieder.

Ost-West-Unterschiede bei den Peers
Zunächst ist wieder der Blick auf mögliche Ost-West-Differenzen zu richten. Wie aus der Tabelle hervorgeht, besteht eine, wenn auch nur sehr schwach ausgeprägte negative Korrelation zwischen dem DDR-Hintergrund eines Inskribenten und dem Eintrag der Werthaltung Gesundheit. Der Blick auf die Eintrágergruppen verweist dabei vor allem auf gegensätzliche Trends bei den Peers in Ost und West. Es kann daher vermutet werden, dass die Ost-West-Unterschiede bezüglich der Werthaltung Gesundheit vor allem auf abweichende Vorlieben der Peers in DDR und BRD zurückzuführen sind.

Jahr des Eintrags sowie Alter eines Peers korrelieren mit Gesundheit
Wie aus der Tabelle ebenfalls entnommen werden kann, besteht eine gleichsinnige korrelative Beziehung zwischen dem Jahr, in dem eine Inskription vorgenommen wurde, und dem Eintrag der Werthaltung Gesundheit. Demnach nahm zwischen 1949 und 1989 der Eintrag dieser Wertvorstellung in den Alben allgemein zu. Die Stärke der Beziehung zwischen den beiden Variablen ist dabei, verglichen mit den übrigen Koeffizienten in Tabelle 7.22, als stärkster korrelativer Zusammenhang ausgewiesen, was die Vermutung eines allgemeinen Anstiegs dieser Werthaltung im Zeitverlauf bekräftigt. Darüber hinaus ist eine tendenziell gegenläufige Korrelation zwischen dem Alter eines Heranwachsenden und dem Eintragen von Gesundheit in ein Album festzustellen. Vor allem jüngere Inskribenten scheinen demnach diese Werthaltung in ihren Eintragungen betont zu haben.

Tabelle 7.22: Korrelationen: Gesundheit und Eintragsmerkmale

	Eintrag enthält Werthaltung Gesundheit		
	Korrelationskoeffizient r_s	P	n
Geschlecht des Einträgers (weiblich = 1)	,03	,160	2615
Jahr des Eintrags	,07	,000	2501
Wohnortgröße des Einträgers	,00	,816	2376
Einträger ist ... Peer – DDR	-,03	,078	2532
Peer – BRD	,06	,003	2532
Verwandter – DDR	,01	,746	2532
Verwandter – BRD	-,01	,671	2532
Lehrer – DDR	-,03	,098	2532
Lehrer – BRD	-,02	,334	2532
Einträger aus DDR/BRD (DDR = 1)	-,04	,023	2653
Alter des Einträgers	-,05	,066	1565
Bildungsgrad des Einträgers	-,01	,712	1581

Nur singuläre Einträge bzw. bei Panel-Einträgern der chronologisch erste Eintrag wurden berücksichtigt. Für den Zusammenhang zwischen Jahr des Eintrags, Wohnortgröße, Alter sowie Bildungsgrad des Einträgers und dem Eintrag eines BRD-Kernwerts wurden Rangkorrelationskoeffizienten nach Spearman geschätzt, für alle weiteren dichotomen Variablen Vierfelderkorrelationskoeffizienten.

Prüfung auf Interaktionseffekte
Prüfung auf Interaktion zwischen Eintragsjahr und Wahrnehmung staatlicher Rahmenbedingungen
Es soll abschließend geprüft werden, ob die Zunahme der Werthaltung Gesundheit in den Alben zwischen 1949 und 1989 eine allgemein beobachtbare Wandlungstendenz darstellt oder aber durch die Wahrnehmung unterschiedlicher staatlicher Rahmenbedingungen in Ost und West moderiert wurde. Entsprechend des hier verfolgten Erklärungsansatzes fand aufgrund der abweichenden staatlichen Rahmenbedingungen primär ein Wandel der Wertvorstellungen in der Bundesrepublik, weniger aber in der DDR statt. Insofern kann folgender Zusammenhang vermutet werden:

Interaktionseffekt: Die Wahrscheinlichkeit eines Eintrags von Gesundheit nahm zwischen 1949 und 1989 in der Bundesrepublik, nicht aber in der DDR zu.

Da sich beim Eintrag von Gesundheit vor allem zwischen den Peers in DDR und BRD Unterschiede ergaben, soll sich auf diese Gruppe konzentriert werden. In

Tabelle 7.23 sind die Ergebnisse einer Logistischen Regression aufgeführt, welche den vermuteten Zusammenhang für die Peergroup-Einträger prüft. In einem ersten Modell wurden der Ost-/West-Hintergrund eines Einträgers und die Dekade, in der ein Eintrag erfolgte, als Faktoren berücksichtigt. In einem zweiten Modell wurde ein aus beiden Faktoren gebildetes multiplikatives Interaktionsterm zusätzlich in die Schätzung aufgenommen.

Tabelle 7.23: Logistische Regression: Gesundheit nach Dekade in Ost und West (nur Peers)

Unabhängige Variablen (Faktoren)	Abhängige Variable: Gesundheit			
	1		2	
	b	Exp(b)	b	Exp(b)
Peer aus DDR/BRD (DDR = 1)	-,63+	,53	-,55	,57
Dekade des Eintrags	,49**	1,64	,55**	1,73
ZDekade*Peer aus DDR/BRD			-,14	,87
Konstante	-4,94**		-5,12**	
Pseudo-R2 (Nagelkerke)	,05		,05	

** signifikant < 1 %, * signifikant < 5 %, + signifikant < 10 %. Nur singulärer bzw. bei Panel-Einträgern chronologisch erster Eintrag sowie nur Peergroup-Einträger berücksichtigt; Omnibus-Test Modell 1: Chi-Quadrat(2) = 16.08, p = .000, n = 1849; Modell 2: Chi-Quadrat(3) = 16.29, p = .001, n = 1849.

Was kann der Tabelle entnommen werden? Die Modelle liefern einen Beleg dafür, dass sich bei den Peergroup-Einträgern eher ein allgemeiner Wandel bezüglich der Werthaltung Gesundheit im Untersuchungszeitraum vollzogen hat. Unabhängig, ob in Ost oder West, stieg die Chance für einen Eintrag von Gesundheit in ein Poesiealbum zwischen 1949 und 1989 mit jeder Dekade an. Allerdings finden sich in Modell 1 erneut Hinweise darauf, dass zumindest tendenzielle Unterschiede (auf einem Signifikanzniveau von 10 %) zwischen den Peers in DDR und BRD bestehen. Demnach dürften BRD-Peers mit einer etwas höheren Wahrscheinlichkeit Gesundheit als Werthaltung inskribiert haben als ein DDR-Peer. Dass sich dabei die Unterschiede zwischen den Peers in DDR und BRD zumindest im Zeitverlauf vergrößert haben könnten, zeigt ein Blick auf Abbildung 7.14. Diese gibt die Wahrscheinlichkeitsverläufe für die Peers getrennt nach DDR und BRD zwischen 1949 und 1989 entsprechend der Modellschätzung in Tabelle 7.23 wieder.

7 Die Wertvorstellungen in Poesiealben in DDR und Bundesrepublik 357

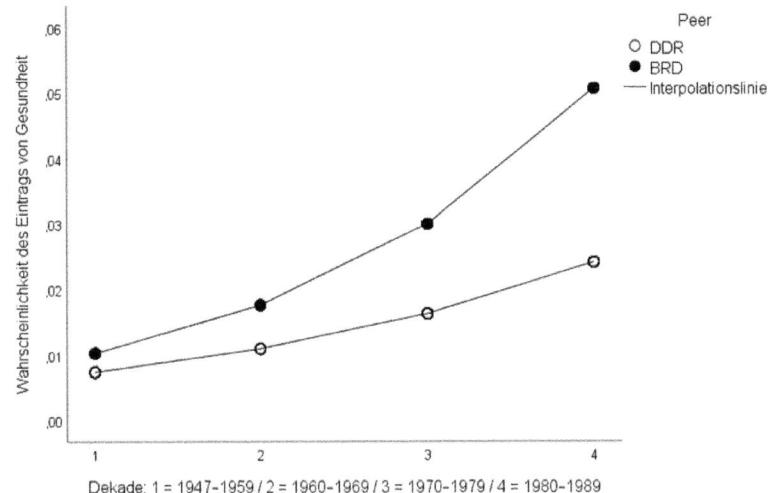

Abbildung 7.14: Gesundheit nach Dekade in Ost und West

Insbesondere scheint es, dass ab etwa den 1960er Jahren (Dekade 2) die Wahrscheinlichkeit für den Eintrag dieser Werthaltung vornehmlich in Westdeutschland überproportional anstieg, während der Anstieg in der DDR zur gleichen Zeit wesentlich moderater verlief. Zusammenfassend lässt sich sagen, dass von einer generellen Zunahme dieser Werthaltung (sowohl in Ost- als auch Westdeutschland) auszugehen ist, die allerdings durch die staatlichen Rahmenbedingungen der Bundesrepublik vermutlich etwas ‚verstärkt' wurde.

Multivariate Prüfung für den Wert Frohsinn und optimistische Lebenseinstellung
Wie verhält es sich mit der zweiten vom DDR-Staat vereinnahmten Wertvorstellung ‚Frohsinn und optimistische Lebenseinstellung'? Eine Logistische Regression soll Hinweise liefern, welche Faktoren die Wahrscheinlichkeit eines Eintrags dieser Werthaltung beeinflusst haben könnten. In Tabelle 7.24 sind die Befunde der durchgeführten Schätzungen aufgeführt.[298]

---

[298] Wie gewohnt wurde hierfür zunächst die interessierende Werthaltung dichotomisiert (Eintrag enthält Frohsinn bzw. optimistische Lebenseinstellung = 1, Eintrag enthält diese Werthaltung nicht = 0). Anschließend diente die dichotome Werthaltung als abhängige Variable, bei der sukzessive die Faktoren in die Modelle einbezogen wurden. In Modell 4 wurden nur die Peergroup-Einträger berücksichtigt.

7.2 Zur Inskription staatlich erwünschter Werte

Tabelle 7.24: Logistische Regression: Frohsinn und Optimismus

unabhängige Variablen (Faktoren)		abhängige Variable: Frohsinn und Optimismus							
		1		2		3		4 (nur Peers)	
		b	Exp(b)	b	Exp(b)	b	Exp(b)	b	Exp(b)
Geschlecht des Einträgers (weibl. = 1)		,08	1,08	,11	1,12	,06	1,07	,29	1,34
Jahr des Eintrags (Kohorteneffekt)		,00	1,00	,00	1,00	-,01	,99	,00	1,00
Wohnortgröße des Einträgers		,05+	1,05	,05+	1,05	,04+	1,04	,06+	1,06
Einträgergruppe	Peers			Ref.**		Ref.**			
	Familie			,56**	1,74	,53**	1,69		
	Lehrer			-,38+	,68	-,38+	,68		
	Sonstige			,36	1,44	,32	1,38		
Einträger aus DDR/BRD (DDR = 1)						-,46**	,63	-,23	,80
Alter bei Eintrag								-,01	,99
Bildungsgrad								-,11	,90
Konstante		7,36		6,14		11,01		-5,52	
Pseudo-R2 (Nagelkerke)		,004		,02		,03		,01	

** signifikant < 1 %, * signifikant < 5 %, + signifikant < 10 %. Nur singulärer bzw. bei Panel-Einträgern chronologisch erster Eintrag berücksichtigt, in Modell 4 zudem nur Peergroup-Einträger berücksichtigt; Omnibus-Test Modell 1: Chi-Quadrat(3) = 5.73, $p = .125$, $n = 2216$; Modell 2: Chi-Quadrat(6) = 22.23, $p = .001$, $n = 2216$; Modell 3: Chi-Quadrat(7) = 38.43, $p = .000$, $n = 2216$; Modell 4: Chi-Quadrat(6) = 8.98, $p = .175$, $n = 1251$.

Die Tabelle verweist auf drei Faktoren, die die Wahrscheinlichkeit eines Eintrags von Frohsinn und Optimismus beeinflusst haben: die Zugehörigkeit zu einer bestimmten Einträgergruppe, der Ost-/West-Faktor sowie die Wohnortgröße (auf einem Signifikanzniveau von 10 %).

Unterschiede zwischen den Einträgergruppen
Wie bereits die deskriptive Prüfung aufgedeckt hatte, trugen im Vergleich zu den Peergroup-Einträgern die Verwandten mit größerer, die Lehrer hingegen mit geringerer Wahrscheinlichkeit Frohsinn und Optimismus in die Alben ein. Allerdings ist hinsichtlich der Lehrer an die Unterschiede zwischen DDR und BRD in Tabelle 7.21 zu erinnern. Hier war festgestellt worden, dass Lehrer im Westen relativ häufig, Lehrer in Ostdeutschland hingegen nur selten Frohsinn und Optimismus inskribierten. Dieser Unterschied wird in der gemeinsamen Betrachtung aller Lehrer in Tabelle 7.24 verdeckt.[299]

---

[299] Warum wurden die Einträgergruppen in der multivariaten Prüfung nicht nach Ost-/West-Herkunft unterschieden? Der Grund ist die Annahme, dass Werte möglicherweise von einer bestimmten Einträgergruppe *allgemein* und unabhängig, ob in DDR oder BRD, bevorzugt

7 Die Wertvorstellungen in Poesiealben in DDR und Bundesrepublik

Unterschiede zwischen DDR und BRD sowie tendenziell zwischen Stadt und Land
Die Befunde in Tabelle 7.24 untermauern zudem die bereits in der bivariaten Prüfung aufgedeckten allgemeinen Unterschiede zwischen Inskribenten in DDR und BRD. Mit Blick auf Modell 3 lässt sich sagen, dass in der BRD die Chance, dass ein Inskribent Frohsinn bzw. Optimismus in ein Album eintrug, mehr als anderthalb mal so groß war wie in der DDR. Darüber hinaus ist darauf hinzuweisen, dass auch die Wohnortgröße des Inskribenten zumindest tendenziell die Wahrscheinlichkeit von Frohsinn und Optimismus als Inskriptionsinhalt beeinflusste. Je größer der Wohnort, umso höher war die Wahrscheinlichkeit, dass jemand Frohsinn und Optimismus in seinem Eintrag betonte.

Prüfung auf Interaktionseffekte
Prüfung auf Interaktion zwischen Eintragsjahr und Wahrnehmung staatlicher Rahmenbedingungen
Die multivariate Prüfung ergab keine Hinweise darauf, dass Frohsinn und Optimismus zwischen 1949 und 1989 als Werthaltung einem allgemeinen Wandel unterworfen waren. Allerdings scheinen sich innerhalb der Einträgergruppen Veränderungen im Zeitverlauf ergeben zu haben. Ein mögliches Indiz liefert hierfür Modell 4 der Tabelle 7.24. In diesem Modell, in dem lediglich die Peergroup-Einträge berücksichtigt wurden, hatte der Effekt des Eintragsjahrs (wenn auch nicht signifikant) im Vergleich zum vorhergehenden Modell 3 (alle Einträger berücksichtigt) seine Richtung geändert. Diese Beobachtung lässt vermuten, dass die Werthaltung nur dem Anschein nach zwischen 1949 und 1989 stabil war, während sich bei genauerer Betrachtung verdeckte Kohorteneffekte innerhalb der einzelnen Einträgergruppen im Zeitverlauf ergaben. Während Tabelle 7.24 für die Peers bereits ein weitgehend unverändertes Interesse an dieser Werthaltung ausweist, könnten sich primär bei den Lehrern und Verwandten zwischen 1949 und 1989 Veränderungen bei dieser Werthaltung ergeben haben. Insofern wird folgender Zusammenhang vermutet:

---

wurden (z.B. Werte der Freundschaft und der Erinnerung vor allem von den Peers, Bildung und Erkenntnisstreben von den Lehrern). Ob ein allgemeiner Effekt einer Einträgergruppe vorliegt, soll daher in der multivariaten Prüfung getestet werden. Bei der Prüfung auf Interaktionseffekte werden dann die Einträgergruppen nach Ost-/West-Zugehörigkeit unterschieden.

Interaktionseffekt: Die Wahrscheinlichkeit eines Eintrags von Frohsinn und Optimismus veränderte sich zwischen 1949 und 1989 generell bei Lehrern und Verwandten sowohl in DDR als auch Bundesrepublik.

Zur Prüfung dieser Annahme werden wieder zwei Modelle im Rahmen einer Logistischen Regression berechnet. In einem ersten Modell werden die Dekade des Eintrags und die Variable ‚Einträgergruppe' verwendet. Weil DDR-Lehrer nur selten Frohsinn und Optimismus eintrugen, musste diese Variable allerdings leicht modifiziert und die DDR-Lehrer der Gruppe der sonstigen Einträger der DDR zugeordnet werden. In einem zweiten Modell wird neben der Dekade sowie der Variable ‚Einträgergruppe' ein aus beiden Faktoren gebildetes multiplikatives Interaktionsterm in der Schätzung zusätzlich berücksichtigt. Tabelle 7.25 gibt die Befunde wieder.

Veränderte Wahrscheinlichkeiten bei Lehrern (BRD) sowie Verwandten (DDR) im Zeitverlauf

Vor allem zwei Befunde können der Tabelle entnommen werden: Zum einen erhärtet Modell 1 die Befunde der bivariaten Prüfung, wonach Frohsinn und optimistische Lebenshaltung im Vergleich zu den BRD-Peers stärker von Familienangehörigen in Poesiealben betont wurden, besonders aber von Verwandten in der Bundesrepublik. Demgegenüber trugen DDR-Peers, aber auch sonstige Einträger (darunter die Lehrer) in der DDR signifikant seltener Frohsinn und Optimismus ein als westdeutsche Peers.

Ein zweiter Befund ergibt sich aus der Betrachtung der Effektkoeffizienten des multiplikativen Interaktionsterms in Modell 2: Nimmt man zunächst nur die Richtung der Effekte in den Blick, so scheint die Wahrscheinlichkeit für den Eintrag dieser Werthaltung im Vergleich zu den BRD-Peers bei allen weiteren Einträgergruppen zwischen 1949 und 1989 abgenommen zu haben. Im Vergleich zu den westdeutschen Peers nahm dabei besonders bei den Lehrern in der BRD, aber auch bei den Verwandten in der DDR die Eintragswahrscheinlichkeit für Frohsinn und Optimismus ab.

7 Die Wertvorstellungen in Poesiealben in DDR und Bundesrepublik

Tabelle 7.25: Frohsinn und Optimismus nach Einträgergruppe und Dekade

unabhängige Variablen (Faktoren)	abhängige Variable: Frohsinn/Optimismus			
	1		2	
	b	Exp(b)	b	Exp(b)
Dekade des Eintrags	-,09+	,92	,01	1,01
Peers (BRD)	Ref.**		Ref.**	
Peers (DDR)	-,46**	,63	-,45**	,64
Familie (BRD)	,48*	1,62	,49*	1,62
Familie (DDR)	,22	1,24	,22	1,24
Lehrer (BRD)	-,09	,92	,02	1,02
Sonstige (BRD)	,41	1,51	,41	1,51
Sonstige (DDR)	-1,02**	,36	-1,15**	,32
ZDekade * Peers (BRD)			Ref.	
ZDekade by Peers (DDR)			-,06	,94
ZDekade by Familie (BRD)			-,09	,91
ZDekade by Familie (DDR)			-,49*	,61
ZDekade by Lehrer (BRD)			-,43+	,65
ZDekade by Sonstige (BRD)			-,07	,93
ZDekade by Sonstige (DDR)			-,38	,68
Konstante	-1,13**		-1,38**	
Pseudo-R2 (Nagelkerke)	,03		,04	

** signifikant < 1 %, * signifikant < 5 %, + signifikant < 10 %. Nur singulärer bzw. bei Panel-Einträgern chronologisch erster Eintrag berücksichtigt; Omnibus-Test Modell 1: Chi-Quadrat(7) = 44.31, p = .000, n = 2414; Modell 2: Chi-Quadrat(13) = 54.83, p = .000, n = 2414. Aufgrund geringer Fallzahlen bei der Inskription von ‚Frohsinn und Optimismus' wurden keine Schätzungen für die Lehrer (DDR) vorgenommen. Die Lehrer (DDR) wurden der Kategorie ‚Sonstige' (DDR) zugeordnet.

Zum besseren Verständnis sind in Abbildung 7.15 die unterschiedlichen Wahrscheinlichkeiten für den Eintrag von Frohsinn und Optimismus zwischen 1949 und 1989 für die jeweiligen Einträgergruppen entsprechend der Schätzung in Tabelle 7.25 visualisiert. Gut zu erkennen sind die im Zeitverlauf relativ stabil bleibenden Wahrscheinlichkeiten für den Eintrag der Werthaltung durch BRD-Verwandte sowie die Peers in BRD und DDR. Demgegenüber sank die Wahrscheinlichkeit eines Eintrags bei den DDR-Verwandten und den BRD-Lehrern zwischen 1949 und 1989 annähernd im gleichen Umfang. Betrachtet man dabei den Ausgangszeitpunkt (1949), so lagen die Einträgergruppen der Verwandten sowie der Lehrer (BRD) hinsichtlich der Eintragswahrscheinlichkeit zunächst relativ nah beieinander. Dies könnte ein Hinweis dafür sein, dass Frohsinn und Optimismus ursprünglich vor allem von Erwachsenen eingetragen wurden. Am Ende des Untersuchungszeitraums (1989) hatten nur die BRD-Verwandten dieses relativ hohe Ausgangsniveau gehalten und offensichtlich an der Tradition dieser Textinhalte festgehalten.

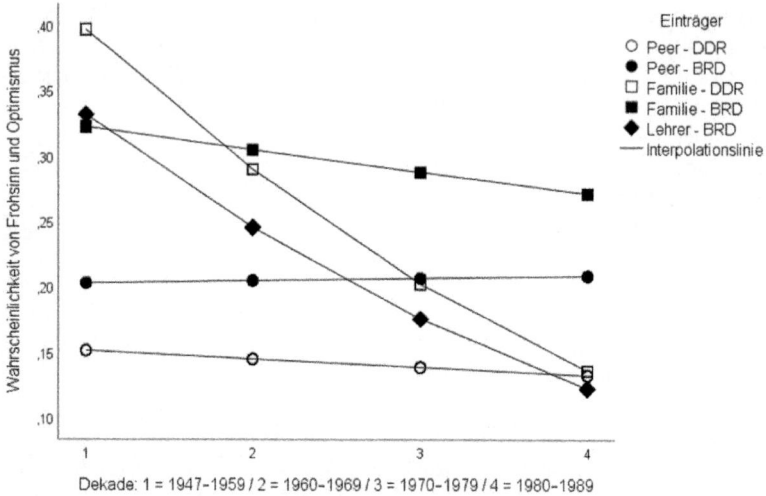

Abbildung 7.15: Frohsinn und Optimismus nach Dekade in Ost und West

Zusammenfassung und Interpretation

Die allgemeinen Wertvorstellungen Sparsamkeit, gesundheitsorientierte Lebensführung sowie Frohsinn und optimistische Lebenseinstellung wurden in offiziellen Dokumenten der DDR aufgeführt und können als staatlich vereinnahmte Werte der DDR angesehen werden. Es kann vermutet werden, dass staatliche Akteure in der DDR ein Interesse daran gehabt haben dürften, dass sich insbesondere diese Werte in der DDR-Bevölkerung einer breiten Akzeptanz erfreuten. Übertragen auf den Kontext der Poesiealben, müsste sich dies in einer relativ häufigeren Inskription dieser Werte in den Poesiealben der DDR widerspiegeln. Wie jedoch die Analyse gezeigt hat, ist das Gegenteil der Fall. Insbesondere der Wert der Gesundheit und mehr noch eine optimistische Lebenseinstellung sind im Durchschnitt häufiger in den Alben der BRD zu finden. Dieser Befund zeigt erneut, dass eine bloße Verankerung in einem offiziellen staatlichen Dokument keineswegs zu korrespondierenden Wertvorstellungen in der Bevölkerung führt. Allerdings widerspricht

7 Die Wertvorstellungen in Poesiealben in DDR und Bundesrepublik

dieser Befund auch dem formulierten Zusammenhang in Hypothese H4. Die betroffenen Werte wurden offensichtlich von Faktoren beeinflusst, die nicht bei der Formulierung der Hypothese berücksichtigt wurden. Die Befunde, die sich in der Prüfung der Hypothese bezüglich der staatlich vereinnahmten Werte (DDR) ergeben haben, lassen sich wie folgt zusammenfassen:

1. Sparsamkeit allgemein kein Thema in den Poesiealben zwischen 1949 und 1989
Die Werthaltung Sparsamkeit wurde in den Poesiealben zwischen 1949 und 1989 sowohl in der DDR als auch in der BRD nur sehr selten eingetragen. Lediglich zwei Eintragungen ließen sich in den untersuchten Alben feststellen, in denen diese Werthaltung zum Ausdruck gebracht wurde.
Die Abwesenheit dieser Wertvorstellung in den Poesiealben eröffnet zwei Richtungen für eine mögliche Interpretation: Zum einen könnte Sparsamkeit aufgrund möglicher negativer Konnotierungen (Sparsamkeit = Geiz) bzw. ihrer Nähe zu Einstellungen bezüglich des Umgangs mit monetären Gütern tabuisiert (im Sinne eines Konsens, über Geld dürfe nicht gesprochen werden) und generell kein Thema in Poesiealben sein. Zum anderen könnte der Stellenwert einer sparsamen Lebensführung im Zuge der allgemeinen Abwertung der Pflicht-, Akzeptanz- und mehr noch der Bescheidenheitswerte ebenfalls gesunken sein. Zur Klärung dieses Sachverhalts scheinen weitere Albumstudien nötig. Die Analyse des Vorkommens von Sparsamkeit in den Alben früherer Epochen könnte hier erhellend sein.

2. Gesundheit stärker von Peers in der BRD betont
Die vom DDR-Staat vereinnahmte Werthaltung Gesundheit wurde ebenfalls nur selten in den Poesiealben zum Ausdruck gebracht. Entgegen Hypothese H4 ergab die statistische Analyse, dass Gesundheit nicht gleich verteilt in West- und Ost-Alben vorkam, sondern im Durchschnitt häufiger in den Alben der BRD thematisiert wurde. Die Hypothese muss also dahingehend modifiziert werden. Vor allem Peers haben dabei diese Werthaltung vertreten. Allgemein ist zudem festzustellen, dass der Wert der Gesundheit zwischen 1949 und 1989 in den Alben immer häufiger betont wurde, wobei die Wahrscheinlichkeit eines entsprechenden Eintrags durch einen BRD-Peer vergleichsweise stärker zunahm als bei einem DDR-Peer. Es erscheint in diesem Zusammenhang möglich, die Zunahme der Thematisierung von Gesundheit in Poesiealben zwischen 1949 und 1989 in den Kontext eines all-

gemein gestiegenen Bewusstseins für eine gesunde Lebensführung einzuordnen.[300] Andererseits sollte die etwas häufigere Thematisierung von Gesundheit in der BRD nicht überinterpretiert werden. Vielmehr erscheint es an dieser Stelle sinnvoll, vor allem an die Konventionalität dieses Albuminhalts zu erinnern. Gesundheit wäre hiernach als ein durch die Albumsitte begünstigter Inskriptionsinhalt zu sehen, der in den Alben von sehr jungen Heranwachsenden (sieben bis elf Jahre) häufig im Kontext konventioneller Wunschtexte ausgedrückt wird. Möglicherweise kann aufgrund der Selbsterfahrung von Erkrankungen vermutet werden, dass Gesundheit für Individuen in sehr jungem Alter einen erfahrbaren Grundwert darstellt, der noch nicht mit anderen komplexeren Wertvorstellungen konkurriert. In diesem Kontext ist zugleich daran zu erinnern, dass in der Bundesrepublik die Alben im Durchschnitt in einem früheren Lebensalter begonnen wurden, so dass hier sehr junge Einträger auch leicht überrepräsentiert sind. Die Ost-West-Differenzen bei dieser Werthaltung sind auf sehr geringem Niveau angesiedelt. Sie könnten daher bereits auf die leichten Altersunterschiede, die vom früheren Beginn der Albumführung herrühren, zurückgehen. Hier wären weitere Studien zur Vertiefung hilfreich.

3. Frohsinn und optimistische Lebenseinstellung

Frohsinn und optimistische Lebenseinstellung erwiesen sich im Kontext der hier untersuchten Poesiealben als die Wertvorstellung, die am häufigsten eingetragen wurde. In mehr als 17 % der Einträge wurde sie zum Ausdruck gebracht. Dieser hohe Anteil in den Alben verweist darauf, dass es sich um einen hochgradig tradiert-konventionellen Albuminhalt handelt. Die Analyse der Verteilung über die Einträgergruppen legt nahe, dass vornehmlich die Verwandten eines Albumhalters auf Frohsinn und eine optimistische Lebenshaltung hingewiesen haben. Sowohl in Ost als auch West sind Familienangehörige mit Einträgen dieser Werthaltung in den Alben überrepräsentiert. Auch Lehrer in der BRD inskribierten diese Werthaltung überdurchschnittlich häufig. Für diese Einträgergruppe gilt sogar, dass sie Frohsinn und Optimismus allen anderen Werthaltungen vorzog. Auch wenn die Lehrer in der DDR (hier vermutlich prinzipiell) selten Frohsinn und Optimismus

---

[300] Insbesondere könnte man das stärker gestiegene „Gesundheitsbewusstsein" in den alten Bundesländern auf eine größere Verbreitung gesünderer Ernährungspraktiken in der BRD zurückführen (etwa Briesen 2010: 280). Oft wird dabei auf unterschiedliche Ernährungsstile in Ost und West hingewiesen (Weichert 1999; Briesen 2010: 281ff), die auf ein geringer ausgeprägtes Gesundheitsbewusstsein in der DDR hindeuten.

7 Die Wertvorstellungen in Poesiealben in DDR und Bundesrepublik

in ihren Inskriptionen betonten, so kann dennoch vermutet werden, dass Frohsinn und eine optimistische Lebenseinstellung ein ursprünglich beliebter Albuminhalt erwachsener Einträger darstellt.[301] Dies wäre allerdings erneut durch die Analyse von Alben früherer Zeiten weiter zu prüfen.

Mit Hypothese H4 wurde angenommen, dass sich trotz Vereinnahmung durch die DDR die Alben in Ost und West bezüglich des Eintrags von Frohsinn und optimistischer Lebenseinstellung nicht unterscheiden. Tatsächlich finden sich jedoch Ost-West-Unterschiede. So wurde in den West-Alben im Durchschnitt signifikant häufiger auf eine frohe und optimistische Lebenshaltung hingewiesen als in den Ost-Alben. Aufschlussreich sind in diesem Zusammenhang die Veränderungen der Wahrscheinlichkeiten für einen Eintrag dieser Werthaltung im Zeitverlauf. Bei den Peers in DDR und BRD veränderte sich die Eintragswahrscheinlichkeit für Frohsinn und Optimismus zwischen 1949 und 1989 nur geringfügig, was für eine gleichbleibende Attraktivität dieser Werthaltung bei allen Heranwachsenden spricht. Bei den überwiegend aus Erwachsenen bestehenden Eintrågergruppen nahm die Eintragswahrscheinlichkeit sowohl bei den Lehrern (in DDR und BRD) als auch bei den Familienangehörigen in der DDR ab. Nur die Familienangehörigen in der BRD hielten wie die Peers am Eintrag dieser tradierten Werthaltung fest.

Wie lässt sich dieser Befund deuten? Wenn Frohsinn und eine optimistische Einstellung zu den häufigsten Albuminskriptionen zählen, so sind sie als traditionelle Albuminhalte bzw. als albumspezifische zu bewerten und in eine Reihe mit den Freundschafts- und Erinnerungssprüchen oder auch den Wünschen für ein glückliches Leben zu stellen. Wenn sich demnach ein Inskribent für den Eintrag von Frohsinn und Optimismus entscheidet, dann entscheidet er sich für die Albumfolklore. Was allerdings auch bedeutet, dass er sich damit implizit einer Wertäußerung im Rahmen einer Albuminskription entzieht.

In diesem Licht erscheint der Rückzug der Lehrer (DDR/BRD) und Verwandten in der DDR von diesen tradierten Inhalten eher als eine Hinwendung zu anderen Wertvorstellungen (DDR-Verwandte vermutlich zu den Werten der Nische, BRD-

---

[301] Hierbei ist zu erwähnen, dass auch die DDR-Lehrer anfänglich häufiger diese Wertvorstellung inskribierten. So finden sich fünf der acht Einträge dieser Einträgergruppe bereits in Alben aus den 1950er Jahren. In späteren Dekaden findet sich dann nur noch jeweils ein Eintrag pro Dekade, in dem ein DDR-Lehrer diese Werthaltung thematisierte. Denkbar ist dabei, dass sich gerade die „Neulehrer" in der DDR zu Beginn der 1950er Jahre zunächst an den tradierten Albumgewohnheiten orientierten.

Lehrer tendenziell zu einem Wertepluralismus; DDR-Lehrer zu den bürgerlichen Werten). Familie (DDR) und Lehrer (DDR/BRD) bleiben somit explizite wertevermittelnde Agenturen. Demgegenüber könnte das Beharren der BRD-Verwandten auf diesem tradierten Albuminhalt wohl auch als ein eher wertausweichendes Verhalten gedeutet werden.

Zusammenfassend lässt sich konstatieren, dass sich der formulierte Zusammenhang in Hypothese H4 nicht belegen lässt. Vielmehr sind tendenzielle Ost-West-Unterschiede feststellbar. Die Befunde der Hypothesenprüfung deuten daraufhin, dass es sich bei den staatlich vereinnahmten Werten (DDR) zugleich um konventionelle Albuminhalte handelt. Während hierbei für die DDR ein tendenzielles Abwenden von diesen konventionellen Inhalten hin zur Betonung anderer Werthaltungen zu beobachten ist, wurde in der BRD tendenziell stärker daran festgehalten. Deutbar ist letztgenannter Befund als eine Strategie (von BRD-Verwandten), sich weniger explizit zu Werten zu äußern.

7.3 Zur Inskription von staatlich unerwünschten Werten (DDR)

7.3.1 Religiosität

Obschon in der DDR nicht verboten, galt dennoch religiöser Glaube als von Partei- und Staatsführung in der DDR unerwünscht und wurde in seiner Ausführung institutionell behindert (Schroeder 1998: 474). Demgegenüber wurde trotz laizistischer Haltung die Erziehung zur Ehrfurcht vor Gott in den Landesverfassungen der alten Bundesländer als Erziehungsziel verankert und zugleich institutionell gefördert. Aufgrund dieser grundlegend verschiedenen Rahmenbedingungen für die Herausbildung religiöser Überzeugungen in DDR und BRD war im Rahmen der Hypothesenbildung folgender Zusammenhang formuliert worden:

H5 *Wenn ein Einträger in der Bundesrepublik gelebt hat, dann hat er mit einer höheren Wahrscheinlichkeit eine religiöse Werthaltung eingetragen als ein Einträger in der DDR.*

Es wird angenommen, dass Inskribenten in der DDR allgemein seltener religiöse Inhalte in die Alben eintrugen als Einträger in der BRD.

7 Die Wertvorstellungen in Poesiealben in DDR und Bundesrepublik

Textmerkmale und Beispiele
Albumtexte, in denen Religiosität bzw. die Ehrfurcht vor Gott als Werthaltung implizit zum Ausdruck gebracht wird, können in der Regel an typisch religiösen Signalwörtern erkannt werden. So findet in diesen Texten nicht selten ein direkter Verweis auf Gott („Gottvater", „Herr") statt. Dabei wird allgemein der Schutz Gottes erbeten. Auch wird beschrieben, dass man sich auf Gott ganz allgemein im Leben verlassen oder auf göttlichen Beistand in schwierigen Lebenssituationen vertrauen und hoffen kann. Weiterhin erfolgt in religiösen Albumtexten die Aufforderung zu Gebet und frommer Lebensführung. Auch der Verweis auf (göttlichen) Segen und entsprechende Segenswünsche adressiert Religiosität als Werthaltung. Ein weiteres Indiz für eine zugrunde liegende religiöse Werthaltung im eingetragenen Text ist die Achtung, Bewunderung bzw. Preisung der Schöpfung. Eine religiöse Werthaltung kann ebenfalls plausibel beim Inskribenten vermutet werden, wenn die Eintragung als Bibelzitat ausgewiesen ist. Es werden zuweilen aber auch Eintragungen vorgenommen, bei denen die Nennung des Autorennamens einen explizit kirchlich-religiösen Bezug erkennen lässt (z.B. Papst Paul I, Don Bosco, Mutter Teresa).

Bemerkenswert erscheint in diesem Zusammenhang, dass eine gewisse Korrespondenz der Glaubens- und Religionswerte mit den Pflicht- und Akzeptanzwerten besteht. So gibt es eine Vielzahl von Texten, in denen sowohl Religiosität als auch Pflicht, Akzeptanz und Bescheidenheit als Werthaltungen gleichermaßen adressiert wurden. Hier nur zwei Beispiele:

- „Liebe Dein Leben und Deine Pflicht, zeige dem Tage kein Sorgengesicht. Über den Sternen hält einer die Wacht, der fügt es oft anders als Du Dir's gedacht."
- „Dem kleinen Veilchen gleich, das im Verborgnen blüht; Sei immer fromm und gut, auch wenn dich niemand sieht."

Die enge Verbindung zwischen Religiosität und Pflicht und Akzeptanz, die im Kontext der Alben ganz offenkundig auf der Textebene zutage tritt, scheint bisher in der Wertforschung nur unzureichend beachtet worden zu sein. Da beide Werthaltungen dieselben Wandlungstendenzen aufweisen, könnte hier ein engerer Zusammenhang zwischen beiden Werten vermutet werden. So lässt sich alternativ annehmen, dass nicht etwa ein „Wertwandlungsschub" (Klages 1984: 20), sondern vielmehr die fortschreitende Säkularisierung auch zu einem Bedeutungsverlust der Pflicht- und Akzeptanzwerte geführt hat.[302]

Auswahl von religiösen Texten

Religiosität
• Mit Gott fang an, mit Gott hör auf, daß ist der beste Lebenslauf.
• Ich will nicht schreiben ein langes Gedicht, nur diese drei Worte „Gott schütze Dich!"
• Wenn Dich Menschen kränken, durch Verdruß und Trug, sollst Du daran denken, was Dein Heiland trug.
• Bleibe fromm u. halte Dich recht, denn solchen wird's zuletzt wohl gehen. Ps. 37,37.
• Seid fröhlich in Hoffnung Geduldig in Trübsal Haltet an am Gebet Röm.12.v.12.
• Wandle auf Rosen, noch lange Zeit, Bis an das Ufer der Ewigkeit, Denke an Gott und an Deine Pflicht Lebe Wohl Vergißmeinnicht.
• Wenn Menschen Dich verlassen, wenn Glück wie Glas zerbricht, so mußt Du Gott umfassen, denn der verläßt Dich nicht.
• Bete und Arbeite das ist Dein Los.
• Blüh an Deiner Elternseite, wachse tugendhaft heran, und ein Engel Gottes leite Dich auf Deiner Lebensbahn.
• Habe dein Schicksal lieb; es ist der Gang Gottes mit deiner Seele.
• Sei treu im Kleinen, arbeite gern, liebe die Deinen und Gott, deinen Herrn.
• Stets tröste auf der Lebensbahn der schöne Spruch Dein Herz, Was Gott tut, daß ist wohlgetan, so lebst Du nicht in Schmerz.
• Was ist die schönste Blüte auf Gottes reicher Welt? Ein fröhliches Gemüte ein Herz das Gott gefällt.
• Schiffe ruhig weiter, wenn der Mast auch bricht, Gott ist Dein Begleiter, er verläßt Dich nicht.
• Es begleite Dich immer, als funkelnder Stern, die Gnade, die Liebe, der Segen des Herrn.
• Befiehl dem Herrn deine Wege und hoffe auf ihn; er wirds wohl machen Ps. 37,5.
• Trau nicht der Welt, Trau' nicht dem Geld, Trau' nicht dem Wort, Trau' nur auf Gott.
• Wir kommen und wir gehen, es kann nicht anders sein. Ob wir uns wiedersehen, das weiß nur Gott allein.
• Wo Glaube da Liebe, Wo Liebe da Friede, Wo Friede da Segen, Wo Segen da Gott, Wo Gott keine Not.

Bivariate Prüfung

Es soll nun geprüft werden, ob sich die Alben in DDR und BRD ganz allgemein hinsichtlich des Vorkommens religiöser Werthaltungen unterscheiden. Tabelle

---

[302] Religiosität scheint auf Textebene des Weiteren auch mit einer optimistischen Lebenshaltung zu korrespondieren. Das heißt, es gibt eine Gruppe von Texten, in denen neben Religiosität auch Frohsinn und Optimismus als Werthaltung zum Ausdruck kommen. Zum Beispiel in folgendem Texteintrag: „Was ist die schönste Blüte auf Gottes reicher Welt? Ein fröhliches Gemüte ein Herz das Gott gefällt". Nicht selten wird in diesen Texten die fröhlich-optimistische Grundhaltung mit dem Vertrauen auf Gottes Beistand begründet.

7 Die Wertvorstellungen in Poesiealben in DDR und Bundesrepublik

7.26 gibt hierfür die durchschnittliche Häufigkeit (absolut/relativ) der Werthaltung Religiosität je Album im DDR-BRD-Vergleich wieder.

Tabelle 7.26: Durchschnittliche Häufigkeit von Religiosität

		n	Mittelwert	Standardabweichung	Min.	Max.
Religiosität	BRD	39	5,1	3,50	0	16
	DDR	45	2,4	3,13	0	14
	Gesamt	84	3,7	3,55	0	16
Religiosität (relativer Anteil in %)	BRD	39	16,7	11,39	0	43
	DDR	45	9,1	16,78	0	91
	Gesamt	84	12,7	14,94	0	91

Mann-Whitney-U-Test Religiosität in DDR/BRD-Alben: $U = 427, p = .000$.

Wie man Tabelle 7.26 entnehmen kann, lassen sich gemäß Hypothese H5 recht deutliche Ost-West-Unterschiede bezüglich der durchschnittlichen Häufigkeit von Religiosität als Werthaltung in den Alben feststellen. So enthalten die hier untersuchten BRD-Alben im Durchschnitt mehr als doppelt so viele Eintragungen mit religiösem Inhalt als die DDR-Alben. Durchschnittlich enthält jedes Album aus Westdeutschland mehr als fünf Eintragungen, in denen Religiosität als Werthaltung implizit zum Ausdruck kommt (arithmetisches Mittel: 5,1). Demgegenüber enthält ein in der DDR geführtes Album im Durchschnitt nur circa 2,5 Einträge, in denen Religiosität thematisiert wird (arithmetisches Mittel: 2,4). Mit Blick auf den relativen Anteil lässt sich sagen, dass im Durchschnitt circa 9 % der Einträge eines DDR-Albums einen religiösen Bezug aufweisen, während dies in der BRD für durchschnittlich circa 17 % der Einträge eines Albums der Fall ist. Ein U-Test nach Mann und Whitney stützt ebenfalls Hypothese H5 und verweist auf hochsignifikante Gruppenunterschiede zwischen den Alben der DDR und der BRD. Erwähnenswert scheint in diesem Zusammenhang, dass für die DDR-Alben eine deutlich größere Streuung der Werthaltung Religiosität zu beobachten ist, was auf ein heterogeneres Inskriptionsverhalten bezüglich dieser Werthaltung in der DDR schließen lässt. 33,3 % der hier untersuchten Poesiealben aus der DDR weisen dabei überhaupt keinen religiösen Text auf, während dies für nur 2,6 % der BRD-Alben zutrifft. Wie ausgeprägt allerdings der Anteil religiöser Texte in einem Album gerade in den frühen Dekaden des Untersuchungszeitraums auch in der DDR war, zeigt der Blick auf die letzte Spalte der Tabelle. So wurde für ein Album, das zu Beginn der 1950er Jahre in Görlitz/Sachsen geführt wurde, festgestellt, dass erstaunliche 91 % der Einträge Religiosität thematisieren.

Häufigkeitsverteilung von Religiosität nach Einträgergruppen
Wie häufig wurde Religiosität von den verschiedenen Einträgergruppen in DDR und BRD in ein Album eingetragen? Tabelle 7.27 gibt hierfür die Häufigkeit der Werthaltung, verteilt auf die uns interessierenden Haupteinträgergruppen (nach DDR/BRD) wieder. Drei deskriptiv interessante Befunde können der Tabelle entnommen werden.

Tabelle 7.27: Religiosität nach Einträgergruppe

		Einträgergruppe						
		Familie DDR	Familie BRD	Lehrer DDR	Lehrer BRD	Peers DDR	Peers BRD	Gesamt
Religiosität	n	29	28	2	15	60	125	259
	%	23,8 %	21,5 %	1,6 %	12,5 %	5,8 %	13,7 %	10,6 %
Gesamt	n	122	130	124	120	1031	911	2438
	%	100 %	100 %	100 %	100 %	100 %	100 %	100 %

Nur singulärer bzw. bei Panel-Einträgern chronologisch erster Eintrag berücksichtigt, $n = 2438$; % innerhalb der Einträgergruppen; Chi-Quadrat (5) = 83.83, $p = .000$; Cramer-V = .185, $p = .000$.

1. Religiosität kann im Kontext der Alben als eine Werthaltung identifiziert werden, die vornehmlich von Familienangehörigen vertreten wurde. Mehr als ein Fünftel aller Familieneinträge adressierte in den hier untersuchten Alben diese Werthaltung – und dies unabhängig, ob in DDR oder BRD. Neben den Kirchenvertretern (siehe weiter unten) sind es also vor allem die Familienangehörigen, die den Wert des religiösen Glaubens in den Inskriptionen unterstrichen haben.

2. Der Vergleich der Lehrer lässt die erwarteten Unterschiede zwischen DDR und BRD erkennen. Während in der DDR nur sehr wenige Lehrer und auch nur zu Beginn des Untersuchungszeitraums Religiosität als Werthaltung inskribierten, kommen religiöse Einträge von Lehrern in der BRD im Vergleich zur Randverteilung sogar überdurchschnittlich häufig in den Alben vor.

3. Vergleicht man die Peers in DDR und Bundesrepublik, so zeigen sich ebenfalls die vermuteten Unterschiede. Peers in der BRD trugen fast doppelt so häufig religiöse Texte in ein Album ein wie Peers in der DDR.

7 Die Wertvorstellungen in Poesiealben in DDR und Bundesrepublik 371

Zusammenfassend lässt sich sagen, dass die bivariate Prüfung den im Hypothese H5 formulierten Zusammenhang stützt. Die Analyse der Häufigkeitsverteilung in den Einträgergruppen erbringt zudem Hinweise, dass der Wert des religiösen Glaubens in den Alben systemübergreifend vor allem von Familienangehörigen betont wurde.

Multivariate Prüfung

Welche Faktoren haben die Wahrscheinlichkeit eines Eintrags der Werthaltung Religiosität in ein Album beeinflusst? Tabelle 7.28 gibt die Befunde einer Logistischen Regression wieder, bei der die Werthaltung Religiosität wie gewohnt in dichotomisierter Form als abhängige Variable einging. Dabei wurden drei Modelle berechnet, bei denen sukzessive die Kontrollvariablen als Faktoren einbezogen wurden. In einem vierten Modell wurden nur die Einträge der Peers berücksichtigt.

Tabelle 7.28: Logistische Regression: Religiosität

unabhängige Variablen (Faktoren)		1		2		3		4 (nur Peers)	
		b	Exp(b)	b	Exp(b)	b	Exp(b)	b	Exp(b)
Geschlecht des Einträgers (weibl. = 1)		,10	1,11	,23	1,26	,14	1,14	,44	1,55
Jahr des Eintrags (Koheneffekt)		-,04**	,96	-,04**	,96	-,05**	,96	-,05**	,95
Wohnortgröße des Einträgers		-,02	,98	-,02	,98	-,04	,96	-,08	,93
Einträgergruppe	Peers			Ref.**		Ref.**			
	Familie			1,11**	3,03	1,04**	2,84		
	Lehrer			-,24	,79	-,21	,81		
	Sonstige			1,28**	3,58	1,24**	3,46		
Einträger aus DDR/BRD (DDR = 1)						-,90**	,41	-,98**	,38
nur Peers: Alter bei Eintrag								-,06	,94
nur Peers: Bildungsgrad								-,30	,74
Konstante		79,8**		79,5**		88,6**		101,7**	
Pseudo-R2 (Nagelkerke)		,05		,09		,13		,13	

** signifikant < 1 %, * signifikant < 5 %, + signifikant < 10 %. Nur singulärer bzw. bei Panel-Einträgern chronologisch erster Eintrag berücksichtigt, in Modell 4 zudem nur Peergroup-Einträger berücksichtigt; Omnibus-Test Modell 1: Chi-Quadrat(3) = 60.64, p = .000, n = 2216; Modell 2: Chi-Quadrat(6) = 109.08, p = .000, n = 2216; Modell 3: Chi-Quadrat(7) = 149.28, p = .000, n = 2216; Modell 4: Chi-Quadrat(6) = 77.99, p = .000, n = 1251.

Erhärtung der Ost-West-Unterschiede

Die Befunde der Logistischen Regression erhärten die bereits im bivariaten Vergleich entdeckten Unterschiede zwischen Ost und West. Die Chance, dass ein

Inskribent aus der DDR eine religiöse Werthaltung in ein Album eintrug, war nicht einmal halb so groß wie bei einem Inskribenten aus der BRD. Durch Hinzunahme des Ost-/West-Faktors in Modell 3 erhöht sich der Nagelkerke-Wert der Pseudo-R2-Statistik deutlich. Dies kann als Indiz dafür genommen werden, dass er für die Vorhersage der Eintragswahrscheinlichkeit einer religiösen Werthaltung eine gewisse Erklärungskraft besitzt.

Wahrscheinlichkeit von Religiosität als Eintragsinhalt nimmt im Zeitverlauf ab
Neben den Ost-West-Unterschieden erweist sich auch das Jahr des Eintrags als hochsignifikanter Faktor für die Vorhersage der Eintragswahrscheinlichkeit von Religiosität in ein Poesiealbum. Dieser Befund deckt sich mit den Ergebnissen der Erforschung der Säkularisierung und stellt daher einen erwartbaren Befund dar. Wenn auch relativ moderat, so sank doch zwischen 1949 und 1989 mit jedem Jahr ganz allgemein die Chance, dass Religiosität als Werthaltung in ein Album inskribiert wurde – und das sowohl in DDR als auch BRD.

Unterschiede zwischen Einträgergruppen
Die multivariate Prüfung erhärtet die Unterschiede zwischen den Einträgergruppen hinsichtlich der Wahrscheinlichkeit eines Eintrags von Religiosität. Im Vergleich zur Peergroup sind es vor allem die Verwandten des Halters, die mit höherer Wahrscheinlichkeit den Wert der Religiosität unterstrichen. Wie aus Tabelle 7.28 hervorgeht, hat auch ein sonstiger Einträger im Vergleich zu einem Peer mit höherer Wahrscheinlichkeit Religiosität in ein Album inskribiert. Dies ist allerdings deshalb der Fall, weil unter die sonstigen Einträger auch die Kirchenvertreter gefasst wurden. Wie sich weiter unten zeigen wird, vertraten Kirchenvertreter fast monothematisch den Wert der Religiosität in ihren Einträgen. Verdeckt bleiben in der multivariaten Prüfung die aus Tabelle 7.27 bekannten Ost-West-Unterschiede hinsichtlich der Eintragswahrscheinlichkeit von Religiosität bei Peers und Lehrern.

Prüfung auf Interaktionseffekte
Prüfung auf Interaktion zwischen Eintragsjahr und Wahrnehmung staatlicher Rahmenbedingungen
Die Ost-West-Unterschiede sollen jedoch wieder aufgedeckt und abschließend geprüft werden, wie sich die Eintragswahrscheinlichkeiten für Religiosität zwischen

1949 und 1989 bei den Einträgergruppen in DDR und BRD veränderten. Gemäß den Befunden der Tabelle 7.28 war ein signifikanter Rückgang der Eintragswahrscheinlichkeit pro Eintragsjahr festgestellt worden. Es kann allerdings angenommen werden, dass dieser allgemeine Rückgang von Religiosität durch den DDR-/BRD-Hintergrund eines Inskribenten moderiert wurde. Konkret kann vermutet werden, dass der Rückgang der Werthaltung in den DDR-Einträgergruppen eher robust ausfiel, während in der Bundesrepublik aufgrund der hierfür günstigeren staatlichen Rahmenbedingungen die Eintragswahrscheinlichkeit für Religiosität zwischen 1949 und 1989 nur allmählich sank. Es wird demnach folgender moderierende Einfluss der Wahrnehmung staatlicher Rahmenbedingungen auf Religiosität als Werthaltung in Ost und West angenommen:

Interaktionseffekt: Die Wahrscheinlichkeit eines Eintrags religiöser Werte nahm zwischen 1949 und 1989 in der DDR stärker ab als in der Bundesrepublik.

Um diesen Zusammenhang zu prüfen, wird wieder auf das Instrument der Logistischen Regression zurückgegriffen, und es werden zwei Modelle berechnet. In einem ersten Modell werden die Dekade des Eintrags und die Variable ‚Einträgergruppe' als Faktoren verwendet. In einem zweiten Modell wird ein aus beiden Variablen gebildetes multiplikatives Interaktionsterm in der Schätzung als zusätzlicher Faktor berücksichtigt. Tabelle 7.29 gibt die Befunde wieder.[303]
Die Befunde in der Tabelle verweisen auf keine signifikanten Interaktionseffekte zwischen der Zugehörigkeit zu einer spezifischen Einträgergruppe in Ost und West und der Dekade des Eintrags. Vielmehr werden zum einen die bereits aus der Deskription bekannten Unterschiede zwischen den Haupteinträgergruppen bezüglich der Eintragswahrscheinlichkeit von Religiosität gestützt. Religiöse Werte erweisen sich vorrangig als Familienwerte. Zum anderen erhärtet sich die These eines allgemeinen Bedeutungsverlusts religiöser Einstellungen in der gesamtdeutschen Bevölkerung.

---

[303] Es ist darauf hinzuweisen, dass lediglich zwei Lehrer der DDR Religiosität als Werthaltung eintrugen; insofern sind die geschätzten Effektkoeffizienten dieser Einträgerkategorie mit großer Vorsicht zu interpretieren. Nichtsdestotrotz wurden die DDR-Lehrer an dieser Stelle mit berücksichtigt, um auf mögliche institutionelle Effekte der Schulumgebung hinzuweisen (siehe weiter unten).

7.3 Zur Inskription von staatlich unerwünschten Werten (DDR)

Tabelle 7.29: Logistische Regression: Religiosität nach Einträgergruppe und Dekade

unabhängige Variablen (Faktoren)	abhängige Variable: Religiosität			
	1		2	
	b	Exp(b)	b	Exp(b)
Dekade des Eintrags	-,54**	,58	-,48**	,62
Peers (BRD)	Ref.**		Ref.**	
Peers (DDR)	-1,13**	,32	-1,27**	,28
Familie (BRD)	,51*	1,67	,47+	1,61
Familie (DDR)	,64*	1,90	,64*	1,89
Lehrer (BRD)	,02	1,02	,00	1,00
Lehrer (DDR)	-2,46**	,09	-24,62	,00
Sonstige (BRD)	,92**	2,52	,92**	2,52
Sonstige (DDR)	,57	1,77	,54	1,71
ZDekade * Peers (BRD)			Ref.	
ZDekade by Peers (DDR)			-,22	,80
ZDekade by Familie (BRD)			-,08	,92
ZDekade by Familie (DDR)			,03	1,03
ZDekade by Lehrer (BRD)			-,08	,93
ZDekade by Lehrer (DDR)			-15,15	,00
ZDekade by Sonstige (BRD)			,06	1,07
ZDekade by Sonstige (DDR)			-,07	,93
Konstante	-,55**		-,66**	
Pseudo-R2 (Nagelkerke)	,14		,15	

** signifikant < 1 %, * signifikant < 5 %, + signifikant < 10 %. Nur singulärer bzw. bei Panel-Einträgern chronologisch erster Eintrag berücksichtigt; Omnibus-Test Modell 1: Chi-Quadrat(8) = 183.01, p = .000, n = 2414; Modell 2: Chi-Quadrat(15) = 187.02, p = .000, n = 2414.

Dies zeigt auch ein Blick auf Abbildung 7.16, in der die geschätzten Wahrscheinlichkeiten entsprechend Tabelle 7.29 für den Eintrag eines religiösen Eintrags im Zeitverlauf visualisiert sind.

Wie man der Abbildung entnehmen kann, lässt sich der Rückgang der Wahrscheinlichkeit religiöser Inhalte als einen allgemeinen Wandel beschreiben, von dem alle Haupteinträgergruppen gleichermaßen erfasst sind. Ein zweiter Aspekt, der durch die Visualisierung erkennbar wird und auf den an dieser Stelle hingewiesen werden soll, betrifft die Verteilung der Wahrscheinlichkeitsunterschiede, die auf drei ‚Paare' von Einträgergruppen verweisen. So scheint die Wahrscheinlichkeit für religiöse Einträge bei Familienangehörigen in DDR und BRD (1. Paar)

7 Die Wertvorstellungen in Poesiealben in DDR und Bundesrepublik   375

in etwa gleichmäßig abgesunken zu sein. Dies trifft zudem für die Peers und Lehrer jeweils in der BRD (2. Paar) zu und schließlich, wenn auch mit etwas größerem Abstand, auch für die Peers und Lehrer der DDR (3. Paar).[304]

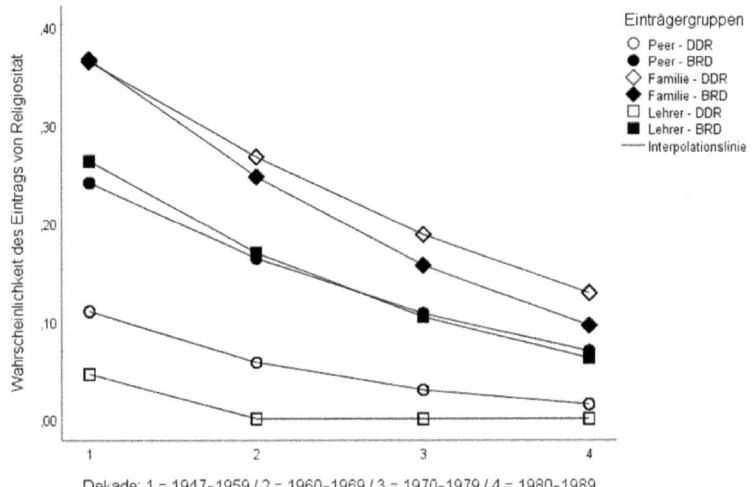

Abbildung 7.16: Religiosität nach Dekade in Ost und West

Der parallele Verlauf der Wahrscheinlichkeiten von jeweils drei Einträgerpaaren lässt vermuten, dass möglicherweise zwischen Lehrern und Peers bezüglich der Eintragswahrscheinlichkeit religiöser Albuminhalte ein Zusammenhang besteht. Konkret kann angenommen werden, dass die Peers sich möglicherweise an den Einträgen der Lehrer orientierten. Diese Vermutung erscheint mit Blick auf das allgemeine Phasenmodell der Sozialisation nicht abwegig, da die überwiegende Zahl der Inskriptionen in einen Lebensabschnitt fällt, für die eine sozialisierende Wirkung der Schule (Lehrer) besonders angenommen wird. Nach Abbildung 7.16 lässt sich möglicherweise kein allgemeiner DDR-/BRD-Effekt, sondern vielmehr ein Institutioneneffekt vermuten, wonach die Institution Schule in gewisser Weise das Inskriptionsverhalten der Heranwachsenden moderierte. Dieser institutionelle

---

[304] Die Lehrer der DDR waren allerdings mit religiösen Inhalten bereits schon zu Beginn des Untersuchungszeitraums 1949 nur geringfügig präsent.

Effekt der Schule könnte sich darin zeigen, dass sich, je nachdem, ob das schulische Umfeld religiöse Wertvorstellungen gefördert hat (BRD) oder aber stark säkularisiert war (DDR), diese Unterschiede auch im Einträgerverhalten der Schüler niederschlugen.

Zusammenfassung und Interpretation
1. Ost-West-Unterschiede bei Einträgen mit religiösen Inhalten
Religiöse Inhalte kamen in Poesiealben zwischen 1949 und 1989 relativ häufig vor. Entsprechend Hypothese H5 unterscheiden sich dabei die Alben in DDR und BRD hinsichtlich der durchschnittlichen Häufigkeit des Vorkommens religiöser Wertvorstellungen signifikant. Religiöse Inhalte sind in den Alben der BRD stark überrepräsentiert.

2. Religiosität besonders von Verwandten betont
Die Analyse der Verteilung religiöser Wertvorstellungen auf die Einträgergruppen deckte auf, dass Religion vor allem von Verwandten thematisiert wurde. Religiosität kann demnach als ein Wert betrachtet werden, der vor allem innerhalb der Familie thematisiert und vermittelt wird. Dies deckt sich mit Befunden der Forschung (Pickel 2011a: 63f).[305] Zudem verweist ein großer Unterschied zwischen den Lehrern in Ost und West auf die institutionalisierten Unterschiede hinsichtlich der staatlichen Erwünschtheit von Religiosität in der BRD bzw. Unerwünschtheit in der DDR.

3. Allgemeiner Rückgang von Religiosität als Werthaltung zwischen 1949 und 1989
Die multivariate Analyse brachte das Ergebnis, dass die Wahrscheinlichkeit eines Eintrags religiöser Inhalte in ein Album zwischen 1949 und 1989 sowohl in der DDR als auch in der BRD immer weiter abnahm. Im Album war hiervon jede Haupteinträgergruppe betroffen, wobei sich die Eintragswahrscheinlichkeit in etwa in gleichem Maße in den Einträgergruppen verringerte. Dieses Ergebnis

---

[305] Hierbei ist anzumerken, dass sich keine Hinweise auf ein besonderes geschlechtsgebundenes Eintragsverhalten bei den Verwandten bzw. Lehrern ergaben. Männliche und weibliche Verwandte bzw. Lehrer unterschieden sich in Ost und West bezüglich der Betonung religiöser Einstellungen nicht. Demgegenüber ergaben sich bei den Peers geschlechtsspezifische Unterschiede. In Ost und West haben weibliche Peers signifikant häufiger Religion betont als männliche Peers.

stützt damit den bekannten Befund religionssoziologischer Forschungen, wonach ein allgemeiner Rückgang religiöser Werthaltungen in der gesamtdeutschen Bevölkerung zu beobachten ist.

4. Hinweise auf möglichen Effekt der Institution Schule
Die Prüfung auf Interaktionseffekte deckte auf, dass einerseits Verwandte (in DDR und BRD), andererseits aber Lehrer und Peers (jeweils getrennt in DDR und BRD) mit sehr ähnlicher Wahrscheinlichkeit im Zeitverlauf religiöse Inhalte inskribierten. Insbesondere das ähnliche Inskriptionsverhalten von Peers und Lehrern lässt auf einen institutionellen Effekt der Schule schließen, der das Eintragsverhalten der Peers bezüglich religiöser Inhalte vermutlich beeinflusste. Während in den alten Bundesländern eine religiöse Einstellung der Peers durch die Institution Schule (Lehrer) vermutlich zusätzlich gefördert wurde, war die schulische Umwelt eines Peers in der DDR stark säkularisiert, was sich auch in einer tendenziell stärkeren Rückläufigkeit religiöser Inhalte bei den DDR-Peers niedergeschlagen haben könnte. Verallgemeinert kann man diesen vermuteten Zusammenhang auch wie folgt ausdrücken: Je stärker sich das erweiterte Umfeld (Schule) eines heranwachsenden Individuums säkularisierte, umso eher wandte sich auch ein Peer von der Religion ab.

7.4 Zur Inskription anderer Werthaltungen und Inhalte

In den vorangegangenen Abschnitten wurde sich mit Werten beschäftigt, von denen angenommen werden kann, dass sie in der DDR bzw. BRD als staatlich erwünscht bzw. unerwünscht galten. Aufgrund der Aufnahme in offizielle Dokumente scheint die Annahme berechtigt, dass Akteure staatlicher Institutionen in DDR und Bundesrepublik ein intendiertes Interesse gehabt haben dürften, dass gerade diese Werte in der jeweiligen Bevölkerung entweder auf breite Akzeptanz oder aber auf allgemeine Ablehnung stießen. Damit wurde jedoch nur ein Teil der Werte und Inhalte tangiert, die in den Poesiealben vorkommen. Im Folgenden soll sich den weiteren Wertvorstellungen und Albuminhalten zugewandt werden. Es soll gefragt werden, ob sich die Alben in Ost und West diesbezüglich unterscheiden. Da Akteure staatlicher Institutionen in DDR und BRD kein explizites Inte-

resse an diesen Werten gehabt haben dürften, kann bei möglichen Ost-West-Unterschieden von unintendierten Folgen der unterschiedlichen staatlichen Rahmenbedingungen in DDR und Bundesrepublik gesprochen werden.
Bei der Bestimmung der weiteren Wertvorstellungen wurde sich zunächst an den gängigen Wertwandeltheorien orientiert. Hierbei wurde geprüft, ob sich die paraphrasierten Albuminhalte im Sinne der Wertekategorien dieser Theorien interpretieren und zuordnen lassen. Daran anschließend wurden die übrigen Albuminhalte unter dem Gesichtspunkt einer semantischen Äquivalenz in eigenen Inhaltskategorien zusammengefasst, wobei sich bei der Bildung von einigen Inhaltskategorien an der Albumforschung orientiert werden konnte. Albuminhalte, die hingegen überaus selten vorkamen bzw. keine Werthaltungen adressieren, wurden abschließend in einer Inhaltskategorie ‚andere Inhalte' zusammengefasst. Folgende weitere Wertebündel und Inhaltskategorien wurden auf diesem Weg gebildet:

- Wertekategorien gemäß den Wertwandeltheorien
- Tugenden der Vorsicht und des maßvollen Handelns
- Tugenden des Muts und der Zielstrebigkeit
- Erinnerung, Erwachsenwerden, Abschied
- Freundschaft, Liebe, Partnerschaft albumspezifische
- glückliches LebenInhalte
- andere Inhalte, Einträge ohne Werthaltungen

7.4.1 Werte gemäß den Wertwandeltheorien (BRD)

Zunächst soll sich den Wertekategorien zugewandt werden, die empirischen Wertwandeltheorien entlehnt werden konnten. Konkret wurde sich an den ‚klassischen' Wertestudien von Peter Kmieciak (1976), Ronald Inglehart (1977) sowie Helmut Klages (1988) orientiert, und folgende Inhaltskategorien wurden gebildet:[306]

- Hedonismus (Kmieciak)

---

[306] Die jüngere Zeitgeschichtsforschung hat erheblichen Zweifel an einigen dieser Wertwandeltheorien geäußert (vgl. u.a. Dietz/Neubauer 2012; Neuheiser 2014; Rödder 2014). Insofern erscheint eine Prüfung dieser Theorieansätze anhand eines nichtreaktiven Dokumententyps lohnenswert. Eine Auseinandersetzung mit dem ebenfalls prominent gewordenen Ansatz universalistischer Werte von Shalom Schwartz (vgl. Schwartz/Bilsky 1987; Schwartz 1994; Schwartz et al. 2012) erfolgt im Rahmen einer späteren Publikation.

7 Die Wertvorstellungen in Poesiealben in DDR und Bundesrepublik

- Materialismus (Inglehart)
- Postmaterialismus (Inglehart)
- Pflicht- und Akzeptanz-Werte (Klages)

Es ist darauf hinzuweisen, dass sich diese Studien und Theorien insbesondere auf Veränderungen von Wertvorstellungen innerhalb der Bevölkerung der alten Bundesrepublik bzw. etwas allgemeiner in „westlichen" Gesellschaften (Inglehart 1977) beziehen. Aussagen zu Veränderungen dieser Werthaltungen auf dem Gebiet der ehemaligen DDR finden sich erst nach 1990 und liegen somit außerhalb des hier interessierenden Untersuchungszeitraums. Ferner ist darauf aufmerksam zu machen, dass es sich um empirische Wertestudien handelt, die auf das reaktive Instrument der Bevölkerungsumfrage zurückgegriffen haben. Die Inhaltsanalyse von Poesiealben stellt hingegen ein nicht reaktives Erhebungsverfahren dar, was in diesem Fall zur Prüfung der Plausibilität der in den Umfragen verwendeten empirischen Wertekategorien genutzt werden kann.[307]

Bezüglich der oben genannten Wertekategorien wird angenommen, dass es sich um allgemeine Wertvorstellungen handelt, die sowohl in DDR als auch BRD vorgekommen sein dürften. Folgende Hypothese wurde formuliert:

H6   *Wenn ein Einträger in der DDR gelebt hat, dann hat er mit der gleichen Wahrscheinlichkeit Werte gemäß den Wertwandeltheorien eingetragen wie ein Einträger in der Bundesrepublik.*

Wenn es sich bei den beschriebenen Wertekategorien nicht um Artefakte der empirischen Umfrageforschung handelt, müssten sie in den Alben der DDR und BRD

---

[307] Aufgrund des hier verfolgten Forschungsinteresses können an dieser Stelle nicht alle Wertekategorien relevanter empirischer Wertwandeltheorien berücksichtigt werden. Dies trifft zum einen auf die Werte der Selbstentfaltung und Selbstverwirklichung zu, die nach der Theorie von Helmut Klages (1988) gegenüber den Pflicht- und Akzeptanzwerten an Bedeutung zugenommen haben. Diese Wertekategorie entspricht im Kontext der Alben dem staatlichen BRD-Kernwert ‚Selbstständigkeit im Handeln' und wurde bereits in Kapitel 7.2.1.2 behandelt. Die bürgerlichen Werte, die Elisabeth Noelle-Neumann (1978) als im Niedergang befindlich gekennzeichnet hat, entsprechen teilweise den ‚geteilt-offiziellen' Werten und wurden ebenfalls bereits weiter oben behandelt. Auch für die „Berufs- und Leistungsorientierungen" trifft dies zu, die dem Ansatz von Peter Kmieciak zufolge zugunsten hedonistischer Lebenseinstellungen abgenommen haben (Kmieciak 1976). Konkret entspricht die Berufs- und Leistungsorientierung in dieser Arbeit der Inhaltskategorie ‚Arbeit und Leistung' (siehe oben).

gleichermaßen Verbreitung gefunden haben und auch den gleichen Einflüssen unterlegen sein.

Zusätzliche Annahme eines Interaktionseffekts aufgrund der Annahme des Wandels in der BRD
Es wurde bereits darauf hingewiesen, dass die soziologischen Wertwandeltheorien vornehmlich für das Gebiet der alten Bundesländer bzw. allgemein für die westlichen Industrieländer entwickelt wurden. Die Vermutung liegt deshalb nah, dass der Wandel dieser Werte vornehmlich auf das Gebiet der BRD beschränkt blieb. Es wird somit ein Interaktionseffekt angenommen, wonach sich die Einträger in Ost und West bezüglich dieser Werte im Zeitverlauf zunehmend unterschieden haben könnten. Folgender Zusammenhang wird deshalb zusätzlich vermutet:

Interaktionseffekt: Die Wahrscheinlichkeit eines Eintrags von Werten gemäß den Wertwandeltheorien hat sich zwischen 1949 und 1989 in der Bundesrepublik verändert, nicht aber in der DDR.

Textmerkmale und Beispiele
Zunächst soll wieder kurz erläutert werden, wie die Werthaltungen in Albuminskriptionen zum Ausdruck gebracht wurden. Es sei jedoch bereits an dieser Stelle darauf hingewiesen, dass die Interpretation der Texte im Sinne hedonistischer und mehr noch postmaterialistischer Werthaltungen mit Schwierigkeiten verbunden war. Nur wenn man ein weites Begriffsverständnis zugrunde legt, ist eine Deutung von Albumtexten in diesem Verständnis möglich. Sie kommen faktisch nur in sehr geringem Umfang in den Alben vor. Demgegenüber erwiesen sich Pflicht und Akzeptanz als Werthaltungen, die sich relativ mühelos inhaltsanalytisch bestimmen ließen.[308]

Hedonismus
Nach Peter Kmieciak besteht der wesentliche Aspekt des Wertwandels in der Bundesrepublik in einer allgemein feststellbaren „Rangreduktion von Berufs- und

---

[308] Dies trifft auch für die Werte der Selbstverwirklichung bzw. Selbstentfaltung zu, die in den Studien von Helmut Klages und anderen thematisiert werden. Wie bereits angemerkt, sind diese Werte in den Alben allerdings eher selten inskribiert worden (siehe hierzu Kapitel 7.2.1.2).

Leistungsorientierungen zu Gunsten einer privatistisch-hedonistischen Haltung" (Kmieciak 1976: 463). Eine privatistisch-hedonistische Haltung drückt sich darin aus, dass ein Individuum einer materiellen und sozialen Abgesichertheit einen hohen Stellenwert einräumt, ohne dies an die persönliche Bereitschaft zu knüpfen, auch dafür hart zu arbeiten bzw. Leistung zu erbringen. Auf eine einfache Formel gebracht: Während materieller Genuss angestrebt wird, soll dieser möglichst ohne größere Anstrengung erreicht werden.[309]
Eine hedonistisch ausgerichtete Lebenseinstellung kommt in diesem Sinne in den Alben nicht vor. Doch klingt die besondere Betonung eines materiellen Wohlbefindens in einigen wenigen Texten durchaus an. So können Einträge, in denen metaphorisch lediglich eine starke materielle Abgesichertheit zur Sprache gebracht wird, im Sinne dieser Werthaltung interpretiert werden (z.B. „Ein Häuschen aus Zucker aus Zimt ist die Tür, der Riegel aus Bratwurst das wünsche ich Dir").[310]
Der Aspekt des Genusses wird hingegen stärker in Texten betont, in denen ein Loblied auf den allgemeinen Müßiggang und (altersgemäß) auf die Ferienzeit angestimmt wird. Auch Einträge, in denen explizit zum Genuss von Alkohol aufgefordert wird, sowie Einträge, in denen zu einem eher sorglosen Genuss der Gegenwart aufgerufen wird, können im Sinne einer hedonistischen Lebenseinstellung ausgelegt werden.

Materialismus
Materialismus und Postmaterialismus sind Wertekategorien, die der Theorie des Wertwandels von Ronald Inglehart entnommen werden können. Nach Inglehart vollzieht sich auf der Folie materieller Abgesichertheit in den westlichen Gesellschaften ein Wandel menschlicher Bedürfnisse. Dieser Bedürfniswandel schlägt sich zugleich in einem Wandel von eher materiellen zu postmateriellen Wertvorstellungen nieder (siehe Inglehart 1977). Obschon mittlerweile eine der geläufigs-

---

[309] So heißt es bei Kmieciak: „Der Rückzug von Statusorientiertheit und Karrierementalität sowie der Überbetonung individuellen materiellen Wohlstandsstrebens wird u.a. in der Bedeutungsüberhöhung von sozialer und materieller Sicherheit unter Zurückstellung der bedeutsamsten Elemente des tradierten bürgerlichen, ‚kapitalistischen', aufstiegsorientierenden, arbeits-idealisierenden Wertsystems, wie z.B. Risikobereitschaft und Befriedigungsaufschub, deutlich" (Kmieciak 1976: 464).
[310] Bei diesen Texteinträgen sind allerdings die eher albumspezifischen Wunschtexte zu unterscheiden, in denen eher allgemein ein glückliches Leben gewünscht wird (siehe weiter unten).

ten Wertwandeltheorien, sind die darin verwendeten Begrifflichkeiten „Materialismus" und mehr noch „Postmaterialismus" erläuterungsbedürftig geblieben. Hierzu trägt bei, dass Inglehart auf eine Definition dieser zentralen Begriffe verzichtet hat (siehe die Sammelpublikationen von Inglehart 1977, 1995, 1998). Entsprechend der Operationalisierung, mit denen Inglehart im Rahmen empirischer Umfragen Materialismus und Postmaterialismus gemessen hat, kann zumindest der Materialismus bestimmt werden: als Betonung von physischer und materieller Sicherheit.[311]

Albumtexte, die im Sinne einer materialistischen Lebenseinstellung interpretiert werden können, lassen sich grob in zwei Gruppen unterteilen: Zum einen gibt es Texte, in denen die materielle Sicherheit als lohnenswertes Ziel angesprochen wird, das durch Leistungsbereitschaft und Anstrengung erreicht werden kann. Materialismus ist in diesen Texten vor allem mit dem Wert der Leistungsbereitschaft assoziiert (z.B. „Lernst was, kannst was, kannst was, wirst was, wirst was, bist was, bist was, hast was"). In einer anderen Gruppe von Texten wird materielle Sicherheit mit einer bescheidenen Lebensführung in Verbindung gebracht. Der Verweis auf die materielle Abgesichertheit dient hierbei dazu, den Wert einer eher genügsam-akzeptierenden und weniger risikobehafteten Lebensführung herauszustellen (z.B. „Hast Du im Tal ein sicheres Haus, so wolle nie zu hoch hinaus").

Postmaterialismus

Schwieriger als beim Materialismus gestaltet sich die Operationalisierung der Werthaltung Postmaterialismus. Die Begrifflichkeit ist von Inglehart nicht eindeutig definiert worden. Im Rahmen eines ‚4-Item-Index', mit dem in Umfragen üblicherweise Materialismus/Postmaterialismus gemessen wird, wird eine postmaterialistische Werthaltung durch die Forderungen nach „Mitbestimmung" bzw. „freier Meinungsäußerung" repräsentiert (Inglehart 1977: 28). Bei diesen Items handelt es sich um Werte, die auch in den Landesverfassungen der alten Bundesländer als Bildungs- und Erziehungsziele festgeschrieben wurden. Jedoch sind es genau jene BRD-Kernwerte, die in keinem einzigen Eintrag zum Ausdruck gebracht wurden (siehe Kapitel 7.2.1.2). Würde man demnach die vorgeschlagene

---

[311] Inglehart hat zur Messung dieser Einstellungen einen Index aus vier Items entwickelt. In einigen Studien kommt allerdings auch ein Index aus 12 Items zum Einsatz. Materialismus wird im üblicheren 4-Item-Index mit den Items „Maintaining order in the nation" (Aufrechterhaltung der öffentlichen Ordnung = physische Sicherheit) sowie „Fighting rising prices" (Kampf gegen steigende Preise = materielle Sicherheit) assoziiert.

7 Die Wertvorstellungen in Poesiealben in DDR und Bundesrepublik

Operationalisierung von Inglehart übernehmen, käme praktisch nicht eine einzige postmaterialistische Werthaltung im Kontext der Alben vor.[312] Aufgrund dieser Schwierigkeiten wurde entschieden, Postmaterialismus eher im Sinne des Strebens nach immateriellen Gütern auszulegen, was sich unter anderem auch in einer stärker an Idealen ausgerichteten Lebenseinstellung ausdrücken kann. Interpretiert man Postmaterialismus im hier vorgeschlagenen Sinne, können mehrere Texteinträge dieser Werthaltung zugeordnet werden. Das Streben nach immateriellen Gütern drückt sich dann in Texten aus, in denen eine gewisse Verachtung gegenüber materiellen Gütern geäußert wird. Es wird vielmehr empfohlen, Freude und Genuss aus anderen, eher immateriellen Quellen zu schöpfen.

Pflicht, Akzeptanz und Bescheidenheit
Helmut Klages und die daran anschließende „Speyerer Werteforschung" haben den Akzent des Wertwandels in der alten BRD auf zwei andere Wertebündel gelegt. Danach verloren insbesondere nach einem „Wertwandlungsschub" (Klages 1984: 20) Ende der 1960er bzw. zu Beginn der 1970er Jahre die Pflicht-, Akzeptanz- und Bescheidenheitswerte in der BRD-Bevölkerung zunehmend an Bedeutung, während die Werte der Selbstentfaltung und -verwirklichung zunehmend für wichtiger erachtet wurden (Klages 1988). Die Interpretation der Albumeinträge im Sinne dieser beiden Wertebündel ist überwiegend unproblematisch. Dies spricht entschieden für die Plausibilität dieser Wertekategorien.
Insbesondere die Werte der Pflicht, Akzeptanz und Bescheidenheit können interpretativ in einer Vielzahl von Texteintragungen in den untersuchten Alben festgestellt werden. Kernaussage sämtlicher Einträge, die diese Werte adressieren, ist die Forderung nach einer weitgehend fraglosen Hinnahme gegebener Lebensumstände. Drei Gruppen von Texten lassen sich dabei unterscheiden:

---

[312] Im nur selten eingesetzten 12-Item-Index wird Postmaterialismus jedoch auch noch mit anderen Einstellungen in Verbindung gebracht, die allerdings diffus und wenig konsistent erscheinen. Eine postmaterialistische Einstellung zeigt sich demnach nicht nur in der Forderung von Mitbestimmung und gesellschaftlicher Teilhabe, sondern auch in einem Bekenntnis zur Verschönerung der Städte und Länder, in der Befürwortung des Fortschritts, hin zu einer weniger unpersönlichen, humaneren Gesellschaft sowie im Streben zu einer Gesellschaft, in der Ideen wichtiger sind als Geld (Inglehart 1977: 40f). Hier werden also eher demokratische mit eher sozialistischen Wertvorstellungen und somit bereits untersuchte Kernwerte der DDR und BRD miteinander kombiniert. Die Analyse hatte indes gezeigt, dass auch diese staatlichen Kernwerte nur sehr selten in Alben vorkommen.

Texte, die explizit das Thema der Pflichterfüllung aufgreifen, bilden hierbei eine erste Gruppe. Pflicht ist in diesen Texten in der Regel positiv konnotiert und wird als „Segen" empfunden. Es wird die Forderung aufgestellt, auch bei widrigen Umständen seiner Pflicht gemäß zu handeln. Als Synonym für Pflicht fungiert dabei öfters auch das Verb „müssen".

Texte, die den Wert einer akzeptierenden Bescheidenheit herausstellen, sind ebenfalls mannigfaltig in den Alben zu entdecken. Sie bilden eine zweite Gruppe von Texten, die diesem Wertebündel zugeordnet werden können. Darin wird allgemein eine Rücknahme des eigenen Ichs gefordert und empfohlen, vielmehr im Stillen und Verborgenen zu wirken. Auf die Anerkennung erbrachter Leistungen soll nicht gedrängt werden. Oft wird sich im Rahmen dieser Texte einer metaphorischen Blumensprache bedient. Darin wird die Zurücknahme oder das Fordern individueller Ansprüche in Form der sinnbildlichen Gegenüberstellung unterschiedlicher Blumen kontrastiert (z.B. Veilchen im Moose = Bescheidenheit, Sittsamkeit, Reinheit vs. Rose = Stolz, Sucht nach Anerkennung).

Eine weitere Gruppe von Texten rückt den Aspekt der Akzeptanz des Gegebenen noch stärker in den Vordergrund. Mehr noch als in den Texten, in denen zur Bescheidenheit aufgerufen wird, erfolgt in diesen Einträgen die Aufforderung zu einer klaglosen Hinnahme der Lebensumstände. Dabei wird in diesen Texten ein hoher Grad an Selbstaufopferung verlangt. Auf die Klage seiner Nöte gegenüber den Mitmenschen soll hingegen verzichtet werden.

Auswahl von Texten mit Werten gemäß den Wertwandeltheorien

Hedonismus
- Es ist so schön mal nichts zu tun und nach dem Nichtstun auszuruhn. Der beste Arzt hilft jeder Zeit des Menschen eigne Mäßigkeit.
- Ich möchte heute noch den Schädel jenes Mannes streicheln, der die Ferien erfunden hat.
- Geniess die Gegenwart mit frohem Sinn, sorglos, was dir die Zukunft bringen werde, Doch nimm auch bittren Kelch mit Lächeln hin, – vollkommen ist kein Glück auf dieser Erde (Horaz).

Materialismus
- Lernst was, kannst was, kannst was, wirst was, wirst was, bist was, bist was, hast was.
- Hast Du im Tal ein sicheres Haus, so wolle nie zu hoch hinaus.
- Gesundheit ist das höchste Gut! Drum sei's vorangestellt. Dazu noch Glück und frohen Mut Und einen Sack voll Geld.

Postmaterialismus (i.S.v. Ablehnung des Strebens nach materiellen Gütern, eher ideelle Lebensführung)
- Des Menschen Wert liegt nicht im Kleide, und nicht bei Gold und nicht bei Seide, des Menschen Wert liegt im Gemüte in Sinnesart und Herzensgüte.

7 Die Wertvorstellungen in Poesiealben in DDR und Bundesrepublik 385

- Was der Mensch hat, das kann er verlieren, was er ist, das bleibt bestehen (Otto Grotewohl).
- Ideale sind wie Sterne; Man kann sie nicht erreichen, aber man kann sich nach ihnen orientieren (Carl Schurz).

Pflicht und Akzeptanz
- Es ist ein tiefer Segen, der aus dem Wort dir spricht: „Erfülle allerwegen Getreulich deine Pflicht!"
- Ermatte nie in Deinen Pflichten, ob mancher Tag auch Kummer bringt. Geduld und Mut kann viel verrichten, wenn auch nicht alles gleich gelingt.
- Sage nie, das kann ich nicht; Denn du kannst es, wills die Pflicht; Denn du kannst es, wills die Liebe; Darum dich im Schwersten übe; Schweres fordern Lieb und Pflicht; Sage nie, das kann ich nicht.
- Erfülle Du jederzeit Deine Pflicht, Und wenn es Dir schwer fällt, dann murre nicht! Nur den erquickt des Abends Rast, Der freudig trug des Tages Last.
- Quält Dich in tiefster Brust Das herbe Wort: Du mußt! Dann macht nur eins Dich still, Das eine Wort: Ich will!
- Sei wie ein Veilchen im Moose, bescheiden, sittsam und rein, nicht wie die stolze Rose die immer bewundert will sein.
- Sei gehorsam, sei bescheiden, folge stets der Eltern Wort, lerne reden, lerne schweigen, aber stets am rechten Ort.
- Kannst Du kein Paradies durchschreiten, schaff Dir ein Glück aus Kleinigkeiten.
- Enthaltsamkeit ist das Vergnügen An Sachen, welche wir nicht kriegen.
- Sei treu im Kleinen, arbeite gern, liebe die Deinen und Gott, deinen Herrn.
- Genieße, was dir Gott beschieden, Entbehre gern, was du nicht hast. Ein jeder Stand hat seinen Frieden, Ein jeder Stand auch seine Last.
- Beklage nie den Morgen, der Müh und Arbeit gibt, es ist so schön zu sorgen für Menschen die man liebt.
- Viel anhören, wenig sagen, seine Not nicht allen klagen, sich in Glück und Unglück schicken, das ist eins von den Meisterstücken.
- Lerne beten und entsagen, Lerne kämpfen und ertragen, Lern' vergessen und vergeben, Dann führst Du ein treues Leben.
- Das sind die Starken im Lande, die unter Tränen lachen, ihr eigenes Leid vergessen und andere glücklich machen.

Zeige der Welt Dein lachendes Gesicht, Tränen im Auge verstehen sie nicht. Auch wenn Dir gleich das Herz zerbricht, schweige, verachte aber weine nicht.
Schweig, leid, meid und vertrag, deine Not niemand klag, an Gott nicht verzag, sein Hilf kommt alle Tag.

Bivariate Prüfung

In Kapitel 7.1 war bereits die relative Häufigkeit aller Wertebündel miteinander verglichen worden. Es hatte sich gezeigt, dass insbesondere Hedonismus und Materialismus faktisch keine Rolle in den Poesiealben spielen. So ließ sich ein Eintrag, der auf eine materialistische Einstellung hindeutet, lediglich in etwa jedem sechsten Album, eine hedonistische Lebenseinstellung sogar nur in jedem 12. Album feststellen. Auch Texte, die auf postmaterialistische Einstellungen verweisen (hier allerdings vor allem im Sinne der Betonung immaterieller Güter), waren zwar etwas häufiger festzustellen, sie sind jedoch ebenfalls als eher relativ seltene Werthaltungen in den Alben einzuschätzen. Nur durchschnittlich jedes zweite Album enthielt einen Eintrag mit einer postmaterialistischen Wertvorstellung. Demgegenüber ließen sich Inskriptionen, die auf Pflicht- und Akzeptanzwerte verweisen, relativ häufig feststellen. In jedem der hier untersuchten Alben kamen im Durchschnitt mehr als vier Einträge vor, die Pflicht und Akzeptanz adressierten. Das heißt, dass im Durchschnitt 12 % der Einträge eines jeden Albums diese Werte thematisierten.

Haben sich die Alben in DDR und BRD bezüglich des Vorkommens dieser Wertekategorien unterschieden? Tabelle 7.30 gibt hierzu die durchschnittliche Häufigkeit (absolut/relativ) der betreffenden Werthaltungen je Album im Ost-West-Vergleich wieder.

Aus der Tabelle geht noch einmal hervor, dass die Wertvorstellungen Hedonismus, Materialismus, und Postmaterialismus im Kern in nur sehr geringem Maß in den Alben zwischen 1949 und 1989 präsent sind. Der Blick auf die durchschnittlichen Häufigkeiten in Ost und West lässt vermuten, dass diese Werthaltungen zumindest der Tendenz nach etwas häufiger in den Alben der Bundesrepublik eingetragen wurden. Diese Unterschiede fallen allerdings so gering aus, dass ein U-Test nach Mann und Whitney sie als zufällig, also nicht signifikant ausweist. Damit wird der in Hypothese H6 allgemein formulierte Zusammenhang erhärtet.

Demgegenüber waren Pflicht- und Akzeptanzwerte sowohl in den Alben der DDR als auch der BRD allgemein weit verbreitet. Bei diesem Wertebündel ergeben sich Hinweise, dass es tendenziell etwas häufiger in den Alben der DDR eingetragen wurde. So thematisierten durchschnittlich 13 % der Einträger in einem DDR-Album, aber nur 11 % der Einträger in einem BRD-Album Pflicht und Akzeptanz als erstrebenswerte Einstellungen. Trotz dieser tendenziellen Unterschiede weist ein U-Test diese als nicht signifikant aus, was ebenfalls den formulierten Zusammenhang in Hypothese H6 (keine grundsätzlichen Ost-West-Unterschiede) stützt.

7 Die Wertvorstellungen in Poesiealben in DDR und Bundesrepublik

Tabelle 7.30: Durchschnittliche Häufigkeit von Werten gemäß den Wertwandeltheorien

		n	Mittelwert	Standardabweichung	Min.	Max.
Hedonismus	BRD	39	,1	,34	0	1
	DDR	45	,04	,21	0	1
	Gesamt	84	,1	,28	0	1
Hedonismus	BRD	39	,6	1,81	0	10
(relativer Anteil in %)	DDR	45	,1	,68	0	4
	Gesamt	84	,3	1,34	0	10
Materialismus	BRD	39	,2	,58	0	2
	DDR	45	,1	,38	0	2
	Gesamt	84	,2	,49	0	2
Materialismus	BRD	39	,7	1,91	0	8
(relativer Anteil in %)	DDR	45	,3	,93	0	5
	Gesamt	84	,5	1,47	0	8
Postmaterialismus	BRD	39	,6	,85	0	3
	DDR	45	,4	,76	0	3
	Gesamt	84	,5	,80	0	3
Postmaterialismus	BRD	39	1,6	2,39	0	9
(relativer Anteil in %)	DDR	45	1,5	2,83	0	13
	Gesamt	84	1,6	2,62	0	13
Akzeptanz, Pflicht, Bescheidenheit	BRD	39	4,0	3,10	0	11
	DDR	45	4,5	3,75	0	22
	Gesamt	84	4,3	3,45	0	22
Akzeptanz, Pflicht, Bescheidenheit	BRD	39	10,9	8,12	0	32
(relativer Anteil in %)	DDR	45	13,1	7,04	0	35
	Gesamt	84	12,0	7,59	0	35

Mann-Whitney-U-Test Werte gemäß Wertwandeltheorien in DDR/BRD-Alben: Hedonismus: $U = 804$, $p = .169$; Materialismus: $U = 817.5$, $p = ,338$; Postmaterialismus: $U = 773$, $p = .274$; Akzeptanz, Pflicht, Bescheidenheit: $U = 823.5$, $p = ,626$.

Häufigkeitsverteilung der Werte gemäß den Wertwandeltheorien in den Einträgergruppen

Wie verteilen sich diese Werte über die einzelnen Einträgergruppen? Gibt es Einträgergruppen, die besonders häufig diese Wertekategorien in ihren Einträgen zum Ausdruck brachten? Zur Beantwortung dieser Fragen sind in Tabelle 7.31 die Häufigkeiten der Werthaltungen verteilt auf die hier interessierenden Haupteinträgergruppen (nach DDR/BRD) wiedergegeben.

Tabelle 7.31: Werte gemäß den Wertwandeltheorien nach Einträgergruppe

		Einträgergruppe						
		Familie DDR	Familie BRD	Lehrer DDR	Lehrer BRD	Peers DDR	Peers BRD	Gesamt
Hedonismus	n	0	2	0	0	0	2	4
	%	,0 %	1,5 %	,0 %	,0 %	,0 %	,2 %	,2 %
Materialismus	n	1	1	0	0	3	5	10
	%	,8 %	,8 %	,0 %	,0 %	,3 %	,5 %	,4 %
Postmaterialismus	n	2	3	2	3	14	16	40
	%	1,6 %	2,3 %	1,6 %	2,5 %	1,4 %	1,8 %	1,6 %
Pflicht und Akzeptanz	n	21	25	11	11	135	97	300
	%	17,2 %	19,2 %	8,9 %	9,2 %	13,1 %	10,6 %	12,3 %
Gesamt	n	122	130	124	120	1031	911	2438
	%	100 %	100 %	100 %	100 %	100 %	100 %	100 %

Nur singulärer bzw. bei Panel-Einträgern chronologisch erster Eintrag berücksichtigt, $n = 2438$; % innerhalb der Einträgergruppen; bei Einträgen mit Werthaltung Hedonismus: 6 Zellen (50 %) mit erwarteter Häufigkeit kleiner 5; Exakter Test nach Fisher = 9.7, $p = .037$; bei Einträgen mit Werthaltung Materialismus: 6 Zellen (50 %) mit erwarteter Häufigkeit kleiner 5; Exakter Test nach Fisher = 2.9, $p = .571$; bei Einträgen mit Werthaltung Postmaterialismus: 4 Zellen (33,3 %) mit erwarteter Häufigkeit kleiner 5; Exakter Test nach Fisher = 2.3, $p = .801$; bei Einträgen mit Werthaltung Pflicht und Akzeptanz: Chi-Quadrat (5) = 13.9, $p = .016$; Cramer-V = .075, $p = .016$.

Aufgrund der geringen Fallzahlen sind die Häufigkeitsverteilungen für Hedonismus, Materialismus und Postmaterialismus mit Vorsicht zu interpretieren. Tendenziell deuten die Befunde in Tabelle 7.31 darauf hin, dass zumindest hedonistische Einstellungen wohl etwas häufiger in der Gruppe der westdeutschen Einträger und hier insbesondere bei den Familienangehörigen überrepräsentiert erscheinen. Bei den Wertvorstellungen Materialismus und Postmaterialismus deuten sich hingegen keine Unterschiede zwischen den Einträgergruppen an. Demgegenüber ergeben sich bei den Pflicht- und Akzeptanzwerten Hinweise auf signifikante Unterschiede zwischen den Einträgergruppen. Diese Werte scheinen vergleichsweise häufig von Familienangehörigen inskribiert worden zu sein. Einträge mit diesen Werthaltungen sind in der Gruppe der Verwandten sowohl in Ost als auch West überrepräsentiert. Demgegenüber sind Einträge, die auf Pflicht und Akzeptanz des Gegebenen verweisen, in der Gruppe der Lehrer sowohl in DDR als auch BRD leicht unterrepräsentiert.

7 Die Wertvorstellungen in Poesiealben in DDR und Bundesrepublik

Korrelationen für Wertekategorien mit geringen Fallzahlen

Die Werthaltungen Hedonismus, Materialismus und Postmaterialismus weisen in den Alben nur geringe Fallzahlen auf, so dass auf die Berechnung Logistischer Regressionen verzichtet wird. Stattdessen sollen Korrelationen zwischen den Kontrollvariablen und den einzelnen Wertekategorien berechnet werden und Hinweise auf mögliche Beziehungen zwischen den Variablen liefern. Tabelle 7.32 gibt die geschätzten Korrelationskoeffizienten wieder.

Tabelle 7.32: Korrelationen: Werte gemäß den Wertwandeltheorien und Einträgermerkmale

	Hedonismus		Materialismus		Postmaterialismus		
	r_s	p	r_s	p	r_s	p	n
Geschlecht des Einträgers (weiblich = 1)	-,04	,047	,01	,614	-,05	,012	2615
Jahr des Eintrags	,02	,274	-,00	,925	,01	,525	2501
Wohnortgröße des Einträgers	,03	,134	-,02	,358	,02	,389	2376
Einträger ist ... Peer – DDR	-,03	,097	-,01	,490	-,01	,458	2532
Peer – BRD	,01	,559	,02	,355	,01	,593	2532
Verwandter – DDR	-,01	,653	,02	,443	,00	,957	2532
Verwandter – BRD	,08	,000	,01	,485	,01	,495	2532
Lehrer – DDR	-,01	,650	-,01	,472	,00	,976	2532
Lehrer – BRD	-,01	,655	-,01	,480	,02	,408	2532
Einträger aus DDR/BRD (DDR = 1)	-,03	,173	-,02	,234	-,02	,320	2653
Alter des Einträgers	,01	,791	,00	,998	,01	,751	1565
Bildungsgrad des Einträgers	,07	,007	-,04	,149	-,04	,148	1581

Nur singuläre Einträge bzw. bei Panel-Einträgern der chronologisch erste Eintrag wurden berücksichtigt. Für den Zusammenhang zwischen Jahr des Eintrags, Wohnortgröße, Alter sowie Bildungsgrad des Einträgers und dem Eintrag eines BRD-Kernwerts wurden Rangkorrelationskoeffizienten nach Spearman geschätzt, für alle weiteren dichotomen Variablen Vierfelderkorrelationskoeffizienten.

Zunächst ist wieder darauf hinzuweisen, dass auch die Befunde in Tabelle 7.32 allenfalls sehr schwache Tendenzen wiedergeben und mit Wissen um die geringen Fallzahlen zu interpretieren sind. Bei Hedonismus ergeben sich dabei Hinweise auf drei Zusammenhänge: Wie bereits weiter oben erwähnt, haben Verwandte in der BRD überdurchschnittlich häufig Hedonismus in ihren Inskriptionen zum Ausdruck gebracht. Das schlägt sich auch in einer hochsignifikant ausgewiesenen Korrelation nieder. Darüber hinaus scheint auch der Bildungsgrad eines Peers in einer positiv korrelativen Beziehung zum Eintrag von Hedonismus zu stehen. Je höher demnach die Bildung eines Heranwachsenden war, desto eher trug er diese Werthaltung ein. Zudem ist auch die Geschlechtszugehörigkeit mit dem Eintrag

von Hedonismus korreliert. Eher männliche Inskribenten haben Hedonismus in die Alben eingetragen.
Die Betonung einer eher materialistisch geprägten Wertvorstellung ist hingegen mit keiner der hier verwendeten Kontrollvariablen signifikant korreliert. Zumindest der Tendenz nach und somit der Inglehartschen Theorie gemäß, scheinen materialistische Einstellungen im Zeitverlauf an Relevanz verloren und postmaterialistische Einstellungen an Bedeutung gewonnen zu haben. Allerdings könnten diese Tendenzen auch zufällig zustandegekommen sein, denn diese Korrelationen erreichen kein Signifikanzniveau.
In der Betrachtung der Einträge, in denen postmaterialistische Einstellungen zum Ausdruck gebracht wurden, ergeben sich allein Hinweise auf signifikante Geschlechterdifferenzen. So inskribierten tendenziell eher männliche Einträger eine postmaterialistische Wertvorstellung in ein Album als weibliche.

Multivariate Prüfung der Pflicht- und Akzeptanzwerte
Die Pflicht- und Akzeptanzwerte weisen eine genügend hohe Fallzahl auf, so dass eine multivariate Prüfung mittels binär-logistischer Regression erfolgen kann. Insofern kann gefragt werden, welche Faktoren die Wahrscheinlichkeit eines Eintrags von Pflicht und Akzeptanz in ein Album zwischen 1949 und 1989 beeinflusst haben könnten. Tabelle 7.33 gibt hierfür die Befunde einer Logistischen Regression wieder, bei der die Werthaltung wie gewohnt in dichotomisierter Form (Eintrag verweist auf Pflicht und Akzeptanz = 1/Eintrag verweist nicht darauf = 0) als abhängige Variable einging. Drei Modelle wurden berechnet, bei denen sukzessive die Kontrollvariablen als Faktoren einbezogen wurden. In einem vierten Modell wurden nur die Einträge der Peers berücksichtigt.

Allgemeiner Rückgang der Pflicht- und Akzeptanzwerte
Auch in den Poesiealben kann ein signifikanter Rückgang der Wahrscheinlichkeit von Pflicht- und Akzeptanzwerten zwischen 1949 und 1989 konstatiert werden. Mit jeder Dekade nahm demnach die Chance für einen Eintrag dieser Werte um das jeweils 0,98-fache ab. Die Befunde der empirischen Werteforschung bezüglich der Pflicht- und Akzeptanzwerte werden damit allgemein gestützt. Es stellt sich jedoch die Frage, inwiefern sich auch in den Alben ein „Wertwandlungsschub" (Klages 1984: 20) Ende der 1960er Jahre bemerkbar macht. Dies ist weiter unten zu prüfen.

7 Die Wertvorstellungen in Poesiealben in DDR und Bundesrepublik 391

Tabelle 7.33: Logistische Regression: Pflicht und Akzeptanz

unabhängige Variablen (Faktoren)	abhängige Variable: Pflicht und Akzeptanz							
	1		2		3		4 (nur Peers)	
	b	Exp(b)	b	Exp(b)	b	Exp(b)	b	Exp(b)
Geschlecht des Einträgers (weibl. = 1)	-,08	,93	-,05	,96	-,05	,95	,05	1,05
Jahr des Eintrags (Kohorteneffekt)	-,02**	,98	-,02**	,98	-,02**	,98	-,02**	,98
Wohnortgröße des Einträgers	,02	1,02	,02	1,02	,02	1,02	,03	1,03
Einträgergruppe Peers			Ref.*		Ref.*			
Familie			,45*	1,57	,45*	1,56		
Lehrer			-,28	,76	-,28	,76		
Sonstige			,45	1,57	,45	1,57		
Einträger aus DDR/BRD (DDR = 1)					-,04	,96	,22	1,25
nur Peers: Alter bei Eintrag							-,01	,99
nur Peers: Bildungsgrad							,11	1,11
Konstante	41,5**		40,5**		40,9**		44,11**	
Pseudo-R2 (Nagelkerke)	,02		,02		,02		,02	

** signifikant < 1 %, * signifikant < 5 %, + signifikant < 10 %. Nur singulärer bzw. bei Panel-Einträgern chronologisch erster Eintrag berücksichtigt, in Modell 4 zudem nur Peergroup-Einträger berücksichtigt; Omnibus-Test Modell 1: Chi-Quadrat(3) = 19.89, p = .000, n = 2216; Modell 2: Chi-Quadrat(6) = 28.78, p = .000, n = 2216; Modell 3: Chi-Quadrat(7) = 28.88, p = .000, n = 2216; Modell 4: Chi-Quadrat(6) = 14.02, p = .029, n = 1251.

Unterschiede zwischen den Einträgergruppen
Die multivariate Prüfung verstärkt des Weiteren den bereits aus der deskriptiven Analyse bekannten Befund, wonach sich die Einträgergruppen hinsichtlich der Betonung von Pflicht und Akzeptanz unterscheiden. Insbesondere sind es die Verwandten des Albumhalters, die verglichen mit der Peergroup mit einer signifikant größeren Wahrscheinlichkeit diese Werte inskribierten.

Hinweis auf Interaktionseffekt
Bemerkenswert ist zudem ein weiterer Befund, der durch die separate Analyse der Peers aufgedeckt wird: In den Modellen 1 bis 3 wird nur allgemein in DDR- und BRD-Hintergrund der Inskribenten unterschieden. Hier zeigt die Richtung des Effektkoeffizienten an, dass tendenziell die DDR-Einträger seltener Pflicht und Akzeptanz inskribierten. In Modell 4, wo nur zwischen Peers in DDR und Peers in BRD unterschieden wird, hat hingegen die Richtung des Effekts gedreht. Aus dem Vergleich der Modelle kann geschlussfolgert werden, dass erwachsene Einträger in der BRD (Verwandte und Lehrer) tendenziell eher Pflicht und Akzeptanz eintrugen als erwachsene Einträger in der DDR. Demgegenüber trugen Peers der

BRD diese Werte seltener ein als Peers der DDR. Es kann demnach ein moderierender Effekt der Wahrnehmung staatlicher Rahmenbedingungen in Ost und West auf die Beziehung zwischen Lebensalter und Eintrag von Pflicht und Akzeptanz vermutet werden. Konkret: Je älter jemand in der DDR wurde, desto geringer wurde die Wahrscheinlichkeit, dass er Pflicht und Akzeptanz in ein Album inskribierte, während in der Bundesrepublik mit dem Alter die Wahrscheinlichkeit für den Eintrag dieser Werte stieg. Diese Überlegung soll ebenfalls im Rahmen der Prüfung auf Interaktionseffekte getestet werden.

Prüfung auf Interaktionseffekte
Prüfung auf Interaktion zwischen Eintragsjahr und Wahrnehmung staatlicher Rahmenbedingungen
Zunächst soll jedoch der Frage nachgegangen werden, ob sich ein „Wertwandlungsschub" (Klages 1984: 20) gegen Ende der 1960er Jahre in den Alben bemerkbar machte. Dies könnte sich in einem ab den 1970er Jahren exponentiell sich verstärkenden Rückgang dieser Werte in den Einträgergruppen der BRD niedergeschlagen haben, während in der DDR kein Rückgang stattgefunden haben muss. Ganz allgemein kann folgender moderierende Einfluss angenommen werden:

Interaktionseffekt: Die Wahrscheinlichkeit eines Eintrags von Pflicht und Akzeptanz nahm in der Bundesrepublik insbesondere seit Ende der 1960er Jahre ab, während sie in der DDR unverändert blieb.

Zur Prüfung dieses Zusammenhangs wurden wieder im Rahmen einer Logistischen Regression zwei Modelle berechnet: Zunächst wurden in einem ersten Modell nur die Dekade des Eintrags und die Variable ‚Einträgergruppe' mit den nach Ost-/West-Hintergrund unterschiedenen Einträgergruppen als Faktoren berücksichtigt. Im zweiten Modell wurde ein aus beiden Faktoren gebildetes multiplikatives Interaktionsterm als zusätzlicher Faktor berücksichtigt. Tabelle 7.34 gibt die Befunde der Schätzungen wieder.
Die Befunde in der Tabelle deuten auf einen allgemeinen Rückgang der Eintragswahrscheinlichkeit von Pflicht und Akzeptanz hin. Zudem werden die aus der Deskription bekannten Unterschiede zwischen den Einträgergruppen erhärtet. Wie schon bei der Religiosität sind es erneut die Verwandten in Ost und West, die mit größerer Wahrscheinlichkeit als die Peers in der BRD Pflicht und Akzeptanz in

7 Die Wertvorstellungen in Poesiealben in DDR und Bundesrepublik

die Alben eintrugen. Die Hinzunahme des Interaktionsterms deckt zumindest bei den Peers der DDR einen signifikanten Interaktionseffekt auf. Dieser deutet darauf hin, dass der allgemeine Rückgang der Eintragswahrscheinlichkeit von Pflicht und Akzeptanz bei den ostdeutschen Peers geringer ausgeprägt war als bei ihren westdeutschen Altersgenossen.

Tabelle 7.34: Logistische Regression: Pflicht und Akzeptanz nach Einträgergruppe und Dekade

	abhängige Variable: Pflicht und Akzeptanz			
unabhängige Variablen (Faktoren)	1		2	
	b	Exp(b)	b	Exp(b)
Dekade des Eintrags	-,23**	,79	-,40**	,67
Peers (BRD)	Ref.+		Ref.+	
Peers (DDR)	,14	1,15	,22	1,25
Familie (BRD)	,67**	1,94	,74**	2,09
Familie (DDR)	,45	1,57	,49+	1,63
Lehrer (BRD)	-,11	,90	-,03	,97
Lehrer (DDR)	-,30	,74	-,32	,72
Sonstige (BRD)	,57	1,77	,62	1,86
Sonstige (DDR)	,50	1,65	,31	1,37
ZDekade * Peers (BRD)			Ref.	
ZDekade by Peers (DDR)			,28*	1,32
ZDekade by Familie (BRD)			,28	1,33
ZDekade by Familie (DDR)			,32	1,37
ZDekade by Lehrer (BRD)			-,02	,98
ZDekade by Lehrer (DDR)			,02	1,02
ZDekade by Sonstige (BRD)			,34	1,40
ZDekade by Sonstige (DDR)			-,14	,87
Konstante	-1,51**		-1,13**	
Pseudo-R2 (Nagelkerke)	,03		,03	

** signifikant < 1 %, * signifikant < 5 %, + signifikant < 10 %. Nur singulärer bzw. bei Panel-Einträgern chronologisch erster Eintrag berücksichtigt; Omnibus-Test Modell 1: Chi-Quadrat(8) = 32.17, p = .000, n = 2414; Modell 2: Chi-Quadrat(15) = 39.35, p = .001, n = 2414.

Zum besseren Verständnis gibt Abbildung 7.17 die geschätzten Wahrscheinlichkeiten nach Tabelle 7.34 für den Eintrag von Pflicht und Akzeptanz für die Haupteinträgergruppen im Zeitverlauf wieder. Sowohl in DDR als auch BRD ist bei allen Einträgergruppen ein Rückgang der Eintragswahrscheinlichkeit von Pflicht und Akzeptanz zu beobachten. Es kann daher von einer allgemeinen Wandlungstendenz gesprochen werden. Die These, dass ein „Wertwandlungsschub" (Klages

1984: 20) Ende der 1960er Jahre in den alten Bundesländern stattgefunden haben mag, lässt sich hingegen nicht mit den hier vorliegenden Daten untermauern. Wie schon bei der Religiosität kann der Abbildung entnommen werden, dass sowohl Verwandte in Ost und West (1. Paar) als auch Lehrer und Peers in der BRD (2. Paar) im Zeitverlauf ein ähnliches Inskriptionsverhalten an den Tag legten. Erneut zeichnet sich demnach ein möglicher Effekt der Institution Schule ab, der allerdings wohl nur auf die alten Bundesländer beschränkt blieb. Möglicherweise ‚beschleunigte' hierbei eine stärker an Wertepluralität ausgerichtete Schule (Lehrer BRD) den Wandel bei den Peers in der BRD.

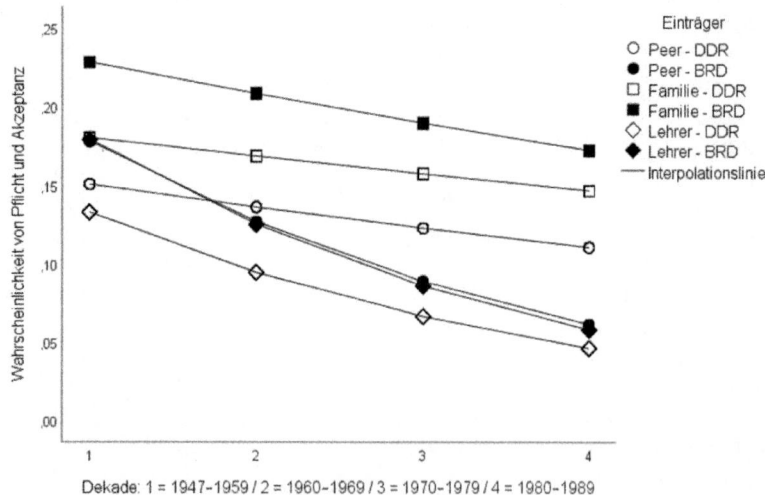

Abbildung 7.17: Pflicht und Akzeptanz nach Dekade in Ost und West

Prüfung auf Interaktion zwischen Alter und Wahrnehmung staatlicher Rahmenbedingungen

Die multivariate Prüfung ergab Hinweise auf einen möglichen Effekt der Wahrnehmung unterschiedlicher staatlicher Rahmenbedingungen auf die Eintragswahrscheinlichkeit der Pflicht und Akzeptanzwerte mit zunehmendem Lebensalter. Entsprechend der weiter oben ausgeführten Überlegungen kann folgender Interaktionseffekt angenommen werden:

7 Die Wertvorstellungen in Poesiealben in DDR und Bundesrepublik

Interaktionseffekt: Die Wahrscheinlichkeit eines Eintrags von Pflicht und Akzeptanz nahm mit dem Alter bei einem Heranwachsenden in der DDR ab, während sie bei einem Heranwachsenden in der Bundesrepublik zunahm.

Tabelle 7.35 gibt die Befunde einer Logistischen Regression wieder, mit der dieser moderierende Effekt geprüft wurde. Hierbei wurden wie gewohnt zwei Modelle berechnet. In ein erstes Modell wurden nur der DDR- bzw. BRD-Hintergrund eines Peers (dichotomisiert) und dessen Lebensalter zum Zeitpunkt eines Eintrags als Faktoren berücksichtigt. Im zweiten Modell wurde ein multiplikatives Interaktionsterm aus beiden Variablen gebildet und in die Schätzung zusätzlich einbezogen.

Tabelle 7.35: Logistische Regression: Pflicht und Akzeptanz nach Alter in Ost und West

unabhängige Variablen (Faktoren)	abhängige Variable: Pflicht und Akzeptanz			
	1		2	
	b	Exp(b)	b	Exp(b)
Peer aus DDR/BRD (DDR = 1)	,26	1,30	,21	1,23
Alter bei Eintrag	,00	1,00	,11+	1,12
ZAlter*Peer aus DDR/BRD			-,17*	,84
Konstante	-2,16**		-3,32**	
Pseudo-R2 (Nagelkerke)	,004			,01

** signifikant < 1 %, * signifikant < 5 %, + signifikant < 10 %. Nur singulärer bzw. bei Panel-Einträgern chronologisch erster Eintrag sowie nur Peer-Einträge berücksichtigt; Omnibus-Test Modell 1: Chi-Quadrat(2) = 2.93, p = .231, n = 1565; Modell 2: Chi-Quadrat(3) = 8.44, p = .038, n = 1565.

Wie der Blick auf die Pseudo-R2-Statistik zeigt, erbringt die Hinzunahme des Interaktionsterms eine signifikante Verbesserung der Schätzung. Zudem wird das Interaktionsterm in Modell 2 als signifikant ausgewiesen. Die Befunde in der Tabelle erhärten somit den vermuteten Zusammenhang. In Abbildung 7.18 ist er visuell dargestellt. Mit steigendem Lebensalter sank bei den Peers in der DDR die Wahrscheinlichkeit, dass Pflicht und Akzeptanz als Wertvorstellung in ein Album inskribiert wurden. Demgegenüber stieg die Wahrscheinlichkeit für Heranwachsende in der BRD, dass sie Pflicht und Akzeptanz in ihren Einträgen betonten.

7.4 Zur Inskription anderer Werthaltungen und Inhalte

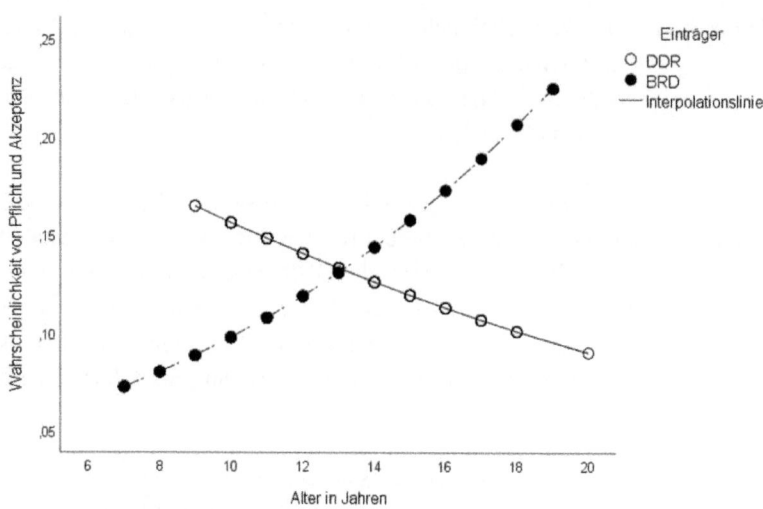

Abbildung 7.18: Pflicht und Akzeptanz nach Alter in Ost und West

Zusammenfassung und Interpretation

1. Keine generellen Ost-West-Unterschiede bei den Werten gemäß den Wertwandeltheorien

Die Wertekategorien der Wertwandeltheorien kommen in unterschiedlichem Maß in den hier untersuchten Alben vor. Während Hedonismus, Materialismus und Postmaterialismus Wertvorstellungen sind, die in nur sehr geringem Umfang in den Alben vorkommen, wurden Pflicht- und Akzeptanzwerte relativ häufig eingetragen. Dabei ist anzumerken, dass sich die durchschnittliche Häufigkeit der einzelnen Wertekategorien in DDR- und BRD-Alben nur unwesentlich unterschied, was den in Hypothese H6 formulierten Zusammenhang stützt.

2. Hedonismus, Postmaterialismus und Materialismus von unterschiedlichen Faktoren beeinflusst

Die gering präsenten Wertekategorien scheinen von unterschiedlichen Faktoren beeinflusst. So ist der Eintrag von Hedonismus mit der Zugehörigkeit zur Gruppe der Verwandten (BRD), dem Bildungsgrad (je höher, desto eher) sowie der Geschlechtszugehörigkeit (eher männliche Inskribenten) korreliert. Demgegenüber ist die Betonung einer postmaterialistischen Lebenseinstellung nur mit der Geschlechtszugehörigkeit (eher männliche Inskribenten) korreliert, während sich für

7 Die Wertvorstellungen in Poesiealben in DDR und Bundesrepublik   397

den Eintrag von Materialismus in einem Album kein signifikant erhärtbarer korrelativer Zusammenhang zwischen dieser Werthaltung und einer Kontrollvariable ergibt.

3. Allgemeiner Rückgang der Pflicht- und Akzeptanzwerte
Bezüglich der Pflicht- und Akzeptanzwerte ließ sich ein allgemeiner Rückgang der Eintragswahrscheinlichkeit in den Alben zwischen 1949 und 1989 gleichermaßen in DDR wie BRD feststellen. Dieser Rückgang war, gemäß unserem vermuteten Interaktionseffekt, etwas stärker ausgeprägt bei den Einträgergruppen in den alten Bundesländern. Ein „Wertwandlungsschub" (Klages 1984: 20) Ende der 1960er Jahre, wie von Helmut Klages postuliert, kann in den Alben allerdings nicht festgestellt werden. Vielmehr gibt es Hinweise, dass die Pflicht- und Akzeptanzwerte teilweise mit religiösen Wertvorstellungen assoziiert sind und im Zuge der allgemeinen Säkularisierungstendenz ebenfalls an Relevanz verloren haben könnten.

Die Analyse legt zudem für das Gebiet der alten Bundesländer einen Effekt der Institution Schule auf das Inskriptionsverhalten der Heranwachsenden nahe. So legten BRD-Lehrer und BRD-Peers bezüglich der betreffenden Werthaltung ein vergleichsweise ähnliches Inskriptionsverhalten an den Tag. Dies lässt sich dahingehend deuten, dass das schulische Umfeld (Lehrer) in der BRD möglicherweise den Schülern auf größere Akzeptanz stieß als in der DDR. Aufgrund dieser größeren Akzeptanz der Institution Schule scheint denkbar, dass es in der BRD besser gelang, die Internalisierung von Wertvorstellungen der Schüler zu beeinflussen. Im Fall der Pflicht- und Akzeptanz-Werte liegt hier eher eine unintendierte Beeinflussung vor, da es sich weder um erwünschte noch unerwünschte staatliche Werthaltungen handelt.

4. Veränderte Relevanz der Pflicht- und Akzeptanz-Werte im Verlauf der Adoleszenz in Ost und West
Die Prüfung auf Interaktionseffekte ergab Hinweise, dass sich die Eintragswahrscheinlichkeit für Pflicht und Akzeptanz mit zunehmendem Lebensalter in Kindheit und Jugend veränderte. Wie sich dieses Eintragsverhalten veränderte, hing davon ab, ob der jugendliche Inskribent in der DDR oder BRD aufwuchs. Trugen in sehr jungen Jahren vor allem die Peers in der DDR Pflicht und Akzeptanz in ein Album ein, nahm mit fortschreitender Adoleszenz ihre Bereitschaft hierzu immer

weiter ab. Bei Heranwachsenden in der BRD ist der umgekehrte Effekt zu beobachten: Waren BRD-Peers in jungen Jahren nur selten bereit Pflicht und Akzeptanz einzutragen, nahm diese Bereitschaft im Verlauf der Adoleszenz immer stärker zu.

Dieser Befund ist insofern bemerkenswert, als mit ihm vermutlich gut nachvollzogen werden kann, wie individuelle Wertvorstellungen an sich wandelnde Lebenssituationen angepasst werden. Konkret kann dieser Interaktionseffekt als Folge eines – basierend auf der Wahrnehmung unterschiedlicher staatlicher Rahmenbedingungen – wahrgenommenen Anpassungsdrucks sowohl in der DDR als auch in der BRD interpretiert werden, und zwar wie folgt:

Durch den Besuch vorschulischer Erziehungseinrichtungen dürften Kinder in der DDR bereits früh gelernt haben, sich eher unterzuordnen und vorhandene Konventionen zu akzeptieren. Gemäß der Theorie der kognitiven Dissonanz könnten hierbei junge Heranwachsende entsprechend dem eigenen Verhalten eine äquivalente Wertvorstellung herausgebildet haben und dies auch im Rahmen einer Albuminskription dokumentiert haben.[313] Mit fortschreitendem Lebensalter könnten die Heranwachsenden in der DDR indes gelernt haben, mit den Erwartungen der staatlichen Institutionen in der DDR umzugehen. Das heißt, es ist ein Gewöhnungsprozess anzunehmen, der sich vermutlich in einer inneren Distanz gegenüber den Anpassungsanforderungen staatlicher Institutionen und ihrer Akteure niedergeschlagen hat. Dies dürfte zum einen zum Nachlassen der Betonung von Pflicht und Akzeptanz geführt haben, zum anderen aber auch zur Bildung privater Nischen, in denen dann andere Wertvorstellungen wichtig wurden.

In Westdeutschland dürften hingegen die Werte der Anpassung und Unterordnung in einer zunehmend auf die Herausbildung der Individualität gerichteten Kindheitspädagogik wohl eher keine Rolle gespielt haben. Hier könnte sich vielmehr eine auf größere Individualität und Freiheit des Kindes abzielende Erziehung in einer größeren Ablehnung von Unterordnung und Akzeptanz insbesondere im Kindesalter eines BRD-Peers niedergeschlagen haben. Mit Blick auf die beginnende berufliche Orientierung und einsetzende Konkurrenz um die späteren Ausbildungsplätze könnten im weiteren Verlauf der Adoleszenz allerdings genau

---

[313] Alternativ zur Theorie der kognitiven Dissonanz kann auch die Theorie der Selbstwahrnehmung (Bem 1974; 1984) zur Erklärung des Sachverhalts herangezogen werden. Diesem Theorieansatz zufolge könnten die Heranwachsenden aus dem eigenen Verhalten erst eine entsprechende Wertvorstellung *abgeleitet* haben.

7 Die Wertvorstellungen in Poesiealben in DDR und Bundesrepublik

diese Werte an Relevanz gewonnen haben (vgl. auch Klages 1985: 230f). Denn die Aussicht, sich selbst eine berufliche Existenz aufbauen zu müssen und für den eigenen Lebensunterhalt zu sorgen, kann ebenfalls als ein individuell empfundener Anpassungsdruck in der BRD interpretiert werden, der zu einer zunehmd realistischen Einschätzung der eigenen Lebenschancen und somit auch zu einer gewissen Bescheidenheit und Akzeptanz der Lebensumstände geführt haben mag, aus der äquivalente Wertvorstellungen abgeleitet wurden. Der im Lebenslauf eines BRD-Peers verzögert beginnende Anpassungsdruck in der BRD dürfte vermutlich zunächst Personen mit eher geringer oder mittlerer Bildung betroffen haben, da sie früher in die Berufs- und Arbeitswelt entlassen wurden. Stützen lässt sich diese Behauptung mit Abbildung 7.19. Darin sind die Befunde einer Logistischen Regression visualisiert, bei der die Eintragswahrscheinlichkeit von Pflicht und Akzeptanz bei BRD-Peers im Alter zwischen 6 und 20 Jahren unter Berücksichtigung des jeweiligen Bildungsgrads geschätzt wurde.[314]

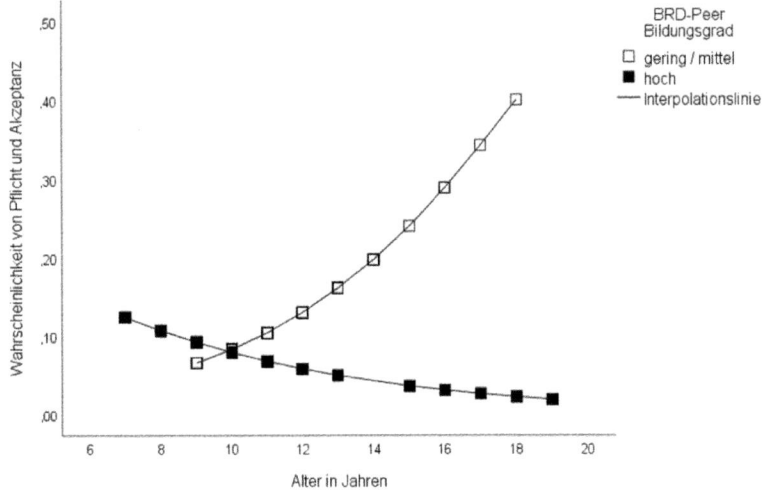

Abbildung 7.19: Pflicht und Akzeptanz nach Alter und Bildungsgrad (nur BRD-Peer)

Es zeigt sich, dass die Einträger mit geringem und mittlerem Bildungsgrad (Haupt- und Realschulniveau) im Verlauf der Adoleszenz Pflicht und Akzeptanz mit stei-

---

[314] Die zugrunde liegenden Modelle von Abbildung 7.19 und 7.20 sind im Anhang aufgeführt.

gender Wahrscheinlichkeit inskribierten, während die höher Gebildeten (Gymnasium) diese Werthaltungen nicht aktualisierten. Dies könnte deswegen der Fall sein, weil die Gymnasiasten vermutlich materiell besser abgesichert und mit der Aussicht auf weitere Schul- und Studienjahre noch entfernt vom Aufbau einer eigenen beruflichen Existenz waren.[315]

Ein weiteres Indiz für den verzögert einsetzenden Anpassungsdruck in Westdeutschland kann auch in der immer stärkeren Betonung der Arbeits- und Leistungswerte am Ende der Adoleszenz in der BRD gesehen werden. Hierzu ist der Blick auf Abbildung 7.20 zu richten, in der die vorhergesagten Wahrscheinlichkeiten für den Eintrag von Arbeits- und Leistungswerten im Verlauf der Adoleszenz, unterschieden nach DDR und BRD, dargestellt sind.

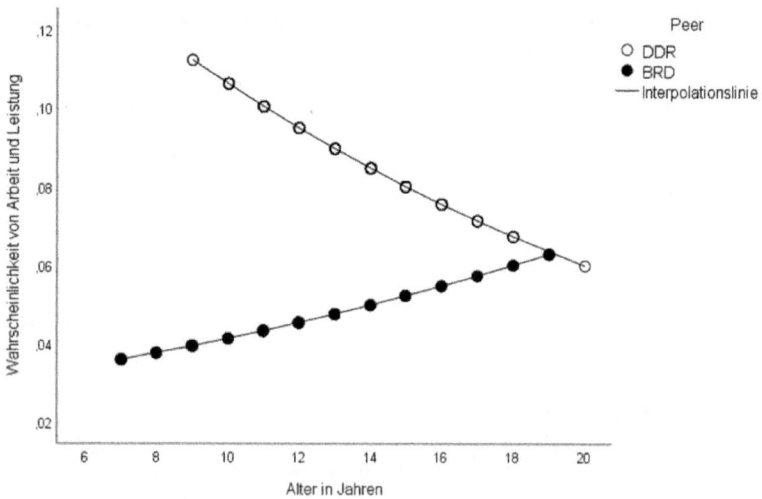

Abbildung 7.20: Arbeit und Leistung nach Alter in Ost und West

---

[315] Insofern kann ein in der Werteforschung öfters unterstellter Zusammenhang zwischen höherer Bildung und der Ablehnung eher materiell ausgerichteter Sicherheitswerte (etwa Inglehart 1977) durchaus angenommen werden. Allerdings scheint es angebracht, diese Einstellung als weniger stabil im Lebenslauf zu verstehen und schon gar nicht auf die gesamte Generation anzuwenden.

7 Die Wertvorstellungen in Poesiealben in DDR und Bundesrepublik

Hier zeigen sich gegenläufige Trends in Ost und West, die ebenfalls als Anpassungserscheinungen der Wertvorstellungen an gegebene Lebensverhältnisse gedeutet werden können. Da in der DDR eine gewisse Aussicht auf eine gesicherte materielle Existenz im Erwachsenenalter bestand, könnten Einstellungen, welche den Wert der Arbeit und Leistung betonten, mit zunehmendem Alter an Bedeutung verloren haben (vgl. Belwe 1989: 95; Gluchowski/Zelle 1992: 236). Anstrengung könnte hier als nicht lohnenswert empfunden worden sein, was sich auch in einer verminderten Bereitschaft der Inskription dieser Werte niedergeschlagen haben könnte. Demgegenüber könnte in der Bundesrepublik die Sorge um Ausbildung und spätere berufliche Existenz, aber auch erste berufliche Erfolge dazu beigetragen haben, dass neben den Pflicht- und Akzeptanzwerten auch die Arbeits- und Leistungswerte bei den West-Peers im Lebensverlauf immer stärker an Relevanz gewannen.

5. Nicht-reaktive Verfahren als Test für die Plausibilität umfragebasierter Werteforschung

Wertwandelforschungen, die sich allein auf empirische Umfrageerhebungen stützen, unterliegen der Gefahr, dass sie durch Abfrage irrelevanter Items einen angeblichen Wandel von Wertvorstellungen messen, die in der Bevölkerung in dieser Form gar keine Relevanz besitzen. Nicht-reaktive Verfahren, wie die vorliegende Analyse von Poesiealben, können helfen, die Relevanz von umfragebasierten Werteforschungen zu prüfen. Daher sollen abschließend noch einige Anmerkungen zur Plausibilität der hier verwendeten Wertekategorien und ihrer theoretischen Ansätze erfolgen.

Klages: Wandel von Pflicht und Akzeptanz zu Selbstverwirklichung und Selbstentfaltung

Der Ansatz von Helmut Klages erweist sich zum Teil als sehr plausibel. Pflicht- und Akzeptanzwerte können in den Albumtexten als Inhaltskategorie relativ problemlos bestimmt werden. Sie kommen sehr häufig vor und sind auch in den Alben einem allgemeinen Wandel unterworfen. Auch die Werthaltungen Selbstverwirklichung und -entfaltung sind in den Texten als Wertekategorie einfach zu bestimmen. Allerdings kommen diese Werte nur in geringem Umfang vor und unterlagen im Zeitverlauf keinem signifikanten Wandel. Nach den hier vorliegenden Befunden scheint es sinnvoller den Rückgang der Pflicht- und Akzeptanzwerte isoliert von den Selbstentfaltungs- und Selbstverwirklichungswerten zu betrachten und auf einen möglichen Zusammenhang mit dem Rückgang religiöser Wertevorstellungen näher zu untersuchen.

Inglehart: Wandel von materialistischen zu postmaterialistischen Wertvorstellungen
Der Ansatz eines generationellen Wandels von materialistischen zu eher postmaterialistischen Wertvorstellungen erweist sich im Kontext der Alben als wenig plausibel. Sowohl materialistische als auch postmaterialistische Wertvorstellungen lassen sich in den Poesiealben nur sehr selten feststellen, wobei die Operationalisierung von Postmaterialismus im Kontext der Alben mit besonderen Schwierigkeiten verbunden ist. Die festgestellten Fallzahlen waren zu gering, als dass ein signifikanter Trend in der vorhergesagten Richtung bestätigt werden konnte. Wie der Vergleich mit den anderen Wandlungstendenzen zeigt, handelt es sich bei den von Inglehart thematisierten Wertvorstellungen allenfalls um Randphänomene im Poesiealbum. Dies berechtigt zur Annahme, dass es sich bei dem von Inglehart prognostizierten Wandel womöglich um ein Artefakt der Umfrageforschung als um eine grundlegende Wertwandeltendenz in der Bevölkerung handeln könnte.

Noelle-Neumann: Rückgang der bürgerlichen Werte
Der von Noelle-Neumann thematisierte Rückgang der bürgerlichen Werte weist zum Teil große Plausibilität auf. Dies war insofern zu erwarten, als Noelle-Neumann durch eine Dokumentenanalyse bürgerlicher Erbauungsliteratur des 18. Jahrhunderts relevante Wertvorstellungen abgeleitet hatte. Die von ihr als bürgerlich klassifizierten Werte erwiesen sich überwiegend als mittel-präsente Wertvorstellungen in den Alben. Im Rahmen der vorliegenden Studie wurden sie als tradierte und zugleich staatlich legitimierte Werte (geteilt-offizielle Werte) näher analysiert. Hierbei war festgestellt worden, dass diese Werte allgemein stärker in der DDR konserviert wurden, was für den Wandel dieser Werte in den alten Bundesländern spricht. Anzumerken ist hierbei, dass einzelne bürgerliche Werte zum Teil recht unterschiedlichen Einflussfaktoren unterlagen. Dies legt die Vermutung nahe, dass die unter dem Label „bürgerlich" zusammengefassten Werte eine höhere Heterogenität aufweisen als von Noelle-Neumann postuliert. Auch bietet sich eher eine isolierte Betrachtung einzelner bürgerlicher Werthaltungen an.

7 Die Wertvorstellungen in Poesiealben in DDR und Bundesrepublik 403

Tabelle 7.36: Fazit: Plausibilität der Wertwandeltheorien im Kontext der Poesiealben

Ansatz	im Wandel befindliche Werthaltungen		Plausibilität des Ansatzes
	abnehmend im Zeitverlauf	zunehmend im Zeitverlauf	
Kmieciak (1976)	Berufs- und Leistungswerte - Mittlere Präsenz im Album - Stärker in DDR ausgeprägt - Absinken in der BRD (Peers) beobachtbar	Hedonismus - Sehr geringe Präsenz - Kein messbarer Wandel	teilweise zutreffender Wandel: Berufs- und Leistungswerte verlieren bei den BRD-Peers an Relevanz, allerdings ab- und zunehmende Werte stehen eher in keinem Zusammenhang
Inglehart (1977)	Materialismus - Sehr gering - Kein messbarer Wandel	Postmaterialismus - Sehr gering - Kein messbarer Wandel	Randphänomen im Album: Möglicherweise Artefakt der Umfrageforschung
Noelle-Neumann (1978)	bürgerliche Werte - Mittlere Präsenz im Album - Allgemein stärker in der DDR ausgeprägt - Wandel bei einzelnen bürgerlichen Werten feststellbar		teilweise zutreffender Wandel: Die als bürgerlich klassifizierten Werte verloren im Zeitverlauf in der BRD stärker an Relevanz als in der DDR, aber nicht alle Einträgergruppen vom Wandel betroffen Heterogenität der bürgerlichen Werte verdeckt unterschiedliche Einflüsse
Klages (1988)	Pflicht und Akzeptanz - Hohe Präsenz im Album - Allgemeiner Rückgang - Kein Schub in der BRD	Selbstverwirklichung und Selbstentfaltung - Geringe Präsenz im Album - Kein Wandel in Ost und West	teilweise zutreffender Wandel: Pflicht und Akzeptanz verlieren an Relevanz, aber kein „Wertwandlungsschub" (Klages 1984), abnehmende und zunehmende Werte stehen eher in keinem Zusammenhang

Kmieciak: Wandel von Berufs-/Leistungsorientierungen zu privatistisch-hedonistischen Haltungen

Peter Kmieciak hatte in seinen Arbeiten eine Abwertung von Berufs- und Leistungsorientierungen zugunsten einer eher hedonistischen Lebenseinstellung prognostiziert. Auch dieser Wandel ist zum Teil plausibel. Die von Kmieciak thematisierten und später von Noelle-Neumann auch als Teil der bürgerlichen Werte verstandenen Wertvorstellungen ließen sich in den hier untersuchten Alben inhaltsanalytisch gut bestimmen. Sie wurden als Arbeits- und Leistungswerte im Rahmen der Analyse der geteilt-offiziellen Werte näher untersucht. Sie waren in den Alben Westdeutschlands weniger präsent als in denen des Ostens; für den Zeitraum zwischen 1949 und 1989 war zudem ein allgemeiner Rückgang bei den

BRD-Peers zu verzeichnen. Während demnach wieder für die abnehmende Werthaltung eine gewisse Plausibilität angenommen werden kann, trifft dies nicht für die privatistisch-hedonistischen Haltungen zu, die in der Bevölkerung an Bedeutung hinzugewonnen haben soll. So war die Operationalisierung von Hedonismus als Inhaltskategorie von Albumtexten mit Schwierigkeiten verbunden. Selbst bei einer weiten Begriffsauslegung konnte eine entsprechende Werthaltung nur in sehr geringem Maß in den Alben festgestellt werden. Auch hier scheint es demnach sinnvoller, abnehmende Wertwandeltendenzen von einer vermeintlich zunehmenden Werthaltung zu entkoppeln.

In Tabelle 7.36 sind die Überlegungen zur Plausibilität der Wertwandeltheorien noch einmal in Kurzform zusammengefasst. Generell bleibt festzuhalten, dass Wertwandelthesen, welche das Absinken eines Wertebündels mit dem Aufstieg eines anderen Wertebündels verbinden, aufgrund der hier vorliegenden Befunde eher mit Skepsis zu begegnen ist.

7.4.2 Tugenden der Vorsicht und des maßvollen Handelns

In den folgenden Abschnitten werden jene Albuminhalte behandelt, die sich nicht den theoriegeleiteten Kategorien zuordnen ließen. Unter dem Gesichtspunkt einer semantischen Äquivalenz waren sie im Rahmen der Inhaltsanalyse zusammengefasst worden. Auch für diese Wertebündel bzw. Inhaltskategorien wurden Hypothesen formuliert, die im Folgenden geprüft werden.
Ein erstes Wertebündel, welches hierbei näher zu untersuchen ist, lässt sich als ‚Tugenden des vorsichtigen und maßvollen Handelns' bezeichnen. Auch wenn eine gewisse Affinität zum Wertebündel ‚Pflicht, Bescheidenheit und Akzeptanz' bestehen mag, so verweisen die Tugenden der Vorsicht und des maßvollen Handelns auf einen semantisch etwas anders gelagerten Kern. Denn während die Pflicht- und Akzeptanzwerte ein passives Hinnehmen der persönlichen Lebensverhältnisse als Grundhaltung adressieren, richten die Tugenden der Vorsicht und des maßvollen Handelns ihren Fokus darauf, wie ein gesetztes Handlungsziel am besten erreicht werden kann. Dabei werden bestimmte Persönlichkeitsmerkmale eines Individuums im Sinne von Tugenden als nützlich und gut bewertet. Die Tugenden der Vorsicht und des maßvollen Handelns zielen allgemein eher auf eine vorsichtig-abwägende Haltung beim Verfolgen gesteckter Handlungsziele. Oft

7 Die Wertvorstellungen in Poesiealben in DDR und Bundesrepublik

wird in Texten empfohlen, mit Besonnenheit die Vor- und Nachteile von Handlungsoptionen zu reflektieren bzw. Gelassenheit walten zu lassen. Der Fokus entsprechender Albumeinträge liegt somit auf einem angemessenen, allerdings eher risikoscheuen Handeln. Im Rahmen der Hypothesenbildung war nur eine allgemeine Annahme für alle weiteren durch die Inhaltsanalyse erhobenen Wertvorstellungen formuliert worden. Diese kann nun für die Tugenden der Vorsicht und des maßvollen Handelns spezifiziert werden:

H7a *Wenn ein Einträger in der DDR gelebt hat, dann hat er mit der gleichen Wahrscheinlichkeit Tugenden der Vorsicht und des maßvollen Handelns eingetragen wie ein Einträger in der BRD.*

Es wird angenommen, dass das Vermeiden von Risiken sowie ein abwägend-maßvolles Handeln eher universelle Verhaltensdispositionen darstellen, so dass ein ähnliches Inskriptionsverhalten in Ost und West bezüglich dieser Werthaltung zu vermuten ist.

Textmerkmale und Beispiele
Die Tugenden der Vorsicht und des maßvollen Handelns kommen in den Alben auf verschiedene Art und Weise zum Ausdruck. Vier Gruppen von Texten können unterschieden werden: Texte, in denen explizit zur allgemeinen Vorsicht und zu einer abwägenden Bewertung aufgerufen wird, bilden hierbei eine erste Gruppe von Texten. Insbesondere wird darin für eine umsichtige Bewertung der Mitmenschen des persönlichen Umfelds, aber auch der allgemeinen Lebenssituation geworben. Oft wird in diesen Eintragungen empfohlen, die Menschen, mit denen man engere Kontakte pflegen möchte, genau zu prüfen. Eine zweite Gruppe von Texten, in der ebenfalls ein eher bedachtvoll-vorsichtiges Handeln zum Ausdruck gebracht wird, stellt vor allem die Ernsthaftigkeit, Gründlichkeit und Gewissenhaftigkeit des eigenen Handelns als erstrebenswert heraus. Diese Texte verweisen darauf, sich zur Erfüllung von Aufgaben genügend Zeit zu nehmen. Darüber hinaus wird in diesen Texten betont, das richtige Maß zu halten und überlegt zu handeln. Urteilsfähigkeit, Vernunft sowie die Fähigkeit, die Lebenschancen realistisch einzuschätzen, werden ebenso thematisch aufgegriffen. In einer dritten Text-

gruppe lassen sich Texte versammeln, die eher im Sinne einer persönlichen Zurückhaltung interpretiert werden können. Empfohlen wird, eher die Rolle des Beobachters einzunehmen, als sich aktiv in einen Diskurs einzubringen („Reden ist Silber, schweigen ist Gold"). Eine andere Art von Zurückhaltung drückt sich schließlich in einer vierten Gruppe von Texten aus: Das sind Texte, die zu einem eher gelassenen Umgang mit Mitmenschen aufrufen („die Spatzen pfeifen lassen") und von Konfrontationen mit anderen abraten.

Auswahl von Texten mit Tugenden der Vorsicht und des maßvollen Handelns

Vorsicht
• Lerne erst die Menschen kennen, denn sie sind veränderlich. Die Dich heute Freund(in) nennen, reden morgen über Dich.
• Richte nie den Wert des Menschen gleich nach einer kurzen Stund. Oben sind bewegte Wellen, doch die Perle liegt am Grund.
• Wenn du dir eine Freundin suchst, dann suche dir die rechte, unter hundert gibt es neunundneunzig schlechte.
• Wenn Du einst in Deinem Leben fest auf einen Menschen baust, geh mit Vorsicht ihm entgegen, eh Du Dich ihm anvertraust.
• Wenn Dich böse Buben locken, bleib zu Haus und stopf die Socken.
• Willst Du klug durchs Leben wandern, prüfe and're, doch auch dich. Jeder täuscht gar gern den andern, doch am liebsten jeder sich.
• Willst du das Leben recht verstehn, mußt du's nicht nur von vorn besehn. Von vorn betrachtet, sieht ein Haus meist besser als von hinten aus (Wilhelm Busch).
• Laß' Dich nicht verführen von einem schönen Kleide, denn manches schlechte Herz schlägt unter Gold und Seide.
Bedachtsamkeit und maßvolles Handeln
• Fang alles an nur mit Bedacht, führ alles mit Bestand! Was drüber Dir begegnen mag, da nimm Geduld zur Hand.
• Ernst bei der Arbeit, heiter beim Spiel, immer frisch vorwärts so kommt man ans Ziel.
• Ein Ende nahm das leichte Spiel, Es naht der Ernst des Lebens, Behalt im Auge fest Dein Ziel, Geh keinen Schritt vergebens.
• Sei nicht wie ein Esel, denn ein Esel ist dumm.
• Zu fällen einen schönen Baum braucht's eine halbe Stunde kaum. Zu wachsen, bis man ihn bewundert, braucht er – bedenkt es – ein Jahrhundert.
Zurücknahme
• Reden ist Silber Schweigen ist Gold
• Rede wenig aber wahr, vieles Reden bringt Gefahr
• Sage nicht alles was du weißt: aber wisse alles was du sagst.
Gelassenheit
• Fröhlich sein, Gutes tun, und die Spatzen pfeifen lassen (Don Bosco)
• Wer lächelt statt zu toben, ist immer der Stärkere.

7 Die Wertvorstellungen in Poesiealben in DDR und Bundesrepublik

Bivariate Prüfung

Der Vergleich mit dem Vorkommen der übrigen Werte und Inhalte in Poesiealben hatte gezeigt, dass die Tugenden der Vorsicht und des maßvollen Handelns relativ häufig inskribiert wurden. Durchschnittlich etwa 12 % der Einträge eines jeden Albums brachten Tugenden der Vorsicht und des maßvollen Handelns zur Sprache.[316] Unterscheiden sich die Alben in Ost und West hinsichtlich des Vorkommens der Tugenden der Vorsicht und des maßvollen Handelns? Tabelle 7.37 gibt hierfür erneut die durchschnittliche Häufigkeit (absolut/relativ) dieser Werthaltungen je Album wieder.

Tabelle 7.37: Durchschnittliche Häufigkeit von Vorsicht und maßvollem Handeln

		n	Mittelwert	Standardabweichung	Min	Max
Vorsicht und maßvolles Handeln	BRD	39	3,9	2,53	0	10
	DDR	45	4,1	3,03	0	11
	Gesamt	84	4,0	2,79	0	11
Vorsicht und maßvolles Handeln (relativer Anteil in %)	BRD	39	11,8	8,46	0	40
	DDR	45	11,8	7,45	0	33
	Gesamt	84	11,8	7,88	0	40

Mann-Whitney-U-Test Vorsicht und maßvolles Handeln in DDR/BRD-Alben: $U = 872, p = .960$.

Aus der Tabelle kann entnommen werden, dass sich entsprechend Hypothese H7a die DDR- von den BRD-Alben bezüglich des allgemeinen Vorkommens dieser Albuminhalte kaum unterscheiden. Die Ost-West-Unterschiede sind vernachlässigbar gering. Dies belegt auch ein U-Test nach Mann und Whitney, der die Häufigkeitsunterschiede zwischen DDR- und BRD-Alben als nicht signifikant ausweist.

Häufigkeitsverteilung nach Eintragergruppen

Wie verteilen sich die Einträge, in denen sich die Tugenden der Vorsicht und des maßvollen Handelns feststellen ließen, über die Eintragergruppen in DDR und BRD? Tabelle 7.38 gibt hierüber Auskunft. Vor allem zwei Befunde können der Tabelle entnommen werden: Zum einen weisen die Lehrer (DDR/BRD) sowie die Peers (DDR/BRD) im Grunde dieselben relativen Häufigkeiten auf. Zwischen 10 und 12 % der Inskribenten dieser Eintragergruppen brachten diese Tugenden in

---

[316] Nur in 7 % der hier untersuchten Alben ließ sich dieses Wertebündel *nicht* nachweisen.

ihren Albumtexten zur Sprache. Allenfalls tendenziell inskribierten dabei eher die DDR-Peers sowie die DDR-Lehrer die Tugenden der Vorsicht. Als zweiter deskriptiver Befund ist auf Unterschiede bei den Einträgen der Verwandten in Ost und West hinzuweisen. Überraschenderweise inskribierten die BRD-Verwandten vergleichsweise am häufigsten diese Tugenden (16,2 %), wohingegen die Verwandten in der DDR bei Einträgen dieser Tugenden leicht unterrepräsentiert sind (8,2 %). Ein Chi-Quadrat-Test erbringt jedoch keine Hinweise darauf, dass sich die Einträgergruppen in der Tabelle bezüglich ihrer Bereitschaft, diese Tugenden in ein Album einzutragen, signifikant unterschieden. Die bivariate Prüfung stützt damit weitgehend den in Hypothese H7a formulierten Zusammenhang.

Tabelle 7.38: Tugenden der Vorsicht und des maßvollen Handelns nach Einträgergruppe

		Einträgergruppe					
		Familie DDR	Familie BRD	Lehrer DDR	Lehrer BRD	Peers DDR	Peers BRD	Gesamt
Vorsicht und maßvolles Handeln	n	10	21	16	15	117	93	272
	%	8,2 %	16,2 %	12,9 %	12,5 %	11,3 %	10,2 %	11,2 %
Gesamt	n	122	130	124	120	1031	911	2438
	%	100 %	100 %	100 %	100 %	100 %	100 %	100 %

Nur singulärer bzw. bei Panel-Einträgern chronologisch erster Eintrag berücksichtigt, $n = 2438$; % innerhalb der Einträgergruppen; Chi-Quadrat (5) = 5.82, $p = .324$; Cramer-V = .049, $p = .324$.

Multivariate Prüfung

Welche Faktoren haben die Wahrscheinlichkeit eines Eintrags der Tugenden der Vorsicht und des maßvollen Handelns beeinflusst? In Tabelle 7.39 sind wie gewohnt die Befunde einer Logistischen Regression aufgeführt, bei denen schrittweise die Kontrollvariablen als Faktoren in die Schätzung eingingen. In einem vierten Modell wurden wieder nur die Einträge der Peers berücksichtigt.

Alter des Peers bedeutsam für Eintrag der Tugenden der Vorsicht und des maßvollen Handelns

Zunächst ist darauf hinzuweisen, dass Hypothese H7a auch mit den im Rahmen der Logistischen Regression berechneten Modellen gestützt wird. Inskribenten in DDR und BRD trugen mit annähernd derselben Wahrscheinlichkeit die Tugenden der Vorsicht und des maßvollen Handelns ein. Die Befunde der Modelle 1 bis 3 in Tabelle 7.39 sind darüber hinaus bemerkenswert, da auch kein weiterer der einbezogenen Faktoren den Eintrag dieser Tugenden offenbar signifikant beeinflusst

7 Die Wertvorstellungen in Poesiealben in DDR und Bundesrepublik

hat. Lediglich Modell 4, in dem nur die Einträge der Peers berücksichtigt wurden, besitzt eine gewisse Erklärungskraft. Hier ergeben sich Hinweise auf einen allgemeinen Alterseffekt: Je älter ein Peer wurde, desto höher war die Wahrscheinlichkeit, dass er in seinem Eintrag die Tugenden der Vorsicht und des maßvollen Handelns zum Ausdruck brachte.[317]

Tabelle 7.39: Logistische Regression: Tugenden der Vorsicht und des maßvollen Handelns

unabhängige Variablen (Faktoren)		abhängige Variable: Tugenden der Vorsicht und des maßvollen Handelns						
		1		2		3		4 (nur Peers)
		b	Exp(b)	b	Exp(b)	b	Exp(b)	b	Exp(b)
Geschlecht des Einträgers (weibl. = 1)		-,20	,81	-,19	,83	-,19	,82	-,11	,90
Jahr des Eintrags (Koheneffekt)		,00	1,00	,00	1,00	,00	1,00	,01	1,01
Wohnortgröße des Einträgers		,00	1,00	,00	1,00	,00	1,00	-,06	,94
Einträgergruppe	Peers				Ref.		Ref.		
	Familie			,08	1,08	,07	1,08		
	Lehrer			,13	1,14	,13	1,14		
	Sonstige			,35	1,42	,35	1,41		
Einträger aus DDR/BRD (DDR = 1)						-,05	,95	-,16	,85
nur Peers: Alter bei Eintrag								,11**	1,12
nur Peers: Bildungsgrad								-,21	,81
Konstante		-8,33		-8,13		-7,53		-23,70	
Pseudo-R2 (Nagelkerke)		,002		,003		,003		,02	

** signifikant < 1 %, * signifikant < 5 %, + signifikant < 10 %. Nur singulärer bzw. bei Panel-Einträgern chronologisch erster Eintrag berücksichtigt, in Modell 4 zudem nur Peergroup-Einträger berücksichtigt; Omnibus-Test Modell 1: Chi-Quadrat(3) = 2.24, $p = .524$, $n = 2216$; Modell 2: Chi-Quadrat(6) = 3.64, $p = .725$, $n = 2216$; Modell 3: Chi-Quadrat(7) = 3.77, $p = .806$, $n = 2216$; Modell 4: Chi-Quadrat(6) = 10.98, $p = .089$, $n = 1251$.

Prüfung auf Interaktionseffekte
Prüfung auf Interaktion zwischen Eintragsjahr und Wahrnehmung staatlicher Rahmenbedingungen
Wie erwartet, ergaben sich keine generellen Ost-West-Unterschiede bezüglich dieser allgemeinen und traditionellen Werthaltung. Gemäß dem hier vertretenen Erklärungsansatz kann allerdings eine Wechselwirkung zwischen Eintragsjahr

---

[317] Die Prüfung, ob der DDR-/BRD-Hintergrund eines Inskribenten den Zusammenhang zwischen Alter und Eintrag der Tugenden der Vorsicht und des maßvollen Handelns moderiert, ergab keine Hinweise auf signifikante Interaktionseffekte. Vielmehr erwies sich in diesen Schätzungen erneut nur die Altersvariable als signifikanter Faktor.

und staatlichen Rahmenbedingungen angenommen werden. Während in der Bundesrepublik die Tugenden der Vorsicht und des maßvollen Handelns aufgrund der wahrgenommenen Glaubwürdigkeit und Nicht-Repressivität des Staats im Zeitverlauf an Bedeutung verloren haben könnten, dürften sie in der DDR kaum an Relevanz eingebüßt haben. Sie könnten sogar als Reaktion auf die repressiven und unglaubwürdigen staatlichen Rahmenbedingungen in der DDR nicht nur konserviert, sondern für die Ostdeutschen sogar immer wichtiger geworden sein. Insofern wird folgender Zusammenhang vermutet:

Interaktionseffekt: Die Wahrscheinlichkeit des Eintrags der Tugenden der Vorsicht und des maßvollen Handelns nahm zwischen 1949 und 1989 in der Bundesrepublik ab, während sie in der DDR unverändert blieb oder sogar zunahm.

Zur Prüfung dieses Zusammenhangs werden wie gewohnt im Rahmen einer Logistischen Regression zwei Modelle geschätzt. In einem ersten Modell werden die Dekade des Eintrags und die Variable ‚Einträgergruppe', mit der die Einträgergruppen nach DDR-/BRD-Hintergrund differenziert werden, als Faktoren in die Schätzung einbezogen. In einem zweiten Modell kommt ein aus beiden Faktoren gebildetes multiplikatives Interaktionsterm hinzu. Tabelle 7.40 gibt die Befunde wieder.

Trotz tendenziell unterschiedlicher Effekte in DDR und BRD hohe Wertstabilität
Zunächst ist mit Blick auf die Pseudo-R2-Statistik darauf aufmerksam zu machen, dass die geschätzten Modelle nur geringe ‚Erklärungskraft' besitzen. Die einbezogenen Faktoren beeinflussen demnach nicht signifikant die Eintragswahrscheinlichkeit der Tugenden der Vorsicht und des maßvollen Handelns. Dieser Befund kann als Hinweis auf die allgemein hohe Stabilität dieser Werthaltung im Zeitverlauf angesehen werden. Betrachtet man allerdings die geschätzten Effektkoeffizienten im Interaktionsterm in Modell 2, bestätigt sich zumindest der Tendenz nach der vermutete Zusammenhang. Verglichen mit den West-Peers stieg mit jeder Dekade bei allen DDR-Einträgergruppen die Wahrscheinlichkeit, dass Tugenden der Vorsicht und des maßvollen Handelns ins Album inskribiert wurden.

7 Die Wertvorstellungen in Poesiealben in DDR und Bundesrepublik

Tabelle 7.40: Vorsicht und maßvolles Handeln nach Einträgergruppe und Dekade

unabhängige Variablen (Faktoren)	abhängige Variable: Tugenden der Vorsicht und des maßvollen Handelns			
	1		2	
	b	Exp(b)	b	Exp(b)
Dekade des Eintrags	,03	1,03	-,13	,88
Peers (BRD)	Ref.		Ref.	
Peers (DDR)	,11	1,12	,11	1,12
Familie (BRD)	,54*	1,72	,51+	1,67
Familie (DDR)	-,39	,68	-,66	,52
Lehrer (BRD)	,24	1,28	,25	1,28
Lehrer (DDR)	,28	1,32	,25	1,28
Sonstige (BRD)	,37	1,44	,29	1,34
Sonstige (DDR)	,34	1,41	,19	1,21
ZDekade * Peers (BRD)			Ref.	
ZDekade by Peers (DDR)			,24+	1,27
ZDekade by Familie (BRD)			-,01	,99
ZDekade by Familie (DDR)			,65+	1,91
ZDekade by Lehrer (BRD)			,16	1,17
ZDekade by Lehrer (DDR)			,42+	1,53
ZDekade by Sonstige (BRD)			,40	1,49
ZDekade by Sonstige (DDR)			-,10	,90
Konstante	-2,26**		-1,85**	,16
Pseudo-R2 (Nagelkerke)	,01		,01	

** signifikant < 1 %, * signifikant < 5 %, + signifikant < 10 %. Nur singulärer bzw. bei Panel-Einträgern chronologisch erster Eintrag berücksichtigt; Omnibus-Test Modell 1: Chi-Quadrat(8) = 7.28, p = .506, n = 2414; Modell 2: Chi-Quadrat(15) = 15.94, p = .386, n = 2414.

In Abbildung 7.21 sind diese tendenziellen Unterschiede zwischen DDR- und BRD-Inskribenten noch einmal visualisiert.[318] Fasst man die Prüfung auf Interaktionseffekte zusammenfassen, so lässt sich Folgendes festhalten: Ganz allgemein erweisen sich die Tugenden der Vorsicht und des maßvollen Handelns als überaus stabile Werthaltungen. Nur der Tendenz nach zeigt sich ein moderierender Einfluss der verschiedenen Rahmenbedingungen in Ost und West. Nur in geringem Maß dürften die Tugenden der Vorsicht und des maßvollen Handelns in der DDR zugenommen und in der BRD abgenommen haben.[319]

---

[318] Grundlage von Abbildung 7.21.bildet die Schätzung in Tabelle 7.40.
[319] Lässt man die Differenzierungen nach Einträgergruppe weg und unterscheidet nur zwischen DDR- und BRD-Inskribenten, so erhärtet eine Logistische Regression den vermuteten moderierenden Effekt der DDR-/BRD-Variable. In der Tat weist die Logistische Regression

7.4 Zur Inskription anderer Werthaltungen und Inhalte

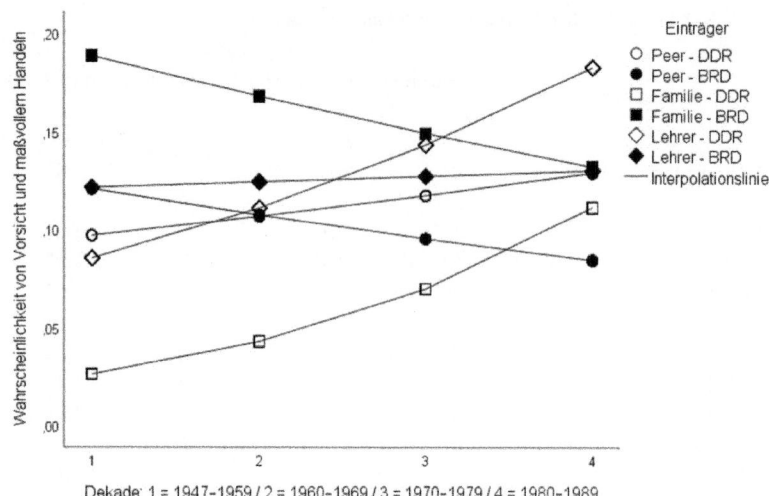

Abbildung 7.21: Vorsicht und maßvolles Handeln nach Dekade in Ost und West

Zusammenfassung und Interpretation

1. Tugenden der Vorsicht und des maßvollen Handelns gleichermaßen in Ost und West vertreten

Die Tugenden der Vorsicht und des maßvollen Handelns erfreuten sich sowohl in den Alben der DDR wie auch der BRD einer relativ großen Beliebtheit. Der Vergleich der relativen Häufigkeit ergab keine Hinweise auf signifikante Ost-West-Unterschiede, was Hypothese H7a stützt.

2. Tugenden der Vorsicht und des maßvollen Handelns als Hinweis für praktische Lebensführung

Die Analyse der Häufigkeitsverteilung über die Einträgergruppen ergab, dass die Tugenden der Vorsicht und des maßvollen Handelns in der Gruppe der BRD-Verwandten leicht überrepräsentiert waren. Dieser Befund könnte ein Indiz für die hier vermutete stärker auf Individualität abzielende Kindheitspädagogik in der BRD sein. Der Hinweis auf Vorsicht und maßvolles Handeln durch die zumeist

---

den gebildeten Interaktionsterm (ZDekade*Einträger aus DDR-/BRD-Hintergrund) dann als signifikant aus. Allerdings verbleibt auch hier die generelle Erklärungskraft des Modells auf sehr geringem Niveau und unterscheidet sich nicht signifikant vom Nullmodell.

7 Die Wertvorstellungen in Poesiealben in DDR und Bundesrepublik

erwachsenen Verwandten könnte hier im Sinne eines Regulativs, d.h. als Mahnung an eine realistische Lebenseinschätzung an den Albumhalter, verstanden werden.

3. Effekt des Alters als möglicher Lerneffekt
Die multivariate Prüfung ergab Hinweise auf einen zugrunde liegenden allgemeinen Alterseffekt. Demnach stieg die Wahrscheinlichkeit, dass die Tugenden der Vorsicht und des maßvollen Handelns in ein Album inskribiert wurden, mit dem Alter eines Peers an. Dieser Alterseffekt deutet auf Lerneffekte hin, die möglicherweise auf der Wahrnehmung einer allgemeinen Ablehnung unbotmäßiger Verhaltensweisen bzw. dem Erleben von Enttäuschungen in kooperativen sozialen Beziehungen (Ende von Freundschaftsbeziehungen) beruhen könnten.

4. Tugenden der Vorsicht und des maßvollen Handelns als ‚zeitlose' Verhaltensempfehlung
Abschließend ergab die Prüfung auf Interaktionseffekte, dass die Tugenden der Vorsicht und des maßvollen Handelns im Zeitverlauf allgemein stabil feststellbar sind. Das heißt: Zwischen 1949 und 1989 blieb die Eintragswahrscheinlichkeit dieser Tugenden nahezu unverändert. Dieser Befund stützt erneut Hypothese H7a und die dahinterliegende Vermutung, dass es sich um Wertvorstellungen handelt, die eine sehr allgemeine (und zeitlose) Verhaltensempfehlung widerspiegeln. Es konnte jedoch gezeigt werden, dass diese Tugenden durch die Wahrnehmung unterschiedlicher staatlicher Rahmenbedingungen in Ost und West zumindest der Tendenz nach leicht moderiert wurden.

7.4.3 Tugenden des Muts und der Zielstrebigkeit

Neben den Tugenden der Vorsicht und des maßvollen Handelns ließ sich im Rahmen der Inhaltsanalyse eine weitere Inhaltskategorie bilden, die als ‚Tugenden des Muts und der Zielstrebigkeit' bezeichnet werden kann. Hierunter wurden Inskriptionsinhalte versammelt, die im Kern auf ein aktives und im gewissem Sinne auch risikobewusstes Handeln abzielen. Albumtexte, in denen diese Tugenden zum Ausdruck kommen, verweisen oft auf eine unermüdlich-strebsame Verfolgung von Handlungszielen, bei der insbesondere mit der Ressource Zeit sorgsam umgegangen werden soll. Es wird zugleich ein Handeln propagiert, das vertrauend auf die eigenen Fähigkeiten (Standhaftigkeit, Kraft und Stärke) Mut zum Handeln erfordert. Die Tugenden des Muts und der Zielstrebigkeit weisen nicht nur eine gewisse Affinität zu den bürgerlichen Werten auf (vgl. hierzu Noelle-Neumann 1978: 15), sie stellen im gewissen Sinne auch ‚Unternehmertugenden' dar. So heben Tugenden des Muts und der Zielstrebigkeit auf eine generelle Bereitschaft zu Aktivität und Risikobereitschaft ab, die als unternehmerische Grundprinzipien verstanden werden können.

Modifizierung der ursprünglichen Hypothese
Im Rahmen der Hypothesenbildung wurden ursprünglich für die durch Inhaltsanalyse aufgedeckten weiteren Werthaltungen ähnliche Verteilungen in den Alben in Ost und West angenommen. Die Affinität der Tugenden des Muts und der Zielstrebigkeit zu den bürgerlichen Werten und die bereits festgestellte stärkere Konservierung dieser Werte in der DDR lassen es jedoch sinnvoll erscheinen, die ursprüngliche Hypothese zu modifizieren. Mit Rücksicht auf die bereits gewonnenen Erkenntnisse soll deshalb folgender Zusammenhang angenommen werden:

H7b *Wenn ein Einträger in der DDR gelebt hat, dann hat er mit einer höheren Wahrscheinlichkeit Tugenden des Muts und der Zielstrebigkeit eingetragen als ein Einträger in der Bundesrepublik.*

Wenn es eine stärkere Wertekonservierung insbesondere der bürgerlichen Werte in der DDR gegeben hat, dann müsste sich dieser Effekt auch bei den Tugenden des Muts und der Zielstrebigkeit zeigen, da sie als Teil der bürgerlichen Werte interpretiert werden können.

Textmerkmale und Beispiele
Tugenden des Muts und der Zielstrebigkeit werden in Texten zum Ausdruck gebracht, die in vier Gruppen unterschieden werden können. Eine erste Gruppe bilden Texte, in denen explizit das Nutzen der zur Verfügung stehenden Zeit angesprochen wird. Wozu man die Zeit nutzen soll, bleibt in der Regel in den Texten ungenannt, so dass in diesen Einträgen ganz allgemein eine aktive Lebensführung empfohlen wird. In einer zweiten Gruppe von Texten dieses Wertebündels steht weniger der Zeitaspekt im Vordergrund; hier wird ganz allgemein Zielstrebigkeit

7 Die Wertvorstellungen in Poesiealben in DDR und Bundesrepublik

im Handeln gefordert. Indem jedoch diese Ziele ebenfalls nicht konkretisiert werden, können sie erneut im Sinne einer allgemeinen Aufforderung zu einer aktiven Lebensführung interpretiert werden. In einer dritten Textgruppe drückt sich die Forderung nach Aktivität darin aus, Wagnisse einzugehen und Risikobereitschaft an den Tag zu legen. Schließlich macht sich eine aktive Lebensführung auch in Texten bemerkbar, in denen ganz allgemein individueller Mut sowie Kraft und Stärke angesprochen werden.

Auswahl von Texten mit Tugenden des Muts und der Zielstrebigkeit

Nutzen der Zeit
- nütze der Jugend schönste Stunden Sie wissen nichts von Wiederkehr Einmal entflohen einmal entschwunden Zurück kehrt keine Jugend mehr.
- Zwischen heut und morgen liegt eine lange Frist, lerne schnell besorgen, da du noch munter bist.
- Der Mensch kann unglaubliches leisten, wenn er die Zeit zu nützen weiß.
- Der Mensch besitzt nichts Edleres und Kostbareres als die Zeit. Darum verschiebe nie auf morgen was du heute zu tun vermagst.
- Alle Freuden Deines Lebens, Eilen wie ein Strom dahin, Keine Stunde dieses Lebens, Darf ungenützt vorüber gehn.
- Nie stille steht die Zeit, der Augenblick entschwebt, und den Du nicht genutzt, den hast Du nicht gelebt.
- Was heute nicht geschieht, ist morgen nicht getan, und keinen Tag soll man verpassen (Goethe).
- Strebe, lerne, nütze jeden Augenblick, verlorne Jugend ist verlornes Lebensglück; was die Jugend Gutes lernte, wird des Alters Frohe Ernte.

Zielstrebigkeit
- Ergründe, ergrabe, ergreife das Glück. Entflohen, entflogen, kommt's nimmer zurück.
- Ein Ende nahm das leichte Spiel, Es naht der Ernst des Lebens, Behalt im Auge fest Dein Ziel, Geh keinen Schritt vergebens.
- Zum Licht empor mit klarem Blick, ein Vorwärts stets, nie ein Zurück, ein frohes Hoffen kühnes Streben und schnelles Handeln, auch daneben. Dann hat das Dasein Zweck und Ziel, wer Großes will, erreicht auch viel.
- Mühlenflügel im Winde sich drehn, so all Deine Jahre vergehn. Du gönnst Dir keine Rast. Bis Du Dein Lebensziel erreicht hast.
- Rastlos vorwärts mußt du streben, nie ermüdet stille stehn, willst du die Vollendung sehn. Nur Beharrung führt zum Ziele, nur die Fülle führt zur Klarheit und im Abgrund wohnt die Wahrheit (Schiller).
- Halte stets im Aug' Dein Ziel, Denn der Mensch kann, wenn er will.
- Durch Lernen und Streben zum fröhlichen Leben.

Risikobereitschaft
- Feiger Gedanken, bängliches Schwanken, Weibisches Zagen, ängstliches Klagen, Wendet kein Elend, mach dich nicht frei. Allen Gewalten zum Trutz sich erhalten, Rufet die Arme der Götter herbei (Goethe).
- Wer Großes will, muß Großes wagen (Sprichwort).
- Rege fleißig Deine Hände, was Du einmal hast begonnen, führe freudig auch zu Ende! Frisch gewagt, ist halb gewonnen.

7.4 Zur Inskription anderer Werthaltungen und Inhalte

- Jeder Fortschritt ist ein Wagestück, und nur wenn man etwas wagt, kommt man entschieden vorwärts.
- Du mußt steigen oder sinken, du mußt herrschen und gewinnen, oder dienen und verlieren, leiden oder triumphieren. Amboß oder Hammer sein (Goethe).

Mut und Stärke
- Stets bewahre frischen Mut, geht auch manchmal was daneben, und sei immer froh und gut! Dann wird sicher schön Dein Leben.
- Tue recht und scheue niemand.
- Bleibe immer treu und wahr, Frisch dein Herz das Auge klar, und was auch das Schicksal spricht, schau ihm mutig ins Gesicht.
- Ein bisschen mehr Kraft und nicht so zimperlich ein bisschen mehr wir und weniger „ich" und viel mehr Blumen während des Lebens, denn auf den Gräbern sind sie vergebens.
- Mutig kämpfen, Gläubig streben, immer vorwärts, dass heißt Leben.

Bivariate Prüfung

Die Tugenden des Muts und der Zielstrebigkeit hatten sich als Werthaltungen herausgestellt, die im Vergleich zu anderen Albuminhalten eine mittlere Präsenz in den Alben aufweisen. Im Durchschnitt thematisierten 6 % der Einträge eines jeden untersuchten Albums diese Tugenden. Es ist zunächst wieder zu prüfen, ob sich die Alben in Ost und West hinsichtlich dieser Tugenden unterscheiden. In Tabelle 7.41 ist hierzu wieder die durchschnittliche Häufigkeit (absolut/relativ) entsprechender Eintragungen je Album (in DDR und BRD) aufgeführt.

Tabelle 7.41: Durchschnittliche Häufigkeit der Tugenden des Muts und der Zielstrebigkeit

		n	Mittelwert	Standardabweichung	Min	Max
Mut und Zielstrebigkeit	BRD	39	1,4	1,12	0	4
	DDR	45	2,6	2,05	0	11
	Gesamt	84	2,0	1,77	0	11
Mut und Zielstrebigkeit	BRD	39	4,4	3,66	0	12
(relativer Anteil in %)	DDR	45	7,8	5,33	0	24
	Gesamt	84	6,2	4,91	0	24

Mann-Whitney-U-Test Tugenden des Muts/Zielstrebigkeit in DDR/BRD-Alben: $U = 582, p = .007$.

Der Tabelle lässt sich entnehmen, dass die Tugenden des Muts und der Zielstrebigkeit in der Tat demselben Muster einer größeren Konservierung der bürgerlichen Werte in der DDR folgen und deutlich häufiger in die Alben der DDR inskribiert wurden. Auch ein U-Test nach Mann und Whitney verweist auf hochsignifikante Unterschiede zwischen Ost- und West-Alben.

7 Die Wertvorstellungen in Poesiealben in DDR und Bundesrepublik

Häufigkeitsverteilung der Tugenden des Muts und der Zielstrebigkeit nach Einträgergruppe

Welche Einträgergruppen in DDR und Bundesrepublik haben die Tugenden des Muts und der Zielstrebigkeit bevorzugt ausgewählt? In Tabelle 7.42 sind die festgestellten Häufigkeiten dieser Tugenden verteilt auf die Einträgergruppen wiedergegeben.

Tabelle 7.42: Tugenden des Muts und der Zielstrebigkeit nach Einträgergruppe

		Einträgergruppe						
		Familie DDR	Familie BRD	Lehrer DDR	Lehrer BRD	Peers DDR	Peers BRD	Gesamt
Mut und Zielstrebigkeit	n	7	6	15	4	77	35	144
	%	5,7 %	4,6 %	12,1 %	3,3 %	7,5 %	3,8 %	5,9 %
Gesamt	n	122	130	124	120	1031	911	2438
	%	100 %	100 %	100 %	100 %	100 %	100 %	100 %

Nur singulärer bzw. bei Panel-Einträgern chronologisch erster Eintrag berücksichtigt, $n = 2438$; % innerhalb der Einträgergruppen; Chi-Quadrat (5) = 21.89, $p = .001$; Cramer-V = .095, $p = .001$.

Wie aus der Tabelle hervorgeht, sind die Tugenden des Muts und der Zielstrebigkeit, wie in der modifizierten Hypothese vermutet, in sämtlichen Einträgergruppen der DDR stärker vertreten als in der Bundesrepublik. Der größte Unterschied zeigt sich zwischen den Lehrern in Ost und West: Während nur 3,3 % der Lehrer der BRD diese Tugenden inskribierten, taten dies Lehrer in der DDR fast viermal so häufig. Größere Unterschiede ergeben sich auch bei den Peers (DDR = 7,5 %/ BRD = 3,8 %). Verwandte in DDR und BRD unterscheiden sich bezüglich der Eintragshäufigkeit dieser Tugenden jedoch nur geringfügig.

Zusammenfassend lässt sich bezüglich der Befunde der bivariaten Prüfung sagen, dass der in der modifizierten Hypothese H7b formulierte Zusammenhang gestützt wird. Die Tugenden des Muts und der Zielstrebigkeit wurden häufiger in die Alben der DDR inskribiert. Dass besonders Lehrer in der DDR auf diese Tugenden verwiesen, stellt ein weiteres Indiz für die Affinität der Tugenden des Muts und der Zielstrebigkeit zu den bürgerlichen Werten dar. Auch diese waren überwiegend von den DDR-Lehrern adressiert worden.

Multivariate Prüfung

Es ist zu prüfen, ob noch weitere Faktoren die Eintragswahrscheinlichkeit der Tugenden des Muts und der Zielstrebigkeit beeinflusst haben. Tabelle 7.43 gibt hierfür wie gewohnt die Befunde einer Logistischen Regression wieder, bei der schrittweise relevante Faktoren in die Schätzung einbezogen wurden. Ein viertes Modell berücksichtigt indes nur die Peergroup-Einträge.

Tabelle 7.43: Logistische Regression: Tugenden des Muts und der Zielstrebigkeit

unabhängige Variablen (Faktoren)	abhängige Variable: Tugenden des Mutes und der Zielstrebigkeit						
	1		2		3		4 (nur Peers)
	b	Exp(b)	b	Exp(b)	b	Exp(b)	b	Exp(b)
Geschlecht des Einträgers (weibl.= 1)	-,38+	,68	-,36+	,70	-,30	,74	-,39	,67
Jahr des Eintrags (Kohorteneffekt)	-,01*	,99	-,01*	,99	-,01	,99	-,02+	,98
Wohnortgröße des Einträgers	,06	1,06	,05	1,05	,06	1,06	,04	1,04
Einträgergruppe Peers				Ref.		Ref.		
Familie			-,30	,74	-,25	,78		
Lehrer			,39	1,48	,39	1,48		
Sonstige			,59	1,81	,65+	1,92		
Einträger aus DDR/BRD (DDR = 1)					,55**	1,73	,35	1,42
nur Peers: Alter bei Eintrag							,20**	1,23
nur Peers: Bildungsgrad							,24	1,27
Konstante	24,38+		24,92+		18,17		31,95	
Pseudo-R2 (Nagelkerke)	,01		,03		,03		,06	

** signifikant < 1 %, * signifikant < 5 %, + signifikant < 10 %. Nur singulärer bzw. bei Panel-Einträgern chronologisch erster Eintrag berücksichtigt, in Modell 4 zudem nur Peergroup-Einträger berücksichtigt; Omnibus-Test Modell 1: Chi-Quadrat(3) = 9.42, p = .024, n = 2216; Modell 2: Chi-Quadrat(6) = 14.82, p = .022, n = 2216; Modell 3: Chi-Quadrat(7) = 23.78, p = .001, n = 2216; Modell 4: Chi-Quadrat(6) = 26.87, p = .000, n = 1251.

Erhärtung der Ost-West-Unterschiede

Die multivariate Prüfung erhärtet die allgemeinen Ost-West-Unterschiede bezüglich der Eintragswahrscheinlichkeit der Tugenden des Muts und der Zielstrebigkeit. Sowohl die Pseudo-R2-Statistik wird bei Einbeziehung des DDR-/BRD-Faktors in Modell 3 deutlich verbessert, auch der LR-Test weist auf eine hochsignifikante Verbesserung der Vorhersagekraft gegenüber Modell 2 hin. Interessanterweise verlieren allerdings die Ost-West-Unterschiede an Signifikanz, wenn man nur die Peers als Einträger berücksichtigt. Bei den Peers scheint demnach sowohl

7 Die Wertvorstellungen in Poesiealben in DDR und Bundesrepublik

ein Alters- als auch ein Kohorteneffekt die Bedeutung der Ost-West-Unterschiede zu relativieren.

Kohorten- und Alterseffekt
Die Albuminhalte, die unter dem Sammelbegriff der Tugenden des Muts und der Zielstrebigkeit zusammengefasst wurden, scheinen zwischen 1949 und 1989 an Relevanz verloren zu haben. Sowohl in der DDR als auch in der Bundesrepublik sank mit jedem weiteren Jahr die Wahrscheinlichkeit einer Inskription dieser Tugenden. Bemerkenswert ist auch der Effekt des Alters bei der Gruppe der Heranwachsenden: Demnach nahm mit dem Lebensalter die Wahrscheinlichkeit zu, dass ein Peer auf die Tugenden des Muts und der Zielstrebigkeit in seinem Eintrag hinwies. Vergleicht man diese Befunde mit den bürgerlichen Werten, die bereits im Rahmen der geteilt-offiziellen Werte behandelt wurden, so zeigen sich Parallelen insbesondere zum Streben nach Bildung und Erkenntnis. Dieser Befund stützt damit das eingeschlagene Vorgehen, die Tugenden des Muts und der Zielstrebigkeit als dem Komplex der bürgerlichen Werte (jedoch nicht den staatlich-offiziellen Werten) zugehörig einzuordnen.[320]

Prüfung auf Interaktionseffekte
Prüfung auf Interaktion zwischen Eintragsjahr und Wahrnehmung staatlicher Rahmenbedingungen
Wenn sich die Tugenden des Muts und der Zielstrebigkeit dem Komplex der bürgerlichen Werte zuordnen lassen, dann müssten sich für diese Tugenden dieselben Konservierungserscheinungen in der DDR zeigen, wie sie bereits für die weiteren bürgerlichen Werthaltungen festgestellt wurden (siehe oben). Folgender Zusammenhang kann somit vermutet werden:

Interaktionseffekt: Die Wahrscheinlichkeit des Eintrags der Tugenden des Muts und der Zielstrebigkeit nahm zwischen 1949 und 1989 in der Bundesrepublik ab, während sie in der DDR unverändert blieb.

---

[320] Es sei darauf verwiesen, dass die Modelle 1 und 2 in Tabelle 7.43 tendenziell auch auf Geschlechtsunterschiede hinweisen, demzufolge eher männliche Inskribenten diese Tugenden mit höherer Wahrscheinlichkeit eintrugen. Obschon das Eingehen eines Risikos plausibel als eine traditionell männlich attribuierte Werthaltung angesehen werden kann, besitzt die Geschlechtszugehörigkeit gegenüber den anderen Faktoren eher geringe Erklärungskraft.

7.4 Zur Inskription anderer Werthaltungen und Inhalte

Um diesen Zusammenhang zu prüfen, soll wieder auf das Instrument der Logistischen Regression zurückgegriffen werden. Wie aus Tabelle 7.42 hervorgeht, sind die Fallzahlen innerhalb der einzelnen Einträgergruppen zu gering, so dass an dieser Stelle nur zwischen Inskribenten aus DDR und BRD unterschieden wird. In einem ersten Modell wurden demnach nur der dichotomisierte Einträger-Hintergrund und die Dekade des Eintrags, in einem zweiten Modell zusätzlich ein aus beiden Faktoren multiplikativ gebildetes Interaktionsterm in die Schätzung einbezogen. Die Befunde der Logistischen Regression sind in Tabelle 7.44 dargestellt.

Tabelle 7.44: Tugenden des Muts und der Zielstrebigkeit nach Dekade in Ost und West

Unabhängige Variablen (Faktoren)	Abhängige Variable: Tugenden des Muts und der Zielstrebigkeit			
	1		2	
	b	Exp(b)	b	Exp(b)
Einträger aus DDR/BRD (DDR = 1)	,57**	1,77	,59**	1,80
Dekade	-,14+	,87	-,22+	,81
ZDekade*Einträger aus DDR/BRD			,11	1,12
Konstante	-2,74**		-2,56**	
Pseudo-R2 (Nagelkerke)	,02		,02	

** signifikant < 1 %, * signifikant < 5 %, + signifikant < 10 %. Nur singulärer bzw. bei Panel-Einträgern chronologisch erster Eintrag berücksichtigt; Omnibus-Test Modell 1: Chi-Quadrat(2) = 16.10, p = .000, n = 2501; Modell 2: Chi-Quadrat(3) = 16.66, p = .001, n = 2501.

Allgemeiner Rückgang der Tugenden des Muts und der Zielstrebigkeit
Die Tabelle verweist auf bereits Bekanntes: Die Ost-West-Unterschiede blieben im Untersuchungszeitraum weitgehend konserviert. Die Wahrscheinlichkeit für einen Eintrag dieser Tugenden zwischen 1949 und 1989 nahm mit jeder Dekade gleichermaßen in DDR und BRD ab. Es ist also ein allgemeiner Trend zu beobachten, wonach diese Tugenden immer seltener in die Alben inskribiert wurden. Ein signifikanter Interaktionseffekt ist hingegen nicht festzustellen. Eine Verbesserung der Schätzung wird durch die Hinzunahme des Interaktionsterms nicht erreicht. Allenfalls deutet die Effektrichtung des Interaktionsterms an, dass in der DDR – zumindest der Tendenz nach – der Rückgang der Eintragswahrscheinlich-

7 Die Wertvorstellungen in Poesiealben in DDR und Bundesrepublik 421

keit etwas moderater verlief. Jedoch ist mit Blick auf Abbildung 7.22 der vermutete Zusammenhang eher zu verwerfen; die Wahrscheinlichkeit nahm zwischen 1949 und 1989 in Ost und West eher gleichermaßen ab.[321]

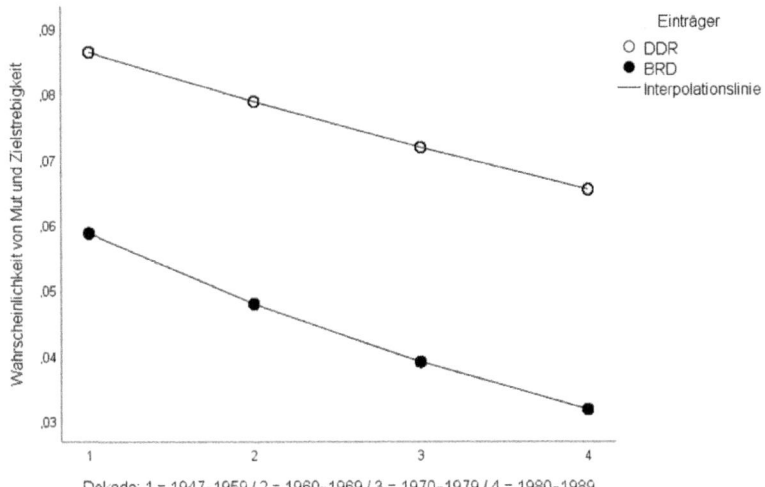

Abbildung 7.22: Mut und Zielstrebigkeit nach Dekade in Ost und West

Zusammenfassung und Interpretation
1. Tugenden des Muts und der Zielstrebigkeit als Teil der bürgerlichen Werte
Tugenden des Muts und der Zielstrebigkeit können als Unternehmertugenden dem Komplex der bürgerlichen Werte zugeordnet werden. Im Vergleich zu den weiteren Werten und Inhalten weisen sie eine mittlere Präsenz in den Alben auf. Da sie nicht in offiziellen staatlichen Dokumenten genannt werden, war eine separate Analyse dieses Wertebündels erforderlich.

---

[321] Abbildung 7.22 gibt die vorhergesagte Wahrscheinlichkeit für ‚Tugenden des Muts und der Zielstrebigkeit' bei Schätzung des Modells nach Tabelle 7.44 wieder.

2. Konservierung von Ost-West-Unterschieden bei allgemeinem Rückgang der Werte im Zeitverlauf
Die bivariate Prüfung verwies dabei auf Ost-West-Unterschiede. Die Tugenden des Muts und der Zielstrebigkeit wurden danach eher in Alben der DDR und weniger in Alben der BRD inskribiert. Der Ost-West-Vergleich der spezifischen Einträgergruppen zeigt, dass tendenziell jede Einträgergruppe in der DDR (Lehrer, Peers, Familie) diese Tugenden häufiger eintrug als die jeweilige Einträgergruppe in der BRD. Überrepräsentiert sind entsprechende Einträge in der Gruppe der DDR-Lehrer. Unterrepräsentiert sind diese Tugenden bei BRD-Lehrern und bei den BRD-Peers. Diese Verteilungen weisen somit wie vermutet Parallelen zu den weiteren bürgerlichen Werten in den Alben auf. Die multivariate Prüfung ergab neben einem tendenziellen Geschlechtereffekt (eher männliche Inskribenten) vor allem Hinweise auf Einflüsse des Lebensalters und des Eintragsjahrs, die die Wahrscheinlichkeit einer Inskription dieser Tugenden beeinflussen. Je älter ein Heranwachsender wurde, desto eher inskribierte er diese Tugenden. Darüber hinaus ist ein allgemeiner Rückgang der Eintragswahrscheinlichkeit dieser Tugenden zwischen 1949 und 1989 festzustellen, der sich gleichmäßig in DDR und BRD vollzog.
Zusammenfassend lässt sich sagen, dass die modifizierte These gestützt wird. Die Tugenden des Muts und der Zielstrebigkeit können als Teil der bürgerlichen Werte angesehen werden, die trotz einer stärkeren Wertekonservierung in der DDR einem allgemeinen Wandel (Rückgang) unterliegen.

7.4.4 Albumspezifische Werte und Inhalte

Folgt man der Albumforschung, so gibt es Themen, die aufgrund der Spezifika der Albumsitte bevorzugt für einen Eintrag infrage kommen. Diese Themen lassen sich daher auch als albumspezifisch kennzeichnen. Hierunter werden zumeist folgende Werte und Inhalte gezählt:

- Erinnerung, Abschied und Erwachsenwerden
- Wunsch, ein glückliches Leben zu führen
- Freundschaft, Liebe und Partnerschaft

7 Die Wertvorstellungen in Poesiealben in DDR und Bundesrepublik 423

Auch in den hier untersuchten Alben sind Texte, die diese Themen berühren, omnipräsent. Zwei Gründe können für die große Beharrlichkeit dieser Inhalte angeführt werden. Zum einen kann plausibel angenommen werden, dass der Kontext der Einschreibesituation (Trennung und Abschied) einen Rückgriff auf diese Themen begünstigt. So werden Alben in der Regel vor Trennungssituationen geführt, so dass es sich anbietet, diesen Sachverhalt in der Inskription aufzugreifen. Dieses Aufgreifen kann darin bestehen, den Wunsch nach Erinnerung zu bezeugen oder auch den Wert freundschaftlicher Beziehungen zu bekräftigen. Zudem kann die bevorstehende Trennung zum Anlass genommen werden, über die Bedingungen eines gelingenden Lebens zu reflektieren oder dem Albumhalter allgemein ein glückliches Leben zu wünschen. Zur Persistenz dieser Albuminhalte dürfte weiterhin der Umstand beitragen, dass gerade für diese Themenspektren eine größere Auswahl tradierter Albumtexte vorhanden ist, für die eine allgemeine Verbreitung in der Bevölkerung angenommen werden kann (z.B. „Rosen, Tulpen, Nelken..."). Das heißt, die leichte Zugänglichkeit zu diesem konventionellen Textgut könnte einen besonderen Beitrag zur vergleichsweise hohen Präsenz und Beharrlichkeit dieser albumspezifischen Inhalte leisten. Im Rahmen der Hypothesenbildung wurde für diese Albuminhalte folgender Zusammenhang formuliert:

H8 *Wenn ein Einträger in der DDR gelebt hat, dann hat er mit der gleichen Wahrscheinlichkeit albumspezifische Werte und Inhalte in ein Album eingetragen wie ein Einträger in der Bundesrepublik.*

Textmerkmale und Beispiele
Eine Vielzahl von Texten, in denen die Themen Erinnerung, Freundschaft und glückliches Leben zum Ausdruck kommen, werden gemeinhin als die ‚typischen' Eintragungen im Kontext der Poesiealben angesehen. Es sind die Texte, die zumeist mit dem Medium Poesiealbum in Verbindung gebracht werden. Insbesondere trifft dies auf den Spruch „Rosen, Tulpen, Nelken, alle drei verwelken, nur die eine nicht, die da heißt Vergissmeinnicht" zu, dessen zweiter Teil häufig auch mit dem Freundschaftsthema variiert wird.[322] Öfters als andere Albuminhalte werden die albumspezifischen Themen in die Form einfacher Verse gekleidet, wobei gern Elemente einer idealisierten Blumen- und Tierwelt aufgegriffen werden, die

---

[322] Der Spruch lautet dann: „Rosen, Tulpen, Nelken, alle drei verwelken; Marmor, Stahl und Eisen bricht, aber unsre Freundschaft nicht".

metaphorisch aufgeladen sind (z.B. Rose = Schönheit, Vergissmeinnicht = Erinnerung, Täubchen = unschuldig, friedliebend). In einer Vielzahl von Albumtexten wird auf diese metaphorischen Elemente zurückgegriffen, was den Eindruck von Vertrautheit mit dem Text und seinen semantischen Gehalten erweckt.[323]

Erinnerung, Abschied und Erwachsenwerden
Im Themenfeld Erinnerung, Abschied und Erwachsenwerden überwiegen Texte, in denen der Wunsch des persönlichen Erinnerns zum Ausdruck kommt. Hierbei wird oft durch die Verwendung einer persönlichen Anrede das Du (Halter) aufgefordert, sich bei einem gegebenen Anlass an ein Ich (Inskribent) zu erinnern. Eine aktuell noch nicht vorhandene räumliche Trennung wird bereits implizit vorausgesetzt (z.B: „Wenn Du hörst die Vöglein singen denke das es Boten sind die von mir dir Grüße bringen das ich noch am Leben bin").[324]

Wunsch, ein glückliches Leben zu führen
Auch das Thema des glücklichen Lebens wird hauptsächlich in Form eines Wunsches geäußert. Nur ist es in diesem Fall das Text-Ich (Inskribent), das einem Text-Du (Albumhalter) ein glückendes Leben wünscht. Häufig bleibt in den Texten die Glücksvorstellung abstrakt. Wird sie konkretisiert, so ist sie mit Zufriedenheit und einem gewissen Wohlstand assoziiert.

Freundschaft, Liebe, Partnerschaft
Das Spektrum der Texte, in denen das Themenfeld der Freundschaft, Liebe und Partnerschaft zur Sprache kommt, erweist sich gegenüber den übrigen traditionellen Eintragsinhalten als differenzierter. Den inhaltlichen Kern dieser Eintragungen bildet eine vertrauensvolle soziale Beziehung. Dies geschieht implizit in Texten, die beim Rezipienten den Schluss nahelegen, dass zwischen einem Text-Ich (Inskribent) und einem Text-Du (Albumhalter) eine persönliche Freundschaftsbeziehung besteht. Zum anderen lassen sich Texte nachweisen, die eher allgemein

---

[323] Es ist anzunehmen, dass gerade die einfachen Verse, in denen die traditionellen Themen zum Ausdruck kommen, den Vorwurf der Verkitschung der Poesiealben provoziert haben (etwa bei Bodensohn 1968).

[324] Weit seltener sind im Themenspektrum der Erinnerungstexte hingegen Einträge festzustellen, die eher allgemein den Wert der Erinnerung unterstreichen (z.B. „Alles wird vergehen, denn nichts verbleibt jung, doch eines bleibt bestehen die Erinnerung"). Texte, in denen das Erwachsenwerden thematisiert wird, zeichnen sich hingegen häufig dadurch aus, dass in ihnen bereits rückblickend die Schulzeit oder die Jugend einer überaus positiven Bewertung unterzogen wird (vgl. bereits Rossin 1985).

7 Die Wertvorstellungen in Poesiealben in DDR und Bundesrepublik 425

den Wert der Freundschaft unterstreichen. Verbindlichkeit und Vertrauen in eine soziale Beziehung drücken sich auch in der Forderung nach Treue aus.[325] In den Kontext der Freundschaft sind zudem jene Texte einzuordnen, in denen die Liebe zu einer Person (Halter) thematisiert wird. Es erscheint abwegig, diese Textgehalte im Sinne einer körperlich-sexuellen Liebe zu deuten. Naheliegender ist, das Wort Liebe im Kontext der Jugend- und Kinderalben eher als kindlich-naiven Ausdruck für Freundschaft und vertrauensvolle Zuneigung zu interpretieren.[326]

Auswahl von Texten mit albumspezifischen Werten und Inhalten

Erinnerung, Abschied, Erwachsenwerden
- Wenn Du einst in späten Stunden, nimmst Dein Album in die Hand, hast du dieses Blatt gefunden, sprich: „Die hab ich auch gekannt".
- Rosen, Tulpen, Nelken diese drei verwelken aber eine Blume nicht die da heißt Vergissmeinnicht.
- So wie die Rosen blühen, So blühe stets Dein Glück, Und wenn Du Rosen siehst, So denke an mich zurück.
- Wenn die Flüsse aufwärts fließen und die Hasen Jäger schießen und die Mäuse Katzen fressen, dann erst will ich Dich vergessen.
- Wenn Berg und Tal sich trennen und wir uns nicht mehr kennen dann schau auf dieses Blatt wer das geschrieben hat.
- Wenn die kleinen Regentropfen leise an dein Fenster klopfen dann gedenke still bei dir das es Grüße sind von mir.
- Jeder Lenz bringt neue Lieder jeder Tag bringt neues Licht alles in der Welt kehrt wieder nur die schöne Jugend nicht.
- Die Schulzeit ist die schönste Zeit, Du siehst es nur nicht ein. Erst wenn Du aus der Schule kommst dann wirst Du es bereuen.

Glückliches Leben
- Ein Häuschen aus Zucker aus Zimt ist die Tür, der Riegel aus Bratwurst das wünsche ich Dir.
- Dein Leben sei fröhlich und heiter, kein Leiden betrübe dein Herz, das Glück sei stets dein Begleiter nie treffe dich Kummer und Schmerz.
- So wie die Täubchen leben, in Fried und Einigkeit so wünsch ich Dir Dein Leben. Voll von Zufriedenheit.
- Drei Engel mögen Dich begleiten in Deiner ganzen Lebenszeit, und die drei Engel die ich meine, sind: Liebe, Glück, Zufriedenheit.
- Willst du immer weiter schweifen? Sieh, das Gute liegt so nah. Lerne nur das Glück ergreifen, Denn das Glück ist immer da.
- Fried und Freude, Glück und Segen, begleite Dich auf allen Wegen.
- Lebe glücklich, lebe froh wie der Mops im Paletot.
- Kurz und gut mein Wunsch ist klein ... du sollst glücklich sein.

---

[325] Zum Beispiel: „Wahre Freundschaft soll nicht wanken, wenn sie gleich entfernet ist, lebet fort noch in Gedanken, und die *Treue* nicht vergisst."
[326] Selten werden hingegen Texte eingetragen, in denen Verliebtheit, Partnerschaft und eine mögliche künftige Rolle in einer ehelichen Beziehung angesprochen werden.

Freundschaft, Liebe, Partnerschaft
• Rosen, Tulpen, Nelken diese drei verwelken, Marmor – Stahl und Eisen bricht, aber unsre Freundschaft nicht. • Marmor Stahl und Eisen bricht aber unsere Freundschaft nicht. • Reiß den Faden der Freundschaft nicht allzuoft entzwei, wird er auch neu geknüpft ein Knoten bleibt immer dabei. • Zwei Täubchen die sich küssen, von keiner Falschheit wissen.So edel und so rein, soll die Freundschaft sein. • Zwei Täubchen auf dem Dache, die liebe ich so sehr. Aber Dich liebe ... lieb ich noch mehr. • Als ich die Rose brach mich in den Finger stach hab ich mit Blut geschrieben dich wird ich ewig lieben. • Wandel stets auf Rosen, auf immer grüner Au, bis einer kommt in Hosen, der dich holt zur Frau. • Wenn Dir's in Kopf und Herzen schwirrt, was willst Du Besseres haben! Wer nicht mehr liebt und nicht mehr irrt, der lasse sich begraben.

Bivariate Prüfung

Der Vergleich mit den anderen Werten und Albuminhalten hatte gezeigt, dass die albumspezifischen Inhalte relativ häufig Gegenstand der Inskriptionen waren. Im Durchschnitt wurde in 10 % der Einträge eines jeden Albums der Wunsch für ein allgemein glückliches Leben thematisiert oder aber der Wert der Freundschaft unterstrichen. Häufiger noch wurde das Themenspektrum Erinnern, Abschied und Erwachsenwerden tangiert. Durchschnittlich fast 14 % der Einträge eines jeden Albums verwiesen auf dieses Themenfeld. Es stellt sich die Frage, ob sich die Alben in DDR und Bundesrepublik bezüglich des allgemeinen Vorkommens der albumspezifischen Inhalte unterschieden. Tabelle 7.45 gibt hierfür die durchschnittliche Häufigkeit der albumspezifischen Themen im Ost-West-Vergleich wieder.

DDR-BRD-Unterschiede bei Thematisierung von Erinnerung und glücklichem Leben

Wie aus Tabelle 7.45 hervorgeht, ergeben sich entgegen Hypothese H8 Hinweise auf Ost-West-Unterschiede. Ganz allgemein legt der Vergleich von Ost- und West-Alben nahe, dass diese traditionellen Albuminhalte etwas häufiger in der BRD eingetragen wurden als in der DDR. Besonders fallen Unterschiede beim Thema Erinnerung auf. Während in einem West-Album durchschnittlich 16,9 % der Einträge den Wert der Erinnerung unterstreichen, trifft dies für nur 10,9 % der Einträge in einem DDR-Album zu. Diese Häufigkeitsunterschiede werden durch

7 Die Wertvorstellungen in Poesiealben in DDR und Bundesrepublik

einen U-Test erhärtet, der die Ost-West-Unterschiede als hochsignifikant ausweist. Die Thematisierung eines glückenden Lebens kommt ebenfalls im Durchschnitt etwas häufiger in West-Alben vor (BRD = 11,7 %/DDR = 9,1 %). Hier verweist ein U-Test nach Mann und Whitney zumindest auf tendenzielle Unterschiede auf einem Signifikanzniveau von 10 %. Die augenscheinlich geringsten Unterschiede ergeben sich beim Wert der Freundschaft (BRD = 11,3 %/ DDR = 9,6 %). Auch wenn hier eine gewisse Tendenz vorliegen mag, so erbringt ein U-Test keine Hinweise auf signifikante Ost-West-Unterschiede bezüglich der Werthaltung Freundschaft.

Tabelle 7.45: Durchschnittliche Häufigkeit albumspezifischer Inhalte

		n	Mittelwert	Standardabweichung	Min	Max
Erinnerung, Abschied, Erwachsenwerden	BRD	39	5,9	3,95	0	22
	DDR	45	3,7	2,92	0	11
	Gesamt	84	4,7	3,59	0	22
Erinnerung, Abschied, Erwachsenwerden (relativer Anteil in %)	BRD	39	16,9	8,21	0	38
	DDR	45	10,9	7,76	0	38
	Gesamt	84	13,7	8,47	0	38
Freundschaft, Liebe, Partnerschaft	BRD	39	4,2	2,91	0	11
	DDR	45	3,3	2,59	0	10
	Gesamt	84	3,7	2,77	0	11
Freundschaft, Liebe, Partnerschaft (relativer Anteil in %)	BRD	39	11,3	6,66	0	24
	DDR	45	9,6	6,16	0	29
	Gesamt	84	10,4	6,41	0	29
glückliches Leben	BRD	39	4,5	3,70	0	14
	DDR	45	3,0	2,75	0	13
	Gesamt	84	3,7	3,28	0	14
glückliches Leben (relativer Anteil in %)	BRD	39	11,7	7,86	0	39
	DDR	45	9,1	7,15	0	40
	Gesamt	84	10,3	7,55	0	40

Mann-Whitney-U-Test albumspezifische Inhalte in DDR/BRD-Alben: Erinnerung, Abschied, Erwachsenwerden: $U = 564.5$, $p = .005$; Freundschaft, Liebe, Partnerschaft: $U = 721.5$, $p = ,158$; glückliches Leben: $U = 691$, $p = .091$.

Häufigkeitsverteilung der albumspezifischen Inhalte nach Einträgergruppen
Inwiefern haben die verschiedenen Einträgergruppen auf die albumspezifischen Werte und Inhalte in Ost und West zurückgegriffen? Tabelle 7.46 gibt hierüber

7.4 Zur Inskription anderer Werthaltungen und Inhalte

Auskunft.[327] Der Tabelle kann entnommen werden, dass sich die verschiedenen Einträgergruppen bezüglich der Inskription albumspezifischer Inhalte unterscheiden.

Tabelle 7.46: Albumspezifische Inhalte nach Einträgergruppe

		Einträgergruppe					
		Familie DDR	Familie BRD	Lehrer DDR	Lehrer BRD	Peers DDR	Peers BRD	Gesamt
Erinnerung, Abschied, Erwachsenw.	n	5	13	1	3	146	182	350
	%	4,1 %	10,0 %	,8 %	2,5 %	14,2 %	20,0 %	14,4 %
Glückliches Leben	n	10	17	4	6	108	128	273
	%	8,2 %	13,1 %	3,2 %	5,0 %	10,5 %	14,1 %	11,2 %
Freundschaft, Liebe, Partnerschaft	n	8	15	4	1	115	124	267
	%	6,6 %	11,5 %	3,2 %	,8 %	11,2 %	13,6 %	11,0 %
Gesamt	n	122	130	124	120	1031	911	2438
	%	100 %	100 %	100 %	100 %	100 %	100 %	100 %

Nur singulärer bzw. bei Panel-Einträgern chronologisch erster Eintrag berücksichtigt, $n = 2438$; % innerhalb der Einträgergruppen; bei Einträgen mit Thematisierung von Erinnerung, Abschied und Erwachsenwerden: Chi-Quadrat (5) = 68.1, $p = .000$; Cramer-V = .167, $p = .000$; bei Einträgen mit Thematisierung eines glücklichen Lebens: Chi-Quadrat (5) = 22.1, $p = .000$; Cramer-V = .095, $p = .000$; bei Einträgen mit Thematisierung von Freundschaft, Liebe, Partnerschaft: Chi-Quadrat (5) = 29.3, $p = .000$; Cramer-V = .110, $p = .000$.

Lehrer und Verwandte in der DDR verzichten eher auf albumspezifische Inhalte
Zunächst ist darauf hinzuweisen, dass tendenziell fast immer die Einträgergruppen in der BRD häufiger diese Inhalte bemühten als die Einträgergruppen in der DDR.[328] Das heißt, dass in der BRD ganz allgemein stärker auf die eher konventionellen Albumthemen zurückgegriffen wurde. Wie vermutet, inskribierten Lehrer in DDR und BRD vergleichsweise selten diese Albuminhalte. Dies trifft auch auf die DDR-Verwandten zu, bei denen ebenfalls Einträge mit albumspezifischen Inhalten unterrepräsentiert sind. Hierbei unterscheiden sie sich klar von Verwandten in der BRD, die zum Teil deutlich häufiger auf diese Themen zurückgriffen.

---

[327] Die Tabelle gibt wieder die Befunde von drei separat durchgeführten Kreuztabellen in komprimierter Form wieder, die jeweils zwischen einem albumspezifischen Inhalt (dichotomisiert) und einer Variable, welche die Haupteinträgergruppen kategorial unterscheidet, berechnet wurde. Bei jedem der drei albumspezifischen Inhalte verweist der Chi-Quadrat-Test auf hochsignifikante Unterschiede zwischen den Einträgergruppen.

[328] Nur eine Ausnahme gibt es: Lehrer in der DDR unterstrichen gegenüber Lehrern in der BRD tendenziell häufiger den Wert der Freundschaft. Bei den übrigen West-Ost-Vergleichen dominieren stets die Einträgergruppen der BRD die albumspezifischen Inhalte.

7 Die Wertvorstellungen in Poesiealben in DDR und Bundesrepublik

Überrepräsentiert sind hingegen die Einträge mit albumspezifischen Inhalten in der Einträgergruppe der BRD-Peers. Es ist die Gruppe, die am stärksten auf die Themen der Erinnerung, Freundschaft und den allgemeinen Wunsch für ein glückliches Leben zurückgriff. Verglichen mit ihren BRD-Altersgenossen trugen die Peers in der DDR hingegen eher selten die albumtypischen Inhalte ein.

Multivariate Prüfung

Es fragt sich, inwiefern die aufgedeckten Ost-West-Unterschiede auch unter multivariaten Bedingungen Bestand haben. Tabelle 7.47 gibt hierfür die Befunde einer Logistischen Regression unter Einbezug der Kontrollvariablen als Faktoren wieder. In einem ersten Modell wurden sämtliche Inskriptionen berücksichtigt, in einem zweiten Modell nur die Einträge der Peers.

Tabelle 7.47: Logistische Regression: Albumspezifische Inhalte

Unabhängige Variablen (Faktoren)	Abhängige Variable: Albumspezifische Inhalte					
	Erinnerung		Glückliches Leben		Freundschaft	
	1	2 (Peers)	3	4 (Peers)	5	6 (Peers)
Geschlecht des Einträgers (weibl.= 1)	1,84**	2,60**	1,55*	1,31	,97	1,02
Jahr des Eintrags (Koborteneffekt)	1,01**	1,01	1,00	1,00	1,01	1,01
Wohnortgröße des Einträgers	,93*	,94	,90**	,93+	,96	,94
Einträgergruppe Peers	*Ref.***		*Ref.**		*Ref.***	
Familie	,45**		1,02		,64+	
Lehrer	,09**		,39**		,16**	
Sonstige	,33*		,76		,77	
Einträger aus DDR/BRD (DDR = 1)	,68**	,98	,67**	1,09	,82	,76
nur Peers: Alter bei Eintrag		,96		,89*		1,02
nur Peers: Bildungsgrad		1,49*		,69+		,95
Pseudo-R2 (Nagelkerke)	,08	,05	,03	,02	,03	,01

Exp(b); ** signifikant < 1 %, * signifikant < 5 %, + signifikant < 10 %; *b*-Koeffizienten im Anhang dargestellt; nur singulärer bzw. bei Panel-Einträgern chronologisch erster Eintrag berücksichtigt, in Modell 2, 4 und 6 zudem nur Peergroup-Einträger berücksichtigt; Omnibus-Test Modell 1 Erinnerung: Chi-Quadrat(7) = 100.24, $p = .000$, $n = 2216$; Modell 2 Erinnerung (Peers): Chi-Quadrat(6) = 37.38, $p = .000$, $n = 1251$; Modell 3 Glückliches Leben: Chi-Quadrat(7) = 35.71, $p = .000$, $n = 2216$; Modell 4 Glückliches Leben (Peers): Chi-Quadrat(6) = 12.93, $p = .044$, $n = 1251$; Modell 5 Freundschaft: Chi-Quadrat(7) = 36.44, $p = .000$, $n = 2216$; Modell 6 Freundschaft (Peers) Chi-Quadrat(6) = 6.80, $p = .340$, $n = 1251$.

Erhärtung der allgemeinen Ost-West-Unterschiede bei Erinnerung und glücklichem Leben

Zunächst ist darauf hinzuweisen, dass sich auch in der multivariaten Analyse Hinweise ergeben, wonach sich die Inskribenten in Ost und West bezüglich der Thematisierung von Erinnerung und einem glücklichen Leben unterscheiden. So wurden in der DDR mit einer deutlich geringeren Wahrscheinlichkeit die albumspezifischen Themen eingetragen als in der Bundesrepublik. Bemerkenswert erscheint jedoch, dass in den Modellen, in denen nur die Peergroup-Einträge berücksichtigt wurden, die Ost-West-Unterschiede als nicht signifikant ausgewiesen werden, und bei der Thematisierung des glücklichen Lebens die Richtung des Effekts sich sogar umkehrt. Letzterer Befund könnte auf verdeckte Interaktionseffekte deuten, die weiter unten noch untersucht werden sollen.

Erinnerung

Die Thematisierung von Erinnerung, Abschied und Erwachsenwerden scheint von mehreren Faktoren beeinflusst worden zu sein. Insbesondere die Peers haben im Vergleich zu allen weiteren Einträgergruppen mit größerer Wahrscheinlichkeit Erinnerung, Abschied und Erwachsenwerden thematisiert. Als ebenfalls einflussreich erweist sich in diesem Zusammenhang die weibliche Geschlechtszugehörigkeit. So war die Chance für einen entsprechenden Eintrag bei weiblichen Inskribenten fast doppelt so hoch wie bei männlichen. Weiterhin ergeben sich Hinweise, dass die Wahrscheinlichkeit der Thematisierung von Erinnerung, Abschied und Erwachsenwerden auch vom Jahr des Eintrags (je später im Untersuchungszeitraum, desto wahrscheinlicher) sowie von der Größe des Wohnorts des Inskribenten beeinflusst wurde (Inskription eher auf dem Land als in der Stadt). Bemerkenswert ist zudem der Befund in Modell 2, wonach auch die Höhe des Bildungsgrads einen Effekt auf die Eintragswahrscheinlichkeit ausgeübt hat. Je höher die Bildung eines Peers war, desto größer war die Wahrscheinlichkeit, dass er Erinnerung, Abschied und Erwachsenwerden in seiner Inskription thematisierte.[329]

---

[329] Geht man diesem Bildungseffekt mit der Berechnung von Logistischen Regressionen (Prüfung auf Interaktionseffekte) weiter nach, so stellt man fest, dass die höher Gebildeten besonders in sehr jungen Jahren das Thema Erinnerung in ihren Inskriptionen tangierten, später aber von diesem Thema abließen. Demgegenüber verwiesen Individuen mit geringerem oder mittlerem Bildungsgrad erst selten, dann aber leicht zunehmend auf den Wert der Erinnerung.

7 Die Wertvorstellungen in Poesiealben in DDR und Bundesrepublik 431

Glückliches Leben

Die Wahrscheinlichkeit, dass in einem Eintrag ein glückliches und zufriedenes Leben gewünscht bzw. angesprochen wurde, scheint von ähnlichen Faktoren beeinflusst zu sein wie die Inskription von Erinnerung. Neben den bereits erwähnten Ost-West-Unterschieden ergeben sich auch hier Hinweise, dass eher weibliche als männliche Inskribenten ein glückliches Leben wünschten. Zudem gibt es Hinweise auf Stadt-Land-Unterschiede (je kleiner der Ort, desto größer die Eintragswahrscheinlichkeit). Auch erhärtet die multivariate Prüfung die bereits bekannten Unterschiede zwischen den Einträgergruppen. Lehrer haben im Vergleich zur Peergroup mit deutlich geringerer Wahrscheinlichkeit diesen albumspezifischen Eintragsinhalt aufgegriffen. Die isolierte Betrachtung der Peers erbringt zudem Hinweise auf einen zugrunde liegenden allgemeinen Alterseffekt. Je älter ein Peer wurde, desto stärker sank die Wahrscheinlichkeit, dass er einen Text benutzte, in dem ein glückliches Leben gewünscht wurde.

Freundschaft

Die Befunde in Tabelle 7.47 verweisen erneut auf eine gewisse Sonderrolle von Freundschaft, Liebe und Partnerschaft im Kontext der albumspezifischen Inhalte. In Modell 5 wird lediglich der bereits bekannte Befund erhärtet, dass im Vergleich mit den anderen Einträgergruppen vor allem Personen der Peergroup den Wert der Freundschaft in ihren Einträgen thematisierten. Die isolierte Betrachtung der Peergroup-Einträge erbringt hingegen keine Hinweise auf signifikante Einflüsse der weiteren Faktoren. Hier ist ebenfalls zu fragen, inwiefern mögliche Interaktionseffekte zwischen den einbezogenen Faktoren bestehen.

Prüfung auf Interaktionseffekte

Prüfung auf Interaktion zwischen Alter und Wahrnehmung staatlicher Rahmenbedingungen

Bei der Prüfung auf Interaktionseffekte soll sich zunächst auf den Wert der Freundschaft konzentriert werden. Es ist denkbar, dass der Wert einer vertrauensvollen Beziehung, der sich im Album in der Thematisierung von Freundschaft, Liebe und Partnerschaft ausdrückt, besonders für Heranwachsende in der DDR mit zunehmendem Alter an Bedeutung gewonnen haben könnte. Denn hierbei handelt sich genaugenommen um eine korrespondierende Werthaltung für die Bildung privater Nischen. Je älter und selbständiger demnach ein Heranwachsender in der DDR wurde, desto wichtiger könnten für ihn loyale Beziehungen geworden sein – zum einen, um unbehelligt über politische Sachverhalte diskutieren zu können, zum anderen, um knappe Güter zu beschaffen. Diesem Druck, ein loyales Netzwerk zu knüpfen, waren Heranwachsende in der Bundesrepublik weniger stark ausgesetzt (vgl. Völker 1995). Insofern wird folgende Wechselwirkung vermutet:

> Interaktionseffekt: Die Wahrscheinlichkeit eines Eintrags von Freundschaft nahm mit dem Alter bei einem Heranwachsenden in der DDR zu, während sie bei einem Heranwachsenden in der Bundesrepublik unverändert blieb.

Um diesen Zusammenhang zu prüfen, wurde wieder auf das Instrument der Logistischen Regression zurückgegriffen, und es wurden zwei Modelle berechnet. In einem ersten Modell wurden nur der Ost-/West-Hintergrund und das Alter des Inskribenten berücksichtigt. In einem zweiten Modell wurde die Schätzung um ein aus beiden Faktoren gebildetes multiplikatives Interaktionsterm ergänzt. Um den vermuteten Interaktionseffekt bei den Freundschaftseinträgen klarer gegen die anderen albumspezifischen Inhalte abzugrenzen, wurden auch für diese entsprechende Modelle geschätzt. Tabelle 7.48 gibt die Ergebnisse wieder.

Tabelle 7.48: Logistische Regression: Albumspezifische Inhalte nach Alter in Ost und West

unabhängige Variablen (Faktoren)	abhängige Variable: albumspezifische Inhalte					
	Erinnerung		glückliches Leben		Freundschaft	
	1	2	3	4	3	4
Peer aus DDR/BRD (DDR = 1)	,71*	,74+	,94	,92	,80	,84
Alter des Peers bei Eintrag	,94*	,90*	,91*	,93	1,00	,93
ZAlter*Peer aus DDR/BRD		1,09		,96		1,14+
Pseudo-R2 (Nagelkerke)	,02	,02	,01	,01*	,002	,006

Exp(b); ** signifikant < 1 %, * signifikant < 5 %, + signifikant < 10 %; *b*-Koeffizienten im Anhang dargestellt; nur singulärer bzw. bei Panel-Einträgern chronologisch erster Eintrag sowie nur Peer-Einträge berücksichtigt; Omnibus-Test Modell 1: Chi-Quadrat(2) = 16.55, p = .000, n = 1565; Modell 2: Chi-Quadrat(3) = 18.08, p = .000, n = 1565; Modell 3: Chi-Quadrat(2) = 8.61, p = .014, n = 1565; Modell 4: Chi-Quadrat(3) = 8.85, p = .031, n = 1565; Modell 5: Chi-Quadrat(2) = 2.06, p = .357, n = 1565; Modell 6: Chi-Quadrat(3) = 5.15, p = .161, n = 1565.

7 Die Wertvorstellungen in Poesiealben in DDR und Bundesrepublik

Sie stützen den vermuteten Zusammenhang und liefern vor allem zwei Befunde: Zum einen scheint abgesehen von Ost-West-Unterschieden die Thematisierung von Erinnerung und einem glücklichen Leben ganz allgemein vom Alter eines Heranwachsenden abzuhängen. Es sind Inskriptionsinhalte, die primär in jungen Jahren eingetragen wurden. Mit jedem Lebensjahr sank die Wahrscheinlichkeit, dass ein Peer entweder Erinnerung oder ein glückliches Leben im Album thematisierte. Zum anderen geben die Befunde in der Tabelle einen Hinweis darauf, dass beim Thema der Freundschaft ein tendenzieller Interaktionseffekt vorliegt (signifikant auf einem Niveau von 10 %). Wie vermutet, trugen DDR- und BRD-Inskribenten mit zunehmendem Lebensalter mit voneinander abweichender Wahrscheinlichkeit den Wert der Freundschaft in ein Album ein.[330]

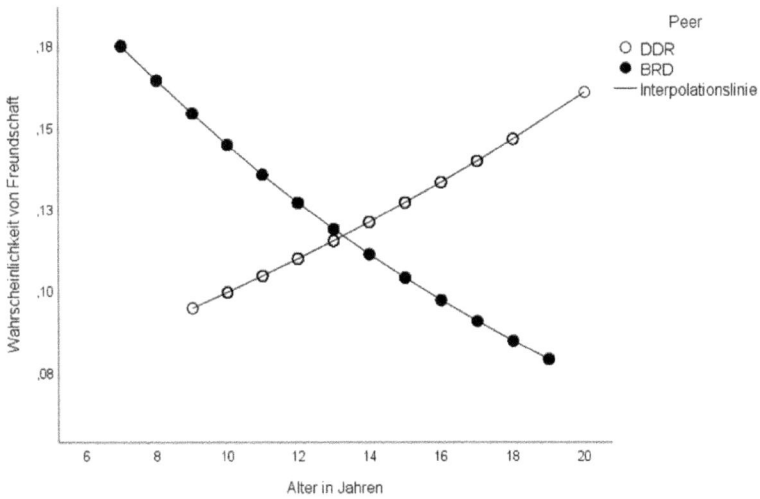

Abbildung 7.23: Freundschaft nach Alter in Ost und West

---

[330] Bezüglich der Modellgüte für die Schätzung der Wahrscheinlichkeit der Inskription des Freundschaftsthemas ist jedoch anzumerken, dass die Vorhersagekraft der einbezogenen Faktoren Alter und DDR-/BRD-Hintergrund sehr gering ist und sich im Grunde nicht signifikant vom Nullmodell unterscheidet. Demgegenüber verweist der LR-Test darauf, dass durch die Hinzunahme des Interaktionsterms in Modell 6 die Vorhersagekraft des Gesamtmodells auf einem Signifikanzniveau von 10 % verbessert wird. Dieser Befund untermauert also das Vorliegen eines tendenziellen Interaktionseffekts. Der Einbezug der Interaktionsterme bei den anderen albumsspezifischen Inhalten (Modell 2 bzw. Modell 4) erbrachte indes keine Hinweise darauf, dass dadurch die Erklärungskraft des Modells signifikant gesteigert werden könne. Hier sind demnach eher keine Interaktionseffekte zu vermuten.

Abbildung 7.23 gibt den Zusammenhang in visualisierter Form wieder.[331] Während Heranwachsende in den alten Bundesländern vor allem in jungen Jahren den Wert der Freundschaft im Album unterstrichen, gilt der umgekehrte Fall für DDR-Inskribenten. Je älter ein Heranwachsender in der DDR wurde, desto wahrscheinlicher betonte er in seiner Inskription den Wert der Freundschaft.

Prüfung auf Interaktion zwischen Eintragsjahr und Wahrnehmung staatlicher Rahmenbedingungen
Es soll abschließend geprüft werden, inwieweit sich die Wahrscheinlichkeiten für eine Inskription der albumspezifischen Inhalte zwischen 1949 und 1989 in DDR und BRD veränderten. Wie sich gezeigt hatte, wurden die albumspezifischen Inhalte besonders von jüngeren Inskribenten in der Bundesrepublik eingetragen. Es ist in diesem Zusammenhang an folgenden, die Albumpraxis und die damit verbundenen Themen beeinflussenden Sacherhalt zu erinnern: Im konkreten Fall der albumspezifischen Inhalte ist anzunehmen, dass die Heranwachsenden in der Bundesrepublik aufgrund des hiesigen zweigliedrigen Schulsystems einen stärkeren Anreiz hatten, diese Themen in ihren Inskriptionen bereits in jungen Jahren häufiger zu reflektieren.[332] Dieser Anreiz bestand hingegen aufgrund der längeren gemeinsamen Schulzeit für DDR-Peers eher nicht. Aufbauend auf diese Überlegungen können Ost-West-Effekte im Zeitverlauf vermutet werden. Konkret kann folgender Zusammenhang vermutet werden:[333]

Interaktionseffekt: Die Wahrscheinlichkeit eines Eintrags albumspezifischer Inhalte nahm zwischen 1949 und 1989 bei einem Peer in der

---

[331] Abbildung 7.23 basiert auf der Modellschätzung für die Werthaltung in Tabelle 7.48.
[332] Weiter oben wurde bereits darauf hingewiesen, dass sich Heranwachsende in der Bundesrepublik aufgrund des zu Beginn der 1960er Jahre eingeführten zweigliedrigen Schulsystems früher als in der DDR einer ersten Trennung von Mitschülern gegenübersahen. Da Alben oft im Kontext von Trennung und Abschied geführt werden, ließ sich in der Tat in der Bundesrepublik eine Tendenz feststellen, wonach Alben zum Teil früher als in der DDR, und zwar bereits gegen Ende der Grundschulzeit, begonnen wurden.
[333] Auch für das Thema der Freundschaft können trotz des Alterseffekts in DDR und BRD plausibel unterschiedliche Tendenzen in Ost (gleichbleibende Wahrscheinlichkeit) und West (tendenziell steigende Thematisierung von Freundschaft) vermutet werden. Denn die Erfordernis von Loyalität im Rahmen einer freundschaftlichen Beziehung muss nicht zwingend mit einer *quantitativen Ausweitung* von Freundschaftsbeziehungen einhergehen. Im Gegenteil: Persönliche Nischen dürften in der DDR aus eher kleinen personalen Netzwerken bestanden haben (Völker 1995).

7 Die Wertvorstellungen in Poesiealben in DDR und Bundesrepublik 435

Bundesrepublik zu, während sie bei einem DDR-Peer unverändert blieb.

Geprüft wird dieser Zusammenhang wieder mit der Berechnung von zwei Modellen im Rahmen einer Logistischen Regression. Im ersten Modell werden nur der DDR-/BRD-Hintergrund und die Dekade des Eintrags berücksichtigt. Im zweiten Modell wird die Regression um ein multiplikatives Interaktionsterm dieser beiden Faktoren ergänzt. Tabelle 7.49 gibt die Befunde wieder.

Tabelle 7.49: Albumspezifische Inhalte nach Dekade in Ost und West (nur Peers)

Unabhängige Variablen (Faktoren)	Abhängige Variable:					
	Erinnerung		Glückliches Leben		Freundschaft	
	1	2	3	4	5	6
Peer aus DDR/BRD (DDR = 1)	,69**	,69**	,75+	,75*	,84	,85
Dekade des Eintrags	1,12*	1,21*	,93	,94	1,12+	1,21*
ZDekade*Peer aus DDR/BRD		,84		,98		,86
Pseudo-R2 (Nagelkerke)	,01	,02	,01	,01	,01	,01

$Exp(b)$; ** signifikant < 1 %, * signifikant < 5 %, + signifikant < 10 %; b-Koeffizienten im Anhang dargestellt; nur singulärer bzw. bei Panel-Einträgern chronologisch erster Eintrag sowie nur Peergroup-Einträger berücksichtigt; Omnibus-Test Erinnerung Modell 1: Chi-Quadrat(2) = 14.39, p = .001, n = 1849; Modell 2: Chi-Quadrat(3) = 17.08, p = .001, n = 1849; Glückliches Leben Modell 3: Chi-Quadrat(2) = 4.87, p = .088, n = 1849; Modell 4: Chi-Quadrat(3) = 4.89, p = .180, n = 1849; Freundschaft Modell 5: Chi-Quadrat(2) = 5.38, p = .068, n = 1849; Modell 6: Chi-Quadrat(3) = 6.90, p = .075, n = 1849.

Zunächst ist wieder darauf hinzuweisen, dass die Erklärungskraft der berechneten Modelle als sehr gering anzusehen ist (siehe Nagelkerke-Werte der Pseudo-R2-Statistik) und hier nur Hinweise auf Tendenzen entnommen werden können. Nichtsdestotrotz verweisen die Befunde darauf, dass die Wahrscheinlichkeit für den Eintrag von Erinnerung und Freundschaft mit jeder Dekade zwischen 1949 und 1989 signifikant zunahm. Für den Eintrag des Wunsches eines glücklichen Lebens zeigt allenfalls die Effektrichtung an, dass die Wahrscheinlichkeit eines Eintrags dieses albumspezifischen Inhalts im Zeitverlauf abnahm. Allerdings ist der Effekt des Faktors ‚Dekade des Eintrags' hier nicht signifikant, so dass von einem gleichbleibendem Interesse an der Inskription dieses Themas auszugehen ist. Der Blick auf die gebildeten Interaktionsterme zeigt, dass die Richtung der geschätzten Odds ratio den vermuteten Zusammenhang der Tendenz nach wiedergibt.[334] Da sich insbesondere für den Eintrag von Erinnerung und Freundschaft jeweils eine signifikante Zunahme der Wahrscheinlichkeit im Zeitverlauf gezeigt hatte, sind diese in Abbildung 7.24 und 7.25 wiedergeben.[335] Wie man den Abbildungen entnehmen kann, haben West-Peers zwischen 1949 und 1989 mit zunehmender Wahrscheinlichkeit die Themen der Freundschaft und der Erinnerung betont. Demgegenüber blieb die Wahrscheinlichkeit für eine Inskription dieser Inhalte in der DDR nahezu unverändert (glückliches Leben) oder stieg marginal an (Freundschaft). Ganz allgemein wird damit der vermutete moderierende Effekt der wahrgenommenen unterschiedlichen institutionellen Rahmenbedingungen in Ost und West auf die Eintragswahrscheinlichkeit der albumspezifischen Inhalte im Zeitverlauf gestützt.

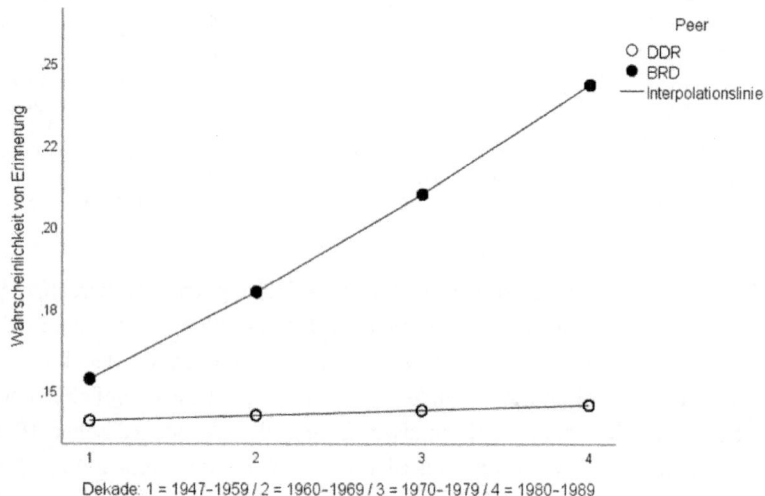

Abbildung 7.24: Erinnerung nach Dekade in Ost und West

---

[334] Die Interaktionseffekte werden in der Tabelle zwar bei keinem der albumspezifischen Inhalte als signifikant ausgewiesen, da wir jedoch keine *gegenläufigen* Trends in Ost und West vermutet haben (sondern nur einen Anstieg in der BRD), war damit auch nicht zu rechnen.

[335] Abbildung 7.24 gibt dabei die vorhergesagte Wahrscheinlichkeit für ‚Erinnerung', Abbildung 7.25 die vorhergesagte Wahrscheinlichkeit für ‚Freundschaft' entsprechend Tabelle 7.49 wieder.

7 Die Wertvorstellungen in Poesiealben in DDR und Bundesrepublik 437

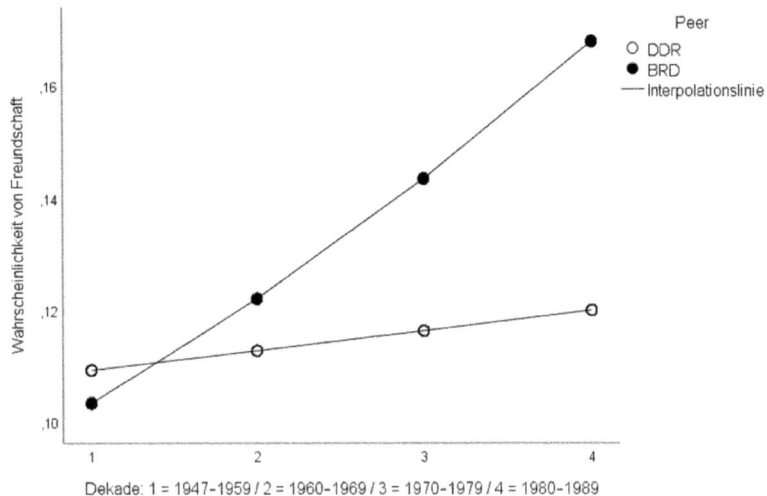

Abbildung 7.25: Freundschaft nach Dekade in Ost und West

Zusammenfassung und Interpretation
1. Albumspezifische Werte und Inhalte eher in der Bundesrepublik als in der DDR
Die Themen der Erinnerung und der Freundschaft sowie der Wunsch für ein glückendes Leben weisen im Vergleich zu anderen Werten und Albuminhalten eine hohe Präsenz in Poesiealben zwischen 1949 und 1989 auf. Entgegen Hypothese H8 ergaben sich Hinweise auf ein unterschiedliches Vorkommen dieser albumspezifischen Inhalte in den Alben der DDR und BRD. Insbesondere das Thema der Erinnerung sowie der Wunsch für ein glückliches Leben wurden im Durchschnitt häufiger in die Alben der BRD eingetragen als in der DDR. Es kann daraus geschlussfolgert werden, dass in der Bundesrepublik allgemein die Bereitschaft stärker verbreitet war, eher auf diese konventionellen Inhalte zurückzugreifen als etwa konkrete Werte zu inskribieren. Dies zeigt sich auch darin, dass fast ausnahmslos die verschiedenen BRD-Einträgergruppen im Durchschnitt häufiger auf diese Inhalte zurückgriffen als die DDR-Einträgergruppen.

2. Lehrer und Verwandte der DDR als Werteagenten
Die Analyse der Häufigkeitsverteilung über die Einträgergruppen zeigte auf, dass besonders BRD-Peers mit Einträgen, in denen diese eher konventionellen Inhalte vorkommen, überrepräsentiert sind. Demgegenüber sind Lehrer (DDR/BRD) und

Familienangehörige (DDR) mit Einträgen, die albumspezifische Inhalte tangieren, unterrepräsentiert. Dieser Befund kann dahingehend interpretiert werden, dass sich Lehrer im Allgemeinen und auch Verwandte in der DDR vermutlich stärker als Vermittler von Werten verstanden und daher eher zum Eintrag von konkreten Werthaltungen neigten, anstatt eher konventionell beliebige Albuminhalte zu inskribieren. Mit anderen Worten: Lehrer und Verwandte in der DDR nahmen vermutlich die Rolle von Werteagenten gegenüber dem Albumhalter stärker wahr als andere Einträgergruppen.

3. Sonderstellung der Freundschaft im Kontext der albumspezifischen Werte und Inhalte
Die multivariate Prüfung ergab, dass die Eintragswahrscheinlichkeit von Erinnerung sowie dem Wunsch für ein glückendes Leben von ähnlichen Faktoren beeinflusst wurde. Beide Inhalte wurden demnach von der Geschlechtszugehörigkeit (eher weiblich), der Wohnortgröße (eher kleine Orte) und dem Bildungsgrad (Erinnerung: eher höher/glückliches Leben: eher geringer Gebildete) beeinflusst. Zusätzlich war die Eintragswahrscheinlichkeit von Erinnerung durch einen Kohorteneffekt gekennzeichnet (zunehmende Wahrscheinlichkeit zwischen 1949 und 1989). Demgegenüber ergab sich für die Thematisierung der Freundschaft kein Faktor, der in Form eines Haupteffekts die Wahrscheinlichkeit eines Eintrags maßgeblich beeinflusst haben könnte, was auf eine Sonderstellung dieses albumspezifischen Inhalts hindeutet und eine Moderation durch die Wahrnehmung unterschiedlicher staatlicher Rahmenbedingungen in Ost und West vermuten lässt.

4. Freundschaft möglicherweise ebenfalls Nischenwert
Die Prüfung auf Interaktionseffekte ergab in der Tat Hinweise auf moderierende Einflüsse auf die Wahrscheinlichkeit der Thematisierung von Freundschaft. So nahm die Wahrscheinlichkeit für die Inskription des Freundschafts-Themas bei den BRD-Peers im Verlauf der Adoleszenz immer stärker ab, während sie bei den DDR-Peers mit fortschreitendem Lebensalter zunahm. Nimmt man an, dass sich in der Thematisierung von Freundschaft der Wert einer vertrauensvollen loyalen Kooperationsbeziehung widerspiegelt, so kann dieser Befund als weiterer Beleg für die These einer Nischengesellschaft in der DDR interpretiert werden. Freund-

schaft scheint demnach ebenfalls eine mit der Bildung von privaten Nischen korrespondierende Wertvorstellung zu sein, die auf die Herausbildung loyaler Beziehungen abzielt.[336]

5. Möglicher Effekt der unterschiedlichen Schulsysteme in DDR und Bundesrepublik

Weiterhin wurde festgestellt, dass sich zwischen 1949 und 1989 die Eintragswahrscheinlichkeit von Erinnerung und Freundschaft in Ost und West auf verschiedene Weise veränderte. Während die Wahrscheinlichkeit eines Eintrags dieser albumspezifischen Inhalte in den alten Bundesländern insbesondere bei den Heranwachsenden immer stärker zunahm, blieb sie in der DDR zwischen 1949 und 1989 weitgehend unverändert. Diese Befunde decken sich durchaus mit den Erwartungen, die sich aus den Erklärungsmodellen für DDR und Bundesrepublik ergeben.[337] Allerdings könnten sie primär einen Effekt institutioneller Unterschiede der Schulsysteme in Ost und West darstellen. So hatten junge Heranwachsende in der Bundesrepublik mit dem Übergang von der Primar- zur Sekundarstufe I faktisch einen zusätzlichen Anlass, sich von Mitschülern in der Grundschule, die auf eine andere Schule wechselten, mit Freundschaftsbekundungen und dem Wunsch nach Erinnerung zu verabschieden. Dieser, auf eine frühe Trennungssituation zurückgehende Anreiz für den Eintrag albumspezifischer Inhalte bestand aufgrund der längeren gemeinsamen Schulzeit für Heranwachsende in der DDR nicht.

---

[336] Möglicherweise deutet dieser Befund aber auch auf ein divergierendes Begriffsverständnis von Freundschaft in DDR und BRD hin. Denkbar ist, dass in der DDR Freundschaft eher im Sinne einer engen loyalen Kooperationsbeziehung gedeutet wurde, die sich nur auf einen relativ kleinen Personenkreis beschränkte. Demgegenüber könnte in der BRD ein weniger strenges Begriffsverständnis zugrunde gelegen haben. Hier könnte unter einer Freundschaftsbeziehung ein etwas loserer sozialer Kontakt verstanden worden sein, der jedoch in ein größeres Netzwerk von Personen eingebettet war. Das wäre allerdings Gegenstand weiterer Forschung.

[337] Denn während in der DDR ein zwischen 1949 und 1989 weitgehend unverändertes Festhalten an diesen tradierten und bewährten Albuminhalten als Strategie der Staatsferne bzw. Unauffälligkeit gedeutet werden kann, lässt sich die im selben Zeitraum erfolgte Zunahme von albumspezifischen Themen in Westdeutschland als Indiz einer hier zunehmenden ‚Wertediskretion' interpretieren. Denn mit dem Rückgriff auf konventionelle, albumspezifische Inhalte wurde einer Stellungnahme zu präferierten Werten ausgewichen.

7.4.5 ‚Andere' Inhalte

Textinhalte, die sich im Rahmen der Bündelungs- und Generalisierungsschritte der Inhaltsanalyse keiner der zuvor gebildeten Wertebündel zuordnen ließen, wurden unter die Kategorie ‚andere' Inhalte zusammengefasst. Gemeinsam ist diesen Textgehalten, dass sie eher nicht Werthaltungen zum Ausdruck bringen, sondern alternativ dazu andere semantisch erfassbare Themen und Inhalte von Texten tangieren. Des Weiteren ist ihnen gemein, dass diese Inhalte relativ selten eingetragen werden und somit vergleichsweise individuellen Charakter im Kontext der Alben aufweisen. Für diese ‚anderen' Inhalte war folgende Hypothese formuliert worden:

H9 *Wenn ein Einträger in der Bundesrepublik gelebt hat, dann hat er mit einer höheren Wahrscheinlichkeit andere Inhalte eingetragen als ein Einträger in der DDR.*

Gemäß dem hier verfolgten Erklärungsansatz wird angenommen, dass ostdeutsche Einträger als eine Reaktion auf den als repressiv und unglaubwürdig empfundenen DDR-Staat eher an traditionellen Werten und Albuminhalten festhielten. Demgegenüber haben die wahrnehmbar nicht-repressiven und glaubwürdigen staatlichen Institutionen der Bundesrepublik Strategien der Vielfalt und somit vermutlich auch die Individualität westdeutscher Einträge moderat begünstigt.

Textbeispiele
Das Themenfeld der anderen Albuminhalte bzw. der Einträge, die keine Werthaltungen zum Ausdruck bringen, ist weit gespannt. Dennoch lassen sich fünf Themenbereiche unterscheiden: Eine erste Gruppe von Einträgen umfasst Texte, in denen in irgendeiner Weise die schönen Künste thematisiert werden.[338] Im Kontext der hier untersuchten Kinder- und Jugendalben handelt es sich überwiegend um Texte, in denen zur Beschäftigung mit der Kunst, der Musik oder auch der Literatur aufgerufen wird. Einer zweiten Gruppe von Texten dieser Inhaltskategorie ist die Reflexion über das menschliche Dasein gemein. In diesen Einträgen

---

[338] Hierbei ist anzumerken, dass der Verweis auf die schönen Künste bereits in den früheren Erwachsenenalben vorkommt (vgl. Henzel 2014: 346).

7 Die Wertvorstellungen in Poesiealben in DDR und Bundesrepublik

wird die Möglichkeit der Selbsterkenntnis verhandelt, häufiger aber noch das bereits in den Erwachsenenalben verankerte Thema der Vergänglichkeit des Lebens. Eine dritte Gruppe von Texten bilden Einträge, in denen der Emotionalität ein hoher Stellenwert eingeräumt wird. Sie wird in den entsprechenden Texten einem Handeln nach rationalem Kalkül vorgezogen. Zugleich wird in entsprechenden Einträgen eine eher naive Sichtweise auf die Welt anempfohlen. Scherztexte sowie Inskriptionen, in denen zumeist auf humorvolle Art und Weise Ratschläge fürs Leben erteilt werden, bilden eine vierte Gruppe von Texten. Auch in diesen werden eher unverbindliche Wertvorstellungen vermittelt. Schließlich bilden Texte, die explizit für den Eintrag auf der letzten Seite eines Albums konzipiert wurden, eine fünfte Gruppe der anderen Inhalte. Auch hier handelt es sich im Kern um kindlich-humorvolle Texte, in denen keine expliziten Wertvorstellungen zum Ausdruck gebracht werden. Da bereits Maria Zillig Texte für die letzte Albumseite nachgewiesen hat (Zillig 1935: 98), müsste es sich somit um eine eher tradierte Textkategorie handeln. Allerdings scheint diese Tradition nur in der Bundesrepublik gepflegt worden zu sein (vgl. Rossin 1985: 139). Erstaunlicherweise konnte in der vorliegenden Untersuchung in keinem der DDR-Alben eine entsprechende Inskription auf der letzten Seite eines Albums festgestellt werden.[339]

Auswahl von Texten mit anderen Inhalten

Thematisierung der Künste
• Wo man singt, da laß' Dich ruhig nieder, böse Menschen haben keine Lieder!
• Man müßte wenigstens täglich ein schönes Gedicht lesen, ein schönes Gemälde sehen, ein sanftes Lied hören oder ein herzliches Wort mit einem guten Freunde reden, um auch den schönen, ich möchte sagen, den menschlichen Teil unseres Wesens zu bilden (H. von Kleist).
• Bücher lesen, heißt wandern gehen in ferne Welten aus den Stuben, über die Sterne.
• Musik ist höhere Offenbarung als alle Weisheit und Philosophie (Beethoven).
Reflexion über das menschliche Dasein
• Wenn man einen Menschen verliert, fühlt man erst, wie lieb man ihn gewonnen hat.

---

[339] Texte auf der letzten Albumseite werden vorrangig von den Peers eingetragen und nehmen eine auffallend exponierte Stellung im Album ein. Sie dürften in der Regel auf der individuellen Entscheidung des jugendlichen Inskribenten beruhen, von der ursprünglich vom Halter vorgesehenen Eintragsposition abzuweichen. Bei den Albumhaltern sind diese Einträge eventuell gerade deshalb nicht sehr beliebt. Um dem möglichen Vorwurf der Anmaßung bzw. des egoistischen Verhaltens zu entgehen, kann die Vermeidung von Einträgen auf der letzten Albumseite in der DDR gemäß dem hier vertretenen Erklärungsansatz als mögliche Strategie der Unauffälligkeit gedeutet werden.

- Die Welt ist in ständigem Werden begriffen, alles entsteht und vergeht, auf das Alte folgt das Neue, so ist es in der Natur und in der Menschheitsgeschichte ewig durch Jahrtausende und aber Jahrtausende gewesen. Und dieses unendliche Werden der Welt muß der Mensch verstehen und begreifen lernen (G. Radczun).
- Dreifach ist der Schritt der Zeit: zögernd kommt die Zukunft hergezogen, pfeilschnell ist das jetzt entflogen, ewig still steht die Vergangenheit.
- Was vergangen, kehrt nicht wieder, aber ging es leuchtend nieder, leuchtet's lange noch zurück.

Emotion, naive Weltbetrachtung
- Man sieht nur mit dem Herzen gut. Das Wesentliche ist für die Augen unsichtbar (Saint Exupéry).
- Schläft ein Lied in allen Dingen, die da träumen fort und fort, und die Welt hebt an zu singen, triffst du nur das Zauberwort (J. v. Eichendorff).
- Aus bloßem Verstand ist nie Verständiges, aus bloßer Vernunft nie Vernünftiges gekommen (Hölderlin).
- „Was könnte wichtiger sein als das Wissen?" fragte der Verstand. „Das Gefühl und mit dem Herzen sehen", antwortete die Seele.

Humorvolle Ratgeber- und Scherztexte
- Liebe .., sei schön schlau werde niemals Ehefrau Vor der Ehe pflückst Du Rosen In der Ehe flickst Du Hosen.
- Wenn Dich mal die Jungen küssen, sei nicht gleich so aufgebracht Mutter braucht es nicht zu wissen hat es früher selbst gemacht.
- Das höchste Glück der Erde liegt auf dem Rücken der Pferde Das höchste Glück der Pferde ist der Reiter auf der Erde.
- Vor vielen, vielen Jahren kam ein Baby angefahren ohne Hemdchen, ohne Schuh ich glaub ... das warst Du.
- Du sagst, ich soll Dir schreiben, ins Album ein Gedicht, verzeih, das ist unmöglich, den dichten kann ich nicht.
- Ein Schnupfen hockt auf der Terrasse, auf daß er sich ein Opfer fasse – und stürzt alsbald mit großem Grimm auf einen Menschen namens Schrimm (Christian Morgenstern).

Einträge auf letzter Albumseite
- Ich hab mich hinten angewurzelt, daß niemand aus dem Album purzelt.

Bivariate Prüfung

Einträge, in denen andere Themen zum Ausdruck gebracht wurden, kamen im Vergleich zu den anderen hier untersuchten Werten und Albuminhalten etwas häufiger vor. Im Durchschnitt thematisierten 7,6 % der Einträge eines Albums andere Inhalte. Es fragt sich, ob sich die Alben in DDR und BRD bezüglich des durchschnittlichen Eintrags dieser alternativen Albuminhalte unterscheiden. Tabelle 7.50 gibt hierüber Auskunft.

Die Befunde der Tabelle stützen Hypothese H9. Der innerdeutsche Vergleich der Alben gibt Hinweise darauf, dass sich die Inskribenten in Ost und West bezüglich der Bereitschaft, andere Inhalte in ein Album einzutragen, unterscheiden. Waren es durchschnittlich 9,6 % der Einträge in einem BRD-Album, die andere Inhalte

7 Die Wertvorstellungen in Poesiealben in DDR und Bundesrepublik 443

adressierten, traf dies in der DDR für lediglich 5,8 % der Einträge eines Albums zu. Ein U-Test nach Mann und Whitney bestärkt die Hypothese und weist die in Tabelle 7.50 aufgedeckten Unterschiede zwischen Ost- und Westalben als signifikant aus.

Tabelle 7.50: Durchschnittliche Häufigkeit von ‚anderen' Inhalten

		n	Mittelwert	Standardabweichung	Min	Max
Andere Inhalte, Einträge ohne Werthaltungen	BRD	39	3,5	3,08	0	15
	DDR	45	1,9	1,79	0	8
	Gesamt	84	2,6	2,58	0	15
Andere Inhalte, Einträge ohne Werthaltungen	BRD	39	9,6	8,48	0	44
(relativer Anteil in %)	DDR	45	5,8	5,30	0	21
	Gesamt	84	7,6	7,17	0	44

Mann-Whitney-U-Test andere Inhalte in DDR/BRD-Alben: $U = 599$, $p = .011$.

Häufigkeitsverteilung der anderen Albuminhalte nach Einträgergruppe
Es fragt sich, ob die Einträgergruppen gleichermaßen andere Themen und Inhalte inskribierten. In Tabelle 7.51 sind zur Beantwortung dieser Frage die Häufigkeiten wiedergeben, mit der die verschiedenen Einträgergruppen in Ost und West andere Themen und Inhalte in die Alben eintrugen.

Tabelle 7.51: ‚Andere' Inhalte nach Einträgergruppe

		Einträgergruppe						
		Familie DDR	Familie BRD	Lehrer DDR	Lehrer BRD	Peers DDR	Peers BRD	Gesamt
andere Albuminhalte	n	8	9	13	17	48	83	178
	%	6,6 %	6,9 %	10,5 %	14,2 %	4,7 %	9,1 %	7,3 %
Gesamt	n	122	130	124	120	1031	911	2438
	%	100 %	100 %	100 %	100 %	100 %	100 %	100 %

Nur singulärer bzw. bei Panel-Einträgern chronologisch erster Eintrag berücksichtigt, $n = 2438$; % innerhalb der Einträgergruppen; Chi-Quadrat (5) = 25.41, $p = .000$; Cramer-V = .102, $p = .000$.

Wie aus der Tabelle hervorgeht, zeigen sich die Ost-West-Unterschiede in den hier untersuchten Alben zumindest tendenziell in jeder Einträgergruppe, allerdings ist die Höhe der Unterschiede gruppenabhängig. Bemerkenswert ist, dass unabhängig, ob in DDR oder BRD, überdurchschnittlich häufig Lehrer andere Themen in ihren Inskriptionen anschnitten, wobei in der Bundesrepublik jeder siebte Lehrer, in der DDR immerhin noch jeder zehnte einen entsprechenden Eintrag vornahm. Größere Unterschiede ergeben sich indes zwischen den Peers in Ost und West. So trugen Peers in der BRD fast doppelt so häufig andere Inhalte ein wie die Peers in der DDR. Faktisch keine Unterschiede ergeben sich hingegen zwischen den Verwandten in DDR und BRD. Sie sind leicht unterrepräsentiert mit Einträgen, die andere Themen berühren.

Multivariate Prüfung
Können die Ost-West-Unterschiede bezüglich des Eintrags anderer Inhalte auch in der multivariaten Prüfung untermauert werden? Tabelle 7.52 gibt hierfür die Befunde einer Logistischen Regression wieder, bei der in drei Modellen sukzessive die Faktoren einbezogen wurden. In einem vierten Modell sind lediglich die Einträge der Peers berücksichtigt.

Tabelle 7.52: Logistische Regression: ‚Andere' Inhalte

unabhängige Variablen (Faktoren)		abhängige Variable: ‚andere' Inhalte						
		1		2		3		4 (nur Peers)
		b	Exp(b)	b	Exp(b)	b	Exp(b)	b	Exp(b)
Geschlecht des Einträgers (weibl. = 1)		-,02	,98	-,01	,99	-,04	,96	-,24	,79
Jahr des Eintrags (Kohorteneffekt)		,04**	1,04	,04**	1,04	,04**	1,04	,01	1,01
Wohnortgröße des Einträgers		,05	1,05	,04	1,04	,04	1,04	-,01	,99
Einträgergruppe	Peers			Ref.*		Ref.*			
	Familie			-,11	,90	-,12	,89		
	Lehrer			,57*	1,78	,57*	1,77		
	Sonstige			,56	1,75	,51	1,67		
Einträger aus DDR/BRD (DDR = 1)						-,41*	,66	-,53+	,59
nur Peers: Alter bei Eintrag								,08	1,08
nur Peers: Bildungsgrad								,71*	2,03
Konstante		-79,7**		-77,3**		-71,8**		-32,1	
Pseudo-R2 (Nagelkerke)		,04		,05		,05		,06	

** signifikant < 1 %, * signifikant < 5 %, + signifikant < 10 %. Nur singulärer bzw. bei Panel-Einträgern chronologisch erster Eintrag berücksichtigt, in Modell 4 zudem nur Peergroup-Einträger berücksichtigt; Omnibus-Test Modell 1: Chi-Quadrat(3) = 35.79, p = .000, n = 2216; Modell 2: Chi-Quadrat(6) = 43.44, p = .000, n = 2216; Modell 3: Chi-Quadrat(7) = 49.29, p = .000, n = 2216; Modell 4: Chi-Quadrat(6) = 28.77, p = .000, n = 1251.

Erhärtung der Ost-West-Unterschiede
Zunächst ist mit Blick auf Modell 3 in Tabelle 7.52 zu sagen, dass auch unter multivariaten Bedingungen der in Hypothese H9 formulierte Zusammenhang im

7 Die Wertvorstellungen in Poesiealben in DDR und Bundesrepublik

Allgemeinen gestützt wird. Die Chance, dass ein Inskribent in der DDR einen anderen Inhalt eintrug, war im Vergleich zu einem Inskribenten in der BRD signifikant niedriger. Allerdings ist darauf hinzuweisen, dass bei ausschließlicher Betrachtung der Peers (Modell 4) die Ost-West-Unterschiede nur auf einem Niveau von 10 % signifikant sind.

Bildungs- und Kohorteneffekt
Grund für diesen abgeschwächten Effekt des Ost-/West-Faktors bei den Peers könnte sein, dass dieser von einem relativ starken Effekt der Bildung überdeckt wird. So verdoppelte sich in der Gruppe der Peers mit jedem höheren Bildungsgrad die Chance, dass ein anderer Albuminhalt inskribiert wurde. Zudem erbringt die gemeinsame Betrachtung aller Inskribenten in Modell 1 bis 3 Hinweise auf einen zugrunde liegenden Kohorteneffekt. So stieg, wenn auch nur leicht, mit jedem Jahr die Wahrscheinlichkeit, dass andere Inhalte in die Alben inskribiert wurden. Allerdings scheint der Kohorteneffekt unter den Peers weniger ausgeprägt. Hier konnte kein signifikanter Einfluss des Eintragsjahrs festgestellt werden. Möglicherweise könnte hier jedoch ein verdeckter Interaktionseffekt zwischen Ost-/West-Hintergrund und der Eintragswahrscheinlichkeit anderer Inhalte innerhalb der Peergroup vorliegen.

Prüfung auf Interaktionseffekte
Prüfung auf Interaktion zwischen Eintragsjahr und Wahrnehmung staatlicher Rahmenbedingungen
Die multivariate Prüfung hatte Hinweise auf das Vorliegen eines Kohorteneffekts erbracht. Demnach stieg mit jedem Jahr die Wahrscheinlichkeit, dass andere Inhalte in die Alben eingetragen wurden. Dieser Befund deckt sich mit der allgemeinen These einer zunehmenden Individualisierung in modernen Gesellschaften (Beck 1986; Beck/Beck-Gernsheim 1994). Es soll abschließend der Frage nachgegangen werden, ob dieser Anstieg auf die West-Alben beschränkt blieb oder aber auch in den Alben der DDR festgestellt werden kann. Gemäß dem hier vertretenen Erklärungsmodell dürfte die Wahrnehmung unterschiedlicher staatlicher Rahmenbedingungen in Ost und West dazu geführt haben, dass die Wahrscheinlichkeit eines Eintrags anderer Inhalte zwischen 1949 und 1989 primär in der Bundesrepublik zunahm, nicht aber in der DDR. Insofern wird folgender Zusammenhang vermutet:

Interaktionseffekt: Die Wahrscheinlichkeit eines Eintrags anderer Inhalte nahm zwischen 1949 und 1989 in der Bundesrepublik zu, nicht aber in der DDR.

Dieser Interaktionseffekt wird wieder mithilfe einer Logistischen Regression geprüft, bei der zwei Modelle berechnet werden. Zunächst werden in einem ersten Modell nur die Dekade des Eintrags und die Variable ‚Einträgergruppe' als Faktoren berücksichtigt. Im zweiten Modell wird ein aus diesen beiden Faktoren gebildetes multiplikatives Interaktionsterm der Schätzung hinzugefügt. Tabelle 7.53 gibt die Befunde der beiden Modelle wieder. Sie deuten vor allem auf eine zwischen 1949 und 1989 stattgefundene allgemeine Zunahme der Eintragswahrscheinlichkeit von anderen Inhalten hin.

Tabelle 7.53: Logistische Regression: ‚Andere' Inhalte nach Einträgergruppe und Dekade

unabhängige Variablen (Faktoren)	abhängige Variable: ‚andere' Inhalte			
	1		2	
	b	Exp(b)	b	Exp(b)
Dekade des Eintrags	,37**	1,45	,46**	1,58
Peers (BRD)	Ref.**		Ref.+	
Peers (DDR)	-,57**	,57	-,49**	,61
Familie (BRD)	-,13	,88	-,28	,75
Familie (DDR)	-,43	,65	-,42	,66
Lehrer (BRD)	,44	1,56	,12	1,12
Lehrer (DDR)	,26	1,29	,34	1,40
Sonstige (BRD)	,51	1,66	,61	1,84
Sonstige (DDR)	-,30	,74	-1,14	,32
ZDekade * Peers (BRD)			Ref.	
ZDekade by Peers (DDR)			-,34*	,71
ZDekade by Familie (BRD)			,33	1,40
ZDekade by Familie (DDR)			-,04	,96
ZDekade by Lehrer (BRD)			,33	1,39
ZDekade by Lehrer (DDR)			-,21	,81
ZDekade by Sonstige (BRD)			-,20	,82
ZDekade by Sonstige (DDR)			1,58	4,85
Konstante	-3,39**		-3,65**	
Pseudo-R2 (Nagelkerke)	,05		,07	

** signifikant < 1 %, * signifikant < 5 %, + signifikant < 10 %. Nur singulärer bzw. bei Panel-Einträgern chronologisch erster Eintrag berücksichtigt; Omnibus-Test Modell 1: Chi-Quadrat(8) = 54.07, p = .000, n = 2414; Modell 2: Chi-Quadrat(15) = 64.92, p = .000, n = 2414.

7 Die Wertvorstellungen in Poesiealben in DDR und Bundesrepublik 447

Allerdings zeigt sich, dass die Eintragswahrscheinlichkeit in den Einträgergruppen der alten Bundesländer zumindest der Tendenz nach stärker zunahm als in den neuen Bundesländern. Dies wird besonders bei den Peers in Ost und West deutlich. Im Vergleich zu ihren westdeutschen Altersgenossen nahm bei den DDR-Peers zwischen 1949 und 1989 die Eintragswahrscheinlichkeit für andere Inhalte weniger stark zu. Zum besseren Verständnis sind in Abbildung 7.26 die vorhergesagten Wahrscheinlichkeiten für die einzelnen Einträgergruppen im Zeitverlauf entsprechend der Schätzung in Tabelle 7.53 graphisch wiedergegeben. Die Abbildung verweist auf die geringer ausgeprägte Zunahme der Wahrscheinlichkeit anderer Inhalte bei den DDR-Einträgergruppen. Allerdings wird deutlich, dass auch in der DDR eine Zunahme stattfand und somit von einer allgemeinen Wandlungserscheinung auszugehen ist.

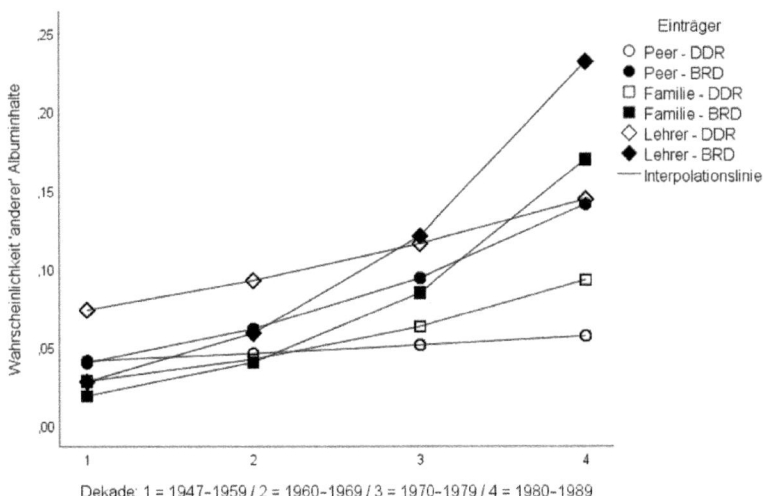

Abbildung 7.26: ‚Andere' Albuminhalte nach Dekade in Ost und West

Zusammenfassung und Interpretation
1. Generelle Ost-West-Unterschiede
Albumtexte, in denen eher andere Inhalte zum Ausdruck gebracht wurden, weisen in den hier untersuchten Alben im Vergleich zu den übrigen gebildeten Werte- und Inhaltskategorien eine mittlere Präsenz auf. Wie in Hypothese H9 vermutet, wur-

den entsprechende Einträge in den Alben der BRD im Durchschnitt häufiger vorgenommen. Die Analyse der Häufigkeitsverteilung über die Haupteinträgergruppen zeigte auf, dass ganz allgemein die BRD-Einträgergruppen stärker dazu neigten, andere Inhalte in die Alben zu inskribieren. Es zeigt sich jedoch auch, dass vor allem die Lehrer (in Ost, aber mehr noch in West) mit Einträgen, die seltene Inhalte tangieren, in der vorliegenden Untersuchung überrepräsentiert sind. Größere Unterschiede ergibt der Vergleich der Peers in DDR und BRD. Während BRD-Peers tendenziell überrepräsentiert erscheinen, sind DDR-Peers mit Einträgen seltener Inhalte eher unterrepräsentiert. Verwandte hingegen unterscheiden sich bei diesen Albuminhalten nicht.

2. Bildungsgrad mit möglichem Effekt auf Individualität
Die multivariate Prüfung ergab neben den Ost-West-Unterschieden Hinweise auf einen zugrunde liegenden Bildungseffekt. Demnach stieg die Wahrscheinlichkeit, dass ein eher seltener und somit eher abweichender Albuminhalt inskribiert wurde, mit dem Bildungsgrad an. Dieser Befund kann dahingehend gedeutet werden, dass höher Gebildete vermutlich eher bereit sind, (Album-)Konventionen infrage zu stellen und größere Individualität an den Tag zu legen.

3. Tendenz zur Individualisierung stärker in der Bundesrepublik ausgeprägt
Sowohl die multivariate als auch die Prüfung auf Interaktionseffekte legen eine grundlegende Tendenz einer Zunahme von Inskriptionen anderer Inhalte nahe. In allen Einträgergruppen (sowohl in DDR als auch BRD) nahm zwischen 1949 und 1989 die Wahrscheinlichkeit zu, dass andere Inhalte inskribiert wurden. Eingeordnet werden kann dieser Trend zum einen in die allgemein angenommene Tendenz zur Individualisierung, die in der Bundesrepublik offensichtlich noch deutlich stärker ausgeprägt war als in der DDR. Mit Blick auf Abbildung 7.26 fällt dabei auf, dass besonders ab den 1970er Jahren überwiegend die Erwachsenen in der Bundesrepublik (Lehrer und Verwandte) mit immer größerer Wahrscheinlichkeit auf andere Inhalte zurückgriffen. Hier könnte eine erste Nachkriegsgeneration von Erwachsenen in der BRD inskribiert haben, die weniger bereit war, die bisher tradierten (bürgerlichen) Werthaltungen in ihren Einträgen ausdrücklich zu betonen. Versteht man die Lehrer und die Familie als wertevermittelnde Agenturen, so kann der hier beobachtbare Trend zu eher nicht ‚werthaltigen' Einträgen auch im Sinne einer tendenziell rückläufigen Bereitschaft zu expliziten Wertäußerungen in der

7 Die Wertvorstellungen in Poesiealben in DDR und Bundesrepublik   449

BRD interpretiert werden, was andererseits die stärkere Wertekonservierung auf dem Gebiet der DDR noch einmal untermauert.

7.5 Werthaltungen der Einträgergruppen mit geringen Fallzahlen

Neben Peers, Lehrern und Familienangehörigen ließen sich weitere Inskribenten in den Alben feststellen, die in folgenden drei Einträgergruppen zusammengefasst wurden:

- Akteure staatlicher Institutionen (DDR)
- Kirchenvertreter
- weitere Bekannte

Diese Einträgergruppen sind mit nur geringen Fallzahlen in den Alben vertreten. In der bisherigen Untersuchung waren sie unter die Kategorie ‚sonstige' Einträger erfasst worden. Eine kurze Analyse des Inskriptionsverhaltens auch dieser Akteure soll die Betrachtung zu den Wertvorstellungen in den Alben abschließen.

7.5.1 Akteure staatlicher Institutionen (DDR) und Kirchenvertreter

Wenden wir uns zunächst den Vertretern weiterer staatlicher Institutionen in der DDR sowie der Kirche zu. Es wird erwartet, dass sie als Akteure wertevermittelnder Agenturen (Staat/Kirche) agierten und ganz spezifische Werte in ein Album eintrugen. Folgende Hypothese wurde deshalb formuliert:

H10 *Wenn sich ein Akteur einer staatlichen Institution in der DDR in ein Album inskribiert hat, dann hat er in seinem Eintrag primär staatliche Kernwerte der DDR zum Ausdruck gebracht. Wenn hingegen sich ein Vertreter der Kirche in ein Album inskribiert hat, dann hat er primär eine religiöse Wertvorstellung in seinem Eintrag betont.*

Korrelationen
Aufgrund der geringen Fallzahlen (Akteure staatlicher Institutionen in der DDR: $n = 12$; Kirchenvertreter insgesamt: $n = 20$) wird sich im Folgenden primär auf die Berechnung von Korrelationen gestützt. Es wird geprüft, ob sich Hinweise auf eine statistische Beziehung zwischen den Akteuren explizit wertevermittelnder

7.5 Werthaltungen der Einträgergruppen mit geringen Fallzahlen

Agenturen und einem Eintrag der verschiedenen Wertebündel finden lassen. Um zu klären, inwiefern sich auch Hinweise auf Ost-West-Differenzen ergeben, werden die Korrelationen für die Inskribenten der DDR und BRD jeweils separat berechnet. Tabelle 7.54 gibt Vielfelderkorrelationskoeffizienten (getrennt nach Ost und West) wieder. Sie stützen den vermuteten Zusammenhang.

Tabelle 7.54: Korrelationen: Wertebündel und Akteure expliziter Werteagenturen

Kontext	Wertebündel	Akteure staatl. Institutionen DDR		Kirchenvertreter DDR		BRD	
		Phi	p	Phi	p	Phi	p
staatliche Kernwerte	BRD-Kernwerte	-,02	,445	-,02	,467	-,02	,486
staatliche Kernwerte	DDR-Kernwerte	,21	,000	,02	,459	-,00	,863
unerwünscht (DDR)	Religiosität	-,03	,313	,25	,000	,18	,000
vereinnahmt (DDR)	Gesundheit	-,01	,674	-,01	,687	-,01	,615
vereinnahmt (DDR)	Frohsinn und Optimismus	-,04	,152	,08	,003	,02	,388
geteilt-offiziell	Altruismus	,04	,187	,04	,136	,03	,308
geteilt-offiziell	Arbeit und Leistung	-,03	,254	-,03	,275	-,02	,475
geteilt-offiziell	Bildung und Erkenntnis	,05	,055	-,03	,292	-,01	,610
geteilt-offiziell	Wahrheitsliebe	-,03	,271	-,03	,292	-,02	,457
geteilt-offiziell	Charakterfestigkeit	,02	,389	-,00	,970	-,03	,378
geteilt-offiziell	Familie und Heimat	-,03	,256	-,03	,277	-,02	,422
Wertwandel	Hedonismus	-,01	,750	-,01	,760	-,01	,832
Wertwandel	Postmaterialismus	-,01	,682	-,01	,695	-,01	,683
Wertwandel	Pflicht und Akzeptanz	,01	,724	,01	,626	,03	,323
weitere Werte	Vorsicht und maßvolles Handeln	,02	,558	,02	,471	,03	,292
weitere Werte	Mut und Zielstrebigkeit	,03	,246	-,03	,335	,08	,008
albumspezifisch	Erinnerung	-,01	,721	-,03	,227	-,04	,178
albumspezifisch	Freundschaft	-,01	,851	-,00	,924	-,03	,270
albumspezifisch	Glückliches Leben	-,03	,264	-,03	,285	-,03	,247
anderes	,andere' Inhalte	-,02	,406	-,02	,427	-,03	,324

alle Variablen dichotom (liegt vor = 1, liegt nicht vor = 0); Vierfelderkorrelationskoeffizienten; nur singulärer bzw. bei Panel-Einträgern chronologisch erster Eintrag berücksichtigt sowie jeweils separat für DDR- und BRD-Einträger geschätzt, bei Akteuren staatlicher Institutionen (DDR) und Kirchenvertretern $n = 1316$, bei Kirchenvertretern BRD $n = 1216$.

Akteure staatlicher Institutionen in der DDR als Vermittler staatlicher Kernwerte

Wie der Tabelle zu entnehmen ist, ergibt sich eine hochsignifikante gleichsinnige Korrelation zwischen der Zugehörigkeit zur Gruppe der Akteure staatlicher Insti-

7 Die Wertvorstellungen in Poesiealben in DDR und Bundesrepublik

tutionen und dem Eintrag der DDR-Kernwerte. Im Vergleich zu den anderen geschätzten Koeffizienten ist es der stärkste korrelative Zusammenhang zwischen dieser Einträgergruppe und einem Wertebündel. Eine Vier-Felder-Kreuztabelle ergibt, dass 50 % der Inskribenten, die als Vertreter staatlicher Institutionen der DDR in die Alben inskribierten, staatliche Kernwerte eintrugen. Mit Einträgen dieser Werthaltungen sind sie damit gegenüber allen weiteren Einträgergruppen deutlich überrepräsentiert.[340] Weiterhin verweist eine auf 10 % befindlichem Niveau signifikante gleichsinnige Korrelation darauf, dass Akteure staatlicher DDR-Institutionen auch Bildung und Erkenntnisstreben bevorzugt in die Alben inskribierten. Auch hier bewegten sich die DDR-Funktionäre auf dem Gebiet staatlich erwünschter Werte. Eine Vierfelder-Kreuztabelle zwischen Bildung und Erkenntnisstreben (dichotom) und Zugehörigkeit zu den Akteuren staatlicher Institutionen (dichotom) zeigt auf, dass 25 % der Vertreter staatlicher DDR-Institutionen die Wertvorstellung eintrugen. Sie sind mit Texten dieser Werthaltung damit ebenfalls gegenüber der Randverteilung (9,1 %) überrepräsentiert.

Kirchenvertreter verweisen auf Religiosität
Eine noch größere Wertgebundenheit weisen die Vertreter der Kirche auf. Sowohl in DDR als auch BRD ergeben sich hochsignifikante gleichsinnige Korrelationen zwischen dem Eintrag religiöser Wertvorstellungen und der Zugehörigkeit zur Gruppe der Kirchenvertreter. Die etwas stärker ausfallende Korrelation in der DDR könnte auf das stärker säkularisierte Umfeld in der DDR hinweisen, denn die Kirchenvertreter in Ost und West betonten mit etwa derselben relativen Häufigkeit diesen Wert. So ergibt eine Vier-Felder-Kreuztabelle, dass 81,8 % der DDR-Kirchenvertreter und 88,9 % der BRD-Kirchenvertreter den Wert religiösen Glaubens unterstrichen.
Deskriptiv interessant sind zudem partielle Ost-West-Unterschiede bezüglich der weiteren Werthaltungen, die in den Einträgen der Kirchenvertreter tangiert wurden. So ist die Zugehörigkeit zur Gruppe der DDR-Kirchenvertreter positiv korreliert mit dem Eintrag einer optimistischen Lebenseinstellung. Demnach wählten Vertreter der Kirche in der DDR etwas häufiger Texte für ihre Einträge aus, in denen ein aus dem Glauben und dem Vertrauen auf Gott schöpfender Lebensmut

---

[340] Nur zur Erinnerung sei angemerkt, dass 11,3 % der DDR-Lehrer die DDR-Kernwerte eintrugen. DDR-Peers (3,5 %) und DDR-Verwandte (1,6 %) inskribierten sogar noch einmal deutlich seltener diese Werte.

ebenfalls zur Sprache gebracht wurde. Eine Vier-Felder-Kreuztabelle zeigt auf, dass fast die Hälfte der DDR-Kirchenvertreter (45,5 %), aber auch ein Drittel der BRD-Kirchenvertreter (33,3 %) in ihren Einträgen den Glauben an Gott mit einer darauf gründenden optimistischen Lebenseinstellung verbanden und damit auch im Vergleich zur Randverteilung überrepräsentiert sind (Randverteilung von Optimismus in der DDR = 14,5 %/in der Bundesrepublik = 21,5 %). Bezüglich der alten Bundesländer verweist Tabelle 7.54 indes auf eine gleichsinnige Korrelation der Gruppe der Kirchenvertreter mit der Betonung von Mut und Zielstrebigkeit. Hier ergibt eine Vier-Felder-Kreuztabelle, dass kein einziger DDR-, aber 22,2 % der BRD-Kirchenvertreter in ihren Einträgen auf die Tugenden des Muts und der Zielstrebigkeit verwiesen. Die BRD-Kirchenvertreter sind demnach im Vergleich zur BRD-Randverteilung bei dieser Werthaltung (4,3 %) überrepräsentiert. Allerdings sollte man diese Befunde aufgrund der geringen Fallzahlen nicht überinterpretieren.

Weiterhin erscheint bemerkenswert, dass andere bürgerliche Werte von den Kirchenvertretern nicht aufgegriffen wurden. So kamen die Werthaltungen Arbeit und Leistung bzw. Bildung und Erkenntnisstreben in keiner, Charakterfestigkeit, Recht- und Sittlichkeit lediglich in einer Inskription eines Kirchenvertreters in der DDR zum Ausdruck. Aber auch Wahrheitsliebe und Wahrhaftigkeit sowie die Bindung an Familie und Heimat wurden von Kirchenvertretern in Ost und West nicht tangiert. Denkbar ist, dass bereits die Auswahl der Zitatquellen (öfters die Bibel) die Inskription bzw. den Verzicht auf bestimmte Werte beeinflusst haben könnte.

Wertevermittelnde Agenturen vermeiden konventionelle Inhalte
Auf einen weiteren Befund der Tabelle 7.54 ist abschließend aufmerksam zu machen: Den Kirchenvertretern und den staatlichen Funktionsträgern in der DDR ist gemein, dass sie jeweils auf albumspezifische Inhalte verzichteten. Dies geht aus den negativen Vorzeichen der Korrelationskoeffizienten bei diesen Albuminhalten hervor. Themen wie Erinnerung, Freundschaft oder der Wunsch für ein glückliches Leben werden von diesen Einträgern nicht oder höchst selten inskribiert. Auch alternative Albuminhalte (Kategorie ‚Anderes'), in denen eher keine Werthaltungen vorgetragen werden, wurden von diesen Inskribenten nicht zum Ausdruck gebracht. Daraus lässt sich schlussfolgern, dass die Kirchenvertreter sowie die Akteure staatlicher Institutionen in der DDR ihre Eintragungen vornehmlich

zur Vermittlung von Wertvorstellungen nutzten. Das heißt, sie traten als wertevermittelnde Agenten im Kontext der Alben auf.

Zusammenfassung und Interpretation
Ganz allgemein wird der in Hypothese H10 vermutete Zusammenhang gestützt. Während Akteure staatlicher Institutionen in der DDR bevorzugt staatliche DDR-Kernwerte in den Alben zum Ausdruck brachten, inskribierten Vertreter der Kirche hauptsächlich religiöse Wertvorstellungen. Sowohl die Akteure des Staats als auch der Kirche traten hierbei im Kontext der Alben als explizite Werteagenten auf. Dass es ihnen in der Tat hauptsächlich an der Vermittlung von spezifischen Wertvorstellungen ihrer Institutionen gelegen war, zeigt sich unter anderem in ihrem überwiegenden Verzicht auf konventionelle Albuminhalte. Einträge, in denen keine expliziten Wertvorstellungen vorkommen, wurden von diesen Einträgern eher vermieden.

Auch wenn es auf den ersten Blick selbstverständlich erscheinen mag, dass Akteure spezifischer Werteagenturen primär die Werte ihrer Institutionen vertreten, so kann dieser Sachverhalt allerdings auch als Indiz dafür gesehen werden, dass die von ihnen vertretenen Werte (Kernwerte der DDR, bzw. Religiosität) nicht oder nicht mehr zum Konsens in der Bevölkerung gehörten. Dieser Befund ergibt sich, wenn man das hier beobachtete Eintragsverhalten der Kirchenverteter mit dem in früheren Epochen vergleicht. So konnte Katrin Henzel in einer Analyse Leipziger Stammbucheinträge aus der Zeit zwischen 1760 und 1804 zeigen, dass lediglich 40,9 % der Kirchenvertreter in ihren Einträgen auf Religiosität verwiesen (Henzel 2014: 322). Das könnte darauf hindeuten, dass es die Kirchenvertreter im 18. Jahrhundert aufgrund des allgemein herrschenden Konsens vielleicht gar nicht für notwendig erachteten, auf diesen noch selbstverständlich erscheinenden Wert hinzuweisen und vielmehr auf andere Werte einzugehen. In den Poesiealben der zweiten Hälfte des 20. Jahrhunderts scheinen die Kirchenvertreter dann primär zu Verteidigern ihrer nicht mehr unhinterfragten und von kognitiver Dissonanz stärker bedrohten spezifischen Werte geworden zu sein.

7.5.2 Weitere Bekannte

Abschließend soll sich dem Inskriptionsverhalten der Personen des erweiterten Bekanntenkreises eines Halters zugewandt werden. Welche Werthaltungen betonten die weiteren Bekannten in ihren Einträgen? Im Rahmen der Hypothesenbildung wurde für Akteure dieser Einträgergruppe folgende Hypothese formuliert:

H11 *Wenn sich ein weiterer Bekannter in ein Album inskribiert hat, dann hat er eher unterschiedliche oder gar keine Wertvorstellungen in seinem Eintrag zum Ausdruck gebracht.*

Aufgrund der heterogenen Zusammensetzung dieser Inskribentengruppe wird vermutet, dass sich kein klares ‚Werteprofil' der weiteren Bekannten abzeichnet. Aufgrund der vermutlich weniger engen sozialen Beziehung zum Albumhalter wird zudem angenommen, dass die weiteren Bekannten nicht als wertevermittelnde Agenten aufgetreten sind und daher auf die Inskription von Wertvorstellungen eher verzichtet haben.

Korrelationen
Zur Prüfung dieser Annahme wird sich erneut auf eher deskriptive Befunde gestützt. Tabelle 7.55 gibt hierzu zum einen Vierfelderkorrelationskoeffizienten wieder, die den Zusammenhang zwischen Zugehörigkeit zur Einträgergruppe der weiteren Bekannten und dem Eintrag eines Wertebündels schätzen. Dabei wurden erneut die Inskribenten in DDR und Bundesrepublik jeweils separat analysiert. Darüber hinaus sind die relativen und absoluten Häufigkeiten der Einträge angegeben, in denen die jeweiligen Werthaltungen in Ost und West vorkommen. Zur besseren Vergleichbarkeit ist in einer abschließenden Spalte zusätzlich das Gesamtvorkommen (ohne Panel) der betreffenden Werte in den hier untersuchten Alben dargestellt.

Diversität von Wertvorstellungen in der Gruppe der weiteren Bekannten
Wie vermutet, ergibt sich für die relativ kleine Einträgergruppe der weiteren Bekannten ($n = 62$) eine hohe Diversität der eingetragenen Wertvorstellungen. Nicht tangiert wurden mit Hedonismus und Postmaterialismus zwei Werthaltungen, die ohnehin nur selten in die Alben inskribiert wurden. Auch staatliche Kernwerte

7 Die Wertvorstellungen in Poesiealben in DDR und Bundesrepublik

wurden entweder gar nicht (DDR) oder nur in sehr geringem Maße (BRD: 2,2 %) von den weiteren Bekannten inskribiert, was die allgemeine ‚Staatsferne' in den persönlichen Netzwerken der Heranwachsenden nochmals unterstreicht. Alle weiteren Werthaltungen bzw. Albuminhalte wurden von den weiteren Bekannten aufgegriffen.

Tabelle 7.55: Korrelationen und Häufigkeiten der Wertebündel bei den weiteren Bekannten

		weitere Bekannte					
		Korrelationen			Häufigkeiten		
Kontext	Wertebündel	DDR		BRD		DDR	BRD	Gesamt
		Phi	p	Phi	p	%	%	%
staatl. Kernwerte	BRD-Kernwerte	-,02	,379	-,03	,358	,0	2,2	4,8
staatl. Kernwerte	DDR-Kernwerte	-,02	,384	-,01	,691	,0	,0	2,5
unerwünscht(DDR)	Religiosität	,02	,475	,01	,663	12,5	17,4	11,3
vereinnahmt(DDR)	Gesundheit	,04	,105	-,01	,818	6,3	2,2	2,1
vereinnahmt(DDR)	Frohsinn und Optimismus	-,01	,818	,02	,445	12,5	26,1	17,9
geteilt-offiziell	Altruismus	-,02	,449	,00	,903	6,3	10,9	12,0
geteilt-offiziell	Arbeit und Leistung	,01	,707	-,03	,330	12,5	2,2	7,6
geteilt-offiziell	Bildung und Erkenntnis	-,01	,689	,02	,516	6,3	4,3	6,1
geteilt-offiziell	Wahrheitsliebe	,04	,178	,01	,820	18,8	6,5	7,5
geteilt-offiziell	Charakterfestigkeit	,06	,032	-,03	,364	25,0	4,3	8,7
geteilt-offiziell	Familie und Heimat	-,01	,643	,00	,969	6,3	6,5	8,2
Wertwandel	Hedonismus/Diesseitigkeit	-,01	,712	-,01	,627	,0	,0	,7
Wertwandel	Postmaterialismus	-,01	,636	-,03	,348	,0	,0	1,6
Wertwandel	Pflicht und Akzeptanz	,02	,512	,02	,446	18,8	15,2	12,5
weitere Werte	Vorsicht, maßvolles Handeln	,00	,881	,00	,945	12,5	10,9	11,3
weitere Werte	Mut und Zielstrebigkeit	-,01	,821	,06	,024	6,3	10,9	6,1
Albumspezifisch	Erinnerung	-,04	,145	-,03	,281	,0	10,9	14,1
Albumspezifisch	Freundschaft	,01	,732	-,02	,501	12,5	8,7	10,9
albumspezifisch	glückliches Leben	-,01	,669	,00	,978	6,3	13,0	11,1
anderes	‚andere' Inhalte	,03	,206	,07	,021	12,5	19,6	7,5

alle Variablen dichotom (liegt vor = 1, liegt nicht vor = 0), Vierfelderkorrelationskoeffizienten; nur singulärer bzw. bei Panel-Einträgern chronologisch erster Eintrag berücksichtigt sowie jeweils separat für DDR- und BRD-Einträger geschätzt, bei weiteren Bekannten DDR $n = 1316$, bei weiteren Bekannten BRD $n = 1216$.

Ähnliche Tendenzen im Eintragsverhalten wie bei den Haupteinträgergruppen in Ost und West
Vergleicht man die Häufigkeitsverteilungen in Ost und West, ergeben sich im Kern dieselben Tendenzen, die auch bei den Haupteinträgergruppen zu beobachten waren. So ist für die weiteren Bekannten in der DDR eine allgemein größere Bereitschaft erkennbar, die traditionellen Werthaltungen und hierbei insbesondere die bürgerlichen Werte stärker zu betonen. Besonders der Verweis auf Charakterfestigkeit, Recht- und Sittlichkeit ist bei den weiteren Bekannten in der DDR überrepräsentiert, was sich auch in einer signifikanten gleichsinnigen Korrelation widerspiegelt. Tendenziell ist also auch in dieser Einträgergruppe eine stärkere Wertekonservierung in der DDR beobachtbar. Demgegenüber scheinen die weiteren Bekannten in Westdeutschland wie auch die hiesigen Haupteinträgergruppen eher zum Eintrag albumaffiner Werte (Frohsinn und Optimismus) bzw. albumspezifischer Inhalte (z.B. Wunsch für ein glückliches Leben) geneigt zu haben.

Eingebettet ist diese Tendenz jedoch in eine allgemein größere Heterogenität der eingetragenen Werte und Inhalte innerhalb der Gruppe der weiteren BRD-Bekannten. Dies zeigt sich unter anderem auch bei der Wertvorstellung ‚Mut und Zielstrebigkeit', die in dieser Einträgergruppe in der BRD überrepräsentiert ist. Mehr noch wird die größere inhaltliche Heterogenität durch die signifikante positive Korrelation mit der Kategorie der ‚anderen' Inhalte verdeutlicht. Fast jeder fünfte weitere Bekannte in der BRD trug demnach einen eher selten vorkommenden Albuminhalt ein.

Verglichen mit den übrigen ist es besonders diese Einträgergruppe in der Bundesrepublik, welche die seltenen, stark individualisierten Albuminhalte am häufigsten eintrug. Da in diesen Inskriptionen in der Regel keine Werthaltungen zum Ausdruck gebracht werden, wird somit auch die zweite Vermutung erhärtet, wonach die weiteren Bekannten tendenziell dazu neigten, eher keine Wertvorstellungen zu inskribieren. Zusätzlich gestützt wird diese Annahme durch die Feststellung, dass auch die weiteren Bekannten in der DDR bei den ‚anderen' Inhalten überrepräsentiert sind. Verglichen mit den drei Haupteinträgergruppen hatten auch in der DDR die weiteren Bekannten im Durchschnitt am häufigsten ‚andere' Inhalte inskribiert.

7 Die Wertvorstellungen in Poesiealben in DDR und Bundesrepublik

Zusammenfassung und Interpretation
Zusammenfassend lässt sich sagen, dass Hypothese H11 durch die berechneten Korrelationen und durchgeführten Häufigkeitsanalysen gestützt wird. Der Heterogenität der Gruppe der weiteren Bekannten entsprechend ist eine Diversität der Werte und Albuminhalte in den Einträgen dieser Akteure feststellbar. Tendenziell folgten dabei die weiteren Bekannten den allgemein feststellbaren Trends einer größeren Wertekonservierung in der DDR (stärkere Betonung tradierter bürgerlicher Werte) und einer größeren Diversität der Werte und Inhalte in den alten Bundesländern (stärkere Betonung weiterer Werte bzw. anderer Inhalte). Wie vermutet, ist in der Gruppe der weiteren Bekannten zugleich eine relativ große Bereitschaft erkennbar, eher seltene bzw. alternative Inhalte einzutragen, in denen jedoch keine Wertvorstellungen zum Ausdruck gebracht wurden. Dies kann dahingehend interpretiert werden, dass aufgrund der loseren sozialen Beziehung zum Halter die weiteren Bekannten auf individualisierte Inskriptionen auswichen, um möglicherweise eine explizite Äußerung von Werthaltungen zu vermeiden. Diese Tendenz war in den alten Bundesländern stärker ausgeprägt als in der DDR, was als Hinweis auf eine größere Wertediskretion in den alten Bundesländern ausgelegt werden kann.

7.6 Fazit: Staatliche Rahmenbedingungen und Werte im Poesiealbum

Gelang eine intendierte Beeinflussung der Werte der Bürger durch den Staat? Um ein Fazit aus den umfangreichen Befunden der hier geprüften Hypothesen zu ziehen, soll sich zunächst an der Ausgangsfrage der Untersuchung orientiert werden: Inwiefern gelang es beiden deutschen Staaten zwischen 1949 und 1989, die Werte seiner Bürger intendiert zu beeinflussen? Die Ausgangsüberlegung hierbei war, dass die Akteure staatlicher Institutionen in DDR und BRD ein besonderes Interesse an der Übernahme bestimmter staatlich erwünschter Werte durch die Individuen in der Bevölkerung hatten. Entsprechende Werthaltungen wurden aus relevanten offiziellen Dokumenten herausgearbeitet und ihr Vorkommen in den Poesiealben, die in DDR bzw. Bundesrepublik zwischen 1949 und 1989 geführt wurden, geprüft. Die Analyse der eingetragenen Wertvorstellungen lässt nun Rückschlüsse darauf zu, inwiefern eine Beeinflussung zugunsten der staatlich erwünschten Werte erfolgte und ob von einer Identifikation mit dem jeweiligen Staat gesprochen werden kann. Hierzu sind die wichtigsten Befunde zum beobachteten

7.6 Fazit: Staatliche Rahmenbedingungen und Werte im Poesiealbum

Inskriptionsverhalten innerhalb der unterschiedenen Einträgergruppen zu betrachten. Sie sind in Tabelle 7.56 zusammengefasst.

Tabelle 7.56: Zusammenfassung: Werte der Einträgergruppen in Ost und West

Einträger	DDR	BRD
staatliche Funktionsträger	- sehr selten in DDR-Alben - vertreten als einzige aktiv staatliche Kernwerte im Vergleich zu anderen Werteagenturen (Kirche) geringer ausgeprägte Wertevermittlung > Identifikation mit dem DDR-Staat	
Lehrer	- nur teilweise Einträge von DDR-Kernwerten - agieren als Werteagenten - Rückzug auf humanistisch-bürgerliche Bildungswerte > Nur geringe Identifikation mit DDR-Staat	- nur teilweise Einträge von BRD-Kernwerten - nur noch teilweises Agieren als Werteagenten - bürgerliche Werte, tendenzielle Werte-Diversität - tendenzielle Individualisierung > größere Identifikation mit BRD-Staat
Familie	- keine ideologischen Einträge - agieren als Werteagentur - religiöse Werte, Werte der Nische > keine Identifikation mit DDR-Staat	- wenige Einträge mit BRD-Kernwerten - nur noch teilweises Agieren als Werteagentur - zunehmende Werte > eher keine Identifikation mit BRD-Staat
Peers	- sehr wenige ideologische Einträge - stärkere Bereitschaft zur Wertäußerung - Werte der Nische > keine Identifikation mit DDR-Staat	- wenige Einträge mit BRD-Kernwerten - Äußerung von Werten erst verzögert - tendenziell eher konventionelle Albumwerte > eher keine Identifikation mit BRD-Staat
Vertreter der Kirche	- keine ideologischen Einträge - Religiosität - Werteagentur > keine Identifikation mit DDR-Staat	- kein Eintrag von BRD-Kernwerten - Religiosität - Werteagentur > eher keine Identifikation mit BRD-Staat
weitere Bekannte	- keine ideologischen Einträge - Heterogenität der Inhalte - tendenziell bürgerliche Werte > keine Identifikation mit DDR-Staat	- kein Eintrag von BRD-Kernwerten - Heterogenität der Inhalte - tendenziell eher nicht wertevermittelnd > eher keine Identifikation mit dem BRD-Staat

Staatliche Funktionsträger (DDR)

Staatliche Funktionsträger kamen nur in den Alben der DDR vor und hier überaus selten. Wie die Analyse zeigte, waren es in der Tat die Akteure dieser Einträgergruppe, die relativ am häufigsten die ideologischen Kernwerte der DDR eintrugen. 50 % der staatlichen Funktionsträger haben die DDR-Kernwerte inskribiert. Im

Vergleich zu anderen Werteagenturen, die ebenfalls ein Interesse an der Herausbildung spezifischer Werte haben (insbesondere die Vertreter der Kirche > 80 % Eintrag von Religiosität), war die Bereitschaft, entsprechende Einträge vorzunehmen, bei den staatlichen Funktionsträgern allerdings weniger stark ausgeprägt. Nichtsdestotrotz kann von einer allgemeinen Identifikation der staatlichen Funktionsträger mit dem DDR-Staat ausgegangen werden.

Lehrer
Schon anders sieht es innerhalb der Gruppe der Lehrer in der DDR aus. Zwar waren sie in der DDR die Haupteinträgergruppe, die nach den staatlichen Funktionsträgern am häufigsten die DDR-Kernwerte inskribierte. Doch mit 11,3 % waren überraschend wenige ideologische Einträge von den DDR-Lehrern zu verzeichnen. Vielmehr wurde ein allgemeiner Rückzug auf die humanistisch-bürgerlichen Bildungswerte bei den DDR-Lehrern festgestellt, die zwar ebenfalls als staatlich legitimierte Werte anzusehen waren, aber eher tradierte Wertvorstellungen sind. Diese auffällige Inskriptionsstrategie wurde dahingehend gedeutet, dass hier von den Lehrern lediglich der Schein einer Identifikation mit dem DDR-Staat gewahrt wurde, indem man auf diese staatlich legitimierten Werte zurückgriff. Es kann deshalb vermutet werden, dass selbst Akteure dieser Einträgergruppe sich in nur geringem Maße mit dem DDR-Staat identifizierten. Da kaum albumaffine Inhalte, vielmehr aber tradierte Werte eingetragen wurden, nahmen allerdings die DDR-Lehrer ihre Funktion als Werteagenten durchaus wahr, was zugleich für eine stärkere Wertekonservierung in der DDR sorgte.
Diese Einschätzung trifft hingegen nur bedingt für Lehrer in der BRD zu. Die Analyse des Inskriptionsverhaltens der Lehrer in Westdeutschland zeigte zwar ebenfalls auf, dass insbesondere bürgerliche Werte relativ häufig eingetragen wurden. Allerdings legten Lehrer in der Bundesrepublik eine allgemein größere Bereitschaft an den Tag, auch andere Werte oder Albuminhalte einzutragen, so dass innerhalb dieser Gruppe von einer tendenziellen Diversität der Werte und Einstellungen gesprochen werden kann. Da insbesondere auch andere nicht ‚wertlastige' Albuminhalte inskribiert wurden, erfüllten die Lehrer in der BRD zunehmend weniger ihre Rolle als Werteagenten.
Dieser Befund wurde einerseits als Hinweis auf eine Tendenz zur Individualisierung (von Einstellungen) in den alten Bundesländern gedeutet, die andererseits möglicherweise aber auch durch ein erweitertes Tätigkeitsfeld der West-Lehrer

verstärkt wurde. Auf der Folie der größeren Diversifizierung der Werte in den alten Bundesländern ist auch die Bereitschaft der BRD-Lehrer zu betrachten, die staatlichen Kernwerte der Bundesrepublik zu inskribieren. Dabei haben BRD-Lehrer nicht nur tendenziell häufiger BRD-Kernwerte eingetragen als DDR-Lehrer die Kernwerte der DDR (14,2 % > 11,3 %). Es zeigte sich auch, dass die Eintragswahrscheinlichkeit für die BRD-Kernwerte zwischen 1949 und 1989 generell in den alten Bundesländern zunahm.[341] Diese Befunde können demnach dahingehend interpretiert werden, dass sich die westdeutschen Lehrer insbesondere mit fortschreitender Dauer allgemein mit der Bundesrepublik identifizierten.

Familie
Familienangehörige eines Albumhalters in der DDR verzichteten weitestgehend auf ideologische Einträge in Form der Inskription der DDR-Kernwerte. Wie die Analyse zeigte, trugen DDR-Verwandte relativ häufig religiöse Wertvorstellungen, aber auch Werthaltungen ein, die mit der Bildung von Nischen korrespondieren (Wahrheitsliebe, Familie/Heimat, Altruismus). Sie inskribierten vergleichsweise häufig Wertvorstellungen, jedoch nur selten konventionelle Albuminhalte, so dass in der DDR von einem Agieren der Familie als Werteagentur gesprochen werden kann. Das Ausklammern der DDR-Kernwerte und die Betonung religiöser, aber auch der Nischenwerte zeigt, dass eine Identifikation mit dem DDR-Staat durch die Akteure dieser Gruppe nicht stattfand.
Auch in der Gruppe der BRD-Verwandten ließen sich nur wenige Einträge mit BRD-Kernwerten feststellen. Dies spricht nicht für eine mögliche Identifikation mit dem BRD-Staat durch die BRD-Verwandten. Hierbei ist anzumerken, dass gerade die Familienangehörigen in der BRD auf eher konventionelle Albuminhalte auswichen und sich dadurch expliziten Wertäußerungen entzogen. Den vorliegenden Befunden nach hat folglich die Familie in der Bundesrepublik nur noch zum Teil als Werteagentur agiert. Andererseits deuten diese Befunde auf eine allgemein geringere Bereitschaft zur expliziten Äußerung von Wertvorstellungen in den alten Bundesländern hin.

---

[341] Dass demgegenüber in der DDR die Eintragswahrscheinlichkeit der DDR-Kernwerte im Zeitverlauf stagnierte, stellt denn auch einen weiteren Beleg dafür dar, dass eine Identifikation mit dem DDR-Staat wohl nur ‚pro forma', aber keinesfalls aus Überzeugung erfolgte.

7 Die Wertvorstellungen in Poesiealben in DDR und Bundesrepublik

Peers

In der DDR inskribierten gleichaltrige Heranwachsende (sechs bis 20 Jahre) nur in geringem Maße DDR-Kernwerte. Demgegenüber trugen sie relativ häufig Werte ein, die als korrespondierend mit der Bildung von Nischen interpretiert werden können. Im Vergleich zu den Peers in den alten Bundesländern ist bei den ostdeutschen Peers eine stärkere Bereitschaft festzustellen, Sprüche auszuwählen, in denen explizit Werthaltungen zum Ausdruck gebracht wurden. Dies zeigt sich unter anderem darin, dass zum Teil deutlich seltener die albumspezifischen Inhalte (glückliches Leben, Erinnerung, Optimismus) bemüht wurden. Auch wenn sich bei den Ost-Peers keine Anzeichen einer Identifikation mit dem DDR-Staat aus innerer Überzeugung finden lassen, so blieb die Wahrnehmung staatlicher Institutionen in der DDR nicht ohne Folgen. Insbesondere beim Eintrag von Religiosität ergaben sich Hinweise auf institutionelle Effekte des säkularen schulischen Umfelds in der DDR. Trotz eines offensichtlich familiären Bemühens in DDR und Bundesrepublik zur Vermittlung religiöser Einstellungen scheint die Gestaltung des schulischen Umfelds einen Effekt auf das Inskriptionsverhalten der Peers ausgeübt zu haben, was sich in einem tendenziell ähnlichen Eintragsverhalten im Zeitverlauf bei den Peers und Lehrern zeigt.

Diese Beobachtung trifft auch für die Heranwachsenden in der Bundesrepublik zu. Hier ergab allerdings die Analyse, dass bevorzugt albumspezifische und somit eher konventionelle Inhalte von dieser Einträgergruppe inskribiert wurden. Explizite Wertvorstellungen wurden hingegen seltener eingetragen, so dass auch bei den BRD-Peers die Tendenz zu einer größeren Wertediskretion festzustellen ist. In diesem Kontext ist vermutlich auch die geringe Bereitschaft der westdeutschen Peers zu sehen, in ihren Einträgen auch BRD-Kernwerte zum Ausdruck zu bringen. Eine Identifikation mit dem BRD-Staat lässt sich somit nicht feststellen, was allerdings durch den allgemeinen Trend zur Wertediskretion verdeckt wird. Bemerkenswert erscheint in diesem Zusammenhang der Befund, dass die Eintragswahrscheinlichkeit insbesondere von bürgerlichen Werten in dieser Einträgergruppe mit dem Alter zunahm. Dies war als Anpassung der individuellen Werte an eine neue Lebenssituation (‚verzögerter Anpassungsdruck' in der Bundesrepublik) gedeutet worden.

Vertreter der Kirche
Vertreter der Kirche haben gleichermaßen in DDR und BRD weitestgehend auf den Eintrag staatlicher Kernwerte verzichtet. Eine Identifikation mit einem der deutschen Staaten kann deshalb nicht festgestellt werden. Vielmehr wurde von den Kirchenvertretern fast immer eine religiöse Wertvorstellung in das Album eingetragen, die zuweilen um wenige andere Wertevorstellungen ergänzt wurde. Die Kirche kann somit als eine selten eintragende, jedoch verlässliche Werteagentur aufgefasst werden, die zwischen 1949 und 1989 hauptsächlich ihrem ‚Werteprogramm' folgte.

Weitere Bekannte
Die Gruppe der weiteren Bekannten erwies sich in ihrer Zusammensetzung wie auch in der Auswahl ihrer Inskriptionsinhalte als heterogen. Sowohl in der DDR als auch in der Bundesrepublik waren dabei allerdings keine Einträge staatlicher Kernwerte beobachtbar. Der Verzicht darauf gibt wieder besonders für die weiteren Bekannten in der DDR einen Hinweis darauf, dass hier keine Identifikation mit dem DDR-Staat stattgefunden hat. Denn im Allgemeinen folgten auch die weiteren Bekannten den allgemein feststellbaren Trends in Ost (Wertekonservierung tradierter Werte) und West (Wertediskretion). So trugen die weiteren Bekannten in der DDR tendenziell eher bürgerliche und somit mit der Ideologie konkurrierende Werte ein, während die weiteren Bekannten in der Bundesrepublik stärker individualisierte Inhalte inskribierten, in denen eher keine expliziten Wertvorstellungen zum Ausdruck kamen. Die geringere Bereitschaft zu expliziten Wertäußerungen in den alten Bundesländern erschwert auch im Fall der weiteren Bekannten eine klare Aussage zur Identifizierung mit dem bundesdeutschen Staat.

Fand eine aktive Identifikation mit den Werten des Staats statt?
Kehren wir zur Ausgangsfrage zurück: Fand eine aktive Identifikation mit den Werten des Staats in der Bevölkerung der DDR bzw. Bundesrepublik statt? Für die DDR zeigen die Befunde, dass trotz eines allgemeinen und bereits früh im Lebensalter einsetzenden Anpassungsdrucks im Grunde keine aktive Identifikation mit den staatlichen Kernwerten und somit der Ideologie stattfand. Lediglich die staatlichen Funktionsträger vertraten hauptsächlich die DDR-Ideologie aktiv

7 Die Wertvorstellungen in Poesiealben in DDR und Bundesrepublik

in den Alben. Dies bedeutet, dass eine staatliche Beeinflussung zugunsten der aktiven Identifikation mit den Kernwerten nicht stattfand, die intendierte Wirkung des Staats verfehlt wurde. Als eher unintendierte Folge der wahrgenommenen staatlichen Rahmenbedingungen dürfte das stärkere Festhalten an tradierten Wertvorstellungen in der DDR einzuschätzen sein. Da es sich hierbei größtenteils um staatlich legitimierte Werte handelt, könnte man dies zwar oberflächlich als beabsichtigte Folge wirksamer Maßnahmen des DDR-Staats interpretieren. Doch ist dieser Befund eher auf ein Festhalten an diesen Werten durch die traditionellen Werteagenturen Schule (bürgerlich-humanistische Bildungswerte) und Familie (Nischenwerte) in der DDR zurückzuführen. Intendiert dürfte allenfalls der Effekt eines stärkeren Rückgangs der religiösen Wertvorstellungen bei den Ost-Peers gewesen sein. Obschon eine allgemeine Säkularisierungstendenz in Ost und West beobachtbar war, könnte ein institutionell säkularisiertes Schulumfeld in der DDR zu einer stärkeren Abkehr von religiösen Werten bei den DDR-Peers beigetragen haben.

Für die Bundesrepublik zwischen 1949 und 1989 ergab die vorliegende Analyse, dass eine aktive Identifikation mit den staatlichen BRD-Kernwerten zwar doppelt so häufig wie die Identifikation mit DDR-Kernwerten in den Alben erfolgte und dabei auch im Zeitverlauf tendenziell zunahm. Allerdings blieben Einträge mit staatlichen BRD-Kernwerten dennoch im Vergleich zu Einträgen mit anderen Wertvorstellungen eher selten. Erschwert wird die Aussage über eine mögliche Identifikation mit dem BRD-Staat auch dadurch, dass in den West-Alben ein Trend zur Wertediskretion festzustellen ist. Durch das Ausweichen auf eher konventionelle Albuminhalte entzog man sich hier eher einem öffentlichen Bekenntnis zu einer bestimmten Wertvorstellung, während man in der DDR mit der Ideologie konkurrierende Wertvorstellungen inskribierte. Die augenscheinliche Nicht-Identifikation in Westdeutschland könnte daher von einem allgemeineren Trend zur Wertediskretion ‚überlagert' worden sein.

Auswirkungen auf der Kollektivebene in Ost und West
Welche allgemeinen Trendaussagen ergeben sich aufgrund der Befunde zu den eingetragenen Werthaltungen für die Kollektivebene in DDR und Bundesrepublik?

7.6 Fazit: Staatliche Rahmenbedingungen und Werte im Poesiealbum

DDR: Wertekonservierung

Verallgemeinert man die Befunde der vorliegenden Analyse zu Aussagen über allgemeine Trends auf Kollektivebene, so zeichnet sich für die DDR neben dem Verzicht auf eine Identifikation mit dem DDR-Staat vor allem der Trend zu einer allgemeinen Wertekonservierung ab. Damit ist vornehmlich gemeint:

- ein größeres Beharren auf tradierten Wertvorstellungen
- eine größere Bereitschaft, sich zu Werten zu bekennen
- eine stärker explizit wertevermittelnde Funktion der traditionellen Werteagenturen

BRD: Tendenzielle Individualisierung, stärkere Pluralisierung, größere Wertediskretion

Demgegenüber konnten mit der vergleichenden Albumanalyse zwei in der soziologischen Forschung allgemein bekannte Trends in den alten Bundesländern belegt werden. Hierbei handelt es sich um die:

- Tendenz zur größeren Individualisierung („Individualisierungsthese")
- Heterogenität der Werte und Einstellungen („Wertepluralisierung")

Darüber hinaus ließ sich womöglich eine weitere Wandlungstendenz feststellen und zwar die:

- Tendenz zur Wertediskretion

Damit ist der Trend in den westdeutschen Alben gemeint, sich weniger explizit zu Werthaltungen in den Eintragungen zu äußern. Diese größere Bereitschaft zur ‚Wert-Enthaltung' in den West-Alben könnte zugleich auch auf eine größere Toleranzbereitschaft gegenüber anderen Wertvorstellungen und Einstellungen hindeuten. Gemäß dieser Interpretation kann man sagen, dass sich in der Bundesrepublik einige der staatlichen Kernwerte der Bundesrepublik (Toleranz gegenüber Anderen, Selbstständigkeit im Handeln) im Inskriptionsverhalten (Wertediskretion; individueller Inskriptionsinhalt) bewusst oder unbewusst konkretisierten. Für die DDR ist diese Beobachtung demgegenüber nicht zutreffend.

7 Die Wertvorstellungen in Poesiealben in DDR und Bundesrepublik

Fazit: Staatliche Rahmenbedingungen und Wertvorstellungen im Poesiealbum

Zusammenfassend lässt sich sagen, dass die Prüfung der Hypothesen zu den Wertvorstellungen in den Poesiealben die Plausibilität des hier vertretenen Erklärungsmodells im Allgemeinen untermauert. Insbesondere ist abschließend auf zwei Kernbefunde hinzuweisen:

1. Weitere Spezifizierung des Erklärungsmodells

Für die Bundesrepublik war aufgrund der hier vorherrschenden staatlichen Rahmenbedingungen (Wahrnehmung einer geringen Repressivität bei hoher Glaubwürdigkeit staatlicher Institutionen) eine Tendenz zur Werteheterogenität vorhergesagt worden. Dies konnte durch die Analyse der westdeutschen Alben erhärtet werden. Ergänzt werden kann dieses Modell zusätzlich um die Annahme, dass die wahrgenommenen staatlichen Rahmenbedingungen in der Bundesrepublik womöglich auch eine Tendenz zur Wertediskretion befördert haben. Für die DDR konnte mit dem hier vertretenen Erklärungsmodell lediglich die Abwesenheit staatlicher Kernwerte (als Strategie der Staatsferne) vorhergesagt werden. Aufbauend auf die Analyse der in der DDR geführten Alben kann das Erklärungsmodell nunmehr spezifiziert werden. Offensichtlich scheint die für die DDR angenommene Kombination von staatlichen Rahmenbedingungen – Wahrnehmung einer hohen Repressivität bei geringer Glaubwürdigkeit des Staats – nicht nur die Abwesenheit staatlicher Kernwerte, sondern auch die Konservierung tradierter Wertvorstellungen zu begünstigen. Inwiefern dieser Befund verallgemeinerbar ist, sollte im Rahmen weiterer Wertstudien geprüft werden.

2. Geringe Steuerbarkeit der Beeinflussung der Werte durch den Staat

Im Rahmen der Analyse direkter und indirekter Wertebeeinflussung in Kapitel 4 war auf die geringe Steuerbarkeit staatlicher Einflussnahme auf die Werte hingewiesen worden. Auch diese Argumentation wird durch die Analyse der eingetragenen Werte gestützt. Zwar übt die Wahrnehmung staatlicher Rahmenbedingungen einen Einfluss auf die Werte in einer Bevölkerung aus, allerdings oft nicht im intendierten Sinn der staatlichen Institutionen. Wie sich vielmehr gezeigt hat, ist eher von einer geringen erwünschten Wirkung (in der Bundesrepublik: gewisse Akzeptanz staatlicher Kernwerte) und mehr noch von unintendierten Wirkungen der Wahrnehmung staatlicher Rahmenbedingungen (DDR: Konservierung bürgerlicher Werte) auszugehen.

8 Resümee und Ausblick

Ziel der Arbeit war es, ein neues Licht auf das Verhältnis zwischen dem Staat und den Werten seiner Bürger zu werfen. Als Ausgangspunkt diente hierbei die Frage, welches Interesse ein Staat an den Werten seiner Bürger hat und inwiefern es ihm gelingt, diese auch wie gewünscht zu beeinflussen. Verschiedene Einzelfragen konnten daraus abgeleitet werden, von denen in dieser Arbeit vor allem drei aufgegriffen wurden: An welchen Werten ist ein Staat interessiert? Welche Möglichkeiten der Einflussnahme stehen ihm zur Verfügung? Welche Wirkungen entfaltet ein Staat auf die Werte seiner Bürger? Am Beispiel von DDR und Bundesrepublik wurde diesen Fragen nachgegangen. Die resultierenden Kernthesen dieser Arbeit lassen sich wie folgt zusammenfassen:

1. Es kann zwischen impliziten und expliziten Werten eines Staats unterschieden werden. Insbesondere die expliziten Werte sind als staatlich erwünschte Werte interpretierbar.

Es wurde aufgezeigt, dass man in Anlehnung an den Staatsrechtler Peter Häberle von impliziten und expliziten Werten eines Staats sprechen kann. Als implizit können Werte gekennzeichnet werden, die „ungeschrieben" den grundlegenden Ordnungen eines Staats inhärent sind und die erst mittels Inhaltsanalyse zu erschließen sind. Explizite Werte werden hingegen ausdrücklich in den Ordnungen eines Staats als von der Bevölkerung anzustrebende Wertvorstellungen genannt. Diese sind vor allem in solchen staatlichen Dokumenten enthalten, in denen Bildungs- und Erziehungsziele formuliert werden. Es ist umstritten, ob ein Staat seine impliziten Werte auch aktiv vermitteln soll. Aber wenn Werthaltungen ausdrücklich als Erziehungsziele in Rechtstexten benannt werden, kann man von einem staatlichen Auftrag an die Akteure seiner Bildungs- und Erziehungsinstitutionen sprechen, diese Werte – gleich mit welchen Methoden, mit welcher Intensität und mit welchem Erfolg – der eigenen Bevölkerung zu vermitteln. Insofern können insbesondere die in den Ordnungen explizit aufgeführten Werthaltungen als staatlich erwünschte Werte interpretiert werden.

© Springer Fachmedien Wiesbaden GmbH, ein Teil von Springer Nature 2019
S. Walter, *Der Staat und die Werte*, https://doi.org/10.1007/978-3-658-25786-6_8

2. Die staatlich erwünschten Werte lassen sich in Kernwerte des Staats und in staatlich legitimierte Werte differenzieren.
Wie die Analyse relevanter offizieller Dokumente aus DDR und Bundesrepublik ergab, lassen sich die staatlich erwünschten Werte in staatliche Kernwerte sowie in staatlich legitimierte Werte unterteilen. Während staatliche Kernwerte eng an die jeweilige Herrschaftsform geknüpft sind, kommen staatlich legitimierte Werte traditionell in der Bevölkerung vor. Durch Aufnahme in staatliche Dokumente werden sie lediglich nochmals durch den Staat als erwünschte bekräftigt. Die staatlich legitimierten Werte können nochmals differenziert werden. Ist eine traditionell in der Bevölkerung verbreitete Werthaltung nur in den Ordnungen eines Staats explizit aufgeführt, kann sie als staatlich vereinnahmter Wert gekennzeichnet werden. Wird eine traditionelle Werthaltung in den Ordnungen gleich mehrerer Staaten explizit benannt, kann sie als geteilt-offizielle Werthaltung bezeichnet werden. Auch wenn man dem Staat ein Interesse an allen explizit in seinen Ordnungen aufgeführten Werten unterstellen kann, so dürfte den staatlichen Sozialisationsinstanzen (Schule) dennoch primär die Vermittlung der staatlichen Kernwerte zufallen. Denn während staatlich legitimierte Werte traditionell auch von anderen Sozialisationsinstanzen (Familie, Peers) vertreten und vermittelt werden, trifft dies für die staatlichen Kernwerte nicht zu.

3. Ein Staat kann entweder direkt im Rahmen seiner Sozialisationsinstanzen oder indirekt durch die Gestaltung seiner Ordnungen die Werte der Bürger beeinflussen.
Welche Möglichkeiten hat ein Staat, die Werte seiner Bürger zu beeinflussen? Zur Beantwortung dieser Frage wurde eine Differenzierung von Wolfgang Bergem aufgegriffen und zwischen zwei grundlegenden Möglichkeiten unterschieden. Demnach kann einerseits ein Staat im Rahmen seiner eigenen (bzw. der von ihm kontrollierten) Sozialisationsinstanzen die Werte der Bürger direkt beeinflussen. Hierbei treten Akteure staatlicher Institutionen in unmittelbaren Kontakt mit den (künftigen) Bürgern und versuchen, mittels geeigneter Lerninterventionen deren Werte auf erwünschte Art und Weise zu beeinflussen. Andererseits kann ein Staat durch die Gestaltung seiner Ordnungen das Verhalten seiner Bürger stimulieren, was sich möglicherweise auch auf damit korrespondierende Einstellungen und Werte auswirkt. Diese Form staatlicher Einflussnahme wurde als indirekt bezeich-

8 Resümee und Ausblick

net, da der Staat in diesem Fall mit Anreizen primär auf das Verhalten der Individuen abzielt. Erst mit dem ‚Umweg' über die Verhaltensebene erfolgt hier ein Einfluss auf die kognitive Ebene der Werte.

4. Die Theorie der kognitiven Dissonanz bietet ein theoretisches Fundament für die indirekte staatliche Einflussnahme. Sie ist jedoch hierfür um das Wertkonzept zu erweitern.

Da die indirekte staatliche Einflussnahme bisher kaum systematisch untersucht wurde, konzentrierte sich vorliegende Arbeit auf diese Form staatlicher Wertbeeinflussung. Die Theorie der kognitiven Dissonanz von Leon Festinger wurde hierzu als theoretisches Fundament gewählt und um das Wertkonzept erweitert. Die Diskussion des Wertbegriffs hatte Hinweise erbracht, dass Werte aufgrund ihrer besonderen Eigenschaften (Abstraktheit, Transsituativität) seltener von kognitiver Dissonanz betroffen sein könnten als die spezifischeren Einstellungen. Sie weisen vermutlich gerade deshalb auch eine größere Persistenz auf. Deshalb wurde argumentiert, dass erst bei einer Vielzahl von Verhaltensanreizen oder neuen Wissensbeständen die persönlichen Werte in kognitive Dissonanz geraten können. Indirekte Einflüsse des Staats auf die individuellen Werthaltungen sind somit am ehesten durch größere staatliche Maßnahmebündel, vor allem aber durch die Gestaltung der Rahmenbedingungen eines Staats zu erwarten. Führen umfangreichere staatliche Maßnahmebündel bzw. die wahrgenommenen staatlichen Rahmenbedingungen dazu, dass die Werte einer Person von kognitiver Dissonanz betroffen sind, besteht für sie eine Möglichkeit zur Reduktion dieser Dissonanz dann darin, ihre bisherigen Werte an die vom Staat bereitgestellten neuen Wissensbestände bzw. an das durch die staatlichen Anreize hervorgerufene neue Verhalten anzupassen.

5. Insbesondere die wahrgenommene Repressivität sowie die Glaubwürdigkeit eines Staats stellen staatliche Rahmenbedingungen dar, die das Verhalten und die Werte von Personen beeinflussen.

Da angenommen wird, dass sich primär die wahrgenommenen Rahmenbedingungen eines Staats auf das Verhalten von Personen und damit indirekt auch auf deren Wertvorstellungen auswirken können, wurde diskutiert, welche der staatlichen Rahmenbedingungen hierfür besonders infrage kommen. Es wurde die These vertreten, dass primär die wahrgenommene Repressivität, mit der ein Staat seine Ordnungen durchsetzt, und die wahrgenommene Glaubwürdigkeit staatlicher Institutionen das Verhalten von Personen beeinflussen und somit einen indirekten Einfluss auf deren Werte ausüben können. Aus heuristischen Gründen wurde dabei angenommen, dass Personen einen Staat entweder als glaubwürdig oder als unglaubwürdig bzw. als repressiv oder als nicht-repressiv wahrnehmen. Damit sind vier Konstellationen staatlicher Rahmenbedingungen denkbar: glaubwürdig/nicht-repressiv vs. glaubwürdig/repressiv vs. unglaubwürdig/ nicht-repressiv vs. unglaubwürdig/repressiv.

Kognitive Dissonanz kann entstehen, wenn die vorherrschenden staatlichen Rahmenbedingungen mit den eigenen (bisherigen) Lebenszielen, Werten, Einstellungen und individuellen Verhaltensweisen konfligieren. Einer Person stehen dann prinzipiell drei Strategien zur Reduktion kognitiver Dissonanz zur Verfügung: Erstens kann sie das Staatsgebiet verlassen, sie kann zweitens versuchen, die staatlichen Rahmenbedingungen zu verändern. Die dritte und wohl am häufigsten gewählte Strategie dürfte jedoch darin bestehen, sich mit den vorherrschenden staatlichen Rahmenbedingungen zu arrangieren. Wie das Arrangement mit dem Staat ausfällt, hängt dabei von der jeweiligen Konstellation staatlicher Rahmenbedingungen ab. Denn je nachdem, welche Konstellation primär von den Bürgern wahrgenommen wird, werden unterschiedliche Strategien zur Reduktion kognitiver Dissonanz begünstigt.

6. DDR und Bundesrepublik haben sich bezüglich der Repressivität und Glaubwürdigkeit ihrer staatlichen Institutionen unterschieden. Dadurch begünstigten sie verschiedene Strategien zur Reduktion kognitiver Dissonanz in der eigenen Bevölkerung. Während die Ostdeutschen auf die wahrgenommenen staatlichen Rahmenbedingungen in der DDR primär mit Strategien der Unauffälligkeit und Staatsferne reagierten, förderten die staatlichen Rahmenbedingungen der Bundesrepublik eine größere Vielfalt individueller Strategien der Dissonanzreduktion bei den Westdeutschen.

Aufbauend auf den theoretischen Überlegungen zur Wahrnehmung staatlicher Rahmenbedingungen und möglichen Strategien zur Dissonanzreduktion beim Eingehen eines Arrangements mit dem Staat wurden Erklärungsmodelle für daraus resultierende Folgen auf Verhaltensweisen und Werte der Ost- bzw. Westdeutschen für die Zeit der innerdeutschen Teilung entwickelt. Es wurde angenommen,

8 Resümee und Ausblick

dass die staatlichen Institutionen der DDR in der ostdeutschen Bevölkerung primär als eher repressiv und eher unglaubwürdig wahrgenommen wurden. Aus dieser Konstellation staatlicher Rahmenbedingungen in der DDR wurde gefolgert, dass zum einen die wahrgenommene Repressivität des SED-Staats bei den Ostdeutschen besonders Strategien äußerlicher Unauffälligkeit, wie sie sich etwa im Festhalten an bewährten und auch von anderen Personen geteilten Verhaltensweisen manifestiert, beförderte. Die mangelnde Glaubwürdigkeit der staatlichen Institutionen in der DDR rief zum anderen bei den Ostdeutschen eine eher reservierte Haltung gegenüber dem Staat und seinen Kernwerten hervor, stattdessen bevorzugten diese andere, ‚staatsferne' Wertvorstellungen sowie private Nischen. Das Arrangement mit dem DDR-Staat bestand demnach für die Ostdeutschen primär in einer äußerlich unauffälligen Angepasstheit bei gleichzeitiger innerer Distanz zum SED-Staat und seinen Kernwerten.

Für die Bundesrepublik und ihre staatlichen Institutionen wurde hingegen angenommen, dass sie zwischen 1949 und 1989 in der westdeutschen Bevölkerung überwiegend als nicht-repressiv sowie als glaubwürdig wahrgenommen wurden. Aufgrund der hier vorherrschenden Rahmenbedingungen bestand für die Westdeutschen weit weniger die Notwendigkeit, sich diesbezüglich mit dem Staat zu arrangieren. Daraus folgte, dass sich demnach auch keine dominante Strategie zur Dissonanzreduktion in der westdeutschen Bevölkerung herausbildete. Vielmehr begünstigte die geringe Repressivität der Bundesrepublik Strategien der Selbstentfaltung und Individualisierung der Verhaltensweisen und Wertvorstellungen in der westdeutschen Bevölkerung. Dadurch nahm allerdings im Zeitverlauf die Bereitschaft ab, sich ausdrücklich zu präferierten Wertvorstellungen zu äußern. Die Glaubwürdigkeit der staatlichen Institutionen förderte Strategien der politischen Partizipation und trug zur Akzeptanz staatlicher Kernwerte bei. Allerdings stellten die staatlichen Kernwerte unter den Rahmenbedingungen der Bundesrepublik lediglich eine Werteoption unter vielen dar. Insofern kam es nur zu einer moderaten Zunahme des aktiven Befürwortung staatlicher Kernwerte in der westdeutschen Bevölkerung. Primär führten die staatlichen Rahmenbedingungen der Bundesrepublik bei den Westdeutschen zu einer zunehmenden Werteheterogenität, begleitet von einer Tendenz zur Wertediskretion.

7. Die empirische Analyse von Einträgen in Poesiealben, die zwischen 1949 und 1989 in DDR und Bundesrepublik geführt wurden, deuten zum einen auf eine stärkere Konservierung der Werte bei den Ostdeutschen hin, zum anderen auf eine zunehmende Unverbindlichkeit der Werte und auf größere Verhaltensheterogenität bei den Westdeutschen.

Die für DDR und Bundesrepublik entwickelten Erklärungsmodelle wurden anhand von Einträgen in Poesiealben, die zwischen 1949 und 1989 in Ost und West geführt wurden, geprüft. Hierzu wurden aus den Erklärungsmodellen elf retrospektive Hypothesen zum Eintragsverhalten in DDR und Bundesrepublik abgeleitet und getestet. Insgesamt wurden hierzu 2863 Einträge aus 84 Poesiealben inhaltsanalytisch ausgewertet. Die Alben stammen von 65 Teilnehmern (33 aus den alten Bundesländern / 32 aus der ehemaligen DDR) und wurden zwischen Mai 2009 und Mai 2011 eingesehen. Die Erhebung erfolgte im Bekanntenkreis des Verfassers, durch Aufruf über einen wissenschaftlichen Mailverteiler der Deutschen Gesellschaft für Volkskunde sowie durch Nutzung privater und öffentlicher Sammlungen. Durch eine Nachbefragung der Albumbesitzer wurden fehlende Daten zu den Einträgen ergänzt und grundlegende soziodemographische Variablen zusätzlich erhoben. Die in den eingetragenen Sprüchen enthaltenen Wertvorstellungen wurden mit Hilfe einer Themen-Frequenzanalyse nach Werner Früh inhaltsanalytisch erschlossen und anschließend statistisch ausgewertet. Die Analyse der in DDR bzw. Bundesrepublik geführten Poesiealben lieferte eine Vielzahl von Befunden. Besonders hervorzuheben sind die Folgenden:

- Die Analyse der Albumeinträge verweist auf ein größeres Beharren auf traditionellen, insbesondere bürgerlichen Werten in Ostdeutschland, auf eine zunehmende Heterogenität der Werte und Albuminhalte hingegen in Westdeutschland. Hier ist zudem ein zunehmend wertausweichendes Eintragsverhalten feststellbar.
- Verwandte und Lehrer, wichtige Sozialisationsinstanzen während der Adoleszenz, traten eher in der DDR als in der Bundesrepublik als wertevermittelnde Agenten auf.

Diese Befunde der empirischen Analyse lassen sich zu einem Kernbefund verdichten: Während es in der DDR zu einer weitgehenden Konservierung von Wertvorstellungen in der Bevölkerung kam, nahm in der Bundesrepublik die Diversität der

8 Resümee und Ausblick

Werte in der Bevölkerung aber auch der diskrete Umgang mit diesen zu. Die eingangs dieser Arbeit zitierte These von Günter Gaus, wonach die Ostdeutschen stärker als die Westdeutschen an traditionellen Werten festhielten, konnte damit gestützt werden. Zudem ließen sich durch die Albumanalyse die Wirkungen der staatlichen Rahmenbedingungen auf die Werte von Personen weiter spezifizieren. Sie lassen sich wie folgt zusammenfassen: Der als restriktiv und als unglaubwürdig wahrgenommene Staat konserviert, der als nicht-restriktiv und als glaubwürdig wahrgenommene Staat fördert die Diversität und Diskretion der Werte.

8. Die Auswirkungen auf die Wertvorstellungen der Ost- und Westdeutschen sind weitgehend als unintendierte Folgen der jeweiligen staatlichen Rahmenbedingungen von DDR und Bundesrepublik zu interpretieren. Es lässt sich schlussfolgern, dass ein Staat nur begrenzte Möglichkeiten besitzt, die Werte seiner Bürger intendiert zu beeinflussen.

Betrachtet man die Befunde der empirischen Analyse unter dem Blickwinkel der Ausgangsfrage, welche verallgemeinernden Schlussfolgerungen lassen sich dann hinsichtlich der Erfolgsaussichten des Staats, intendiert Einfluss auf die Werte seiner Bürger zu nehmen, ziehen? Aus Perspektive des Staats fällt das Fazit ernüchternd aus. Der Staat beeinflusst zwar die Werte seiner Bürger (und das nicht geringfügig), allerdings oft nicht wie beabsichtigt. So hatte die SED-Führung sicherlich nicht die weitgehende Konservierung ausgerechnet der bürgerlichen Werte in der ostdeutschen Bevölkerung im Auge, als sie die Werte und Handlungsprinzipien des „neuen" sozialistischen Menschen entwarf. Primäres Ziel dürfte vielmehr die Internalisierung der staatlichen Kernwerte der DDR gewesen sein. Die Befunde der hier vorgenommenen Analyse ostdeutscher Alben deuten jedoch darauf hin, dass die Vermittlung der DDR-Kernwerte vermutlich nur in den ersten Jahren nach Gründung der DDR und nur in geringem Umfang gelang. Gleichwohl ist darauf hinzuweisen, dass die traditionellen Werte, die ebenfalls Teil des Konstrukts der „sozialistischen Persönlichkeit" waren, im späteren Verlauf der DDR eine Möglichkeit zur Identifikation mit der DDR boten. Zumindest dürften sie die Integration in die ostdeutsche Gesellschaft – zumal sie von allen wichtigen Sozialisationsagenturen vertreten wurde – gefördert haben. Auch für die Begründer der Verfassungen der Bundesländer kann angenommen werden, dass sie kaum an die Lockerung der Verbindlichkeit der Werte dachten, als sie Erziehungs- und Bildungsziele für die künftigen Generationen formulierten. Allerdings könnte die zunehmende Unverbindlichkeit die generelle Bereitschaft zur Toleranz abweichender Werte, Einstellungen und Verhaltensweisen in der westdeutschen Bevölkerung und damit die praktische Umsetzung eines der zentralen Kernwerte des bundesdeutschen Staats befördert haben. Dennoch ergibt sich als Fazit, dass der intendierte Einfluss des Staats auf die Werte als generell eher begrenzt einzuschätzen ist. Dabei ist auf zwei Faktoren hinzuweisen, die einer intendierten Einflussnahme weiterhin entgegenstehen.

a) Wertvorstellungen mit hoher Beharrungskraft

Es gibt Werte, die im gesamten Untersuchungszeitraum gleichermaßen in den Alben in Ost und West eine hohe Beharrungskraft besaßen. Das betraf etwa die Werte ‚Altruismus, Gegenseitigkeit und kooperatives Handeln', die ‚Tugenden der Vorsicht und des maßvolles Handelns' aber auch den Wert der ‚Freundschaft'. Diese Werthaltungen entziehen sich weitgehend dem Einfluss des Staats. Sie verteilen sich ähnlich über die Einträgergruppen in Ost wie West und unterliegen dabei im Zeitverlauf so gut wie keinem Wandel. Das könnte daran liegen, dass diese Werte in beiden Staaten von den konkurrierenden Sozialisationsinstanzen gleichermaßen vertreten wurden. Sie wurden damit prinzipiell seltener infrage gestellt und konnten deshalb auch kaum von kognitiver Dissonanz betroffen sein. Das heißt allerdings nicht, dass selbst zeitlos wirkende und lange Zeit den allgemeinen Konsens bildende Werte nicht auch in Bewegung geraten können. Das ergibt ein Blick in frühere Stammbücher. So wurden etwa die Werte ‚Religiosität' und ‚Akzeptanz des Gegebenen' in der zweiten Hälfte des 18. Jahrhunderts nahezu konstant inskribiert, wenngleich schon damals auf eher moderatem Niveau (vgl. Henzel 2014: 408). Beide Werte dürften damit zu dieser Zeit noch weitgehend zu den damaligen Konsenswerten gehört haben. Zweihundert Jahre später sind Pflicht und Akzeptanz sowie die Religiosität als Werte hingegen in Bewegung geraten.

b) Wandel von Werten im Kontext grundlegender gesellschaftlicher Modernisierung

Dass selbst Werte des einstigen gesellschaftlichen Konsens in Bewegung geraten können, verweist auf einen zweiten Faktor, der ebenfalls einer intendierten Einflussnahme des Staats entgegensteht. So gibt es Wertvorstellungen, die allem Anschein nach staatenübergreifend einem grundlegenden Wandlungsprozess im Zuge gesellschaftlicher Modernisierung unterworfen sind. In den Alben sind diese

8 Resümee und Ausblick

Werte daran erkennbar, dass sie in den Haupteinträgergruppen, die 95 % der Einträger repräsentieren, sowohl in der DDR als auch in der Bundesrepublik die prinzipiell gleichen Wandlungstendenzen im Zeitverlauf aufweisen. Das trifft zum einen auf die bereits angesprochenen Werte ‚Religiosität' sowie ‚Pflicht und Akzeptanz' zu, die zwischen 1949 und 1989 bei allen Haupteinträgergruppen in Ost und West zurückgingen. Daneben ist mit ‚Charakterfestigkeit, Recht- und Sittlichkeit' noch eine weitere traditionell bürgerliche Werthaltung von einem allgemeinen Rückgang in Ost und West betroffen. Diese rückläufigen Werte wurden in den eingetragenen Sprüchen öfters gleichermaßen zum Ausdruck gebracht, so dass die Vermutung naheliegt, dass es sich um eng miteinander verknüpfte Auffassungen handelt. Zum anderen ist zwischen 1949 und 1989 ein Anstieg ‚anderer', nichtwerthaltiger Albuminhalte in allen Haupteinträgergruppen in Ost und West zu verzeichnen, was auf eine generell sinkende Bereitschaft zu ausdrücklichen Wertäußerungen sowie eine Tendenz zur Individualisierung im Sinne einer zunehmenden Bereitschaft zur Distinktion hinweist, die allerdings in der Bundesrepublik forcierter stattfand. In Abbildung 8.1 sind die betreffenden Wandlungstendenzen noch einmal illustriert.

Der Staat scheint auf diese Wandlungstendenzen nur einen moderierenden Einfluss nehmen zu können. Wie etwa im Falle der Religiosität scheint er dabei den Rückgang religiöser Werte in der Bevölkerung entweder zu beschleunigen (DDR) oder aber zu dämpfen (Bundesrepublik). Ein grundsätzliches Aufhalten oder eine Umkehr dieser Wertwandlungen durch den Staat scheint indes kaum möglich. Warum diese Werte in Bewegung geraten sind, lässt sich im Rahmen dieser Arbeit nicht klären. Möglicherweise sind sie auf fortschreitende Rationalisierungs- und Industrialisierungsprozesse zurückzuführen, wie sie vermutlich jeden modernen Staat kennzeichnen. Hier ist die weitere Wertforschung gefragt, geeignete Erklärungsansätze zu finden.

9. Das Poesiealbum hat sich als Gegenstand soziologischer Forschung bewährt. Die Albumanalyse stellt eine sinnvolle Ergänzung und Testmöglichkeit der umfragebasierten Wertforschung dar.

Auch in der Wissenschaft verbreitete Ressentiments haben lange Zeit eine fruchtbringende Auseinandersetzung mit dem Poesiealbum als Untersuchungsgegenstand verhindert. Insofern bestand eine abschließende Aufgabe dieser Arbeit darin, die Möglichkeiten und Grenzen dieses nicht-reaktiven Gegenstands für die soziologische Forschung zu ergründen.

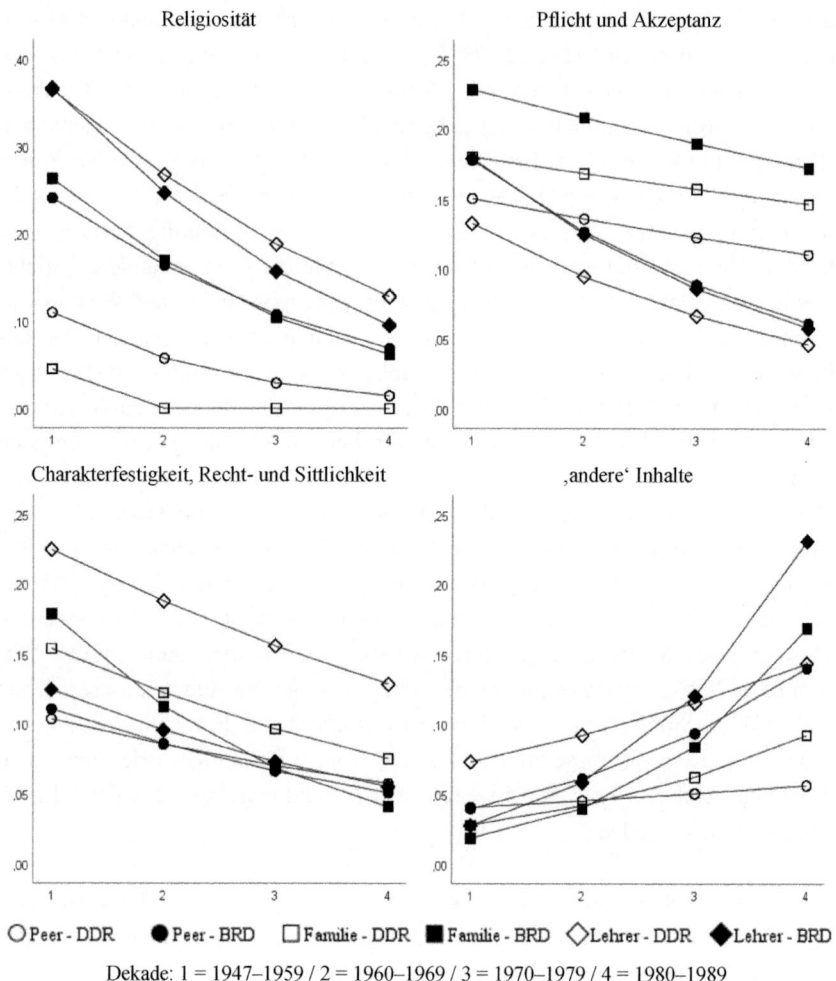

Abbildung 8.1: Werte im Kontext gesellschaftlicher Modernisierung

8 Resümee und Ausblick

Poesiealben unterliegen – wie weitere nicht-reaktive Gegenstände auch – Einschränkungen im Hinblick auf ihre Repräsentativität. Bei der Interpretation der Ergebnisse sind zudem die Normen der Albumsitte zu beachten, da sie den Eintrag bestimmter Inhalte begünstigen. Auch ist die Erhebung, Aufbereitung und Auswertung der Daten eines Albums aufwendig. Dennoch kann nach Abschluss der empirischen Untersuchung zurecht festgehalten werden, dass sich das Poesiealbum in dieser Arbeit als Gegenstand soziologischer Forschung bewährt hat und die Analyse der Alben als sinnvolle Ergänzung zur umfragebasierten Wertforschung dient.

Ein Indiz für die Eignung des Poesiealbums kann darin erblickt werden, dass gleich mehrere wichtige in der soziologischen Forschung beschriebene Wandlungstendenzen, wie etwa die Säkularisierung und die Tendenz zur Individualisierung, auch in den Alben sichtbar wurden. Als nicht-reaktiver Untersuchungsgegenstand eignen sich die Alben zudem zur Prüfung der Plausibilität von Wertwandeltheorien, die sonst nur im Rahmen reaktiver Umfrageforschung auf ihre empirische Bewährung getestet werden.

In der vorliegenden Untersuchung konnten die von den Wertwandeltheorien beschriebenen Wandlungstendenzen wenigstens zum Teil nachgewiesen werden. So ließ sich besonders in den westdeutschen Alben ein Rückgang der „Pflicht- und Akzeptanzwerte" (Klages 1984, 1988), der „Berufs- und Leistungswerte" (Kmieciak 1976) sowie der „bürgerlichen Werte" (Noelle-Neumann 1978) feststellen. Allerdings ist auf folgende Einschränkungen hinzuweisen: Zum einen erfolgte der Rückgang der Pflicht- und Akzeptanzwerte nicht wie prognostiziert in Form eines „Wertwandlungsschubs" (Klages 1984), sondern kontinuierlich sowohl in Ost- als auch Westdeutschland. Zum anderen ließen sich einige der prognostizierten Gegentrends, wie etwa die einer Zunahme von Werten der Selbstverwirklichung (Klages) bzw. hedonistischer Einstellungen (Kmieciak), nicht in den Alben nachweisen. Dieser Befund legt nahe, den Wandel einer Werthaltung nicht mit einem gegenläufigen Trend einer anderen Werthaltung zu verknüpfen. Denn wie sich in dieser Arbeit gezeigt hat, müssen im Zeitverlauf rückläufige Werte nicht zwingend durch andere Werte substituiert werden. Überraschend unplausibel erwies sich die Theorie des Wertwandels in der Version von Ronald Inglehart (1977). Materialistische und postmaterialistische Wertvorstellungen stellten kaum messbare Randphänomene im Kontext der Alben dar. Dieser Befund deutet darauf hin, dass es

sich bei den Wertkonstrukten „Materialismus" und „Postmaterialismus" möglicherweise um statistische Artefakte der umfragebasierten Wertforschung handelt. Denn Werte, die in den Alben faktisch keine Rolle spielen, können kaum als allgemeine und weit verbreitete Wertvorstellungen einer Bevölkerung verstanden werden.
Hinsichtlich der Plausibilität der primär für die Bundesrepublik bzw. für die westlichen Industrieländer formulierten Wertwandeltheorien lässt sich somit abschließend folgendes Fazit ziehen: Wichtige, mithilfe der empirischen Umfrageforschung gut belegte Wertwandeltendenzen konnten auch in den westdeutschen Alben nachgewiesen werden und haben sich damit erneut bewährt. Die in den Theorieansätzen häufig als Auslöser des Wertwandels aufgeführten Faktoren, wie etwa die Zunahme der materiellen und physischen Sicherheit, die Bildungsexpansion oder die Verbreitung neuer Massenmedien, haben sich hingegen nicht bewährt. Denn auch in der DDR gab es diese Einflussfaktoren, die sich – wenngleich oft moderater, dennoch prinzipiell auf ähnliche Weise wie in der Bundesrepublik – veränderten. Die Werthaltungen in DDR und Bundesrepublik nahmen jedoch zwischen 1949 und 1989 unterschiedliche Entwicklungen. Während die Ostdeutschen auch weiterhin an traditionellen Wertvorstellungen festhielten, verloren diese Werte bei den Westdeutschen ihre Verbindlichkeit. Insofern bietet die vorliegende Arbeit einen neuen und alternativen Ansatz zur Erklärung von Veränderungen der Werte in Ost und West für die Zeit der innerdeutschen Teilung.

Ausblick
An verschiedenen Stellen dieser Arbeit wurden bereits Forschungsdefizite aufgezeigt. Zudem konnten einige Fragen hier nicht behandelt werden. Deshalb soll abschließend auf Perspektiven für die weitere Forschung im Themenfeld ‚Staat und Werte' hingewiesen werden.

Weitere Erforschung staatlich erwünschter Werte notwendig
In dieser Arbeit wurden grundlegende offizielle Dokumente von DDR und Bundesrepublik auf explizite Werte hin analysiert. Allerdings handelt es sich nur um eine Auswahl relevanter Texte. Es kann daher nicht ausgeschlossen werden, dass sich in anderen staatlichen Dokumenten noch weitere implizite bzw. explizite Werte finden lassen. Insofern sind weitere Dokumentenanalysen notwendig, um die staatlich erwünschten Werte der DDR und Bundesrepublik in ihrer Breite zu

8 Resümee und Ausblick 479

erforschen. Darüber hinaus sind jedoch auch international vergleichende Studien zu staatlich erwünschten Werten anzustreben. Durch den Vergleich der explizit bzw. implizit erwünschten Werte mit anderen Staaten könnte die hier entworfene und eher grobe Typologie aus staatlich legitimierten und staatlichen Kernwerten erweitert bzw. weiter differenziert werden.

Weitere Prüfung und Ausbau des hier vorgeschlagenen Erklärungsmodells notwendig
Im Rahmen dieser Arbeit wurde nach staatlichen Rahmenbedingungen gefragt, die das Verhalten und damit indirekt auch die Werte und Einstellungen von Personen beeinflussen können. Mit der Repressivität sowie der Glaubwürdigkeit des Staats wurde sich auf zwei besonders relevant erscheinende Rahmenbedingungen konzentriert, es wurden plausibel erscheinende Folgen für Verhalten und Wertvorstellungen abgeleitet. Der hier vertretene Erklärungsansatz indirekter staatlicher Einflussnahme auf die Werte unterscheidet lediglich zwischen vier Konstellationen wahrgenommener staatlicher Rahmenbedingungen und erscheint damit eher rudimentär. Er sollte deshalb auch als ein theoretisches Ausgangsmodell zur Erklärung indirekter Einflüsse des Staats verstanden werden, das der weiteren Differenzierung und vor allem auch der weiteren empirischen Prüfung bedarf. Denn wenngleich sich die aus dem Erklärungsansatz abgeleiteten spezifischen Hypothesen für die Werte und Verhaltensweisen in DDR und Bundesrepublik weitgehend bewährt haben, basieren sie zwar auf plausiblen, allerdings hier nur indirekt geprüften Postulaten. Insofern sind die postulierten Wirkungsmechanismen zwischen der Wahrnehmung der staatlichen Rahmenbedingungen und den vermuteten Auswirkungen auf das Verhalten und die Wertvorstellungen von Individuen empirisch weiter zu prüfen und gegebenenfalls zu modifizieren.

Erforschung des Einflusses der Bevölkerung auf die staatlich erwünschten Werte
Es wurde sich in dieser Arbeit primär mit dem Einfluss des Staats auf die Werte in der Bevölkerung auseinandergesetzt. Jedoch ist auch die entgegengesetzte Richtung der Einflussnahme in den Blick zu nehmen und zu fragen, wie eine Bevölkerung bzw. gesellschaftliche Gruppen auf den Staat und die von ihm erwünschten Werte Einfluss nehmen. Dieser Aspekt wurde in dieser Arbeit ausgeblendet, wirft allerdings ebenfalls zahlreiche und bisher nur unzureichend beantwortete For-

schungsfragen auf: Wie reagiert ein Staat auf veränderte Werte in der Bevölkerung? Welche Möglichkeiten stehen ihm hierbei zur Verfügung? Unter welchen Voraussetzungen kommt es zu einer Modifikation bzw. Erweiterung der staatlich erwünschten Werte? Auch diese Fragen verweisen auf Perspektiven zur weiteren Erforschung des Spannungsverhältnisses zwischen dem Staat und den Werten seiner Bürger.

Perspektiven für die soziologische Wertwandelforschung
In dieser Arbeit wurde der Nachweis geführt, dass sich Poesiealben insbesondere für die Erforschung von Wertvorstellungen eignen. Damit eröffnen sich neue und bisher kaum in Betracht gezogene Perspektiven für die soziologische Wertwandelforschung. In der vorliegenden Arbeit wurden Alben untersucht, die in der DDR und in der Bundesrepublik zwischen 1949 und 1989 geführt wurden. Die Albumsitte reicht jedoch in ihrer Ausprägung als Kinder- und Jugendsitte bis ins 19. Jahrhundert, als Erwachsenensitte sogar bis ins 16. Jahrhundert zurück. Die Poesiealben sowie die von Erwachsenen geführten Stammbücher bieten damit die Möglichkeit, anhand eines formal homogenen und vergleichbaren Untersuchungsgegenstands Persistenz und Wandel von Wertvorstellungen über historisch lange Zeiträume zu untersuchen. Dies ist möglich, da entsprechende Alben in einer Vielzahl von Landes-, Universitäts- und Stadtarchiven überliefert sind (vgl. u.a. Steinhilber 1995: 390–400). Methodisch vorgehende Untersuchungen der darin eingetragenen Wertvorstellungen bilden allerdings noch immer die Ausnahme, so dass zum einen genügend Datenmaterial in Form überlieferter Alben, zum anderen aber auch enormer Forschungsbedarf bezüglich deren inhaltlicher Erschließung besteht. Die Studien von Herzog und Shapira über Poesiealben aus Israel (Herzog/Shapira 1986) belegen zudem, dass die Albumsitte nicht auf den deutschsprachigen Raum beschränkt geblieben ist. Um perspektivisch international vergleichende Studien in Angriff nehmen zu können, ist allerdings zunächst Grundlagenforschung zu betreiben und zu klären, in welchen weiteren Ländern die Albumsitte ebenfalls betrieben wurde bzw. noch betrieben wird.
Neben der Erforschung von Alben aus früheren Epochen ist sich aber auch den zeitgenössischen Alben zuzuwenden. Bedrängt von konkurrierenden Sammel- und Erinnerungsmedien werden klassische Poesiealben nur noch selten geführt. Dennoch sollte der Frage nachgegangen werden, welche Wertvorstellungen nach 1989 in die Alben in Ost und West eingetragen wurden. Mit einer Untersuchung

8 Resümee und Ausblick

der Alben nach der Wiedervereinigung könnten die hier entwickelten Erklärungsmodelle ebenfalls getestet werden. Hat sich der Trend zur Wertediskretion in den westdeutschen Alben fortgesetzt? Haben die Ostdeutschen unter den neuen staatlichen Rahmenbedingungen begonnen, sich von den traditionellen Werten zu lösen? Um die Einflussfaktoren auf das Inkriptions- und Sammelverhalten genauer zu erforschen, sollte die Untersuchung zeitgenössischer Alben um eine ausführliche Befragung der Einträger und Halter ergänzt werden. Dies war im Rahmen dieser Arbeit nicht zu leisten.

Weitere Möglichkeiten der Erforschung von Werten und Verhaltensspuren im Kontext der Alben
In Kapitel 5 wurden die Möglichkeiten, die das Poesiealbum als Gegenstand soziologischer Forschung bietet, ausführlich diskutiert. Sie reichen von der Untersuchung von Wertvorstellungen, der Erforschung persönlicher Netzwerke in Kindheit und Adoleszenz über die Analyse der Variabilität der Textelemente bis hin zur soziologischen Bildforschung. Darüber hinaus bieten die Alben Raum für literatursoziologische Fragestellungen der Rezeptions- und Leseforschung, die jedoch eine stärker philologisch ausgerichtete Untersuchung der eingetragenen Texte erfordern.
Im Rahmen der vorliegenden Arbeit wurden diese verschiedenen Forschungsmöglichkeiten nur zum Teil ausgeschöpft. So wurde sich allein auf die Analyse der Wertvorstellungen innerhalb der Spruchparzelle konzentriert. Andere Textparzellen des Eintrags, aber auch die Inskriptionen der Albumbesitzer, die sich in der Regel auf den ersten Seiten eines Poesiealbums finden lassen, blieben hingegen unberücksichtigt. Sie lassen sich jedoch ebenfalls auf Wertvorstellungen hin untersuchen. Des Weiteren konnten auch die Bild- und Zierelemente, die zahlreiche Einträge in den Alben schmücken, in dieser Arbeit nicht eingehend analysiert werden. Mit geeigneten Methoden der soziologischen Bildforschung können jedoch auch diese aufschlussreichen Beigaben auf implizite Wertvorstellungen hin untersucht werden. Sie liefern zudem Hinweise auf mediale Einflüsse und das Konsumverhalten des Einträgers. Auch hier ist die künftige Albumforschung gefragt, diese bisher nur unzureichend berücksichtigten Eintragselemente aufzugreifen und die soziologische Untersuchung von Wertvorstellungen im Kontext der Alben voranzutreiben.

9 Literatur

Abendschön, Simone. 2010. Die Anfänge demokratischer Bürgerschaft: Sozialisation politischer und demokratischer Werte und Normen im jungen Kindesalter. Baden-Baden: Nomos.
Adorno, Theodor W., Else Frenkel-Brunswik, Daniel J. Levinson und R. Nevitt Sanford. 1982. The Authoritarian Personality. Abridged Edition. New York, London: W. W. Norton & Company.
Agricola, Sigurd. 1997. Vereinswesen in Deutschland: Eine Expertise im Auftrag des Bundesministeriums für Familie, Senioren, Frauen und Jugend. Stuttgart, Berlin, Köln: Kohlhammer.
Ajzen, Izek. 1991. „Theory of planned behavior." Organizational Behavior and Human Decision Processes 50 (2): 179–211.
Albanese, Paul. 1987. „The nature of preferences: an exploration of the relationship between economics and psychology." Journal of Economic Psychology 8: 3–18.
Albanese, Paul. 1988. „Introduction to the symposium on preference formation." The Journal of Behavioral Economics 17 (1): 1–5.
Albert, Hans. 1960. „Wissenschaft und Politik. Zum Problem der Anwendbarkeit einer wertfreien Wissenschaft." In: Topitsch, Ernst (Hg.). Probleme der Wissenschaftstheorie: Festschrift für Viktor Kraft. Wien: Springer: 201–232.
Alchian, Armen A. und William R. Allen. 1964. Exchange and production: theory in use. Belmont California: Wadsworth.
Alessie, Rob J. M. und Arie Kapteyn. 1988. „Preference formation, incomes, and the distribution of welfare." The Journal of Behavioral Economics 17 (1): 77–96.
Allport, Gordon W. 1954. The nature of prejudice. Cambridge/Mass.: Addison-Wesley.
Almond, Gabriel A. und Sidney Verba. 1963. The Civic Culture: Political Attitudes and Democracy in Five Nations. Princeton/NJ: Princeton University Press.
Angermann, Gertrud. 1971. Stammbücher und Poesiealben als Spiegel ihrer Zeit: Nach Quellen des 18.–20. Jahrhunderts aus Minden-Ravensberg. Münster: Aschendorff.
Anter, Andreas und Wilhelm Bleek. 2013. Staatskonzepte: Die Theorien der bundesdeutschen Politikwissenschaft. Frankfurt a.M., New York: Campus.
Anter, Andreas und Stefan Breuer (Hg.). 2007. Max Webers Staatssoziologie: Positionen und Perspektiven. Baden-Baden: Nomos.

Anweiler, Oskar. 1988. Schulpolitik und Schulsystem in der DDR. Opladen: Leske und Budrich.
Arndt, Adolf. 1960. Das nicht erfüllte Grundgesetz: Ein Vortrag. Tübingen: J. C. B. Mohr (Paul Siebeck).
Aronson, Elliot, Timothy D. Wilson und Robin Akert. 2008. Sozialpsychologie. München, Boston, San Francisco (u.a.): Pearson Studium.
Artz, Verena. 1994. Grundwerte der Demokratie im internationalen Vergleich. Bonn: Bundeszentrale für Politische Bildung.
Bachmann, Bert. 1993. Der Wandel der politischen Kultur in der ehemaligen DDR. Wiesbaden: Harrassowitz.
Baker, Kendall L., Russell J. Dalton und Kai Hildebrandt. 1981. Germany transformed: Political Culture and the new politics. Cambridge/Mass., London: Harvard University Press.
Ball-Rokeach, Sandra J. und William E. Loges. 1992. „Value theory and research." In: Borgatta, Edgar F. und Marie L. Borgatta (Hg.). Encyclopedia of Sociology. New York, Toronto: Macmillan: 2222–2228.
Baumert, Jürgen. 1991. „Langfristige Auswirkungen der Bildungsexpansion." Unterrichtswissenschaft 19: 333–349.
Bausinger, Hermann. 1980. Formen der „Volkspoesie". Berlin: Erich Schmidt.
Becher, Angela. 1999. Das Poesiealbum und seine Verse: Eine Zusammenstellung aus Oberfranken. Bayreuth: Regierung von Oberfranken (Heimatbeilage zum Oberfränkischen Schulanzeiger Nr. 258).
Beck, Ulrich. 1986. Risikogesellschaft: Auf dem Weg in eine andere Moderne. Frankfurt a.M.: Suhrkamp.
Beck, Ulrich und Elisabeth Beck-Gernsheim. 1994. „Individualisierung in modernen Gesellschaften – Perspektiven und Kontroversen einer subjektorientierten Soziologie." In: Beck, Ulrich und Elisabeth Beck-Gernsheim (Hg.). Riskante Freiheiten: Individualisierung in modernen Gesellschaften. Frankfurt a.M.: Suhrkamp: 10–39.
Becker, Günter. 2010. Kohlberg und seine Kritiker: Die Aktualität von Kohlbergs Moralpsychologie. Wiesbaden: VS-Verlag.
Becker, Gary S. 1976. „Altruism, egoism, and genetic fitness: economics and sociobiology." Journal of Economic Literature 14 (3): 817–826.
Becker, Gary S. 1993. Der ökonomische Ansatz zur Erklärung menschlichen Verhaltens. Tübingen: Mohr.
Becker, Howard. 1964. „Value." In: Gould, Julius und William L. Kolb (Hg.). A Dictionary of the Social Sciences. Toronto/Ontario: Collier-Macmillan Canada: 743–745.
Behnken, Imbke, Cordula Günther, Otmar Kabat vel Job, Sarina Keiser, Uta Karig, Heinz-Hermann Krüger, Bernd Lindner, Hans-J. Von Wensierski und

Jürgen Zinnecker. 1991. Schülerstudie' 90: Jugendliche im Prozess der Vereinigung. Weinheim, München: Juventa.
Behrmann, Günter C. 1999. „Die Einübung ideologischer und moralischer Sprechakte durch ‚Stabü'. Zur Pragmatik politischer Erziehung im Schulunterricht der DDR." In: Leschinsky, Achim, Petra Gruner und Gerhard Kluchert (Hg.). Die Schule als moralische Anstalt: Erziehung in der Schule: Allgemeines und der „Fall DDR". Weinheim: Deutscher Studien Verlag: 149–182.
Behrmann, Günter C. 2006. „Die Promotionsforschung zur Staatsbürgerkunde." In: Grammes, Tilman, Henning Schluß und Hans-Joachim Vogler. 2006. Staatsbürgerkunde in der DDR: Ein Dokumentenband. Wiesbaden: VS, Verlag für Sozialwissenschaften: 291–297.
Belwe, Katharina. 1989. „Wohlfühlen im Kollektiv und Produktionssteigerungen im Widerspruch." In: Wehling, Hans-Georg (Redaktion): Politische Kultur in der DDR. Stuttgart, Berlin, Köln: Kohlhammer: 94–109.
Bem, Daryl J. 1974. Meinungen, Einstellungen, Vorurteile: Eine einführende sozialpsychologische Darstellung. Zürich, Köln: Benziger und Aarau; Frankfurt a.M.: Sauerländer.
Bem, Daryl J. 1984. „Theorie der Selbstwahrnehmung." In: Sigrun-Heide Filipp (Hg.). Selbstkonzept-Forschung: Probleme, Befunde, Perspektiven. Stuttgart: Klett-Cotta: 97–127.
Bergem, Wolfgang. 1993. Tradition und Transformation: Eine vergleichende Untersuchung zur politischen Kultur in Deutschland. Opladen: Westdeutscher Verlag.
Bergem, Wolfgang. 2004. „Die Vergangenheitsprägung deutscher politischer Kultur und Identität." In: Gotthard Breit (Hg.). Politische Kultur in Deutschland: Eine Einführung. Schwalbach/Ts.: Wochenschau: 38–57.
Berg-Schlosser, Dirk. 1990. „Entwicklung der Politischen Kultur in der Bundesrepublik Deutschland." Aus Politik und Zeitgeschichte: Beilage zur Wochenzeitung Das Parlament B7/90: 30–46.
Berg-Schlosser, Dirk und Jakob Schissler (Hg.). 1987. Politische Kultur in Deutschland: Bilanz und Perspektiven der Forschung. Opladen: Westdeutscher Verlag.
Bernsdorf, Wilhelm (Hg.). 1969. Wörterbuch der Soziologie. Stuttgart: Enke.
Bertram, Hans und Clemens Dannenbeck. 1990. „Pluralisierung von Lebenslagen und Individualisierung von Lebensführungen: Zur Theorie und Empirie regionaler Disparitäten in der Bundesrepublik." In: Berger, Peter A. und Stefan Hradil (Hg.). Lebenslagen, Lebensläufe, Lebensstile. Göttingen: Schwartz: 207–229.

Best, Henning und Christof Wolf. 2010. „Logistische Regression." In: Wolf, Christof und Henning Best (Hg.). Handbuch der sozialwissenschaftlichen Datenanalyse. Wiesbaden: VS, Verlag für Sozialwissenschaften: 827–854.

Biernat, Monica, Theresa K. Vescio, Shelley A. Theno und Christian S. Crandall. 1996. „Values and prejudice: toward understanding the impact of american values on outgroup attitudes." In: Seligman, Clive, James M. Olson und Mark P. Zanna (Hg). The Psychology of Values: The Ontario Symposium. Bd. 8. Mahwah/New Jersey: Erlbaum: 153–189.

Bodensohn, Anneliese. 1968. Das Ich in zweiter Person: Die Zwiesprache des Poesiealbums. Frankfurt a.M.: dipa.

Böhm, Winfried. 1983. „Schule und Erziehung. Historische und systematische Anmerkungen zu einem problematischen Verhältnis." In: Mitter, Wolfgang (Hg.). Kann die Schule erziehen? Erfahrungen, Probleme und Tendenzen im europäischen Vergleich. Köln, Wien: Böhlau: 47–62.

Böhme, Waltraud, Siegrid Dominik, Andrée Fischer, Felizitas Klotzsch, Renate Polit, Hans-Jochen von Treskow, Karen Schachtschneider, Ilse Scholz, Gertrud Schütz und Martina Weigt (Hg.). 1989. Kleines Politisches Wörterbuch. Neuausgabe 1988. Berlin: Dietz.

Bohnsack, Ralf. 2007. „Die dokumentarische Methode in der Bild- und Fotointerpretation." In: Bohnsack, Ralf, Iris Nentwig-Gesemann und Arnd-Michael Nohl (Hg.). Die dokumentarische Methode und ihre Forschungspraxis: Grundlagen qualitativer Sozialforschung. Wiesbaden: VS, Verlag für Sozialwissenschaften: 69–91.

Böltken, Ferdinand und Wolfgang Jagodzinski. 1985. „In an Environment of Insecurity. Postmaterialism in the European Community, 1970 to 1980." Comperative Political Studies 17 (4): 453–484.

Borgatta, Edgar F. und Maria L. Borgatta (Hg.). 1992. Encyclopedia of sociology. Bd. 4: S–Z. New York: Macmillan.

Bothe, Michael. 1995. „Erziehungsauftrag und Erziehungsmaßstab der Schule im freiheitlichen Verfassungsstaat." In: Bothe, Michael, Armin Dittmann, Wolfgang Mantl und Yvo Hangartner. Erziehungsauftrag und Erziehungsmaßstab der Schule im freiheitlichen Verfassungsstaat. Berlin, New York: de Gruyter: 7–42.

Boudon, Raymond und Francois Bourricaud. 1992. „Werte." In: Boudon, Raymond und Francois Bourricaud. Soziologische Stichworte. Opladen: Westdeutscher Verlag: 658–665.

Brämer, Rainer. 1980. „Schranke im Kopf: Über die schulische Spaltung der realsozialistischen Persönlichkeit." In: [o. Hg.]. Die DDR im Entspannungsprozess: Lebensweise im realen Sozialismus: Dreizehnte Tagung zum Stand der DDR-Forschung in der Bundesrepublik 27.bis 30.Mai 1980. Köln: Edition

Deutschland Archiv im Verlag Wissenschaft und Politik Berend von Nottbeck: 56–67.
Brämer, Rainer. 1983a. „Zwischen Ideologie und Ökonomie: Eine politische Inhaltsanalyse pädagogischer Zielvorgaben des DDR-Bildungswesens." In: Brämer, Rainer. Anspruch und Wirklichkeit sozialistischer Bildung: Beiträge zur Soziologie des DDR-Bildungswesens. München: Minerva-Publikation: 7–67.
Brämer, Rainer. 1983b. „Schülerempirie in der ‚Deutschen Lehrerzeitung'." In: Brämer, Rainer. Anspruch und Wirklichkeit sozialistischer Bildung: Beiträge zur Soziologie des DDR-Bildungswesens. München: Minerva-Publikation: 69–110.
Bréchon, Pierre. 1998. „Politisierung, Institutionenvertrauen und Bürgersinn." In: Köcher, Renate und Joachim Schild (Hg.). Wertewandel in Deutschland und Frankreich: Nationale Unterschiede und europäische Gemeinsamkeiten. Opladen: Leske und Budrich: 229–244.
Breckner, Roswitha. 2010. Sozialtheorie des Bildes: Zur interpretativen Analyse von Bildern und Fotografien. Bielefeld: Transcript.
Brednich, Rolf Wilhelm. 1997. Denkmale der Freundschaft: Die Göttinger Stammbuchkupfer - Quellen der Kulturgeschichte. Friedland: Bremer.
Breit, Gotthard. 2000. „Grundwerte im Politikunterricht." In: Breit, Gotthard und Siegfried Schiele (Hg.). Werte in der politischen Bildung. Schwalbach/Ts.: Wochenschau: 218–248.
Breit, Gotthard (Hg.). 2004. Politische Kultur in Deutschland: Eine Einführung. Schwalbach/Ts.: Wochenschau.
Breit, Gotthard und Siegfried Schiele (Hg.). 2000. Werte in der politischen Bildung. Schwalbach/Ts.: Wochenschau.
Brezinka, Wolfgang. 1972. „Was sind Erziehungsziele?" Zeitschrift für Pädagogik 18 (4): 497–550.
Brezinka, Wolfgang. 1991. „Werterziehung? Problematik und Möglichkeiten." In: Gauger, Jörg-Dieter (Hg.). Bildung und Erziehung: Grundlage humaner Zukunftsgestaltung. Bonn, Berlin: Bouvier: 219–259.
Briesen, Detlef. 2010. Das gesunde Leben: Ernährung und Gesundheit seit dem 18. Jahrhundert. Frankfurt a.M., New York: Campus.
Bronner, Simon J. 1988. American Children's Folklore. Little Rock: August House.
Brown, Archie. 1977. „Introduction." In: Brown, Archie und Jack Gray (Hg.). Political culture and political change in communist states. New York: Holmes & Meier Publishers: 1–24.
Budke, Alexandra. 2009. Und der Zukunft abgewandt: Ideologische Erziehung im Geographieunterricht der DDR. Göttingen: V & R Unipress.

Campbell, D. T. 1963. „From description to experimentation: Interpreting trends as quasi experiments." In: Harris, Chester W. (Hg.). Problems in Measuring Change. Madison: University of Wisconsin Press.
Clements, William M. 2011. „Autograph books." In: McCormick, Charlie T. und Kim Kennedy White (Hg.). Folklore: an encyclopedia of beliefs, customs, tales, music, and art. Bd. 1: A-D. Santa Barbara, California: ABC–CLIO: 188–189.
Cloer, Ernst. 1994. „Universitäre Pädagogik in der frühen DDR-ausschließlich Legitimitätswissenschaft? Untersuchungen zur Pluralität pädagogischer Denkformen." In: Krüger, Heinz-Hermann und Winfried Marotzki (Hg.). Pädagogik und Erziehungsalltag in der DDR: Zwischen Systemvorgaben und Pluralität. Opladen: Leske und Budrich. 17–35.
Conradt, David P. 1980. „Changing German Political Culture." In: Almond, Gabriel A. und Sidney Verba (Hg.). The Civic Culture Revisted. Boston, Toronto: Little, Brown and Company: 212–272.
Coumont, Nina. 2008. Muslimische Schüler und Schülerinnen in der öffentlichen Schule. Frankfurt a.M., Berlin, Bern (u.a.): Peter Lang.
Cowen, Tyler. 1989. „Are all tastes constant and identical?" Journal of Economic Behavior and Organization 11: 127–135.
Cowen, Tyler. 1993. „The scope and limits of preference sovereignty." Economics and Philosophy 9 (2): 253–269.
Dengel, Sabine. 2005. Untertan, Volksgenosse, Sozialistische Persönlichkeit: Politische Erziehung im Deutschen Kaiserreich, dem NS-Staat und der DDR. Frankfurt a.M., New York: Campus.
Deth, Jan van. 1983. „The persistence of materialist an postmaterialist value orientations." European Journal of Political Research 11: 63–79.
Detjen, Joachim. 2009. Verfassungswerte: Welche Werte bestimmen das Grundgesetz. Bonn: Bundeszentrale für politische Bildung.
Detjen, Joachim. 2013. Die Werteordnung des Grundgesetzes. Wiesbaden: VS, Verlag für Sozialwissenschaften.
Deutscher Juristentag. 1981. Schule im Rechtsstaat, Band I: Entwurf für ein Landesschulgesetz: Bericht der Kommission Schulrecht des Deutschen Juristentages. München: Beck.
Dias, Patrick V. 1971. „Der Begriff ,Politische Kultur' in der Politikwissenschaft." In: Oberndörfer, Dieter (Hg.). Systemtheorie, Systemanalyse und Entwicklungsländerforschung: Einführung und Kritik. Berlin: Duncker und Humblot: 409–448.
Dietz, Bernhard und Christopher Neumaier. 2012. „Vom Nutzen der Sozialwissenschaften für die Zeitgeschichte. Werte und Wertewandel als Gegenstand historischer Forschung". Vierteljahrshefte für Zeitgeschichte 60 (2): 293–304.

Diekmann, Andreas. 2009. Empirische Sozialforschung: Grundlagen, Methoden, Anwendungen. Reinbek bei Hamburg: Rowohlt.
Diekmann, Andreas und Peter Preisendörfer. 1992. „Persönliches Umweltverhalten. Diskrepanzen zwischen Anspruch und Wirklichkeit." Kölner Zeitschrift für Soziologie und Sozialpsychologie 44 (2): 226–251.
Diekmann, Andreas und Thomas Voss. 2008. „Soziale Normen und Reziprozität: Die Bedeutung ‚sozialer' Motive für die Rational-Choice-Erklärung sozialer Normen." In: Diekmann, Andreas, Klaus Eichner, Peter Schmidt und Thomas Voss (Hg.). Rational Choice: Theoretische Analysen und empirische Resultate. Wiesbaden: VS, Verlag für Sozialwissenschaften: 83–100.
Diemer, Susanne. 1989. „Die ‚neue Frau', aber der ‚alte Mann'? Frauenförderung und Geschlechterverhältnisse in der DDR." In: Wehling, Hans-Georg (Redaktion): Politische Kultur in der DDR. Stuttgart, Berlin, Köln: Kohlhammer: 110–128.
Dittmann, Armin. 1995. „Erziehungsauftrag und Erziehungsmaßstab der Schule im freiheitlichen Verfassungsstaat. Länderbericht Schweiz." In. Bothe, Michael, Armin Dittmann, Wolfgang Mantl und Yvo Hangartner. Erziehungsauftrag und Erziehungsmaßstab der Schule im freiheitlichen Verfassungsstaat. Berlin, New York: de Gruyter: 47–71.
Dudenredaktion (Hg.). 2007. Duden: Deutsches Universalwörterbuch. Mannheim, Leipzig, Wien (u.a.): Dudenverlag.
Durkheim, Emile. 1972. „Erziehung, ihre Natur und ihre Rolle." In: Durkheim, Emile. Erziehung und Soziologie. Düsseldorf: Schwann: 20–49 (zuerst 1911).
Durkheim, Emile. 1999. Physik der Sitten und des Rechts. Vorlesungen zur Soziologie der Moral. Frankfurt a.M.: Suhrkamp.
Eagly, Alice und Shelly Chaiken. 1993. The psychology of attitudes. Forth Worth/TX: Harcourt Brace Jovanovich.
Easton, David. 1965. A Systems Analysis of Political Life. New York, London, Sydney: John Wiley & Sons.
Easton, David. 1976. „Theoretical Approaches to Political Support." Canadian Journal of Political Science 9 (3): 431–448.
Edelstein, Wolfgang. 1986. „Moralische Intervention in der Schule. Skeptische Überlegungen." In: Oser, Fritz, Reinhard Fatke und Otfried Höffe (Hg.). Transformation und Entwicklung: Grundlagen der Moralerziehung. Frankfurt a.M.: Suhrkamp: 327–349.
Engels, Jens Ivo. 2006. Naturpolitik in der Bundesrepublik: Ideenwelt und politische Verhaltensstile in Naturschutz und Umweltbewegung 1950–1980. Paderborn, München, Wien (u.a.): Schöningh.
Englisch, Felicitas. 1991. „Bildanalyse in strukturalhermeneutischer Einstellung. Methodische Überlegungen und Analysebeispiele." In: Garz, Detlef und Klaus

Kraimer (Hg.). Qualitativ-empirische Sozialforschung: Konzepte, Methoden, Analysen. Opladen: Westdeutscher Verlag: 133–176.

Evers, Hans-Ulrich. 1979. Die Befugnis des Staates zur Festlegung von Erziehungszielen in der pluralistischen Gesellschaft. Berlin: Dunker und Humblot.

Feather, Norman T., Margaret A. Norman und Anthony Worsley. 1998. „Values and valences: variables relating to the attractiveness and choice of food in different contexts." Journal of Applied Social Psychology 28 (7): 639–656.

Fechner, Jörg-Ulrich. 1976. „Persönliche Beziehungen und Bildungskontakte anhand einer Aufschlüsselung der erhaltenen Stammbücher des Barockzeitalters." In: Schöne, Albrecht (Hg.). Stadt Schule. Universität, Buchwesen und die deutsche Literatur im 17. Jahrhundert: Vorlagen und Diskussionen eines Barock-Symposions der Deutschen Forschungsges. (Bonn) vom 24. bis zum 27.Sept. 1974 in Wolfenbüttel. München: Beck.

Fees, Konrad. 2000. Werte und Bildung. Wertorientierung im Pluralismus als Problem für Erziehung und Unterricht. Opladen: Leske und Budrich.

Fees, Konrad. 2010. „Bildungstheoretische Sicht." In: Zierer, Klaus (Hg.). Schulische Werteerziehung: Kompendium. Baltmannsweiler: Schneider-Verlag Hohengehren: 95–101.

Fend, Helmut. 2008. Schule gestalten: Systemsteuerung, Schulentwicklung und Unterrichtsqualität. Wiesbaden: VS, Verlag für Sozialwissenschaften.

Festinger, Leon. 1970. A Theory of Cognitive Dissonance. Stanford: Stanford University Press.

Fiedler, Alfred. 1960. Vom Stammbuch zum Poesiealbum: Eine volkskundliche Studie. Weimar: Böhlau.

Fischer, Lorenz und Günter Wiswede. 2009. Grundlagen der Sozialpsychologie. München: Oldenbourg.

Fishbein, Martin und Icek Ajzen. 1975. Belief, attitude, intention and behavior: an introduction to theory and research. Reading/Mass. (u.a.): Addison-Wesley.

Fogt, Helmut. 1982. Politische Generationen: Empirische Bedeutung und theoretisches Modell. Opladen: Westdeutscher Verlag.

Förster, Peter. 1991. „Weltanschaulich-politisches Bewußtsein." In: Friedrich, Walter Hartmut Griese (Hg.). Jugend und Jugendforschung in der DDR: Gesellschaftspolitische Situationen, Sozialisation und Mentalitätsentwicklung in den achtziger Jahren. Opladen: Leske und Budrich: 135–150.

Foschepoth, Josef. 2012. Überwachtes Deutschland: Post- und Telefonüberwachung in der alten Bundesrepublik. Göttingen, Bristol/Conn.: Vandenhoeck & Ruprecht.

Franz, Kurt. 2000. „Maja, Rap und Guggenmos. Kinderlyrik an der Schwelle zum neuen Jahrtausend." In: Franz, Kurt, Günter Lange und Franz-Josef Payrhuber

(Hg.). Kinder- und Jugendliteratur zur Jahrtausendwende: Autoren – Themen – Vermittlung. Baltmannsweiler: Schneider-Verlag Hohengehren: 22–43.
Frauenrath, Klaus. 1995. Die Erziehungsziele in den Schulartikeln der Landesverfassung von Nordrhein-Westfalen: Entstehungsgeschichte und Umsetzungsprobleme auf die Schule. Aachen: Shaker.
Freudenthal, Herbert. 1964a. „Volkskundliche Streiflichter auf das Zeitgeschehen Nr. 35: Das Poesiealbum." Beiträge zur deutschen Volks- und Altertumskunde 8: 94–98.
Freudenthal, Herbert. 1964b. „Buchbesprechung Alfred Fiedler, Vom Stammbuch zum Poesiealbum." Beiträge zur deutschen Volks- und Altertumskunde 8: 143–144.
Frey, Bruno S. 1997. Markt und Motivation: Wie ökonomische Anreize die (Arbeits-)Moral verdrängen. München: Vahlen.
Friedrich, Bodo. 2006. „Deutschunterricht nach Plan?" In: Friedrich, Bodo (Hg.). Geschichte des Deutschunterrichts von 1945 bis 1989 (Teil 1): Unterricht nach Plan? Untersuchungen zur Schule in der SBZ/DDR. Frankfurt a.M., Berlin, Bern (u.a.): Peter Lang: 13–285.
Friedrich, Walter. 1990. „Mentalitätswandlungen der Jugend in der DDR." Aus Politik und Zeitgeschichte: Beilage zur Wochenzeitung Das Parlament B16–17/90: 25–37.
Friedrich, Walter. 1991a. „DDR-Jugendforschung – zwischen wissenschaftlichem Anspruch und politischer Bevormundung." In: Friedrich, Walter und Hartmut Griese (Hg.). Jugend und Jugendforschung in der DDR: Gesellschaftspolitische Situationen, Sozialisation und Mentalitätsentwicklung in den achtziger Jahren. Opladen: Leske und Budrich: 11–26.
Friedrich, Walter. 1991b. „Zur Einleitung: Fast 25 Jahre ZJI." In: Hennig, Werner und Walter Griese (Hg.). Jugend in der DDR: Daten und Ergebnisse der Jugendforschung vor der Wende. Weinheim, München: Juventa: 11–24.
Friedrich, Walter. 1993. „Einstellung zu Ausländern bei ostdeutschen Jugendlichen: ‚Autoritäre Persönlichkeit' als Stereotyp." In: Otto, Hans-Uwe und Roland Griese (Hg.). Rechtsradikale Gewalt im vereinigten Deutschland: Jugend im gesellschaftlichen Umbruch. Opladen: Leske und Budrich: 189–199.
Friedrich, Walter und Hartmut Griese (Hg.). 1991. Jugend und Jugendforschung in der DDR: Gesellschaftspolitische Situationen, Sozialisation und Mentalitätsentwicklung in den achtziger Jahren. Opladen: Leske und Budrich.
Friedrich, Walter und Harry Müller (Hg.). 1980. Zur Psychologie der 12- bis 22jährigen: Resultate einer Intervallstudie. Berlin: Deutscher Verlag der Wissenschaften.
Früh, Werner. 2011. Inhaltsanalyse: Theorie und Praxis. Konstanz: UVK Verlagsgesellschaft.

Fuchs, Dieter. 1987. „Trends politischer Unterstützung in der Bundesrepublik." In: Berg-Schlosser, Dirk und Jakob Schissler (Hg.). Politische Kultur in Deutschland: Bilanzen und Perspektiven der Forschung. Opladen: Westdeutscher Verlag: 357–377.

Fuchs, Dieter. 1989. Die Unterstützung des politischen Systems der Bundesrepublik Deutschland. Opladen: Westdeutscher Verlag.

Fuchs-Heinritz, Werner, Daniela Klimke, Rüdiger Lautmann, Otthein Rammstedt, Urs Stäheli, Christoph Weischer und Hanns Wienold (Hg.). 2011. Lexikon der Soziologie. Wiesbaden: VS, Verlag für Sozialwissenschaften.

Fuchs-Heinritz, Werner. 2011. „Staatssoziologie." In: Fuchs-Heinritz, Werner, Daniela Klimke, Rüdiger Lautmann, Otthein Rammstedt, Urs Stäheli, Christoph Weischer und Hanns Wienold (Hg.). Lexikon der Soziologie. Wiesbaden: VS, Verlag für Sozialwissenschaften: 648.

Fuhs, Burkhard. 1996. „Das außerschulische Kinderleben in Ost- und Westdeutschland: Vom kindlichen Spielen zur jugendlichen Freizeitgestaltung." In: Büchner, Peter, Burkhard Fuhs, Heinz-Hermann Krüger (Hg.). Vom Teddybär zum ersten Kuss: Wege aus der Kindheit in Ost- und Westdeutschland. Opladen: Leske und Budrich: 129–158.

Gabriel, Oscar W. 1983. Politische Kultur, Postmaterialismus und Materialismus in der Bundesrepublik: Zur Theorie und empirischen Analyse politischer Orientierungsmuster in der Bundesrepublik der siebziger Jahre. Mainz: Johannes-Gutenberg-Universität Mainz, Fachbereich 12: Sozialwissenschaften: Habil. (unveröffentlicht).

Gabriel, Oscar W. 1993. „Institutionenvertrauen im vereinigten Deutschland." Aus Politik und Zeitgeschichte: Beilage zur Wochenzeitung Das Parlament 43/93: 3–12.

Gabriel, Oscar W. 1999. „Integration durch Institutionenvertrauen? Struktur und Entwicklung des Verhältnisses der Bevölkerung zum Parteienstaat und zum Rechtsstaat im vereinigten Deutschland." In: Friedrichs, Jürgen und Wolfgang Jagodzinski (Hg.). Soziale Integration. Opladen: Westdeutscher Verlag (Kölner Zeitschrift für Soziologie und Sozialpsychologie, Sonderheft 39): 199–235.

Gatzemann, Thomas. 2003. Das Projekt der ideologisch-verwissenschaftlichen Menschenbildung: Bildungstheoretisch-problemgeschichtliche Analysen zu Indoktrination und politische Bildung in Deutschland zwischen 1945 und 1970. Frankfurt a.M., Berlin, Bern (u.a.): Peter Lang.

Gatzemann, Andreas. 2008. Die Erziehung zum „neuen" Menschen im Jugendwerkhof Torgau: Ein Beitrag zum kulturellen Gedächtnis. Berlin, Münster: Lit.

9 Literatur

Gauger, Jörg-Dieter. 2009. „Verantwortung der Politik für wertorientierte Erziehung in einer wertrelativen Zeit." In: Hansel, Toni (Hg.). Werterziehung im Fokus schulischer Bildung. Freiburg/Br.: Centaurus: 81–123.

Gaus, Günter. 1983. Wo liegt Deutschland. Eine Ortsbestimmung. Hamburg: Hoffmann und Campe.

Geiger, Klaus F. 1980. „Poesiealben – Ästhetische Erziehung durch ein Kindermedium?" In: Landwehr, Jürgen und Matthias Mitzschke (Hg.). Ästhetik und Didaktik. Düsseldorf: Pädagogischer Verlag Schwann: 162–179.

Geiger, Klaus F. 1981. „Das Poesiealbum – Ein Kindermedium im Wandel." In: Doderer, Klaus (Hg.). Ästhetik der Kinderliteratur: Plädoyers für ein poetisches Bewusstsein. Weinheim, Basel: Beltz: 130–137.

Geiger, Klaus F. 1984. „Poesiealbum." In: Grünewald, Dietrich, Winfred Kaminski (Hg.). Kinder- und Jugendmedien: Ein Handbuch für die Praxis. Weinheim, Basel: Beltz: 115–123.

Geißler, Gert und Ulrich Wiegmann. 1998. „‚Das Sein verstimmt das Bewußtsein'. Zur gesellschaftspolitischen Funktionalisierung der Erziehung in der DDR-Gesellschaft." In: Benner, Dietrich, Jürgen Schriewer und Heinz-Elmar Tenorth (Hg.). Erziehungsstaaten: Historisch-vergleichende Analysen ihrer Denktraditionen und nationaler Gestalten. Weinheim: Deutscher Studien Verlag: 225–247.

Geißler, Rainer. 1996. Die Sozialstruktur Deutschlands: Zur gesellschaftlichen Entwicklung mit einer Zwischenbilanz zur Vereinigung. Bonn: Bundeszentrale für politische Bildung.

Gensicke, Thomas. 1992a. Mentalitätsentwicklungen im Osten Deutschlands seit den 70er Jahren: Vorstellung und Erläuterung von Ergebnissen einiger empirischer Untersuchungen in der DDR und in den neuen Bundesländern von 1977 bis 1991: Teilstudie im Rahmen des Forschungsprojektes „Beobachtung und Verknüpfung grundlegender Wertwandlungstendenzen gegenüber Staat, Politik und Gesellschaft." Speyer: Forschungsinstitut für Öffentliche Verwaltung.

Gensicke, Thomas. 1992b. „Werte und Wertwandel im Osten Deutschlands." In: Klages, Helmut, Hans-Jürgen Hippler und Willi Herbert (Hg.). Werte und Wandel: Ergebnisse und Methoden einer Forschungstradition. Frankfurt a.M., New York: Campus: 672–694.

Geulen, Dieter. 1998. Politische Sozialisation in der DDR: Autobiographische Gruppengespräche mit Angehörigen der Intelligenz. Opladen: Leske und Budrich.

Gibas, Monika. 1997. „Ideologie und Propaganda." In: Herbst, Andreas, Gerd-Rüdiger Stephan und Jürgen Winkler (Hg). Die SED: Geschichte, Organisation, Politik: Ein Handbuch. Berlin: Dietz: 241–262.

Gibis, Florian. 2008. Wertorientierte Erziehung im öffentlichen Schulwesen: Verfassungsrechtliche Betrachtungen zur integrativen Bedeutung von Gemeinschaftswerten. Frankfurt a.M., Berlin, Bern (u.a.): Peter Lang.

Giesecke, Hermann. 1999. „Erziehung in der Schule – Möglichkeiten und Grenzen." In: Leschinsky, Achim, Petra Gruner und Gerhard Kluchert (Hg.). Die Schule als moralische Anstalt: Erziehung in der Schule: Allgemeines und der „Fall DDR". Weinheim: Deutsche Studien-Verlag: 72–79.

Giesecke, Hermann. 2004. „Was kann die Schule zur Werterziehung beitragen?" In: Gruehn, Sabine, Gerhard Kluchert und Thomas Koinzer (Hg.). Was Schule macht: Schule, Unterricht und Werteerziehung: theoretisch, historisch, empirisch.Weinheim, Basel: Beltz: 235–246.

Gieseke, Jens. 2011. Die Stasi: 1945–1990. München, Pößneck: Pantheon (Sonderausgabe der Sächsischen Landeszentrale für Politische Bildung).

Giordan, Giuseppe. 2007. „Values." In: Ritzer, George (Hg.). The Blackwell Encyclopedia of Sociology. Bd. 10: St–Z. Malden/Mass., Oxford, Victoria: Blackwell Publishing.

Gluchowski, Peter Michael und Carsten Zelle. 1992. „Demokratisierung in Ostdeutschland. Aspekte der politischen Kultur in der Periode des Systemwechsels." In: Gerlich, Peter, Fritz Plasser und Peter A. Ulram (Hg.). Regimewechsel: Demokratisierung und politische Kultur in Ost-Mittleuropa. Wien: Böhlau: 231–274.

Göhmann-Lehmann, Christine. 1994. „Freundschaft - ein Leben lang ...": Schriftliche Erinnerungskultur für Frauen. Cloppenburg: Museumsdorf Cloppenburg.

Gorschenek, Günter (Hg.). 1978. Grundwerte in Staat und Gesellschaft. München: Beck.

Göttert, Karl-Heinz. 2006. Neues Deutsches Wörterbuch. Köln: Lingen.

Grammes, Tilman, Henning Schluß und Hans-Joachim Vogler. 2006. Staatsbürgerkunde in der DDR: Ein Dokumentenband. Wiesbaden: VS, Verlag für Sozialwissenschaften.

Greiffenhagen, Martin. 1991. „Die Bundesrepublik Deutschland 1945–1990: Reformen und Defizite der politischen Kultur." Aus Politik und Zeitgeschichte: Beilage zur Wochenzeitung Das Parlament B1-2/91: 16–26.

Groeben, Norbert und Hans Westmeyer. 1975. Kriterien psychologischer Forschung. München: Juventa.

Gruber, Michael. 2009. Schulische Werterziehung unter Pluralitätsbedingungen: Bestandsaufnahme und Empfehlungen auf der Basis einer Lehrerbefragung. Würzburg: Ergon.

Grunenberg, Antonia. 1989. „Bewußtseinslagen und Leitbilder in der DDR." In: Weidenfeld, Werner und Hartmut Zimmermann (Hg.). Deutschland-Handbuch: Eine doppelte Bilanz 1949–1989. München, Wien: Hanser: 221–238.

Grunenberg, Antonia. 1990. Aufbruch der inneren Mauer: Politik und Kultur in der DDR 1971–1990. Bremen: Edition Temmen.
Gumplowicz, Ludwig. 1969. Soziologische Staatsidee. Aalen: Scientia (Neudruck der 2.Auflage Innsbruck 1902, zuerst 1892).
Günther, Rudolf und Berthold Meyer. 1981. „‚Sicherheit' als Wert und individuelles Bedürfnis." In: Klages, Helmut und Peter Kmieciak (Hg.). Wertwandel und gesellschaftlicher Wandel. Frankfurt a.M., New York: 218–230.
Häberle, Peter. 1981a. Erziehungsziel und Orientierungswerte im Verfassungsstaat. Freiburg, München: Karl Alber.
Häberle, Peter. 1981b. „Verfassungsprinzipien als Erziehungsziele." In:[o. Hg.]: Recht als Prozess und Gefüge: Festschrift für Hans Huber zum 80. Geburtstag. Bern: Stämpfli & Cie: 211–239.
Häberle, Peter. 2005. „Aus der Sicht des Verfassungsrechts: Erwartungen an die Pädagogik." In: Gruschka, Andreas (Hg.). Wozu Pädagogik? Die Zukunft bürgerlicher Mündigkeit und öffentlicher Erziehung. Darmstadt: Wissenschaftliche Buchgesellschaft: 142–159.
Habich, Roland, Detlef Landua, Wolfgang Seifert und Annette Spellerberg. 1991. „‚Ein unbekanntes Land' – Objektive Lebensbedingungen und subjektives Wohlbefinden in Ostdeutschland." Aus Politik und Zeitgeschichte: Beilage zur Wochenzeitung Das Parlament B32/91: 13–33.
Hacket, Anne. 2009. Lohnt sich Mobilität? Einkommensperspektiven in internen und exteren Arbeitsmärkten in den ersten Berufsjahren. Wiesbaden: VS, Verlag für Sozialwissenschaften.
Haddock, Geoffrey und Gregory R. Maio. 2007. „Einstellungen: Inhalt, Struktur und Funktionen." In: Jonas, Klaus, Wolfgang Stroebe und Miles Hewstone (Hg.). Sozialpsychologie: Eine Einführung. Heidelberg: Springer: 187–223.
Hadjar, Andreas und Rolf Becker (Hg.). 2006. Die Bildungsexpansion: Erwartete und unerwartete Folgen. Wiesbaden: VS, Verlag für Sozialwissenschaften.
Hadjar, Andreas und Rolf Becker. 2011. „Erwartete und unerwartete Folgen der Bildungsexpansion in Deutschland." In: Becker, Rolf (Hg.) Lehrbuch der Bildungssoziologie. Wiesbaden: VS: 203–222.
Hangartner, Yvo. 1995. „Erziehungsauftrag und Erziehungsmaßstab der Schule im freiheitlichen Verfassungsstaat. Länderbericht Schweiz." In. Bothe, Michael, Armin Dittmann, Wolfgang Mantl und Yvo Hangartner. Erziehungsauftrag und Erziehungsmaßstab der Schule im freiheitlichen Verfassungsstaat. Berlin, New York: de Gruyter: 95–104.
Hanke, Irma. 1976. „Vom neuen Menschen zur sozialistischen Persönlichkeit. Zum Menschenbild der SED." Deutschland Archiv 9 (5): 492–515.

Hanke, Irma. 1987. Alltag und Politik: Zur politischen Kultur einer unpolitischen Gesellschaft: Eine Untersuchung zur erzählenden Gegenwartsliteratur der DDR in den 70er Jahren. Opladen: Westdeutscher Verlag.
Hanke, Irma. 1988a. „Die Sozialstruktur." In: Rausch, Heinz (Hg.). DDR: Das politische, wirtschaftliche und soziale System. München: Bayerische Landeszentrale für Politische Bildungsarbeit: 83–120.
Hanke, Irma. 1988b. „Die politische Kultur." In: Rausch, Heinz (Hg.). DDR: Das politische, wirtschaftliche und soziale System. München: Bayerische Landeszentrale für Politische Bildungsarbeit: 121–172.
Hasberg, Wolfgang. 2001. Empirische Forschung in der Geschichtsdidaktik: Teil 2. Neuried: Ars Una.
Harmin, Marrill, Howard Kirschenbaum und Sidney B. Simon. 1973. Clarifying Values through Subject Matter. Applications to the Classroom. Minneapolis. Winston Press.
Harmin, Marrill. 1988. „Value Clarity, High Morality: Let's Go for Both." Educational Leadership 45 (8): 24–30.
Hattie, John. 2013. Lernen sichtbar machen. Überarbeitete deutschsprachige Ausgabe von Visible Learning. Baltmannsweiler: Schneider Verlag Hohengehren.
Hauschild, Ingrid. 1996. Von der Sowjetzone zur DDR: Zum verfassungs- und staatsrechtlichen Selbstverständnis des zweiten deutschen Staates. Frankfurt a.M., Berlin, Bern (u.a.): Peter Lang.
Häuser, Iris. 1989. „‚Wir wollen immer artig sein, denn nur so hat man uns gern': Jugendpolitik und das Verhältnis Jugendlicher zu Politik und Gesellschaft." In: Wehling, Hans-Georg (Redaktion): Politische Kultur in der DDR. Stuttgart, Berlin, Köln: Kohlhammer: 129–146.
Hechter, Michael. 1993. „Values research in the social and behavioral sciences." In: Hechter, Michael, Lynn Nadel und Richard E. Michod (Hg.). The Origin of Values. New York: Aldine de Gruyter: 1–28.
Hechter, Michael und Karl Dieter Opp (Hg.). 2001. Social norms. New York: Russell Sage Foundation.
Heep, Maria Rita. 1991. Grundkonsens in pluralistischen Demokratien: Zur Kontroverse um den „nicht-kontroversen Sektor" in der Bundesrepublik Deutschland und den Vereinigten Staaten von Amerika. Bonn: Univ., Diss. (unveröffentlicht).
Heinzer, Felix. 1989. „Das Album amicorum (1545–1569) des Claude de Senarclens." In: Klose, Wolfgang (Hg.). Stammbücher des 16. Jahrhunderts. Wiesbaden: Harrassowitz: 95–124.
Hengelbrock, Jürgen. 1998. „Alternative Unterrichtsfächer zum Religionsunterricht in den Schulen der Bundesrepublik Deutschland." In: Gauger, Jörg-Dieter

(Hg.). Sinnvermittlung, Orientierung, Werte-Erziehung: Bilanz und Perspektiven des Religions-, Philosophie- und Rechtskundeunterrichts an den Schulen der Bundesrepublik Deutschland. Sankt Augustin: Academia-Verlag: 83–120.
Henkys, Reinhard. 1994. „Die Kirchen im SED-Staat zwischen Anpassung und Widerstand." In: Weber, Jürgen (Hg.). Der SED-Staat: Neues über eine vergangene Diktatur. München: Olzog: 199–243.
Hennig, Werner und Walter Friedrich (Hg.). 1991. Jugend in der DDR: Daten und Ergebnisse der Jugendforschung vor der Wende. Weinheim, München: Juventa.
Henzel, Katrin. 2014. Mehr als ein Denkmal der Freundschaft: Stammbucheinträge in Leipzig 1760–1804. Leipzig: Leipziger Universitätsverlag.
Herbert, Willi und Rudolf Wildenmann. 1991. „Deutsche Identität. Die subjektive Verfassung der Deutschen vor der Vereinigung." In: Wildenmann, Rudolf (Hg.). Nation und Demokratie: Politisch-strukturelle Gestaltungsprobleme im neuen Deutschland. Baden-Baden: Nomos: 71–98.
Hermann, Ulrich. 1985a. „Probleme einer ‚nationalsozialistischen Pädagogik'." In: Hermann, Ulrich (Hg.). Die Formung des Volksgenossen. Der „Erziehungsstaat" des Dritten Reichs. Weinheim, Basel: Beltz: 9–21.
Herz, Thomas. 1979. „Der Wandel von Wertvorstellungen in westlichen Industriegesellschaften." Kölner Zeitschrift für Soziologie und Sozialpsychologie 31: 282–302.
Herzog, Hanna und Rina Shapira. 1986. „Will you sign my autograph book? Using autograph books for a sociohistorical study of youth and social frameworks." Qualitative Sociology 9 (2): 109–125.
Hesse, Kurt R. 1988. Westmedien in der DDR: Nutzung, Image und Auswirkungen bundesrepublikanischen Hörfunks und Fernsehens. Köln: Verlag Wissenschaft und Politik.
Hille, Barbara. 1985. Familie und Sozialisation in der DDR. Opladen: Leske und Budrich.
Hillmann, Karl-Heinz (Hg.). 2007. Wörterbuch der Soziologie. Stuttgart: Kröner.
Himmelmann, Gerhard. 2000. „Integration durch Wertebildung oder durch Einführung von demokratischen Verhaltensweisen? Ein Beitrag zum Konzept ‚Demokratie-Lernen'." In: Breit, Gotthard und Siegfried Schiele (Hg.). Werte in der politischen Bildung. Schwalbach/Ts.: Wochenschau: 249–262.
Himmelmann, Gerhard. 2006. „Teaching, Learning and Living Democracy: An advanced concept for German ‚Political' Education." In: Sliwka. Anne, Martina Schiele und Manfred Hofer (Hg.). Citizenship Education: Theory – Research – Practice. Münster, New York, München (u.a.): Waxmann: 45–57.
Hitlin, Steven und Jane Allyn Piliavin. 2004. „Values: reviving a dormant concept." Annual Review of Sociology 30: 359–393.

Hölbe, Friedrich Wilhelm. 1798. Geschichte der Stammbücher nebst Bemerkungen über die bessere Einrichtung derselben für jeden, dem Freundschaft lieb ist. Camburg a.d.S.: Hofmann.

Hondrich, Karl Otto. 1981. „Bedürfnisse, Werte und soziale Steuerung." In: Klages, Helmut und Peter Kmieciak (Hg.). Wertwandel und gesellschaftlicher Wandel. Frankfurt a.M., New York: Campus: 67–83.

Hopf, Christel, Marlene Silzer und Jörg M. Wernich. 1999. „Ethnozentrismus und Sozialisation in der DDR - Überlegungen und Hypothesen zu den Bedingungen der Ausländerfeindlichkeit von Jugendlichen in den neuen Bundesländern." In: Kalb, Petra, Karin Sitte und Christian Petry (Hg.). Rechtsextremistische Jugendliche – was tun? 5. Weinheimer Gespräch. Weinheim, Basel: Beltz: 80–122.

Hopfauf, Axel. 2014. „Einleitung." In: Schmidt-Bleibtreu, Bruno (Begr.), Hans Hofmann und Hans-Günter Hennecke (Hg.). GG Kommentar zum Grundgesetz. 13. Auflage. Köln: Carl Heymanns: 1–88.

Huinink, Johannes und Dirk Konietzka. 2007. Familiensoziologie: Eine Einführung. Frankfurt a.M.: Campus.

Inglehart, Ronald. 1971. „The Silent Revolution in Europe: Intergenerational Change in Post-Industrial Societies." American Political Science Review 65: 911–1017.

Inglehart, Ronald. 1977. The silent revolution: changing values and political styles among western publics. Princeton/NJ: Princeton University Press.

Inglehart, Ronald. 1981. „Wertwandel in den westlichen Gesellschaften: Politische Konsequenzen von materialistischen und postmaterialistischen Prioritäten." In: Klages, Helmut und Peter Kmieciak (Hg.). Wertwandel und gesellschaftlicher Wandel. Frankfurt a.M., New York: 279–316.

Inglehart, Ronald. 1995. Kultureller Umbruch: Wertwandel in der westlichen Welt. Frankfurt a.M., New York: Campus.

Inglehart, Ronald. 1998. Modernisierung und Postmodernisierung: kultureller, wirtschaftlicher und politischer Wandel in 43 Gesellschaften. Frankfurt a.M., New York: Campus.

Isensee, Josef. 1977a. „Verfassungsgarantie ethischer Grundwerte und gesellschaftlicher Konsens. Verfassungsrechtliche Überlegungen zu einer sozialethischen Kontroverse." Neue Juristische Wochenschrift 30 (13): 545–551.

Isensee, Josef. 1977b. „Demokratischer Rechtsstaat und staatsfreie Ethik." In: Krautscheidt, Joseph und Heiner Marré (Hg.). Essener Gespräche zum Thema Staat und Kirche 11. Münster: Aschendorff: 92–120.

Jagodzinski, Wolfgang. 1984. „Wie transformiert man Labile In Stabile RELationen? Zur Persistenz postmaterialistischer Wertorientierungen." Zeitschrift für Soziologie 13 (3): 225–242.

Jänicke, Martin. 1966. „Staatsbürgerkunde in der ‚DDR'." Gesellschaft – Staat – Erziehung 11 (1): 36–41.
Joas, Hans. 2005. „Die kulturellen Werte Europas: Eine Einleitung." In: Joas, Hans und Klaus Wiegandt (Hg.). Die kulturellen Werte Europas. Bonn: Lizenzausgabe für die Bundeszentrale für politische Bildung: 11–39.
Kaase, Max. 1983. „Sinn oder Unsinn des Konzepts ‚Politische Kultur' für die Vergleichende Politikforschung, oder auch: Der Versuch, einen Pudding an die Wand zu nageln." In: Kaase, Max und Hans-Dieter Klingemann (Hg.). Wahlen und politisches System: Analysen aus Anlass der Bundestagswahl 1980. Wiesbaden: Westdeutscher Verlag: 144–171.
Kaase, Max. 2008. „Perspektiven der Forschung zur politischen Kultur." In: Gosewinkel, Dieter und Gunnar Folke Schuppert (Hg.). Politische Kultur im Wandel von Staatlichkeit. Berlin: edition sigma: 387–397.
Kägi, Werner. 1945. Die Verfassung als rechtliche Grundordnung des Staates: Untersuchungen über die Entwicklungstendenzen im modernen Verfassungsrecht. Zürich: Polygraphischer Verlag.
Kämpf-Jansen, Helga. 1976. „‚... Und wenn du eine Rose siehst, so denk an mich zurück!' Glanzbilder und Poesiealben – zur Rezeption des Trivialen." In: Ehmer, Hermann K. (Hg.). Kunst, visuelle Kommunikation: Unterrichtsmodelle. Gießen: Anabas-Verlag: 161–170.
Kapteyn, Arie und Tom Wansbeek. 1982. „Empirical evidence on preference formation." Journal of Economic Psychology 2: 137–154.
Kapteyn, Arie, Tom Wansbeek und Jeannine Buyze. 1978. „The dynamics of preference formation." Economics Letters 1: 93–98.
Kapteyn, Arie, Tom Wansbeek und Jeannine Buyze. 1980. „The dynamics of preference formation." Journal of Economic Behavior and Organization 11: 123–157.
Karig, Ute und Hans-Jörg Stiehler. 1997. „Von ‚Spaß am Dienstag' bis ‚Miami Vice' – Aspekte des Fernsehumgangs von Kindern und Jugendlichen vor und nach der Wende." In: Schlegel, Uta und Peter Förster (Hg.). Ostdeutsche Jugendliche: Vom DDR-Bürger zum Bundesbürger. Opladen: Leske und Budrich: 341–353.
Katz, Daniel. 1960. „The functional approach to the study of attitudes." The Public Opinion Quarterly 24 (2): 163–204.
Keil, Robert und Richard Keil. 1893. Die Deutschen Stammbücher des 16. bis 19. Jahrhunderts. Hildesheim: Gerstenberg (reprographischer Nachdruck von 1975).

Keiser, Sarina. 1991. „Die Familie als Faktor der politischen Sozialisation Jugendlicher in der DDR Ende der 80er Jahre." In: Hennig, Werner und Walter Friedrich (Hg.). Jugend in der DDR: Daten und Ergebnisse der Jugendforschung vor der Wende. Weinheim, München: Juventa: 39–51.

Kim, Chang-Hwan. 1993. J. F. Herbarts Theorie des erziehenden Unterrichts: Eine Untersuchung der pädagogischen Grundaspekte zur Konstituierung und Verwirklichung der Herbartschen Konzeption. Tübingen: Univ., Diss. (unveröffentlicht).

Kimminich, Otto. 1977. Was sind Grundwerte? Zum Problem ihrer Inhalte und ihrer Begründung. Düsseldorf: Patmos-Verlag.

Kirchgässner, Gebhard. 2008. Homo Oeconomicus: Das ökonomische Modell individuellen Verhaltens und seine Anwendung in den Wirtschafts- und Sozialwissenschaften. Tübingen: Mohr Siebeck.

Klages, Helmut und Willi Herbert. 1983. Wertorientierung und Staatsbezug: Untersuchungen zur politischen Kultur in der Bundesrepublik Deutschland. Frankfurt a.M., New York: Campus.

Klages, Helmut. 1984. Wertorientierungen im Wandel: Rückblick, Gegenwartsanalysen, Prognosen. Frankfurt a.M., New York: Campus.

Klages, Helmut. 1985. „Bildung und Wertwandel." In: Burkart, Lutz (Hg.). Soziologie und gesellschaftliche Entwicklung: Verhandlungen des 22. Deutschen Soziologentages in Dortmund. Frankfurt a.M., New York: Campus: 224–241.

Klages, Helmut. 1988. Wertedynamik: Über die Wandelbarkeit des Selbstverständlichen. Zürich: Edition Interform.

Klages, Helmut und Willi Herbert. 1981. Staatssympathie: Eine Pilotstudie zur Dynamik politischer Grundeinstellungen in der Bundesrepublik Deutschland. Speyer: Forschungsinstitut für Öffentliche Verwaltung.

Klages, Helmut und Willi Herbert. 1983. Wertorientierung und Staatsbezug: Untersuchungen zur politischen Kultur in der Bundesrepublik Deutschland. Frankfurt a.M., New York: Campus.

Klaus, Helmut. 2010. Von formaler Demokratie zur Diktatur: Das Verfassungssystem der DDR. Schwerin: Helms.

Klees, Renate, Helga Marburger und Michaela Schuhmacher. 2007. Mädchenarbeit. Praxishandbuch für die Jugendarbeit. Teil 1. Weinheim, München: Juventa.

Klein, Ansgar (Hg.). 1995. Grundwerte in der Demokratie. Bonn: Bundeszentrale für politische Bildung.

Klein, Markus. 1995. „Wieviel Platz bleibt im Prokrustesbett? Wertewandel in der Bundesrepublik Deutschland zwischen 1973 und 1992 gemessen anhand des Inglehart-Index." Kölner Zeitschrift für Soziologie und Sozialpsychologie 47 (2): 207–230.

9 Literatur

Klein, Markus und Manuela Pötschke. 2000. „Gibt es einen Wertewandel hin zum ‚reinen' Postmaterialismus? Eine Zeitreihenanalyse der Wertorientierungen der westdeutschen Bevölkerung zwischen 1970 und 1997." Zeitschrift für Soziologie 29 (3): 202–216.

Klingemann, Hans-Dieter. 1981. „Perspektiven der inhaltsanalytischen Erforschung des gesamtgesellschaftlichen Wertewandels." In: Klages, Helmut und Peter Kmieciack (Hg.). Wertwandel und gesellschaftlicher Wandel. Frankfurt a.M., New York: Campus: 453–462.

Klose, Wolfgang. 1988. Corpus Album Amicorum: CAAC: Beschreibendes Verzeichnis der Stammbücher des 16. Jahrhunderts. Stuttgart: Hiersemann.

Klose, Wolfgang (Bearb.). 1999. Das Wittenberger Gelehrtenstammbuch: Das Stammbuch von Abraham Ulrich (1549–1577) und David Ulrich (1580–1623). Hg. vom Deutschen Historischen Museum Berlin. Halle: Mitteldeutscher Verlag.

Kluchert, Gerhard. 1999. „Erziehung durch Einheit zur Einheit: Das schulische Erziehungsfeld in der SBZ/DDR." In: Leschinsky, Achim, Petra Gruner und Gerhard Kluchert (Hg.). Die Schule als moralische Anstalt: Erziehung in der Schule: Allgemeines und der „Fall DDR". Weinheim: Deutsche Studien-Verlag: 93–124.

Kluckhohn, Clyde. 1951. „Values and Value-Orientations in the Theory of Action: an Exploration in Definition and Classification." In: Parsons, Talcott und Edward A. Shils (Hg.). Toward a General Theory of Action. Cambridge/Mass.: Harvard University Press: 388–433.

Kmieciak, Peter. 1976. Wertstrukturen und Wertwandel in der Bundesrepublik Deutschland. Göttingen: Otto Schwartz und Co.

Knabe, Hubertus. 1990. „Politische Opposition in der DDR: Ursprünge, Programmatik, Perspektiven." Aus Politik und Zeitgeschichte: Beilage zur Wochenzeitung Das Parlament B1–2/90: 21–32.

Knirim, Christa. 1974. Erziehungsleitbilder in Stadt- und Landfamilien der Bundesrepublik Deutschland. Bonn: Forschungsstelle der Forschungsgesellschaft für Agrarpolitik und Agrarsoziologie e.V. (Bd. 223).

Knirim, Christa, Marianne Krüll und Richard Peters. 1974. Familienstrukturen in Stadt und Land: Eine Untersuchung der Rollenbeziehungen zwischen den Ehegatten, den Eltern und Kindern und den Generationen. Bonn: Forschungsstelle der Forschungsgesellschaft für Agrarpolitik und Agrarsoziologie e.V. (Bd. 222).

Koch, Reinhard. 1989. „Alltagswissen versus Ideologie? Theoretische und empirische Beiträge zu einer Alltagsphänomenologie der DDR." In: Rytlewski, Ralf (Hg.). Politik und Gesellschaft in sozialistischen Ländern: Ergebnisse und

Probleme der Sozialistische Länder-Forschung. Opladen: Westdeutscher Verlag (Politische Vierteljahreszeitschrift, Sonderheft 20/1989): 99–120.
Koch, Reinhard. 1990a. „Partnerwunschbilder – Alltägliche Persönlichkeitsmodelle. Ein Beitrag zum ‚common sense' junger Leute in beiden deutschen Staaten." In: Hille, Barbara und Walter Jaide (Hg.). DDR-Jugend: Politisches Bewußtsein und Lebensalltag. Opladen: Leske und Budrich: 108–125.
Koch, Reinhard. 1990b. „Der Alltag von Kindern, Jugendlichen und jungen Erwachsenen. Wissenssoziologische Analyse von Ratgeberrubriken in Jugendzeitschriften der DDR." In.: Hille, Barbara und Walter Jaide (Hg.). DDR-Jugend: Politisches Bewußtsein und Lebensalltag. Opladen: Leske und Budrich: 126–162.
Kohlberg, Lawrence. 2001. „Moralstufen und Moralerwerb: Der kognitiv-entwicklungstheoretische Ansatz." In: Edelstein, Wolfgang, Fritz Oser und Peter Schuster (Hg.). Moralische Erziehung in der Schule: Entwicklungspsychologie und pädagogische Praxis. Weinheim, Basel: 35–62.
Kohlberg, Lawrence, Dwight R. Boyd und Charles Levine. 1996. „Die Wiederkehr der sechsten Stufe: Gerechtigkeit, Wohlwollen und der Standpunkt der Moral." In: Edelstein, Wolfgang und Gertrud Nunner-Winkler (Hg.). Zur Bestimmung der Moral: Philosophische und sozialwissenschaftliche Beiträge zur Moralforschung. Frankfurt a.M.: Suhrkamp: 205–240.
Kohlberg, Lawrence und Rochelle Mayer. 1972. „Development as the Aim of Education." Harvard Educational Review 42 (4): 449–496.
Kohlberg, Lawrence und Elliot Turiel. 1978. „Moralische Entwicklung und Moralerziehung." In: Portele, Gerhard (Hg.). Sozialisation und Moral: Neuere Ansätze zur moralischen Entwicklung und Erziehung. Weinheim, Basel: Beltz: 13–80.
Kohlberg, Lawrence, Elsa Wasserman und Nancy Richardson. 1978. „Die Gerechte-Schul-Kooperative. Ihre Theorie und das Experiment der Cambridge Cluster School." In: Portele, Gerhard (Hg.). Sozialisation und Moral: Neuere Ansätze zur moralischen Entwicklung und Erziehung. Weinheim, Basel: Beltz: 215–259.
Kohli, Martin, Harald Künemund, Andreas Motel-Klingebiel und Marc Szydlik. 2005. „Generationenbeziehungen." In: Kohli, Martin und Harald Künemund (Hg.). Die zweite Lebenshälfte: Gesellschaftliche Lage und Partizipation im Spiegel des Alters-Survey. Wiesbaden: VS, Verlag für Sozialwissenschaften: 176–211.
Konty, Mark A. und Charlotte Chorn Dunham. 1997. "Differences in value and attitude change over the life-course." Sociological Spectrum 17: 177–197.

Kornelius, Bernhard und Dieter Roth. 2004. Politische Partizipation in Deutschland: Ergebnisse einer repräsentativen Umfrage. Bonn: Bundeszentrale für politische Bildung.
Kötter, Herbert und Hans-Joachim Krekeler. 1977. „Zur Soziologie der Stadt-Land-Beziehungen." In: König, René (Hg.). Handbuch der empirischen Sozialforschung. Bd. 10: Großstadt Massenkommunikation Stadt-Land-Beziehungen. Stuttgart: Ferdinand Enke Verlag: 1–41.
Kraft, Viktor. 1951. Die Grundlagen einer wissenschaftlichen Wertlehre. Wien: Springer.
Kratzsch, Konrad. 1988. „Vom Stammbuch zum Poesiealbum." In: Henning, Hans und Konrad Kratzsch (Hg.). Stammbücher aus der Zentralbibliothek der Deutschen Klassik Weimar. Burgk: Staatliches Museum Schloss Burgk: 8–25.
Kristiansen, Connie M. und Mark P. Zanna. 1991. „Value relevance and the value-attitude relation: value expressiveness versus halo effects." Basic and Applied Social Psychology 12 (4): 471–483.
Kuhn, Hans-Werner, Peter Massing und Werner Skuhr (Hg.). 1993. Politische Bildung in Deutschland: Entwicklung – Stand – Perspektiven. Opladen: Leske und Budrich.
Kurras, Lotte. 1987. Zu gutem Gedenken: Kulturhistorische Miniaturen aus Stammbüchern des Germanischen Nationalmuseums: 1570–1770. München: Prestel.
Kurras, Lotte. 1994. Die Handschriften des Germanischen Nationalmuseums Nürnberg. Bd. 5: Die Stammbücher Teil 2: Die 1751 bis 1790 begonnenen Stammbücher. Wiesbaden: Harrassowitz.
Krause, Reinhard. 1993. Umweltschutz und Erziehungsziele in der Landesverfassung Nordrhein-Westfalen. Frankfurt a.M.: Haag und Herchen.
Ladenthin, Volker. 2013. Wert Erziehung: Ein Konzept in sechs Perspektiven. Hg. von Anke Redecker. Baltmannsweiler: Schneider Verlag Hohengehren.
Langbein, Ulrike. 1997. „Das Poesiealbum. Eine ästhetische Praxis und mehr." In: Nikitsch, Herbert und Bernhard Tschofen (Hg.). Volkskunst: Referate der Österreichischen Volkskundetagung 1995 in Wien. Wien: Verein für Volkskunde: 365–378.
Lange, Max Gustav. 1954. Totalitäre Erziehung: Das Erziehungssystem der Sowjetzone Deutschlands. Frankfurt a.M.: Verlag der Frankfurter Hefte.
Langenfeld, Christine und Achim Leschinsky. 2003. „Religion – Recht – Schule." In: Füssel, Hans Peter und Peter M. Roeder (Hg.). Recht – Erziehung – Staat: Zur Genese einer Problemkonstellation und zur Programmatik ihrer zukünftigen Entwicklung. Weinheim, Basel, Berlin: Beltz (47. Beiheft zur Zeitschrift für Pädagogik): 49–69.
LaPierre, Richard T. 1934. „Attitude vs. actions." Social Forces 13: 230–237.

Lautmann, Rüdiger. 1969. Wert und Norm: Begriffsanalysen für die Soziologie. Opladen: Westdeutscher Verlag.
Lemke, Christiane. 1980. Persönlichkeit und Gesellschaft: Zur Theorie der Persönlichkeit in der DDR. Opladen: Westdeutscher Verlag.
Lemke, Christiane. 1989. „Eine politische Doppelkultur: Sozialisation im Zeichen konkurrierender Einflüsse." In: Wehling, Hans-Georg (Redaktion): Politische Kultur in der DDR. Stuttgart, Berlin, Köln: Kohlhammer: 81–93.
Lemke, Christiane. 1991. Die Ursachen des Umbruchs 1989: Politische Sozialisation in der ehemaligen DDR. Opladen: Westdeutscher Verlag.
Lenz, Aloys. 1968. „Die Zielsetzung des Staatsbürgerkundeunterrichts an der mitteldeutschen Schule." Gesellschaft – Staat – Erziehung: Blätter für politische Bildung und Erziehung 13 (1): 23–35.
Leschinsky, Achim und Gerhard Kluchert. 1999. „Die erzieherische Funktion der Schule: Schultheoretische und schulhistorische Überlegungen." In: Leschinsky, Achim, Petra Gruner und Gerhard Kluchert (Hg.). Die Schule als moralische Anstalt: Erziehung in der Schule: Allgemeines und der „Fall DDR". Weinheim: Deutsche Studien-Verlag: 15–42.
Levy-Garboua, Louis, Youenn Loheac und Bertrand Fayolle. 2006. „Preference formation, school dissatisfaction and risky behavior of adolescents." Journal of Economic Psychology 27: 165–183.
Lind, Georg. 2009. Moral ist lehrbar: Handbuch zur Theorie und Praxis moralische und demokratischer Bildung. München: Oldenbourg.
Lindenberg, Siegwart. 1984. „Preferences versus constraints: a commentary on von Weizsäcker's ‚The influence of property rights on tastes.'" Zeitschrift für die gesamte Staatswissenschaft 140: 96–103.
Lindenberg, Siegwart. 2008. "Social norms: What happens when they become more abstract?" In: Diekmann, Andreas, Klaus Eichner, Peter Schmidt und Thomas Voss (Hg.). Rational Choice: Theoretische Analysen und empirische Resultate. Wiesbaden: VS, Verlag für Sozialwissenschaften: 63–81.
Lindner, Bernd. 2006. „Die Generation der Unberatenen. Zur Generationenfolge in der DDR und ihren strukturellen Konsequenzen für die Nachwendezeit." In: Schüle, Annegret, Thomas Ahbe und Rainer Gries (Hg.). Die DDR aus generationengeschichtlicher Perspektive: Eine Inventur. Leipzig: Leipziger Universitätsverlag: 93–112.
Lipset, Seymour Martin. 1959. „Some Social Requisites of Democracy: Economic Development and Political Legitimacy." The American Political Science Review 53 (1): 69–105.
Loesch, Perk. 1998. Der Freundschaft Denkmal: Stammbücher und Poesiealben aus fünf Jahrhunderten. Dresden: SLUB.

9 Literatur

Lösche, Peter. 2007. Verbände und Lobbyismus in Deutschland. Stuttgart: Kohlhammer.

Löwenhaupt, Stefan. 1993. Vertrauen in Institutionen und Einstellungen der Bürger zur Verwaltung: Berichte zur Datenlage. Bamberg: Universität Bamberg.

Luchterhandt, Otto. 1985. Der verstaatlichte Mensch: Die Grundpflichten des Bürgers in der DDR. Köln, Berlin, Bonn (u.a.): Heymann.

Lüdke, Hartmut. 1992. „Zwei Jugendkulturen? Freizeitmuster in Ost und West." In: Zinnecker, Jürgen (Redaktion): Jugend'92: Lebenslagen, Orientierungen und Entwicklungsperspektiven im vereinigten Deutschland. Bd. 2: Im Spiegel der Wissenschaften. Opladen: Leske und Budrich: 239–264.

Ludz, Peter Christian. 1979. DDR-Handbuch. Köln: Verlag Wissenschaft und Politik.

Ludz, Peter Christian. 1980. Mechanismen der Herrschaftssicherung: Eine sprachpolitische Analyse gesellschaftlichen Wandels in der DDR. München, Wien: Hanser.

Luhmann, Niklas. 2002. Die Politik der Gesellschaft. Frankfurt a.M.: Suhrkamp.

Luhmann, Niklas. 2004. „Grundwerte als Zivilreligion: Zur wissenschaftlichen Karriere eines Themas." In: Kleger, Heinz und Alois Müller (Hg.). Religion des Bürgers: Zivilreligion in Amerika und Europa. Münster: Lit: 175–194.

Maaz, Hans-Joachim. 1990. Der Gefühlsstau: Ein Psychogramm der DDR. Berlin: Argon.

Maaz, Hans-Joachim. 1993. „Gefühlsstau als Ursprung von Gewalt." Gewerkschaftliche Monatshefte 44 (4): 212–220.

Maio Gregory R. und James M. Olson. 1994. „Value-attitude-behaviour relations: the moderating role of attidude functions." British Journal of Social Psychology 33 (3): 301–12.

Maio, Gregory R., James M. Olson, Lindsay Allen und Mark M. Bernard. 2001. „Addressing Discrepancies between Values and Behavior: The Motivating Effect of Reasons." Journal of Experimental Social Psychology 37: 104–117.

Mampel, Siegfried. 1982. Die sozialistische Verfassung der Deutschen Demokratischen Republik: Kommentar. Frankfurt a.M.: Alfred Metzner Verlag.

Mannheim, Karl. 1964. „Das Problem der Generationen." In: Mannheim, Karl. Wissenssoziologie: Auswahl aus dem Werk. Berlin, Neuwied: Luchterhand: 509–565.

Mantl, Wolfgang. 1995. „Erziehungsauftrag und Erziehungsmaßstab der Schule im freiheitlichen Verfassungsstaat. Länderbericht Österreich." In: Bothe, Michael, Armin Dittmann, Wolfgang Mantl und Yvo Hangartner. Erziehungsauftrag und Erziehungsmaßstab der Schule im freiheitlichen Verfassungsstaat. Berlin, New York: de Gruyter: 75–94.

Maslow, Abraham H. 1981. Motivation und Persönlichkeit. Reinbek bei Hamburg: Rowohlt.
Massing, Peter. 2000. „Werterziehung und Schulsystem." In: Breit, Gotthard und Siegfried Schiele (Hg.). Werte in der politischen Bildung. Schwalbach/Ts.: Wochenschau: 163–183.
Marshall, Gordon (Hg.). 1998. A Dictionary of Sociology. Oxford, New York: Oxford University Press.
Matthes, Eva. 2004. „Wertorientierter Unterricht – aktuelle Konzeptionen." In: Matthes, Eva (Hg.). Wertorientierter Unterricht – eine Herausforderung für die Schulfächer. Donauwörth: Auer. 12–25.
Mauermann, Lutz. 1981. „Der Beitrag des Unterrichts zur moralischen Erziehung." In: Mauermann, Lutz und Erich Weber (Hg.). Der Erziehungsauftrag der Schule: Beiträge zur Theorie moralischer Erziehung unter besonderer Berücksichtigung der Wertorientierung im Unterricht. Donauwörth: Auer: 79–96.
Mauermann, Lutz. 2004. „Konzepte zur Werterziehung und deren Umsetzung in der Schule – Beobachtungen aus den vergangenen zwei Jahrzehnten." In: Matthes, Eva (Hg.). Wertorientierter Unterricht – eine Herausforderung für die Schulfächer. Donauwörth: Auer. 26–37.
Mayerl, Jochen und Dieter Urban. 2010. Binär-logistische Regressionsanalyse: Grundlagen und Anwendung für Sozialwissenschaftler. Universität Stuttgart, Institut für Sozialwissenschaften, Abteilung für Soziologie und Empirische Sozialforschung (SOWI IV).
Mayring, Philipp. 2010. Qualitative Inhaltsanalyse: Grundlagen und Techniken. Weinheim, Basel: Beltz.
Melzer, Wolfgang. 1992. Jugend und Politik in Deutschland: Gesellschaftliche Einstellungen, Zukunftsorientierungen und Rechtsextremismus-Potential Jugendlicher in Ost- und Westdeutschland. Opladen: Leske und Budrich.
Merten, Klaus. 1996. Inhaltsanalyse: Einführung in Theorie, Methode und Praxis. Opladen: Westdeutscher Verlag.
Merton, Robert. 1995. Soziologische Theorie und soziale Struktur. Berlin, New York: de Gruyter.
Meulemann, Heiner. 1992. „Expansion ohne Folgen? Bildungschancen und sozialer Wandel in der Bundesrepublik." In: Glatzer, Wolfgang (Hg.). Entwicklungstendenzen der Sozialstruktur. Frankfurt a.M., New York: Campus: 123–156.
Meulemann, Heiner. 1996. Werte und Wertewandel: Zur Identität einer geteilten und wieder vereinten Nation. Weinheim, München: Juventa.

Meulemann, Heiner. 2003. „Erzwungene Säkularisierung in der DDR – Wiederaufleben des Glaubens in Ostdeutschland?" In: Gärtner, Christel, Detlef Pollack und Monika Wohlrab-Sahr (Hg.). Atheismus und religiöse Indifferenz. Opladen: Leske und Budrich: 271–287.
Mewes, Jan. 2010. Ungleiche Netzwerke – vernetzte Ungleichheit: Persönliche Beziehungen im Kontext von Bildung und Status. Wiesbaden: VS, Verlag für Sozialwissenschaften.
Meyer, Ernst. 1983. „Erziehung durch Interaktionsförderung im Unterricht - Konsequenzen für die Ausbildung des Lehrers zum ‚Erzieher'." In: Mitter, Wolfgang (Hg.). Kann die Schule erziehen? Erfahrungen, Probleme und Tendenzen im europäischen Vergleich. Köln, Wien: Böhlau: 267–287.
Mitter, Wolfgang. 1990. „Politische Bildung und Erziehung." In: Bundesministerium für innerdeutsche Beziehungen (Hg.). Vergleich von Bildung und Erziehung in der Bundesrepublik Deutschland und in der Deutschen Demokratischen Republik. Köln: Verlag Wissenschaft und Politik: 597–619.
Möbus, Gerhard. 1965. „Totalitäre Formen politischer Pädagogik." Aus Politik und Zeitgeschichte: Beilage zur Wochenzeitung Das Parlament B27/1965: 3–24.
Mühler, Kurt. 2008. Sozialisation: Eine soziologische Einführung. Paderborn: Fink.
Mühler, Kurt und Reinhard Wippler. 1993. „Die Vorgeschichte der Wende in der DDR: Versuch einer Erklärung." Kölner Zeitschrift für Soziologie und Sozialpsychologie 45 (4): 691–711.
Müller, Harry. 1980. „Zur Entwicklung von Lebensorientierungen im Jugendalter." In: Friedrich, Walter und Harry Müller (Hg.). Zur Psychologie der 12- bis 22jährigen: Resultate einer Intervallstudie. Berlin: Deutscher Verlag der Wissenschaften: 116–145.
Müller, Harry. 1991. „Lebenswerte und nationale Identität." In: Friedrich, Walter und Hartmut Griese (Hg.). Jugend und Jugendforschung in der DDR: Gesellschaftspolitische Situationen, Sozialisation und Mentalitätsentwicklung in den achtziger Jahren. Opladen: Leske und Budrich: 124–135.
Müller, Maria Elisabeth. 1997. Zwischen Ritual und Alltag: Der Traum von einer sozialistischen Persönlichkeit. Frankfurt a.M., New York: Campus.
Müller, Walter. 1998. „Erwartete und unerwartete Folgen der Bildungsexpansion." In: Friedrichs, Jürgen, M. Rainer Lepsius und Karl Ulrich Mayer (Hg.). Die Diagnosefähigkeit der Soziologie. Opladen: Westdeutscher Verlag (Kölner Zeitschrift für Soziologie und Sozialpsychologie, Sonderheft 38): 81–112.

Müller-Doohm, Stefan. 1997. "Bildinterpretation als struktural-hermeneutische Symbolanalyse." In: Hitzler, Ronald und Anne Honer (Hg.). Sozialwissenschaftliche Hermeneutik: Eine Einführung. Opladen: Leske und Budrich: 81–108.

Multrus, Ute. 2008. "Werterziehung in der Schule – Ein Überblick über aktuelle Konzepte." In: Bayerisches Staatsministerium für Unterricht und Kultus (Hg.). Werte machen stark: Praxishandbuch zur Werteerziehung. Augsburg: Brigg Pädagogik: 22–44.

Murray, Sandra L., Geoffrey Haddock und Mark P. Zanna. 1996. "On creating value-expressive attitudes: an experimental approach." In: Seligman, Clive, James M. Olson und Mark P. Zanna (Hg.). The Psychology of Values: The Ontario Symposium. Bd. 8. Mahwah/New Jersey: Erlbaum: 107–134.

Naumann, Meino. 1979. "Poesie und Glanzbildengel: das Poesiealbum. Ein Beitrag zur literarischen Sozialisation." Diskussion Deutsch 10: 275–287.

Nave-Herz, Rosemarie. 1998. "Die These über den ‚Zerfall der Familie'." In: Friedrichs, Jürgen, M. Rainer Lepsius und Karl Ulrich Mayer (Hg.). Die Diagnosefähigkeit der Soziologie. Opladen: Westdeutscher Verlag (Kölner Zeitschrift für Soziologie und Sozialpsychologie, Sonderheft 38): 286–315.

Neller, Katja. 2006. DDR-Nostalgie: Dimensionen der Orientierungen der Ostdeutschen gegenüber der ehemaligen DDR, ihre Ursachen und politischen Konnotationen. Wiesbaden: VS, Verlag für Sozialwissenschaften.

Neller, Katja. 2009. "Aspekte Politischer Kultur in Deutschland: Legitimitätsvorstellungen und Legitimitätsurteile: ‚Politische Gemeinschaft'." In: Westle, Bettina und Oscar W. Gabriel (Hg.). Politische Kultur: Eine Einführung. Baden-Baden: Nomos: 56–96.

Neuheiser, Jörg. 2014. "Der ‚Wertewandel' zwischen Diskurs und Praxis. Die Untersuchung von Wertvorstellungen zur Arbeit mit Hilfe von betrieblichen Fallstudien. In: Dietz, Bernhard, Christopher Neumaier und Andreas Rödder (Hg.). Gab es den Wertewandel? Neue Forschungen zum gesellschaftlich-kulturellen Wandel seit den 1960er Jahren. München: Oldenbourg: 141–167.

Newcomb, Theodore Mead, Ralph H. Turner und Philip E. Converse. 1965. Social psychology: the study of human action. New York (u.a.): Holt, Rinehart and Winston.

Niedermeyer, Oskar. 2005. Bürger und Politik: Politische Orientierungen und Verhaltensweisen der Deutschen. Wiesbaden: VS, Verlag für Sozialwissenschaften.

Niedermeyer, Oskar und Klaus von Beyme (Hg.). 1996. Politische Kultur in Ost- und Westdeutschland. Opladen: Leske und Budrich.

Niethammer, Lutz, Alexander von Plato und Dorothee Wierling. 1991. Die volkseigene Erfahrung: Eine Archäologie des Lebens in der Industrieprovinz der DDR: 30 biographische Eröffnungen. Berlin: Rowohlt.
Noelle-Neumann, Elisabeth. 1978. Werden wir alle Proletarier? Wertewandel in unserer Gesellschaft. Zürich: Edition Interform.
Noelle-Neumann, Elisabeth und Thomas Petersen. 2001. „Zeitenwende Der Wertewandel 30 Jahre später." Aus Politik und Zeitgeschichte: Beilage zur Wochenzeitung Das Parlament B29/2001: 15–22.
Norris, Pippa. 2011. Democratic Deficit: Critical Citizens Revisited. Cambridge (u.a.): Cambridge University Press.
Norton, Bryon, Robert Costanza und Richard C. Bishop. 1998. „The evolution of preferences: Why ‚sovereign' preferences may not lead to sustainable policies and what to do about it." Ecological Economics 24: 193–211.
Oesterreich, Detlef. 1993. Autoritäre Persönlichkeit und Gesellschaftsordnung: Der Stellenwert psychischer Faktoren für politische Einstellungen – eine empirische Untersuchung von Jugendlichen in Ost und West. Weinheim, München: Juventa.
Opp, Karl-Dieter. 1983. Die Entstehung sozialer Normen: Ein Integrationsversuch soziologischer, sozialpsychologischer und ökonomischer Erklärungen. Tübingen: Mohr.
Opp, Karl-Dieter. 1995. Methodologie der Sozialwissenschaften: Einführung in Probleme ihrer Theorienbildung und praktischen Anwendung. Opladen: Westdeutscher Verlag.
Opp, Karl-Dieter. 2000. „Die Entstehung sozialer Normen als geplanter und spontaner Prozeß." In: Metze, Regina, Kurt Mühler und Karl-Dieter Opp (Hg.). Normen und Institutionen: Entstehung und Wirkungen. Leipzig: Leipziger Universitätsverlag: 35–64.
Opp de Hipt, Manfred. 1989. „Deutsche Lust am Staat? Marxistisch-leninistisches Staatsverständnis und realsozialistische Wirklichkeit in der DDR." In: Wehling, Hans-Georg (Redaktion): Politische Kultur in der DDR. Stuttgart, Berlin, Köln: Kohlhammer: 54–65.
Oppenheimer, Franz. 1954. Der Staat. Stuttgart: Gustav Fischer Verlag (zuerst 1909).
Oppermann, Thomas. 1976. Nach welchen rechtlichen Grundsätzen sind das öffentliche Schulwesen und die Stellung der an ihm Beteiligten zu ordnen? Gutachten C zum 51. Deutschen Juristentag. München: Beck.
Oser, Fritz. 2001. „Acht Strategien der Wert- und Moralerziehung." In: Edelstein, Wolfgang, Fritz Oser und Peter Schuster (Hg.). Moralische Erziehung in der Schule: Entwicklungspsychologie und pädagogische Praxis. Weinheim, Basel: 63–89.

Oser, Fritz und Wolfgang Althof. 1994. Moralische Selbstbestimmung: Modelle der Entwicklung und Erziehung im Wertebereich. Stuttgart: Klett-Cotta.
Oser, Fritz und Wolfgang Althof. 2001. „Die Gerechte Schulgemeinschaft: Lernen durch Gestaltung des Schullebens." In: Edelstein, Wolfgang, Fritz Oser und Peter Schuster (Hg.). Moralische Erziehung in der Schule: Entwicklungspsychologie und pädagogische Praxis. Weinheim, Basel: Beltz: 233–268.
Oswald, Hans. 1989. „Intergenerative Beziehungen (Konflikte) in der Familie." In: Markefka, Manfred und Rosemarie Nave-Herz (Hg.). Handbuch der Familien- und Jugendforschung. Bd. 2: Jugendforschung. Neuwied, Frankfurt a.M.: Luchterhand: 367–381.
Pappi, Franz-Urban. 1982. „Die politischen Institutionen der Bundesrepublik: Zum Legitimitätsverständnis der Bevölkerung." Außerschulische Bildung 13 (3): B72–B79.
Parsons, Talcott. 1967. The structure of social action: a study in social theory with special reference to a group of recent European writers. New York: The Free Press.
Parsons, Talcott. 1964. The social system. New York: Free Press of Glencoe.
Parsons, Talcott. 1954. „Values, motives, and systems of action." In: Parsons, Talcott und Edward A. Shils (Hg.). Toward a General Theory of Action. Cambridge/Mass.: Harvard University Press: 47–275.
Patry, Jean-Luc. 2009. „Moral- und Werterziehung." In: Seyfried, Clemens und Alfred Weinberger (Hg.). Auf der Suche nach den Werten: Ansätze und Modelle zur Wertereflexion in der Schule. Wien, Berlin, Münster: Lit.: 13–44.
Pawlowski, Tadeusz. 1980. Begriffsbildung und Definition. Berlin, New York: de Gruyter.
Pestalozza, Christian (Hg.). 2005. Verfassungen der deutschen Bundesländer: Mit dem Grundgesetz. München: Deutscher Taschenbuch-Verlag, Beck.
Pettigrew, Tomas F. und Linda R. Tropp. 2006. „A meta-analytic test of intergroup contact theory." Journal of Personality and Social Psychology 90 (5): 751–783.
Pfeiffer, Christian. 1999. Fremdenfeindliche Gewalt im Osten – Folge der autoritären DDR-Erziehung? Online: http://kfn.de/versions/kfn/assets/fremdengewaltosten.pdf (Zugriff am 26.02.2015, 1:30 Uhr).
Pickel, Gert. 2002. Jugend und Politikverdrossenheit: Zwei politische Kulturen im Deutschland nach der Vereinigung? Opladen: Leske und Budrich.
Pickel, Gert. 2011a. „Atheistischer Osten und gläubiger Westen? Pfade der Konfessionslosigkeit im innerdeutschen Vergleich." In: Pickel, Gert und Kornelia Sammet (Hg.). Religion und Religiosität im vereinigten Deutschland: Zwanzig Jahre nach dem Umbruch. Wiesbaden: VS, Verlag für Sozialwissenschaften: 43–77.

Pickel, Gert. 2011b. „Ostdeutschland im europäischen Vergleich: Immer noch ein Sonderfall oder ein Sonderweg?" In: Pickel, Gert und Kornelia Sammet (Hg.). Religion und Religiosität im vereinigten Deutschland: Zwanzig Jahre nach dem Umbruch. Wiesbaden: VS, Verlag für Sozialwissenschaften: 165–190.

Pickel, Gert. 2013. „Die Situation der Religion in Deutschland – Rückkehr des Religiösen oder voranschreitende Säkularisierung?" In: Pickel, Gert und Oliver Hidalgo (Hg.). Religion und Politik im vereinigten Deutschland: Was bleibt von der Rückkehr des Religiösen? Wiesbaden: Springer VS.

Pickel, Susanne und Gert Pickel. 2006. Politische Kultur- und Demokratieforschung: Grundbegriffe, Theorien, Methoden. Eine Einführung. Wiesbaden: VS, Verlag für Sozialwissenschaften.

Pickel, Gert und Dieter Walz. 1995. „Politisches Institutionenvertrauen in der Bundesrepublik in zeitlicher Perspektive." Journal für Sozialforschung 35 (2): 145–155.

Pieroth, Bodo. 1994. „Erziehungsauftrag und Erziehungsmaßstab der Schule im freiheitlichen Verfassungsstaat." Deutsches Verwaltungsblatt 17: 949–961.

Pietzsch, Henning. 2005. Jugend zwischen Kirche und Staat: Geschichte der kirchlichen Jugendarbeit in Jena 1970–1989. Köln, Weimar, Wien: Böhlau.

Pohlmann-Kann, Jutta. 1967. „Marxistisch-leninistische Staatsbürgerkunde: Zielsetzung, Thema und Problematik in der Entwicklung von 1959 bis 1964." Pädagogik und Schule in Ost und West 15 (5): 163–169.

Pollack, Detlef und Olaf Müller. 2011. „Die religiösen Entwicklungen in Ostdeutschlandnach 1989." In: Pickel, Gert und Kornelia Sammet (Hg.). Religion und Religiosität im vereinigten Deutschland: Zwanzig Jahre nach dem Umbruch. Wiesbaden: VS, Verlag für Sozialwissenschaften: 125–144.

Popitz, Heinrich. 2006. Soziale Normen. Frankfurt a. M.: Suhrkamp.

Puschner, Walter. 1985. „Materialismus und Postmaterialismus in der Bundesrepublik Deutschland 1970–1982: Eine Kohortenanalyse zu Ingleharts Theorie des Wertwandels." In: Oberndörfer, Dieter, Hans Rattinger und Karl Schmitt (Hg.). Wirtschaftlicher Wandel, religiöser Wandel und Wertwandel: Folgen für das politische Verhalten in der Bundesrepublik Deutschland. Berlin: Duncker und Humblot: 357–389.

Raffel, Eva. 2012. Galilei, Goethe und Co.: Freundschaftsbücher der Herzogin Anna Amalia Bibliothek. Berlin: Otto Meissner.

Raths, Louis E., Marrill Harmin und Sidney B. Simon. 1976. Werte und Ziele: Methoden zur Sinnfindung im Unterricht. München: Pfeiffer.

Rausch, Heinz. 1980. Politische Kultur in der Bundesrepublik. Berlin: Colloquium-Verlag.

Reinhold, Gerd (Hg.). 2000. Soziologie-Lexikon. München, Wien: Oldenbourg.

Reuter, Lutz R. 1999. „Rechtsgrundlagen." In: Mickel, Wolfgang W. (Hg.). Handbuch zur politischen Bildung: Grundlagen, Methoden, Aktionsformen. Schwalbach/Ts.: Wochenschau: 52–63.
Reuter, Luthard R. 2003. „Erziehungs- und Bildungsziele aus rechtlicher Sicht." In: Füssel, Hans Peter und Peter M. Roeder (Hg.). Recht – Erziehung – Staat: Zur Genese einer Problemkonstellation und zur Programmatik ihrer zukünftigen Entwicklung. Weinheim, Basel, Berlin: Beltz (47. Beiheft zur Zeitschrift für Pädagogik): 28–48.
Rippl, Susanne, Christian Seipel und Angela Kindervater (Hg.). 2000. Autoritarismus: Kontroversen und Ansätze der aktuellen Autoritarismusforschung. Opladen: Leske und Budrich.
Robben, Henry S.J. und Theo M. M. Verhallen. 1994. „Behavioral costs as determinants of cost perception and preference formation for gifts to receive and gifts to give." Journal of Economic Psychology 15: 333–350.
Rödder, Andreas. 2014. Wertewandel in historischer Perspektive. Ein Forschungskonzept. In: Dietz, Bernhard, Christopher Neumaier und Andreas Rödder (Hg.). Gab es den Wertewandel? Neue Forschungen zum gesellschaftlich-kulturellen Wandel seit den 1960er Jahren. München: Oldenbourg: 17–39.
Roggemann, Herwig. 1989. Die DDR-Verfassungen: Einführung in das Verfassungsrecht der DDR: Grundlagen und neuere Entwicklung. Berlin: Berlin-Verlag Spitz.
Rokeach, Milton. 1973. The nature of human values. New York: Free Press.
Rolff, Hans-Günter. 1992. „Die Schule als besondere soziale Organisation. Eine komparative Analyse." Zeitschrift für Sozialisationsforschung und Erziehungssoziologie 12: 306–324.
Rossade, Werner. 1982. Literatur im Systemwandel: Zur ideologiekritischen Analyse künstlerischer Literatur aus der DDR. Bern, Frankfurt a.M.: Peter Lang.
Rossade, Werner. 1989. „Literatur als politische Institution." In: Rytlewski, Ralf (Hg.). Politik und Gesellschaft in sozialistischen Ländern: Ergebnisse und Probleme der Sozialistische Länder-Forschung. Opladen: Westdeutscher Verlag (Politische Vierteljahreszeitschrift, Sonderheft 20/1989): 246–269.
Rossin, Jürgen. 1985. Das Poesiealbum: Studien zu den Variationen einer stereotypen Textsorte. Frankfurt a.M., Bern, New York: Peter Lang.
Roth, Rainer. 2001. Mit jungen Bürgern reden: Politik und Demokratie beginnen in der Familie. München: Olzog.
Rudolph, Wolfgang. 1959. Die amerikanische „Cultural Anthropology" und das Wertproblem. Berlin: Duncker und Humblot.
Ryan, Kevin und Karen E. Bohlin. 1999. Building Character in Schools: Practical Ways to Bring Moral Instruction to Life. San Francisco: Jossey-Bass Publishers.

9 Literatur

Ryan, Kevin und Thomas Lickona (Hg.). 1992. Character Development in Schools and Beyond. Washington/DC: Council for Research in Values and Philosophy.
Rytlewski, Ralf. 1987. „Soziale Kultur in der DDR." In: Berg-Schlosser, Dirk und Jakob Schissler (Hg.). Politische Kultur in Deutschland: Bilanz und Perspektiven. Opladen: Westdeutscher Verlag: 238–246.
Rytlewski, Ralf. 1989. „Ein neues Deutschland? Merkmale, Differenzierungen und Wandlungen in der politischen Kultur der DDR." In: Wehling, Hans-Georg (Redaktion). Politische Kultur in der DDR. Stuttgart, Berlin, Köln: Kohlhammer: 11–28.
Salzborn, Samuel (Hg.). 2009. Politische Kultur: Forschungsstand und Forschungsperspektiven. Frankfurt a.M., Berlin, Bern (u.a.): Peter Lang.
Scheuch, Erwin K.. 1993. „Vereine als Teil der Privatgesellschaft." In: Best, Heinrich (Hg.). Vereine in Deutschland: Vom Geheimbund zur freien gesellschaftlichen Organisation. Bonn: Informationszentrum Sozialwissenschaften: 143–208.
Schiele, Siegfried. 2000. „Möglichkeiten und Grenzen der politischen Bildung bei der Vermittlung von Werten." In: Breit, Gotthard und Siegfried Schiele (Hg.). Werte in der politischen Bildung. Bonn: Bundeszentrale für Politische Bildung: 1–15.
Schiewe, Jürgen. 2004. Öffentlichkeit: Entstehung und Wandel in Deutschland. Paderborn, München, Wien (u.a.): Schöningh.
Schläffli, André. 1986. Förderung der sozial-moralischen Kompetenz: Evaluation, Curriculum und Durchführung von Interventionsstudien. Frankfurt a.M., Bern, New York: Peter Lang.
Schleicher, Klaus. 2011. Werte in einer globalisierten Welt: Eine kulturelle Herausforderung. Hamburg: Krämer.
Schmid, Karin. 1982. Die Verfassungssysteme der Bundesrepublik Deutschland und der DDR: Eine vergleichende Darstellung. Berlin: Berlin-Verlag.
Schmidt, Günter R. 1981. „Grundlagen und Aufgaben einer ethischen Erziehung in der gegenwärtigen Schule." In: Mauermann, Lutz und Erich Weber (Hg.). Der Erziehungsauftrag der Schule: Beiträge zur Theorie moralischer Erziehung unter besonderer Berücksichtigung der Wertorientierung im Unterricht. Donauwörth: Auer: 68–78.
Schmitt, Karl. 1980. Politische Erziehung in der DDR: Ziele, Methoden und Ergebnisse des politischen Unterrichts an den allgemeinbildenden Schulen der DDR. Paderborn, München, Wien (u.a.): Schöningh.
Schnabel, Werner Wilhelm. 1995. Die Stammbücher und Stammbuchfragmente der Stadtbibliothek Nürnberg, Teil 1: Die Stammbücher des 16. und 17. Jahrhunderts. Wiesbaden: Harrassowitz.

Schnabel, Werner Wilhelm. 2003. Das Stammbuch: Konstitution und Geschichte einer textsortenbezogenen Sammelform bis ins erste Drittel des 18.Jahrhunderts. Tübingen: Niemeyer.
Schneider, Herbert. 1999. „Der Beutelsbacher Konsens." In: Mickel, Wolfgang W. (Hg.). Handbuch zur politischen Bildung: Grundlagen, Methoden, Aktionsformen. Schwalbach/Ts.: Wochenschau: 171–178.
Schnell, Rainer, Paul B. Hill und Elke Esser. 2005. Methoden der empirischen Sozialforschung. München, Wien: Oldenbourg.
Schroeder, Klaus. 1998. Der SED-Staat: Geschichte und Strukturen der DDR. München: Bayrische Landeszentrale für politische Bildungsarbeit.
Schubarth, Wilfried. 1990. „Gedenkstättenarbeit – eine Analyse." AntiFa 9: 2–5.
Schubarth, Wilfried. 1991a. „Konturen des Geschichtsbildes." In: Friedrich, Walter und Hartmut Griese (Hg.). Jugend und Jugendforschung in der DDR: Gesellschaftspolitische Situationen, Sozialisation und Mentalitätsentwicklung in den achtziger Jahren. Opladen: Leske und Budrich: 150–154.
Schubarth, Wilfried. 1991b. „Historisches Bewußtsein und historische Bildung in der DDR zwischen Anspruch und Realität." In: Hennig, Werner und Walter Friedrich (Hg.). 1991. Jugend in der DDR: Daten und Ergebnisse der Jugendforschung vor der Wende. Weinheim, München: Juventa: 27–38.
Schubarth, Wilfried. 1993. „Sehnsucht nach Gewißheit: Rechtsextremismus als Verarbeitungsform des gesellschaftlichen Umbruchs." In: Otto, Hans-Uwe und Roland Merten (Hg.). Rechtsradikale Gewalt im vereinigten Deutschland: Jugend im gesellschaftlichen Umbruch. Opladen: Leske und Budrich: 256–266.
Schubarth, Wilfried, Ronald Pschierer und Thomas Schmidt. 1991. „Verordneter Antifaschismus und die Folgen: Das Dilemma antifaschistischer Erziehung am Ende der DDR." Aus Politik und Zeitgeschichte: Beilage zur Wochenzeitung Das Parlament B9: 3–16.
Schumann, Howard. 1995. „Attitudes, beliefs, and behavior." In: Cook, Karen S., Gary Alan Fine und James S. House (Hg.). Sociological Perspectives on Social Psychology. Boston, London, Toronto (u.a.): Allyn and Bacon: 68–89.
Schuppe, Mattias. 1988. Im Spiegel der Medien: Wertewandel in der Bundesrepublik Deutschland: Eine empirische Analyse anhand von STERN, ZDF MAGAZIN und MONITOR im Zeitraum 1965 bis 1983. Frankfurt a.M., Bern, New York (u.a.): Peter Lang.
Schuppert, Gunnar Folke. 2008. Politische Kultur. Baden-Baden: Nomos.
Schwanke, Bettina. 2010. Die verfassungsrechtliche Entwicklung des staatlichen Erziehungsrechts und der allgemeinen Schulpflicht im Spannungsfeld zur Glaubensfreiheit in der Schule. Kiel: Ludwig.

Schwartz, Barry. 1993. „On the creation and destruction of value." In: Hechter, Michael, Lynn Nadel und Richard E. Michod (Hg.). The Origin of Values. New York: Aldine de Gruyter: 153–186.
Schwartz, Shalom H. 1994. Are There Universal Aspects in the Structure and Contents of Human Values? Journal of Social Issues 50(4): 19–45.
Schwartz, Shalom H. 1996. „Value priorities and behavior: applying a theory of integrated value systems." In: Seligman, Clive, James M. Olson und Mark P. Zanna (Hg.). The Psychology of Values: The Ontario Symposium. Bd. 8. Mahwah/New Jersey: Erlbaum: 1–24.
Schwartz, Shalom H. und Wolfgang Bilsky. 1987. Toward a universal psychological structure of human values. Journal of Personality and Social Psychology 53(3): 550–562.
Schwartz, Shalom H., Jan Cieciuch, Michele Vecchione, Eldad Davidov, Ronald Fischer, Constanze Beierlein, Alice Ramos, Markku Verkasalo, Jan-Erik Lonnqvist, Kursad Demirutku, Ozlem Dirilen-Gumus und Mark Konty (2012). Refining the theory of basic individual values. Journal of personality and social psychology 103 (4): 663–688.
Schweigler, Gebhard. 1974. Nationalbewußtsein in der BRD und der DDR. Düsseldorf: Bertelsmann Universitätsverlag.
Schwind, Hans-Dieter. 2013. Kriminologie. Heidelberg: Kriminalistik Verlag.
Shapira, Rina und Hanna Herzog. 1984. „Understanding Youth Culture Through Autograph Books: The Israeli Case." The Journal of American Folklore 97: 442–460.
Simonson, Julia. 2004. Individualisierung und soziale Integration: Zur Entwicklung der Sozialstruktur und ihrer Integrationsleistungen. Wiesbaden: Deutscher Universitäts-Verlag.
Slembeck, Edith. 1990. „Veilchenstimmen." In: Geissner, Helmuth (Hg.). Ermunterung zur Freiheit: Rhetorik und Erwachsenenbildung. Frankfurt a.M.: Scriptor: 277–295.
Sontheimer, Kurt und Wolfgang Bergem. 1990. „Die politische Kultur der DDR." In: Sontheimer, Kurt. Deutschlands politische Kultur. München: Piper: 60–88.
Spates, James L. 1983. „The sociology of values." Annual Review of Sociology 9: 27–49.
Speck, Manfred. 1995. „Wertvermittlung – nur eine Aufgabe der Politik?" In: Klein, Ansgar (Hg.). Grundwerte in der Demokratie. Bonn: Bundeszentrale für politische Bildung: 167–169.
Speth, Rudolf und Ansgar Klein. 2000. „Demokratische Grundwerte in der pluralisierten Gesellschaft." In: Breit, Gotthard und Siegfried Schiele (Hg.). Werte in der politischen Bildung. Schwalbach/Ts.: Wochenschau: 30–55.

Standop, Jutta. 2005. Werte-Erziehung: Einführung in die wichtigsten Konzepte der Werteerziehung. Weinheim, Basel: Beltz.

Standop, Jutta. 2010. „Traditionelle Ansätze einer Werteerziehung." In: Zierer, Klaus (Hg.). Schulische Werteerziehung: Kompendium. Baltmannsweiler: Schneider-Verlag Hohengehren: 104–121.

Stein, Erwin. 1968. „Der Beitrag des Bundesverfassungsgerichts zur politischen Bewußtseinsbildung." Gesellschaft – Staat – Erziehung: Blätter für politische Bildung und Erziehung 13 (4): 221–251.

Stein, Margit. 2008. Wie können wir Kindern Werte vermitteln? Werterziehung in Familie und Schule. München, Basel: Ernst Reinhardt.

Stein, Margit. 2010. „Soziologische Sicht." In: Zierer, Klaus (Hg.). Schulische Werteerziehung: Kompendium. Baltmannsweiler: Schneider-Verlag Hohengehren: 49–58.

Steiner, Christine, Sabine Böttcher, Gerald Prein und Sylvia Terpe. 2004. Land unter – Ostdeutsche Jugendliche auf dem Weg ins Beschäftigungssystem. Forschungsberichte aus dem Zentrum für Sozialforschung Halle. Nr. 1.

Steinhilber, Horst. 1995. Von der Tugend zur Freiheit: Studentische Mentalitäten an deutschen Universitäten 1740–1800. Hildesheim, Zürich, New York: Olms.

Stigler, George und Gary S. Becker. 1977. „De gustibus non est disputandum." American Economic Review 67: 76–90.

Stockinger, Ludwig. 2013. „Der Mensch im Mittelpunkt: Inhalt und Funktion des ‚Humanismus'-Begriffs in den ästhetischen und kulturpolitischen Debatten der DDR." In: Löffler, Katrin (Hg.). Der ‚neue Mensch': Ein ideologisches Leitbild der frühen DDR-Literatur und sein Kontext. Leipzig: Leipziger Universitätsverlag: 103–119.

Stroebe, Wolfgang. 2008. „Wann und wie beeinflussen Normen das Verhalten: Eine sozial-kognitive Analyse." In: Diekmann, Andreas, Klaus Eichner, Peter Schmidt und Thomas Voss (Hg.). Rational Choice: Theoretische Analysen und empirische Resultate. Wiesbaden: VS, Verlag für Sozialwissenschaften: 101–118.

Sutor, Bernhard. 1995. „Leben aus dem Freiheits- und Gemeinsinn." In: Klein, Ansgar (Hg.). Grundwerte in der Demokratie. Bonn: Bundeszentrale für politische Bildung: 26–29.

Susteck, Sebastian. 2010. „Zwischen den Zeiten. Die ersten zwei Generationen gymnasialer Deutschlehrpläne in Westdeutschland ab 1945." In: Roberg, Thomas, Sebastian Susteck und Harro Müller-Michaels (Hg.). Geschichte des Deutschunterrichts von 1945 bis 1989 (Teil 2): Deutschunterricht im Widerstreit der Systeme. Frankfurt a.M., Berlin, Bern (u.a.): Peter Lang: 135–171.

Taegert, Werner. 1995. Edler Schatz holden Erinnerns: Bilder in Stammbüchern der Staatsbibliothek Bamberg aus vier Jahrhunderten. Bamberg: Staatsbibliothek.
Tenorth, Hans-Elmar. 1995. „Grenzen der Indoktrination." In: Drewek, Peter, Klaus-Peter Horn, Christa Kersting und Heinz-Elmar Tenorth (Hg.). Ambivalenzen der Pädagogik: Zur Bildungsgeschichte der Aufklärung und des 20. Jahrhunderts. Weinheim: Deutscher Studien-Verlag: 335–350.
Tenorth, Heinz-Elmar. 1999. „Politische Okkupation in der Schule und die Eigenlogik von Bildungsprozessen. Erziehung und Bildung im Transformationsprozeß." Humboldt-Spektrum 6 (3): 38–43.
Tenorth, Heinz-Elmar, Sonja Kudella und Andreas Paetz. 1997. Politisierung im Schulalltag der DDR: Durchsetzung und Scheitern einer Erziehungsambition. Weinheim: Deutscher Studien-Verlag.
Terhart, Ewald. 1999. „Lehrer und Schüler: Erzieher und Erzogene." In: Leschinsky, Achim, Petra Gruner und Gerhard Kluchert (Hg.). Die Schule als moralische Anstalt: Erziehung in der Schule: Allgemeines und der „Fall DDR". Weinheim: Deutsche Studien-Verlag: 43–59.
Teumer, Jürgen. 1970. „Die Ziele des staatsbürgerlichen Unterrichts und sozialistischer Patenschaftsbeziehungen in allgemeinbildender Schule und VEB der DDR." In: Vogt, Hartmut, Jürgen Teumer, Harald Vockerodt und Günter Dannwolf (Hg.). Schule und Betrieb in der DDR. Köln: Verlag Wissenschaft und Politik: 47–70.
Thiel, Markus. 2000. Der Erziehungsauftrag des Staates in der Schule: Grundlagen und Grenzen staatlicher Erziehungstätigkeit im öffentlichen Schulwesen. Berlin: Duncker und Humblot.
Thomas, William Isaac und Florian Znaniecki. 1958. The polish peasant in Europe and America. Bd. 1. New York: Dover Publications (zuerst 1918).
Tomer, John F. 1996. „ Good Habits and Bad Habits: A New Age Socio-Economic Model of Preference Formation." Journal of Socio-Economics 25 (6): 639–638.
Tönnies, Ferdinand. 1965. Einführung in die Soziologie. Stuttgart: Enke (Nachdruck der ersten Auflage mit einer Einführung von Prof. Dr. Rudolf Heberle, zuerst 1931).
Tönnies, Ferdinand. 2010. Schriften zur Staatswissenschaft. München, Wien: Profil Verlag.
Trommer, Luitgard. 1999. „Eine Analyse der Lehrpläne zur Sozialkunde in der Sekundarstufe I." In: Händle, Christa, Detlef Oesterreich und Luitgard Trommer (Hg.). Aufgaben politischer Bildung in der Sekundarstufe I. Opladen: Leske und Budrich: 69–129.

Turner, Ralph H. 1976. „The real self: from institution to impulse." American Journal of Sociology 81 (5): 989–1016.

Uhl, Siegfried. 1998. „Werte-Erziehung als Auftrag aller Fächer in der Schule: Aufgaben, Methoden, Erfolgsaussichten." In: Gauger, Jörg-Dieter (Hg.). Sinnvermittlung, Orientierung, Wert-Erziehung. Sankt Augustin: Academia-Verlag: 148–169.

Ukena, Fokko. 1989. Sozialistische Persönlichkeit: Grundlagen, Ziele, Methoden und Resultate der sozialistischen Persönlichkeitskonzeption in der DDR. Osnabrück: Univ., Diss. (unveröffentlicht).

Ulbricht, Walter. 1960. „Grundsätze der sozialistischen Ethik und Moral: Aus dem Referat auf dem V. Parteitag." In: Ulbricht, Walter. Über die Dialektik unseres sozialistischen Aufbaus. Berlin: Dietz: 184–189.

Verba, Sidney und Norman H. Nie. 1972. Participation in America: Political Democracy and Social Equality. New York, Evanston, San Francisco (u.a.): Harper & Row.

Verba, Sidney, Norman H. Nie und Jae-On Kim. 1978. Participation and Political Equality: A seven-nation comparison. Cambridge, London, New York (u.a.): Cambridge University Press.

Vierkandt, Alfred. 1921. Staat und Gesellschaft in der Gegenwart: Eine Einführung in das staatsbürgerliche Denken und in die politische Bewegung unserer Zeit. Leipzig: Quelle & Meyer.

Voelmy, Willi. 1968. Systematische Inhaltsanalysen von Quellentexten zum polytechnischen Unterricht in der zehnklassigen allgemeinbildenden polytechnischen Oberschule der DDR 1959–1966. Berlin: Institut für Bildungsforschung in der Max-Planck-Gesellschaft zur Förderung der Wissenschaften e.V.

Vogel, Christian. 1998. DDR-Strafvollzugsinhalte und -ziele, Einstellungen weiblicher Strafgefangener zu Gesellschaft, Staat und Politik in den alten und neuen Ländern der Bundesrepublik Deutschland: Textkritische Analyse und empirische Gegenüberstellung. Schwerin: Schmidt-Pohl.

Vogt, Hartmut. 1970. „Die Ziele der staatsbürgerlichen Erziehung der Schuljugend in der DDR und der intendierte Beitrag von Schule und volkseigenem Betrieb zu ihrer Verwirklichung." In: Vogt, Hartmut, Jürgen Teumer, Harald Vockerodt und Günter Dannwolf (Hg.). Schule und Betrieb in der DDR. Köln: Verlag Wissenschaft und Politik: 11–45.

Vogt, Hartmut. 1972. Theorie und Praxis der Lehrplanrevision in der DDR. München: Ehrenwirth.

Völker, Beate. 1995. ,Should auld acquaintance be forgot ...?' Institutions of communism, the transition to capitalism and personal networks: the case of East Germany. Amsterdam: Thesis Publishers.

Völker, Beate, Kurt Mühler und Henk Flap. 1992. „Netzwerkanalyse: mehr als eine Methode: Persönliche Netzwerke – Tendenzen ihrer Veränderung unter den neuen sozialen Makrobedingungen in Ostdeutschland." Kultursoziologie: Ambitionen Aspekte Analysen 1 (2): 38–50.

Wahrig-Burfeind, Renate (Hg.). 2006. Wahrig: Deutsches Wörterbuch. Gütersloh, München: Wissen-Media.

Wahrig, Gerhard, Hildegard Krämer und Harald Zimmermann (Hg.). 1984. Brockhaus-Wahrig: Deutsches Wörterbuch: in sechs Bänden. Bd. 6: STE-ZZ. Wiesbaden, Stuttgart: F.A. Brockhaus und Deutsche Verlags-Anstalt.

Walter, Herbert. 1977. „Ein alter Zopf?" Allgemeiner Schulanzeiger 11(3): 98–99.

Walter, Stefan. 2003. Die Theorie des Wertwandels – ein alternativer Erklärungsansatz? Darstellung, Kritik und empirische Überprüfung der Theorie des Wertwandels von Ronald Inglehart. Leipzig: Universität Leipzig, Magisterarbeit (unveröffentlicht).

Walter-Rogg, Melanie. 2005. „Politisches Vertrauen ist gut – Misstrauen ist besser? Ausmaß und Ausstrahlungseffekte des Politiker- und Institutionenvertrauens im vereinigten Deutschland." In: Gabriel, Oscar W., Jürgen W. Falter und Hans Rattinger (Hg.). Wächst zusammen, was zusammengehört? Stabilität und Wandel politischer Einstellungen im wiedervereinigten Deutschland. Baden-Baden: Nomos: 129–186.

Walz, Dieter. 1996. Vertrauen in Institutionen der Bundesrepublik Deutschland: Eine Sekundäranalyse über Ausmaß, Struktur und Entwicklung des Vertrauens in politische Institutionen im vereinigten Deutschland. Stuttgart: Univ., Diss (unveröffentlicht).

Walz, Dieter und Wolfram Brunner. 2000. „Das politische Institutionenvertrauen in den 90er Jahren." In: Falter, Jürgen W., Oscar W. Gabriel und Hans Rattinger (Hg.). Wirklich ein Volk? Die politischen Orientierungen von Ost- und Westdeutschen im Vergleich. Opladen: Leske und Budrich: 175–208.

Waterkamp, Dietmar. 1975. Lehrplanreform in der DDR: Die zehnklassige allgemeinbildende polytechnische Oberschule 1963–1972. Hannover, Dortmund, Darmstadt (u.a.): Schroedel.

Waterkamp, Dietmar. 1990. „Erziehung in der Schule." In: Bundesministerium für innerdeutsche Beziehungen (Hg.). Vergleich von Bildung und Erziehung in der Bundesrepublik Deutschland und in der Deutschen Demokratischen Republik. Köln: Wissenschaft und Politik: 261–277.

Weber, Erich. 1981. „Aktuelle und prinzipielle Überlegungen zum Erziehungsauftrag der Schule – Grundkategorien moralischer Erziehung unter besonderer Berücksichtigung der Wertklärung und Wertorientierung." In: Mauermann, Lutz und Erich Weber (Hg.). Der Erziehungsauftrag der Schule: Beiträge zur

Theorie moralischer Erziehung unter besonderer Berücksichtigung der Wertorientierung im Unterricht. Donauwörth: Auer: 33–67.
Weber, Erich. 1999. Pädagogik: Eine Einführung. Band I: Grundfragen und Grundbegriffe, Teil 3: Pädagogische Grundvorgänge und Zielvorstellungen – Erziehung und Gesellschaft/Politik. Donauwörth: Auer.
Weber, Max. 1980. Wirtschaft und Gesellschaft: Grundriss der verstehenden Soziologie. Tübingen: Mohr.
Weber, Max. 2011. Staatssoziologie: Soziologie der rationalen Staatsanstalt und der modernen politischen Parteien und Parlamente. Berlin: Duncker & Humblot. (zuerst 1956).
Wehling, Hans-Georg (Redaktion). 1989. Politische Kultur in der DDR. Stuttgart, Berlin, Köln: Kohlhammer.
Weichert, Imke. 1999. „Zum Ernährungs- und Mahlzeitenverhalten in Deutschland seit der Wiedervereinigung. Historischer Kontext und empirische Untersuchungen in Erfurt und Göttingen." Vokus: Volkskundlich-kulturwissenschaftliche Schriften 9 (1): 31–47.
Weidenfeld, Werner und Karl-Rudolf Korte. 1991. „Die pragmatischen Deutschen. Zum Staats- und Nationalbewußtsein in Deutschland." Aus Politik und Zeitgeschichte: Beilage zur Wochenzeitung Das Parlament B 32/91: 3–12.
Weiler, Hagen. 1999. „Verfassungsrechtliche Legitimitätsprobleme." In: Mickel, Wolfgang W. (Hg.). Handbuch zur politischen Bildung: Grundlagen, Methoden, Aktionsformen. Schwalbach/Ts.: Wochenschau: 48–51.
Weinberger, Alfred. 2009. „Werterziehung in der Schule – Gängige Ansichten und ihre Widerlegung." In: Seyfried, Clemens und Alfred Weinberger (Hg.). Auf der Suche nach den Werten: Ansätze und Modelle zur Wertereflexion in der Schule. Wien, Berlin, Münster: Lit: 45–70.
Weinert, Franz Emanuel und Andreas Helmke. 1996. „Der gute Lehrer: Person, Funktion oder Fiktion?" In: Leschinsky, Achim (Hg.). Die Institutionalisierung von Lehren und Lernen: Beiträge zu einer Theorie der Schule. Weinheim, Basel: Beltz (Zeitschrift für Pädagogik, 34. Beiheft): 223–233.
Westle, Bettina. 1989. Politische Legitimität – Theorien, Konzepte, empirische Befunde. Baden-Baden: Nomos.
Westle, Bettina. 2009. „Rezeptionsgeschichte des Konzepts der Politischen Kultur." In: Westle, Bettina und Oscar W. Gabriel (Hg.). Politische Kultur: Eine Einführung. Baden-Baden: Nomos: 24–39.
Westle, Bettina und Oscar W. Gabriel (Hg.). 2009. Politische Kultur: Eine Einführung. Baden-Baden: Nomos.
Wiater, Werner. 2010. „Terminologische Vorüberlegungen." In: Zierer, Klaus (Hg.). Schulische Werteerziehung: Kompendium. Baltmannsweiler: Schneider-Verlag Hohengehren: 6–23.

Wiater, Patricia und Werner Wiater. 2010. „Rechtliche Sicht." In: Zierer, Klaus (Hg.). Schulische Werteerziehung: Kompendium. Baltmannsweiler: Schneider-Verlag Hohengehren: 86–93.

Wieckhorst, Karin. 2000. „Das Poesiealbum von Ruth Schwersenz." In: Meyer, Beate und Hermann Simon (Hg.). Juden in Berlin 1938–1945: Begleitband zur gleichnamigen Ausstellung in der Stiftung „Neue Synagoge Berlin – Centrum Judaicum", Mai bis August 2000. Berlin: Philo: 215–231.

Wieckhorst, Karin, Gabriele von Glasenapp und Rüdiger Steinlein. 1999. „Deutsch-jüdische Kindheit und Literatur für deutsch-jüdische Kinder im Nationalsozialismus." Humboldt-Spektrum 6 (99/4): 28–34.

Wiedemann, Dieter. 1998. „DDR-Jugend als Gegenstand empirischer Sozialforschung." In: Führ, Christoph und Carl-Ludwig Furck (Hg.). Handbuch der deutschen Bildungsgeschichte: Band VI 1945 bis zur Gegenwart: Teilband 2 Deutsche Demokratische Republik und neue Bundesländer. München: Beck: 117–136.

Wielgohs, Jan und Marianne Schulz. 1990. „Reformbewegung und Volksbewegung: Politische und soziale Aspekte im Umbruch der DDR-Gesellschaft." Aus Politik und Zeitgeschichte: Beilage zur Wochenzeitung Das Parlament B16–17/90: 15–24.

Williams, Robin M. Jr. 1968. „Values: The concept of values." In: Sills, David (Hg.). International Encyclopedia of the Social Sciences. Bd. 16. New York: Macmillan: 283–291.

Wilson, Tom. 2008. „Value Clarification." In: Power, Clark F., Ronald J. Nuzzi, Darcia Narvaez, Daniel K. Lapsley und Thomas C. Hunt (Hg.). Moral Education: a Handbook. Volume 1: A-L. Westport: Praeger Publishers: 456–457.

Winckelmann, Johannes. 2011. „Zur Einführung." In: Weber, Max. 2011. Staatssoziologie: Soziologie der rationalen Staatsanstalt und der modernen politischen Parteien und Parlamente. Berlin: Duncker & Humblot: 7–17.

Witt, Ulrich. 1991. „Economics, sociobiology, and behavioral psychology on preferences." Journal of Economic Psychology 12: 557–573.

Witte, Erich H. 1996. „Wertewandel in der Bundesrepublik (West) zwischen 1973 und 1992. Alternative Intepretationen zum Inglehart-Index." Kölner Zeitschrift für Soziologie und Sozialpsychologie 48 (3): 534–541.

Wohlrab-Sahr, Monika. 2011. „Forcierte Säkularität oder Logiken der Aneignung repressiver Säkularisierung." In: Pickel, Gert und Kornelia Sammet (Hg.). Religion und Religiosität im vereinigten Deutschland: Zwanzig Jahre nach dem Umbruch. Wiesbaden: VS, Verlag für Sozialwissenschaften: 145–163.

Wohlrab-Sahr, Monika, Uta Karstein und Thomas Schmidt-Lux. 2009. Forcierte Säkularität: Religiöser Wandel und Generationendynamik im Osten Deutschlands. Frankfurt a.M., New York: Campus.

Wolf, Heinz E. 1980. „Zur psychologischen und sozialpsychologischen Grundlage der Theorie von der sozialistischen Persönlichkeit." In: [o. Hg.]. Die DDR im Entspannungsprozess: Lebensweise im realen Sozialismus: Dreizehnte Tagung zum Stand der DDR-Forschung in der Bundesrepublik 27.bis 30.Mai 1980. Köln: Edition Deutschland Archiv im Verlag Wissenschaft und Politik Berend von Nottbeck: 43–55.

Wolle, Stefan. 2009. Die heile Welt der Diktatur: Herrschaft und Alltag in der DDR 1971–1989. Berlin: Christoph Links Verlag.

Zängle, Michael. 1988. Max Webers Staatstheorie im Kontext seines Werkes. Berlin: Duncker und Humblot.

Zecha, Gerhard. 2006. „Der Wertbegriff und das Wertfreiheitspostulat." In: Zecha, Gerhard (Hg.). Werte in den Wissenschaften. Tübingen: Mohr Siebeck: 109–125.

Zillig, Maria. 1935. „Jugendstammbücher." Zeitschrift für Angewandte Psychologie und Charakterkunde 49 (1, 2): 92–117.

Zillig, Maria. 1942. „Die Stammbuchsitte der Mädchen." Zeitschrift für Angewandte Psychologie und Charakterkunde 62 (3, 4): 129–244.

Zymek, Bernd. 2011. „Geschichte der Grundschule in der Bundesrepublik Deutschland 1945–1990." In: Jung, Johannes, Bettina König, Katharina Krenig, Katrin Stöcker, Verena Stürmer und Michaela Vogt (Hg.). Die zweigeteilte Geschichte der Grundschule 1945 bis 1990: Ausgewählte und kommentierte Quellentexte zur Entwicklung in Ost- und Westdeutschland. Berlin, Münster: Lit: 20–52.

10 Anhang

1. Staatlich erwünschte Werte in offiziellen Dokumenten der DDR

A) Walter Ulbricht: „Grundsätze der sozialistischen Ethik und Moral" (Ulbricht 1960: 185)

Interne Identifikation	Wortlaut	enthaltene staatlich erwünschte Werthaltungen
Ulbr-1	„1. Du sollst Dich stets für die internationale Solidarität der Arbeiterklasse und alle Werktätigen sowie für die unverbrüchliche Verbundenheit aller sozialistischen Länder einsetzen.	exklusive Solidarität (hier: mit internationaler Arbeiterklasse sowie sozialistischen Ländern)
Ulbr-2	2. Du sollst Dein Vaterland lieben und stets bereit sein, Deine ganze Kraft und Fähigkeit für die Verteidigung der Arbeiter- und Bauern-Macht einzusetzen.	Heimatliebe, sozialistische Wehrmoral
Ulbr-3	3. Du sollst helfen, die Ausbeutung des Menschen durch den Menschen zu beseitigen.	Beseitigung von Ausbeutung
Ulbr-4	4. Du sollst gute Taten für den Sozialismus vollbringen, denn der Sozialismus führt zu einem besseren Leben für alle Werktätigen.	Aktive Beteiligung am sozialistischen Aufbau
Ulbr-5	5. Du sollst beim Aufbau des Sozialismus im Geiste der gegenseitigen Hilfe und der kameradschaftlichen Zusammenarbeit handeln, das Kollektiv achten und seine Kritik beherzigen.	Gegenseitigkeit, Gemeinschaftssinn Kollektivismus
Ulbr-6	6. Du sollst das Volkseigentum schützen und mehren.	sozialistische Wehrmoral, Mehrung des Volkseigentums
Ulbr-7	7. Du sollst stets nach Verbesserung Deiner Leistungen streben, sparsam sein und die sozialistische Arbeitsdisziplin festigen.	Leistungsbereitschaft, Sparsamkeit, (sozialistische) Arbeitsdisziplin
Ulbr-8	8. Du sollst Deine Kinder im Geiste des Friedens und Sozialismus zu allseitig gebildeten, charakterfesten und körperlich gestählten Menschen erziehen.	Frieden, Identifikation mit Ideologie allseitige Bildung, Charakterstärke, Gesundheit
Ulbr-9	9. Du sollst sauber und anständig leben und Deine Familie achten.	Gesundheit (Sauberkeit), Sittlichkeit, Achtung der Familie
Ulbr-10	10. Du sollst Solidarität mit den um ihre nationale Befreiung kämpfenden und den ihre nationale Unabhängigkeit verteidigenden Völkern üben.	exklusive Solidarität (hier mit Völkern, die um nationale Unabhängigkeit kämpfen)

Quelle: Ulbricht, Walter. 1960. „Grundsätze der sozialistischen Ethik und Moral: Aus dem Referat auf dem V. Parteitag." In: Ulbricht, Walter. Über die Dialektik unseres sozialistischen Aufbaus. Berlin: Dietz: 184–189.

B) „Gesetze der Thälmannpioniere" (Quelle: Mitgliedsbuch der Pionierorganisation)

© Springer Fachmedien Wiesbaden GmbH, ein Teil von Springer Nature 2019
S. Walter, *Der Staat und die Werte*, https://doi.org/10.1007/978-3-658-25786-6

Interne Identi-fikation	Wortlaut	enthaltene staatlich erwünschte Werthaltungen
Thäl-1	Wir Thälmannpioniere lieben unser sozialistisches Vaterland, die Deutsche Demokratische Republik. *In Wort und Tat ergreifen wir immer und überall Partei für unseren Arbeiter- und Bauern-Staat, der ein fester Bestandteil der sozialistischen Staatengemeinschaft ist.*	Identifikation mit dem Staat
Thäl-2	Wir Thälmannpioniere tragen mit Stolz unser rotes Halstuch und halten es in Ehren. *Unser rotes Halstuch ist Teil der Fahne der Arbeiterklasse. Für uns Thälmannpioniere ist es eine große Ehre, das rote Halstuch als äußeres Zeichen unserer engen Verbundenheit zur Sache der Arbeiterklasse und ihrer Partei, der Sozialistischen Einheitspartei Deutschlands, zu tragen.*	Identifikation mit Staat (hier: Identifikation mit staatl. Massenorganisation)
Thäl-3	Wir Thälmannpioniere lieben und achten unsere Eltern. *Wir wissen, daß wir unseren Eltern viel verdanken. Wir befolgen ihren Rat und helfen ihnen immer. Wir wollen bewußte Gestalter der sozialistischen Gesellschaft werden.*	Achtung der Familie
Thäl-4	Wir Thälmannpioniere lieben und schützen den Frieden und hassen die Kriegstreiber *Durch fleißiges Lernen und durch gute Taten stärken wir den Sozialismus und helfen den Friedenskräften der ganzen Welt. Wir treten immer und überall gegen die Hetze und die Lügen der Imperialisten auf.*	Frieden, sozialistische Wehrmoral
Thäl-5	Wir Thälmannpioniere sind Freunde der Sowjetunion und aller sozialistischen Brudervölker und halten Freundschaft mit allen Kindern der Welt. *Die Freundschaft mit der Sowjetunion ist uns Herzenssache. Die Leninpioniere sind unsere besten Freunde. Wir arbeiten eng mit den Pionieren der sozialistischen Länder und allen fortschrittlichen Kinderorganisationen in der Welt zusammen. Wir üben aktive Solidarität mit allen um ihre Freiheit und nationale Unabhängigkeit kämpfenden Völkern.*	exklusive Solidarität (hier mit sozialistischen Ländern, fortschrittliche Kinderorganisationen, Völkern, die um Unabhängigkeit kämpfen)
Thäl-6	Wir Thälmannpioniere lernen fleißig, sind ordentlich und diszipliniert. *Wir eignen uns gründliche Kenntnisse und Fertigkeiten an und treten überall für Ordnung, Disziplin und Sauberkeit ein. Wir sorgen dafür, daß jeder ehrlich lernt, sein Wissen anwendet und daß bei ihm Wort und Tat übereinstimmen. So bereiten wir uns auf das Leben und die Arbeit in der sozialistischen Gesellschaft vor.*	Lernbereitschaft (Leistung); Disziplin, Ordnung; Wahrhaftigkeit
Thäl-7	Wir Thälmannpioniere lieben die Arbeit, achten jede Arbeit und alle arbeitenden Menschen. *Wir lernen von den Arbeitern, Genossenschaftsbauern und den anderen Werktätigen und packen schon heute bei jeder Arbeit*	Arbeit; Lernbereitschaft; Tüchtigkeit; sozialistische Wehrmoral (Schutz des Volkseigentums)

Thäl-8	*mit zu, wo immer es auf unsere Hilfe ankommt. Wir schützen das Volkseigentum.* Wir Thälmannpioniere lieben die Wahrheit, sind zuverlässig und einander freund. *Wir streben immer danach, die Wahrheit zu erkennen, und treten für den Sozialismus ein. Wir erfüllen die von uns übernommenen Aufgaben und stehen zu unserem Pionierwort. Wir sorgen dafür, daß unsere Gruppe eine feste Gemeinschaft wird, und helfen kameradschaftlich jedem anderen Schüler.*	Wahrheitsliebe; Zuverlässigkeit; Gemeinschaftssinn
Thäl-9	Wir Thälmannpioniere machen uns mit der Technik vertraut, erforschen die Naturgesetze und lernen die Schätze der Kultur kennen. Wir interessieren uns für das Neue in Wissenschaft und Technik. *Wir nehmen am naturwissenschaftlich-technischen Schaffen teil, betätigen uns künstlerisch, fördern die Talente und beweisen unser Können.*	Begeisterung für Technik; Streben nach (naturwissenschaftlich-technischen) Erkenntnissen; (Künstlerische) Betätigung, Entwicklung von Fertigkeiten
Thäl-10	Wir Thälmannpioniere halten unseren Körper sauber und gesund, treiben regelmäßig Sport und sind fröhlich. *Wir stählen unseren Körper bei Sport, Spiel und Touristik. Wir interessieren uns für die Schönheiten unserer Heimat und wandern gern. Wir rauchen nicht und trinken keinen Alkohol.*	Gesundheit (durch aktivgesundheitliche Lebensführung); Frohsinn als Grundhaltung; Heimatliebe
Thäl-11	Wir Thälmannpioniere bereiten uns darauf vor, gute Mitglieder der Freien Deutschen Jugend zu werden. *Wir interessieren uns für die Geschichte des sozialistischen Jugendverbandes und die Taten der FDJ-Mitglieder. Ihre hervorragenden Leistungen sind uns Vorbild und Ansporn. Wir verwirklichen mit ihnen gemeinsame Vorhaben.*	Identifikation mit Staat (hier: mit staatlicher Masenorganisation)

Quelle: Mitgliedsbuch der Thälmannpioniere [ohne Jahr und Ort]. Die „Gesetze der Thälmannpioniere" finden sich zudem im: Statut der Pionierorganisation „Ernst Thälmann". herausgegeben vom Zentralrat der FDJ, Abteilung Junge Pioniere/Organisationsleben, über Verlag Junge Welt. [ohne Jahr und Ort]: 9-13.

C) Pflichten der Mitglieder der Freien Deutschen Jugend (Quelle: „Statut der Freien Deutschen Jugend")

Interne Identifikation	Wortlaut	enthaltene staatlich erwünschte Werthaltungen
FDJ-1	„Jedes Mitglied der Freien Deutschen Jugend hat die Pflicht: a) auf der Grundlage des Statuts der Freien Deutschen Jugend zu handeln und stets und überall im Sinne der Ziele und Aufgaben der Freien Deutschen Jugend zu wirken:	Identifikation mit dem Staat (hier mit staatlicher Massenorganisation)
FDJ-2	b) der Sache der Arbeiterklasse treu ergeben zu sein, sich die Wissenschaft des Marxismus-Leninismus immer vollkommener anzueignen und sie zu verbreiten, der Jugend die Politik der Sozialistischen Einheitspartei Deutschlands und unseres Arbeiter- und Bauern-Staates überzeugend zu erläutern und an der Verwirklichung des Programms der SED und ihrer Beschlüsse mitzuwirken;	Identifikation mit Ideologie aktive Beteiligung am sozialistischen Aufbau
FDJ-3	c) vorbildlich zu arbeiten, für ein hohes Entwicklungstempo der Produktion, die Erhöhung der Effektivität, den wissenschaftlich- technischen Fortschritt und das Wachstum der Arbeitsproduktivität tätig zu sein; im sozialistischen Wettbewerb zur Erfüllung der Volkswirtschaftspläne beispielhaft voranzugehen; schöpferisch an den Neuererbewegung, insbesondere an der Bewegung Messe der Meister von morgen, teilzunehmen und die Erfahrungen der Neuerer anzuwenden die Arbeitsdisziplin zu festigen, das Kollektiv zu achten und das gesellschaftliche Eigentum zu schützen und zu vermehren;	Arbeit und Tätigsein; Effizienz und Leistung; Arbeitsdisziplin; Kollektivismus; sozialistische Wehrmoral
FDJ-4	d) sich hohes Wissen und Können anzueignen, diszipliniert und schöpferisch zu lernen, zu studieren, sich ständig weiterzubilden und dabei die Möglichkeiten des sozialistischen Bildungssystems zu nutzen; sich die modernen Erkenntnisse von Wissenschaft und Technik anzueignen, sie anzuwenden und an der Vervollkommnung seines beruflichen Könnens zu arbeiten;	Wissen und Können; leistungsorientiertes Lernen; Praxisorientiertheit; Herausbildung beruflicher Fertigkeiten
FDJ-5	e) zur Festigung der Freundschaft mit der Sowjetunion und den anderen sozialistischen Bruderländern und zur Annäherung unserer Völker beizutragen, Aufgaben der sozialistischen Integration vorbildlich zu erfüllen, den Bruderbund mit dem Leninschen Kommunistischen Jugendverband der Sowjetunion weiter zu vertiefen und von seinen reichen Erfahrungen zu lernen; mit allen für Frieden, nationale Unabhängigkeit und gesellschaftlichen Fortschritt kämpfenden Völkern antiimperialistische Solidarität zu üben;	exklusive Solidarität (hier: mit sozialistischen "Bruderländern" sowie mit Völkern, die für Frieden, nationale Unabhängigkeit uns gesellschaftlichen Fortschritt kämpfen)
FDJ-6	f) alle seine Kräfte aufopferungsvoll für die Verteidigung der Arbeiter- und Bauern-Macht einzusetzen, wachsam gegenüber den Anschlägen der Feinde des Friedens und des Sozialismus zu sein, die bewaffneten Organe der Deutschen Demokratischen Republik in ihrer Tätigkeit zu unterstützen; sich ständig, besonders in Vorbereitung auf den Wehrdienst, Kenntnisse und Fähigkeiten zum sicheren Schutz des Sozialismus anzueignen, als Angehöriger der Nationalen Volksarmee, der Grenztruppen der DDR bzw. der anderen Schutz- und Si-	sozialistische Wehrmoral

10 Anhang

	cherheitsorgane um höchste militärische Meisterschaft zu ringen und hohe Einsatzbereitschaft und Disziplin zu beweisen; Staats- Wirtschafts- und Militärgeheimnisse zu wahren;	
FDJ-7	g) an der Ausprägung seiner Charaktereigenschaften im Sinne der kommunistischen Ideale zu arbeiten und seinem Verhalten die für die entwickelte sozialistische Gesellschaft charakteristische Art und Weise des gesellschaftlichen Lebens und der individuellen Beziehungen zugrunde zu legen; gegen alle Erscheinungen der bürgerlichen Ideologie und Moral zu kämpfen und gegen Egoismus, unkameradschaftliches Verhalten und Rücksichtslosigkeit, gegen Rechtsverletzungen, Trunksucht und Rowdytum aufzutreten; ehrlich und offen zu sein, für Ordnung, Disziplin und Sicherheit zu sorgen, Kritik und Selbstkritik furchtlos und ohne Ansehen der Person anzuwenden, für die Aufdeckung und Beseitigung von Mängeln und Schwierigkeiten zu kämpfen;	Charakterstärke; Identifikation mit Ideologie; Ablehnung der „bürgerlichen Ideologie"; Gemeinschaftssinn; Wahrhaftigkeit; Recht- und Sittlichkeit (Ordnung und Disziplin) Kritik und Selbstkritik;
FDJ-8	h) seine Freizeit sinnvoll zu gestalten, sich kulturell und künstlerisch zu betätigen, seine geistigen und körperlichen Fähigkeiten auszubilden und seine Gesundheit durch Körperkultur, Sport, Touristik und Wehrertüchtigung zu stärken;	Bildung von Fertigkeiten; Gesundheit (durch aktiv-sportliche Lebensführung); sozialistische Wehrmoral
FDJ-9	i) regelmäßig an den Mitgliederversammlungen der Freien Deutschen Jugend teilzunehmen und an der politischen und organisatorischen Festigung seiner Grundorganisation mitzuwirken; durch das eigene Auftreten überall das Ansehen der Freien Deutschen Jugend stets die Interessen der Jugend zu vertreten und sich dafür einzusetzen, daß ständig neue Mitglieder in die Freie Deutsche Jugend aufgenommen werden; Mängel in der Arbeit der Organisation aufzudecken, sie den leitenden Organen der Freien Deutschen Jugend bis zum Zentralrat mitzuteilen und an der Beseitigung der Mängel mitzuwirken;	Identifikation mit dem Staat (hier mit staatlicher Massenorganisation); Kritik und Selbstkritik
FDJ-10	j) sein Mitgliedsbuch immer in Ordnung zu halten und es vor Verlust oder Mißbrauch zu schützen Die Mitglieder der FDJ tragen das Abzeichen der Freien Deutschen Jugend und zu besonderen Anlässen das Blauhemd."	Identifikation mit dem Staat (hier: mit staatlicher Massenorganisation)

Quelle: Statut der Freien Deutschen Jugend: Beschlossen vom X. Parlament der Freien Deutschen Jugend 1976. herausgegeben von Zentralrat der Freien Deutschen Jugend, Abteilung Verbandsorgane, über Verlag Junge Welt [ohne Jahr und Ort]. Berücksichtigt wurde hiervon Kapitel II („Die Mitglieder der Freuen Deutschen Jugend ihre Pflichten und Rechte"), Abschnitt 2a bis 2g (S. 12-17). Darin sind die aufgeführten Pflichten der Mitglieder der Jugendorganisation enthalten.

2. Staatlich erwünschte Werte in den Landesverfassungen der Bundesländer

Bundesland	Erziehungs- und Bildungsziele in Landesverfassungen	staatlich erwünschte Werthaltungen nach Generalisierung II
Baden-Württemberg (Verfassung des Landes Baden-Württemberg vom 11.11.1953)	*Art.12 Abs.1 BaWüVerf* „(1) Die Jugend ist in der Ehrfurcht vor Gott, im Geiste der christlichen Nächstenliebe, zur Brüderlichkeit aller Menschen und zur Friedensliebe, in der Liebe zu Volk und Heimat, zu sittlicher und politischer Verantwortlichkeit, zu beruflicher und sozialer Bewährung und zu freiheitlicher demokratischer Gesinnung zu erziehen." *Art.21 Abs.1 BaWüVerf* „(1) Die Jugend ist in den Schulen zu freien und verantwortungsfreudigen Bürgern zu erziehen und an der Gestaltung des Schullebens zu beteiligen."	Religiosität; Altruismus, Gegenseitigkeit, Gemeinschaftssinn; Völkerversöhnung und universelle Brüderlichkeit; Bindung an Familie und Heimat; sittliche Verantwortung; gesellschaftliche Teilhabe; Arbeit und Leistung; Charakterstärke, Recht- und Sittlichkeit; freiheitlich-demokratische Gesinnung
Bayern (Verfassung des Freistaates Bayern vom 02.12.1946)	*Art.131 Abs.1 bis 4 BayVerf:* „(1) Die Schulen sollen nicht nur Wissen und Können vermitteln, sondern auch Herz und Charakter bilden. (2) Oberste Bildungsziele sind Ehrfurcht vor Gott, Achtung vor religiöser Überzeugung und vor der Würde des Menschen, Selbstbeherrschung, Verantwortungsgefühl und Verantwortungsfreudigkeit, Hilfsbereitschaft, Aufgeschlossenheit für alles Wahre, Gute, und Schöne und Verantwortungsbewußtsein für Natur und Umwelt. (3) Die Schüler sind im Geiste der Demokratie, in der Liebe zur bayrischen Heimat und zum deutschen Volk und im Sinne der Völkerversöhnung zu erziehen. (4) Die Mädchen und Buben sind außerdem in der Säuglingspflege, Kindererziehung und Hauswirtschaft besonders zu unterweisen."	Bildung und Erkenntnisstreben; Arbeit und Leistung; Charakterstärke, Recht- und Sittlichkeit; Religiosität; religiöse und weltanschauliche Toleranz; Achtung vor der Würde des Menschen; Selbstständigkeit im Handeln; sittliche Verantwortung; Altruismus, Gegenseitigkeit, Gemeinschaftssinn; Natur- und Umweltschutz; freiheitlich-demokratische Gesinnung; Bindung an Familie und Heimat; Völkerversöhnung und universelle Brüderlichkeit
Bremen (Verfassung der Freien Hansestadt Bremen vom 21.10.1947)	*Art.26 Abs.1 bis 5 BremVerf* „(1) Die Erziehung zu einer Gemeinschaftsgesinnung, die auf der Achtung vor der Würde jedes Menschen und auf dem Willen zu sozialer Gerechtigkeit und politischer Verantwortung beruht, zur Sachlichkeit und Duldsamkeit gegenüber den Meinungen anderer führt und zur friedlichen Zusammenarbeit mit anderen Menschen und Völkern aufruft. (2) Die Erziehung zu einem Arbeitswillen, der sich dem allgemeinen Wohl einordnet, sowie die Ausrüstung mit den für den Eintritt ins Berufsleben erforderlichen Kenntnissen und Fähigkeiten. (3) Die Erziehung zum eigenen Denken, zur Achtung vor der Wahrheit, mit Mut, sie zu bekennen und das als richtig und notwendig Erkannte zu tun. (4) Die Erziehung zur Teilnahme am kulturellen Leben des eigenen Volkes und fremder Völker.	Altruismus, Gegenseitigkeit, Gemeinschaftssinn; Achtung vor der Würde des Menschen; soziale Gerechtigkeit; gesellschaftliche Teilhabe; Meinungsfreiheit; Völkerversöhnung und universelle Brüderlichkeit; Arbeit und Leistung; Selbstständigkeit im Handeln; Wahrheitsliebe und Wahrhaftigkeit; Zivilcourage; Natur- und Umweltschutz

10 Anhang 529

Hessen (Verfassung des Landes Hessen vom 01.12.1946)	(5) Die Erziehung zum Verantwortungsbewußtsein für Natur und Umwelt." *Art.56 Abs.3 bis 7 HessVerf* „(3) Grundsatz eines jeden Unterrichts muß die Duldsamkeit sein. Der Lehrer hat in jedem Fach auf die religiösen und weltanschaulichen Empfindungen aller Schüler Rücksicht zu nehmen und die religiösen und weltanschaulichen Auffassungen sachlich darzulegen. (4) Ziel der Erziehung ist, den jungen Menschen zur sittlichen Persönlichkeit zu bilden, seine berufliche Tüchtigkeit und die politische Verantwortung vorzubereiten zum selbstständigen und verantwortlichen Dienst am Volk und der Menschheit durch Ehrfurcht und Nächstenliebe, Achtung und Duldsamkeit, Rechtlichkeit und Wahrhaftigkeit. (5) Der Geschichtsunterricht muß auf getreue, unverfälschte Darstellung der Vergangenheit gerichtet sein. Dabei sind in den Vordergrund zu stellen die großen Wohltäter der Menschheit, die Entwicklung von Staat, Wirtschaft, Zivilisation und Kultur, nicht aber Feldherren, Kriege und Schlachten. Nicht zu dulden sind Auffassungen, welche die Grundlagen des demokratischen Staates gefährden. (6) Die Erziehungsberechtigten haben das Recht, die Gestaltung des Unterrichtswesens mitzubestimmen, soweit die Grundsätze der Absätze 2 bis 5 nicht verletzt werden. (7) Das nähere regelt das Gesetz. Es muß Vorkehrungen dagegen treffen, daß in der Schule die religiösen und weltanschaulichen Grundsätze verletzt werden, nach denen die Erziehungsberechtigten ihre Kinder erzogen haben wollen."	religiöse und weltanschauliche Toleranz; Charakterstärke, Recht- und Sittlichkeit; Arbeit und Leistung; gesellschaftliche Teilhabe; Selbstständigkeit im Handeln; sittliche Verantwortung; Religiosität; Altruismus, Gegenseitigkeit, Gemeinschaftssinn; Achtung vor der Würde des Menschen; Wahrheitsliebe und Wahrhaftigkeit; Bildung und Erkenntnisstreben; freiheitlich-demokratische Gesinnung
Nordrhein-Westfalen (Verfassung für das Land Nordrhein-Westfalen vom 28.06.1950)	*Art.7 Abs.1 und 2 NRWVerf* „(1) Ehrfurcht vor Gott, Achtung vor der Würde des Menschen und Bereitschaft zum sozialen Handeln zu wecken, ist vornehmstes Ziel der Erziehung. (2) Die Jugend soll erzogen werden im Geiste der Menschlichkeit, der Demokratie und der Freiheit, zur Duldsamkeit und zur Achtung vor der Überzeugung des anderen, zur Verantwortung für Tiere und die Erhaltung der natürlichen Grundlagen, in Liebe zu Volk und Heimat, zur Völkergemeinschaft und Friedensgesinnung."	Religiosität; Achtung vor der Würde des Menschen; soziale Gerechtigkeit; Altruismus, Gegenseitigkeit, Gemeinschaftssinn; freiheitlich-demokratische Gesinnung; religiöse und weltanschauliche Toleranz; Natur- und Umweltschutz; Bindung an Familie und Heimat; Völkerversöhnung und universelle Brüderlichkeit
Rheinland-Pfalz	*Art.33 RhPfVerf* „Die Schule hat die Jugend zur Gottesfurcht und Nächstenliebe, Achtung und Duldsamkeit, Rechtlich-	Religiosität; Altruismus, Gegenseitigkeit, Gemeinschaftssinn;

(Verfassung für Rheinland-Pfalz vom 18.05.1947)	keit und Wahrhaftigkeit, zur Liebe zu Volk und Heimat, zum Verantwortungsbewusstsein für Natur und Umwelt, zu sittlicher Haltung und beruflicher Tüchtigkeit und in freier, demokratischer Gesinnung im Geiste der Völkerversöhnung zu erziehen."	Achtung vor der Würde des Menschen; religiöse und weltanschauliche Toleranz; Charakterstärke, Recht- und Sittlichkeit; Wahrheitsliebe und Wahrhaftigkeit; Bindung an Familie und Heimat; Natur- und Umweltschutz; Arbeit und Leistung; freiheitlich-demokratische Gesinnung; Völkerversöhnung und universelle Brüderlichkeit
Saarland (Verfassung des Saarlandes vom 15.12.1947)	*Art.26 Abs.1 SaarlVerf* „(1) Unterricht und Erziehung haben das Ziel, den jungen Menschen so heranzubilden, daß er seine Aufgabe in Familie und Gemeinschaft erfüllen kann. Auf der Grundlage des natürlichen und christlichen Sittengesetzes haben die Eltern das Recht, die Bildung und Erziehung ihrer Kinder zu bestimmen." *Art.30 SaarlVerf* „Die Jugend ist in Ehrfurcht vor Gott, im Geiste der christlichen Nächstenliebe und der Völkerversöhnung, in der Liebe zu Heimat, Volk und Vaterland, zu sorgsamem Umgang mit den natürlichen Lebensgrundlagen, zu sittlicher und politischer Verantwortlichkeit, zu beruflicher und sozialer Bewährung und zu freiheitlicher demokratischer Gesinnung zu erziehen."	Bildung und Erkenntnisstreben; Religiosität; Altruismus, Gegenseitigkeit, Gemeinschaftssinn; Völkerversöhnung und universelle Brüderlichkeit; Bindung an Familie und Heimat; Natur- und Umweltschutz; sittliche Verantwortung; gesellschaftliche Teilhabe; Arbeit und Leistung; Charakterstärke, Recht- und Sittlichkeit; freiheitlich-demokratische Gesinnung

Benutzte Quelle: Pestalozza, Christian (Hg.). 2005. Verfassungen der deutschen Bundesländer: Mit dem Grundgesetz. München: Deutscher Taschenbuch-Verlag, Beck.

3. Vorlage Nachfragebogen

10 Anhang

Album				Position	Blatt	Vorname	Name	Wer?		Texteintrag	Autor	Jahr	Ort
	Alter der Albumbesitzerin beim ersten Eintrag:	Klassenstufe beim ersten Eintrag:	damalige Schulform (Grundschule/Realschule/Gymnasium...):										
				1				F	Familie				
	Einträge:	Anfang:	Ende:	2				M	Mitschüler (eigene Schulklasse)				
				3				P	Peer (Freunde, Schüler, in etwa Gleichaltrige)				
				4				L	Lehrer/Lehrerin				
				5				H	Hort (DDR)				
				6				S	staatliche Organisation (Pionierorganisation u.a.)				
				7				K	Kirche (Pfarrer, Seelsorger...)				
				8				V	Verein				
				9				A	anderes soziales Umfeld (bitte genauer benennen)				
				10							* Zitat gekennzeichnet		

4. Interpretationsregeln zur Deutung der Texte in der Spruch-Parzelle

1. Regel: Suche nach Signalwörtern, die auf Werthaltungen deuten
Suche in der Spruch-Parzelle nach Werthaltungen, das heißt nach zum Ausdruck gebrachten Auffassungen vom guten und richtigen Handeln. Übernehme die auf Werte deutenden ‚Signalwörter' in die Tabelle und trage sie nebeneinander in möglichst substantivierter Form in separaten Zellen ab.

Beispiel:
„Es gibt nur ein Glück: die Pflicht, nur ein Trost: die Arbeit, nur einen Genuss: das Schöne." (ID 69)

Interpretation
In diesem Ausspruch lassen sich „Pflicht", „Arbeit" und „Genuss der Schönheit" als empirische Wertwörter bereits in substantivierter Form feststellen. Die Werthaltigkeit dieser Wörter wird durch die Verwendung von Ausschließlichkeitsformeln („es gibt nur ein Glück", „nur ein Trost", „nur ein Genuss") begründet.

Erfassung als empirische Kategorien innerhalb Hilfstabelle I
„Pflicht" / „Arbeit" / „Schönheitsliebe" (als eigenständige Kategorien separat in einer Tabellenzelle)

2. Regel: Deutung von Metaphern
Kommt eine Metapher, Sinnbild oder Allegorie in der Spruch-Parzelle vor, so untersuche diese Texte, ob in ihnen Wertvorstellungen zum Ausdruck gebracht werden. Deute die Metapher und fasse den Bedeutungsgehalt möglichst in Substantiv-Form zusammen.

Beispiel
„Mach es wie die Sonnenuhr, zähl die heiteren Stunden nur." (ID 696)

Interpretation
Die Sonnenuhr lässt sich als Metapher für Heiterkeit und Optimismus im Leben deuten. Die Aufforderung nur auf „heitere Stunden" zu achten, lässt sich so ver-

stehen, dass sich hauptsächlich auf das Freude bringende, ‚Positive' im Leben konzentriert werden soll. Insgesamt lässt sich der Spruch somit als allgemeine Aufforderung zu einer optimistischen Lebenseinstellung interpretieren.

Erfassung als empirische Kategorie innerhalb Hilfstabelle I
„optimistische Lebenseinstellung"

3. Regel: Paraphrasierung der Inhalte, wenn keine Werthaltung vorliegt
Werden in einem Text keine Vorstellungen des guten Handelns sondern andere Inhalte zum Ausdruck gebracht, dann fasse den Sinn dieser Texte in einer kurzen Paraphrase zusammen. Füge in der Tabelle hinzu, dass es sich um keine Werthaltung handelt.

Beispiel
„Willst du dich am Ganzen erquicken, so musst du das Ganze im Kleinsten erblicken." (ID 1773)

Interpretation
Die Aussagestruktur dieses Verses lässt sich wie folgt formalisieren „Wenn du X tun willst, dann musst du Y tun". Dieser Text lässt sich somit als eine Handlungsempfehlung für das Erreichen von X (sich am Ganzen erquicken) verstehen, was durch Y (das Ganze im Kleinsten erblicken) erreicht wird. Allerdings lässt sich Y (sich am Ganzen erquicken) nicht im Sinne einer Vorstellung des guten Handelns interpretieren. Es ist also keine Werthaltung.

Erfassung als empirische Kategorien innerhalb Hilfstabelle I
„das Ganze im kleinsten erblicken" / keine Werthaltung

4. Regel: Verwendung bereits vorhandener Kategorien-Bezeichnungen
Benutze bei gleichen Bedeutungsgehalten bereits vorhandene empirische Kategorien-Bezeichnungen.

5. Logistische Regressionen für Abbildungen

Abbildungen 7.6 und 7.7: Geteilt-offizielle Werte nach Dekade und Geschlecht in Ost und West

Unabhängige Variablen (Faktoren)	Abhängige Variable: Bildung/Erkenntnisstreben				Altruismus			
	1		2		3		4	
	b	Exp(b)	b	Exp(b)	b	Exp(b)	b	Exp(b)
Dekade	,06	1,06	,13	1,14	,04	1,04	,07	1,07
Einträger ist weibl. + DDR	Ref.**		Ref.**		Ref.		Ref.	
Einträger ist männl. + DDR	,56**	1,75	,52*	1,69	-,14	,87	-,17	,84
Einträger ist weibl. + BRD	-1,34**	,26	-1,37**	,25	-,06	,94	-,07	,93
Einträger ist männl. + BRD	-,61+	,54	-,60	,55	-,61*	,55	-,61*	,54
ZDekade*Einträger ist weibl. + DDR			Ref.				Ref.	
ZDekade*Einträger ist männl. + DDR			-,32+	,73			,28	1,33
ZDekade*Einträger ist weibl. + BRD			,10	1,10			-,15	,86
ZDekade*Einträger ist männl. + BRD			-,11	,90			-,02	,98
Konstante	-2,59**		-2,78**		-2,02**		-2,08**	
Pseudo-R2 (Nagelkerke)	,07		,07		,005		,01	

** signifikant < 1 %, * signifikant < 5 %, + signifikant < 10 %. Nur singulärer bzw. bei Panel-Einträgern chronologisch erster Eintrag berücksichtigt; Omnibus-Test Bildung und Erkenntnisstreben Modell 1: Chi-Quadrat(4) = 60.67, p = .000, n = 2466; Modell 2: Chi-Quadrat(7) = 64.86, p = .000, n = 2466; Altruismus Modell 3: Chi-Quadrat(4) = 6.12, p = .190, n = 2466; Modell 4: Chi-Quadrat(7) = 12.21, p = .094, n = 2466.

Abbildung 7.12 und 7.13: Altruismus sowie Familie und Heimat nach Dekade in Ost und West

Unabhängige Variablen (Faktoren)	Abhängige Variable: Altruismus				Familie und Heimat			
	1		2		3		4	
	b	Exp(b)	b	Exp(b)	b	Exp(b)	b	Exp(b)
Einträger aus DDR/BRD (DDR = 1)	,09	1,10	,09	1,09	,38*	1,47	,45**	1,56
Dekade des Eintrags	,01	1,01	-,10	,90	-,18**	,83	-,36**	,70
ZDekade*Einträger aus DDR/BRD			,21*	1,23			,29*	1,34
Konstante	-2,06**		-1,78**		-2,19**		-1,79**	
Pseudo-R2 (Nagelkerke)	,00		,003		,02		,02	

** signifikant < 1 %, * signifikant < 5 %, + signifikant < 10 %. Nur singulärer bzw. bei Panel-Einträgern chronologisch erster Eintrag berücksichtigt; Omnibus-Test Altruismus Modell 1: Chi-Quadrat(2) = .56, p = .756, n = 2501; Modell 2: Chi-Quadrat(3) = 4.50, p = .213, n = 2501; Familie und Heimat Modell 3: Chi-Quadrat(2) = 16.80, p = .000, n = 2501; Modell 4: Chi-Quadrat(3) = 21.67, p = .000, n = 2501.

10 Anhang

Abbildung 7.19 Pflicht und Akzeptanz nach Alter und Bildungsgrad bei Peer in BRD

Unabhängige Variablen (Faktoren)	Abhängige Variable: Pflicht und Akzeptanz			
	1		2	
	b	Exp(b)	b	Exp(b)
Alter	,03	1,04	,25*	1,28
Bildungsgrad (dichotom: 0 = gering/mittel / 1 = hoch)	-,47	,63	-,85+	,43
ZAlter*Bildungsgrad			-,42*	,66
Konstante	-2,40*		-4,91**	
Pseudo-R2 (Nagelkerke)	,01		,04	

** signifikant < 1 %, * signifikant < 5 %, + signifikant < 10 %. Nur singulärer bzw. bei Panel-Einträgern chronologisch erster Eintrag berücksichtigt sowie nur Peer-Einträger aus der BRD berücksichtigt; Omnibus-Test Modell 1: Chi-Quadrat(2) = 2.54, p = .282, n = 466; Modell 2: Chi-Quadrat(3) = 7.95, p = .047, n = 466.

Abbildung 7.20: Arbeit und Leistung nach Alter in Ost und West

Unabhängige Variablen (Faktoren)	Abhängige Variable: Arbeit und Leistung			
	1		2	
	b	Exp(b)	b	Exp(b)
Peer aus DDR/BRD (DDR = 1)	,88**	2,40	,80**	2,23
Alter	-,03	,97	,05	1,05
Alter*Peer aus DDR/BRD			-,11	,89
Konstante	-2,75**	,06	-3,63**	,03
Pseudo-R2 (Nagelkerke)	,02		,03	

** signifikant < 1 %, * signifikant < 5 %, + signifikant < 10 %. Nur singulärer bzw. bei Panel-Einträgern chronologisch erster Eintrag berücksichtigt sowie nur Peer-Einträger berücksichtigt; Omnibus-Test Modell 1: Chi-Quadrat(2) = 14.88, p = .001, n = 1565; Modell 2: Chi-Quadrat(3) = 15.98, p = .001, n = 1565.

6. Tabellenergänzungen

Ergänzung Tabelle 7.17: *b*-Koeffizienten

Unabhängige Variablen (Faktoren)		Altruismus	Wahrheitsliebe	Abhängige Variable: Geteilt-offizielle Werte			
				Familie/ Heimat	Arbeit/ Leistung	Bildung	Charakterfestigkeit
Geschlecht des Einträgers (weibl.= 1)		,34*	,02	-,18	-,43*	-,45*	,10
Jahr des Eintrags (Koborteneffekt)		,00	-,01	-,02*	,00	,01	-,03**
Wohnortgröße des Einträgers		,02	,01	-,11**	-,02	,07+	,03
Einträgergruppe	Peers	Ref.	Ref.	Ref.**	Ref.**	Ref.**	Ref.*
	Familie	,07	,05	-,35	-,15	,25	,41+
	Lehrer	-,13	-,56+	-2,01**	1,04**	1,77**	,65**
	Sonstige	,38	-,79	-,69	-1,06	,59	,24
Einträger aus DDR/BRD (DDR = 1)		,21	,45**	,30+	,68**	1,46**	,18
Konstante		-9,17	13,94	28,14*	1,64	-19,99	52,34**
Pseudo-R2 (Nagelkerke)		,01	,02	,05	,06	,14	,03

b-Koeffizienten; ** signifikant < 1 %, * signifikant < 5 %, + signifikant < 10 %.

Ergänzung Tabelle 7.18: *b*-Koeffizienten

unabhängige Variablen (Faktoren)	Altruismus	Wahrheitsliebe	abhängige Variable: geteilt-offizielle Werte			
			Familie u. Heimat	Arbeit u. Leistung	Bildung	Charakterfestigkeit
Geschlecht des Einträgers (weibl.= 1)	,28	-,13	-,43+	-,49*	-,46	-,40
Jahr des Eintrags (Kohorteneffekt)	,00	-,01	-,01	,00	,01	-,03**
Wohnortgröße des Einträgers	,00	,01	-,09*	-,02	,08	,04
Einträger aus DDR/BRD (DDR = 1)	,07	,63*	,40+	,68*	1,17**	-,07
Alter bei Eintrag	,00	-,04	-,16**	-,05	,10+	-,06
Bildungsgrad	-,17	,33	-,44+	-,49+	-,04	,16
Konstante	-2,34	19,62	24,56	2,43	-33,89	65,52**
Pseudo-R2 (Nagelkerke)	,004	,02	,04	,03	,06	,03

b-Koeffizienten; ** signifikant < 1 %, * signifikant < 5 %, + signifikant < 10 %.

10 Anhang

Ergänzung Tabelle 7.19: b-Koeffizienten

unabhängige Variablen (Faktoren)	abhängige Variable: geteilt-offizielle Werte					
	Altruismus	Wahrheitsliebe	Familie und Heimat	Arbeit und Leistung	Bildung	Charakterfestigkeit
Dekade des Eintrags	-,07	-,07	-,31**	-,30+	,39	-,28*
Peers (BRD)	Ref.	Ref.*	Ref.**	Ref.**	Ref.**	Ref.**
Peers (DDR)	,10	,50**	,40*	,92**	1,63**	,03
Familie (BRD)	-,13	-,02	-,51	,48	1,08+	,17
Familie (DDR)	,01	,55	-,19	,57	1,68**	,40
Lehrer (BRD)	,53+			1,38**	2,02**	,11
Lehrer (DDR)	-,28			1,72**	3,54**	,93**
Sonstige (BRD)	-,10	-,32	-1,18*	-22,61	,69	-1,08
Sonstige (DDR)	,59	-,07	-2,19*	,33	1,73*	1,21**
ZDekade * Peers (BRD)	Ref.+	Ref.	Ref.	Ref.	Ref.	Ref.
ZDekade by Peers (DDR)	,14	-,04	,23	,31+	-,30	,07
ZDekade by Familie (BRD)	-,16	-,29	-,19	,72+	-,04	-,26
ZDekade by Familie (DDR)	,67*	,01	,60+	,49	-,28	,01
ZDekade by Lehrer (BRD)	-,30			,39	-,85*	-,02
ZDekade by Lehrer (DDR)	,03			,28	-,38	,06
ZDekade by Sonstige (BRD)	,73+	-,29	-,18	-15,11	,30	,96
ZDekade by Sonstige (DDR)	,04	,30	-,66	,28	-,98	1,04*
Konstante	-1,89**	-2,60**	-1,72**	-2,45**	-5,25**	-1,81**
Pseudo-R2 (Nagelkerke)	,02	,02	,05	,05	,15	,04

b-Koeffizienten; ** signifikant < 1 %, * signifikant < 5 %, + signifikant < 10 %.

Ergänzung Tabelle 7.47: *b*-Koeffizienten

Unabhängige Variablen (Faktoren)	Abhängige Variable: Albumspezifische Inhalte					
	Erinnerung		Glückliches Leben		Freundschaft	
	1	2 (Peers)	3	4 (Peers)	5	6 (Peers)
Geschlecht des Einträgers (weibl.= 1)	,61**	,96**	,44*	,27	-,03	,02
Jahr des Eintrags (Koheneffekt)	,01**	,01	,00	,00	,01	,01
Wohnortgröße des Einträgers	-,07*	-,06	-,10**	-,07+	-,04	-,06
Einträgergruppe Peers	*Ref.***		*Ref.**		*Ref.***	
Familie	-,80**		,02		-,45+	
Lehrer	-2,39**		-,93**		-1,84**	
Sonstige	-1,10*		-,28		-,26	
Einträger aus DDR/BRD (DDR = 1)	-,38**	-,02	-,40**	,09	-,20	-,28
nur Peers: Alter bei Eintrag		-,04		-,11*		,02
nur Peers: Bildungsgrad		,40*		-,37+		-,06
Konstante	-27,87**	-25,56+	3,32	4,24	-19,25+	-22,19
Pseudo-R2 (Nagelkerke)	,08	,05	,03	,02	,03	,01

b-Koeffizienten; ** signifikant < 1 %, * signifikant < 5 %, + signifikant < 10 %.

Ergänzung Tabelle 7.48: *b*-Koeffizienten

unabhängige Variablen (Faktoren)	abhängige Variable: albumspezifische Inhalte					
	Erinnerung		glückliches Leben		Freundschaft	
	1	2	3	4	3	4
Peer aus DDR/BRD (DDR = 1)	-,34*	-,30+	-,07	-,09	-,22	-,18
Alter des Peers bei Eintrag	-,06*	-,11*	-,09*	-,07	,00	-,08
ZAlter*Peer aus DDR/BRD		,08		-,04		,13+
Konstante	-,63+	-,15	-,89*	-1,11+	-1,82**	-1,02+
Pseudo-R2 (Nagelkerke)	,02	,02	,01	,01*	,002	,006

b-Koeffizienten; ** signifikant < 1 %, * signifikant < 5 %, + signifikant < 10 %.

Ergänzung Tabelle 7.49: *b*-Koeffizienten

Unabhängige Variablen (Faktoren)	Abhängige Variable:					
	Erinnerung		Glückliches Leben		Freundschaft	
	1	2	3	4	5	6
Peer aus DDR/BRD (DDR = 1)	-,38**	-,37**	-,29+	-,29*	-,18	-,17
Dekade des Eintrags	,11*	,19*	-,07	-,07	,11+	,19*
ZDekade*Peer aus DDR/BRD		-,18		-,02		-,15
Konstante	-1,68**	-1,90**	-1,70**	-1,72**	-2,15**	-2,35**
Pseudo-R2 (Nagelkerke)	,01	,02	,01	,01	,01	,01

b-Koeffizienten; ** signifikant < 1 %, * signifikant < 5 %, + signifikant < 10 %.